한국유학사

하

윤사순

(尹絲淳/Youn, Sa-soon)

1936년 충남에서 태어나 고려대학교 철학과를 졸업하고 같은 학교 대학원에서 철학박사(동양철학 전공) 학위를 받았다. 이후 고려대학교 철학과 교수, 와세다대학 연구교수, 한국공자학회 회장, 한국동양철학회 회장, 한국철학회 회장, 고려대학교 민족문화연구원 원장, 국제유학연합회(중국) 부회장 등을 역임했다.

현재 고려대학교 명예교수이며 대한민국학술원 회원, 중국사회과학원 명예교수, 곡부(曲阜)사범대학 객원교수, 국제유학연합회(중국) 상임이사로 활동하고 있다.

지은 책으로《퇴계철학의 연구》,《한국유학논구》,《한국의 성리학과 실학》,《동양사상과 한국사상》,《신실학 사상론》,《조선시대 성리학의 연구》,《유학자의 성찰》,《유학의 현대적 가용성 탐구》,《실학의 철학적 특성》,《조선, 도덕의 성찰 — 조선시대 유학의 도덕철학》이 있다. 옮긴 책으로는《퇴계선집》,《경연일기》가 있으며, 함께 쓴 책으로《우리 사상 100년》,《자료와 해설, 한국의 철학사상》,《사단칠정론》,《인성물성론》,《공자사상의 발견》,《신실학의 탐구》등도 있다.

한국유학사 하— 한국유학의 특수성 탐구

초판 1쇄 발행   2012. 12. 27.
초판 3쇄 발행   2020. 11. 5.

지은이   윤사순
펴낸이   김경희

펴낸곳㈜   지식산업사
        본사 ● 경기도 파주시 교하읍 문발리 520-12
        전화 (031) 955-4226~7 팩스 (031) 955-4228
        서울사무소 ● 서울시 종로구 통의동 35-18
        전화 (02) 734-1978 팩스 (02) 720-7900
영문문패   www.jisik.co.kr
전자우편   jsp@jisik.co.kr
등록번호   1-363
등록날짜   1969. 5. 8.

책값은 뒤표지에 있습니다.

ISBN   978-89-423-6314-8(94150)
ISBN   978-89-423-0069-3(전2권)

이 책을 읽고 지은이에게 문의하고자 하는 이는
지식산업사 전자우편으로 연락 바랍니다.

"이 저서는 2006년도 정부 재원(교육인적자원부 학술연구조성사업비)으로
한국학술진흥재단의 지원을 받아 연구되었음(KRF-2006-342-A00021)"

한국유학사 하

― 한국유학의 특수성 탐구 ―

윤사순

지식산업사

차 례

제6편 성리학적 사유의 붕괴, 후기 실학의 발전
(18세기 중기~19세기 중기)

제7편 위정척사 지향의 주리론적 편향
(19세기 중기~20세기 초기)

제8편 독립 지향의 개신유학적 구상
(20세기 초기-20세기 중기)

제9편 유학의 현대적 가용성 탐구
(20세기 중기~20세기 말기)

제6편

성리학적 사유의 붕괴, 후기 실학의 발전

(18세기 중기~19세기 중기)

제30장 북학의 선구, 새롭게 변환된 사상체계
― 홍대용의 탈성리학적 실학사상 ―

1. 홍대용, 북학파의 선구자

18세기 중기의 사상계에 '새로운 활기'를 불어넣은 대표적인 학자로는 홍대용(洪大容, 湛軒, 영조 7·1731~정조 7·1783)이 첫 손에 꼽힌다. 그는 서울 남산 아래〔暗里門洞〕에서 태어나, 44세 이후 몇 년 동안 지방에서 벼슬살이〔泰仁縣監, 永川郡守〕를 한 외에는, 일생을 거의 서울에서 보낸 인물이다. 그런 만큼 '그 시대의 개명해 가는 흐름'을 파악하는 데 그는 유리한 조건에 있었다.

이러한 그에게 천주교와 서구 과학기술 등의 사상을 포괄하는 이른바 서학(西學)이 밀려들던 청나라의 연경(燕京, 北京)에 다녀오게 된 일까지 있었다. 35세 때(1765~1766) 서장관으로 연행하는 숙부 홍억(洪檍)의 군관 신분으로 그는 6개월 동안 연경에 머물면서, 그곳의 학자들과 서양 신부들을 만나 교류하였다. 그 기회를 계기로 그는 서학 가운데 특히 수학, 천문, 과학기술 등의 우수성을 알게 되었고 그것들을 받아들이는 데 앞장섰다.

더욱이 그가 교분을 나눈 선비들이 이웃에 살고 있었다. 박지원(朴趾源, 燕巖, 1737~1805), 박제가(朴齊家, 楚亭, 1750~1805), 이덕무(李德懋, 靑莊館, 1741~1793), 유득공(柳得恭, 冷齋, 1749~1807) 등이 그들이다. 이들도 그 시대 청(淸)나라의 문물, 특히 '청의 학문'을 '북학(北學)'[1]이라는 이름으로 받아들이는 데 적극적이었던 이른바 '북학자(北學者)'들이다. 홍대용은 이들의 선배 격이어서 '북학파의 선구적 학자'의 위상을 지니게 되었다.

그의 저서로는 수학이 가장 중핵을 이룬 《주해수용(籌解需用)》을 비롯해, 천문 지식을 바탕으로 이룬 철학 내용의 《의산문답(毉山問答)》과 〈심성문(心性問)〉 등은 선구적 북학자로서 그의 면모를 확인케 하는 저술들이다. 이 밖에 일련의 '문변' 또는 '문의'의 이름을 붙인 〈소학문변(小學問辨)〉, 〈가례문의(家禮問疑)〉, 〈사서문변(四書問辨·問疑)〉, 〈삼경문변(三經問辨·問疑)〉 등도 그가 유학의 경전 해석을 새 시대의 흐름에 맞도록 부분적으로 수정한 저술들이다.

2. 실학 개념의 상정

일찍이 홍대용은 김원행(金元行, 渼湖, 1702~1772)[2]의 문인으로 그

---

1) 북학(北學)이라는 개념은 뒤이어 고찰할 박제가(朴齊家)의 경우에 그의 《北學議》로 자세히 설명될 것이다.

2) 그는 신임사화(辛壬士禍, 1721~22)로 실각한 노론 김창집(金昌集)의 종손이고 김창협(金昌協)의 손자이다. 그런 환경에다 진사 시험에는 합격한 터였고, 그의 학식과 덕망이 비범하여 많은 관직이 주어졌지만, 그는 그것들을 다 거절하고 초야의 학자로 생애를 일관했다.

의 기초 학문을 닦았다. 김원행은 노론 대가의 출신으로 평생 성리학과 예학에만 종사한 학자이다. 이런 스승을 만난 인연으로 홍대용의 당색도 노론이었으며, 그의 학문 또한 그때의 다른 학자들과 마찬가지로 성리학으로 일단 출발하였다.

성리학의 추종에 충실하던 무렵의 그는 화양서원(華陽書院)의 재임(齋任)을 맡을[3] 정도로 송시열(宋時烈)을 존모했고, 송시열이 숭배하던 주희(朱熹)와 이이(李珥)를 그 또한 존숭했다. 더욱이 이이를 "동방의 대유(大儒)"로 섬겼고, 이이의 편술서인 《성학집요(聖學輯要)》를 "임금의 귀감임과 아울러 선비의 학문도 이에서 벗어나지 않는다"고 평하였다.[4] 주희−이이−송시열로 이루어진 학통의 궤적을 따르던 학자가 곧 청년기의 홍대용이었다. 이 학문 궤도에서 익힌 성리학의 파편은 청국을 다녀온[燕行] 이후 성리학을 벗어나려 한 그의 사상들 속에서도 어느 정도 남아 있다.

성리학의 입장에 머물고 있을 때부터도 그 밖의 다른 사상, 이른바 '이단(異端)에 대한 홍대용의 태도'는 상당히 개방된 편이었다. 그는 성리학에만 얽매이기를 탐탁하게 여기지 않았던 듯하다. 그 한 예로 그는 불교의 기복신앙 따위를 비판·배척했지만,[5] 《능엄경(楞嚴經)》이라든가 《원각경(圓覺經)》 등 불교 서적들을 읽었으며,[6] 심지어 《능엄경》에 대해서는 "심을 논함에 참으로 좋은 데가 있다"고[7] 하는 평을 남기기도 했다. 양명학에 대해서도 그는 이미 어느 정도 숙지하고 있었음이 드러난다. 36세 때 청국의 북경에서 사귄 엄성(嚴誠)과 육비

---

3) 洪大容, 《湛軒書》, 內集, 권2, 〈桂坊日記〉.
4) 앞 책, 外集, 권1, 〈與鐵橋書〉.
5) 앞과 같음.
6) 앞 책, 內集, 권2, 〈桂坊日記〉.
7) 앞 책, 外集, 권2, 〈杭傳尺牘〉.

(陸飛) 같은 양명학자와의 대화에서 나온 정주학과 양명학의 비교라든가, 양명학 단점의 지적이8) 그러한 것들이다. 그 밖에 서학(西學)에 대해서도, 비록 천주교를 불교의 아류처럼 부정했지만, 서구의 산술과 천문[儀象] 등 '과학기술의 측면'만은 매우 높이 평가했다. 그 자신이 '산학과 천문'을 직접 배워 이용하기까지 했다. 그의 이런 태도는 "이단의 학문이 행해진다[異學之行]고 해서 세상에 무슨 손해가 있겠느냐"9)고 한 데서 명백히 드러난다.

상당히 개방된 자세의 그는 당시 우리나라 성리학계의 특징과 그 단점을 인지하게 되었다. 자신이 속해 있던 성리학계를 비교적 객관적으로 반성할 줄 알았던 홍대용이다.

> "우리 동국에서는 주자를 존숭하며 학문을 닦는 문로(門路)는 순정(純正)하지만, 중국처럼 폭넓게 두루 살피거나[寬轉 達觀], 범람하고 잡박[雜駁]하지는 않습니다. 원래 기풍이 치우치기 때문에 지식이 제한되고, 지식이 제한되니 지킴은 확고하고, 지킴이 확고하다 보니 지킬 필요 없는 것까지 억지로 옹호하면서[曲護] 막된 해석[强解])을 합니다."10)

그에 따르면, 그 시대 조선에서 학문은 중국처럼 폭넓지 않았고, 주희의 성리학에만 제한된 범위로 치우쳐 있었다. 연구 대상이 좁은 범위로 한정되었으므로 중국처럼 잡박하지 않고 오히려 순정한 장점은 있지만, 좁은 지식을 지나친 신념으로 고집하며, 그것을 옹호 강변하면서 벗어날 줄 모르는 단점을 지녔다는 것이 그의 진단이었다.

---

8) 앞 책, 外集, 권1, 〈與篠飮書〉.
9) 앞 책, 外集, 권1, 〈與孫蓉洲書〉.
10) 앞 책, 內集, 권1, 〈四書問辨, 寄書杭士嚴鐵橋又問庸義〉.

조선 성리학계의 이런 단점은 결국 조선 성리학의 한계이자 폐단이기도 했다. 홍대용은 그 시대 성리학계의 폐단을 비판하면서, 더 견실하고 바람직한 유학을 모색하게 되었다. 먼저 그의 성리학계에 대한 부정적 견해를 살피자.

　"도술(道術)이 없어진 지 오래다. 공자가 돌아간 뒤로 여러 사상가[諸子]가 도술을 어지럽히더니, 주자학[朱門]이 말기에 이르니 여러 유자들[諸儒]이 이를 혼란시킨다."[11]

　"속된 유자들[俗儒]은 명예에 목숨을 걸고, 마음과 말을 서로 어긋나게 합니다. 그들 가운데는 주자학의 울타리[朱門]에 들어오지 않으며, (학계에) 비위 맞추는 신하도 매우 적습니다."[12]

홍대용의 판단으로는 '정주성리학이 이제 말기'에 이르렀다는 것이다. 이 글에는 '속된 유자들[俗儒]의 행태'를 그 증례로 들었는데, 그들의 행태란 명예나 끔찍이 탐하고 언행의 불일치를 보이며 학계를 외면하는 태도이다. 조심스럽게 말하느라고 속유로 한정했지만, 이것은 그 시대 조선 성리학계의 일반적인 병폐라는 뜻일 것이다. 이 점은 다음 인용문의 내용으로 미루어 분명해진다.

그는 바람직한 유학을 일부의 다른 학자들처럼 '실학(實學)의 이름'으로 부르면서, 그 '실학의 성격'을 제시했다.

　"천하에 영재가 적지 않지만, 과거와 벼슬로 그들을 구속하고, 물욕으로

---

11) 앞 책, 內集, 補遺, 〈毉山問答〉.
12) 앞 책, 內集 권1, 〈四書問辨·寄書杭士嚴鐵橋誠又問庸義〉.

그들을 가리고, 편안함으로 그들에게 해를 끼침으로 말미암아, 다 떨쳐버리고 옛 학문[古學]에 종사할 자가 드물다. 사장(詞章)으로 화려하게 꾸미게 하고, 기송(記誦)으로 뽐내게 하며, 훈고(訓詁)로 얽어매는 까닭에, 묵묵히 실학(實學)에 힘쓰는 이가 드물게 된다.”13)

“인생의 곤궁 영달은 절로 정해진 명(命)이고, 더불어 하는 선행[兼善]과 홀로 하는 선행[獨善]은 처한 바에 따라 본분[分]을 다함이다. 우리 유가의 실학(實學)은 예로부터 이와 같았다. 반드시 같은 무리에게 문을 열어 주고, 자기와 다른 것은 배척해 은밀히 남을 이기려는 마음을 키우고, 거만하게 유아독존(惟我獨存)의 의도를 지닌 이가 근세 도학의 표준이 되었으니, 참으로 매우 혐오스럽다. 오직 실심(實心)·실사(實事)로 날마다 실지(實地)를 밟아야 한다. 먼저 이러한 진실된 본령이 있고 난 다음에, 주경(主敬)과 치지(致知)라든가 수기(修己)와 안인(安人)의 방법이 쓰이는 곳이 있게 되어 헛된 것으로 돌아가지 않을 것이다.”14)

홍대용에 따르면, 그 시대 성리학계의 폐습은 과거와 벼슬·물욕·편안함[宴安]을 추구하는 마음가짐과 ‘옛 학문인 고학(古學)’에 매진하지 않고, 사장·기송·훈고에나 열중하는 태도로서 시급히 버려야 할 것들이다. 바람직한 학문으로서 ‘실학(實學)’이란 바로 이런 태도를 지양하는 데서 이루어진다. 이런 태도를 버리고, 각기 처지에 따라 본분을 다하려 하면서, ‘실심(實心)’을 가지고 ‘실사(實事)’를 처리하되, 항상 ‘실지(實地)’를 밟아가는 식으로 해야 실학이 이루어지게 된다고 했다. 그 ‘실학의 요건’은 바로 안으로 실심을 가질 것, 밖으로 실사를 처리

---

13) 앞 책, 外集, 권1, 〈與鐵橋書〉.
14) 앞 책, 外集, 권1, 〈答朴郎齋文藻書〉.

할 것, 그리고 이 두 가지가 실지라는 실제성과 실용성을 갖추어야 하는 것이다.

홍대용이 그리는 실학에서 실심은 수기(修己)의 핵심이고, 실사는 안인(安人)의 핵심이며, 실지는 이 수기와 안인의 실행 방법으로서의 조건이다. 참된 마음인 실심으로 하는 수기는 이기적이고 자폐적 위아(爲我)가 아닌, 실지로서의 '도덕 행위의 준비'라는 성격으로 행해야 하고, 실사를 중심으로 하는 안인은 마치 '실사구시'하는 실증적 방법을 구사해야 한다는 것이다. 이로써 그가 지향한 '수기와 안인'이 모두 실제적이고 실증적이며 실용성 있게 하려는 것임이 드러난다. 이것이 곧 그 시대의 성리학보다 우수하다고 믿어진 그의 실학의 특성이기도 하다.

그는 이 인용문에서 학자들이 매진해야 할 학문으로 '옛 학문, 곧 고학'을 든 점은 주목되는 사실이다. 본원유학인 고학에 대한 언급은 복고의 시각에서 한 것이 아니라, 본원유학이 지닌 '실제성 추구 정신'으로 돌아가야 함을 제창한 것으로서 탈성리학을 지향하는 실학자들의 공통된 특징이다. 이것은 주희의 권위를 능가하는 공맹의 권위를 들어서 그들에 대한 정주학자들의 저항에 대처하는 실학자들의 방법이다. 이 점 또한 그가 지향한 실학의 탈성리학적 성격을 더 분명하게 하는 요소이다. 이로써 홍대용의 성리학에 대한 이론과 북학으로서의 이론이 '탈성리학적 실학' 지향의 시각에서 이루어진 실질적 학문 내용들임이 확실해진다.

3. 정주성리학 기본 개념의 변용

홍대용이 성리학의 일반적 풍조를 버려야 할 폐습으로 판단하고 더 이상적인 유학을 실학의 이름으로 추구했음은 그가 성리학의 주요 이론들에 대해서도 무조건 맹종하는 태도를 취하지 않았을 가능성을 예상케 한다. 이런 추측에 근거하여 성리학의 가장 핵심적 개념인 '리기(理氣) 개념'에 대한 그의 사상부터 집중적으로 살펴야겠다.15) 한 가지 미리 밝힌다면, 홍대용의 리기론은 리(理)를 위주로 한 주희나 이황과 달리, 기(氣)에 치중하는 경향을 띠었다. 이런 경향으로 말미암아 그의 리기론을 주기설(主氣說) 또는 유기설(唯氣說)이라고 할 수 있음은 이미 학계에서 밝혀졌다. 지금부터 구체적인 실례들로 이 점을 확인하자.

(1) 본원유학과 비교할 때 정주성리학의 가장 큰 특징은 상제(上帝) 의미의 '천(天, 하느님)'을 '리(理)'로 대체하여, "천은 곧 리[天卽理]"라고 한 명제임은 여러 차례 지적했다. 홍대용은 바로 이 명제를 긍정하지 않았다. 그는 천을 지(地)와 대비되는 허공(虛空)이라든가,16) 은하계까지 포함한 '우주 공간[空界]' 또는 극히 드물게는 '자연(自然)'이라고17) 하면서, 특히 '허기[天者虛氣]'18) 또는 '청허한 기[淸虛之氣]'라고 했다. 그에게 천은 만물을 형성하는 기이고, 이런 의미에서 "천은 만물의 할아비[天者萬物之祖]"19)라고 일컬어진다는 것이다.

(2) 정주성리학을 대표하는 특징으로는 또 리가 우주의 근원인 태극(太極)과 궁극자인 천명(天命)으로서 대용된 것이다. 리는 실재하는

---

15) 나는 이 방면의 고찰을 이미 〈人間과 他物에 대한 洪大容의 脫性理學的 哲學〉(《韓國思想과 文化》 39집, 2007)에서 행하였다. 따라서 여기에서 진행할 고찰도 리기(理氣)의 개념 부분에 한해서는 이 글의 내용을 되풀이하는 것이 있음을 밝힌다.

16) 《湛軒書》, 內集, 補遺, 권4, 〈毉山問答〉.

17) 천도(天道)라고 할 때의 천(天)이 이 자연(自然)에 해당한다.

18) 《湛軒書》, 內集, 補遺, 권4, 〈毉山問答〉.

19) 앞과 같음.

형이상자(形而上者)로, 도덕의 법칙[所當然之則]일 뿐 아니라, 모든 생성의 원인[所以然之故]을 가리킨다. 리가 주재 천(天)을 대신하는 근거도 모든 생성의 원인이라는 데 있었다. 따라서 "리는 기보다 앞서 있게 되고[理先氣後]", "기를 생하기[理生氣]"까지 한다고 믿어졌다. 이런 의미에서 정주성리학의 우주는 "하나의 리가 다양하게 분화된 것", 즉 "리일분수(理一分殊)"의 명제로 표현된 것이다.

그러나 홍대용은 이런 리를 부정했다. 그는 리를 법칙, 그것도 기의 작용에 따라 있게 되는 법칙에 지나지 않는다고 생각했다. 그에 따르면, "천지에 꽉 찬[充塞] 것은 오직 기일 뿐이고, 리는 그 가운데 있다."20) 리는 "기의 작용에 따를 뿐이다[隨氣之所爲而已]."21) 정주성리학의 "리가 기보다 앞선다"는 사고가 그에게서 부정되었음은 말할 것 없고, 이를 오히려 반대로 "기가 앞서고 리가 뒤따른다[氣先理後]"가 되고, "리가 기를 생한다"는 명제도 부정되었다. 그에게 리는 실재하는 무엇이 아니다. "무릇 리를 말하는 사람들은 반드시 '형상이 없지만 있다[無形而有]'고 하는데, 리가 이미 형상이 없다면 있는 것이 무엇인가?"라고 그는 반문하며 반박했다. 실재하지 않는 리이므로, "리는 주재하는 특성도 갖지 않는다[是理無所主宰]"는22) 것이다. 이런 사유가 바로 리보다 기에 무게중심을 둔 사고임은 말할 나위 없다.

(3) 정주성리학에서 생각하는 기(氣)는 구체적으로 음양(陰陽)과 금목수화토의 오행(五行)을 가리킨다. 음양이 기본적인 기인 데 견주어 오행은 때로 더 무겁고 거친 (기로서의) 질(質)이라 하여, 기와 기질(氣質)을 구별할 때가 있다. 기에는 이처럼 경중(輕重), 청탁(淸濁),

---

20) 앞 책, 內集, 권1, 〈心性問〉.

21) 앞과 같음.

22) 앞과 같음.

순잡(純雜), 정조(精粗)의 차이가 있을 뿐만 아니라, 생멸(生滅)의 특성
도 있다. 기의 특성으로는 특히 여러 가지 운동, 곧 집산(集散), 승강
(昇降), 왕래(往來), 굴신(屈伸) 등이 꼽힌다.

홍대용이 생각한 기는 대체로 이런 특성의 측면에서 크게 다르지
않다. 다만 특성 가운데 기의 생멸성을 그는 부정했다. 그리고 차이가
나는 것으로는 서경덕(徐敬德)처럼 기를 태허(太虛)라고 하는 점이 정
주성리학자들과 다르다. 그렇다고 서경덕이 말하는 기의 본체인 '선
천(先天)의 태허'라든가, 태허에 의한 개벽[天地開闢] 등까지 그에게서
긍정되지는 않았다.23) 홍대용의 태허는 태양에 비유되거나,24) 지구와
유성 및 은하를 포함한 '극대화된 허공(虛空)'을 가리킨다.25) 따라서
그에게 태허는 우주의 근원으로 상정되는 정주의 '태극'에 비교되는
것도 아니다.

홍대용이 말하는 기가 정주성리학자들의 기와 크게 다른 점은 음
양과 오행에 대한 것이다. 그는 '음양과 오행'에 대한 성리학설을 따
르지 않고 그 나름대로 생각한 새로운 이론을 제기했다. 그는 음양과
오행에 대한 자기의 견해를 제시하기에 앞서 예로부터 오행설 외에도
다른 이론들이 있었음을 지적했다. 우하(虞夏) 때에는 수화목금토곡
(穀)의 '육부(六府)'를 말했고, 《주역》에서는 천지화수뇌풍산택(天地火
水雷風山澤)의 '팔상(八象)'을 말했고, 불교에서는 지수화풍의 '사대(四
大)'를 말했다는 것이다.26) 이러한 사례의 제시는 자신이 새로 음양오
행에 대한 견해를 제기함이 특별히 이상한 일이 아님을 주지시키려는

---

23) 앞 책, 內集, 補遺, 권4, 〈毉山問答〉.
24) 앞과 같음.
25) 앞과 같음.
26) 앞과 같음.

의도에서 나온 변명 성격의 언설이다. 문제의 '그의 음양오행설'은 아래와 같다.

"비록 양(陽)의 종류가 여러 가지 있지만 다 불에 근본했고, 음(陰)의 종류가 여러 가지 있지만 다 땅[地]에 근본했다. 옛 사람이 이것을 깨달아 음양의 설이 있게 되었다. … 그 근본을 미루어 보면, (이는) 햇볕인 일화(日火)의 얕음[淺]과 깊음[深]에 속할 뿐, 후세 사람들의 말처럼 천지 사이에 따로 음양 두 기가 있어서 때에 따라 나타나고 숨으며 조화(造化)를 주관하는 것이 아니다."27)

"그러므로 오행의 수(數)는 원래 고정된 이론이 아니다. … 무릇 화(火)는 태양이고 수(水)와 토(土)는 지(地)이다. 목(木)과 금(金) 같은 것은 해와 땅의 기로 말미암아 생성되므로, 당연히 위 셋과 더불어 병립할 수 없다."28)

그에 따르면, 음양(陰陽)은 땅과 불에 근본한 것으로서, '햇볕[日火]의 낮음과 깊음'에 따라 생긴 단어이다. 햇볕의 낮음, 곧 햇볕이 덜 쬐는 그늘(음달)이 음(陰)이고, 햇볕의 깊음, 곧 햇볕이 많이 쬐는 양달이 양(陽)이다. 그리고 오행의 수도 원래 다섯으로 고정된 것이 아니라, 해와 땅의 기운으로 말미암아 생긴다는 점을 감안하면, 목(木)과 금(金)은 별도로 셈할 것이 못 된다. 때문에 오행은 사실 '화(火)·수(水)·토(土)' 셋만으로 충분한 것이다. 그는 음양은 각기 '햇볕으로 생긴 개념'에 지나지 않고, 오행설은 사실 '삼행설'이라야 한다고 수정했다.

---

27) 앞 책, 內集, 補遺, 권4, 〈毉山問答〉.
28) 앞과 같음.

(4) 정주성리학에서는 리(理)가 '당연의 원리[所當然之則]', 곧 선(善)의 원리를 의미하고 리의 실재임을 전제로, '리 자체도 선하다'고 주장했다. 다른 한편 기(氣)는 선하지도 악하지도 않지만, 그 작용성으로 말미암아 악을 유발하므로, 리가 선함에 견주어 기는 마치 악의 원천인 것처럼 여겼다. 이와 연관해 "리는 귀한 데 견주어 기는 천하다[理貴氣賤]"는 명제가 성리학자들에게서 사용되었다. 아울러 성리학에서는 리를 성(性)과도 동일시해, "성이 곧 리[性卽理]"라는 명제를 냈다. 그 이유는 천(天) 또는 천명(天命)을 리라고 한 사고를 바탕으로 할 때, 《중용》의 "천이 명한 것을 성이라 한다[天命之謂性]"는 구절의 의미를 통해 자연히 리와 성이 호환될 수 있기 때문이다. 성(性)에 관하여 성리학에서는 인성의 선한 이타적 성품과 기질로 인해 생긴다는 이기적(본능적) 욕구의 성품을 각기 구별하여, 앞 것을 '본연의 성[本然之性]'이라 하고 뒤 것을 '기질의 성[氣質之性]'이라고 구별했다.

이런 사고에 대해 홍대용은 리를 귀하다거나 기를 천하다고 하지 않았다. 그 이유는 리를 실재시하지 않았고, 기를 (귀천을 떠나) 자연한 것으로만 여겼기 때문이다. 그는 리기 개념에 선악의 가치를 부여하지 않으려 했다. 그가 비록 "성이 곧 리"임을 인정해도, 성과 리를 동일시하는 그의 사고는 성리학의 그 사고와 서로 다르다. 본연의 성과 기질의 성을 따로 구별하지 않았던 홍대용이므로, 성은 다만 인간의 일신을 포함한 모든 물체의 리를 총칭하는 것[一身之理, 物之則]일29) 따름이다.

　　"천(天)에 있어서는 리(理)라 하고, 물(物)에 있어서는 성(性)이라 한다. 천에서는 원형이정(元亨利貞)이라 하고, 물에서는 인의예지(仁義禮智)를 말

---

29) 앞 책, 內集, 권1, 〈心性問〉 및 〈四書問辨〉.

하는데, 그것들이 실은 하나다."[30]

이로 보면, 홍대용은 '성과 리'를 다 법칙인 점에서 서로 같다고 생각했다. 그 법칙을 특히 '우주 차원'에서 리로 말하고 '개체 차원'에서는 성이라고 한다는 식으로 용례에 차이가 있을 따름이다. 그의 이 사고는 더욱이 '성(性)의 용법'에서 성리학의 사고와 같지 않다. 성리학에서는 '인의예지(仁義禮智)라는 성'을 인간 외의 타물에는 좀처럼 적용하지 않았다. 간혹 그것을 몇몇 동물에 조금 부여된 것으로 말할 때가 있었을 뿐이다. 그러나 인의예지는 본래 맹자가 인간과 타물을 구별케 하는, 인간만이 소유한 본성이라 했기 때문에 맹자의 노선에 있는 정주성리학에서는 그것을 대체로 인간만이 본유한 인간의 본성이지, 타물도 소유한 물성은 아니라고 여겼다. 성리학에서 본연의 성과 기질의 성을 변별할 때 더욱 그렇다. 그런 성을 그가 인간과 타물들이 다 '공유한 성'이라 함은 그에게서 인간 '본연의 성'과 '기질의 성'의 구별이 없어졌음을 가리키는 사실이다. 이는 성리학자들의 사고와 현격한 차이임에 틀림없다.

이 밖에 성리학의 주요 이론인 '심설(心說)' 같은 구체적 이론을 보더라도 홍대용의 이론은 성리학의 그것과 용어만 같을 뿐 의미 내용은 대부분 다르다. 예로 성리학자들의 심에 대한 규정인 "리기의 합〔理氣之合〕", "심은 성과 정을 통섭한 것〔心統性情〕", "심에는 체와 용이 있음〔心有體用〕", "성이 발하여 정으로 됨〔性發爲情〕"이라는 것들을 그가 계승하는 사실을 찾아볼 수 없다. 그는 심을 논했지만, 이런 규정을 전혀 이용하지 않았다. 이런 점은 그가 이 규정들을 다 부정했다는 추측을 가능케 한다.

---

30) 앞의 〈心性問〉.

이렇게 살피면, '기본 개념들을 중심'으로 한 근본 사고에서 홍대용은 '성리학을 크게 벗어나고 있음'이 확실하다. 비록 성리학의 용어를 그가 같이 사용했을지라도, 그 용어들의 '의미 내용은 허다하게 변용(變用)'했다. 그러므로 그가 성리학의 용어를 빌려 그의 철학을 이룩했더라도, 그의 철학은 성리학이 아닌 '탈성리학적인 철학'임이 분명하다. 개념과 명제가 다른 이론은 철학의 이질성을 변별하는 기준이기 때문이다. 의미 내용이 성리학과 다른 개념을 사용하는 이런 경향은 이미 17세기 말 박세당과 윤휴에서부터 생겨나, 18세기 전기 이익에서 얼마쯤 보이다가, 18세기 중기의 '홍대용에게서 더욱 본격화'한 것이다. 이후 정약용에 이르면, 이 경향은 더 심해진다.

4. 새로운 우주관, 인간관, 민족 주체관

정주성리학자들이 우주 근원을 '태극의 리'라고 하는 사고를 홍대용은 부정했기 때문에, 리에 의한 우주의 생성론도 부정했다. 그의 견해로, 모든 개체는 기(氣)로 이루어지므로 우주 또한 기로 된 것이다. "천지에 꽉 찬[塞] 것이 기이다"라는 그의 언구가 이를 대변한다. 그 기를 서경덕처럼 '태허(太虛)'라고도 하지만, 서경덕의 우주 발생설인 개벽설(開闢說)을 그가 따르지 않았음도 이미 지적했다. 그는 다만 "원기(元氣)가 모여서 물체[物]를 이룬다"고[31] 하면서, 사물의 생성과 관련해 다음과 같은 이론(異論)을 냈다.

    "기의 근본을 논하면, 그것은 담일(澹一)하고 충허(沖虛)하여, 청탁으로

---

31) 《湛軒書》, 內集, 補遺, 권4, 〈毉山問答〉.

말할 수 없다. 그것이 승강(昇降)·비양(飛揚)·상격(相激)·상탕(相蕩)하여 찌꺼기와 나머지가 생김에 고르지 않게 되었다.[32)

"물(物)이 생기는 시초에는 (기의) 경청(輕淸)한 것을 앞세우고 중탁(重濁)한 것을 뒤로 하는 이치가 매우 확실하다. 수화(水火)가 먼저이고 목금(木金)이 뒤임이 옳다. 오직 토(土)가 생기지 않으면 목금은 의지할 곳이 없으니, 토 이후에 그것들이 생김은 필연이다."[33)

"만물의 생성은 반드시 먼저 기(氣)가 있은 다음에 질(質)이 있게 된다. 이것이 천(天)이 생기고 지(地)가 이루어지는 까닭이다."[34)

이로 볼 때, 그도 기가 승강, 비양, 상격, 상탕 등의 운동하는 특성을 가졌다고 생각했다. 그가 가벼운 것을 기라 하고 무거운 것을 질이라 한 것도 다른 학자들과 다르지 않다. 기론에 있어 먼저 하늘이 생기고 나서 무거운 질의 땅이 생겼다고 하면서, 오행의 다섯을 셋, 곧 '수(水), 화(火), 토(土)' 이 세 가지가 바로 물체와 우주까지도 이루는 '기본 요소'이고, 이 셋이 그의 이른바 '원기(元氣)'이다. 따라서 원천적으로 '원기인 이 세 요소들'의 집합으로 우주가 생겼다는 것이 '그의 우주생성론'이라 할 수 있다.

그는 세 기본 요소를 말했지만, 셋 가운데 물[水]과 불[火]이 가장 기본 요소라고 생각했다. 그가 "태허는 물의 정(精)이고, 태양은 불의 정이며, 지구[地界]는 물불의 찌꺼기[渣滓]다"[35)라고 한 주장은 그 요

---

32) 앞 책, 內集, 권1, 〈心性問, 答徐成之論心說〉.

33) 앞 책, 內集, 권1, 〈周易辨疑, 啓蒙記疑〉.

34) 앞과 같음.

소설의 연장에 해당한다. 이보다도 홍대용이 사람이 살고 있는 이 땅 덩이에 대해 새롭게 언급하고 있는 점은 더 주목되는 이론이다. 다음의 글이 그러한 내용이다.

"무릇 땅덩이[地]는 물[水]과 흙[土]의 질(質)이다. 그 몸체는 정원(正圓)인데, 쉼 없이 돌며[旋轉] 공계(空界)에 떠 있다. 만물은 그 표면에 의지하여 붙어 있다."36)

"땅덩이[地]는 물과 불이 없으면 생활할 수 없다. (땅이) 돌고[旋轉] 위치를 정하며 만물이 화성(化成)함도 다 물과 불의 힘이다."37)

"무릇 땅덩이[地塊]는 하루에 한 번 도는데, 땅의 둘레가 9만 리이고, 하루는 12시간이다."38)

홍대용은 땅덩이가 공중[空界]에 떠 있다는 것을 비롯해, 그것은 원형[正圓]이라는 지구설(地球說), 그리고 그것이 돈다[旋轉]는 자전설(自轉說), 그 자전은 하루에 한 번씩 ― 12시간만큼 ― 이라는 것을 언급했다. 지구설은 이미 이익(李瀷)도 말했고, 자전설도 김석문(金錫文)이 이보다 먼저 발설했지만, 김석문의 설은 과학적인 이론은 아니었다. 홍대용이 말하는 지전설(地轉說)은 서구 과학의 하나로 새로 입수된 이론이다. 그가 북경에 갔을 때(1765~1766), 그는 네 차례 남천주

---

35) 앞 책, 內集, 補遺, 권4, 〈毉山問答〉.
36) 앞과 같음
37) 앞과 같음.
38) 앞과 같음.

당에 들러 풍금과 자명종 등을 보았고, 세 번이나 흠천감정(欽天監正) 할러슈타인(August von Hallerstein, 중국명 劉松齡)과 부감(副監) 고가이슬(Anton Gogeisl, 중국명 鮑友管)을 만나 서로 대화를 나눈 적이 있다.[39] 그는 이 대화에서 이들이 틀렸다고 말하는 '그리스의 지전설'을 오히려 자신의 판단을 근거로 올바른 이론이라고 받아들인 듯하다.[40]

오늘날, 이 지구설과 지전설 등은 조금도 이상하지 않지만, 그 시대로서는 상상 못할, 그야말로 '코페르니쿠스적 전회'라고 해야 할 기상천외의 파격적인 언설이다. 왜냐면 앞서 (이익 경우에서) 밝혔듯이, 성리학자들은 지구가 개천설과 혼천설 종류의 "하늘이 둥글고 땅은 모나며[天圓地方], 하늘이 돌고 땅은 정지해 있다[天動地靜]"로 요약되는 내용을 고착된 신념으로 지니고 있었기 때문이다. 홍대용이 말한 이 천체에 대한 새로운 지식은 전통 관념을 깨뜨리는 것이므로, 단순히 놀라운 파격에만 그치지 않았다. 이것은 종래의 전통적 우주관과 인간관을 송두리째 수정하지 않을 수 없게 하는 것이다. 천체에 대한 인식의 전환은 마침내 (아래에서 보게 되듯) '가치관을 중심으로 한 여러 주요 사고의 전환'까지 가져왔다.

이 천체관의 영향을 파악키 위해서는 먼저 혼·개천설에 입각한 전통적 사고를 다시 떠올려야겠다. 이와 관련된 전통 사고는 16세기 정지운(鄭之雲) 등이 그린 〈천명도(天命圖)〉와 그 해설서들[圖解, 圖說]에 가장 상징적으로 잘 나타났다. 거기에는 하늘은 둥글게 그리고, 그 동그라미 안에 네모진 땅을 그리고서, 그 네모 안에 인간의 — 둥근[半圓] 머리와 네모진 신체 곧 발의 — 상징을 그려 넣었다. 인간의 상징

---

39) 홍대용의 연행록 가운데 〈劉鮑問答〉에 이들 서양 선교사와의 접촉 사실이 상세히 나온다.

40) 朴星來, 〈洪大容의 科學思想〉, 《韓國學報》 23집, 1981.

양편에 동물, 식물의 상징을 그려 넣고서, 인간과 동물, 식물에 깃든 〔稟賦〕 천명으로서의 '리 곧 성(性)'을 써 넣었다. 그 성의 품부는 인간에게는 성 곧 인의예지신(仁義禮智信)의 '완전 구비〔全具〕'이고, 동물에는 '부분적 구비〔或通〕'이며, 식물에는 '전무〔全塞不通〕'라고 한 것이다. 이로써 성리학은 천체 또는 우주 자연을 '지구 중심'으로 파악하였고, 그 우주 자연을 '인간 중심'으로 파악하였으며, 그 인간을 '도덕성의 기준에서 영장(靈長)'으로 파악한 사실이 드러난다.

그러나 지구 중심, 인간 중심, 도덕성의 기준 등에 대한 전통 사고가 홍대용에게는 계승되지 않고 있음이 발견된다. 다음 글이 그 증거이다.

> "하늘의 모든 별들은 그 나름의 세계를 이루고 있다. 별세계〔星界〕에서 보면, 지구〔地界〕도 하나의 별이다. 무한〔無量〕한 세계가 우주 공간〔空界〕에 흩어져 있는데, 오직 지계만 교묘하게 그 바른 중앙〔正中〕이 있다는 것은 이치에 맞지 않는다. … 때문에 지구는 두 행성〔兩曉, 金星·水星〕가운데 있지만, 다섯 행성〔五緯〕의 가운데를 차지하지는 못했다. 태양은 다섯 행성의 중앙에 있지만, 뭇 별〔衆星〕의 중앙에 있지는 못한다. 태양이 바른 중앙〔正中〕에 있지 못하는데 하물며 지구야 더 말할 나위 있겠나!"[41]

홍대용이 지구 주위를 보는 견해는 덴마크의 천문학자 브라헤 (Tycho Brache, 1546~1601)의 견해와 비슷하다. 5행성이 태양 둘레를 돌고, 그 태양과 달이 지구 둘레를 돈다는 것이 브라헤의 생각이다. 그러나 브라헤가 지구를 유한한 우주의 중심으로 보는 것과 달리, 그는 '무한한 우주'를 상정하면서, 지구가 그 중앙에 있을 수는 없다고

---

41)《湛軒書》, 內集, 補遺, 권4, 〈毉山問答〉.

여겨 그런 이치는 없다고 주장했다.42) 홍대용은 이렇게 성리학 등에서 지니고 있던 전통적 지구 중심의 사고에서 멀리 벗어난 사고를 갖게 되었다.43)

인간에 대한 이해에서도 홍대용은 성리학자들의 그것을 답습하지 않았다. 먼저 인간관과 관련된 타물과의 같고 다름의 문제부터 보면, 그는 생물[生之類]을 '인간'과 '금수'와 '초목'으로 크게 나누고, 이것들의 지각 능력을 비교했다. "초목에는 지의 능력[知]은 있지만 각(覺)이 없고, 동물은 각의 능력은 있지만 혜(慧)가 없는데, 인간은 지능과 감각과 지혜가 다 있다[有知覺慧]"44)고 한다. 즉 인간이 지각의 능력으로 치면 생물 가운데 가장 발달되었다는 것이다. 그러나 인간의 지각 능력이 타물들보다 뛰어나다고 해서, 그는 성리학자들처럼 인간을 '영장으로 여기는 식'의 사고를 보이지 않았다. 이런 사고의 원인은 그가 인간에 대한 이해를 '도덕의 시각'으로 하지 않고, '자연의 시각'으로 하는 데 있는 것 같다. 그 증례를 들겠다.

"무릇 땅덩이[地]는 허한 세계의 활물(活物)이다. 흙[土]은 그 피부의 살이고, 물은 그 정혈이고, 비와 이슬은 그 눈물과 땀이다. 바람과 불은 그 혼백이고 혈맥[榮衛]이다. … 원기(元氣)가 모여 갖가지 물체[物]를 생한다. 초목은 땅의 터럭이고, 사람과 금수는 땅의 벼룩[蚤]이고 이[蝨]이다."45)

---

42) 여기서 그가 태양도 우주의 중앙에 있을 수 없다는 이론을 구사한 것도 이채롭다.

43) 홍대용은 지구의 자전(自轉)만을 주장하고 그 공전(公轉)에 대해서는 인정치 않았는데, 그 까닭은 지구가 너무 무겁고 둔하기 때문이라고 생각했다. 이는 그의 지식의 한계를 보이는 대목이다.

44) 《湛軒書》, 內集, 補遺, 권4, 〈毉山問答〉.

45) 앞과 같음.

"사람의 처지에서 타물을 보면 인간이 귀(貴)하고 타물이 천(賤)하지만, 타물의 입장에서 인간을 보면 타물이 귀하고 인간이 천하다. 하늘[天]에서 보면 인간과 타물이 다 균등[均]하다."46)

이것이 홍대용의 유명한 '인물균등론(人物均等論)'이다. 이에 따르면, 자연 전체에서 보면, 인간은 땅의 벼룩[蚤]에 지나지 않는다. 인간과 타물 사이의 귀천이라는 것도 상대적인 만큼, 보기에 달린 평가일 따름이다. 하늘[天]47)이라는 자연 전체의 시각으로 판단하면, "인간과 타물들은 다 균등[均]"이라 해야 한다는 것이 그의 판단이다. 마치 장자(莊子)의 사상을 연상케 하는 이 대목에서 그가 인간 중심 또는 인간 본위의 사고를 떨쳐 버리고 있음이 확인된다. 이 또한 그의 과학 중시의 태도 특히 그의 우주관과 연계된 '탈성리학적 인간관'이다.

홍대용의 우주관이 끼친 영향은 이에 그치지 않는다. 그의 "땅덩이가 둥글다"는 이른바 '지구설(地球說)'만 해도, '민족 주체성의 각성'이라는 주목할 만한 사고를 자아냈다. 그 증거가 그의 다음 문장들 안에 있다.

"중국은 서양과 경도(輕度)의 차가 180도에 달하여, 중국인은 중국을 정계(正界)로 하고 서양을 도계(倒界)로 한다. (하지만) 서양인은 서양을 정계로 하고 중국을 도계로 한다. 실은 하늘을 이고 땅을 밟고 서면 그에 따르는 계가 다 그렇게 된다. 횡(橫)과 도(倒)를 가릴 것 없이 정계이기는 다 마찬가지이다."48)

---

46) 앞과 같음.
47) 이때의 하늘, '天'은 주재자(主宰者)로서의 하느님이나 허공(虛空)의 뜻이 아니라 '자연 전체'의 뜻으로 보아야 한다.
48) 《湛軒書》, 內集, 補遺, 권4, 〈毉山問答〉.

"하늘에서 보면 어찌 안과 밖의 분별이 있겠는가! 이런 까닭에 각기 제
나라 사람을 친하고 제 임금을 받들고 제 나라를 지키면서 제 풍속을 좋
아하기는 화이(華夷)가 한 가지[一]이다."[49]

홍대용에 따르면, 지구는 둥글기 때문에 서 있는 어디나 정계(正界)
라고 할 수 있다. 미리 정해진 정계나 도계란 있을 수 없다. 지구에서
정계란 그 시대까지 믿던 대로 '중국을 기본'으로 하여 정해지는 것이
결코 아니다. 중국을 안[內]으로 하고 그 밖의 나라들을 밖[外]이라 하
면서, 중국과 타국들을 '화이(華夷)'라고 하는 분별은 결코 타당시되어
야 할 근거가 없다는 것이다. 홍대용은 이처럼 지구설에 입각하여 '무
정계', '무내외'와 아울러 '무화이(無華夷)'를 주장하였다. 이는 지구설
에 따라 이룩한 '민족적 자아의 발견', 또는 '민족 주체성의 각성', 그
리고 '국가들 사이의 국제적 평등'에 대한 발상에 다름 아니다. 그는
우주관의 사고를 여기까지 연결시키면서, 성리학자들이 지녔던 그 시
대의 낡은 사상들을 합리적 이론으로 떨쳐 버렸던 것이다.

5. 전통 윤리의 생태론적 계발과 계승

1) 인의예지 덕성론

홍대용은 우주관과 인간관, 그리고 화이관에 이르기까지 성리학자
들이 지니고 있던 전통 사상들을 거의 다 불식하였다. 여기서 그가 모
든 측면에서 그 시대의 전통 사상을 다 떨어 버리고 새로운 사상만을

---

49) 앞과 같음.

담지하려 했는가 하는 의문이 든다. 그는 전통 사상들에 수정과 변용을 하고, 더러는 폐기했을지라도, 전통 사상에 담긴 본래의 건설적인 정신만은 계승하려 했다.

구체적인 예로, 인간의 수양이라든가, 수양에 기초한 윤리·도덕에 대한 사상이 그러한 것이다. 홍대용은 "변화에 처해서는 자신을 닦고 성찰함[修省]이 사람의 일로서 당연하다"[50]라고 하면서, 그 시대의 '삼강오륜'으로 대표되는 도덕만은 계승했다. 이 경우에도 그는 그 나름의 수양관과 윤리관을 가지고 있었다. 한 예로, 그는 주희나 이황 등이 지극히 중요시하던 경(敬)의 수양법인 "마음을 한 곳에 집중하여 흐트러짐이 없게 하는, 이른바 주일무적(主一無適)"의 방법에 대해서는 비판을 서슴지 않았다. 오히려 경의 본래 의미인 "엄숙·공경·외경[嚴恭寅畏]"에 더 우선적으로 충실해야 함을 주장했다.[51]

그는 오륜 체계의 도덕관을 수긍하여 계승하는 시각에서 도덕 성립의 가능 근거를 맹자 때부터 '인간의 선한 본성'으로 여겨 오던 '인의예지(仁義禮智)'의 성(性)이 인간에게 있기 때문이라고 했다. 인의예지의 성이 발현되어 오륜의 행위가 실행된다고 믿어 왔던 관념대로, 그도 오륜 같은 도덕의 원천을 '인의예지의 본구(本具)'라고 믿었다. 그는 "맹자가 성을 논하면서, 사단(四端)에 주력했다"는 것과 정자(程子)가 논할 때는 "반드시 마음[心]의 본래 선함을 말했다"고[52] 하면서, 이들이 성선설(性善說)로 오륜의 도덕을 합리화하려 했던 사실을 상기시켰다. 이처럼 중요시한 성(性)에 대한 홍대용의 견해는 다음과 같다.

---

50) 앞과 같음.
51) 앞 책, 內集, 권1, 〈四書問辨〉·〈論語問疑〉.
52) 앞 책, 內集, 권1, 〈心性問, 答徐成之論心說〉.

"성(性)은 물(物)의 법칙[則]이고, 뭇 리[衆理]를 총칭한 이름이다."53)

"천(天)에 있어서는 리(理)라 하고, 물에 있어서는 성(性)이라 한다. 천에서는 원형이정(元亨利貞)이라 하고, 물(物)에서는 인의예지(仁義禮智)를 말하는데, 그것들이 실은 하나다."54)

이 가운데 물(物)은 '인간과 타물을 합'한 의미의 용어이다. 천(天)도 허공이나 하느님[主宰者]이 아니라, '자연 전체'로서의 우주를 가리킨다. 자연 전체인 우주의 법칙인 리, 곧 '원형이정'에 상대되는 인간 등의 법칙인 리가 곧 '인의예지'라는 것이다. 홍대용은 성(性)을 자연 전체의 리에 대비된 '개체의 리'로 간주했다. 그 개체는 자연 전체에 대비된 자연의 부분으로서 개체이지, 자연과 구별된 인간만을 가리키지는 않는다. 여기서 그의 성론이 '인간과 타물의 변별 없이 함께' 논해지는 것임을 알 수 있다.55)

2) 생태론적 성론(性論)

이런 사고는 인성·물성 동이론에서 보았듯이 성리학자들의 사고와 같은 점이기도 하다. 그런데 그의 이 사고에는 몇 가지 전제된 그의 견해가 있는 듯하다. 그 점들을 밝혀야 그의 성에 대한 사유가 더 분명해질 것이다.

---

53) 앞 책, 內集, 권1, 〈四書問辨〉.
54) 앞 책, 內集, 권1, 〈心性問〉.
55) 홍대용은 인간과 타물의 구분을 하지 않고 사유하는 경우가 허다하다. 이 점에 대해서는 김문용이 〈인물무분론〉(《홍대용의 실학과 18세기 북학사상》, 예문서림, 2005)에서 자세히 밝혔다.

홍대용 성설에서 '전체와 개체'의 언급에는 사물의 동이에 대한 그의 리기론적 견해가 깃들었다. 그는 말하길, "무릇 같은 것[同]은 리이고, 다른 것은 기이다"라 했다. 이는 보편자로서 리의 측면에서는 사물이 다 같고, 특수자로서 기의 측면에서는 사물이 서로 다르다는 뜻이다.

인간과 타물의 변별 없이 모든 개체(자연의 개체)에 성(性)을 적용하는 그의 사고 이면에는 원천적으로 '무생물과 생물을 구별'하지 않는 사고가 잠재한다. 그에게는 인간을 포함한 만물은 다만 기로 된 것이라는 사고가 바탕에 깔려 있어서, 현상계의 생성·조화(造化)는 모두 기로 되는 것, 곧 '기화(氣化)'와 '형화(形化)'로 이루어지는 것일 따름이다. "기가 모여 질(質)을 이룸을 기화라 하고, 양성[男女]이 교감해 낳음을 형화라 한다"는[56] 생성설이 이와 같은 맥락의 주장이다. 그는 이미 지구를 활물(活物)로 여기고 흙과 물을 각각 지구의 피부와 살 및 정혈로 여겼으므로, 성을 인간뿐 아니라 금수와 초목에게도 적용하여, '호랑이의 새끼 애호'를 인(仁)이라 하고, '벌과 개미의 여왕 섬김'을 의(義)라 주장했다.[57]

홍대용은 인간과 동물과 식물을 비교해, 그 지각 능력의 차이를 지적했고, 그 차이를 각각의 변별 기준으로 삼기도 했다. 그러나 그는 지각의 가장 낮은 단계의 지능[知]은 인간, 동물, 식물에 다 있다고 했다. 이 낮은 지능 단계의 성향을 성(性) 곧 인의(仁義)라고 하는 것 같다. 그는 식물의 일정한 현상에 '인의라는 성'을 적용하고 그런 성향의 실현으로 '측은지심(惻隱之心)'과 '수오지심(羞惡之心)'을 말했기 때문이다. 곧 "비와 이슬이 내린 뒤 싹[萌芽]이 나오는 것은 측은지심이

---

56) 《湛軒書》, 內集, 補遺, 권4, 〈豎山問答〉.

57) 앞 책, 內集, 권1, 〈心性問〉.

고, 서리와 눈을 맞은 나뭇잎이 떨어지는 것은 수오지심이다. 인(仁)이 곧 의(義)이고, 의가 곧 인이다. 리는 하나다"[58]라는 주장이 그 증거이다.

인의의 성을 이렇게 적용하는 그의 경향과 마찬가지로 그는 초목에도 '심의 작용'이 있는 식으로 발언했다. 초목의 심이 과연 인간의 심과 같은가는 의문이다. 그가 "인간과 타물의 다른 까닭은 심 때문이다"[59]라고 확언하는 것[60]으로 보면, 초목의 심을 인간의 심과 다르게 생각했음이 틀림없다. 그런데 그는 다른 자리에서 "질에서는 인간과 타물에 차이가 나지만, 심의 영함[心之靈]은 다 한가지다"[61]라고 했다. 나의 추측으로, 이 뒤의 심의 용법은 성리학자들이 자연 전체의 일정한 특성을 심으로 나타내던 관습을 따른 것으로 이해된다. 성리학자들의 이른바 "천지의 심[天地之心]"이 그것이다. 이렇게 이해하면, 홍대용은 식물에도 얼마쯤 경향성으로서의 '영(靈)한 특성'이 있음을 보고, 인과 의 및 측은지심 등을 적용했다고 이해된다. 따라서 그 심의 '영함'은 그가 일컫는 '성'과 같다고 하겠다. 그의 이와 같은 성론은 인의예지를 말하는 점에서 맹자의 '성선설의 정신'을 연상시키지만, 생태론(生態論)의 시각을 구사하는 방법으로 말미암아 오히려 "생한 대로의 것을 성[生之謂性]"이라고 한 고자(告子)의 성론에 가깝다고 할 수 있다.

---

58) 앞과 같음.

59) 앞 책, 內集, 補遺, 권4, 〈毉山問答〉.

60) 그는 인간의 심(心)이 기(氣) 가운데서 가장 청수(淸粹)하고 신묘(神妙)해 헤아릴 수 없는[不測] 기로 되었다고 한다.

61) 《湛軒書》, 內集, 권1, 〈心性問〉.

3) 도덕을 중심으로 한 전통문화의 중시

홍대용의 성을 중시한 사고는 인간을 비롯하여 금수와 초목에 이르기까지 그 성의 구현을 매우 강조했다. 그의 이런 사고는 인간의 성의 구현에 의한 도덕 행위를 강조하려는 데 목적이 있음은 말할 나위 없다. 이런 목적에서 그는 당시 인간들의 윤리·도덕의 실행이 금수들의 그것보다 못하다고 했다.

> "지금 사람들은 자녀에게 자애[慈]롭지 못하지만, 범은 반드시 자식을 사랑[愛]한다. 사람은 충성치 않는 이가 있지만, 벌은 반드시 그 임금을 공경[敬]한다. 사람은 (부부 사이에) 음탕함[淫奔]이 있지만, 비둘기(의 부부)는 반드시 분별[別]이 있다. 사람은 무지한 행동을 하지만, 기러기는 반드시 계절을 가려 난다."62)

이는 금수나 곤충 등이 '인의예지신'의 실질적 구현인 오륜(五倫)의 다섯 가지를 한 가지씩 행하되 실수를 곧잘 하는 사람과 달리, 바르게 잘하는 사례를 든 내용이다. 아울러 이 예문을 든 그에게는 인간뿐만 아니라 금수나 곤충에도 선(善)을 지향하는 성이 있음을 증명하려는 의도가 엿보인다. 그러나 과연 금수의 행동이 선행이라고 할 수 있느냐, 이런 것이 금수의 성선(性善)을 증명하기에 적합하냐는 것은 문제로 남을 수밖에 없다.63)

---

62) 앞 〈心性問, 答徐成之論心說〉.

63) 윤리·도덕의 논의에서 '생태론적 시각'을 동원한 것도 보기에 따라서는 그의 과학 중시의 사고에 말미암은 현상으로 이해된다. 생태론적 시각은 오늘날에도 이해하기에 따라 가치를 지니지만, 성론(性論)을 중심으로 한 그의 윤리설은 비판을 하자면, '생물의 동작'과 '인간의 의지적 행위'를 동일시한 이론(理

이런 문제가 있지만, 그가 이런 이론을 구사하여 '전통적 윤리·도덕을 계승'하려 한 의도만은 주목해야 할 점일 것 같다. 다시 말해, 그가 전통 도덕의 준수를 꾀한 사실은 아이러니하게도 서구 과학을 수용하던 측면과 대조적인 일종의 전통문화 계승을 통한 '주체적 정신의 발로'로 읽어야 할 그의 태도이다. 이렇게 본다면, 그의 이런 태도는 19세기의 "서양의 과학기술을 받아들이되 문화는 동양의 전통을 지키자"는 이른바 동도서기론(東道西器論)의 선하(先河)에 해당한다. 그가 겪은 우주관, 인간관, 민족관의 급변에 대비할 때, 그의 전통 도덕의 준수의식에는 급변하는 여러 양상들과 달리, 불변하는 보편적 세계가 있음을 보이려는 의도가 읽힌다. 이런 해석을 뒷받침하는 그의 사고가 실제로도 발견된다. 그는 "인(仁)을 체현함이 곧 천(天)을 본받는 것이다"[64]이라고 하면서,

> "인도(人道)로 말미암아 화(化)할 수 있는 데 이르면, 이 역시 천도(天道)이다"[65]

라고 했다. 그로서는 인성(仁性)을 구현하는 도덕 행위 곧 인도의 실천이 실은 우주 자연의 법칙에 따르는 것이라고 생각했다. 이로써 자연의 법칙과 마찬가지로 불변하는 세계가 바로 도덕 세계임을 역설하여, 격변·격동하는 그 시대의 현실에서 도덕 질서의 수립을 통해 '사회의 안정'과 '문화의 향상'을 도모하려는 데 그의 궁극의 의도가 있었음이 드러난다.[66]

論)인 데에 난점이 있다.

64) 《湛軒書》, 內集, 권1, 〈三經問辨, 書傳問疑〉.

65) 앞 책, 內集, 권1, 〈四書問辨, 寄書杭士嚴鐵橋又問庸義〉.

6. 개혁 정신과 직능적 평등관

탈성리학의 성향을 지닌 실학자들은 대부분 현실 개혁 정신이 드높았음을 떠올리면, 홍대용에게도 이런 점이 궁금하지 않을 수 없다. 그가 자기 시대의 현실로서의 정치라든가 제도 등에 대하여 어떻게 생각했는지 알아보려고 한다. 일찍이 이이(李珥)는 현상의 수구(守舊)와 개혁[更張] 등을 고려할 때는 "그때에 적용할 마땅한 원칙, 곧 '시의(時宜)'"의 파악이 무엇보다 앞서야 한다고 역설했다. 홍대용도 이와 마찬가지로 "주역에서는 시의(時義)를 귀하게 여겼음"을67) 상기시켰다. 그는 정치가 잘 다스려진 뒤에는 으레 국가·사회가 '쇠약하고 혼란해짐[衰亂]'이 시세(時勢)의 흐름임을68) 지적하여 주의를 환기시켰다. 이는 그 자신에게도 적용되는 유습에 젖은 안이한 태도의 불식을 강조한 대목이다.

원래 군왕을 섬기는 군국주의 체제를 인정한 홍대용이므로, 그는 국가의 견실을 기하는 방법으로 '왕권의 강화'를 가장 먼저 해야 할 조건으로 여겼다. 그 방법의 하나로, 왕이 행사하는 관리의 선임과 면직에 함께 간여하던 사간원(司諫院)과 사헌부(司憲府)의 '간관(諫官) 제도의 혁파'를 그는 주장했다. 모든 관리들은 말할 것 없고, 나아가 농민들까지 간관의 구실을 하도록 하자는 제안을 통해, 그는 실제 제도상의 간관들을 없애려고 했다.69) 이를테면 그의 간관제 폐지는 일종의 언로(言路) 확장책으로 제안되었다. 이는 직책상의 '간관 부재'로

---

66) 주 15 참조.
67) 《湛軒書》, 內集, 권3, 〈與人書二首〉.
68) 앞 책, 內集, 권4, 〈毉山問答〉.
69) 앞 책, 內集, 권4, 〈林下經綸〉.

말미암아 '왕권이 강화될 결과'를 초래함은 말할 것 없고, 왕과 국민을 직접 이어주는 효과도 거두는 긍정적인 점이 있겠지만, 그 실현에는 한계가 있을 것이다.

이와 아울러 홍대용은 관리들의 임기 연장을 제안했다. 그 시대의 규정으로는 지방관인 관찰사(觀察使)의 임기가 360일, 수령(守令)의 그것은 1,800일로 한정되었다. 이렇게 제정된 임기와 상관없이, 그는 3년마다 관리의 실적을 점검하여, 직책을 잘 수행한 관리에게는 종신토록 그 직위를 유지할 것을 기획했다.70) 이런 식의 '관리의 임기 연장'은 국왕의 신임을 받는 관리의 우대를 통한 정책 시행의 효율성 외에 왕권의 안정 효과도 거두려는 의도가 아닐까 여겨진다.71)

홍대용은 중앙과 지방의 관료제 개선도 시도했다. 그는 중앙의 육조(六曹) 체제를 구경(九卿) 체제로 바꾸어, 이전의 관직 가운데 필요치 않은 것은 폐지하고, 필요한 것은 경(卿)의 휘하에 소속시켜야 함을 주장했다.72) 그는 그 시대 지방관의 파견이 군(郡)과 현(縣)에까지만 이루어졌음을 불비하게 여긴 끝에, 더 작은 단위의 사(司)와 면(面)까지를 단위로 한 직책을 구상했다. 그 요지는 국토를 9도(道)로, 각 도를 9군으로, 각 군을 9현으로, 현을 9사로, 사를 9면으로 한 다음, 사와 면에도 각기 사장(司長)과 면임(面任)을 한 명씩 둔다는 것이다.73) 이 개혁안에는 향촌 질서의 재편성을 도모함과 아울러 국왕 통치력의 파급 효과를 극대화하려는 의도가 들어 있다고 할 수 있다.

그는 과거제의 개혁과 그 개혁에 따른 교육제도의 문제도 구상했

---

70) 앞과 같음.

71) 趙珖, 〈洪大容의 政治思想 研究〉, 《民族文化研究》 14(고려대, 1979) 참고.

72) 《湛軒書》, 內集, 권4, 〈林下經綸〉.

73) 앞과 같음.

다. 과거의 시험에 주로 글짓기[詞章]와 문장의 암기[記誦]와 훈고(訓
詁)에만 치중한 조건으로는 결코 능력 있는 관료를 선발할 수 없다는
것이 그의 신념이었다. 당시의 시험은 오히려 모든 "영재(英才)를 그
르치는 폐단"을 낳는 방법일 뿐이라는 것이다.[74] 그의 복안은 차라리
과거제를 폐지하고 그 대신 인재를 군현에서 추천하는 이른바 공거제
(貢擧制)로의 전환이었다. 공거제의 시행을 위해 그는 인재의 육성, 곧
'관리 후보자의 교육'을 선행해야 함을 강조했다. 그 교육의 요지는
이렇다. 각 면(面)에서 8세 이상의 어린이를 모아 글을 가르치고, 그
가운데 재능과 행실이 우수한 아이는 다시 현사(縣司)에 보낸다. 사
(司)의 교관이 이들을 가르친 다음, 그 가운데 우수한 자를 차례로 태
학(太學)에 보낸다. 태학을 거쳐 어질고[賢者] 유능한 사람[能者]에게
관직을 주도록 하자는 것이 그 공거제의 내용이다.

그의 이 제안에는 이전의 공거제와 다른 몇 가지 특징이 있다. 이
교육안에는 초급 단계에서 일종의 의무교육에 해당하는 것이 있고,
또 신분의 차별이 없다는 점이다. 이는 능력 본위의 관리 선출이고 관
리 충원제이다. 이런 홍대용의 공거제는 전통적 공거제보다 '일보 진
전된 성격'을 지녔음은 높이 평가할 만하다. 비록 문무(文武)의 분별
이라든가, 심지어 '농병(農兵)의 일치관'을 벗어나지 못한 그의 관료제
자체가 근대 관료제에는 미치지 못한 한계가 있지만, 지난날의 제도
보다는 '근대 지향적 성향'을 지녔음을 부정할 수 없다.

그 또한 17, 18세기의 다른 개혁론자, 실학자들과 마찬가지로, 문란
한 토지제도를 지켜보고서 그 개혁을 주장했다. 그 내용은 전국[九道]
의 토지를 고루 나누어, 아내가 있는 남자에게는 각기 2결(結)씩 주
고, 그것을 배당받아 농사짓던 자가 죽으면, 3년 뒤에 그 토지를 다른

---

74) 앞 책, 外集, 권1, 〈杭傳尺牘〉.

사람에게 주도록 하자는 계획안이었다. 그의 토지제 개혁안은 이 정도의 얼개에서 그쳤다.

그러나 홍대용은 무엇보다도 농사와 같은 노동을 천시하여 외면하는 양반의 태도를 신랄하게 비판했다. 더욱이 명분(名分) 중시에 빠져 노동을 크게 낮추어 보는 의식을 꾸짖었다.

> "우리나라는 평소에 명분을 중히 여긴다. 양반 족속들은 비록 아무리 곤란한 처지에서 심히 굶주려도 팔짱 끼고 앉아 농사를 짓지 않는다. 간혹 실제에 힘쓰느라[務實] 비천함을 몸소 감수하는 이가 있으면, 모두 비웃으면서 노예처럼 무시한다. 이에 유민(遊民)이 늘고 생산하는 이들은 줄어든다. … 과조(科條)를 엄격히 세워 사농공상(士農工商)에 관계없이 놀고먹고 놀고입는 자에게는 관(官)에서 벌칙[刑]을 마련해 세상에서 용납될 수 없도록 해야 마땅하다."75)

그에 따르면, 노동을 천시하고 기피하는 사람, 특히 양반들로 말미암아 궁핍을 이기지 못해 유민까지 많아져 마침내 국가 경제의 쇠약을 가져왔다. 따라서 놀고먹는 자들을 국가의 법률로 막아 없애는 데 주저치 말아야 한다는 것이다. 여기에 홍대용이 '양반의 특권'처럼 된 관습을 타파하려는 강한 의지가 작용하고 있다. 그의 이런 사고야말로 '사농공상의 직분'에 대한 차별을 배격하는 '사민(四民) 평등사상'의 일단이 아닐 수 없다. 직업과 나아가 '인간의 평등의식'이 그에게서 싹트고 있는 점은 매우 눈길을 끄는 것이다.

사실 그의 평등사상은 그의 직업관에서 더욱 구체화된다. 그의 다음 견해가 그 증거이다.

---

75) 앞 책, 內集, 권4, 〈林下經綸〉.

"뜻[志]이 높고 재능이 많은 이는 위로 올려 조정에서 쓰고, 재질이 둔하고 용렬한 이는 아래로 돌려 초야에서 쓴다. 그 가운데 생각을 교묘히 하고 솜씨가 날랜 이는 공업[工]에 보내고, 이로움을 밝히고 재화를 탐하는 이는 상업[賈]에 보내고, 모책하길 좋아하고 용기가 있는 이는 무반[武]에 돌린다."76)

"재능과 학식이 있으면 농상인의 자식이 정주의 요직[廊廟]에 앉더라도 참람스럽지 않고, 재능과 학식이 없으면 공경(公卿)의 자식을 하인으로 돌리더라도 한스러울 것 없다."77)

조정과 재야를 위아래로 표현한 것은 그가 아직 '관직에 대한 우월시 관념'을 깨끗이 청산하지 못한 사고의 한계이다. 그러나 직업을 '신분과 상관없이 적재적소에 배치'해야 한다는 주장은 또한 '능력 본위의 사고'로서 그의 진취성을 보이는 증거이다. 더욱이 능력만을 기준으로 하여 농상인과 공경의 자식을 차별하지 말아야 한다는 그의 발언은 '직업의 평등시(平等視) 사고'를 극명하게 보인 발언임에 틀림없다. 홍대용이 그린 '평등사회관'은 열린사회관의 참신함에서, 마치 유형원과 같은 정도로, 거의 혁명적이라고 해도 지나치지 않는다. 북학을 이끈 그의 '선구적 실학자(實學者)의 면모'가 이런 점에서 확실하게 드러난다.78)

---

76) 앞과 같음.
77) 앞과 같음.
78) 이 글은 내가 쓴 〈인간과 타물에 대한 홍대용의 탈성리학적 철학〉(《한국사상과 문화》 39집, 한국사상과 문화학회, 2007)을 간추린 것임을 밝힌다.

제31장 양반사회 비판과 후생적 실학의 지향

─ 박지원과 박제가의 탈성리학적 사상 ─

1. 양반의 해악적 행태에 대한 비판

18세기의 특이한 현상에는 조선 사회의 제도에 대한 비판을 상소문이나 잡저라든가, 수록(隨錄) 또는 사설(僿說) 형식 등을 이용하지 않고, 허구적 문학작품인 짧은 '소설(小說)'의 형식을 이용한 것이 있다. 소설은 가상이므로, 이 방법은 사회 비판의 책임을 피하면서도, 풍자와 해학의 흥미로 사람들의 관심을 쉽사리 끌어 비판의 효과를 거둘 수 있었다. 그 시대에 소설 짓기는 양반 지식인이라야 가능했기 때문에, '소설을 통한 사회 비판'은 양반층에서 제출되었다. 따라서 이 것은 '양반층의 자기반성'이라는 특징을 지니고, 시대적 함의도 지닌다고 할 수 있다.

일찍이 16세기 말엽, 17세기 초의 허균(許筠, 1569~1618)[1]도 소설

---

1) 자는 端甫, 호는 蛟山·惺所·白月居士, 본관은 陽川이다. 저술에 《蛟山詩話》,

을 통한 사회제도의 불합리를 고발하고 비판하였다. 그의 〈홍길동전(洪吉童傳)〉이 그러한 작품이다. 그는 이 작품에서, 그 시대 '적서(嫡庶)의 차별대우'를 비판했다. 양반들은 서얼(庶孼)에 대해 '과거 응시의 자격'을 부여하지 않음으로써 서얼들의 고급관료 진출 기회를 제도상으로 사전에 박탈하였다. 적서 차별은 양반층 스스로가 안고 있던 일종의 인권 차별인 점에서 마땅히 시정해야 할 불합리한 제도였다. 일찍이 이이(李珥)가 이것을 개혁해야 할 대상으로 지적한 것으로도 그 문제성을 알 수 있다. 허균의 소설(〈홍길동전〉)은 이 문제가 지닌 불합리성을 더욱 심각하게 비판한 데에 특징이 있었다. 그의 소설은 만연해 가던 그 시대 양반 '신분사회가 안고 있던 병폐'의 단적인 폭로였고, 조선 '신분사회 불안'의 산 증거였다. 허균이 '반란을 도모한 죄'로 사형당한 사실 또한 조선 '양반사회의 동요'를 보이는 조짐이었다고 할 수 있다.

　18세기에 이르러, 소설 형식으로 양반사회를 본격적으로 강력히 비판한 학자는 박지원(朴趾源, 1737~1805)[2]이다. 그는 양반 스스로가 가지고 있던 '비인간적 가식(假飾)'과 '거짓된 가면(假面)', 그리고 사회에 해악을 끼치는 '특권적 수탈'과 노동을 천시하고 기피하는 '비생산적 사고와 태도'를 비판하는 데 주력했다. 이 시대에 누적되어 가던 양반사회의 병폐를 총체적으로 들추어낸 것이 곧 그의 소설들이다. 이 소설들은 신분질서가 흔들리던 사회상을 허구로 설정된 장치를 통해 밝힌 '시대적 비리의 폭로'였던 데에 그 역사적 가치를 지닌다. 박지원의 〈양반전(兩班傳)〉, 〈호질(虎叱)〉, 〈허생전(許生傳)〉, 〈예덕선생

《惺所覆瓿稿》 등이 있다. 시문에 뛰어나고, 여류시인 난설헌(蘭雪軒)의 동생이다.

2) 자는 仲美, 호는 燕巖, 본관은 潘南이다. 《燕巖集》, 《課農小抄》, 《限民名田義》와 〈虎叱〉, 〈兩班傳〉, 〈穢德先生傳〉 등의 소설이 있다.

전(穢德先生傳)〉 등이 곧 그러한 작품들이다.

먼저 〈양반전〉의 내용부터 보자. 내용의 간추린 줄거리는 다음과 같다.

> 정선군의 한 양반은 환곡을 갚지 못해 곤란한 처지에 빠졌다. 마침 그
> 고을 평민의 부자(富者)가 양반 신분을 사기로 했고, 그곳의 군수도 그 일
> 을 허락했다. 가난한 양반과 평민부자는 양반 매매증서를 작성한다. 평민
> 부자가 양반 노릇을 해 보자니, 허례허식에 얽매이는 생활상의 속박이 너
> 무 심하여, 불만을 품고 포기하려 한다. 이에 양반의 특권을 이용해 농민
> 등을 착취하는 따위의 이권이 담긴 그 증서의 수정 보완을 하게 된다. 평
> 민부자는 차마 못할 비인간적 행위에 양반 되기를 결국 포기하고 달아난
> 다.3)

소설의 지은이가 여기서 '고발하려는 비리'를 짚어 보면 대체로 다
음과 같다. ① 양반이자 관료인 군수가 신분(양반) 매매를 하거나 인
정하는 것은 모두 부정부패에 속한다. ② 농민을 착취하는 양반들의
횡포는 월권 이전의 초법적인 부당한 행태이다. ③ 양반 위주의 우월
성을 지닌 사회 신분체제 자체가 비인간적 제도이다. ④ 양반이 가난
한 원인은 일하지 않고 먹기만 함[無爲徒食]에 있다는 것 등이다.

지은이 박지원이 겨냥한 메시지는 다른 것이 아니다. 그것은 곧 양
반체제 자체가 부당한 것이지만, 양반층의 부정부패의 만연과 양민에
대한 양반들의 초법적 횡포, 그리고 글만 읽으면서 노동을 천시·기피
하던 양반들의 생업에 무관심한 비생산적 의식이 반드시 시정되어야
한다는 뜻으로 집약된다. 박지원이 이렇게 바로잡고자 의도한 것들은

---

3) 朴趾源, 《燕巖集》, 권8, 別集, 〈兩班傳〉.

그 시대의 통치 원리였던 '성리학의 부수적 폐단들'이라고 할 수 있는 요소들이다. 이런 점에서 그의 시대적 비리의 폭로는 곧 통치 이념에 대한 도전의 의미를 띤다.

다음은 소설 〈호질(虎叱)〉의 줄거리이다.

> 산 가운데서 한밤에 큰 호랑이[大虎]가 부하들을 소집해 저녁거리를 의논한 끝에 마을로 내려온다. 그 마을, 정지읍에는 도학(道學)으로 이름 높던 북곽(北郭)선생이 살았는데, 그는 이웃의 동리자라는 청상과부와 밀회를 하고 있었다. 평소의 고명함으로 보아 북곽선생이 아니라 여우가 둔갑한 것이라고 여겨, 호랑이는 몽둥이를 들고 들어갔다. 여우로 몰린 북곽은 크게 곤욕을 당한 나머지, 똥구덩이에 빠졌다. 북곽선생이 그 구덩이에서 간신히 나와 보니, 호랑이가 입을 벌리고 있어 목숨을 빈다. 호랑이는 북곽을 크게 꾸짖고 가버린다. 날이 샌 뒤 북곽은 농부들에게 발견되어 망신을 당한다.[4]

이를 분석하면, 다음과 같이 될 것이다. ① 그 시대 양반으로서 존경받을 수 있는 조건은 도학(道學, 곧 성리학)의 연구와 도학에 입각한 도덕적 품행이었는데, 양반인 북곽의 행실은 이와 반대로 위선으로 차 있는 이중인격자이다. ② 위선으로 치면, 그런 양반은 여우 같아 똥구덩이에나 빠뜨려야 할 인간이다. ③ 북곽 같은 인간은 짐승만도 못해, 짐승인 호랑이에게 오히려 꾸지람을 들어야 마땅할 지경이다. ④ 과부의 수절(守節)은 양반가문 여인네의 덕목 가운데 가장 으뜸으로 치는 덕목이지만, 이것은 인간의 본성을 무시한 양반들의 남성 본위의 명분일 따름이다. ⑤ 수절의 덕목 실천자로 널리 알려진 동리자

---

4) 앞 책, 권12, 別集, 《熱河日記》, 〈虎叱〉.

또한 실상은 성씨(姓氏)가 각기 다른 아들 다섯을 둔 음탕한 여인[淫婦]이다. 양반네들이 외면과 내면이 다른 위선자임에는 남녀가 다 마찬가지이다.

이것들을 집필한 솜씨로 보면, 양반의 가식적인 탈[假面]을 벗기는 데 박지원의 글솜씨는 능란하다.[5] 남녀를 가리지 않는 양반의 도덕적 위선의 상태는 상상을 넘어설 만큼 심하였다. 그 위선의 원인은 양반들의 수양 부족에도 있지만, 성리학적 사유 특히 엄격주의에 드는 '성리학적 도덕관'에도 있음을 박지원은 암시하고 있다.

다음, 〈허생전〉의 내용을 보자.

> 허생(許生)이라는 한 서생이 10년 계획으로 남산골에서 공부를 한다. 하지만 그는 가난을 못 견디고 중단한다. 장안의 갑부인 변씨(卞氏)를 찾아간 그는 10만 금을 빌려 지방으로 간다. 그 돈을 밑천으로 장사를 벌인 허생은 돈을 많이 벌어, 좋은 일을 많이 하고, 변씨에게는 원금과 이자를 합한 20만 금을 지불한다. 놀란 변씨가 그의 뒤를 좇아 보니, 그 허생은 남산 밑 작은 오두막에서 살고 있었다. 그 뒤 그들은 친하게 사귀는 사이가 된다. 그러다가 변씨는 이완(李浣)이라는 정승에게 허생을 소개했다. 이 정승은 허생에게 시사(時事)에 대한 이야기를 하였지만, 그는 허생의 비웃음만 샀다. 허생의 비범함을 안 이 정승이 그를 기용하려 찾았지만, 허생은 이미 어디론가 사라져 버렸다.[6]

저자인 박지원은 ① 그 시대 '양반 관료들의 현실[時事] 파악'이 얼

---

5) 박지원의 문체는 기문(奇文)이라는 평을 들었을 만큼 자유분방한 특징을 지닌다. 정조 임금으로부터 문체반정(文體反正)의 교시를 받았으니, 그의 문체가 그 시대에 얼마나 영향을 끼쳤는지 짐작된다.

6) 《燕巖集》, 권10, 《熱河日記》, 〈玉匣夜話〉 中.

마나 오류에 찼던가를 꼬집었다. ② 그는 또 양반들의 관존민비(官尊民卑) 의식이 보잘것없는 사고임을 일깨운다. ③ 양반들이 가지고 있는 '사민(四民, 士農工商) 의식'에서 가장 천시한 '상업'을 그는 오히려 매우 중요시해야 할 것으로 환기한다.7) 이는 비생산적인 글공부보다 상업 같은 실질적인 생업에 종사함이 '삶을 돈독히 하는 이른바 후생(厚生)의 길'이고, 그 상업과 같은 후생의 길이 곧 '부국이민(富國利民)'의 길임을 가르치려는 것이다. 이로써 〈허생전〉은 〈양반전〉과 같은 맥락에 있음을 알 수 있다.

마지막으로 〈예덕선생전〉을 보자.

> 학자인 선귤자(蟬橘子)에게는 벗 하나가 있다. 그의 이름은 예덕선생(穢德先生)이다. 예덕선생은 종본탑(宗本塔) 동쪽에서 산다. 그는 마을의 똥거름을 쳐내는 일로 생계를 꾸린다. 동네 사람들은 모두 그를 엄행수(嚴行首)라고 한다. (행수란 상일을 하는 늙은이를 가리키고 엄이란 그의 성씨임.) 선귤자에게는 제자인 자목(子牧)이 있었다. 자목은 그의 스승 선귤자가 사대부들과 교유하지 않고 엄행수와 벗함을 불만스레 여겼고, 그 불만을 스승에게 실토한다. 그러자 선귤자는 제자 자목에게 사람 사귐에 대해 아래와 같이 가르친다. 이롭고 해로움을 계산하는 '때로 사귐[時交]'이 있고, 아첨으로 하는 '얼굴로 사귐[面交]'이 있지만, 그것들은 오래가지 못한다. 마음으로 사귀고 심덕을 존경해 사귀는 '도의의 사귐[道義之交]'이 더 있다면서, 이런 사귐이어야 함을 스승은 역설한다. 엄행수가 실제로 도의의 사귐의 상대라는 것이다. 사실 엄행수의 사는 모습은 어리석고 비천해 보이지만, 그는 누가 알아주길 바라지 않고, 욕먹지 않고, 읽을 만한 글도 보지 않고, 종고(鐘鼓)의 즐거움에도 귀 기울이지 않고, 자기의 분수대로

---

7) 앞과 같음.

즐겁게 산다. 더러움 속에 덕행(德行)을 파묻고, 세상을 떠나 숨은 듯이 살아간다. 그가 하는 일은 더럽지만, 그의 태도는 지극히 향기롭다. 그가 처한 곳은 더러우나 그 의(義)를 지킴이 매우 굳다. 그러니 그를 보고 부끄러워하지 않는 사람이 몇이나 되랴! 이래서 내가 그 이름을 부르지 못하고 '예덕선생'이라고 할 수밖에 없다.[8]

박지원은 먼저 '사람 사귐[相交]'이 어디까지나 '도의의 사귐[道義之交]'이어야 함을 강조했다. 그도 도의의 중요성을 역설함에서는 일반 성리학자들과 다르지 않았다. 그러나 도의로 사귈 만한 인간의 척도로 내세운 '바람직한 삶의 태도'에서 그는 성리학자들과 달랐다. 오히려 그 시대 일반 성리학자들, 특히 양반들의 삶의 태도가 예덕선생과 너무 동떨어졌기 때문에, 그는 예덕선생의 모습을 본보기로 내세우고 있는 것이다. 박지원의 눈에 비친 양반네들은 예덕선생과 딱 반대였기 때문이다.

박지원은 그 시대 양반들에게는 꾸밈없는 '순진한 덕성(德性)'이 너무 없음을 문장의 행간에서 질타하고 있다. 양반들이 '분수와 의로움[義]을 지키지 않음'도 문제이고, 신분의 귀천을 벗어난 인간으로서 '사민(四民)의 평등함'을 모르고 있음도 비판했다. 박지원이 일반 양반도 아닌 그저 글이나 읽는 학자인 선귤자와 천한 일에 종사하는 엄상수를 '도의로 사귀는 벗'이라고 한 설정이 곧 '직종과 신분을 벗어난 인간 평등'의 가르침을 겨냥한 설정이다.

더욱이 이 글의 초점은 '직업에 귀천이 없음'을 역설하는 데 놓였다. 이 점은 글 읽기[讀書]만을 귀히 여기고 노동을 천시하는 양반네의 의식에 '똥 치우는 생업'을 들어, '글과 똥'이라는 극단적 대비에

---

8) 《燕巖集》, 권8, 別集, 〈放璚閣外傳〉, 〈穢德先生傳〉.

기대어 설득력의 효과를 극대화한 방법임을 알 수 있다. '사민평등'과 '모든 직업의 신성함'을 교시하는 이 대목에서 박지원의 사상이 '탈성리학 성격의 사상'임이 명백히 확인된다. 그가 성리학자들보다 훨씬 '실제성·실질성·실리성·실용성'을 띤 사상을 추구했음이 이 소설들로 확실해진다. 박지원의 의식이 성리학에만 의존하던 관념에서 이미 탈피되었음이 분명하다. 그의 발걸음은 어느덧 '근대적(近代的) 사유'에 한발 진입하였던 것이다.

2. 북학 개념과 북학파의 형성

박지원의 소설들에 비친 양반들의 사유와 행태는 다양했지만, 주요 핵심은 대체로 '인간의 됨됨이'가 가장 중요하다는 요지의 인간관으로 집약된다고 할 수 있다. 이것은 먼저 인간이 되지 않고서는 어느 직업에서나 잘될 수 없다는 그의 신념의 표출이었을 것이다. 사회와 국가를 통치함에서 그 지도층이 인간다워야 함은 더욱 말할 나위 없다. 양반들이 지배층인 만큼, 양반들에게 거는 인간됨의 기대는 더 클 수밖에 없다.

원래 우물 안의 개구리 처지로는 밖의 세상과 비교된 우물 안의 상태를 제대로 파악하기 어려운 법이다. 그 우물에서 나와야 그 우물 안의 전체 상태를 더 잘 파악할 수 있게 마련이다. 박지원은 그 시대에 호란[丙子胡亂, 1636] 이후 '적대시하면서 오랑캐로 무시'해 온 청국(淸國)에 다녀올 기회가 있었다. 이것이 그가 국내 사정을 국외에서 객관적으로 관찰하고 간파할 수 있는 좋은 기회로 작용했다.

1780년(정조 4), 청나라 건륭왕의 70세 생일을 축하할 사절이 떠나게 되었을 때, 마침 사절단장[朴明源]이 그의 삼종형이라, 박지원(44

세)은 무슨 임무를 띠지 않은 채 그 무리에 끼어서 갔다. 일찍이 과거를 통한 벼슬아치 됨을 단념하였던 터라, 그는 초야에서 학문만 닦아오던 순수한 선비로서 이때 새롭게 보고 듣고 생각난 일들을 상세히 기록했다. 그의 '이 여행기'로 엮은 책이 바로 유명한《열하일기(熱河日記)》(26권 10책)이다.

약 3개월 동안의 이 북경[燕京] 여행에서 그는 많은 외국인들을 보았고, 여러 중국인들과 그들의 생활 풍습, 그리고 생활필수품들을 접했다. 그는 특히 청(淸)의 학자들을 만나고, 정치, 경제, 문화, 예술 등 다양한 문물을 직접 목격하면서 많은 것을 생각하고 그것들을 부지런히 적었기 때문에, 그의《열하일기》는 보통 일기책의 체제나 내용과 전혀 다르다. 이것은 3개월여에 걸쳐 쓰고 싶은 내용들을 일정한 틀에 매이지 않고, 자유분방한 필치와 필체로 적어 놓은 것이다. 앞서 소개한 조선 양반들의 단점과 폐단들을 비판한 것도 이 여행에서 많은 사람들을 만나고서 써 놓은 것들이 대부분이다.

《열하일기》에 담긴 기록의 성격은 그 시기 '유익한 청의 문물'을 받아들이려던 그의 동료학자들의 견해와 거의 같다. 청의 문물을 받아들이려던 사고가 가능했던 데에는 이때가 17세기 이후의 북벌론(北伐論)의 분위기와 달라진 여건에도 일부 원인이 있었다. 더욱이 효종(재위 1649~1659) 시기에 계획만 했다가 실천하지 못한 '북벌론'은 그 후 한동안 '집권의 이념적 도구'처럼 되었다가, 18세기(영조 대)에는 효력을 거의 상실한 형편이었다. 따라서 이 무렵에는 '청의 문물'과 청을 통한 '근대 서구문명'을 받아들이려는 한 무리의 학자들이 있게 되었다. 이름 하여 '북학파(北學派)' 학자들이 그들이다.

원래 '북학(北學)'이란 박제가(朴齊家, 楚亭, 1750~1805)의《북학의(北學議)》에서 나온 말로,9) 그 시대에는 '중국학' 특히 '청국학'에 해당한다. 이 용어의 연원은《맹자》의 다음과 같은 기록에 있다. 옛날 진량

(陳良)은 중국의 남쪽 초(楚)나라에서 태어난 사람인데, 주공(周公)과 공자[仲尼]의 사상을 좋아해 '북쪽의 중국'으로 가서 "북학을 했다"는 《맹자》의 기록이 그것이다. 이 《맹자》에서 (본래의) 북학은 주공과 공자의 사상인 '본원유학(本源儒學)'을 가리킨다. 그 '북학'이라는 용어를 박제가는 청국의 문물을 배우는 학문, 곧 '청국학'의 의미로 차용했던 것이다. 이 용어 차용 이면에는 청에 대한 기존의 감정과 인상이 완전히 불식되지 않았기 때문이다.10)

그 시대 북학파로 지목되는 학자는 홍대용(洪大容), 박지원, 박제가, 이덕무(李德懋), 유득공(柳得恭), 이서구(李書九) 등이다. 이 가운데 박제가, 이덕무, 유득공, 이서구는 정조의 총애를 받던 규장각의 네 검서관인데, 한문시의 재능에서 뛰어나 '한시사가(漢詩四家)'로도 유명하다.11) 아무튼 이들 모두는 북학의 이름을 이용하여, 청에 전래된 '서구의 근대 과학기술'과 '청의 선진 문물'을 배우려고 한 학자들이다.

---

9) 朴齊家, 《北學議》, 序.

10) 본래 《맹자》에서는 진량(陳良)의 옛이야기를 전하면서, "나는 중화[夏]를 이용해 오랑캐[夷]를 교화했음은 들었어도, 오랑캐로 해서 (누가) 변했다 함은 듣지 못했다"는 구절을 넣고 있다. 이를 미루어 생각하면, 청(淸)이 실상 오랑캐로 여겨온 만주족인 데다 병자호란 때의 적국(敵國)이었으므로, 청국학(淸國學)을 표방했다가는 반감을 살 여지가 있었다. 그런 만큼, 박제가가 그 청국학을 미화하는 방법, 곧 청에 대한 적대감을 감안해 청국학이라 해야 할 용어에 본원유학인 북학(北學)의 명칭을 차용·대입한 것이다. 이 대목에서 그 시대의 한국인의 의식의 저변에는 아직도 '북벌적(北伐的) 의식'이 깔려 있음을 짐작케 된다.

11) 유득공의 숙부인 유탄소(柳彈素)는 박제가, 유득공, 이덕무, 이서구의 시 399편을 모아 《巾衍集》(이른바 《四家詩》)이라는 시집을 엮었다. 이것은 박제가의 사행(使行) 때 북경에 가지고 가, 거기서 중국 시인들의 서문과 제평(題評)을 받아 출판되어, 나라 안팎으로 널리 알려지게 되었다.

3. 북학파의 기술 문명에 경도

북학파 학자들이 새롭게 배운 내용으로는 서구의 근대 천문학(天文學)과 지리(地理) 및 역산(曆算) 등인데, 특히 유학-성리학에 영향을 가장 많이 끼친 것은 '근대 천문학'이라 하겠다. 다 아는 대로 그때까지 성리학자들이 가지고 있던 천문관은 '개천설(蓋天說)' 또는 '혼천설(渾天說)'이었다. 그것들은 "하늘은 둥글고 땅덩이는 모나며[天圓地方], 땅덩이는 정지해 있고 하늘이 (서에서 동으로) 돈다[天動地靜]"는 요지로 되었다. 그런데 중국에 들어온 천주교(예수회) 신부 등은 코페르니쿠스의 "땅덩이는 둥글고, 그 땅덩이가 해(태양)를 중심으로 돈다"는 이른바 '지구설(地球說)'과 '지동설(地動說)'을 전해 왔던 것이다.

북학자 가운데서 이 근대 천문설을 가장 먼저 안 학자는 이미 살핀 홍대용이었는데, 그는 1765년(영조 41) 그의 연행 기회에 이것을 알게 되었다. 그는 그때 서장관으로 북경을 가는 그의 숙부[洪檍]의 군관으로 북경의 천주당에서 중국의 흠천감정(欽天監正)과 부감(副監)의 직책을 맡고 있던 독일인 할러슈타인(Augustinus von Hallerstein, 중국명 劉松齡)과 고가이슬(Anton Gogeisl, 중국명 鮑友管) 등을 만나고 관상대를 둘러보면서12) 근대적 천문설의 지식을 배웠다.13) 그리고 그것은 곧 박지원에게로 전수되었다.

박지원은 《열하일기》(太學留館錄)에서 새롭게 얻어들은 그 천문설을 비교적 일괄적으로 이야기하고 있지만, 홍대용은 산발적으로나마

---

12) 홍대용은 이때 북경에서 엄성(嚴誠), 반정균(潘庭均), 육비(陸飛) 등과 교분을 쌓고, 경학·성리·역사·풍속 등 여러 주제에 대한 토론도 했다.

13) 이론의 치밀성에서는 근대 천문설보다 떨어지지만, 한국에서 지구설과 지동설은 북학자인 홍대용 이전에 이미 김석문(金錫文)에 의해 처음으로 주장되었다.

거의 같은 내용을 그의 〈의산문답(毉山問答)〉에 실옹(實翁)의 이름을 빌려 적어 놓았다. 그 내용의 줄거리는 아래와 같다.

"천체의 허공(虛空)은 기(氣)로 차 있다. 그 허공에 해[日]와 달[月], 별들[星辰, 五星]이 있다. 땅덩이와 해와 달과 별들에 (서로) 상하가 없음은 마치 우리 몸에 동서남북이 없음과 같다. 땅덩이는 (달과 마찬가지로) 둥근데[圓 또는 丸], 그 둥긂은 일식, 월식으로 알 수 있다. 땅덩이[地塊]가 (해를 중심으로) 도는데[旋轉], 하루에 한 바퀴 돈다. 땅 둘레는 9만 리이고 하루[一日]는 12시(時)이다."14)

이쯤으로도 과거의 '혼개설의 천체관'과는 근본적으로 현격한 차이가 있음을 알 수 있다. 따라서 새로운 천문설은 과거의 천체관에 바탕을 둔 '성리학의 학문관'을 비롯해, (다음 절에서 볼) 세계관, 인간관 및 가치관 등의 철학 전반에 크게 영향을 끼친 결과를 낳았다.

다음, 북학파 학자들이 받아들이려고 했던 '청의 선진 문물'은 매우 다양하였다. 그것은 대체로 일상생활에 필요한 필수품에 드는 '기물(器物)들'이기도 하다. 그 기물들은 박지원에게도 수레, 벽돌, 기와 등 허다한데, 무엇보다도 박제가의 '《북학의(北學議)》에서 거론한 목록과 내용'이 가장 풍부하고 구체적이다. 그것은 수레[車], 배[船], 성(城), 벽돌, 기와, 궁실(宮室), 도로, 교량, 돈[錢], 약(藥), 종이, 활, 자[尺], 서화 등 《북학의》 내편에 거론된 39가지와 밭[田], 뽕[桑], 농기(農器), 쇠, 곡식 이름[穀名], 지리(地利), 수리(水利) 등 《북학의》 외편에 논의된 17가지 항목에 이른다.

박제가는 농본국인 우리나라 관습[東俗]으로는 농기(農器)의 편리함

---

14) 洪大容, 《湛軒書》(경인문화사), 內集, 권4, 〈毉山問答〉.

에 대해 너무 몽매하고 태고 때(羲農 시대)와 다름없다고 지적했다. 그
는 시급한 대로, 각종 농기구를 중국 요양(遼陽)에서 사다가, 서울의
대장간에서 일정한 격식으로 만든 뒤, 먼저 생산처들에 보내 각기 나
누어 만들어, 이를 널리 보급시키자고 제안했다. 더욱이 쟁기[耒]와
보습[耜] 같은 것은 그 넓이와 크기를 통일하여 이용함이 농사 노동의
절약과 아울러 증산의 효과를 거둔다고 주장했다.15)

　수레와 우차(牛車) 등을 논하는 대목에서 박제가는 그것을 분뇨의
비료화와 서울 장안의 분뇨 이용과 연결시켰다. 좋은 수레가 있어야
분뇨를 운반하고 비료로 만들어 농사에 이용할 수 있다는 것이다. 이
밖에도 각 지방의 토산물과 공산품의 운반수단의 미비가 문제라고 지
적했다. 그에 따르면 우리나라에서도 수레, 특히 우차를 예로부터 사
용해 왔지만, 산이 많은 조건에서는 그 이용이 어려워 탈것들의 개발
을 소홀히 해왔다. 겨우 안동, 의성, 장연, 신천, 함흥 등 평야 지역에
서나 수레를 사용했지만, 그 제작은 작은 규모에 지나지 않았다. 그런
데 박제가의 견해로는 생민의 기구 가운데 수레보다 더 중요한 것이
없었다. 따라서 중국의 발달된 각종 수레와 차(車)의 제작법을 배워야
한다는 것이다. 그 방법으로, 그는 솜씨 있는 이들을 각 군문에서 뽑
아 연행 사절을 따라 가게 해, 청의 차제(車制)를 그대로[尺寸不差] 베
껴 만들 것을 촉구했다.16) 우마차의 발달은 공기(工器)의 제작기술 향
상뿐만 아니라, 도로의 개선·확장과 목축업의 발달과도 짝하는 중요
성을 그는 인지하고 있었다.

　수레나 우차보다 운반수단으로 훨씬 더 뛰어난 것이 배[船]임을 그

---

15) 朴齊家, 《貞蕤集》(국사편찬위 편, 탐구당, 1974) 附, 〈北學議〉 참조. 내 나름
　　으로 참조해 편술했다.
16) 앞과 같음.

는 간과하지 않았다. "수레 백 대에 싣더라도 배 한 대에 못 미친다. (수레로) 육로 천 리 감은 배로 만 리(萬里) 가는 편리만 못하다"는 것이 그의 견해다. 그런데도 당시 우리의 조선술은 임진왜란 때보다도 뒤져 있다고 했다. 배들이 모두 조악하고 빈약해, 많이 싣지도 멀리 가지도 못했다. 그러니 청의 조선술을 배우지 않을 수 없다는 것이다.17) 그의 조선술 향상설은 곧 그의 해외 통상론과도 직결되었다.

박제가는 '땅의 이용(地利)', '물의 이용(水利)', '볍씨 뿌리는 기술' 등 모든 '기물(器物)들의 기술 향상'이 다 일상생활의 편의로운 개선과 생활의 윤택을 가져오지 않는 것이 없음도 역설했다. 상업의 중요성도 숙지한 그는, 상인이 사민의 하나로서 상업에 종사함은 어민이 어업으로, 협민(峽民)이 벌목으로 농업을 대신함과 같다면서, 놀고먹는 양반, 곧 유의유식(遊衣遊食)하는 양반네를 모든 종류의 상업에 종사토록 하자고도 제안했다.18)

그는 국방의 경우, 성곽을 돌로 쌓기보다 벽돌로 쌓아야, 적의 공격에 벽돌 몇 개가 부서져도 성곽이 무너지지 않는다고 지적했다. 아울러 그 성곽의 규모를 줄이되, 가능한 대로 성 밖에 참호를 파서 안팎을 이중으로 방비토록 권했다. "재능 있는 선비와 이용할 기기(器機)가 곧 군병(軍兵)의 근본"이라고,19) '병기의 중요성'을 강조한 박제가였다.

이처럼 모든 분야에 걸쳐, '기물들의 기술 향상'에 따른 생활의 윤택을 지향함은 '북학파 학자들의 공통된 사고'였다. 이른바 '이용후생(利用厚生)'을 꾀하는 데 역점을 둔 사유가 북학자들의 사상 경향이다.

---

17) 앞과 같음.
18) 앞과 같음.
19) 앞과 같음.

이들은 생활의 개선을 겨냥하지만, '일상적 기물의 기술 향상'에 따른 '복리 증진'을 겨누었다. 이 점이 행정제도나 법제의 유용한 변경을 통하여 민생을 이롭게 하려고 한 유형원, 이익 등의 경세치용(經世致用)의 사상과 다른 이들 사상의 특징이다.

4. 학문관, 후생적 실학관의 정립

북학파의 이용후생 사상의 특징은 박제가의 다음 인용문에서 뚜렷해진다.

> "학문은 과거(科擧) 때문에 병들고, 풍기는 문벌(門閥)에 얽매였고, 견문을 넓힐 수 없으니, 재능과 지식을 개발할 수도 없다. 이와 같기 때문에 문명(文明)이 어둡고, 제도가 무너지며, 백성은 날로 느는 데도 나라가 날로 궁핍해진다. 이런 까닭에 《서경》에 이르기를, 정덕(正德, 덕성을 바르게)하고, 이용후생(利用厚生)해야 한다고 했다"[20]

여기서 그는 《서경》에 나오는 정덕(正德)과 이용후생(利用厚生)을 학문의 (갖추어야 할) 요목으로 꼽았다. 이는 얼핏 보면, 공자 이래 유학자들, 성리학자들이 추구하던 수기(修己), 안인(安人) 또는 치인(治人)과 같아 보인다. 사실 정덕은 수기와 다르지 않다고 할 수 있다. 그러나 이용후생은 안인과 똑같지 않다. 안인이 포괄적 의미인 데 견주어, 이용후생은 안인의 범위에 드는 일종의 특화된 성격과 내용을 의미한다.

---

20) 朴齊家, 《貞蕤集》, 권2, 〈應旨進北學議疏〉.

이용후생은 마치 경세치용이 안인의 특화된 성격인 것과 비유된다. 그러나 이것은 경세치용과도 의미에서 차이가 난다. 경세치용이 주로 '정치와 제도 등의 유용성을 기하려 함'을 가리키는 데 견주어, 이것은 도구·기물 등 '쓸모 있는 것[用]을 더 낫게 하여[利], 삶을 도탑게[厚生] 하고자 함'이다. 이용후생은 기구·기계 등의 개량·발달, 곧 과학기술의 발달에 의한 삶의 윤택인 부유를 기하려던 의미가 깔린 모토였다.

더욱이 주목되는 점은 성리학자들이 수기를 한 다음에 안인 또는 치인을 하려던 순서를 박제가는 따르지 않을 때가 있다는 사실이다. 그는 이 인용문과는 다른 자리에서, "이용후생을 조금만 덜해도 위로 정덕을 해친다"[21]고 해, 이용후생이 정덕에 앞서는 투로 그 중요성을 강조했다. 이용후생을 정덕 이상으로 중요시하던 사유는 박지원도 마찬가지였다. 다음은 정덕과 이용후생에 대한 박지원의 견해이다.

> "그러한 까닭에 우(禹)임금이 육부(六府)를 베풀었으니, 이용(利用)과 후생(厚生)의 바탕이 아닌 것이 없으며, 이용과 후생은 또 반드시 정덕(正德)을 근본으로 하는 것입니다."[22]

> "아아, 이와 같은 다음에라야 비로소 이용(利用)이라고 할 만하다. 이용한 다음에 후생(厚生)할 수 있고, 후생한 다음에 그 덕을 바르게[正德] 할 수 있다. 그 이용을 하지 못하면서 후생할 수 있는 경우는 드물다. 생활하는 것이 넉넉하지 못하면, 어떻게 그 덕을 바르게 할 수 있겠는가?"[23]

---

21) 앞 책, 附,〈北學議〉, 序.

22) 朴趾源,《燕巖集》, 권17,〈課農小抄〉〈播穀 胡麻條〉.

23) 앞 책, 권11,《熱河日記》,〈渡江錄〉.

덕성을 바로잡는 일, 정덕(正德)을 이용후생(利用厚生)보다 더 근본으로 여기기는 박지원도 성리학자들과 같았지만, 그는 이 둘의 실천에 있어서는 이용후생을 정덕보다 더 앞세웠다. 그 까닭은 후생의 조건인 '생활이 넉넉해야만' 정덕이 가능하다는 데 있다. 다시 말해, 이용후생을 하지 않고서는 정덕이 실질적으로 실현될 수 없다는 데에 바로 성리학자들과 다른 그의 견해가 자리한다. 따라서 이용후생이 북학자들의 학문에 있어 궁극의 요건 또는 목적에 해당했다고 할 수 있다.

북벌의식이 완전히 떨쳐지지 않고 구호로나마 남아 있던 탓에, '청국학'이라는 표현을 '북학'이라는 이름으로 대신하여, 청의 이로운 문명을 받아들일 주장을 한 것은 하나의 '용기 있는 결단이고 행동'이었다. 이는 그 시대의 발전을 꾀하였던 데에 진정한 의도가 있었음을 감안하면, 이 주장은 과소평가되어서는 안 될 사상적 용단이었다. 근대의 과학기술이 모든 면에서 장점을 지니지는 못했을지라도, 이것이 세계사의 피할 수 없는 공업화나 산업화—이른바 근대화로서의 생존 형태—를 이끌었음을 감안하면, 한국만이 그것을 외면해야 할 당위성을 찾기는 어렵다. 국제적 생존의 방법으로는 오히려 근대로의 흐름에 뒤져서는 곤란함이 불을 보듯 명확하다. 북학파 학자들이 '기물의 기술적 개선에 의한 삶의 부유화'를 지향한 '이용후생적 개혁사상'을 강조한 것은 근대를 향한 흐름의 시각에서 한국유학사에 공헌한 사조였다고 해야 할 것이다. 정체되어 갈 양반사회에 문명의 진전에 따라 '민생의 복리'와 '국부의 증진'을 초래할 길을 튼 사상이 바로 북학파 학자들의 사상이었다. 박제가가 북학의 이름 아래 기물의 기술 개선을 논하면서, 그 시대 양반사회의 폐단을 '사기(四欺)와 삼폐(三弊)'24)로 조목화하여 신랄하게 비판한 사실로도 이 점은 분명하다.

박지원과 박제가가 이용후생(利用厚生)과 정덕(正德)을 추구했던 의

지는 그들의 '바람직한 학문관'에서 비롯된 것이었다. 그 학문관이
《서경》에 뿌리를 두었음을 밝힌 것은 다만 개념의 출처를 가리키는
데서 그칠 따름이다. 이들이 이용후생을 강조하는 발언 자체가 기존
의 유학인 성리학에 만족할 수 없던 의식의 표출이었다고 해석해야
한다. 이런 맥락에서 볼 때, 이용후생 구호의 발설은 바로 '성리학을
벗어나겠다'는 선언과 다르지 않다. 이들에 이르러 그 시대의 학문관
은 이미 이렇게 '탈성리학(脫性理學)'의 성향으로 흘렀음이 읽힌다.

　유학의 학문관은 원래 유학자들이 '바람직한 유학'을 가리켜 스스
로 '실학(實學)'이라는 표현으로 드러냈음은 되풀이할 필요가 없을 것
이다. 이런 점에서 북학자들도 자신들의 유학을 실학이라 하는지, 실
학이라 하면 어떤 내용과 성격을 들어서 그렇게 말하는지 살펴야 하
겠다. 박지원의 실학관은 바로 아래 문장에서 확인되듯이, 성리학자
들의 실학관과 전혀 다른 것이다.

　　"선비[士]의 학문은 실로 농업[農], 공업[工], 상업[商]의 이치를 아울러
　　포함하니, 이 세 가지 업은 반드시 선비를 기다린 뒤에야 이루어집니다.
　　이른바 농업을 밝히고[明農], 상품을 통하게[通商] 하고, 공업에 혜택을
　　준다[惠工]고 함에, 밝히고 통하게 하고 혜택을 주는 이가 선비 아니고 누
　　구이겠습니까? 신이 짐짓 생각해 보니, 후세에 농업과 공업과 상업을 잘
　　못함은 바로 선비에게 실학(實學)이 없는 허물 때문입니다."[25]

---

24) 朴齊家, 《貞蕤集》, 권3, 〈丙午所懷〉(丙午正月二十日朝參時典設署別提朴齊家
　　所懷). 그는 사기(四欺)로서 네 가지 기만적 사고 — 國之自欺, 士大夫之自欺,
　　功令之自欺, 習俗之自欺 — 를 들고, 삼폐(三弊)로서 다음과 같은 세 가지 폐
　　단을 든다. 첫째, 국법(國法)이 사대부에게서 행해지지 않음, 둘째, 과거제가
　　인재 등용을 실패하게 함, 셋째, 숭유(崇儒)를 위한 서원(書院)이 오히려 부역
　　(賦役)을 피한 범법(犯法) 무리의 의탁소로 되었음.
25) 朴趾源, 《燕巖集》, 권4, 〈課農小抄·諸家總論後附說〉.

  박지원의 견해로, 민인의 삶을 도탑게 하는 효과를 거두려면, 선비의 학문인 유학이 바람직하게, 곧 실학답게 되어야 한다. 선비의 학문이 그렇게 되려면, 공허하거나 무용한 것을 탐구하지 않고, '반드시 농·공·상의 특성을 잘 살리는 탐구'를 업무로 삼아야 한다. 그 농·공·상의 특성에 대한 탐구의 업무가 바로 농업을 밝히고, 상품을 유통시키고, 공업에 혜택을 주는 일이다. 따라서 유학을 실학으로 만들려면 이 세 가지 작업에 충실해야 한다. 이 세 가지 업무에 충실한 유학이 곧 그의 실학에 다름 아니다.

  그의 실학관은 결국 "민인의 삶을 넉넉하게 하고 나라를 이롭게 하는 데서 실효[裕民益國之效]"를 거두는 성격과 내용이라야 실학이라고 하는 견해이다. 그에게 후생을 빠뜨려서는 실학은 성립될 수 없다. 이런 의미에서 그의 실학관은 '후생 위주의 실학관'이라 할 수 있다. 따라서 도덕 행위의 실천을 주목적으로 해, 실심의 수기·정덕을 무엇보다 강조하는 실학이 성리학자들의 실학임을 상기하면, 박지원 같은 북학파 학자에 이르러 실학의 개념은 많이 변했음을 한눈으로 알 수 있다. 이런 실학관이 이후 정약용에게 영향을 끼쳤음을 보게 된다.

제32장 서학·천주교에 대한 성리학계의 대응

1. 천주교의 전래

서학(西學)이라는 용어는 복합적 의미를 지녔다. 사용하는 사람에 따라 일정치 않지만, 일의적(一義的) 용어가 아님에는 틀림없다. 천주교와 서구의 학술·과학·기술·병기 등의 학문적 범위를 다 포괄하는 용어가 서학이다. 이 가운데 두드러진 의미로는 천주교와 과학에 드는 천문·지리·역산(曆算) 등이 서학을 주로 가리키지만, 유학자들의 용례로는 특히 '천주교'의 의미를 대표하였다. 이 자리에서도 고찰의 성격상 '서학을 주로 천주교에 한정'한 의미로 사용하겠다.

유학이라고 하든 유교라고 하든 유가에도 원래 종교성이 없지 않다. 종교에 대한 규정을 "초월적이고 궁극적인 것에 대한 신앙"이라고 할 때 그러하다. 유학의 종교성은 '상제(上帝)'·'천(天)'·'천명(天命)'을 비롯해, '경천애인(敬天愛人)'·'진인사대천명(盡人事待天命)'이란 어휘의 용례에서 잘 드러난다. 그러나 유학의 종교성은 천주교의 그것과 매우 다르다. 더욱이 상제(천)에 대한 관념이 천주교의 천주(하느님)와 같지 않다. 유학의 상제는 창조신이 아니라 우주 만물의 주재자(主宰者)이고, 이렇게 상정된 이면에는 상제는 천주 같은 '전지전능한 존재'가 아니라는 신념 때문이다. 유교나 유학이라 할 때나 이런 관념에 차이가 별로 없는 까닭도[1] 실은 상제에 대한 이런 사유에 말미암는다. 유학은 학문성을, 유교는 교육성을 주로 가리키는 정도의 차이가 있을 뿐, 둘에는 종교성의 차이는 있지 않다. 다만 이 글에서는 천주교를 서학이라고 불렀던 유학자들의 학문 의식을 감안해야 하므로, 여기서는 유교보다 유학이라는 용어의 사용이 더 적합하다.

　서구의 문물[重火器·佛浪機 등]이 전해진 것을 논외로 하면,[2] 천주교가 처음 알려진 것은 예수회 선교사인 리치(Matteo Ricci, 중국명 利瑪竇) 등이 중국에 들어와 활동[1583년 입국하여 1601년 북경에 남당(南堂)교회 세움]하기 시작한 16세기 말·17세기 초였다. 특히 천주교의 내용이 알려지기 시작한 것도 리치의 《천주실의(天主實義)》가 1603년에 북경에서 간행되자 곧 이수광(李睟光, 1563~1628), 유몽인(柳夢寅, 1559~1623) 등이 읽었고, 허균(許筠, 1569~1618)이 그 12장을 (1610 또는 1614년) 전해 온 뒤의 일이다. 이 무렵, 즉 17세기 초가 천주교의 한국 전래 최초의 시기였다. 이로부터 18세기 중엽까지 천주교에 대한 조선 성리학자들의 대응은 호기심에 따른 '학문적 대응'이었다. 그들은 처음 대하는 이교(異敎)에 대하여 '학문적 태도'를 먼저 취했다. 글자 그대로 '서학의 연구'로서 그들은 천주교의 교리를 해득·파악하는 데 무엇보다 열중했다.

---

1) 초월적 인격신의 철저한 신앙을 비롯하여 사후의 천당·지옥에 대한 믿음 등의 차이가 이 장에서는 조선조 유학자들에 의하여 지적된다.

2) 1597년에 사용한 것을 유성룡(柳成龍)이 그의 《懲毖錄》(권14)에 적어 놓고 있다.

조선 성리학자들이 학문의 대상으로 삼은 천주교 서적은 대체로 리치의 《천주실의》, 《기인십편(畸人十篇)》(1608), 《변학유독(辯學遺牘)》(1609)과 삼비아시(Francesco Sambiasi, 중국명 畢方濟)의 《영언여작(靈言蠡勺)》이 꼽힌다. 이것들이 그 시기 유학자들이 천주교의 교리를 파악하는 데 이용된 대표적 서적들이다. 아울러 《직방외기(職方外紀)》(Giulio Aleni, 중국명 艾儒略, 1623) 같은 인문지리서라든가, 리치의 《교우론(交友論)》, 《이십오언(二十五言)》 같은 도서들도 유학자들이 함께 읽은 서적이다. 따라서 초기의 서학 길잡이 도서는 중국[明]의 이지조(李之藻, 1564~1630)가 편집한 《천학초함(天學初函)》(1629) 안에 든 서적의 범위를 벗어나지 않았다.

이 가운데 《천주실의》와 《영언여작》이 그 시대 조선 학자들의 주목을 가장 많이 받은 책이고, 특히 《천주실의》가 더 그러했다. 그 까닭은 리치 자신이 천주교 전파를 목적으로 이 책을 저술했으나, 그 서술 방법으로는 주로 천주교와 유학의 유사함 또는 보유(補儒)의 성격을 강조하는 형식으로 서술했기 때문이다. 이러한 그의 서술 방법이 그의 전교(傳敎)의 목적 달성에 더 큰 효과를 거두었다.

2. 성리학자의 천주교 접근과 비판·배척

서학의 전래 초기 이것을 학문적 대상으로 대했던 무렵, 앞에 든 서적들에 접근한 학자들은 이수광·유몽인 외에, 이익(李瀷, 1681~1763)과 그의 문인인 신후담(愼後聃, 河濱, 1702~1761), 안정복(安鼎福, 順菴, 1712~1791) 등이다. 대표적인 실학자의 하나로 꼽히고, 이른바 근기실학(近畿實學)의 한 학맥을 이룬 이익과 그의 문인들에 이르러 서학은 피상적 고찰의 차원을 넘어 '철저한 탐구'의 차원에 오르게 되었다. 신후담과 안정복은 그 학문적 탐구가 철저했던 결과로 서학의 단순한 인지에서 그치지 않고, 적극적인 비판까지 가하게 되었다. 이들은 연구와 아울러 비판 작업으로 서학에 대응하였던 학자들이다. 신후담의《서학변(西學辯)》(1724)과 안정복의《천학문답(天學問答)》이 그 좋은 예증이다.3)

지적 호기심에 따라 아무리 학문적으로 대했더라도, 이들은 유학 가운데서도 성리학을 익힌 학자들인 만큼, 성리학의 관점과 기준에서 서학을 검토하였다. 이런 방법의 구사로, 이들은 '천주교의 교리'가 지닌 '성리학설과의 상이'를 발견했고, 그 상이점들을 그대로 묵과할 수 없어 비판하게 되었다. 이들의 서학에 대한 '비판은 마침내 서학의 배척'으로 이어졌다. 이들의 서학에 대한 대응은 사실 서학의 연구와 비판에 따른 배척이었다고 해야 맞다.

이러한 현상을 좀 더 구체적으로 적시하면 다음과 같다. 일찍이 이수광이《천주실의》를 위주로 서학을 소개하던 때만 해도, 그 교리 내용이 대체로 마음에 들지 않았던 때문인지, 매우 소략하게 소개하는 데 그치고 비판은 생략했다. 그러나 유몽인은 그렇지 않았다. 유몽인은《천주실의(上·下)》8편에 걸친 주제별 요지를 조목조목 소개하고, 특히 '천당과 지옥', '불혼(不婚)의 풍습'을 그릇된 가르침이라고 비판하기 시작했다. 아울러 그는 그 그릇됨이 '세상 사람들을 홀리는 죄'를 면치 못하는 것이라고 규탄까지 서슴지 않았다.4)

이러한 비판과 규탄이 신후담과 안정복에 이르면,《영언여작》,《직방외기》등에 대한 연구로 확대되었고, 비판·배척도 더 철저하고 격

---

3) 이들 외에도 이헌경을 비롯한 더 많은 학자들이《天學考》등의 저술을 통해 서학을 비판하였지만, 이들의 수준을 넘는 것들이 아니므로 여기서는 생략한다. 이만채(李晩采)의《闢衛篇》참조.

4) 柳夢寅,《於于野譚》, 권2, 宗敎篇 西敎.

렬해졌다. 그 주요한 것만 간추리면, ① '천당·지옥'의 신앙을 비롯하여, ② 그러한 곳으로 가는 주체인 '영혼과 그 불멸'의 견해, ③ 천당·지옥에 가게 할 뿐 아니라, 영혼을 지닌 인간과 우주 만물을 모두 창조했다는 '천주관(天主觀)', ④ 불혼(不婚)에 의한 '부부 관계의 무시'와 '군신(君臣) 관계의 소홀시' 등 광의의 윤리관에 해당하는 사유가 이들 비판의 과녁이었다.

첫째, 서학에서 천당과 지옥을 말하는 것에 대해, 신후담은 한마디로 "사람들을 을러서 유인하는 데 지나지 않은 것"5)이라고 보았다. 더욱이 천당·지옥을 영혼 불멸과 연결하여 언급하면서, 그는 불교에 이미 윤회설(輪廻說)과 연관된 극락·지옥설이 있음을 상기하고, 서학의 이런 발상을 불교의 잔재적 이론[餘論]이라고 주장했다.

"서학으로 말하면 불교의 여론(餘論)에 뿌리를 박고 있으면서 내용을 좀 변화시켜 더욱 이치에 가깝게 하였다. 그래도 역시 삶을 탐내고 죽음을 싫어하는[貪生惜死] 저 이(利)를 위하는 마음[利心]은 스스로 감추지 못한다."6)

천당설은 불교의 이론에 기초하여 다소 내용을 변화시킨 것에 지나지 않는다는 것이다.7) 그에 따르면 이러한 이론이 근본적으로는 "삶을 탐내고 죽음을 싫어하는 이기심[利心]"에서 출발하였다. 그의 이 지적은 이욕을 따르는 이기적 구복(求福)의 기복신앙이 곧 천당설이라는 주장이다. 물론 복을 구하고 화를 피하려는 사고는 유학에도

---

5) 愼後聃, 《西學辯》, 〈天主實義篇〉.

6) 앞 책, 〈靈言蠡勺篇〉.

7) 안정복(安鼎福)도 이와 마찬가지로 "지금 이른바 천학(天學)은 불씨(佛氏)를 그 이름만 바꾼 것"이라고 한다.[《順菴庵》 권6, 〈答權旣明書〉(甲辰)]

있다. 그러나 그것과 이것은 서로 같지 않다. "선한 사람이 복을 받고 음란한 사람이 화를 입는다는 이야기는 우리 유가의 글에도 있지만, 그것은 오로지 리(理)로서 말하는 것이다."[8] 마땅히 행해야 할 '원리[理]'를 따르는 유학의 이론과 한낱 '이익[利]' 추구에 불과한 구복피화(求福避禍)인 서학의 천당·지옥설은 전혀 다르다는 것이다. 올바른 원리가 아닌 이익 추구는 배격해야 한다는 것이 신후담의 견해이다.

둘째, 영혼 및 그 불멸에 대해서도 성리학자들은 부정적이다. 그들은 원래 불교의 윤회설과 다른 귀신·혼백설을 믿고 있었다. 인간 사망 뒤에 남아 있다는 귀신·혼백이란 음양의 기(氣)에 지나지 않고, 그 기는 집(聚)·산(散) 또는 생멸성(生滅性)을 지녀서, 일정 기간이 지나면 끝내 산멸되고 만다고 했다. 안정복은 서학의 영혼을 귀신[氣]으로 보고, "이것이 흩어지는 데 늦고 빠름이 있다고 하면 옳지만, (이것이) 영원히 흩어지지 않는다고 하면 옳지 않다"[9]고 주장했다.

신후담의 비판은 성리학에 근거하면서도 나름의 비판력을 더 구사했다. 그는 삼비아시나 리치가 말하는 삼혼(三魂), 곧 식물이 지닌 생혼(生魂), 금수가 지닌 각혼(覺魂)과 인간의 영혼(靈魂)의 구분을 일단 인정했다. 성리학에서도 기에 질적 차이가 있고, 인간의 기가 가장 빼어난 것[秀]이라고 생각하였기 때문이다.[10] 그러나 그는 삼혼이 따로 있지 않고 하나의 혼[一魂]으로 있다고 역설했다.

"사람의 일신에는 오직 하나의 혼[一魂]이 있을 따름이다. … 다만 만물 가운데서 사람이 천지의 빼어난 기운을 받았으므로, 그 혼이 다른 사물에

---

8) 愼後聃, 앞 책, 〈靈言蠡勺篇〉.

9) 安鼎福, 《順菴集》 권2, 〈上星湖先生別紙〉(丁丑).

10) 周敦頤의 《太極圖說》에서 명시되고 있는 것이 대표적인 증례이다.

견주어 영묘할 따름이다."11)

서학에서도 영혼을 삼혼의 통일체로 말하기는 했다. 이 점에서는
그의 주장이 서학 비판에 정곡을 찌르지 못했다고 할지 모른다. 그러
나 신후담은 이것보다 '영혼의 불멸을 비판'하는 데에 역점을 두었다.
영혼이 진실로 생혼(生魂)과 각혼(覺魂)의 기능을 (통일하여) 다 지녔
다면, 죽은 뒤 생(生)·각(覺)의 기능은 없어지는데도 영한 기능〔靈魂〕
만이 어떻게 존속될 수 있겠느냐고 그는 반문한다.12) 그에 따르면 영
한 기능 또한 없어지지 않을 수 없다. 그리고 그는 이에 더해 다음의
주장을 냈다.

"또 생(生)·각(覺) 두 기능을 이미 쓰지 않으면서도 불멸이라고 하지만,
이미 쓰지 않으면 없어진 것과 다름이 없다. 그러므로 비록 천당의 즐거움
이 있다고 하더라도 반드시 그 즐거움을 깨닫지 못할 것이고, 비록 지옥의
괴로움이 있다 하더라도 반드시 그 괴로움을 깨닫지 못할 것이다."13)

생과 각의 기능이 없어지는 한, 영혼불멸설은 말할 것 없고 천당·
지옥설마저 무의미하다는 사유가 곧 그의 비판의 핵심이기도 하다.
셋째, 천주교에서 말하는 천주(天主)를 그 시대 유학자들은 《시경
(詩經)》이나 《서경(書經)》 등에서 자주 말한 '상제(上帝)'로 일단 이해
했다. 이것은 리치 자신이 《천주실의》 서문에서도 "천주란 무엇인가?
상제이다"라고 했고, 실제로 상제나 천(天)이 아니고는 그것에 부합할

---

11) 愼後聃, 앞 책, 〈靈言蠡勺篇〉.
12) 위와 같음.
13) 위와 같음.

무엇이 없었다. 때문에 이익(李瀷)만 해도 《천주실의》의 발문에서 "천주는 곧 유가의 상제이다"라고 했다.

그러나 실질적인 반론은 이 시기 유학자들의 성리학 이론으로 제기되었다. 성리학에서는 상제 천관(天觀)을 어느 정도 유지하면서도, 거기서 벗어나 상제에 해당하는 궁극적이고 절대적인 것을 리(理), 곧 '태극(太極)'으로 대치했다. 상제에 해당하던 천까지 리[天卽理]라고 전환시켜 해석했으므로, 그들은 천주 또한 그대로 받아들일 수 없었다. 천지 만물을 '창작(창조)'하고 안양(安養)·주재(主宰)하는 것은 천주가 아니라 태극임을 신후담과 안정복은 역설했다.[14] 더욱이 신후담으로서는 천주의 창조란 수긍할 수 없는 측면이었다.

> "상제가 비록 천지를 주재는 하지만 천지를 제작한다고 말할 이치는 있을 수 없다."[15]

이는 본원유학 이래 상제를 전지전능한 존재로 보지 않던 사유의 전통에 근거한 것이다. 상제는 전지전능의 완전한 존재가 아니어서, 만물을 생하도록 하더라도 '주재'의 능력만 갖고 있지, 그 이상 만물을 '제작'하듯 창조하지 않는다는 사유가 유학 자체의 상제관이다. 이런 점이 천주교의 천주관과 특히 다른 점이기 때문에, 신후담은 서학의 천주가 유학의 상제와 다름을 이렇게 지적하면서 배척하였다. 성리학자들의 견해로 창조주인 천주는 어디까지나, 수긍은커녕 배척할 수밖에 없는 대상이었다.

끝으로 신부와 수녀의 '불혼' 문제와, 천주와 신자의 관계에 비친

---

14) 愼後聃, 앞 책, 〈天主實義 首篇〉; 安鼎福, 《順菴集》 권17, 天學問答 21張 後面.
15) 愼後聃, 앞 책, 〈天主實義 首篇〉.

'군신 관계' 등의 문제가 남는다. 이는 성리학자들에게 가장 중요시한 논의거리로 여겨지고, 따라서 그 변박에 최선을 다해 장황하게 다룬 문제였다. 이런 점을 감안해, 나는 이를 4절에서 별도로 다루겠다.

이상의 고찰만으로도, 그 시대 일부 유학자들은 서학을 맞이하고서, 그것을 스스로 연구하고 유학과 비교·검토한 끝에, 이론상으로 비판·배척하는 데 심혈을 기울였음이 드러났다. 그들의 서학에 대한 비판과 배척이 어디까지나 학구적 차원에서 이루어졌기 때문에, 비록 그것이 아무리 강렬했다고 하더라도 천주교인들을 처형하는 식의 극단적·물리적인 배척은 아니었다. 정책으로서 내린 극단적 배척과 이는 변별되어야 할 국면이었다. 처형을 동원한 배척은 이 뒤에 천주교의 전파로 말미암아 천주교 신자들이 증가하면서 일어난 사건들이다.

3. 천주교의 전파와 박해

조선의 유학자들이 모두 서학을 반대·배척하지는 않았다. 일부 학자들은 유학과 전혀 이질적인 서학에 오히려 매료되어, 스스로 연구하고서 신앙의 영역에까지 들기도 했다. 이것도 이익(李瀷)의 학파에 속한 학자들 가운데에서 나온 현상이다. 권철신(權哲身, 1736~1801), 이가환(李家煥, 1742~1801), 이벽(李蘗, 1754~1786), 이승훈(李承薰, 1756~ 1801), 정약전(丁若銓, 1758~1816), 정약종(丁若鍾, 1760~1801) 등이 그런 이들이다. 이들은 스스로 서학을 연구하던 끝에, 학문의 차원을 넘어 목숨을 걸고 교리대로 행동하는 신앙 차원으로 들어갔다. 이들이 바로 한국 '서학 운동 초기의 주축'을 이룬 인물들이다.

이들과 혈육이거나 친인척 등의 관계로 서학·천주교를 접하고서, 신앙에는 소극적이었으나(진실한 신자 여부가 불분명) 학문적으로는 상

당히 긍정적 반응을 보인 학자가 있었다. 정약용(丁若鏞, 茶山, 1762~
1863)이 바로 그런 학자이다. 그는 서학을 맞아 그것을 신앙한 흔적도
있지만, 저들처럼 목숨을 거는 정도로 신앙에 철저하지는 않았다. 소
극적이나마 그는 신앙까지 할 정도로 서학에 대해 개방적이었고 호의
적이었으며, 학문상으로는 누구보다도 서학을 '보유적(補儒的) 시각'에
서 대하였다. 그의 유학에는 과거 어느 누구의 경우에도 볼 수 없는
서학적 성향의 짙은 변용이 발견된다.16) 흔히 실학(實學)이라고 일컬
어지는 본원유학에 기운 그의 유학이야말로 일종의 서학적 변용을 한
탈성리학이라 해도 지나침이 없다. 정약용의 유학에서처럼 서학의 수
용에 의한 '유학의 특이한 변용'을 살필 수 있는 사례는 흔한 예가 아
니다.

　서학의 신앙심으로 말미암아 그것의 수입에 선봉을 선 이는 앞에
서 소개한 초기 신자의 주축으로 든 인물 가운데 이승훈(李承薰)이다.
그는 그의 부친이 외교관으로 연경(燕京)에 가는 기회가 생기자, 자진
하여 따라가 이듬해(1784) 그곳의 예수회인 남천주당(南天主堂)에서
세례를 받고 곧 귀국했다. 귀국한 그해에 그는 '조선천주교회(朝鮮天主
敎會)'를 창설하였다.17) 이것이 이 땅에 서학의 뿌리가 공식으로 내린
효시이다. 이 대목에서 특기할 점은 서학·천주교의 수입과 전파를 서
양 선교사의 입국에 앞서 이승훈을 비롯한 한국인들이 '자발적 의지
로 하였다'는 점이다. 자발적으로 천주교를 들여와 전파한 이 현상이
야말로 다른 나라에서는 좀처럼 볼 수 없는 경우이다. 이것은 곧 한국
서학의 중요한 특징임을 시사한다.18)

---

16) 서학 수용에 의한 그 유학의 변용 양상은 뒤에 별도의 항목으로 밝히겠다.
17) 柳洪烈, 《한국천주교회사》(가톨릭출판사, 1962), 88~89쪽.
18) 앞 책, 86쪽.

이후 이들의 교세는 공개 또는 비공개 형태로 날로 늘어갔고, 그럴
수록 유학자들과 정부 당국의 비판·배척 또한 가중되었다. 위정 당국
의 정책적인 탄압과 박해마저 서학의 신봉자들에게 가해지지 않을 수
없었다. 정부에서는 1785년에 서학을 사교(邪敎)로 규정하여, 그 전파
와 관계 서적의 수입을 금지했다. 유학자들은 서학을 중국의 후한 말
에 일어난 황건적(黃巾賊)과 동일시하거나, 사교로 지목되었던 오두미
교(五斗米敎, 곧 道敎) 및 백련교(白蓮敎)에 비겼다.19)

이런 상황에서 1791년 지방[珍山]의 서학 신자인 윤지충(尹持忠)과
그의 외종형 권상연(權尙然)의 유교 곡례(曲禮) 거부 사건이 일어났다.
이들은 서학의 가르침에 따라 부모·조상의 위패[神主]를 없애고, 부
모·조상의 제사도 지내지 않았다. 이것이 세상에 알려지고 관가에 고
발되어, 그들이 마침내 사형을 당한 일이 그것이다. 이어 중국인 신부
주문모(周文謨)가 잠입(1794)해 전교 활동을 하다가, 1801년 3월에 자
수해 극형(사형)을 받았다.

이와 거의 같은 시기(그해 9월)에 이른바 황사영(黃嗣永)의 백서사
건(帛書事件)이 터졌다. 백서사건이란 서학 신자인 황사영이 북경 천
주교회에 보내려고 편지를 썼는데, 그 내용이 문제를 일으킨 것이다.
그는 그 편지에 그들의 서학 운동을 위한 재정의 도움을 청함과 아울
러, 서학 신앙[信敎]의 자유를 누리기 위하여 청국의 임금으로 하여금
조선 임금에게 압력을 가하도록 요청하면서, 서양 및 중국의 병력과
군함까지 이용하려는 음모를 적었다. 이 같은 내용의 백서가 발각되
었으므로, 그 당사자는 물론이고 관련된 신자들의 투옥과 처형 사태
가 벌어졌다. 이것이 '신유옥사(辛酉獄事)'라 일컬어지는 사건인데, 이
로 말미암아 목숨을 잃은 신자가 300명을 넘었다. 1839년에도 또 수

---

19) 李晩采,《闢衛篇》, 권2, 洪進仕再書 및 進仕洪樂安對親策文.

많은 신자가 체포 사형되는 비슷한 사태인 '기해옥사(己亥獄事)' 등이
이어졌다.

　그러나 신도들의 신앙은 이러한 역경에서도 굽힐 줄 몰랐다. 더욱
이 프랑스 신부 모방(Pierre Philibert Maubant), 샤스탕(Jacques Honor
Chastan), 엥베르(Laurent Joseph Marie Imbert) 등이 속속 입국하여 전교
함에 힘입어, 조선의 신자들은 신앙의 열의를 더하여 갔다. 1876년에
정부는 쇄국정책을 포기하고 문호 개방의 조치를 단행했고, 이런 여
건의 변화는 1898년에 마침내 서학의 선교를 공인하기에 이르렀다.
이로써 한국의 서학인 천주교는 전교의 자유를 공공연히 누리면서 확
산을 거듭하게 되었다.

4. 천주교에 대한 도덕적·문화적 대응

　성리학은 조선시대 통치 원리(이데올로기)로서 그 시대의 정치·경
제·사회·윤리 및 종교의 영역을 망라한 범위에서 이용되던 이념적 가
치관의 체계였다. 때문에 성리학의 가치관을 부정적으로 위협한다고
믿어진 서학에 대해, 성리학자들은 다각도로 비판·배척하였을 뿐 아
니라, 그것을 극복하려는 대응책의 마련에 부심했다. 일찍이 유몽인
의 서학의 '불혼과 군신관' 등에 대한 비판은 이런 맥락에서 나왔다.
　윤리·도덕뿐 아니라 정치·사회 및 종교 등 문화 전반에서 서학을
비판·배척·극복하려고 한 학자들은 다 헤아릴 수 없을 정도로 많았
다. 18세기 후반을 넘어 19세기에 이를수록 더 그러했는데, 특히 '위
정척사(衛正斥邪) 운동'을 일으킨 학자들이 서학 배척에 앞장선 인물
들이었다. 이들의 대응은 19세기 전체에 걸친 것이므로 별도로 살펴
야 할 정도이다.[20] 이 항목에서는 주로 18세기 후반 성리학자들의 대

응에 초점을 맞추고자 한다.

서학은 무엇보다도 '현세의 삶'에 대한 근본 사고가 유학과 크게 다르다. 천당·지옥을 말하듯이, 서학은 현세 이상으로 내세에 치중한다. 그러나 유학에서는 공자가 이미 그의 제자에게 "삶[生]도 모르면서 어찌 죽음을 알려 하고, 사람도 섬기지 못하면서 어찌 귀신을 섬길 것을 생각하겠느냐"[21]고 했듯이, 내세보다는 현세와 현실 문제에 치중한다. 이런 사유가 곧 서학의 (내세 치중의) 종교의식보다 유학의 종교성을 박약하게 한 것과 달리, 유학의 윤리의식을 강하게 한 원인이다. 신후담이 서학의 천당관에 대해 이로움[利]을 좇는 욕심[私心]에서 나왔다고 하면서, 유학에서는 화복(禍福)을 논할 때마저 리(理)로써 대한다고 한 발언이 이를 뒷받침한다. 신후담 이후 19세기에 이르러서도 서학에 대한 유학자들의 이런 비판에는 변화가 없었다. 한 예로 김치진(金致振)의 다음 발언이 그 좋은 증거이다.

> "만약 천당·지옥이 정말로 있다면, 천리(天理)는 지극히 공정[至公]하므로, 군자가 천당에 오를 것이고 소인은 지옥에 갈 것이다. … 예수를 섬기면 죄를 용서받아 천당에 오르고 그렇지 않으면 대현(大賢)이라도 지옥에 떨어진다면, 그것은 사욕(私慾)을 위한 것에 불과하다. 만약 예수가 참된 왕제(王帝)라면 사욕을 따를 이치가 없다.[22]

이는 신후담의 비판을 되풀이하는 내용인데, 다만 몇 구절의 보충을 하고 있음이 다른 점일 따름이다. 물론 서학에도 십계(十戒) 등에

---

20) 위정척사 운동을 일으킨 학자들의 활동은 별도의 장(章)으로 살피려 한다.

21) 《論語》, 〈先秦篇〉.

22) 金致振, 〈斥邪論〉, 辨斥天堂地獄.

보이듯이 윤리·도덕이 있고, 또 그것들이 상당히 중요시되었다. 그러나 당시 유학자들이 볼 때에는 그것이 유학의 윤리·도덕과 같지 않은 데 문제가 있었고 배척의 원인이 있었다.

유학 곧 성리학의 윤리·도덕은 다 아는 대로 '오륜(五倫)', 곧 부자유친(父子有親)·군신유의(君臣有義)·부부유별(夫婦有別)·장유유서(長幼有序)·붕우유신(朋友有信)으로 집약된다. 이 오륜을 성립시키는 기본적 실마리는 특히 '부자유친'이다. 그리고 부자가 친애하게 되는 것은 자녀의 효(孝)와 부모의 자애(慈愛) 때문이다. 자녀의 효가 부모의 자애보다도 선행해야 한다. 이렇게 유학의 윤리·도덕은 효의 실천으로부터 비롯된다. 이것은 인(仁)의 실천이 구체적 행위로는 효에서 말미암는 공자의 가르침에[23] 근거한 것이다. 군신의 의(義)를 이루는 임금 섬김[事君]의 충(忠)도 효의 확장으로 보고,[24] 어른과 아이[長幼]의 차례[序]도 그렇고, 심지어 천지와 나와의 관계까지 그렇다.[25]

그러나 서학에서는 부모나 군주보다 정신적으로 천주가 우위에 있다. '천주의 섬김'이 무엇보다도 앞선다. 서학에서도 부자가 혈연적으로 연결되었음을 인정하지만, 정신 또는 영혼 상으로는 부자가 각기 분열·독립하여 단독으로 천주와 연결된다. 그 천주와의 연결이 가장 근본적인 관계라고 생각하고, 그렇기 때문에 실제로는 혈연의 부모에 대한 효가 천주에 대한 섬김 정도에 미치지 않는다. 유학자들의 비난과 지탄이 바로 여기에 집중하게 된다. 그들은 이런 점에서 천주교인

---

23) 《論語》에서 유자(有子)의 말로 "孝悌也者 其爲仁之本與"라 하였다.

24) 李珥, 《聖學輯要》제3 正家, 제2 孝敬. "陳民曰 移事親之 孝以事君 則忠矣" 이런 점에서 효(孝)의 효과를 《孝經》에서 (庶要道章) "子曰 敎民親愛 莫善於 孝"라 한다.

25) 원시유학 경전인 《易經》에서부터 성리학서 가운데 유명한 주돈이(周敦頤)의 《西銘》에 이르기까지, 유학에서는 일반적으로 天(乾)과 地(坤)를 각각 인간의 父와 母로 여겨서 인간을 천지의 소생[天地之所生]으로 생각하였다.

들을 '금수(禽獸)'에 비유했다.

유학자인 이기경(李基慶, 1756~1819)은 서학의 이러한 점들을 다음과 같이 비난하였다. 서학의 십계 가운데 "군왕 섬기는 일은 없으며, 부모에 대한 효경(孝敬) 또한 네 번째에나 있으니, 결코 선비[士子]가 할 것이 아니다."26) 십계를 볼 때, '부모에 대한 효'가 겨우 네 번째[第四誡]로 언급되고, '군왕에의 충[事君]'은 아예 언급조차 되지 않음이 곧 그의 불만이었다.

서학의 신자들에 비교적 유연하여 이른바 시파(時派, 信西派)로 지목된 채제공(蔡濟恭, 1720~1799)마저 이런 점들에 대해서는 벽파(僻派) 사람들과 별로 다르지 않았다.

> "상제를 제일의 부친[第一父]으로 여기고 … 예수[造化翁]를 제이의 부친[第二父]으로, 낳아준 부친[生父]을 도리어 제3에 두게 되니, 이는 윤리를 없애고 도의를 파괴[無倫悖義]하는 것이다."27)

이것이 채제공의 발언이다. 도덕의 출발로 생각하는 혈연의 부모에 대한 효를 천주나 예수에 대한 섬김보다 낮추는 것이 당시 유학자들로 하여금 서학인(천주교인)들이 '윤리를 없애고 도의를 어그러뜨리는[無倫悖義]' 행위를 한다고 몰아붙이게 한 것이다. 부모·조상의 신주를 없애고 제사를 폐지한 윤지충 등을 당시 사형에 처하였음(1791)은 바로 이 같은 패륜 죄에 내려진 본보기였다.

불효에 이어 불충을 감히 말한다는 것은 유학에서 볼 때, 단순히 패륜에 그치는 행태가 아니다. 이것들은 아비를 아비로 여기지 않는

---

26) 李晩采, 《闢衛篇》, 권2, 李進士(基慶)答書.

27) 《正祖實錄》, 권33, 15년 辛亥冬, 十月 丙寅.

[無父] 태도가 더 나아가 임금을 임금으로 여기지 않는[無君] 태도로서, 가정을 파괴하고 나아가 국가까지 파괴하는 작태라고 유학자들은 믿었다. 서학을 황건적이나 사교로 간주하여, 그 전파를 금지(1785)한 조치나 신유(1801), 기해(1839) 등의 옥사(獄事)들은 바로 이런 판단에서 나온 정치적 대응이었다.

금욕이나 불혼 또한 유학에서는 받아들일 수 없는 것이었다. 이러한 것을 서학에서는 정덕(貞德)으로 간주하지만, 유학에서는 그렇지 않다. 욕(慾), 특히 번식욕[色慾]을 유학에서는 '천리(天理)의 자연한 현상'으로 본다.[28] 《맹자》에도 나타나듯이, 유학에서 욕의 줄임[寡慾]은 주장되지만,[29] 결코 무욕에 가까운 금욕은 주장되지 않는다.[30] 결혼을 당연시하는 것이 유학의 사고이다. 더욱이 유학에서는 (결혼에 의한) '가계·가문의 계승은 효행'의 하나이고, 따라서 이것은 도덕적 의무에 드는 것이다. 모든 사람이 결혼을 하지 않는다면, 인류의 멸절(滅絶)을 초래할 것이라는 이론까지 당시 유학계에서 거론하였다.[31] 불혼의 측면으로 보더라도 서학은 금지·배척되어야 한다는 것이 조선 유학자들의 강한 신념이었다.

서학인들이 천주에 대한 신앙을 위해 여러 가지 집회를 가지면서 남녀가 차별 없이 동석하던 사실도 유학자들로서는 비난의 대상이었다. 유학자들이 볼 때 남녀는 '남존여비(男尊女卑)'로 엄연히 차별되었고, 이런 점에서 '남녀칠세부동석'을 하나의 예속으로 삼고 있었기 때문이다. 그런 풍토에서 천주에 대한 신앙을 빙자한 남녀의 동석은 '풍

---

28) 許伩, 《大東正路》, 권5, 實義證義.

29) 《孟子》, 〈盡心篇〉下.

30) 성리학자들은 무욕(無慾)을 불교에서 말하는 것으로 보면서, 그것은 살아있는 한 불가능한 일이라고 반박한다.

31) 《憲宗實錄》, 권6, 5년 乙亥冬, 十月 庚辰, 斥邪綸音.

속의 가르침[風敎]을 문란케 하는 윤리 모독[瀆倫]'32)의 행위라고 규탄되지 않을 수 없었다. 이 대목에서도 유학자들은 서학인들을 가리켜, '금수'라고 폄칭하는 데 주저하지 않았다.

나의 견해로는, 이 경우 실제로 유학자들이 가장 심각하게 우려한 것은 서학인들의 '평등관'이었을 것 같다. 천주 앞에서는 남녀뿐 아니라 '모든 사람[萬人]이 다 평등하다'는 서학의 사유를 유학자들은 가장 심각하게 여겼을 것으로 추정된다. 이 만인 평등관은 남녀 차별을 무시하고 파괴하는 것을 넘어서 신분 차별에도 영향을 가져오기 때문이다. 그 시대 유학은 이른바 '전근대적 차등의식'을 바탕으로 신분과 직업 등에 따라 인간을 갖가지로 차별하는 '불평등관'을 시행케 하였다. 양반·상인[良民]·천민·노비 및 적서·남녀, 그리고 사·농·공·상의 차별 등이 그러한 것이다. 바로 이러한 계층 등차의 체제로 이루어진 사회가 그 시대의 사회였다. 그런 시대에 만인 평등관은 곧 조선의 사회체제에 대한 부정을 의미하게 된다. 따라서 극히 일부의 진보적인 사고를 지녔던 유학자들33) 외에는, 서학의 평등관을 용인할 수 없었다. 더욱이 당시 유학자들 대부분이 지배계층인 양반에 속하였던 만큼 더 그러했다. 서학인들의 남녀 동석을 '금수의 잡거(雜居)와 같은 패륜'으로 그들이 규탄하던 이면에는, 그 평등관이 확대되어 초래할 결과에 대한 예상이 없지 않았을 것으로 짐작된다. 그들은 서학으로 말미암은 조선 사회 전체의 붕괴 가능성과 같은 '위기의식'을 느꼈으리라고 여겨진다. 그 시대 '쇄국(鎖國)의 정책'에는 이러한 위기의식에 대한 대응책의 사유 또한 작용했을 것이다.

---

32) 앞과 같음.

33) 성리학자로서는 이이(李珥)·조헌(趙憲) 등이 부분적이고 조건부(변경·방위 등)적인 노비 속량(贖良)과 서얼 허통(許通)을 주장하였고, 후기 실학자로서는 유형원(柳馨遠)·이익(李瀷) 등이 노비세습제의 폐지를 주장하였다.

제33장 탈성리학적 실학의 집대성

— 정약용 유학의 다각적 개혁사상 —

1. 좌절된 꿈을 담은 정약용의 학문 세계

정약용(丁若鏞, 1762~1836)이 살았던 18세기 후반~19세기 전반의 조선시대는 또 하나의 큰 전환기였다. 17세기 이후의 당쟁은 그동안 영조(英祖, 재위 1725~1776)의 왕권 강화를 의도한 탕평책(蕩平策)의 영향으로 수면 아래로 가라앉았다. 영조의 왕권을 계승한 정조(正祖, 재위 1776~1800)에 이르러서도 탕평책은 여전히 시행되었다. 영특하며 학문의 조예가 깊던 정조가 왕권을 약화시킬 당쟁을 좌시할 리 없었다. 그도 탕평책을 계승해, 당쟁으로 말미암은 왕권의 분산이나 약화를 억제했다. 다만 잠시 동안의 홍국영(洪國榮)의 세도가 정조 시대 정치의 하나의 흠이었다.

그러나 정조의 타계를 고비로, 조선의 정치는 세도정치(勢道政治)의 파행을 거듭하게 된다. 정조의 대를 이은 순조(純祖, 재위 1800~1834)가 11세의 어린 나이였음을 기화로, 전왕의 유지를 받았다는 김조순

(金祖淳)이 정권을 잡고, 그의 딸을 왕비를 삼으면서부터 척신들의 세도정치가 본격화되었다. 그 뒤로 헌종(憲宗, 재위 1834~1849) 때 풍양조씨(豊壤趙氏)의 세도를 잠시 거쳐, 철종(哲宗, 재위 1850~1863) 때의 안동김씨로, 고종(高宗, 재위 1863~1907) 때의 여흥민씨(驪興閔氏) 일족의 세도정치가 다 그러한 것이다. 조선이 암울한 시대로 접어들기 직전, 그 중요한 시점에서 살다간 인물이 정약용이다.

국제적으로는 청국의 건륭(乾隆) 문화의 꽃인 사고전서(四庫全書)가 이룩되던(1782) 시대인가 하면, 서양 제국주의의 동양 침략이 본격화하던 시대이기도 하다. 또한 일찍이 인도를 침략한(1774) 영국이 마카오를 점령(1808)하는 한편, 아편으로 청국을 마비시키려다 마침내 전쟁을 일으키기 시작(1840)하던 시대였다. 조선에서는 천주교[西敎, 西學]가 이미 전입되어 학문적 연구를 거치고서, 그 종교의 전파가 본격화하기 시작했다. 이런 시대에 천주교와의 깊은 관련으로 말미암아 예상치 않은 고초를 당해야 했던 학자가 또한 정약용이다.

정약용의 별호는 다산(茶山) 또는 사암(俟菴)이고, 당호는 여유당(與猶堂)이다. 영조 38년(1762)에 남양주 조안면 능내리(당시 광주 초부면 마현리)에서 태어났다.1) 그 자신이 "어려서 영오(穎悟)하여 문자를 꽤 알았다"고 하듯이, 재능이 뛰어나 7세 무렵에는 역법(曆法)·산술에 통했고, 10세에는 경사(經史)와 시율(詩律)을 학습하기 시작했다. 9세에 모친을 여의고, 15세에 결혼한 그는 부친의 벼슬살이[戶曹佐郞] 덕에 서울에서 살게 되었다. 이 무렵 그는 매부인 이승훈(李承薰, 1756~1801)과 이승훈의 숙부인 이가환(李家煥, 1742~1801)을 알게 되었다. 그는 이들이 이익(李瀷)의 학문을 계승함을 보면서, 그 영향으로 자신

---

1) 그의 증조(曾祖)는 진사만으로 그쳤고, 조부(祖父)도 벼슬하지 않았다. 고조(高祖) 이후 삼세(三世)가 벼슬이 없는 선비[布衣]로 세상을 떠났다.

도 그 계열의 학문에 뜻을 두어, 그의 학통도 이익의 계열에서 출발한 편이었다.2)

진사(進士)가 된 22세의 정약용은 태학[成均館]에 들어갔다. 태학 생활 중에 그는 학문의 뛰어남으로 말미암아 임금인 정조(正祖)에게 발견되었다. 한때 정조는 《중용》에 대한 문목[問目 80餘條]을 태학에 보내, "사단리기설(四端理氣說)에서 이황과 이이의 차이" 등에 답하도록 했다. 이때 다른 사람들(李蘗 등) 대부분이 이황설을 옳은 듯이 본 것과 달리, 그는 이이의 설을 타당하게 여기는 내용의 답을 했다. 이것이 정조의 칭찬과 함께 임금의 눈에 들게 된 계기였다.3)

이후 정약용의 재능과 학문 지식에 대한 '정조의 애호'는 태학 생활이 끝날 때까지 계속되었음은 말할 것 없고, 그 뒤 정조가 돌아갈 때까지 이것은 마찬가지였다. 더욱이 그가 벼슬살이를 할 때에도, 정조와의 독대(獨對)가 잦았던 사실이 이 점을 입증한다. 아마도 정약용은 보기 드물게 학문을 애호하고 학자를 우대하는 임금 정조를 만나, 유학에서 그려 오던 이상적 정치인 왕도정치(王道政治) 또는 일종의 철인정치(哲人政治)에 비유될 '현군(賢君)의 정치'를 이룰 꿈에 부풀어 있었을 것으로 짐작된다.

23세에 정약용은 이벽(李蘗, 1754~1786)과 함께 우연히 천주교의 도서를 보았다. 이것이 그가 천주교와 관련을 맺게 된 최초의 일이다. 그는 그 뒤에 한때 천주교의 신자가 되었고, 배교(背敎)도 하면서, 탄핵의 시련을 받았다. 그 시련은 거의 목숨이 다할 때까지 계속되었다.

28세 되던 해(1789) 그는 과거의 대과(大科)에 합격, 희릉직장(禧陵直長)을 시작으로 벼슬길에 올랐다. 사간원 정언(29, 30), 홍문관 수찬

---

2) 丁若鏞, 《與猶堂全書》, 1집, 권16, 3쪽.
3) 앞과 같음.

(31, 33), 경기암행어사(33), 동부승지(34), 좌부승지(35, 36), 곡산부사(36), 형조참의(38) 등을 역임하다가,4) 정조의 별세(40, 1800)를 맞았다. 정조에 이어 순조가 즉위하는 왕권 교체를 고비로, 정약용은 생애 최대의 전환기를 맞았다. 천주교인들이 대거 체포·사형·입옥·좌천·유배 등의 탄압을 받는 이른바 신유옥사(辛酉獄事, 1801)에 그도 연루되어 유배의 형을 받아야 했기 때문이다.

천주교와의 관련으로 그가 물의의 대상에 오른 것은 일찍이 30세(1791)부터의 일이었다. 윤지충(尹持忠)의 전례 문제로 천주교에 대한 배척이 일어났을 때〔辛亥迫害, 珍山事件〕에도 그는 무척(誣斥)5)을 받았지만, 특히 탕평을 내세운 정조의 신임과 같은 남인계인 좌의정 채제공(蔡濟恭)의 영향 등으로 큰 탈이 없이 지냈다. 또 중국인 신부 주문모(周文謨)가 체포되었을 때(34, 1794)에도 그는 금정찰방(金井察訪)의 외직을 받고서, 정조의 뜻에 따라 그 지역 천주교도들의 전향에 노력해 무사할 수 있었다. 그러나 정조의 사망은 그에게 보호자의 망실이었다. 그를 천주교도로 지목한 노론 측의 무척은 신유옥사의 소용돌이 속에서 그를 장기(長鬐)로 유배케 했다. 때마침 황사영(黃嗣永) 백서(帛書)사건이 일어나(1801),6) 그는 강진(康津)으로 이배되어 그곳에서 57세 때까지 무려 18년 동안의 유배 생활을 해야 했다.7)

신유옥사로 정약용의 벼슬살이는 끝나고, 그의 정조를 통한 이상정치 실현의 꿈도 수포로 돌아갔다. 강진의 유배 생활은 관리로서는 그의 고난에 찬 암흑기였다. 그러나 학자로서는 그렇지 않았다. 강진에

---

4) 丁奎英 편, 《俟菴先生年譜》 참조.

5) 《與猶堂全書》, 1집, 권16, 〈墓誌銘〉.

6) 황사영(黃嗣永)은 그의 맏형인 정약현(丁若鉉)의 사위이다.

7) 앞의 《年譜》 및 〈墓誌銘〉.

서 그는 찾아드는 문도들에게 강학을 하면서, 연구와 저술에 전념할 수 있었기 때문이다. 그는 40세 이전 관료 시기에도 이미 많은 저술을 남겼다. 《중용강의(中庸講義)》, 《대학강의(大學講義)》, 《시경의(詩經義)》, 《수원성제(水原城制)》, 《도산사숙록(陶山私淑錄)》 등이 그것이다. 이어 강진의 유배 기간에 남긴 그의 저술은 이것들과 비교되지 않을 만큼 많다. 그 자신의 기록에 따르면, 그의 저서는 경집(經集) 232권, 문집류 260여 권에 이르는데, 그 대부분이 강진에서 이루어졌다. 그 가운데 《제례고정(祭禮考定)》, 《주역서언(周易緖言)》, 《시경강의(詩經講義)》, 《아방강역고(我邦疆域考)》, 《민보의(民堡議)》, 《춘추고징(春秋考徵)》, 《논어고금주(論語古今注)》, 《맹자요의(孟子要義)》, 《대학공의(大學公議)》, 《중용자잠(中庸自箴)》, 《심경밀험(心經密驗)》, 《방례초본(邦禮草本, 일명 經世遺表)》, 《목민심서(牧民心書)》 등이 대표적 저서이다.

57세 되던 정약용은 고향으로 돌아온 이듬해에 《흠흠신서(欽欽新書)》와 《아언각비(雅言覺非)》를 지어 냈다. 2년 뒤에 《사대고례산보(事大考例刪補)》를 지은 다음, 회갑에 즈음해 스스로 〈광명(壙銘)〉을 지었다.8) 여기에 그의 생애를 정리하는 심경이 완연히 드러난다. 이 뒤로 심신의 쇠약으로 학문적 진척을 보이지 못하던 그는 이전에 이룬 상서 관계의 《매씨서평(梅氏書平)》 등을 개정·증보하고, 75세(1836)를 일기로 하직하였다. 그의 '젊은 날의 꿈'은 다만 그의 학문에 담겼을 따름이다.

---

8) 앞과 같음.

2. 훈고와 의리 추구를 아우르는 경학

정약용 사상의 실마리를 찾기 위해, 그의 학문관(學問觀)을 살피겠다. 그는 〈오학론(五學論)〉이라는 글9)을 통해 그 시대의 학문에 대한 자신의 견해를 밝혔다. 이 글에서 거론하는 다섯 가지 학문이란 풍수도참(風水圖讖)을 비롯하여, 과거 준비의 학습인 과거학(科擧學), 시와 문장에 대한 사장학(詞章學), 경전 이해에 구사하는 고증적 방법론인 훈고학(訓詁學), 리기·성정을 탐구하는 성리학(性理學)을 가리킨다. 그는 이것들에 매우 비판적이었다.

그에 따르면, 풍수도참의 술수는 아예 학문에 들지 못한다. 과거 준비를 위한 학습도 학문에 들지 못하는 '명리(名利)에 급급한 광대 노릇〔倡優演戲之技者〕'에 지나지 않는다. 사장학은 수기·안인 어느 모로도 실속이 없어 양묵노불(楊墨老佛)보다도 더 폐해를 일으킨다는 것이다. 훈고학의 경우, 그 시대의 학자들이 한(漢)과 송(宋)의 절충을 말하지만, 실제로는 한나라 유학자들〔漢儒〕의 방법에 치우쳐 자구(字句)의 고증에서 그칠 뿐, 송나라 유학자들의 성명효제(性命孝悌)·예악형정〔禮樂刑政〕들을 도외시한다. 성리학계에서는 모든 것을 주희〔朱子〕에만 의지한 채, 리기성정(理氣性情)의 문제로 파쟁만 일삼느라 실생활에 관한 규정〔名物度數〕은 고사하고 예절이나 효제충신(孝悌忠信)도 알지 못하는 공소함에 빠졌다는 것이다.

풍수도참과 과거학은 학문의 범주에서 제외시켰으므로 재론의 여지가 없겠다. 사장학에 대해서는 그것을 대하는 학자들의 태도를 비판했지 그 학문성까지 부정하지는 않았다. 실제로 그도 시를 즐겨 지었음을 보아 그럴 수 없었던 것 같다. 훈고학과 성리학도 이것들을 이

---

9)《與猶堂全書》, 1집, 권11, 〈五學論〉.

용하거나 연구하는 학자들의 태도를 비판했지, 이것들의 학문성을 부정하지는 않았다. 그가 '한송(漢宋)의 절충'을 지적한다든지, '성명효제'라든가 '예악형정' 부분의 중시를 비친 점은 이 둘의 학문성을 인정한 사실이다.

훈고만 해도, 유학 경전의 독해에서 반드시 중시하지 않을 수 없는 방법이다. 더욱이 훈고는 그때 청나라에서 마치 '한나라 시대로의 복귀'처럼 크게 중요시되면서, 그 경향이 정약용 같은 조선 학자들에게도 영향을 끼쳤다.[10] 그리고 성리학은 그 시대 유학자라면 누구나 익혀야 하던 필수 학문처럼 되었던 만큼, 정약용도 그의 젊은 날의 학습은 성리학으로 출발하지 않을 수 없었다. 그러한 성리학에 대한 장점과 더불어 단점의 지적이 〈오학론〉에 담겼음은 그가 성리학을 객관적으로 파악할 수 있었음을 의미한다.

유학 경전의 학문인 경학(經學)을 함에 있어, 정약용은 바람직한 태도로서 선입견이나 편견 따위 없이 경전 '자체의 본래적 면모를 밝혀야 함'을 강조했다. 즉 "옛 서적을 널리 고찰함에는 '경전으로 경전을 증험'해야[以經證經] 한다"[11]는 것이다. 이는 경서에 담긴 내용을 자의적인 가감 없이 '있는 그대로 이해'하는 방법을 가리킨다. 이를 "경전으로 경전을 증험함" 외에, 그는 또 "오로지 옳은 것을 구하고, 옳은 것을 좇고, 옳은 것을 잡음[惟是是求, 惟是是從, 惟是是執]"[12]이라고도 했다. 이 태도야말로 아무런 선입견이나 편견 없이 '진리 자체를 탐구'하려는 학구적 태도에 해당한다.

경전에 대한 바른 이해를 기하려는 목적에서 정약용은 훈고(訓詁)

---

10) 그는 옹방강(翁方綱) 같은 학자의 영향을 받았다.

11) 《詩文集》(《與猶堂全書》(여강출판사 수록본, 이하 동일), 권12, 36쪽.

12) 앞 책, 권19, 〈答李汝弘〉.

를 언급했다. 그는 가장 기본적 훈고의 방법으로 먼저 '자의(字義)의 중요성'을 들고서, 한자(漢字)의 본래 의미[原義]부터 이해함이 긴요함을 역설했다. "글자를 만든[造字] 원의를 알지 않고서는 옛 경서 본래의 뜻[本旨]을 알 수 없게 됨"을 그는 가르쳤다.13) 이것이 고증학의 기초를 이루는 문자학(文字學)의 사유이다. 실제로 그는 문자학과 음운학에까지 관심을 두었다.14)

경학에서 중요한 것은 훈고·고증에 국한되지 않는다. 일정한 문맥에서 갖고 있는 '의미의 해득[意解]'이 또 필수적으로 요구된다. 이것은 자의(字意)의 훈고에 더해지는 '장구(章句)의 전석(箋釋)' 따위인데, '이치의 궁구[窮理]에 따른 해석'이라 할 수 있다. 이 해석법을 중요시한 학자들이 성리학자들이지만, 성리학자들은 이 방법을 지나치게 주관에 따라 감행한다는 것이 〈오학론〉 등에 담긴 그의 논평이었다. 그는 경전들에 대한 주희의 주석을 가리켜, "의리의 조로(條路)와 도학의 맥락에서 자기 나름의 의미로 해석해 옛 주해[古注疏]와 다르게 되었다"고 비판했다. 주희가 이러했으므로, 그 이후의 성리학자들의 경전 해석은 더 말할 필요가 없게 되었다는 것이다.

그러나 지나침이 문제일 뿐, 경학에서 '의미 해득'을 결여해선 안된다는 것이 그의 기본적 사고이다. 따라서 정약용의 경학 방법은 '훈고와 의미 해석을 함께 구사'하는 방법이다. 이를 가리켜 정약용의 경학은 '훈고와 의리의 겸용', 또는 '한송겸채(漢宋兼采)'의 특징을 지녔다고 했다. 이 점을 확인할 수 있는 그의 글이 있다.

"오늘날의 학자는 한나라 때의 주석을 참고로 그 훈고(訓詁)를 구하고

---

13) 앞 책, 권19, 〈答李汝弘〉, 29쪽.
14) 김영호, 〈정약용의 경학관〉, 《다산 정약용》, 예문서원, 2005, 228쪽.

주희의 집전으로 그 의리(義理)를 구하되, 그 시비득실을 반드시 경전에서
판결하고, 육경사서(六經四書)의 원의·본지가 서로 연관되어 발견됨이 있
을 것이어서, 처음엔 의심되다가도 끝내는 참됨임을 알고, 처음엔 방황하
다가도 끝내는 도달케 된다. 이런 뒤에 체득해 행하고 행하여 체험하면서,
아래로 수신·제가·치국·평천하를 할 수 있고, 위로 천덕(天德)에 도달
하고 천명(天命)에 돌아갈 수 있어야, 이를 학문이라 한다.”15)

그가 경학에서 훈고와 의리 탐구를 다 겸용한 사실이 이 글을 통해
드러나고, 특히 ‘사서와 육경’을 경학의 핵심적 대상으로 들었음이 밝
혀진다. 이것은 사서와 오경에 치중하던 성리학자들과 다른 점이지만,
그의 앞 저술들을 상기하면 ‘13경 전체’가 그의 경학의 대상이었음을
깨닫게 된다. 아울러 그의 경학은 ‘수신, 제가, 치국, 평천하’의 업무뿐
아니라, ‘천덕(天德)의 품격을 갖추고 천명(天命)에 도달’하는 경지를
목표로 하고 있다는 사실도 이로써 알게 된다. 이는 그의 학문의 광범
함을 드러내는 것에 다름 아니다.

3. 수기·안인의 공자학과 진유의 학 표방

정약용 학문의 광범하고 다채로움은 경학 외의 측면에서도 발견된
다. 예를 들면, 그가 자신이 이룩한 학문을 가리켜, “학문의 큰 줄기는
효제(孝悌)를 근본으로 하고, 예악(禮樂)으로 수식하며, 정치와 법률
[政刑]로 보충하면서, 병법과 농법[兵農]으로 돕는 것이었다”16)고 한

---

15)《詩文集》, 권11, 20쪽.
16)《與猶堂全書》, 1집, 권21, 3쪽.

발언에서도 그 점을 알게 되는 것이다. 그는 효제, 예악, 정치, 법률 등의 연구를 지향했을 뿐만 아니라, 그것들을 실제 그의 학문으로 논의하고 연구하였다. 그의 학문의 다양성은 곧 그가 이룬 학문의 특성 가운데 하나이다.

정약용은 그의 광범한 학문을 나타낼 때, 그것을 스스로 압축하여 이렇게 밝혔다. "육경·사서로 수기(修己)를 하고, 일표(《경세유표》)·이서(《목민심서》, 《흠흠신서》)로 천하·국가를 위하려 했으니, 본(本)과 말(末)을 다 갖춘 것이다."17) 그에 따르면, 육경·사서에 대한 자신의 저술은 통틀어 '수기를 위한 자료'로서, 그의 학문의 근본에 해당한다. 그리고 일표인 《경세유표》와 이서인 《목민심서》·《흠흠신서》는 '안인' 또는 '치인'을 위한 자료로서, 말단에 속한다. 이는 그의 경학적 업적이 사실상 '수기의 범주'와 '안인의 범주'로 분류되는 저술이라는 해명이다. 그의 학문을 이처럼 '수기와 안인'으로 압축한 표현은 그의 문집 곳곳에서 발견된다.

이런 분류는 그의 학문·사상의 '본말(本末)' — 곧 학습과 그 실행에서 '선후(先後)' — 을 다 포괄하는 시각으로 집약한 표현이다. 그러나 육경·사서에도 경세의 내용이 있음을 고려하면, 수기·안인이 원천적으로 '공자가 제시한 학문의 틀'임을 감안하면서 그 틀을 이용한 데에 또 하나의 특징이 있다. 일찍이 학문(儒學)을 수기와 안인으로 나타낸 학자는 공자였기 때문이다. 아래의 글이 그의 이런 점을 확실히 입증한다.

"공자의 학문(道)은 수기와 치인일 따름이다. 오늘의 학자들이 아침저녁으로 강마하는 것은 다만 리기(理氣)·사칠(四七)의 논변이거나, 하도낙

---

17) 앞 책, 1집, 권16, 32쪽.

서(河圖洛書)의 수(數)이거나, 태극(太極) · 원회(元會)의 설뿐인데, 이것들이 수기에 해당되는지 치인에 해당되는지 모를 노릇이다."[18]

그가 자신의 학문을 수기 · 안인(치인)으로 표현한 이유가 '공자의 학문관'의 계승임을 표방하려는 데 있음이 이로써 분명하다. 이 글에서도 그는 벌써 그때의 성리학자들의 논의가 지닌 공소함이 공자의 학문관에 맞지 않는다는 식으로 비판하고 있다. 정약용은 성리학자들을 비판하는 곳에서, 자신의 학문을 '공자학인 수사학(洙泗學)임'을 자주 밝혔다. 그러나 그가 공자학을 표방한다고 그의 학문이 실제로 공자의 그것에서 머물지 않았음은 더할 나위 없다. 시대 환경이 다르고 사서 · 육경을 가지고 이룬 그의 학문이 공자학과 같을 수 없음은 자명하다.

그가 공자학을 내세운 까닭은 우선 공자학이 주희의 학문 이상의 권위를 갖는 데에 있었을 것이다. 그 시대는 이미 여러 차례 밝힌 대로 정주성리학의 권위가 대단하여, 그것을 함부로 비판하다가는 성리학자들의 반격을 감당하기 어렵던 시대이다. 이런 점을 감안하면, 공자학의 표방은 권위의 측면에서 주희를 추종하는 성리학자들의 반격의 강도를 약화시킬 편법이었던 것이다. 이 점은 하나의 방편일 뿐이고, 학문의 내용으로 보아서는 (이 인용문에 보이듯이) 성리학자들의 논의가 지닌 비실제적 공소성 때문이었다고 해야 한다. 성리학보다 더 두드러진 '실제성을 추구하려는 그의 의도'가 공자학을 내세운 그의 근본적 이유였다.

여기서 성리학에 대한 그의 불만과 그 극복의 의지가 있었음을 알게 된다. 성리학의 장점을 인지한 그로서 그것을 완전히 배척하지는

---

18) 앞 책, 1집, 권17, 81쪽.

않았을지라도, 그 '성리학에 안주하지 않을 여지'가 있음이 이에서 예측된다. 이 예측을 확증하는 사실이 바로 '바람직한 유학'이라고 추구하던 그 나름의 독자적 유학관, 곧 유학자들이 실제적 학문이라는 의미에서 표명하던 '실학'에 대한 그의 견해이다. 정약용은 바람직하다고 여기면서 '스스로 추구하던 유학'을 다음과 같이 밝히고 있다.

> "진유의 학문[眞儒之學]은 본래 치국, 안민, 이적의 물리침[攘夷狄], 재용의 풍족[裕財用]케 함이라든가, 문(文)과 무(武)에 다 능통하는 등 해당되지 않는 것이 없다. 어찌 문장 구절을 연구하고, 벌레나 물고기를 풀이하면서, 도포 입고 절하는 법이나 익히는 것일 뿐이겠는가! … 후세의 유자들은 성현의 본뜻을 깨닫지 못하고, 인의(仁義)와 리기(理氣) 외에 한 마디라도 입 밖에 내면, 그것을 잡학(雜學)이라고 한다."19)

그가 추구하던 학문은 '참다운 유자의 학문', 곧 '진유의 학[眞儒之學]'이라고 표현되는 것이었다. 이는 치국에 의한 안민과 이적을 물리칠 무술, 부국을 기할 재용을 다루는 학문이고, 이런 점에서 그 시대의 성리학자들에서 '잡학(雜學)'으로 여겨질 학문에 해당한다. 그러나 이 잡학이야말로 실생활에 참으로 실질적이고 실용적인 것들을 대상으로 한 성격인 만큼, '실학(實學)'이라고 해야 할 것이다. 이것은 박지원이 "백성의 후생(厚生)이 수기인 정덕(正德)보다 더 우선해야 한다"고 하면서 실학을 역설하던 사고와 매우 비슷하다. 정약용이 실학이라는 용어를 따로 사용하지 않음을 보면, 그에게 '실학은 진유의 학으로 대용'되고 있음이 확실하다.

정약용이 '진유의 학'이라든가 '잡학'이라고 하는 데는 약간의 설명

---

19) 앞 책, 1집, 권12, 〈俗儒論〉.

이 필요하겠다. 이는 성리학을 염두에 두었던 용어인데, 원래 성리학은 시대의 흐름에 따라 조금씩 다른 명칭을 더해 오던 시대성을 지녔다. 16세기 이황과 이이 같은 학자들은 성리학을 '성스러운 학문', '성인으로 되게 하는 학문'이라는 의미의 "성학(聖學)"이라고 했다. 성리학을 가장 인간다운 인간으로 되게 한다는 점을 강조하기 위한 뜻에서 그들은 그런 명칭을 사용했다. 그 뒤 서학, 양명학, 북학, 훈고학 등이 혼류하는 상황의 18, 19세기에 이르러, 성리학자들은 특히 서학을 '사특한 학문'으로 규정하여 배척했던 것과 달리, 서학에 대립하는 성리학을 '바른 학문'이라는 의미의 "정학(正學)"이라고 일컬었다. 이에 공자학을 표방한 정약용은 지금 그 정학임을 주장하는 성리학자들을 비판하면서, 잡학으로 여겨질지언정 '실제성이 농후하여 실학'이라 해야 할 '진유의 학'을 갈구했다.

4. 탈성리학적 우주관, 인간관, 윤리관

1) 성리학과 탈성리학의 분별 기준

일정한 학문, 특히 철학들의 변별은 각 철학에서 사용하는 기본 개념과 기본 명제의 같고 다름 여하에 달렸다. 개념과 명제의 동이(同異)는 동서고금을 가리지 않고 철학의 분별에 적용되는 척도이다. 개념과 명제가 서로 같으면, 두 철학은 서로 같은 철학의 부류이고, 그렇지 않으면 서로 다른 부류로 분별된다. 이런 점에서 성리학의 기본 개념과 명제들에 대한 정약용의 견해를 살필 필요가 있다.

일찍이 성리학의 기본 개념과 명제를 부정하는 경향은 이미 박세당의 경학, 이익의 경학, 홍대용의 경학 등에서 살폈다. 미리 말하자면, 정약용의 경학도 이들과 같은 경향이고, 이들 이상으로 성리학의 개념과 명제들을 극심하게 부정하는 것이다. 정약용만큼 성리학의 기본 개념과 명제들을 부정하는 사례는 일찍이 보지 못했을 정도이다. 때문에 그는 결국 성리학을 그 심층적 철학의 측면에서 가장 적극적으로 벗어난 학자임을 알게 된다. 사실 이 점이 그의 학문을 조선 후기의 실학으로 간주하게 하는 근거 가운데 하나이기도 하다.[20]

2) 탈성리학적 우주관

정약용은 땅덩이가 둥글다는 이론[地球說], 그 땅이 돈다는 이론[地轉說]을 비롯해, 태양 중심의 근대 역법(曆法)과 서구의 지리에 대한 지식도 얼마쯤 갖고 있었다. 그것만 해도 하늘이 둥글고 땅덩이는 모나며[天圓地方], 하늘이 돌고 땅은 정지해 있다[天動地靜]고 믿던 성리학자들의 천체관과 크게 달랐다. 따라서 그의 우주 자연관도 성리학자들의 사고와 같을 수 없었다. 그들의 사고와 같은 점이 있었다면, 그것은 우주 자연이 기(氣)로 되었고, 그 기를 자연을 이루는 일종의 원질(原質) 같이 생각한 것이다.

그러나 기의 존재성[自由之物]을 인정한다든지,[21] 그런 기의 특성으로 우주도 존립케 된다든지, 기의 존재 양태가 음양(陰陽)이 아니라는 사고 등은 성리학자들에서 볼 수 없던 사고이다. 음양과 오행(五行)을 우주 자연을 형성하는 재료나 요소로 상정하는 성리학자들의 사고를 그는 부정했다. 오히려 그는 홍대용처럼 음양을 햇볕에 의한 '그늘과

---

20) 이 점은 이미 학계에 발표된 것이다. 윤사순, 〈성리학과 실학, 그 근본 사고의 동이성에 대한 고찰〉, 《다산 정약용》, 예문서원, 2005.

21) 《與猶堂全書》, 2집, 권4, 〈中庸講義補〉.

양지' 정도로,22) 오행을 다만 '다섯 물체'로 생각했다.23)

그는 천(天)을 궁극의 리인 태극(太極)으로 간주하는 정주설을 반대하고, 본원유학에 따라 '상제(上帝)'로 간주했다. 성리학의 "성즉리(性卽理)"의 명제를 부정하고서, 천 본래의 종교적 의미를 복원시켰다. 이에 따라 궁극의 리라고 믿어진 '태극'도 그에게는 리가 아니라 '기, 원기(元氣)'라고 이해되었다.24) 이러하니 성리학에서 '리는 기에 선행'하는 본질이라든가, 주재(主宰) 성격을 지닌 '원인[所以然]'이라는 의미도 그에게서 부정되었다. 그의 주장에 따르면, 리는 다만 옥석(玉石)의 맥리(脈理)라든가 법리(法理) 같은 치리(治理)일 따름이다.25) 리란 결[脈]·조리(條理)·질서 정도를 뜻하는 개념이라는 것이 그의 생각이다. 리는 다만 기의 존재나 운동에 따라 말해지는 것[依附之品]이므로,26) 성리학자들이 상정한 (리의) 실재성과 주재성은 절로 다 부정되었다. 그의 견해로, 우주 자연은 기일 따름이지, 이황에서와 같은 리기의 합이 아니다.

우주 태초의 생성에 대한 정약용의 이론도 성리학설과 다르다. 그는 우주 태초의 생성을 '기인 태극'에서부터 일어난 현상으로 이해했다. 그에 따르면, 하나의 기인 태극이 두 기인 천지(天地)가 되고, 그것이 또 네 기인 천지수화(天地水火)가 되며, 그 넷의 상호 작용으로 '산(山)·택(澤)·풍(風)·뇌(雷)'가 더해진 여덟 물체[八物, 八卦之象]가 된 다음, 만물의 형성이 있게 되었다.27)

---

22) 앞과 같음.
23) 앞과 같음.
24) 앞 책, 1집, 〈中庸策〉 및 3집, 〈易學緖言〉.
25) 앞 책, 2집, 〈孟子要義〉.
26) 앞 책, 2집, 〈中庸講義〉.
27) 앞 책, 3집, 〈邵子先天論〉 및 〈論河圖爲八卦之則〉.

우주의 근원인 태극을 기라고 했기 때문에, 그에게서는 우주에 대한 정주의 리일분수설(理一分殊說)도 부정된다. 우주를 리의 체계로 해석하려는 시도 자체가 용인되지 않는다. 그리고 정약용에게서 상정된 우주 자연은 무생명적·무의지적 물체인 만큼 인간과의 감응 대상이 아니다. 인간과 만물이 일체로 된다는 천인합일 사상도 따라서 부정된다.[28] 그에게 자연 법칙인 천도(天道)는 도덕규범과는 큰 관련이 없는 것으로, 생활에 관련되는 물리(物理)의 성격에서 그친다. 한마디로, 그는 천과 리와 기의 개념 등을 성리학자들과 달리 설정함으로 말미암아 그의 우주 자연관은 성리학의 그것과 전혀 다르게 되었다. 그의 우주관의 성격 또한 탈성리학적 우주관의 그것으로 되었음이 분명하다.

3) 탈성리학적 인간관

정약용은 인간의 성(性)에 대하여 성리학자들과 달리 생각했다. 성리학의 "천이 곧 리[天卽理]"라는 기본 명제를 부정했듯이, 그는 "성이 곧 리[性卽理]"라는 명제도 부정했다.[29] 그에 따르면, 인간의 성은 하나의 '기호(嗜好)'이다.[30] 기호란 일종의 소질 같은 취향이다. 그의 이런 사고는 성리학자들이 실재시한 리가 아니듯, 성 또한 선험적으로 본구된 것이 아님을 뜻한다. 그 점을 분명히 하려고 그는 "인의예지 등의 성이 마음속에 들어 있는 과립[四顆] 같지 않다"고 확언했다.[31]

---

28) 앞 책, 2집, 〈中庸講義補〉.
29) 앞 책, 2집, 권6, 〈孟子要義〉.
30) 앞과 같음.
31) 앞 책, 2집, 권4, 〈中庸講義補〉.

성의 본구를 인정치 않는 데서 성리학의 '본연의 성[本然之性]'을 인정하지 않게 된다. 그 본연의 성은 다만 불교의 여래장설(如來藏說)에서 나온 것으로 이해되었을 따름이다.32)

그러나 성리학에 있는 본연의 성과 기질의 성에 흡사한 구별이 그에게 전혀 없지는 않았다. 정약용도 기호에 종류가 있음을 인정해, '영지(靈知)의 기호'와 '형구(形軀)의 기호'를 구별했다. 앞의 기호가 '도의(道義)의 성'으로도 표현됨을 보아 '본연의 성'에 해당하는 기호인 셈이고, 뒤의 기호는 그 또한 '기질의 성'이라 불렀다.

성리학에서는 성에 정(情)을 대비적으로 연결하여, 서로 체와 용의 관계로 상정했다. "성이 발하여 정으로 된다"는 명제가 그 좋은 예이다. 이황의 사단에 대한 '리발(理發)'의 언명도 이런 사고에서 나왔다. 그러나 정약용은 성의 본구를 부정했기 때문에 성정의 체용 관계도 인정치 않게 된다. 같은 사고에서 성리학에서 규정한 "심이란 성과 정을 통섭한 것[心統性情]"이라는 명제도 그에게서는 부정되었다. 정약용은 이 점을 분명히 하는 의미에서 이르길, "성리학자들[先儒]이 '심이 성정을 통섭한다'고 하면서도 심을 기라고 했음은, '기가 리기를 통섭함[氣統理氣]'을 가리킴이어서 옳지 않다"고 비판했다.33)

인간 스스로를 영장으로 여김은 그도 성리학자들과 다르지 않았다. 이 점은 그의 이론 가운데 인성·물성의 서로 다름을 주장하면서 '성삼품설(性三品說)' 또는 '성사등급설(性四等級說)'을 내세웠던 것에서 알 수 있다.34) 그러나 그가 인간을 영장으로 여기던 사고의 근거는 성리학자들과 서로 같지 않았다. 성리학자들은 그 근거를 도덕을 행

32) 앞 책, 2집, 권12, 〈論語古今註〉.
33) 앞 책, 1집, 권19, 〈答李汝弘〉.
34) 앞 책, 2집, 권4, 〈中庸講義補〉.

할 수 있는 '다섯 본성[五性, 仁義禮智信]'의 구비에 두었던 데 견주어, 정약용은 그 본성을 기준으로 삼아 인간의 우월함을 거론하지 않았다. 그가 염두에 둔 기준은 도덕 능력이 아니라, '생명과 지능 및 도덕 능력이 복합'된 특성이다. 그에 따르면, 초목에는 생(生)의 특성만 있고, 금수에는 생과 각(覺)이, 인간에는 생과 각 외에 영(靈)과 선(善)의 특성이 더 갖추어졌다.35)

정약용의 이 이론이 이른바 성삼품설 또는 성사품설인데, 이는 성론이라기보다 심론(心論)이라 함이 더 적합한 편이다. 실제로 그가 생각한 심(心)은 '오장(五臟)의 심(심장)'과 '영명(靈明)의 심'과 '소발(所發)의 심(측은지심 같은 것)'으로 구분되는데, 지각 작용을 하는 의식 일반의 심은 영명의 심이다. 이때 심이 지닌 영명을 그는 상제·천이 인간에게 부여한 것이라고 주장했다.36) [그 영명에는 재(才)와 세(勢)와 성(性)이 있다고도 한다.] 이런 의미에서 "천(상제)의 영명이 인심에 직접 통한다"37)고도 했는데, 이것은 이황 같은 성리학자가 "경(敬)의 상태에 이르면 내 마음속의 천리를 알게 된다"는 주장을 연상케 하는 발언이다. 성리학에는 철학의 성격이 짙은 데 견주어, 정약용의 사상에는 종교성이 짙음이 이런 데에서 확인된다.

정약용에 따르면, 인간의 영장성은 그 영명함 자체에서만 그치지 않는다. 그 영명함으로 말미암아 인간은 금수와 달리 '자주(自主)의 권능[權]'을38) 발휘하기 때문이다. 금수는 주어진 본능대로[不得不然] 사는 데 견주어, 인간은 특히 선악 문제에서 "스스로 작정하고 스스로

---

35) 앞과 같음.
36) 앞과 같음.
37) 앞 책, 2집, 권3, 〈中庸自箴〉.
38) 앞 책, 2집, 권5, 〈孟子要義〉.

주장하는[自作而自主張]"[39] 능력을 발휘한다는 것이 그 구체적 설명이다. 이 대목에서 인간의 자주 의지와 자율 능력의 소유와 그 능력에 대한 믿음을 성리학자들 이상으로 지닌 학자가 정약용임이 드러난다. 그의 인간관의 특징, 특히 성리학적 인간관에 비교된 특징이 바로 이런 점에서 더 없이 분명해진다. 그의 인간관 또한 탈성리학적 성격으로 이루어졌음은 의심할 여지가 없다.

4) 탈성리학적 윤리관

  윤리·도덕은 어떻게 이루어진다고 정약용이 생각했는지 알아보자. 이황 같은 성리학자들은 인간이 오성 또는 오상의 본성을 본디 갖추었다[本具]고 상정했으므로, 그것들의 발현 또는 발출이 곧 오륜으로 구현된다고 생각했다. 그러나 그 본성의 본구를 부정한 채, 성을 기호라고 한 그가 성리학의 이론과 같은 윤리설을 답습했을 리 없다. 그는 인간에게 '영지(靈知)의 기호'가 있음을 지적하고서, 그것을 '도의(道義)의 기호'라고도 했으므로, 그 기호가 바로 윤리 문제와 관련될 것처럼 보인다. 하지만 기호 정도의 성이 본구된 성처럼 발현하지 않는다면, 그 기호와 윤리·도덕의 관련도 가능성에서 그칠 뿐일 것이다.
  이런 점들을 고려했던지 정약용은 윤리·도덕을 상제·천이 부여한 인간의 '자주의 권능[自主之權]'에 따른 것이라고 생각했다. 그는 자주의 권능을 인간이 도덕 행위를 할 수 있는 일종의 '자율의 능력'으로 상정한 듯하다. 다음 글에서 그런 사고의 징후가 발견된다.

  "천은 인간에게 자주의 권능을 주었다. 가령 선(善)을 하려 하면 선을

---

39) 앞과 같음.

행하고, 악(惡)을 하려면 악을 하고… 그 결정은 자신에게 달렸다. … 그러
므로 선을 하면 실제로 자신의 공(功)이 되고, 악을 범하면 실제로 자신의
죄가 된다. 이는 권능이지 이른바 성(性)이 아니다."[40]

그에 따르면, 선과 악의 도덕적 행위는 전적으로 인간의 의사와 의
지에 달렸다. 선을 지향하는 의사와 선을 행하겠다는 의지가 결국 선
행(善行)을 실제로 하게 하는 요인이다. 따라서 그 도덕은 자주의 권
능을 지닌 '인간의 자율'로 이루어지는 것임에 틀림없다. 그의 이 같
은 사고가 다음 글에서도 발견된다.

"인(仁)이라는 글자는 두 사람[二人]이다. 사람과 사람이 그 본분을 다
하는 것을 인이라 한다."[41]

"인의예지의 명칭은 본래 우리 인간의 행사(行事)에서 생기는 것이지,
심의 현묘한 리로 있는 것이 아니다."[42]

정약용의 견해로, 인(仁)이란 인간의 업무[事]를 하는 데서, 특히 본
분을 다하는 데서 생긴다. 인의예지가 모두 그것들에 해당하는 업무
를 행동으로 보일 때 생기지, 마음의 현묘한 본성으로서의 리로 말미
암아 생긴 것이 결코 아니다. "인의예지가 리로 있는 것이 아니다"라
는 언구가 곧 이황 같은 성리학자들의 견해를 염두에 두고 낸 그의
비판적 주장이기도 하다.

---

40) 앞 책, 2집, 권5, 〈孟子要義〉.
41) 앞 책, 1집, 권19, 〈答李汝弘〉.
42) 앞 책, 2집, 권4, 〈中庸講義補〉.

도덕적 선행을 하는 것과 '도의(道義)의 성'은 어떤 관계에 있나? 그에 대한 그의 분명한 해명은 없지만, 그 관계를 추단하기는 어렵지 않을 것 같다. 그것은 일종의 '선을 지향하는 기호'가 아닐 수 없고, 그렇다고 할 때 그 역할은 '선행으로 유도'하는 역량에 비유될 것이다. 정약용의 다음 발언은 이 점을 더욱 분명히 하는 데 도움을 줄 만하다.

> "인간의 성은 도의와 기질 두 가지를 합쳐 하나의 성으로 되었지만, 금수의 성은 순전히 기질의 성뿐이다."[43]

> "인성은 선(善)을 즐기고 악(惡)을 부끄러워한다. 선을 즐기기 때문에 측은(惻隱)·사양(辭讓)의 마음이 있고, 악을 부끄러워하기 때문에 수오(羞惡)·시비(是非)의 마음이 있다."[44]

이 글들로 미루면, 금수에는 기질의 성만 있는 데 견주어, 인간에게는 도의의 성과 기질의 성이 다 (하나로) 있다. 이는 타고나길, 금수는 선행을 지향하는 성향이 없지만, 인간만은 선행을 지향하는 '기호(嗜好)로서의 성'이 있다는 것을 의미한다. 선을 지향하는 기호로 해서, 인간은 선을 즐기기까지 하고, 악에 대해서는 부끄러워한다는 것이다. 그 선악에 대한 즐기고 부끄러워함에서 측은, 사양, 수오 등 실제의 선행인 도덕 행위가 이루어진다는 것이 그의 사고이다. 정약용이 맹자적인 성선설(性善說)을 따르는 사고가 이에서 잡히기도 한다. 맹자는 선을 지향하는 성향을 재(才)라는 일종의 기호적 가능성[可仁

---

43) 앞 책, 2집, 권6, 〈孟子要義〉.
44) 앞 책, 1집, 권19, 〈答李汝弘〉.

可義 悅我心]으로 나타냈기 때문이다.

정약용에게 기호인 도의의 성도 원천적으로는 상제가 마음에 부여한 '영명(靈明)의 능력'이다. 선한 도덕 행위는 내 마음의 영명과 직통하는 '상제의 영명'으로 말미암아 이루어진다. 그에 따르면, 절대적인 위력을 지닌 상제의 '전지(全知)한 영명을 속일 수 없음'을 인간이 알기 때문에, 인간은 계신(戒愼)·공구(恐懼)의 수양을 통해 악을 범하지 않으려 한다.45) 이런 의미로 그는 지천(知天)·지천명(知天命)을 가장 중요시하면서, 그것은 바로 상제의 규칙[上帝之則]을 따름이라고 해석했다.46) 그의 도덕은 상제를 섬기는[事天] 의미를 강하게 지녔다.

비록 그가 성리학적 도덕설은 부정하지만, 그 시대의 오륜 자체를 부정하지는 않았다. 그러나 오륜의 시행에 대해서만은 '상하 수직적 실천'에서 '상호 호혜적 수평식'으로 바꾸어야 함을 강조했다. 예를 들면, 효친의 경우 부모의 자식에 대한 사랑과 함께 자식의 효도가 이루어져야 한다는 식인 '오륜의 쌍무적 실천'을 역설하였다. 부의(父義), 모자(母慈), 형우(兄友), 제공(弟恭)의 고른 실천이 그것이다. 그의 윤리적 덕목으로서는 "효(孝), 제(悌), 자(慈)"가 핵심이기도 하다.47)

정약용의 윤리·도덕관은 선을 지향하는 성향(기호)을 기초로 하면서도, 그것을 인위적이고 가변적이며 상대적인 시각으로 실천해야 한다는 견해였다. 때문에 그는 자연의 원리인 천도를 끌어들여 인도인 도덕을 성리학자들처럼 절대화하려는 노력을 보이지 않았다. 그는 실제로 오륜의 다섯 덕목[親義別序信]보다 원천적으로 '효, 제, 자'를 더 중요시했다.48)

---

45) 앞 책, 2집, 권3, 〈中庸自箴〉.

46) 앞 책, 2집, 권7, 〈論語古今註〉.

47) 앞 책, 2집, 권1, 〈大學公議〉.

이상을 집약하면, 그는 윤리관에서도 성리학자들과 현격한 차이를 보였다. 주희나 이황 등이 리천관(理天觀)에서 말미암은 '성즉리(性卽理)'의 명제와 본성관에 바탕을 둔 도덕의 수립을 구상했던 것과 달리, 그는 영명(靈明)의 전지성(全知性)을 지닌 존재로 인격화한 상제·천관, 그리고 상제가 부여한 심의 영명성에 기초하여 도덕을 구상한 것이 서로 다른 사상이다. 정약용의 윤리관이 지닌 성격 또한 탈성리학적 성격임은 더할 나위 없다.

5. 《목민심서》에 담긴 애민·위민의식

돌이켜 보면, 정약용은 자신의 학문을 가리켜, "육경·사서로 수기를 하고, 일표(一表)·이서(二書)로는 천하국가를 위하려 했으니, 본(本)과 말(末)을 다 갖춘 것이다"라 했다. 앞 장에서 고찰한 사상은 육경·사서의 경학설에 드러난 그의 '수기를 위한 부분'인 셈이다. 이제 그의 '일표·이서'에 담긴 '천하·국가를 위하려 한 부분'을 살펴야 할 차례이다. 일표·이서 가운데서 지금 내가 주목하려는 것은 그의 《목민심서》이다.

지금 《목민심서》를 살피려는 이유는 이렇다. 첫째, 다른 저서들보다 이것이 '현대적 의의'를 가장 많이 지닌다. 둘째, 사법 등의 문제를 다룬 《흠흠신서》는 사실 《목민심서》의 형전(刑典)을 확대한 것이어서 그 기본 사상 이상의 고찰이 여기서는 긴요치 않다. 셋째, 《방례초본(邦禮草本)》으로도 불리는 《경세유표》는 낡은 조선국에 대한 '새로운 국가' 지향의 구상〔新我舊邦〕을 담은 저서인데, 미완성인 데다 다음

---

48) 앞과 같음.

절에서 그 내용의 일부를 살필 것이다.

목민의 목(牧)이란 지역 단위의 하나를 가리키기도 하지만, 지방관(地方官)을 가리키기도 한다. 주(州), 부(部), 군(郡), 현(縣) 같은 단위 지역을 통치하는 관리, 곧 '수령(守令)을 목이라' 한다. 그리고 동사로서 목은 동식물을 기르는, 양육의 뜻을 가진다. 여기의 목민(牧民)은 백성을 기른다는 뜻인가 하는 의문이 들겠지만, 이것은 지역민을 마치 동식물을 기른다는 식으로 쓴 것이 결코 아니고, '지역민을 돌보다'는 뜻으로 쓴 것이다. 수령이 하나의 공복(公僕)으로서 해당 지역민을 돌봄이 곧 목민이라는 용어의 참뜻이다.

지방관인 수령이 지역민을 '돌봄에 지켜야 할 지침서'가 또한 목민서(牧民書)이다. 목민서는 정약용 이전에도 더러 있었다. 일찍이 홍양호(洪良浩, 耳谿, 1724~1802)가 지은 《목민대방(牧民大方)》이 그러한 사례이다. 그러나 그 이전의 목민서들은 어느 것도 내용의 풍부하고 충실함에서 정약용의 《목민심서》를 따르지 못한다. 목민서 가운데 단연 으뜸의 자리를 차지한 서적이 《목민심서》이다.

정약용이 목민서의 책명을 《목민심서(牧民心書)》라고, '심서(心書)'의 표현을 붙인 이유는 (그의 서문에 따르면) "목민할 마음은 있지만 실행할 수 없기 때문"이었다. 이 책을 그는 57세 때(1818) 강진에서 유배 생활이 끝나기 직전에 초벌의 저술을 마쳤다. 유배를 당한 처지이니, 그 내용을 자신으로서는 실천할 수 없지만, 국가의 장래를 위해서는 지어내야 했던 일종의 '마음에 담은 구상'이었다는 뜻으로 "심서라고 했다"는 것이다.[49] 저자의 착잡한 우국충정의 심경이 책명에 배어 있음을 짐작하게 된다. 그에게 《경세유표》는 당장 실현할 수 없는

---

49) 그의 〈年譜〉에 따르면, 18년 동안의 귀양살이가 끝나기 1년 전인 57세(1818)에 이 책의 초벌을 마쳤다.

원대한 이상적 국가를 설계한 개혁안인 것과 달리, 이《목민심서》는 그 시대 조선의 법제로도 실제적 구현이 용납되는 범위 내에서, 특히 '민생을 위해 시급히 개혁'해야 할 사항을 적시한 개혁안이다.

본래 수령의 직무는 분업이 발달되지 않은 그 시대, 지방의 행정을 비롯해 사법, 구휼, 교육, 군사 등 온갖 업무를 다 포함했다. 그것은 '작은 왕[小王]의 소임'과 다르지 않았다. 수령의 구체적 직무는《목민심서》의 편목으로도 얼마쯤 밝혀진다. 그 편목은 12종류인, 부임(赴任), 율기(律己), 봉공(奉公), 애민(愛民), 이전(吏典), 호전(戶典), 예전(禮典), 병전(兵典), 형전(刑典), 공전(工典), 진황(賑荒), 해관(解官)으로 되었다. 편목에 '6전이 다 들었음'에서 수령의 직무가 성격상 조정(정부)의 업무와 같음이 드러난다. 부임, 해관, 율기, 봉공, 애민은 본무 외에 부가된 지침이다. 이 12편에 각각 6조목씩 들어 '총 72조목'에 걸친 지침의 내용을 담은 책이《목민심서》이다. 목민서 가운데 그 어느 것보다 내용이 방대하고 충실하다고 한 것은 이를 두고 한 평이다.

수령의 직무가 왕 또는 조정의 업무와 성격을 같이하였으므로 그 권력이 막강하고 책임 또한 막중했다. 지역민의 목숨도 좌우하는 막강한 권력인 터에 만일 수령의 권력 남용 또는 오용이 있으면, 그 '민인이 받는 피해'는 이루 다 말할 수 없었다. 반대로 수령의 책임 의식이 투철하여 직무 수행에 공정을 기하면, 그 '민인에게 돌아가는 혜택' 또한 말할 나위 없다. 사정이 이러했던 데에 목민서의 필요성이 자리했던 것이다.

지방민이 수령에게서 받는 피해와 혜택을 숙지한 정약용은 일찍이 《흠흠신서》를 저술하던 자리에서, 수령의 권한에 깃든 막중한 책무성, 결코 남용해서 안 되는 엄중한 성격을 교시했다.

"오직 하늘만이 사람을 살릴 수도 있고 죽일 수도 있다. … 사목(司牧)도

(하늘과의 사이에서) 선량한 사람들을 보살펴 살아가도록 하고, 죄악을 저
지른 사람들을 잡아 죽이기도 하는데, 이것은 하늘의 권한, 천권(天權)을
드러내는 행위일 따름이다."50)

인명까지 다루는 수령의 권한의 근원은 어디까지나 하늘[天]에 있
고, 수령은 그 하늘의 권한인 '천권을 대행토록 위임받은 것'임을 깨
달아야 한다. 따라서 그 위임받은 대리 행위에 남용이나 오용을 범하
면, 그 수령에게는 하늘의 징벌이 있게 됨을 알아야 한다는 경고가 그
의 이 문맥에 깃들었다.

하늘의 뜻을 드러내는 것을 유학에서는 전통적으로 '백성의 마음인
민심(民心)'이라고 여겼다. 바로 그런 점에서 피치자인 민심을 통치자
들이 두려워해야 한다고 유학자들은 한결같이 지적해 왔다. 정약용도
이와 같은 생각을 했다.

"목민을 맡은 자 네 가지 두려움이 있다. 밑으로 민(民)이 두렵고, 위로
대성(臺省)이 두렵고, 또 위로 조정이 두렵고, 더 위로는 하늘[天]이 두려
운 것이다."51)

대성이라는 '사헌부와 사간원'이 관리의 부정 비리를 규찰·탄핵하
므로 수령의 두려운 대상이고, 임명권과 해임권을 가진 조정을 두려
위함은 수령들이 다 아는 상식이다. 그에 견주면 민인과 하늘을 두려
위함은 그보다 더 높은 차원의 관념에 말미암는다. 유학의 통념적 정
치설로는 제왕의 통치권 자체를 '천자(天子)로서 맡은 천권의 대행[代

---

50)《欽欽新書》, 序.
51)《詩文集》, 권12, 〈送富寧都護李鍾英赴任序〉.

天理物)'이라 생각하고, 그 대행을 제대로 하지 않을 때는 천재지변(天災地變)을 통한 징벌이 따른다고 했다. 하늘의 뜻과 통하는 민심은 폭군의 경우엔 '민란(民亂)'을 일으키거나, [맹자처럼 인의(仁義)의 정신에 반하는] '패왕(殘賊)을 방벌(放伐)'하는 주체라고 여겨진다. 하늘과 민심을 두려워해야 한다는 정약용의 주장은 유학의 이런 관념에 근거한 것이다. 정약용은 이런 관념을 바탕으로, 수령 같은 관리들이 명심해야 할 점을 분명히 지적했다. 그것은 바로

> "민인이 목자인 수령을 위해 생겨난 것이 아니고, 수령[牧者]이 민인을 위해 생긴 것이다."[52]

라는 점이다. 수령이 민인을 위해 생긴 이 점이 바로 관리인 수령의 '공복성(公僕性)'을 가리키는 내용이다. 목자로도 지목되는 수령이라면, 수령은 자신의 직무가 곧 지역민에게 '봉사해야 하는 직무임'을 투철히 깨닫고 명심해야 한다는 것이 정약용의 가르침이다. 그가 《목민심서》의 편차에서 수령의 여섯 가지 직무[六典]를 거론하는 편목에 앞서, '율기(律己)'와 '봉공(奉公)'과 '애민(愛民)'의 편목을 놓은 까닭이 이런 가르침 때문이었다.

수령 같은 자리는 자신의 이욕(利慾)을 추구하는 이기심 충족의 자리가 아니다. 이기적인 이욕과 탐욕을 버려야 한다. 그러기 위해 수양에 의한 율기(律己)를 무엇보다도 기본 요건으로 삼아야 한다. 율기가된 다음에는 공복으로서 민인에게 봉사하겠다는 '봉공(奉公)의 마음가짐'이 또한 필수 불가결한 요건이다. 그 이유는 봉공의 정신이 투철하지 않을 때 사욕(私慾)과 공무(公務)의 분별력을 상실하기 때문이다.

---

52) 《與猶堂全書》, 5집, 권1, 《牧民心書》.

관리들의 모든 비리와 부정은 봉공의 정신이 결여된 사욕에서 말미암는다. 그런 터에 '애민 의식'마저 희박하면, 공무의 집행은 탈선으로, 민인의 수탈이나 일삼는 부패한 관리로 전락하게 마련이다. 비리, 부정, 부패가 바로 수령 같은 관리에게서 척결해야 할 《목민심서》에서 '혁신의 과녁'으로 삼는 것이다.

그 시대 수령과 그 수령 밑의 아전(衙前)들은 정약용의 기대와는 정반대로 행동하고 있었다. 관존민비(官尊民卑) 의식이 팽배해 있던 데다가, 그의 유배 시기인 순조(純祖) 시대부터는 외척이 권력을 전횡하던 세도정치 시대였다. 삼정(三政, 田政·軍政·還穀)이 지극히 문란했고, 왕정을 무력하게 하던 세도정치는 수령과 아전들의 부정부패를 더욱 창궐하게 했다. 그로 말미암아 불행하게도 양민들의 고통은 이루 다 형언할 수 없게 되었다. 양민들을 고통과 질곡의 나락으로 떨어뜨리던 것이 바로 부패한 '수령들과 아전[吏]들'의 행패였다. 이런 실상을 정약용은 실감 있게 지적했다.

> "백성들은 토지로 논밭[田]을 삼지만, 아전[吏]들은 백성으로 논밭을 삼는다. 백성의 살갗을 벗기고 골수를 긁어내는 것을 농사짓는 일로 삼고, 머릿수를 모으고 마구 거두어들이는 것을 수확하는 일로 삼는다. 이런 것이 습성이 되어 당연히 여기게 되었으니, 아전을 단속치 않고 백성을 다스릴 수 있는 자는 없을 것이다."[53]

> "남쪽 변두리 땅에서는 전세(田稅)와 공부(貢賦)를 아전들이 농간해서 여러 가지 폐단이 생기는데, 내 처지가 낮은 만큼 듣는 것이 매우 소상해서, 이것들을 종류별로 기록했으며, 내 얕은 견해도 덧붙였다."[54]

---

53) 《牧民心書》, 권4, 〈束吏〉.

"근래에 부역(賦役)이 번다·과중하고, 관리(官吏)들의 약탈이 혹심해, 백성들이 살아갈 수 없게 되었다. 때문에 대부분의 백성들이 난(亂)을 생각하며, 요언망설(妖言妄說)이 동쪽에서 일어나고 서쪽에서 호응하는데, 법에 비추어 그들을 죽인다면 살아남을 사람이 하나도 없게 될 것이다."[55]

아전들은 양민인 농부들을 마치 수탈의 터전처럼 여겨, 사정없는 그 수탈을 농부의 농사짓기처럼 자행한다. 더욱이 전세(田稅)와 공부(貢賦)의 징수에서 그렇다. 세금과 부역 자체가 너무 번다하고 과중한 데다 관리들의 수탈까지 혹심하여, 유이민(流離民)이 많았을 뿐 아니라, 양민이 '민란을 생각'하게 되었다는 데서, 민심의 동요와 그 이반의 정도를 짐작케 한다. 애민과 위민의 봉공에 충실해야 할 수령과 결탁된 아전들이 자행하는 극심한 부패, 그 '박민(剝民)의 행태'가 양민을 죽음으로 몰아가고 국가를 뿌리로부터 병들게 하는 지경에 이르렀다는 것이다.

정약용은 양민들의 소생과 망국의 저지를 위해 관리들의 부정부패의 척결을 촉구하게 되었고, 그 '부정부패의 척결책'을 '목민 정신의 각성과 실행'에서 찾았다. 특히 수령들의 '위민의 봉공'으로 집약될 목민 정신의 각성과 실행을 촉구한 것이 그의 《목민심서》였다. 여기에는 19세기로 접어들면서 극심해진 세도정치 아래서 만연되는 관리들의 부패로 말미암아 죽음 직전의 상태에 빠진 양민들의 소생을 염원하던 정약용의 애민·위민의 정신이 가득 들어찼음을 간과해선 안 된다. 《목민심서》의 기본 정신은 애민을 바탕으로 한 '위민(爲民)정신'임이 확실하다. 그의 정책 가운데 '부패한 지방행정의 개혁'을 통

54) 앞 《牧民心書》, 序.
55) 앞 《牧民心書》.

한 위민의식은 이렇게 그의 대표적 경세서의 하나인 이 저서에서 확인된다.

6. 사회공동체 의식에 기초한 전제 개혁설

《목민심서》와 달리, 바람직한 '미래 조선국의 이상'을 지향하는 의지에서 즉시 시행하지 못할 개혁설까지 담은 것이 일명 《방례초본》인 《경세유표》이다. 그의 이상적 구상을 《경세유표》를 중심으로 살필 때, 그의 개혁 정신에 담긴 참신성이 발견된다. 조선 후기 '참신한 개혁사상'으로 으뜸의 자리를 차지하는 것이 곧 정약용의 사상이다.

유배라는 소외된 처지로 농민과 함께 살면서 관찰했던 만큼, 그 시대의 현실에 대한 정약용의 이해는 누구의 그것보다 예리하고 구체적이며 정확했다. 그 현실에 깃든 암울한 비리·부조리, 민생을 질곡에 떨어뜨리던 부정부패를 앞서 이미 약간 살폈지만, 그가 지적한 양민에 대한 '세도가 관리들의 특권적 만행'은 아직 다 살피지 못했다. 만행을 자행하는 관리들을 '큰 도둑'이라 하면서 다음과 같이 기록한 사례도 있다.

"포졸이 그들을 감히 문책할 수 없고, (의금부의) 금오랑(金吾郞)도 체포할 수 없고, 암행어사[御史]라도 공격하지 못하며, 재상(宰相)까지도 그들에게 성토하는 말을 못한다. 이들이 온갖 포악한 짓을 다 해도 감히 책망하지 못한다. 광활한 전답을 두고서 죽을 때까지 일락한 생활을 해도 아무도 나무라는 논의를 못 한다. 이와 같은 자가 큰 도둑이 아니겠는가. 큰 도둑이다. 군자는 말하길, '큰 도둑을 없애지 않으면 백성이 다 죽게 된다'고 했다."[56]

정약용이 '군자의 말'이라면서 적은 "큰 도둑들을 없애지 않으면 백성들이 다 죽게 된다"고 한 대목은 바로 그의 사고라고 할 수 있다. 백성이 다 죽은 나라는 어떤 나라인가? 그 나라 또한 이미 '죽어 없어진 나라'에 지나지 않는다. 예로부터 "백성이 있고서야 나라가 있다" 또는 "백성이 나라의 근본이다"라고 하는 유학 전통의 '민본(民本)사상'은 이런 사유에서 나온 사상이다.

지금 이 글에서 정약용이 드러내려던 것은 다만 민본사상에 그치지 않는 것 같다. 그것과 아울러 조선국이 '망국(亡國)의 현상'을 연출하고 있음을 경고하려는 의도 또한 깃들었다고 풀이된다. 왜냐면 "재상일지라도 개혁하지 못하는 병폐"란 곧 '세도정치 아래의 망국적 실상'에 다름 아니기 때문이다. 이는 조선국이 19세기에 왕조의 종말적 도정에서 벗어나지 못하는 진상이었다. 정약용이 즉시 실현 불가능임을 알면서도, 바람직한 '미래 국가의 상'을 설계한 까닭은 바로 당면한 망국적 현실에 대한 반작용적 대응을 모색하지 않을 수 없었던 데에 있었다.

그 시대(18~19세기)에도 조선의 기간산업은 이전과 다름없이 농업이었으므로, 국민의 생존과 국가의 존립이 오직 농업에 달렸다. '농토의 이용'이 그만큼 중요하였던 것이 그 시대의 여건이었다. 정약용도 이 점을 간파하였기 때문에, 전제의 개혁에 심혈을 많이 기울였다. 그가 설계한 전제론으로는 두 가지가 있다. 여전제(閭田制)와 정전제(井田制)가 그것이다. 여전제의 이론은 38세 때에 구상한 것이고, 정전제는 그의 노년기에 일종의 수정론으로 낸 '만년정론(晩年定論)'에 해당한다.

여전제는 농촌을 여(閭) 단위로 편성해 농업의 생산과 그 산출의

---

56) 《與猶堂全書》, 1집, 권12, 〈監司論〉.

분배를 공동으로 하는 일종의 협동농장제 성격을 띠었다. 이 여전제의 내용은 농민만이 토지를 소유하고[耕者有田], 토지의 사유를 인정치 않고 공유로 하고[土地共有], 농사의 경작을 공동으로 하고[共同耕作], 경작한 곡물을 공동으로 수확하며[共同收穫], 노동량[日役]에 따라 그것을 분배하는 것이다. 이전의 학자들이 낸 전제 개혁설인 균전제론과 한전제론에서 직접 농사를 짓는 농민 아닌 자[遊食者]도 농토의 소유주[地主]가 되는 점을 정약용은 결함으로 지적·비판했다.57) 때문에 이 개혁설에서는 그런 결함을 극복하게 되었던 것으로 순수한 농민들만이 농토의 주인으로서 공동 경작을 하고 분배하는 식으로 구상되었다. 이런 여전제는 다분히 '사회주의적 성격'을 띤 혁신적 이론임에 틀림없다. 그러나 이것은 조선의 통치체제에서는 실현될 수 없는 '혁명적인 것'으로 하나의 이상론에 그칠 수밖에 없었던 것이다.

당시 현실에서 시행될 수 있도록 이를 수정한 것이 그의 《경세유표》에 담긴 전제설인 '정전제설(井田制說)'이다. 실로 《경세유표》 내용의 중핵을 이루는 것이 정전제설이다. 그 정도로 그는 전제를 중요시했다. 그에게 전제의 올바른 개혁은 곧 그 시대의 부조리 전체의 해결을 가능케 하는 열쇠에 해당하는 듯이 이해되고 있다. 아래 글이 그 점을 반영한다.

"왕정은 경계(經界)하는 것보다 큰 일이 없다. 경계를 바로잡지 않으면 호구(戶口)가 분명하지 못하고, 경계를 바로잡지 않으면 부역(賦役)이 공정할 수 없고, 경계를 바로잡지 않으면 교화(敎化)도 일어나지 못하고, 경계를 바로잡지 않으면 병비(兵備)도 운용하지 못하며, 경계를 바로잡지 않으면 간활(奸猾)이 그치지 않으며, 경계를 바로잡지 않으면 사송(詞訟)이 날

---

57) 앞 책, 1집, 권11, 〈田論〉.

로 번잡해진다. 만 가지 병통과 천 가지 폐해로 나라를 다스릴 수 없게 된
다."58)

경계를 바로잡음이란 곧 '전토의 구획을 지음'인 토지 분계의 새로
운 제도적 설정을 가리킨다. 그 토지 분계의 새로운 설정은 정전제의
실시를 위한 데에 목적이 있다. 그의 전제 개혁은 이전의 유학자들과
마찬가지로 '정전제(井田制)의 실시'를 위한 개혁이었다. 중국 고대(三
代)에 안출된 이상적 토지제를 그도 일단 그 시대에 계승해야 할 본
보기로 판단했다.

여기서 그의 사고가 적어도 형식에서는 복고(復古)나 상고(尙古)의
성격을 지녔음을 부정할 수 없다. 그러나 실제 내용에서는 그렇지 않
다. 왜냐하면 그의 상고가 '혁신적 개혁'을 진보적으로 하기 위한 방
편으로 채택된 수단에 지나지 않았기 때문이다. 그의 개혁설의 혁신
적 성격은 구체적 개혁설의 고찰을 통해서 드러난다. 정약용 이전의
학자들이 제안한 균전제(均田制)나 한전제(限田制)는 직영농민과 아울
러 농민이 아닌 지주에게도 적용되었으나, 그의 정전제에서는 오직
농민들만이 '정전제'에 참여하는 내용으로 된 것이 그 좋은 예증이다.

정약용은 농토를 정전(井田)의 원형대로 정방형(正方形)으로 구획하
여 9등분할 것을 앞세운다. 이 정방형의 구획은 표준형의 정지(井地)
만에 한정되어서 특히 평원 지대라야 적용되지, 산과 같은 지형에는
적용되지 않았다. 그는 산일지라도 (깎아서) 평지로 만들어 이것을
실시하자는 것이 아님을 밝혔다.59) 다만 평지이되 삐뚤어지고 약간
경사진 땅이면, 그것도 정지의 형태로 하거나, 정지의 내용을 갖출 수

58)《經世遺表》, 권7, 田制 9, 〈井田議〉.
59) 앞 책, 권5, 田制 2, 〈井田論〉.

있게 해야 한다. 적어도 정(井)의 내용이 되도록 계산하여 구획하자는 것이다.60)

그 정방형의 9개에서 주변 8개를 제외한 가운데 땅 하나는 공전(公田)으로서, 이것은 되도록 정방형으로 구획한다. 공전은 주변 8가의 '공동 영농'에 의해 곡물을 산출하고, 그 산물을 세금 조로 국가[公家]에 공납해야 한다. 이런 것이 정전제의 특징이다. 그에 따르면, 이런 정전제를 시행해야 전조(田租)와 부렴(賦斂) 등의 비리를 바로잡을 수 있다. 정전제를 전국적으로 시행함이 결코 쉬운 일이 아님은 그도 잘 알았다. 토지의 개인 소유주[私主]가 있으므로, 그 시행은 더욱 어려웠다. 그 또한

"옛날에는 천자(天子)와 제후(諸侯)가 전지(田地)의 주인이었지만, 지금은 온 백성이 다 전지의 주인이 되었으므로, 이것이 꾀하기 어려운 것이다."61)

라고 토로했다. 이런 난점을 감안하였기 때문에, 그는 급한 대로 먼저 전국 '각 정지(井地)의 공전만이라도' 반드시 '왕토(王土)'로 확보하여 정전제의 시행에 착수해야 한다고 주장했다. 시행부터 해가면서 전국의 정지를 매입해 왕토의 확장을 꾀하자는 것이 그의 복안이다. 여기에 '정전제의 점진적 시행'의 성격이 있다.

이러한 그의 정전제의 시행이 왜 혁신적이라고 할 수 있는지를 정리해 보자. 그 점은 이미 밝힌 대로, 이 제도가 그때 관습화된 '지주와 소작인'의 관계로 이루어지던, 이른바 '전호제(佃戶制)의 폐지'를 앞세

---

60) 앞과 같음.
61) 앞과 같음.

운 개혁안이었기 때문이다. 그리고 이 개혁안에는 일종의 '사회공동
체(社會共同體) 의식'으로 계획된 성격이라는 점에서 전에 보지 못한
특징이 있다. 이런 성격은 결국 '토호들의 전지 독점'과 '세도가들의
광활한 전지 확장'을 근본적으로 저지할 방안으로서, 어디까지나 '자
영농민 본위로 농토를 재분배'한 데에 그 혁신성이 자리한다.

7. 근대 지향의 초보적 민주 정치사상

정약용의 '사회사상'도 개혁사상으로는 중요한 사상에 든다. 그는
신분 차별이 극심했던 그 시대에 서얼(庶孽)의 정계 진출 제한 따위의
철폐를 강력히 제시했다. 서얼이라도 능력만 있으면 등용함이 당연하
다고 주장했다. 일찍이 영조(英祖) 때에도 서얼의 대우를 높이는 조치
로 이미 어느 서얼에게 대간직(臺諫職)을 수여한 일이 있었음을 그는
먼저 상기시킨다. 그러면서 그는 그 정도에 만족치 않음을 토로하면
서,[62] 능력이 뛰어난 경우라면 "대간(臺諫)으로는 작으므로 정승(政
丞)을 시켜야 옳다"고 주장했다.[63]

사농공상(士農工商)인 사민(四民) 가운데 가장 낮게 여기던 상인에
대한 통념을 깨고, 그는 상인층에게도 공직(公職)을 부여해야 한다고
역설했다. 모든 양민에게 '공직 담임의 확대'를 그는 소망했다. 동서남
북의 지역에 구애됨이 없고, 원근을 가리지 않고, 귀천을 개의치 말
고, 인재의 선발·등용을 염원한 사실이 보인다.[64] 대체로 그가 노비

---

62) 《與猶堂全書》, 1집, 권12, 〈庶孽論〉.

63) 앞과 같음.

64) 앞 책, 1집, 권9, 〈通塞議〉.

제의 폐지에 적극성을 보이지 않았다는 한계가 있는 듯하지만, 그 또한 당시 '신분 차별의 완화책을 도모'한 점이 있음에 주목해야 한다. 그의 다음 글은 이 대목에서 유의해야 할 만한 것이다.

> "만일 내가 간절히 바라는 대로 된다면, 우리나라 모든 사람들을 다 양반으로 만들고 싶다. … 만약 모든 사람들이 다 존귀(尊貴)한 사람으로 된다면, 이는 곧 (지금의) 어떤 존귀한 사람도 없어지게 되기 때문이다."65)

정약용은 모든 '인간의 차별 자체'의 폐지를 간절히 갈망했다. 노비제에 대한 폐지의 문제도 그의 이 열망에 포함되었다고 이해해야 할 것 같다. "모든 사람들을 다 양반으로 만들고 싶다"는 염원으로 보면, 그가 노비제를 당연시하면서 결코 그 존속을 바랐을 리는 없다. 인간 본연의 차원에서 그는 '만민의 평등'을 열망했다. 모든 사람을 존귀하게 함으로써 '현재의 특정한 양반층'의 존귀한 지위를 오히려 강등·소멸시키려는 의지를 그는 명백히 비치고 있다. 일종의 '만인 평등'의 사고가 발견되는 데서, 그의 사상은 점차로 '근대적 색채'를 더해 가고 있었음을 인정하게 된다.

정약용이 특히 능력을 기준으로 모든 양민의 '공직 담임을 구상했음'은 그 시대로는 '사고의 획기적 전환'이라고 해석된다. 이것은 곧 농민, 상인 등 모든 국민의 정치 참여와 직결된 사고라는 점에서 그러하다. 그 시대로서는 누구도 상상하지 못한 '국민의 정치 참여의 사고'가 실제로 정약용에게서는 나타났다. 그의 유명한 〈탕론(湯論)〉이 그런 사고를 드러낸 저술이다.

---

65) 앞 책, 1집, 권14, 〈跋高亭林生員論〉.

"천자(天子)란 어떻게 생겨났는가? 하늘에서 비처럼 내려서 천자가 되었는가? 아니면 땅에서 샘처럼 솟아서 천자로 되었는가? 다섯 집이 인(鄰)이 되는데 다섯 집에서 대표[長]로 추대된 이가 인장(鄰長)이 되고, 다섯 인이 리(里)가 되는데 다섯 인에서 대표로 추대된 이가 이장(里長)이 된다. 다섯 인이 현(縣)으로 되는데 다섯 인에서 대표로 추대된 이가 현장(縣長)이 된다. 여러 현장이 함께 추대한 이가 제후(諸侯)로 되며, 제후들이 함께 추대한 이가 천자(天子)로 된다. 천자란 중인[衆]이 추대해 된 것이다. 중인이 추대해서 된 것이어서, 그들이 추대치 않으면 되지 못하는 것이다."66)

중인, 곧 민중[衆]의 공동 추대로 되는 것이 제후이고 천자이다. 민중(民衆)의 공동 추대로 최고 통치자가 된다는 주장은 이미 "천명을 받아 천의 대행자로 제왕이 된다"는 종래의 '왕권천부설(王權天賦說)'을 부정한 이론이다. 여기에는 또 민중에게 '통치자 선출의 참정권'이 전제되었다. 정약용은 통치자의 선출만 언급하는 데 그치지 않았다. 그는 그 통치자가 잘못할 경우 민중의 합심에 따라 통치자를 대체·개선할 것도 구상했다.

"다섯 집이 화합하지 못하면, 다섯 집에서 의논하여 인장(鄰長)을 개선하고, … 구후(九侯)와 팔백(八佰)이 화합하지 못하면, 구후와 팔백이 의논하여 천자(天子)를 개선한다."67)

"뜰에서 춤추는 사람이 64인인데, 그 가운데 한 사람을 선출해 우보(羽葆)를 잡고 선두에서 춤추는 사람들을 인도하도록 한다. 그 우보를 잡은

---

66) 앞 책, 1집, 권11, 〈湯論〉.
67) 앞과 같음.

이가 좌우 절차를 맞출 수 있으면, 중인이 그를 높여 '우리 무사(舞師)다' 라고 한다. 그러나 우보 잡은 이가 좌우 절차를 맞추지 못하면, 중인이 잡 아 내려서 대열에 복귀시키고, 다시 선출해… '우리 무사다'라 한다."[68]

이렇게 민중의 뜻으로 통치자를 선출만 하지 않고 그 퇴위도 시키 면서 바꾸어 선출하는 사고는 '통치권을 민중에 대한 묵약'으로 간주 하는 사고이다. 일찍이 맹자에게 통치자의 지위가 민심(民心)에 따른 다는 민본(民本)사상이 있었고, 애민·위민[仁義]의 정치를 하지 않는 패왕의 폭군[殘賊]에 대한 방벌(放伐)사상이 있었음을 들어, 이를 그 사상의 연장으로 이해하려 할지 모르겠다. 그러나 맹자는 민심을 막 연한 공의(公意)로 생각했지, 통치자의 '공동 추대' 형식으로 드러나는 '민중의 권리[民權]'로는 생각하지 못했다. 맹자의 방벌 또한 '민중의 권리 행사'가 아닌 무력에 따른 강제 퇴출에 지나지 않는다. 한마디 로, 맹자가 민본·위민사상의 특징을 지녔던 데 견주어, 정약용은 민중 의 권리 성격을 고려한 사상을 창발한 차이가 있다.[69] 이로써 민중의 권리를 바탕으로 한 '일부분의 참정(參政)'을 고안한 점이 정약용 사 상이 지닌 일종의 '근대 지향적 성격'이다. 이는 바꿔 말하면, 근대 지 향의 '초보적 민주 정치사상'에 해당한다. 여기서 정약용의 사상을 가 리켜 '탈성리학적 실학의 대성'이라고 하는 평이 도출된다.[70]

---

68) 앞과 같음.

69) 이를 '국민주권론에의 접근'으로 표현하는 학자가 있다.(趙珖, 〈丁若鏞의 民 權意識硏究〉, 《亞細亞硏究》 56호, 1976)

70) 이것은 내가 〈다산 정약용의 탈성리학적 실학의 대성〉(《孔子學》 22호, 한국 공자학회, 2012, 5)이라는 제목으로 발표한 것을 이 책에 맞도록 손질한 글이 다.

제34장 실학 사조 끝자락의 기철학
― 최한기의 기철학과 실학사상 ―

1. 최한기, 유명론적 사고의 주창자

19세기 중엽에 활동한 최한기(崔漢綺, 惠岡·明南樓, 1803·순조 3~1877·고종 16)는 그 시대 유학계의 굴지로 꼽히는 학자이다. 조선 쇠망의 징후가 날로 짙어가던 그 즈음, 그는 성리의 대열에서 벗어나, 동서사상을 자유롭게 넘나들며, 융합의 지혜로 그 나름의 '독특한 기철학[氣學]'과 '실학사상'을 수립했다.

최한기가 세상을 떠난 해는 바로 문호 개방(1876, 강화도조약)에 따라 조선의 쇄국정책이 막을 내린 지 3년 뒤이다. 그 시기의 국내외 상황은 세도정치(勢道政治)로 말미암아 국정의 문란이 극에 달하여, 민란이 자주 일어날 정도로 민생이 도탄에 빠졌고, 통상을 빙자하여 열강인 영(英), 불(佛), 미(美), 그리고 후발 제국주의 국가인 일본의 무력 침략이 본격화됐던 것이다. 천주교계는 조선 교구(敎區)가 창설(1831)되어, 서양 신부들이 정부의 박해와 상관없이 속속 입국하다가,

마침내 '한국인 최초의 신부[金大建]'까지 나온 시기였다. 서학인 천주
교의 전파에 대항하기 위해 최제우(崔濟愚)가 '동학(東學)을 이룩'한
것도 이 무렵(1860)이다.

이때 전통 성리학계에서는 천주교에 대한 배척 일변도의 태도를
유지하면서,1) 유교의 전통문화를 수호하는 데 급급했다. 그들의 이런
사고에서 나온 구호가 이른바 '위정척사(衛正斥邪)'라는 것이다. 그 구
호의 내용은 곧 바른 유학의 전통문화를 수호하고 제국주의로 무장한
사특한 외세를 배척하자는 것을 뜻한다. 이를 역설하던 성리학자들은
혁신적 대응의 방법을 제시하지는 못한 채, 오직 '쇄국에 의한 자주정
신의 고취'에 열성을 다했다. 이런 상황에서 성리학자들과 달리, '진취
적이고 개방적인 태도'로 국가정책의 전환을 꾀하면서, 그 '시대에 대
응할 철학'과 '실용적 사상'을 모색한 학자가 최한기이다. 그의 남다
른 점이 바로 이런 데에 있었다.

최한기는 서울에서 살아 세계 정세의 흐름에 민감할 수 있었다. 원
래 그의 가문은 대대로 개성(開城)을 터전으로 하였던 집안이다. 그런
그의 집안에서는 무려 10여 대에 걸쳐 한 사람의 문과급제자도 없었
을 정도로, 명색만 양반이었을 뿐 사실상 중인에 속한 궁반한족(窮班
寒族)이었다. 그러나 그의 생부 최치현(崔致鉉)과 양부 최광현(崔光鉉,
큰집 從叔)은 각기 시고(詩稿) 10권과 문집(文集) 1권을 남길 만한 지
식층이었다. 그의 외조 한경리(韓敬履)도 낙론계 정주학자 김원행(金元
行)의 학통을 이은 개성의 대표적 성리학자 조유선(趙有善)의 제자로
서 이름난 학자였다. 외조는 어려서 생부를 여읜 최한기의 학문을 지
도했고, 양부 또한 넉넉한 재력으로 그의 학문을 후원했던 것 같다.
양부의 재력이 아마도 그가 평생 벼슬을 하지 않은 채, 학문에만 종사

---

1) 이 책 제32장의 주된 내용이다.

할 수 있었던 여건이었다고 짐작된다.

최한기는 생원시(生員試)에는 응시하여 합격하였으나, 그 이상의 진사 시험에는 응하지 않았다. 그는 벼슬에 마음이 없었던 듯하다. 그에게 벼슬은 다만 70세 때 그의 장남[柄大]이 조정의 시종신(侍從臣)이 된 덕에 간접[推恩]으로 받은 통정첨지(通政僉知)에 지나지 않았다. 벼슬을 외면했던 그는 그 시기의 학자들과도 별로 교류를 하지 않았다. 그와 교분을 가졌던 학자들은 평민 출신 김정호(金正浩, 古山子, ?~1864)와 서얼 계통의 한사(寒士)인 이규경(李圭景, 五洲, 1788~?)의 범위를 넘지 않았다.2)

이 같은 환경에서 최한기가 이룬 학문 활동은 매우 치열할 만큼 활발했다. 그것은 그의 저술로 확인되는 점이다.

> 《농정회요(農政會要)》(1책, 28세), 《육해법(陸海法)》(32세), 《신기통(神氣通)》(3권2책, 34세), 《추측록(推測錄)》(6권3책, 34세), 《기측체의(氣測體義)》(9권5책, 34세), 《감평(鑑枰)》(36세, 뒤에 《인정(人政)》의 권7 〈측인문(測人門)〉에 수록), 《의상리수(儀象理數)》(37세), 《심기도설(心器圖說)》(1책, 40세), 《소찬유찬(疏箚類纂)》(2책, 41세), 《습산진벌(習算津筏)》(5권2책, 48세), 《지구전요(地球典要)》(13권6책, 55세), 《인정(人政)》(25권12책, 58세, 20년 만에 완성), 《신기천험(身機踐驗)》(8권, 64세), 《성기운화(星氣運化)》(12권, 65세). (그리고 책명만 전해지고 아직 발견되지 않은 책들이 더 있다.)3)

---

2) 이상 이우성, 〈혜강의 가계와 연표〉, 《유홍렬박사화갑기념논총》 및 《명남루총서》(1971) 참조.

3) 아직 발견되지 않은 그의 저서로는 《宇宙策》, 《字說類編》, 《財敎》, 《改量論》, 《氣和堂隨輯》, 《通經考》, 《正史》 등을 들 수 있다.

이 저술들만 보아도, 그의 학문이 얼마나 광범하고 다양한지 짐작하기 어렵지 않다. 전래의 유학과 자신의 철학인 기학(氣學) 이외에, 농업기술을 비롯해, 지리, 천체, 의학, 수학 등을 포괄하고 있음이 그러한 것이다. 따라서 그의 학문과 사상을 구체적으로 모두 다루기란 결코 쉬운 일이 아니다. 이 점을 감안해 먼저 '그의 학문의 기초 성향'부터 밝히기로 한다.

최한기의 학문이 지닌 기초 성향을 알 수 있는 방법의 하나로 여기서는 '그의 명실관(名實觀)'을 들겠다. 이것은 그의 학문의 일반적 성향과 직결된 그의 '기초적 사고의 성향'이기 때문이다. 그의 명실관은 다음과 같이 나타난다.

　　"명(名)은 실(實)에서 생기므로, 그 실이 있으면 그 명도 있게 되지만, 그 실이 없으면 그 명도 없게 된다."4)

　　"무릇 사물[物]의 명호(名號)는 바꿀 수 있지만, 실용(實用)은 바꿀 수 없다."5)

그는 실제 감지되는 존유물에만 명칭을 붙이지, 그렇지 않은 사물에는 명칭을 붙이지 않는다고 생각했다. 설혹 존유하지 않은 무엇에 명칭을 붙인다고 해도, 그러한 것을 그는 무의미하게 여겼다. 그의 생각으론 이름 자체는 실물이 없다면 공허한 것에 지나지 않기 때문이다. 이런 그의 사고는 '명허실존(名虛實存)'의 제목 아래 토로된다. 이는 그의 사고 성향이 일종의 '유명론(唯名論)적 성향'에 속하는 것임을 가리킨다. 그는 유명론적 사고를 믿고 주장한 학자이다.

---

4) 《推測錄》, 권5.
5) 앞 책, 권1.

2. 실학 사조의 입장 채택

유명론적 명실관을 지니는 한, (예를 들면) 감각되지 않는 리(理)를 실재한다고 여기는 정주성리학의 사고 경향은 긍정될 수 없다. 그러므로 최한기는 리에 대한 실재시를 부정할 수밖에 없었다. 그의 반(反)성리학 또는 탈(脫)성리학의 경향은 이런 사고에서 출발한다. 유명론의 사고는 나아가 명칭뿐 아니라 명분과 형식보다 실질·실용·실제를 중요시함과 통한다. 합당한 명분과 예절의 형식 등을 매우 중요시하는 사상이 성리학인 데 견주어, 실질·실용·실제의 측면을 더 강하게 추구하는 사상이 실학임을 상기하면, 그가 성리학의 입장을 거부하고 '실학 입장'을 택할 근거도 여기에 있게 된다.

사실 최한기는 기존의 학문들을 비판함은 말할 것 없고, 새롭게 유행하던 천주교에 대해서도 비판적이었다. 노장사상과 불교에서 각기 무(無) 또는 공(空)을 논함에 대하여, 그는 "원래 형질이 없고 질애(窒礙)가 없는 것만 알고, 우주를 충색(充塞)하고 만물을 재화함이 참으로 유(有) 때문임을 알지 못하는 것이다"[6]라고 비판하면서 그것들을 배척했다. 천주교에 대해서도 "하늘을 섬기는 종교[事天之敎, 天主敎]가 호칭은 그럴 듯하나, 내용이 괴이하고 허탄해 알지 못하겠다"[7]고 하면서 배척했다. 그는 결국 유학을 자신의 학문으로 택했는데, 그럼에도 당시의 성리학 또한 그에게는 만족스럽지 못한 것임을 토로했다.

"그 도를 행함[行道]을 궁구하는 것을 도학(道學)이라 하고, 심(心)을 밝히는 것을 심학(心學)이라 하고, 리를 궁구하는 것을 리학(理學)이라 하면

---

6) 앞 책, 권2.
7) 《神氣通》, 권1.

서, 마침내 저마다 문호를 이루고, 각기 그 전해 받은 것을 존수하지만, 대체로 도덕(道德)을 한결같이 하거나 천하를 공명되게 함이 아니다."8)

최한기의 판단으로는 도학·심학·리학이라고 하는 성리학은 도덕을 실현하고 정치를 공명히 함에 실패한 유학이다. 그 실패의 원인을 그가 꼭 집어 밝히지 않았으나, "허무(虛無)를 배우려는 사람은 그 허무함이 실효(實效)를 거두기는커녕 망탄(妄誕)을 가져옴을 알지 못하고, 도리어 무상의 대도로 장차 이용되리라 생각한다"9)고 주장했다. 이를 미루어 보면, 그는 성리학에 실효를 거두려는 실질 추구 정신의 박약성이 그 실패의 원인이라 생각한 듯하다. 더 분명한 사실은 그가 참되고 절실한 '실질(實質)을 충족'하는 학문을 추구하였다는 것이다. 이런 점에서 다음 글은 주목할 만하다.

"무릇 온갖 사무(事務)는 모두 참되고 절실한 학문이다. 그런 만큼 사무를 버리고서 학문을 구함은 곧 가공(架空)의 학으로 된다. … 사농공상(士農工商)과 장병(將兵)의 무리들에게도 모두 이것이 학문의 실적(實跡)이니, 그 행사와 조치를 살리면 그들의 학문의 성패나 우열을 점칠 수 있을 것이다. 만일 부질없이 허투(虛套)나 익히려고 고담준론(高談峻論)이나 하고, 문자로 사업을 삼는가 하면, 문호로써 전수나 한다면, … 비록 학문일지라도 사무의 조치에 어두워 또한 사람들에게 보탬이 되지 못할 것이다."10)

일상적으로 부딪히는 모든 일, 그 사무(事務)라는 '사실(事實)과 실

---

8) 《推測錄》, 권1.

9) 《人政》, 권9.

10) 앞 책, 권11.

무(實務)들'이 곧 최한기의 학문의 대상이고 실질적인 학문에 해당한다. 그는 허투로 하는 '가공의 학'을 무엇보다도 배격했다. 가공의 학과 반대되는 것, 그것이 곧 생활에서 직면한 '업무[事務]를 가지고 하는 학문'이다. 그에 따르면, 그런 학문은 '사농공상(士農工商)의 업무와 병사(兵事)의 업무'를 다루는 학문이기도 하다. 이는 사농공상의 업무를 학문 대상으로 꼽은 박지원의 사고를 조금 더 넓힌 학문관이다. 이로써 민인의 '후생(厚生)을 주된 목표'로 삼았던 박지원의 실학관(實學觀)과 맥을 같이 하는 것이 바로 최한기의 학문관임이 확실해진다. 그는 '실학의 맥'을 '자신의 학문 입장'으로 삼은 학자임이 분명하다. 하지만 여기서 주의해야 할 것은 그의 학문이 같은 '실학의 맥락'이라고 해도, (시대가 18세기와 19세기로 차이가 나는 만큼) 시대 환경에 따른 업무가 최한기와 박지원의 경우 서로 같지 않았던 관계로, 그의 실학의 내용이 박지원의 실학과는 다르게 된 사실이다.

최한기에게 실학(實學)은 이전의 어느 실학자의 실학관과도 달리 규정되고 있다. 아래의 문장이 이 점을 실증한다.

> "천하의 학문의 시비를 통괄하고 우열을 논하여 정하려면, 천하의 민생에 실제로 쓰이는 것과 사해의 정치에 필요한 것으로써 해야 한다. 형체가 있어 집행할 수 있고, 사물을 처리하여 증험(證驗)할 수 있는 것이 실학(實學)이다."[11]

앞 문장과 이것을 연결해 파악하면, 참다운 학문은 모든 업무에 관한 연구의 실적(實跡)이 실제로 시행[措施]되어 얻어진 결과에 따라 판별된다. 연구 결과가 '생활에 유익하다'고 판명되어야 참다운 학문

---

11) 《氣學》, 권1.

이지, 무익하다면 참답지 못한 학문이라는 것이 그의 사고이다. 따라서 그에게 이상적인 실학이란 '온 천하의 생민(生民)', 곧 인류에 대한 실용성과 그 '세계[四海] 범위의 정치' 근거가 유형한 것으로 파악되고, 실물로써 '유익함이 증험'될 수 있는 학문에 다름 아닌 것이다.

천하의 생민이니, 사해 정치이니 하는 식의 표현을 동원한 것에서 보듯이 그의 실학관 속에는 안인(安人)의 사고가 극대화되었음을 알 수 있다. 이 점은 19세기에 처했던 동양과 서양의 상황을 동시에 아우르는 '시각'의 반영이었다. 그는 이런 자신의 시각과 관련하여, "지금은 지구에 대한 사실이 드러나고 세계[四海]와 인도(人道)에 관련된 일통운화(一統運化)의 이치가 차츰 밝혀지면서 만물의 변화[造化]에 준칙이 있게 되었다"[12]고 하였다. 그의 이른바 "일통운화의 이치"라든가 "만물 변화의 준칙"은 박지원 등 이전의 실학자들에게서는 들어보지 못한 오직 최한기의 철학만이 지닌 독특한 측면이다. 따라서 그의 철학에 대한 이해를 위해서는 이것들을 유의할 필요가 있다.

3. 독특한 기철학의 구상

1) 기의 다양한 특성

최한기 철학의 핵심을 이루는 부분은 '기를 중심으로 논한 철학, 곧 기학(氣學)'이다. 그의 철학은 거의 '기일원론'에 가까운 성격으로 이루어졌는데, 그 기론의 내용이 바로 그의 기학이다. 일찍이 증험(證驗)을 중요시하면서 유명론적 명실관(名實觀)을 표명했던 그가 리(理)보

---

12) 《人政》, 권16.

다 기(氣)에 치중하게 되었음은 사고의 필연이다.

"리(理)는 반드시 기 위에서 인식되어야 한다. 그런데도 기를 리로 알면 옳지 않다. 기를 버리고 리를 구함은 더욱 옳지 않다."[13]

"그 실제 리란 기 가운데 있어서 (이것들이) 원래 두 가지가 아니지만, 그것을 구할 때 기를 버리고 리를 구하면 허리(虛理)로 되고, 기에 말미암아 리를 구하면 실리(實理)로 된다."[14]

이 발언에서 기를 리보다 우선시하는 그의 사상이 단적으로 잘 드러난다. 최한기는 다른 유학자들이 그랬듯이 '기'에 대한 나름의 정의를 내리지는 않으면서 이 용어를 사용했다. 대체로 그에게 '기'는 유학에서 전통적으로 사용하던 관례에 따라 사용한 것이 대부분이다. 예를 들면, 공기(空氣), 대기(大氣), 기운(氣運), 혈기(血氣), 신기(身氣), 형기(形氣), 형질(形質)이라고 할 때처럼 비교적 탁하고 무거운 기로서의 질(質) 정도의 의미를 담고 있는 것이 그가 말하는 기이다. 그러나 일찍이 그가 성리학을 배척하였듯이, 기 개념을 항상 성리학자들과 똑같이 사용하지는 않았다. 한 예로, 성리학자들이 말하는 오행(五行)의 기를 그는 따르지 않고 오히려 부정했다.

"금·목·수·화·토 오행은 사람들이 살아가면서 날마다 쓰고 사용하는 물건이다. 오직 이 다섯 가지가 가장 많아서, 그것을 개략으로 뽑아 따로 이름 붙였을 따름이지, 별다른 뜻은 없다. … 그러나 기를 봄이 쉽지 않

---

13) 《推測錄》, 권2.
14) 《人政》, 권12.

고 연구가 너무 깊어지매, 부회(傅會)함이 여러 가지여서 상생(相生)·상극
(相剋)의 제화(制化)하는 설이라든가, 천지운화에 분배하는 논의가 있기에
이르렀다. 이런 옳지 못한 것을 처음 만든 사람은 망설임과 꺼림이 없었다
고 해도 경험한 사람이야 어찌 비판(訾毁)하지 않겠나!"

최한기는 오행을 우주의 근본 구성요소로 여기지 않았다. 때문에
성리학자들이 오행을 기의 질이라면서, 우주의 근본 생성요소로 상정
하여, 그 오행의 상생과 상극을 논하던 것을 그는 다 잘못된 생각들로
치부했다. 그는 또 심성론에 깊이 천착하던 성리학의 연구 경향에 대
해서도, "안(內)에 치중하다가 밖(外)을 경홀히 한 잘못(非)이었다"[15]
고 비판했다. 최한기는 그 시기 누구보다도 밖의 사물에 주목하여 '기
로 이루어진 변화하는 세계'에 대해 사색하였다.

더욱이 그 시대에 그는 서양 서적의 한역본 《해국도지》, 《영환지
략》, 《지구도설》 등을 보았고, 스스로 천문학과 관련된 《의상리수(儀
象理數)》와 수학을 다룬 《습산진벌(習算津筏)》을 지었다. 그만큼 천문
학, 지리학, 수학 등을 익혔고, 간단한 기초 과학 지식도 쌓았다. 그가
지구의 자전과 공전을 확실히 깨우쳤음은[16] 말할 것 없고, 아리스토
텔레스의 사원소설(四元素說) 특히 그 4원소의 성질을 한(寒), 열(熱),
건(乾), 습(濕)으로 나타낸 것도 알고 있었다.[17] 그는 그 나름으로 일
기(一氣)에 화(火), 수(水), 토(土)를 통합하여 이해하였다. 이 경우 온
도계와 습도계로 한, 열, 건, 습을 확인할 수 있었으므로, 이제까지의
'무형한 기를 유형한 실험으로 증험'했다. 이처럼 그의 기학은 어느

---

15) 《人政》, 권24, 〈用人〉.
16) 이는 브누아(Michel Benoit)의 한역본 《地球圖說》을 보고 확실히 익혔다.
17) 이는 리치(Matteo Ricci)의 한역본 《乾坤體義》와 바그노니(Alponse Vagnoni)
의 한역본 《空際格致》를 보고 얻은 지식이다.

정도 '동서사상의 융합'이라는 특징을 띠고 이루어진 것이다. 그러면서도 그가 기의 설명에서 '활동·운화'를 논하고, 특히 단순한 기가 아닌 '신기(神氣)'를 말한 데에 그의 기론의 독특한 점이 있었다.

그의 기는 무엇보다도 '활동(活動)'·'운화(運化)'의 특성을 갖는다. 그는 기의 운동을 이렇게 활동·운화 또는 조화(造化)라는 등 독특한 용어로 나타냈다. "기의 성(性)은 원래 활동·운화하는 것[物]"이라 한다.18) 그에게 기의 '활동·운화'는 단순한 운동 이상의 의미를 지녔다. 그에 따르면, "활이란 생기(生氣)이고 동이란 진작(振作)이고, 운이란 주선(周旋)이며, 화란 변통(變通)이다"19)고 한다. 다른 말로 바꾸면, 활은 생명성이고, 동은 운동성이고, 운은 순환성이며, 환은 변화성이라는 것이다.20) 이렇게 그의 기는 활물로서 일종의 생명력을 지니고서 여러 형태로 운동하는 실체를 가리킨다. "지구와 달, 해, 별이 다 기화(氣化)하는 가운데의 생물(生物)이라"21)고 한 그였다.

최한기에게 활동·운화하는 기는 '신기(神氣)'라고도 일컬어졌다. 이 신기에 대한 그의 설명은 좀 복잡하다. 그는 "신은 곧 기[神卽氣]다" 또는 "신이란 기의 펴짐[氣之伸]이다"22)라고 할 때가 있는데, 이는 얼핏 보면 신과 기가 별로 다른 뜻을 갖지 않는 듯이 여겨진다. 그러나 그는 또 "기는 천지의 작용하는 바탕[質]이고, 신(神)은 기의 덕(德)이다",23) "기의 능(能)이 신이다"24)라고 설명했다. 이로 미루어 보면, 기

18) 《氣學》, 序.

19) 앞 책, 권2, 84쪽.

20) 권오영, 〈최한기의 삶과 학문편력〉, 《최한기의 철학과 사상》(철학과 현실사, 2000), 93쪽.

21) 《運化測驗》, 권1.

22) 《人政》, 권5.

23) 《神氣通》, 권1.

가 활동·운화하는 주체인 데 견주어, 신은 기의 운동·변화 등을 하는 기능적 특성[德]을 가리킴을 알 수 있다. 기의 활동에서 드러나는 신묘(神妙) 또는 영묘(靈妙)함을 그는 신으로 나타낸 셈이다. 신의 표현으로 미루면, 그의 '기가 지닌 운화의 특성'이 매우 다양함을 짐작하게 된다.

그에 따르면 '기와 신'은 각기 본체[體]와 실용[用]의 관계에 있기도 하다. 더욱이 《신기통》과 《추측록》을 놓고서, 신기를 인식의 시각으로 논할 때 그렇다. 이에 대한 그의 언표로는 "신기는 지각(知覺)의 근기(根基)이고, 지각은 신기의 경험(經驗)이라"[25]는 것이 있다. 그는 인간의 신기가 명지(明知)·역행(力行)의 성질을 갖는다고 했다가, 뒤에는 신기에 사유(思惟, 記含), 의지(意志, 明悟), 욕망(慾望, 愛欲)이 있다고도 했다.[26] 이런 점에서 "밝음[明]은 신에서 생기고, 힘[力]은 기에서 생긴다"는 것이다.[27] 이런 점은 기의 특성이 다양하여 일의적으로 이해함을 용인치 않는 점인 것 같다.

2) 기의 운화론

운화하는 기가 '어떤 기인가'에 따라 최한기의 '기의 운화'는 몇 가지 종류로 나뉜다. 우선 자연 전체인 천(天)과 인간에 적용되는 '천인운화(天人運化)'가 있고, 우주에 가득 찬 기와 인간과 사물의 기와 한 인간[一身]의 마음을 이루는 기, 이것들에 일관적으로 적용되는 '활동

---

24) 《氣學》, 권1.
25) 《神氣通》, 권2.
26) 권오영, 앞 글, (주15) 참조
27) 《神氣通》, 권1.

운화(活動運化)'가 있으며. 인간의 통치와 교화에 적용되는 '통민운화 (統民運化)'가 있다. 그런데 그의 기학(氣學)에서 차지하는 이것들의 위상이 또한 각기 다르다. 그에 따르면, 천인운화는 기학의 뿌리와 바탕[根基]이 되고,28) 활동운화는 기학의 중심 개념[宗旨]이 되고,29) 통민운화는 기학의 핵심[樞紐]이 된다.30) 그의 기학은 '기의 운화론'이라고 해도 지나치지 않음을 이로써 확인할 수 있다. 그의 치안론(治安論)도 기학의 한 축을 이루지만, 그것은 통민운화론에 속하는 것이다.

최한기의 '운화론'은 이론의 내용과 성격에 따라 또 네 가지로 분류된다. 이른바 사등운화(四等運化)가 그것이다. 그는 유학의 학문 내용과 성격을 본떠 자신의 기학에 적용했는데, 바로 '수신·제가·치국·평천하'라는 틀에 맞추어 설정한, "일신운화(一身運化), 교접운화(交接運化), 통민운화(統民運化), 대기운화(大氣運化)"가 그것이다.

"일신운화는 수신의 요체이고, 교접운화는 제가의 요체이며, 통민운화는 치국의 요체이고, 대기운하는 평천하의 요체가 되어서, 크고 작은 범위에 각기 해당되는 것이 있다."31)

"수신·제가·치국·평천하가 인기운화(人氣運化)에 속하지만, 천기운화(天氣運化)를 이어 받아서 인기운화로 삼을 때 민인이 다 귀순(歸順)함이 용이[簡易]하여진다."32)

---

28) 《氣學》, 권1.
29) 앞 책, 권2.
30) 앞 책, 권2.
31) 《人政》, 권9.
32) 《氣學》, 권1.

이로써 네 가지로 분류된 운화는 수신·제가·치국·평천하를 핵심으로 하는 내용을 그의 기철학의 관점에서 '운화라고 표출'된 사실이 명백해진다. 다만 주의해야 할 것은 그의 사등운화들이 곧 수·제·치·평과 마치 서로 환원되듯이 동일한 것은 아니라는 점이다. 기의 운화 자체가 인위적인 부분을 약간 내포하지만, 그보다는 오히려 비인위적 자연현상이 대부분이기 때문이다. 아무튼 수·제·치·평이 인위적 노력을 기울여 이루는 업무이고, 그 때문에 이것들은 인기운화(人氣運化)에 속한다. 그러나 그 인위적인 업무조차도 실은 천기운화(天氣運化)를 이어 받아서 해야 그 목표를 쉽게 성취할 수 있다는 것이다. 바로 여기에 인기운화와 더불어 천기운화를 중요시해야 하는 이유가 있다. 그의 이런 사유는 결국 인간은 어디까지나 자연환경인 '운화라는 변화의 흐름'과 서로 일치할 길을 찾아야 한다는 것, 곧 종래의 '천인합일과 비슷한 사상'에 속하는 것이라 하겠다.

> "운화유형(運化有形)의 기는 천과 인간이 일치[天人一致]하는 것이다. 심(心) 중의 운화의 기로 천지운화의 기[天地運化]를 본받아, 선후를 분별하고 간격을 조절하면서 다스려, 심 가운데서 그 형체를 드러내어 유형한 인간 세상[物]에 베풂이 곧 천하의 정학(正學)이다."[33]

최한기는 운화의 기로 볼 때, 자연과 인간은 서로 일치하는, 이른바 천인일치(天人一致)로 되어야 하는 관계를 이상(理想)으로 여겼다. 그러기 위해 심 중의 운화를 조절하여 자연의 운화를 본받으면서, 유형한 인간 세상[物]에 베풂이 있기를 그는 소망했다. 이런 태도가 '올바른 학문, 곧 정학(正學)'의 가르침이라는 것이다. 일찍이 그의 기학은

---

33) 앞과 같음.

‘실학(實學)’이라 이름 했던 것이 이 대목에서는 ‘정학’이라고 바뀌기까지 했다.

여기서 최한기가 말하는 기학(氣學)을 정리할 수 있게 된다. 그 기학의 성격은 기와 그 기의 운화를 논하는 형식으로 되었다. 그 내용은 기 또는 신기(神氣)를 특히 격물의 이름으로 냉, 열, 건, 습의 자취로 밝히고, 그 운화의 법칙을 깨달으면서, 정교(政敎)의 측면에서는 인의(仁義)·예악(禮樂) 등으로 자연인 천(天)을 성실히 섬기는 학문이다. 자연·천에 대한 섬김이 마침내 ‘인간과 천의 합치’에 이를 것을 궁극의 목표로 하는 점은 마치 장재의 ‘물아일체론’를 연상케 한다. 그러나 장재와 달리 최한기는 천문학·수학·기용학·의학에 바탕을 두고, ‘기수(氣數)의 개념’으로 더 합리적 또는 과학적으로 기학을 구상한 독특한 특징을 지닌다고 할 수 있다.

4. 추측론 이름의 인식론

1) 신기통, 감각의 중요시

최한기는 서양의 근대 해부학을 익혀, 그의 《신기천험》에서 ‘지각의 근원이 뇌(腦)’라는 사실을 지적하고 있다. 그러나 이 점을 숙지하고 응용하는 단계에는 이르지 못했던 때문에, 그는 이전 유학자들과 마찬가지로 ‘인간의 마음[人心]에 인식 능력이 있다’고 생각했다.

> “사람의 마음에 원래 추측(推測)하는 능력이 있어서, 지난 것[已然]을 헤아리고, 아직 일어나지 않은 것[未然]을 또 헤아릴 수 있다. 이것이 바로 사람 마음의 추측하는 이치[推測之理]이다.”[34]

"원래 추측의 리가 마음에 뿌리박듯 갖추어져 있는데, 마음은 신기(身氣)의 맑은 것[淸者]이다. 때로 마음의 기가 움직이면, 추측의 리도 따라서 활동한다."35)

그는 이미 일어난 일을 '미루어[推]', 아직 일어나지 일을 '헤아리는[測]' 이른바 추측(推測)의 능력이 마음에 있다고 믿었다. 그 능력은 몸(과 마음)의 맑은 기[淸氣]로 말미암은 것인데, 그 기 안에 리가 있는 만큼 그는 그 능력을 '추측의 리[推測之理]'라고도 했다. 추측은 그에게 사유 법칙임과 아울러 인식 능력으로 간주되었다.

최한기는 마음[心]을 몸의 맑은 기[身氣之淸者]로 이루어졌다고 했으므로, 아예 "몸에 있는 신기(神氣)를 마음이라 한다"36)고도 했다. 이런 의미에서는 신기가 곧 인식과 사유의 주체로 되는 셈인데, 앞 절에서 그가 '신기가 지각의 바탕[根基]'이라고 했던 것도 같은 맥락에 속하는 발언이라 하겠다.

최한기의 견해로 인식은 추측만에 그치지 않는다. '경험'과 '기억' 또는 '습염(習染)' 등도 인식에 포함된다. 그는 추측을 비롯해 경험과 기억 등이 실은 '감각기관의 작용'을 먼저 앞세우고서야 가능한 것임을 지적했다. 인간의 감각기관과 그 기능을 중요시한 그였다.

"사람이 자연[天]에서 받은 것은 바로 한 덩이[一團]의 신기(神氣)와 기의 통로인 여러 구멍들[諸竅, 눈·코·입·귀 등]과 사지(四肢)이므로, 갖추어 사용해야 할 도구는 이 같은 것들뿐이다."37)

---

34) 《推測錄》, 권2.

35) 앞 책, 권1.

36) 《人政》, 권12.

37) 《神氣通》, 권1.

인간이 인식을 하는 데 선천적으로 타고난 것은 신기와 함께 감각기관인 아홉 구멍과 촉각을 일으키는 몸(四肢)이다. 최한기는 그의 《신기통》에서 이것들에 각기 '통할 통자(通字)'를 붙이고 있다. 〈목통(目通)〉, 〈이통(耳通)〉, 〈비통(鼻通)〉, 〈구통(口通)〉, 〈생통(生通)〉, 〈수통(手通)〉, 〈족통(足通)〉, 〈촉통(觸通)〉 등의 항목이 그것이다. 이것들이 통틀어 이른바 '제규제촉(諸竅諸觸)'이다. 이것들에 의한 감각을 그는 '형질의 통(形質之通)'이라고[38] 했다. 원래 '통(通)'이라는 용어의 의미에 '안다'는 인식의 의미가 있다. 그는 이 의미를 감안해 감각 또는 감각기관의 표현에 통을 적용했다. 정확히 말해, 그는 통으로 표현된 감각기관을, 인식을 위한 인체에 있는 '신기의 기계(神氣之器械)'라고도[39] 했다.

2) 경험을 바탕으로 한 추측

인간은 감각기관을 통해 대상 사물을 인식하게 되는데, 그 첫 단계의 인식을 최한기는 마치 흰 바탕에 어떤 색깔이 배어드는 것과 같은 의미로 '습염(習染)'이라 했다. 그는 "마음의 '신명의 기(神明之氣)'에 통하고 살펴 습염하는 능력이 있다"[40]는 식으로, 인식 주체인 인간에게 '습염의 능력(習染之能)'이 있음을 확언했다.

최한기의 견해로, 이 습염은 감각기관에 의한 견문(見聞)과 열력(閱歷)이 먼저 있고서 생긴다. 견문과 열력이 있으면, 습염이 생기고, 습염이 있으면 추측이 그 뒤에 있게 된다는 것이 그의 사고이다.

---

38) 앞과 같음.
39) 《神氣通》, 序.
40) 앞 책, 권1.

"마음은 사물을 추측하는 거울이다. 마음이 본체를 말하면 순담(純澹)하고 허명(虛明)한 사물 하나도 그 속에 없지만, 견문·열력이 오래 쌓이어 습염이 이루어지면 추측이 생긴다."41)

최한기는 지각(知覺)에 대하여서도 언급했는데, 그에게 지각은 감각과 밀접한 것이기보다 오히려 경험과 밀접히 관련된다. '경험과 추측' 뒤의 위치에 있는 것이 지각이다. 직접 그의 발언으로 이 점을 확인하자.

"신기(神氣)는 지각(知覺)의 근본 터전이고, 지각은 신기의 경험(經驗)이다. 신기를 경험이라 해도 안 되고, 경험을 신기라 해도 안 된다. 경험이 없으면 신기만 있을 뿐이며, 경험이 있으면 신기에 절로 지각이 있게 된다."42)

이로 볼 때, 지각은 사실상 신명의 기로 내세운 '주체의 인식'에 해당하지, 결코 초기 단계의 감각에 가까운 것이 아님이 분명하다. 지각에 대한 그의 이런 용법은 주의하지 않을 수 없다. 그에게 지각은 경험에서 이루어진 '추측의 결실'에 해당한다. 경험을 자료로 추측하여 '지각으로서의 인식'에 도달하기 때문이다. 경험이 없으면 신기만 마치 공허하게 있을 따름이라는 것이 그의 견해이다. 경험의 중요성이 이런 데에 있다.

최한기가 《추측록》에서 예로 든 지각의 내용은 여러 가지이다. 즉 '기를 미루어 헤아린 리[推氣測理]', '정을 미루어 헤아린 성[推情測性]',

---

41) 《推測錄》, 권1.
42) 《神氣通》, 권1.

'동을 미루어 헤아린 정[推動測靜]', '자기를 미루어 헤아린 타인[推己測人]', '물을 미루어 헤아린 사[推物測事]'가 그것이다. 이것들이 바로 경험된 자료를 추측하여 얻은 지각(곧 인식)의 대상들이다.

물론 추측으로 얻은 지식은 때로 정확하지 않을 가능성을 배제할 수 없다. 더욱이 나 홀로 추측할 때 그렇다. 추측은 다만 인식의 필요조건이기 때문에 그렇다. 따라서 그 '인식의 완전성'은 추측의 방법에 그쳐서는 충분치 않다. 인식의 완전을 보장하는 충분조건은 바로 '증험(證驗)', 달리 말해 '징험(徵驗)'이다. 이에 최한기는 추측에 이어 증험에 대해서도 상론했다.

> "무릇 통(通, 인식)에는 세 단계[三等]가 있다. 일[事]에 앞서 범위에 통함이 있고, 일을 실천하면서 점차로 전진함이 있으며, 일이 끝난 뒤에는 증험(證驗)하는 것이 있다."[43]

> "옳게 통하고 안 통하고를 어찌 스스로 판단해[自斷] 홀로 만족[自足]할 수 있겠나! 반드시 타인에게 증험(證驗)해 그 통하지 못한 것을 통하게 하고, 그래도 오히려 석연치 않으면 모름지기 사물에다 증험할 것이다. 요컨대 자연과 인간의 신기가 서로 통함을 위반치 말아야 한다."[44]

인식의 끝 단계에서는 인식된 것을 반드시 증험을 해야 한다. 무엇을 인식[通]했다고 '독단[自斷]하거나 자족(自足)'함은 절대 금물이다. 인식했다고 생각되는 것을 타인이나 사물에 '반드시 증험해야' 함을 그는 역설했다. 인식에서 주관적 판단과 객관적 세계와의 정확한 일

---

43) 앞과 같음.
44) 앞과 같음.

치를 '증험으로서의 검증'을 하는 데에서 최한기 이론의 우수성이 더
증가한다.

이 점은 '운화(運化)의 리(理)'를 추측할 때에도 마찬가지이다. 자연
의 운화는 자연 자체의 변화인 만큼, 그 추측에 주관적 개입이 가져올
오류를 그는 매우 경계했다. 주관적 추측이 객관 세계와 서로 일치함
이 곧 '진리의 터득'이기 때문에, 그는 운화에 대한 추측에서는 그 진
리로서 운화의 원리를 터득하는 기준을 '자연 자체'에 두고 있었다.

> "저절로 그러한, 자연(自然)이란 천지 유행의 법칙[流行之理]이다. 배우
> 는 사람은 자연으로 기준[準的]을 삼는다."[45]

추측이 가져올 오류의 가능성을 그가 지극히 경계하였던 것은 그
의 '진리 탐구의 진지성'의 자세가 반영되었다고 할 수 있겠다. 최한
기는 이러한 추측 이름의 인식설을 바탕으로 하여 일상생활에 대한
문제, 곧 윤리, 정치, 사회 등의 문제를 다루었다. 이것이 통민운화(統
民運化)에 속한 이른바 사리(事理)를 논하는 부분이다. 추측의 리 또는
운화의 리의 변통(變通)으로서 '사리 문제'가 여기에서 뒤따르게 된다.

5. 기학적 윤리설

1) 인도와 인기운화

최한기의 윤리설을 여기서 단순히 '윤리설'이라고 하지 않고, '기학

---

45) 《推測錄》, 권2.

적 윤리설'이라고 한 데 대한 해명이 있어야겠다. 이렇게 된 까닭은, 첫째 윤리 문제도 그에게는 '통민운화'의 범주에 들기 때문이고, 둘째 그 윤리라는 행위의 질서에 대한 이론이 수(數) 및 리(理)와 긴밀히 연관되기 때문이다. 비록 그 행위의 질서가 규범으로서 당위, 곧 당연의 법칙으로 고려되는 것이므로 필연적인 수리(數理)와는 별개의 특성이라고 해야겠지만, 그렇더라도 그에게서는 그 두 가지가 별개로 간주되지 않았다.

그가 윤리 문제를 통민운화와 연관지어 논하는 것을 먼저 살피자.

> "유술(儒術)이란 통민운화(統民運化)의 사상[道]이다. 인도(人道)를 밝히며 인의(仁義)를 말하고, 기강을 세우며 충절을 높이고, 염양(廉讓)을 귀히 여겨 쟁탈을 피하게 하고, 탐욕과 비루를 천히 여겨 치욕(恥辱)을 멀리하게 하고, 정교(政教)의 도화(導化)를 열며, 생령(生靈)의 포폄을 엄중히 하는 것이다."[46]

인의(仁義)로 인도인 윤리·도덕을 밝히고, 기강을 세워 충절을 높이고, 겸양과 치욕을 알게 해 예절을 익힘은 물론, '정치와 교화'를 인도하는 것이 '통민운화(統民運化)'의 사상이다. 인의로 윤리뿐 아니라 정치까지 행하는 것이 유학이므로 윤리에 의한 교화에 정치를 항상 함께 논함이 유학자들의 관례이다. 최한기도 이 점에서는 다른 유학자들과 다르지 않다. 다만 이러한 것들을 '통민운화로 일괄해 논의'한 것이 그만의 독특한 점이다.

다음, 최한기가 윤리뿐 아니라 교화나 정치에서도 반드시 기(氣)와 수(數)를 알아야 한다고 생각한 것은 다음 글로 확인된다.

---

46) 《人政》, 권12.

"기수(氣數)의 학문은 사물의 쓰임을 재단하고 처리하기 위한 것이다.
… 하물며 많은 현인(賢人)과 수많은 민인을 통합해 천하의 민산(民産)을
제제하고 민인에게 교화(敎化)를 펴는 데서는 어찌 기수(氣數)를 모르고
이 일을 잘할 수 있겠는가? … 기수를 아는 사람이 기수를 아는 사람을 등
용하여, 모든 사람들을 기수로 인도해 교화하고, 모든 일들을 기수로 처리
하면, 어찌 정교만 훌륭하게 이루어질 뿐이겠는가! 반드시 온 나라 치안
(治安)이 이루어질 것이다."47)

교화나 정치를 함에 운화를 일으키는 주체인 기를 당연히 알아야
한다고 하겠지만, 수를 알아야 한다는 것은 이유가 잘 납득되지 않을
것이다. 짐작컨대 그 까닭은 아래와 같은 것이 아닌가 한다. 원래 천
지 만물을 상수(象數)로 헤아리려면 '기(氣)·수(數)·상(象)·리(理)'의
관계와 그 성질을 알아야 하는데, 이것들은 서로 연관된 관계에 있다.
기로 말미암아 상이 드러나고, 상으로 말미암아 수가 드러나고, 수로
말미암아 리가 드러난다는 사고가 그런 것이다. 기와 상은 감지되는
대상이지만, 수와 리는 이지로 파악되는 것이다. 기와 상이 현실의 실
상을 이루는 데 견주어, 수와 리는 관념의 맥락을 이룬다. 기수는 다
만 상과 리를 생략하고 현실의 실상과 관념의 맥락을 단적으로 나타
내는 언표에 지나지 않는다. 교화와 정치란 이런 것들의 파악 없이는
이루어질 수 없는 것이다. 그가 기수(氣數)를 중요시한 까닭이 바로
이런 데에 있다.

이상이 최한기 윤리설의 바탕에 깔린 기철학적 토대이다. 그의 윤
리설을 단순한 윤리설 아닌 '기학적 윤리설'이라고 한 이유가 바로 이
런 기초 사상 때문이었다. 이 기초 사상은 성격상 부가적인 것에 지나

---

47) 앞 책, 권20.

지 않는다. 그러나 그의 경우 부가적인 예비지식을 모르면 혼란을 일
으킬 여지가 있어 짚고 넘어가지 않을 수가 없다. 더욱이 이런 예비지
식이 그에게서 더 증대되고 있음을 알아야 한다. 최한기는 모든 것을
'기의 운화' 또는 '운화'라는 독특한 용어로 논하기 때문에, 인간 사이
의 교류를 가리키는 데도 그는 '교접운화(交接運化)'라 했고, 심지어
개인의 행위에 대해서도 '인기(人氣)의 운화'로 나타냈다. 그러므로 그
에게 윤리설은 크게는 통민운화에 들지만, 작은 범위로는 교접운화에
속하는 인기운화의 담론인 셈이다.

2) 인기운화 · 심기운화에 따른 선행

최한기는 도덕적인 강령[倫綱]은 일단 어느 시대 어느 나라에서나
요청되는 것이라 생각했다. 인간의 생활에서 불변하게 요구되는 일종
의 보편적 도구가 윤리·도덕이라는 사고를 가지고 있었던 그였다. 그
런 사고가 그에게 그 시대 '기존의 도덕'을 존수토록 했다.

> "효제충신(孝悌忠信)은 인기(人氣)의 운화에 사무치는 것이고, 인의예지
> (仁義禮智)는 심기(心氣)의 대동(大同)에 소통하는 것이다."[48]

이는 그가 기존의 도덕[人氣運化]을 단순히 믿을 뿐 아니라, 기존
도덕 가운데 '효제충신(孝悌忠信)'을 도덕 가운데 제일가는 덕목으로
여기는 증거이다. 아울러 본성인 '인의예지'의 사덕(四德)을 심기의 대
동에 소통되는 것이라고 함은 그것이 누구에게나 적용될 수 있는 덕
목이라는 사고의 표명이다. 이 사덕의 구체적 실현이 바로 당시의 오

---

48) 《氣學》, 권1.

류(五倫)이었음을 상기하면, 오륜에 대한 그의 신봉도 자연히 확인되는 것이다. 사실 최한기는 인의와 예절을 중요시하면서, 특히 오륜을 힘써 행함이 '일신운화(一身運化)'라고 하면서, 《인정(人政)》에서는 오륜을 적극 확대하여 '세계 화합의 도구'로까지 삼으려 했다. 그는 오륜을 통해 '인류 공동체'를 이루려던 원대한 구상을 했다.

최한기의 윤리설은 이런 그의 도덕관을 뒷받침하는 성격의 이론이다. 성리학에서는 선천적으로 갖춘[天命] 것이라 하면서 그 본구한 '성을 리[性卽理]'로 간주했다. 그러나 최한기는 기를 미루어 리를 헤아리듯[推氣測理]이, 성은 정을 미루어 헤아려진 것[推情測性]이라 생각한다. "추측이 덕으로 들어가는 문[入德之門]"이라는 구절은 이런 관계를 두고 한 표현이다.49) 그의 견해로는, 사덕[仁義禮智]이 다 정(情)들의 추측을 통해 인지되는가 하면, 반대로 사덕[性]의 추측을 통해 사단의 정[四端之情]도 인식된다. 사덕의 인식이고 사단(四端)의 인식이 추측을 통해서 생긴다는 것이 그의 견해이다.

최한기에게 특이한 점은 성리학자들과 달리, 사덕이 지닌 본성의 의미가 거의 무의미하다는 것이다. 그 까닭은 그에게 본성은 활동운화에 지나지 않기 때문이다. 이 점은 그의 언구로 확인된다.

"인간은 활동운화의 본성으로써 사물과 접촉하여, 활동운화의 일을 실행하는 것이다."50)

"추측의 리가 운화의 리와 부합하면 이른바 이득이고 선(善)이 되겠지만, 만약 추측의 리가 운화의 리와 부합되지 않으면 이른바 손해이고 불선

---

49) 《推測錄》, 권1.
50) 《氣學》, 권1.

이 될 것이다."51)

마음의 작용도 심기(心氣)가 활동운화를 하는 것이므로, 그 '심기의 활동운화 자체가 마음의 본성'이 아닐 수 없다. 따라서 성리학자들이 말하는 '본구한 성[本性]의 선(善)'은 그에게서 긍정될 수 없다. 성의 선악은 천명의 리와 아무 상관이 없다. 그에게 선과 악은 심기의 운화와 분리해 논해지지 않는다. 그것들은 일정한 '추측이 운화의 법칙과 일치'하면 선이고, 일치하지 않으면 불선 또는 악일 따름이다. 이때 운화의 법칙은 '심기운화의 법칙인 성(性)'이므로 그에게서 선악은 다음과 같이 해명되기도 한다.

> "정(情)의 선(善)한 것은 그 성(性)에 순하는 데 말미암고, 정의 악한 것은 그 성에 역(逆)하는 데 말미암는다. … 순역이란 감동하는 기미(幾微)이고, 선악이란 수역에 따른 길흉(吉凶)이다."52)

그에게 선악은 결코 고정된 가치가 아니다. 그것들은 심기의 운화 상태에 따라 결정되는 것이다. 선 또는 선한 정(情)이란 심기의 운화하는 성의 법칙적 취향에 '따름[順]'이고, 불선 또는 악한 정은 그 운화하는 성의 취향에 '거스름[逆]'이다.

선악의 분별이 이렇게 판별되면, 심기운화의 자연한 이치라 할 '마음의 생태적 성향'을 파악해야 그 구체적인 선악이 밝혀질 것이다. 최한기가 지적한 마음의 생태적 성향은 '마음의 욕구'로 대체된다. 그는 이 욕구를 인간 공통의 성향으로 보았다. "해(害)로움을 피하고 이(利)

---

51) 앞과 같음.
52) 《推測錄》, 권3, 〈性順逆情善惡〉.

로움을 좇는 것이 인정(人情)의 크게 같음[大同]이다"[53]라는 것이 그의 인정으로서 욕구의 본모습이다. 인간의 공통된 욕구는 해로움을 피하면서 그 반대의 이로움을 좇는 것이다. 인간이 이기적 욕구체임을 그 또한 긍정하는 셈이다. 그는 이런 욕구를 당연시한 위에서 이해관계까지 고려하여 도덕의 수립을 꾀했다.

3) 도덕과 대동의 이익

인간들이 자신만의 이욕 또는 사욕을 좇을 때 경쟁과 혼란이 일어남은 필연인데, 이런 경우 윤리의 목적인 사회질서의 수립이 어떻게 가능할지가 문제이다. 최한기는 손해로서의 '작은 이익[小利]'과 이득으로서의 '큰 이익[大利]'을 먼저 변별했다. 작은 이익은 손해인 까닭에 버려야 하고, '큰 이익'을 택해야 한다는 것이다. 그 큰 이익이란 인간들에게 다 같이 이로운 것이라는 의미의 '대동의 이[大同之利]'이다. 이런 사고를 앞세워 제기한 그의 발언이 있다.

> "이(利)를 좇는 마음으로 대동(大同)의 이(利)를 취하는 데로 나아가면, 인의(仁義)의 이에 나아갈 수 있어, 사소한 이와 해가 되는 이는 버릴 수 있게 된다."[54]

그에 따르면, 작은 이[小利]는 심지어 해로운 이(利)일 수도 있다. 그러므로 작은 이를 버리고 큰 이[大利]를 따르게 마련이다. 그 큰 이로움이란 모든 사람에게 공통으로 이익이 되는 것, 곧 '대동의 이[大同

---

53) 앞 책, 권1, 〈義利〉.
54) 앞과 같음.

之利'이다. 바로 그 대동의 이에는 '인의(仁義)의 이로움'이 포함된다. 따라서 인의를 비롯한 선한 행위의 덕목들을 인간은 좇지 않을 수 없고, 이렇게 할 때 사회질서를 가져오게 된다는 것이다. 최한기 윤리설의 개략적 사상이 이로써 결실을 보게 된다. 그가 기의 운화를 거론하는 자연철학의 입장에 서면서도, 오륜을 인정하고 인의예지의 사덕을 중요시한 배후에는 이 같은 그의 윤리사상이 자리했기 때문이다.

여기서 한 가지 지나쳐서 안 될 것은 그가 "이를 좇는 마음으로 '대동의 이'를 취하는 데로 나아가야 한다"고 할 때의 '사회 공통의 이익'을 추구하는 정신이 그것이다. 사회질서의 수립이 곧 인간 공통의 이익임을 내세운 그의 윤리사상은 비록 '오륜체계를 존속'하는 구태를 벗지 못하기는 했지만, 동양과 서양을 다 포함하는 '대동(大同)으로서의 세계 범위의 질서 수립'에 대한 구상이었다. 이런 사유는 그가 오륜을 논하는 대목에서 '인류의 화합[兆民有和]'이라는 강령 하나를 더 추가하여 세계의 인류를 하나의 공동체로 묶으려 했던 데서 더 분명히 드러나는 것이기도 하다.

6. 진보적 사회관과 개방적 통상론

1) 동도서기적 사상

최한기의 관심은 변하는 '그 시대의 현실'에 있었지, 지난날에 있지 않았다. 이러한 점에 대하여 그는 일찍이 다음과 같이 토로했다.

"우리가 스스로 습수하여 길러내고[資育] 필수적으로 이용하는 것[須用]이란 금일(今日)에 있지 왕고(往古)에 있지 않다. 옛날[古]을 버릴지언정 오늘[今]을 버릴 수는 없다."[55]

　그가 날마다 직면하는 현안의 문제인 '업무[事務]'를 실용적으로 처리'하는 실학정신을 바탕으로, 서양의 과학기술을 받아들이면서도 그것의 전통문화와 접점을 찾았던 것은 당시 '현실의 삶'을 위해서였다. 이 점은 서양 문물이 밀려들던 그 시대에 대한 그의 진단에서도 잘 드러난다.

　　"바다로 선박이 두루 오가고, 서적이 서로 번역되고, 이목으로 견문(見聞)이 전달된다. 법제의 선용(善用), 기기(器機)의 이용, 토산의 양호함이 참으로 우리보다 나은 것이 있다. 나라의 앞길을 위해 진실로 취함이 마땅할 것이다. … 필경 이김[勝]과 물리침[絀]이 풍속 예교(禮敎)에 있지 않다. 오직 실용(實用)을 힘쓰는 이에게 이김이 있을 따름이다. … 그러므로 서교(西敎)가 하늘에 만연함을 걱정해야 하는 것이 아니라, 실용을 다해 취용하지 못함을 걱정해야 한다.[56]

　여기서 말한 '풍속과 예교'란 그 시대 쇄국을 위해 위정척사(衛正斥邪)를 외치던 성리학자들의 이적(夷狄) 배척의 이유로 들었던 것이다. 최한기의 견해로는 그 풍속과 예교의 다름은 보잘것없는 사소함에 지나지 않는다. 서양인들의 서적들 속의 '우수한 견문, 법제, 기기' 등을 오히려 '실용 차원에서 취택해야 함'이 급선무라는 것이다. 심지어 천주교의 만연보다도 더 걱정해야 할 일은 실용성을 지닌 우수한 것들을 취택치 않고 있는 폐쇄적 태도이다. 이 대목에서 그의 '개방적 태

55) 《人政》, 권11.
56) 《推測錄》, 권6.

도'가 명백히 드러난다.

최한기의 태도는 당시의 성리학자들이 과거의 경전[古典]을 무엇보다 중요시하던 것과도 전혀 달랐다. 그는 유학의 고전들의 내용마저 그 시대에는 적합치 않아 적용할 수 없는 것이 많다고 주장했다.

> "만일 주공(周公)·공자(孔子)라도 4~5천 년 뒤에 태어났더라면, 틀림없이 후세의 경험에 좇아서 많이 산정(刪定)했을 것이고, 또한 증보도 적지 않게 했을 것이다."[57]

주공과 공자까지도 고전은 이제 수정 증보를 하지 않을 수 없게 되었을 만큼 시대가 변했다는 것이 그의 판단이다. 복고의 태도를 불식한 최한기의 모습이 이에서 역력하다. 복고 아닌 '진보(進步)의 태도'를 그는 보여주고 있다. 어떤 점에서 이럴 수 있었는가?

> "대개 옛날에 밝혀지지 않았던 것이 후대에 와서 점차로 밝혀지는 것이 있다. 역산(曆算)·물리(物理) 같은 것이 그렇고, 옛날에 이미 밝혀져 후대에 몽매함을 반성케 해주는 것이 있으니, 상도(常道)·중도(中道)가 그것이다."[58]

역산·물리 같은 '과학의 산물'이 날로 진보하는 좋은 사례이다. 특히 과학과 기술이 그의 진보 관념을 이루는 주요 근거이다. 그러한 것은 고전으로는 만족할 것이 못 된다.

그러나 그도 불변의 진리라 할 것도 고전에 이미 밝혀져 있음을 부

---

57) 앞과 같음.
58) 앞과 같음.

정하지 않았다. 후인들의 몽매로 말미암아 고전에 담긴 훌륭한 사상을 제대로 실현하지 못한 것들이 있다. 그것은 사회질서에 대한 도덕규범을 위한 오상(五常)의 원리라든가, 중용(中庸)의 사상 같은 '정신적 유산'임을 최한기는 지적했다. 그가 비록 서양 문명에 개방적이었지만, 다른 한편 '전통 사상의 우수성'을 믿으면서 그것을 계승하려는 측면을 지녔음은 주목할 대목이다. 전통 사상을 유지하는 데에 '그의 자주성'이 있었던 것이다. 자주적 주체성을 유지하면서 '동서사상과 문명의 융합'이 결국 그가 취한 사상적 노선임이 여기서 확인된다. 이것은 그가 지녔던 일종의 '동도서기(東道西器)'의 사고, 곧 동양의 전통문화(東道)를 지키면서 서양의 과학과 기술(西器)를 받아들이려는 사고가 아닐 수 없다. 서양문명에 대한 그의 개방적 태도는 어디까지나 과학·기술 등 기기(器機)의 측면에 한정된 것임이 분명하다. 이로 보아 최한기는 '동도서기 사상의 선구자'였다고 해야 한다.

2) 국제적 범위의 통상론

서구 기기에 대한 개방은 물론 서양과의 교역(貿易)의 주장으로 이어지지만, 그에게서 그것은 '상업에 대한 중요시'에서 나왔다. 사농공상(士農工商)과 함께 병무(兵事)의 취급을 실용의 시각에서 처리함을 일찍이 '실학(實學)'이라고 주장했던 최한기이므로, 그에게 사농공상은 다 같은 '동등한 직무'로 여겨졌다. 그는 '직분 평등관'을 지니고서, 공업과 상업 특히 '상업을 사·농과 동등시'하는 사고를 지님으로써 그 시대의 관습을 넘어선 진보적 학자였다. 직분을 곧 신분으로 여겨 차별하던 관습 타파 의식을 지녔던 그의 상업관은 오늘의 시점에서 보더라도 수긍될 만하다.

"상고(商賈)는 있는 것과 없는 것을 교역하여 민용(民用)을 넉넉케 하는 것으로 사업을 삼는 것이다."[59]

"말세(末世)의 습속이 공(工)·상(商)을 천업(賤業)으로 여겨, 구차하게 끼니 때우는 무리에게나 그 일을 하게 맡겼다. 때문에 심지어 공과 상에 종사하는 사람들을 차츰 더 천루(賤陋)하게 여기기에 이르렀다. 용인(用人) 의 도리가 어찌 공·상에게만 베풀어지지 않는 것인가!"[60]

상업 자체는 교역을 통해 국민의 쓰임[民用]의 문제를 해결해 주는 업무로서 결코 천시할 것이 아니다. 그런데 그 업무를 가난에 쪼들리는 사람들에게 맡겨 천업(賤業)으로 여기게 되었다. 그의 견해로 이런 습속이야말로 세상을 망치는 '말세의 습속'이라는 것이다. 상업은 말할 것 없고 공업까지도 천업으로 여기던 풍조를 말세의 습속이라고 단언하는 데서 그가 얼마나 세태를 병폐에 쌓였다고 진단했는지 알수 있다.

최한기의 이런 시대 진단은 상업이 사, 농, 공의 업무에 어떻게 그리고 얼마나 기여하는지 그 중요성을 알고 있던 지식에서 나온 것이었다.

"사(士)와 농(農)과 공(工)의 업무(事務)가 상업(商)에 힘입어 유통됨이 마치 한 몸의 눈과 귀와 손과 발이 서로 불가분의 관계를 가지고 일을 이룸과 같다. 그 어느 것에 치우치거나 어느 것을 폐해서는 안 됨이 또한 만민(萬民)을 일체로 하는 뜻이다."[61]

---

59) 《人政》, 권25.

60) 앞과 같음.

상업이 사, 농, 공에 기여함은 마치 인체에서 이목구비나 손발이 서로 다 유기적인 관계를 맺고 있음과 같다. 상업이 사, 농, 공에 도와주는 것이 만일 없다면, 그 사, 농, 공의 업무도 결코 원활히 될 수 없다는 것이 그의 견해이다.

시야를 국제관계로 돌리더라도 문물의 유통을 가져오는 상업인 '교역 또는 무역'도 근본에서 이와 다르지 않다. 최한기는 '개국통상(開國通商)'을 그 시대의 누구보다도 먼저 주장했다. 그도 당시 정부가 국력에 자신이 없어 쇄국으로 문호를 닫고 외국과의 통상을 거절하면서, 동방 은자(隱者)의 나라로 있던 사정을 모르지 않았다. 그러나 그는 세계의 변화에 둔감하던 조선의 현실에 대한 그의 답답한 심정을 토로하면서, '변화하는 세계의 실상'을 적시했다.

"집안의 견문(見聞)만 가진 사람과 천하의 견문을 가진 사람을 비교하면, 마치 귀먹고 눈먼 사람과 총명한 사람을 대비함과 같고, 고루하고 미혹된 습속에 젖은 사람과 항상 올바름을 깨달은 사람을 비교하면, 마치 술취해 꿈속에 있는 이와 깨어 있는 이를 대비함과 같다."[62]

"황무지를 개간하기 시작한 뒤로 대륙에서는 인물이 번성해 뻗어나갔지만, 수만 리 해양은 비워둔 곳(나라)이 되었는데, 명대(明代) 이래 서양의 선박이 두루 지구를 돌아다니더니, (중국) 연해의 여러 곳에 시가(市街)와 부두(埠頭)가 늘어서고 건장한 용사들을 모아 진수(鎭守)를 설치해 장사하는 데에 병력을 붙이니, 천하의 공략하기 어려운 방어지가 되었다. 이에 인간 세상의 경영이 크게 변하여 물산(物産)이 만국에 서로 통하고, 여러

---

61) 앞 책, 권11.
62) 《推測錄》, 권5.

교(敎)가 천하에 뒤섞였으며, 육지의 시장이 변해 바다의 시장이 되고, 육전(陸戰)이 변해 수전(水戰)이 되었다."[63]

최한기는 그 시대 조선인을 눈과 귀를 막은 사람들이고, 고루하고 미혹된 습속에 빠진 사람들이며, 취중의 꿈속에서 벗어나지 못한 사람들로 묘사했다. 이것은 더 이상 우물 속 유아독존의 삶을 계속함이 이제는 무리임을 지적한 내용이다. 중국만 해도 명대(明代) 이후로 문호를 열고 통상을 하면서 세계와 호흡하고 있었음을 그는 주지시키고 있다. 세계가 육전 아닌 수전(水戰)을 하듯, 해양을 누비면서 교역을 한 결과로, 지금은 비록 진수(鎭守) 속에서 병력의 호위를 받는 조건이기는 하지만, '만국(萬國)의 물산(物産)'이 서로 통하는 중국의 실상을 그는 자세히 밝혔다. 여기서 마침내 그의 국제 교역을 위한 조선의 '개국통상론'이 나오게 되었다.

"바다에 선박이 두루 다니면서, 서책이 서로 변역되어 지식[耳目]이 전달되고 있다. 좋은 법제라든가, 우수한 기용(器用)이든가, 양호한 토산 물품이 참으로 우리 것보다 나은 점이 있으면, 나라를 다스리는 이치상 마땅히 취해 써야 한다. … 오로지 실용(實用)에 힘쓰는 사람이 이기고, 허문(虛文)을 숭상하는 사람은 지며, 남에게서 취해 이롭게 쓰는 사람은 이기고 남을 그르다면서 고루한 것을 지키는 사람은 진다."[64]

그에 따르면, 국가의 치국에 이용할 만한 것은 외국 물품일지라도, 취택하는 실용의 정신을 발휘해야 한다. 최한기의 사망 3년 전인

---

63) 앞 책, 권6.
64) 앞과 같음.

1876년에 이른바 강화도조약(江華島條約)에 따라 조선국의 문호는 개방되고 조선과 외국과의 교역은 정식으로 시작되었다. 그 교역의 시발에는 열강의 무력을 수반한 강요가 있었음이 사실이지만, 문호의 개방에는 이처럼 국내 선각자들의 그 필요성에 대한 '주체적 인지'가 쌓여 있었음도 잊어서는 안 된다. 그의 '국제 교역론'이 개화파들의 주장보다 훨씬 앞선 것임을 감안하면, 최한기의 국제 교역론은 '개화(開化)사상의 선구'로서 가치를 지니고 있음이 분명하다. 그의 '동도서기론(東道西器論)'도 서구화 일변도에 빠지지 않는 '주체적 절제력을 지닌 사상'으로서 평가해야 할 그의 사상이다. 한마디로, 최한기는 실학사상과 개화사상의 '가교적 위치'를 점한 사상가로서의 역할을 충실히 해낸 선구자였음에 틀림없다.

제7편

위정척사 지향의 주리론적 편향

(19세기 중기~20세기 초기)

제35장 유학 이념의 옹호와 제국주의 침략에 항거
─ 위정척사 운동, 외침에 대한 저항 정신의 고취 ─

1. 19세기 열강의 도전

　순조가 등극(1801)하였을 때 왕의 어린 나이(11세)를 구실로 시작된 (왕의 외척들의) '세도정치'는 잇달아 20세기 초두까지 계속되었다. 왕의 외척인 안동김씨, 풍양조씨, 여흥민씨들이 정권을 농락하고 전횡한 사태가 그것이다. 양심적인 사대부를 배제하고 그들 일가(一家)·일족(一族)이 왕권을 장악하던 정치는 나라 안팎으로 크게 격동하던 그 시대를 견실히 이끌기는커녕, 조선 왕조를 쇠망의 나락으로 떨어뜨렸다.

　이전부터 문란하였던 삼정(三政)을 비롯한 국내 정치상은 19세기에는 날로 유이민(流移民)을 발생시키다가 마침내는 여러 차례 민란(民亂)을 일으키는 지경에 이르렀다. 충청·전라·경상, 삼도에 걸친 민란(1862), 진주민란(1871) 등이 그 대표적인 예이다. 민생의 참상은 도탄과 질곡에 빠졌다는 표현이 모자랄 정도였다.

서구 세력과 연계된 천주교는 한때 정부의 탄압과 박해가 있었음에도 불구하고 날로 전파되면서 신도를 대폭 늘려 갔다. 천주교의 본격적인 착근을 상징하는 조선교구(朝鮮敎區)의 창설(1831)을 계기로, 서양 신부(神父)들이 속속 입국하여 교세 확장에 앞장섰고, 신도였던 김대건(金大建)은 상해의 천주교당에 스스로 찾아가 영세를 받고 한국인 최초의 신부가 되었던 사건은 그 교세 확장을 더욱 촉진한 것이었다. 이제 성리학으로 천주교에 대항할 수 없음을 깨달은 최제우(崔濟愚)가 '구세제민(救世濟民)'의 기치를 들고 '동학(東學)'을 일으키던(1860) 판이었다.

사실 19세기 중반부터 천주교의 교세는 서구의 무력을 배경으로 하였기 때문에, 조선 정부가 상대하기에 차츰 곤란해져 갔다. 그 좋은 예가 1866년 대원군이 천주교 탄압책의 하나로서 프랑스 신부들을 처형했다가 역풍을 맞은 사건이다. 이 무렵 천주교에 대한 탄압이 완화되었던 상황을 빌미로 베르뇌(Siméon François Berneux), 리델(Félix Clair Ridel) 등 많은 프랑스 신부들이 국내로 들어와 포교를 했다. 1865년(고종 2)에는 천주교 신도가 2만 3천여 명이나 되었다. 이에 대리청정을 하던 대원군은 1866년 정월에 천주교 탄압령을 내려, 몇 개월 사이에 '9명의 프랑스인 신부'와 '남종삼(南鍾三), 정의배(丁義培) 등 8천여 명의 신자'를 학살했다. 리델 신부는 이때 탈출하여 천진에 주둔하고 있던 프랑스 극동함대 사령관 로즈(Pierre-Gustave Rose) 제독에게 보고했고, 그 사실은 북경의 프랑스 대리공사 벨로네(Henri de Bellonet)에게도 전해졌다. 이 보고를 접한 로즈 제독은 전함 3척을 이끌고 리델 신부와 함께 인천을 거쳐 서강(西江)에 이르렀다. 이로 말미암아 서울은 공포와 혼란에 빠졌다. 그러나 3척의 소함대로 조선군의 방어를 극복할 수 없게 되자, 그들은 지형만 정찰하고 철수했다. 이렇게 무력을 동원한 천주교에 대해서는 그 뒤로 정부로서도 함부로 대하기 어려울 수밖에 없었다.

조선 정부에게 천주교보다 더 절실했던 급선무는 무력(武力)을 앞세우고 도전해 오는 '제국주의 열강의 침략 세력'에 대한 방어 문제였다. 역사상 동아시아의 맹주 자리에 있던 중국(淸)이 아편전쟁(阿片戰爭, 1839~1842·1856~1860)의 패전의 상흔으로 홍콩을 할양하고, 상해 등 16개 항을 타의로 개항당한 채, 영국, 프랑스, 러시아, 미국 등의 '제국주의 상품 시장'으로 전락한 처지였던 만큼, 무장을 갖추지 않은 상태나 다름없던 조선이 바로 그들 침략 세력의 다음 대상으로 노출된 형편이었다.

사실 조선의 선박과는 규모부터 비교가 되지 않아 이양선(異樣船)으로 불려 오던 서양의 군함과 상선은 19세기에 접어들자 남해 서해에 비교적 자주 출현하고 접근해 왔다. 1845년에는 영국 군함(사마랑호)이 제주도와 남해안 일대를 측량해 갔다. 1856년에는 프랑스 군함 한 척이 충청도 보령의 외연도 앞바다에 와서 소를 비롯한 축산물을 약탈해 갔다. 1865년에는 러시아의 선박이 함경도 연안에 와 통상을 요구했다. 그 이듬해(1866)에는 상해에 주둔하던 독일 상인(오페르트)이 두 차례 서해안에 와서 통상을 요구하다가 거절당하고 돌아갔다. 같은 해 7월 미국의 군함(셔먼호)이 대동강을 통해 평양에 이르러 통상을 요구하며 행패를 부리다가, 조선군의 화공을 받고 격침되기도 했다.

프랑스의 로즈는 그해(1866, 고종 3) 10월에 군함 3척을 이끌고 조선군의 저항을 뚫으면서 강화부(江華府)를 점령하고, 군기(軍器)와 양식과 서적 등을 약탈했다. 이에 조선 정부는 이경하(李景夏), 이기조(李基祖) 등 명장을 동원하여 요충지의 방어에 만전을 기하는 한편, 한성근(韓聖根) 부대는 120명의 프랑스군과 벌인 전투에서 약 20여 명의 사상자를 내는 전과를 거두었다. 강화부를 점령한 프랑스군 또한

천총(千摠) 양헌수(梁憲洙) 등의 매복 부대에 30여 명의 사상자를 내
고 도주하면서, 장령전(長寧殿)을 비롯한 관아를 불태웠다. 이곳저곳
에서 패전한 로즈는 더 이상 침공할 의욕을 잃고 하는 수 없이 중국
으로 돌아갔다. 이것이 이른바 '병인양요(丙寅洋擾)'라는 서양인의 조
선 침공 사건이다.

조선에 대한 그 시기 서양 제국주의의 공략은 이로써 그치지 않았
다. 미국은 1866년(고종 3) 셔먼호가 평양에서 당한 사건을 빌미 삼아,
1871년(고종 8)에 군함 3척을 이끌고 강화도로 침략해 왔다. 셔먼호
사건 이후 미국은 조선에 이를 문책하면서 강제로 통상조약을 맺으려
고 북경에 있는 공사 로(Frederik Law)를 시켜 그들의 아시아 함대를
출동케 했다. 아시아 함대 사령관 로저스(John Rodgers)는 군함 5척에
1천2백 명의 군사를 이끌고 남양(南陽) 앞바다에 도착, 통상을 요청했
지만 거절당했다. 그들 가운데 일부는 강화해협을 측량코자 강화도
광성진(廣城鎭) 앞까지 허가 없이 들어왔다. 이에 조선의 강화 수병이
포격을 가하였으나, 미국 함대는 포격을 무릅쓰고 초지진(草芝鎭)과
덕진(德鎭)을 점령하고 북진하여 광성진도 공격했다. 서로 공방전이
치열해 아군의 중군 어재연(魚在淵), 어재순(魚在淳), 군관 이현학(李玄
鶴), 천총(千摠) 김현경(金鉉暻), 광성별장 박치성(朴致誠) 등이 전사했
고, 미군 측도 맥키(Hugh McKee) 중위 이하 3명이 전사했으며 10여
명이 부상당했다. 그 다음 날에는 첨사 이렴(李濂)이 초지진을 야습하
여 미국 선박을 물리쳤다. 이에 미국 측도 더 이상의 공격이 무리임을
깨닫고, 부평부사 이기조(李基祖)에게 외국 사신을 배척함이 불미한
짓임을 토로하고 물러갔다. 이것이 '신미양요(辛未洋擾)'로 일컬어지는
미국 함대 침입 사건이다.

그 시기 실권자였던 대원군(大院君)은 이 사건들을 계기로 이해
(1871, 고종 8) 각지에 척화비(斥和碑)를 세워, 이적 배척에 대한 적개

심을 불러일으키면서 '쇄국(鎖國)정책'을 더욱 굳혔다. 그 척화비의 내용은 "서양 오랑캐가 침범함에 전쟁하지 않으면 화친인데, 화친의 주장은 곧 매국이다[洋夷侵犯, 非戰則和, 主和賣國]"라는 내용이다. 어찌 보면 대원군도 쇄국만이 능사가 아님을 깨닫지 못했을 리 없다. 그러나 그 시기 조선의 여건으로는 전함 등의 무력 강화가 당장 서양 제국 수준으로 될 수 없던 데다가, 문호 개방에 의한 통상에서 얻을 이익보다는 해로움이 더 크다는 판단으로 쇄국정책을 택했던 것 같다. 여기에 그 시기 유학계를 대표하던 완고한 성리학자들 대부분이 쇄국에 바탕을 둔 '통상의 거부를 주장'했음도 아울러 감안해야 할 것이다. 곧 성리학자들의 '위정척사론(衛正斥邪論)'―정학(正學)인 성리학의 이념적 가치를 옹호하고 서양의 사특한 문물을 배척하자는 주장―이다.

2. 위정척사, 전통문화 고수와 서양화 배척

19세기 중엽 서양 세력의 위협을 받던 상황에서 조선인들이 취한 대응 태도는 세 가지였다. 하나는 주로 위정척사파(衛正斥邪派)에 속한 성리학자들이 취한 태도로, 쇄국정책을 더 지속하면서 국력의 증강을 꾀한 뒤에 외국과의 통상을 하려던 것이었다. 또 하나는 이른바 개화파(開化派)가 취한 태도로, 근대 지향의 진보적 개혁을 꾀한 혁신 운동이었다. 나머지 하나는 서학(西學) 가운데 주로 천주교에 대항하는 동학(東學) 운동의 종교적 대응이었다. 이는 최제우(崔濟愚, 水雲, 1824~1864)가 민중 속에서 보국안민(輔國安民)의 기치를 들고 일어난 신흥종교라는 특징을 지녔다.

여기서는 유학의 흐름을 고찰하는 책의 성격상 첫째와 둘째 사상만 살피겠지만, 동학도 참고해야 할 가치가 있는 만큼 이것을 잠시 언급해야겠다. 동학은 그 시대 적서(嫡庶)·반상(班常)·사민(四民)·남녀(男女)의 차별이 엄격했던 풍토에서, 특히 서얼·상민 등의 신분으로 말미암아 소외되던 지식인들이, '구세제민(救世濟民)'의 구호로 상징되듯이, 위기에 처한 국가의 구국과 고난받던 민중의 구제를 목표로 발흥한 종교이다. 최제우가 추구한 구국과 민중 구제는 기존 성리학자들의 견해와 달랐다. 종교적 방법에 따른 동학의 시대 구원의 핵심은 민중을 고통으로부터 해방시키려는 데에 목표를 두었다. 그가 서학에 대응하여 보전하려던 국가는 이 겨레로 이루어진 집단체였지 이씨 왕조로서의 조선이 아니었다. 그에게는 당시 성리학적 통치 질서와 왕조 체제에서 고통받던 '민중 전체의 구제'가 궁극의 목표였던 만큼, 그의 사상은 '혁명의 성격'을 이미 안고 있었다. 그런 성격으로 해서 동학은 실제로 뒷날 전봉준(全琫準, 1855~1895)의 영도로 '동학혁명'을 일으켰던 것이다.

그러나 당시 현실을 이끌던 세력은 여전히 대부분의 성리학자들이었다. 대원군의 쇄국정책을 지지하던 그들은 서양 제국주의자들과 통상을 거절함은 말할 것 없고, 되도록 무력을 총동원하여 서양 세력의 접근을 저지할 것을 주장했다. 그 주장이 이른바 '위정척사(衛正斥邪)'로 표출된 구호이다. 위정척사란 앞서 잠시 비쳤듯이, 정학(正學)인 성리학을 옹호하면서 사학(邪學)으로 지목된 서학(西學), 곧 천주교와 서양 기물들을 배척하자는 것이다.

성리학과 서학을 각기 올바른 학문[正學]과 사특한 학문[邪學]으로 규정한 것은 18세기 정조(正祖) 때부터의 일이다. 정조는 일찍이 송도정(宋道鼎) 등에게 준 글에서 "그대들은 물러가 학업을 닦으면서 '위정척사의 방책'에 더욱 힘쓰라"[1]고 하였는데, 그것이 성리학과 서학을 각각 바르고 사특함이라는 '정[正]과 사[邪]'로 평가하기 시작한 실

마리였다. 이때 정조 밑에서 정승을 지낸 채제공(蔡濟恭, 樊巖, 1720~
1799)이 그 왕(정조)에게 "천주교를 개칭하여 사학(邪學)이라 부르도
록 명"하게[2] 건의했다. 성리학이 조선의 통치 원리였던 만큼, 이전부
터 그것을 정학이라 하여 온 터였으므로, 이 정학 표현은 이상할 것이
없었다.

그러나 천주교를 사특한 학문이라고 한 것에 대해서는 약간의 해
명이 필요하겠다. 천주교에서는 국왕보다도 하느님[神]이 월등하게
우위에 있을 뿐만 아니라, 그 하느님 앞에서는 남녀의 구별 없이, 신
분의 귀천 여하도 가리지 않고, 누구나 다 평등하다고 한다. 이런 교
리는 조선의 엄격한 신분 차별의 '사회질서를 붕괴시킬 교리'에 다름
아니었다. 그렇지 않아도, 천주교인이던 윤지충(尹持忠)이 조상의 제
사를 우상숭배로 여겨 거부했던 사건으로 말미암아 천주교는 '유학의
도덕을 멸실'케 하는 것으로 지탄을 받아 왔던 터라서, 조선의 집권층
이나 성리학자들은 천주교를 '해악(害惡)만'을 가져오는 종교라고 여
길 수밖에 없었다. 천주교가 이렇게 해악만 가져온다는 의미에서 성
리학자들은 천주교를 사특한 것이라고 배격하기에 이르렀다.

더욱이 서양인들은 군함의 함포를 앞세우고서 통상을 요구하는 형
국이었다. 무엇보다도 열강의 무력(武力)이 조선의 그것과 동등한 수
준이 아닌 데에 문제의 심각성이 있었다. 그것은 사실상 침략의 성격
을 띠었기 때문이다. 실제로 통상을 하더라도 (중국의 예로 볼 때),
영국, 프랑스 등과의 교역은 조선의 제한된 자원(금, 은, 동)이나 필수
품을 팔아서, 열강의 불요불급한 사치품이나 아편 등을 사들여야 하
는 형태였던 만큼, 그것은 조선의 피해만 가져올 것이 분명했다. 조선

---

1) 《日省錄》, 正祖, 15년, 11월, 26일조.
2) 《大韓季年史》, 권1.

의 집권층이나 성리학자들의 위정척사는 이런 여건의 파악에서 나온 대응적 조치였다.

성리학자들의 위정척사는 근본적으로 위태로운 '국권(國權)의 수호(守護)'를 위한 태도였다. 국권 수호를 위한 목적에서 그들은 성리학의 통치 이념과 도덕적 가치관 및 풍습 등 '성리학적 문화 전반'의 고수 등을 내세웠고, 심지어 '성리학 자체의 중요성'의 인식을 강조했다. 위정척사를 주장하면서 그 운동에 참여한 학자는 학파를 이룰 정도로 많았다. 그들의 활동은 그 시대 성리학자들의 구국운동 및 사상운동이었다. 대표적인 학자만 들더라도, 이항로(李恒老, 華西, 1792~1868)를 비롯해, 그 문하의 김평묵(金平默, 重庵, 1819~1891), 유중교(柳重敎, 省齋, 1832~1893), 유인석(柳麟錫, 毅庵, 1842~1915)이 있고, 기정진(奇正鎭, 蘆沙, 1798~1876), 기우만(奇宇萬, 松沙, 1846~1916), 기삼연(奇參衍, 省齋, 1851~1908)이 있으며, 이진상(李震相, 寒洲, 1818~1886), 최익현(崔益鉉, 勉庵, 1833~ 1906), 곽종석(郭鍾錫, 俛宇, 1846~1919) 등 이루 다 헤아리기 어려울 정도였다.

위정척사파의 선두에 섰던 이항로는 새로 등장한 "이단(異端, 곧 서학)을 물리치는 데는 정학(正學)을 밝히는 것보다 더 급한 일이 없다"[3]고 역설했다. 그 시대 혼란의 근본 원인을 정학으로서 성리학의 정체를 사람들이 제대로 파악하고 있지 못한 데 있다고 생각했다. 성리학이 쓸모 있고 귀중한 학문인 줄 알고서, 그것을 현실에 옳게 구현하면 이단이라는 사상은 끼어들 여지가 없다는 것이 그와 같은 학자들의 판단이었다.

위정척사파 학자가 정학으로 간주하는 성리학은 어떤 학문인지 반추해 보자. 이항로의 영향을 받고 그 시대[韓末] 의병장(疑兵將)으로

---

3) 李恒老, 《華西雅言》, 권12.

독립군을 이끈 유인석은 성리학을, 도학(道學)의 이름으로 다음과 같이 밝혔다.

> "도(道)는 하늘에서 나와 사람의 마음에 보존되는 것으로서, 마음에 채워져서는 사덕(四德, 곧 仁義禮智)이 되고, 발현해서는 사단(四端)이 되고, 베풀어져서는 오교(五敎, 곧 五倫)가 되며, 흩어지면 백 가지 행위와 만 가지 선(善)이 되는 것이다."[4]

> "도(道)를 체현하는 것은 천지와 제왕과 성현이다. 천지는 도를 체현해 만물을 화육하고, 제왕은 도를 체현해 만민을 다스리며, 성현은 도를 체현해 만세에 가르침을 드리운다."[5]

앞 인용문에 따르면 진리로서의 도가 마음속에 사덕〔仁義禮智〕으로 보존되었다가, 사단(惻隱·羞惡·辭讓·是非의 마음)으로 발현되고, 나아가 선한 오륜의 도덕으로 됨을 가르치는 것이 성리학이다. 뒤 인용문은 천지자연에 의한 만물의 화육(化育), 제왕에 의한 만민의 통치(統治), 그리고 성현에 의한 만인의 교화(敎化)를 실현하는 학문이 성리학임을 밝힌 것이다. 요컨대 성리학은 만물의 생성과 만민의 통치와 만인의 교화를 내용으로 하되, 오륜으로 대표되는 도덕의 인지와 그 실천을 무엇보다도 가장 중요시하는 학문이라는 것이다. 따라서 이것이 인간 문화의 형성에 기여하는 '성리학 또는 도학의 특징'이고, 위정척사파 학자들이 품고 있던 '학문의 이상적 기준'이었던 것이다.

그들이 볼 때 서학은 이런 학문의 특징을 갖추지 못하고, 이 기준

---

4) 柳麟錫, 《毅菴集》, 권51.
5) 앞 책, 권52.

에 어긋난 학문이었던 것이다. 따라서 서학은 사특한 학문이라는 평가가 따르게 마련이고, 배척의 대상이 될 수밖에 없었다. 위정척사파 학자들은 모두 서양인들을 가리켜, 특히 오륜과 같은 도덕을 결여한 인간이라는 점에서, '오랑캐〔夷狄〕'니, '금수(禽獸)'니, '금수만도 못한 것들'이라고 했다. 그들의 이런 사고로 말미암아 서양인들과의 화친은 곧 '조선인들의 금수화(禽獸化)'에 다름 아니었다. 이 점은 이항로의 글로 확인된다.

> "양적(洋賊)을 공격하자는 것은 우리 쪽 사람의 주장이고, 양적과 화친하자는 것은 저 쪽 사람의 주장입니다. 앞을 따르면 나라 안에 의상지구(衣裳之舊)를 보전할 수 있지만, 뒤를 따르면 인류가 금수(禽獸)의 지경에 빠지게 될 것입니다."[6]

서양인들과 화친하여 의복을 바꿔 입으면서 그들처럼 사는 것은 곧 금수의 삶에 떨어지는 길인데, 그 까닭은 단순히 의복만이 아닌 '윤리·도덕의 부재' 상태로 되기 때문이다. 성리학적 가치관에 기초한 윤리·도덕이 가장 중요시된 것임은 말할 것 없고, 그 가치관과 연관된 문화와 습속 등도 중요시되기는 마찬가지였다. 이 점은 '개화파의 개혁 정책'으로 행하여진 변복령(變服令, 1886)과 단발령(斷髮令, 1895)에 대한 위정척사파의 저항에서 잘 드러난다. 의복을 양복처럼 좁은 소매의 간편한 형식으로 바꾸고 거추장스런 긴 머리의 상투를 자르라는 두 가지 개혁령이 공표되었을 때, 최익현은 다음과 같이 반응했다.

> "개화(開化)를 추구한 뒤로 선왕(先王)의 법제(法制)를 모두 바꾸고 한결

---

6) 李恒老,《華西集》, 권3.

같이 왜적의 지휘에 따라, 중화(中華)를 오랑캐[夷狄]로 되게 하고, 인류를 금수로 되게 했으니, 이는 개벽(開闢) 이래 없던 큰 변고(變故)이다."7)

이 글에서 양이(洋夷) 대신 왜적이 등장한 것은 조선보다 근대화에 한발 앞선 일본이 운요호 사건(1875)을 기회로 병자수호조약(1876)을 통해 열강을 제치고 조선 침략의 전면에 등장했기 때문이다. 갑오개혁(1895)을 전후한 무렵부터는 양적과 왜적이 동일시되는 '왜양일체(倭洋一體) 관념'이 대두했는데, 실제로 '왜적이 양적보다 더 주적(主敵)'의 자리에 있게 되었다. 이 글에서 변복과 단발이 "중화를 이적으로 되게 하였다"는 구절도 눈여겨볼 필요가 있다. 일찍이 명나라가 오랑캐로 여기던 청에게 패망한 뒤로, 유교 문화는 사실상 조선에만 온전히 남았다는 신념이 조선 성리학자들에게 팽배했고, 이런 신념에서 조선 성리학자들은 조선을 '소중화(小中華)'로 자처했다. 그러나 이 소중화마저 변복과 단발의 조치로 이제 사라지게 되었음을 최익현 등은 지적했다. 그의 이 발언은 바로 한말의 위정척사파가 지녔던 '문화적 전통의식의 투철함'을 확인케 하는 증거이기도 하다.

이 대목에서 강압적으로 시행된 단발령에 대항하던 최익현 등 수많은 선비들이 "목이 잘릴지언정 머리터럭(상투)을 잘릴 수 없다"고 한 태도를 얼마쯤 이해하게 된다. 유학자들은 "머리에서 발끝까지[身體髮膚]가 다 부모에게서 받은 것이어서 감히 훼상치 않음이 효행의 시작"이라는 가치관의 소유자들이었다. 그 가치관으로 말미암아 유중교는 "의복이 바뀌면 명분(名分)이 옮겨지고, 명분이 옮겨지면 의리(義理)도 독존할 수 없다"8)는 주장을 폈다.

---

7) 崔益鉉, 《勉菴集》, 권4.
8) 柳重教, 《省齋集》, 권34.

김평묵 또한 변복령(變服令)이 '왕의 명령'일지라도, "잘못된 왕명은 따르지 않는 것이 왕의 잘못[過誤]을 구제하는 길이고, 왕의 잘못을 구제함이야말로 충(忠)이라"9)는 논리로 변복 거부의 공고한 뜻을 합리화하였다. 명분과 의리 및 충성은 성리학자들이 생명처럼 여기는 가치였다. 이들의 위정척사론은 성리학설의 가치를 총동원한 이론의 정수였다고 하여도 지나침이 없다. 위정척사파 학자들이 이토록 확고한 신념으로 유교의 전통을 보존코자 하였기 때문에, 그들은 수구적(守舊的) 보수파(保守派)로 일컬어졌고, 대원군의 쇄국정책을 지원하는 세력으로 자리 잡았던 것이다.

3. 불의의 무력에 대항한 평화 이념

위정척사를 역설한 성리학자들은 열강이 지녔던 강점(强點)에 대해서도 잘 알고 있었다. 열강이 조선과 비교되지 않는 우수한 무력, 재력, 기술(技術), 그리고 온갖 기기(器機)를 가지고 있음을 그들도 숙지했다. 그들이 열강을 기피한 이면에는 오륜적 도덕의 부재 못지않게 열강의 위협적인 강병과 재력과 기물들에 대한 공포가 작용했다고 해야 맞을 것이다. 그러나 위정척사파 학자들은 그 위협적인 요건들을 결코 높이 평가하지는 않았다. 그러한 것들을 오히려 '말단에 속한 지엽적 요소'라고 평가했다. 최익현이 그런 사고를 지닌 대표적인 학자였다.

"삼강오상(三綱五常)과 존화양이(尊華攘夷) 같은 대경대법은 근본이고,

---

9) 金平默, 《重菴集》, 권5, 〈附錄〉.

부국강병(富國强兵)과 기예술수(技藝術數)는 말단이다."[10]

열강에서 과시하는 부국·강병과 기예·술수가 중요하지 않은 것이 아니지만, 더 근본적으로 중요한 것은 삼강(三綱)·오상(五常)의 도덕이고, 높은 문화를 (견지한 중국을) 존중하고 미개한 오랑캐를 물리쳐야 한다는 것이다. 도덕 중심의 문화를 국가 통치의 근본으로 높이고, 부국·강병과 기예·술수를 말단으로 격하시키는 '문화 지상(文化至上)의 사고'가 최익현 같은 학자의 사고이자 신념이었다. 유인석의 다음 글도 이와 같은 유형이다.

> "저들(洋人)의 정치는 윤리·도덕에서 나온 것인가? … 저들의 물건이
> 비록 정교함의 극치에 이르렀다고 하더라도, 공장(工匠)의 말예(末藝)에 지
> 나지 않는다. … 그 중에서도 병기(兵器)는 오직 사람을 죽이지 못함만을
> 근심하니, 천지의 생물지심(生物之心)을 근절시키는 것이므로 더 말할 것
> 이 못 된다."[11]

유인석은 가공한 무기를 가리켜 '공장(工匠)의 손에서 나온 말단적 기예(末藝)'에 지나지 않는다고 했다. 더욱이 우주 자연의 근본원리는 인간과 금수와 초목들을 살아가도록 하는 것(生物之心)인데, 병기란 그 원리와 반대로 '인간을 죽이려고만 하는 기물'이므로, 언급할 가치조차 없다는 것이 그의 사고였다. 위정척사파의 이런 언구들은 마치 무기를 들고 침입한 적군을 놓고, 문화지상주의를 넘어선 '평화(平和)적 공생(共生)의 이념'을 강론하던 내용에 해당한다.

---

10) 崔益鉉, 《勉菴集》, 권14.
11) 柳麟錫, 《毅菴集》, 권33.

유인석이 이후 의병(義兵)들을 이끌고 침략자 왜병들을 살상하는
데 혼신의 노력을 다한 용장(勇將)이었음을 감안하면, 그의 무력 살상
이 얼마나 부득이한 것이었나를 이로써 잘 알 수 있다. 그의 철학적
이념은 근본적으로 '평화를 애호'하고 '공생을 지향'한 것이다. 문화
향상에 의한 세계 평화통일의 이념이 유학에서 추구해 오는 '대일통
(大一統)의 사상'임을 떠올리면, 조선 말기 이들이야말로 유학의 '인문
적(人文的) 이상(理想)'을 정확히 익히고 그것을 충실히 실현하려고 한
학자들에 속한다. 이들 위정척사파 학자들은 유학의 당위론적 평화와
인류 공생의 이상 실천에 집착하던 나머지, 불의(不義)가 횡행하는 그
시대의 '현실 파악에 둔감했던 의인(義人)들'이었다고 할 수 있다.

외적의 침략에 대항했던 유인석은 일찍이 "무릇 남의 나라를 빼앗
으려 할 때는 먼저 그 나라 사람들의 마음을 빼앗는다. 그 사람들의
마음을 빼앗으면 (그 나라의) 땅을 뺏기는 어렵지 않다"[12]고 했다.
한 나라 사람들의 마음을 빼앗지 못한 조건이라면, 아무리 그 나라의
땅을 점령할지라도, 그 나라는 적의 손에 패망한 상태가 아니라는 뜻
이다. 따라서 적들을 앞에 두고 있는 조선의 처지에서 중요한 것은 온
'국민의 단합(團合)'을 이루는 일이다. 통일된 단합이 외침(外侵)을 당
한 상태에서는 무엇보다도 필요 불가결한 요건이다. 이 점은 유인석
만 아니라, 일찍이 기정진도 역설한 것이다.

> "안으로 닦아야 할 조목을 다 말하려면 매우 번잡하지만, 그 요체는 인
> 심을 결집시키는 '결인심(結人心)' 세 글자에 지나지 않는다. … 인심이 흩
> 어지지 않으면 일단의 필마(匹馬)로도 나라를 흥창시킬 수 있지만, 인심이
> 흩어지면 나라 안이 다 적국이고 오랑캐로 된다."[13]

---

12) 앞 책, 권51.

국민의 단결·단합의 긴요성에 대한 파악은 그 시대 위정척사파 학자들 전체의 일관된 사고였다. 따라서 그 단합하는 방법이 문제였는데, 그들은 그 방법에 무지하지 않았다. 유인석은 그 방법을 밝힌 학자 가운데 하나였다.

> "사욕(私)을 제거하고 공(公)의식을 넓히며 유약(弱)을 버리고 강건(强)을 도모하는 것뿐이다."[14]

여기 사욕을 버리고 공(公)의식을 넓혀야 한다는 지적은 일반 서민들에게 해당하는 것이기보다 집권층에게 던진 제안이었던 것 같다. 외척(外戚)들이 통치권을 독점하고 사리사욕만을 추구하던 세도정치의 폐단을 염두에 둔 제안이었을 것이다. 유약성의 제거는 집권층과 더불어 선비들의 기개를 강건하게 드높이려는 의도였다고 보인다. 더나아가 조선의 국방력의 허약성을 간파하고 낸 병력의 강화를 겨냥한 개혁적 개선책의 의미도 여기에 함축되었다고 해야 할 것이다.

유인석의 현실 진단에 따르면, 그 시대 조선의 병폐는 곧 관리들이 공무 의식을 저버리고 사욕 추구에 눈이 어두운 세태였다. 서민들은 각종 세금을 빙자한 하급관리들의 수탈로 말미암아, '민심이 나라를 원망하고 배반'하기에 이르렀다는 것이다. 양적의 창궐 자체가 '나라를 원망하고 배반한 백성의 내응(內應)'이 있었기에 가능하였다고 그는 보았다. 따라서 긴요한 정책은 도덕적 내치와 무력적인 방어를 위한 왕의 용기 있는 결단에서 나온 과감한 '혁신적 개혁책'이 요망된다는 것이 그의 판단이었다. 이런 것은 오직 '왕권의 강화에 의한 수탈

---

13) 奇正鎭, 《蘆沙集》, 권3.
14) 柳麟錫, 《毅菴集》, 권36, 〈時務雅語〉.

방지', 곧 위민·애민 정책의 실현으로만 이룰 수 있는 것이었다. 인심의 단합책은 결국 민심의 이반을 방지할 '위민정치 실현'으로 귀착되었기 때문이다.

위정척사를 주장한 학자들이라고 해서 도덕정치만 뇌고 있지는 않았다. 그들도 조국의 무력 강화를 꾀했다. 다만 그것에 최상의 가치를 부여하지 않았을 따름이다. 그 좋은 사례의 하나가 국정의 쇄신을 위하여 김평묵이 제출한 15조목의 〈치도사의(治道私議)〉이다. 그에 따르면, 공자 이래 유학의 이상적 정치가 덕치(德治)·예치(禮治)였음을 감안해 왕의 '덕 닦음'을 가장 강조했지만, 결론은 '우리를 강하게 하는 일', 곧 '자강아사(自强我事)'로 규정하고 있다.15) 이 점은 유인석도 마찬가지였다. 그의 발언으로 보면,

"백 가지 법도와 만 가지 사업에서 옛 것을 회복해야 하는데, 그것들은 다 스스로 강해지기[自强] 위함 아닌 것이 없다."16)

고 한 연구가 그것이다. 유인석은 '자강(自强)'에서 더 나아가, "사농공상을 가릴 것 없이 누구에게나 다[四萬萬人] 병술(兵術)을 가르쳐 막강한 힘[莫强之勢]을 기를 것"17)을 강구했다. 그 시대 '자강'이야말로 위정척사파 학자들의 공통된 급무(急務)로 여겨졌던 것으로, 자강이 곧 '병력의 자주·자립적 강화'임은 더할 나위 없다. 개화를 반대하면서 의병을 일으켰던 이남규(李南珪, 1855~1907)에게서 '자주(自主)'와 '속인(屬人)'이 보이는 사실도 그 시기 국력의 강화에 따른 국가의 독

---

15) 金平默, 《重菴集》, 권35.
16) 柳麟錫, 《毅菴集》, 권51.
17) 앞과 같음.

립 여부를 고려한 증거이다. 최익현이 자주권(自主權)과 국권(國權)까지 거론한 것도18) 이 자강을 더욱 강조한 발언이 아닐 수 없다.

그러나 자강을 이루는 방법에서 위정척사파는 그 시기 개화파와 달랐음에 유의해야 한다. 이들은 '덕치·예치'의 충실한 실현을 자강의 '부국강병'보다 기본적으로 앞세워야 한다고 생각했고, 부강의 내실을 기하는 데서도 외세의 도움에 의지하지 않고 어디까지나 '독자의 힘'으로 하려 했다. 이렇게 국력 강화를 주체적으로 기하려 하였던 점이 이들 사고의 특징이었다.

국제관계가 도덕적 가치보다는 '냉엄한 국력의 역학관계'로 이루어짐은 다 아는 사실이다. 더욱이 식민지화를 노린 국제적 상황에서는 오직 실질적 역학만이 요구되었던 것이다. 냉엄한 힘의 대결이 우열을 결정하는 판국에서 도덕적 가치나 인문적 공생의 평화 이념이 비현실적임은 말할 나위 없다. 사실 역사의 흐름은 위정척사파가 기대한 유학 본래의 대일통적 평화는 고사하고, 조선의 국권 상실로 흘렀다. 그것은 특히 근대화와 제국주의화에 발 빨랐던 일본이 조선을 공략하는 데 앞장설 수 있었던 것이 큰 원인이었다.

1866년 프랑스 함대의 침입(병인양요), 1871년 미국 전함의 침입(신미양요)에 이어, 1875년(고종 12) 일본은 전함 3척을 강화도 인근에 정박시키고, 담수를 구한다는 구실로 강화도의 초지진 포대에까지 와서 연안을 탐색하였다. 이를 그냥 지켜볼 수 없던 조선의 포대에서는 포격을 가했다가, 저들의 본격적인 상륙작전으로 아군 35명의 전사자, 대포 16문을 비롯한 무기와 총탄을 잃는 등, 엄청난 피해를 입었다. 무기와 병력이 월등한 일본군은 2명의 전사자만 냈을 뿐이었다. 이것이 이른바 운요호(雲揚號) 사건이다.

---

18) 崔益鉉, 《勉菴集》, 권5, 〈倡義討賊疏〉.

일본은 이듬해(1876) 운요호 사건의 평화적 해결을 구실로 조선을 압박했다. 8척의 군함을 부산에 입항시키고, 육군의 파병을 계획하는 등 '전면전의 위협'을 가하면서, 강화도로 진입한 무리를 통해 조선 조정과 통상 교섭을 진행했다. 조선에서는 대원군 일파와 유생들의 반대가 완강했지만, 박규수(朴珪壽), 오경석(吳慶錫) 등 개화파의 주장과 중국 이홍장(李鴻章)의 권유 등을 고려한 끝에, 마침내 일본과 통상수호조약을 체결하지 않을 수 없었다. 이것이 '강화도조약' 또는 '병자수호조약'이라 불리는 것으로, 이로 말미암아 위정척사파가 뒷받침하던 '쇄국의 정책'은 공식적으로 포기되었다.19)

4. 의병의 궐기를 이룬 자주·독립의식

무력을 동원해 통상조약을 체결한 일본은 그 뒤로 조선의 침략 정책을 본격적으로 펴 나갔다. 구체적으로 1895년 일본인들은 조선의 황후인 명성황후(明成皇后)를 시해[乙未事變]했고, 1905년에는 조선의 외교권을 박탈했으며[乙巳勒約], 조선의 군대마저 해산(1907)시킨 다음, 불법적이고 강압적이며 허위로 조작한 양국합병(兩國合倂)의 요식을 감행하여(1910) 조선을 강점했다.

이런 일본 침략의 만행이 그들 계획대로 순조롭게 진행된 것은 결코 아니었다. 그들은 스스로 저지른 만행의 고비마다 조선 애국지사(愛國志士)들의 목숨을 건 투쟁을 겪지 않으면 안 되었다. 이즈음 조선

---

19) 위정척사파 학자라고 하여 서양과 통상을 모두가 끝까지 반대하지는 않았다. 최익현(崔益鉉), 유중교(柳重敎) 같은 이는 양물(洋物)의 철저한 금단을 주장하던 처음 생각을 바꾸어, 나중에는 서양 기술과 무기의 도입 및 유학생의 파견 등을 인정했다.

의 애국지사와 위정척사파 학자들의 주동으로 이루어진 '조선의 자주
권(自主權) 수호'를 위한 투쟁이 잇달아 일어났고, 이 투쟁은 날이 갈
수록 '독립 쟁취의 전투'의 성격을 띠었다.

　이제까지 붓을 들고 유학 본래의 인문적 이상인 평화적 공생을 논
하던 학자들이 자진하여 병기를 잡고, 정규군(正規軍)이 아닌 '의병(義
兵)의 기치'를 들고서 궐기했다. 의병으로 나선 인물은 반드시 유명한
학자들에 그치지 않았다. 유명·무명의 학자들이 국망의 사태를 바로
잡을 전장(戰場)에 참여했다. 이 자리에 이루 다 거명할 수 없지만, 대
충 헤아리더라도 다음과 같은 인물들을 꼽을 수 있다. 최익현, 김평묵,
유중교, 유인석, 이남규(李南珪), 기우만(奇宇萬, 1846~1916), 기삼연(奇
參衍), 김도화(金道和, 1825~1912), 김복한(金福漢, 1860~1924), 이인영(李
麟榮 1867~1909), 허위(許蔿, 1854~1908), 이승희(李承熙, 1847~1916) 등이
다. 이들은 자신의 사유물은 말할 것 없고 목숨을 걸고 최후까지 국가
의 주권 회복을 위해 일제와 대결한 의인(義人)들이다. 이들이 주도한
의병 항쟁은 조선의 '자주·독립국가'로서의 정체성을 확보하기 위한
무력투쟁이었다.

　물론 위정척사파 학자였다고 해서 반드시 다 의병으로 궐기하여
전투를 이끌다가 전장에서 사망하지는 않았다. 그러나 의병의 대열에
참여하지 못했더라도, 참여한 의사(義士)·열사(烈士) 못지않게 애국·
애족의 열정을 보여 '민족의 기개'를 높이는 데 크게 기여한 인물도
많았다. 조국을 왜국이 강점하던 국운의 비색(否塞)을 보고, 스스로
목숨을 끊는 '자결'을 감행하여 '우국(憂國)의 충정'을 드러낸 선비들
이 그런 인물들이다.

　외적 침략에 항거하다가 자결한 예는 일찍이 병인양요 때 프랑스
군대를 퇴치하지 못한 자책감으로 음독·자결한 이시원(李是遠, 1790~
1866)·이지원(李止遠, 1801~1910) 형제를 들어야겠지만, 을사늑약과

강제병합 때에 일어난 '선비들의 자결'이 더 본격화한 사례이다. 을사늑약이 체결되었을 때는 송병선(宋秉璿, 1836~1905)이 왕에게 상소하려다가 일본 헌병에 의해 고향 집으로 강제 이송되자, 상소의 통로가 폐쇄되었음을 감지하고 자결했다. 을미사변으로 명성황후가 시해되자, 윤응선(尹膺善) 등과 문경에서 의병을 일으켜 일본군과 항전하다가 체포되어 고초를 겪은 적이 있었던 박세화(朴世和, 1834~1910)도 조선의 강제합병 소식을 듣자 자결했다. 순수 재야학자로 학문에만 정진하던, 《매천야록(梅泉野錄)》의 저자 황현(黃玹, 1855~1910) 또한 강제합병의 소식을 듣고서는 절명시(絶命詩) 4편을 남기고 음독했다. 송병선의 아우인 송병순(宋秉珣, 1839~1912) 또한 합병된 뒤, 여러 번 자결을 기도하다가 실패하고 두문불출하면서 망국의 한을 시로 달래던 중, 은사금(恩賜金)을 들고 찾아온 일본 헌병을 크게 꾸짖어 보냈으며, 수십 차례나 계속된 일본의 유혹과 협박을 물리치고 절개를 지키다가 끝내 음독 자결을 감행했다. 이들의 자결은 다 그 시기 큰 반향을 일으켜, 민족정신의 앙양에 지대하게 기여했다.

위정척사파 학자들의 의병 항쟁이나 일부 선비들의 자결이 모두 국가 자주권의 회복을 위한 결단이었음은 더할 나위 없다. 그런데 이들이 국권 회복을 위하던 길은 학문적으로 "도(道)를 위한 길"이라고 믿었던 것이었음에 주의해야 한다. '도'란 넓은 의미로는 '사상'·'학문'의 의미로서 '유학', 곧 '성리학 자체'를 가리키지만, 좁은 의미로는 '리(理)'로 환원되어 '원리(이치)' 특히 '당연한 원리[當然之理]', 곧 '의리(義理)'를 가리킨다. '리로서의 의리' 의미가 가장 자주 쓰이는 도의 용법이다. 다만, 때로는 더 좁은 의미로 '진리'를 뜻할 때도 있다. 따라서 국권 회복을 위한 길을 곧 "도를 위한 길"이라고 하는 여기에 그 시대 위정척사파 학자들 사고의 또 하나의 특징이 있었다.

구체적인 예를 들어 보자. 의병으로 궐기할 것을 가르치던 김평묵은

"예로부터 도(道)를 위해 목숨을 바치기로 마음먹은 사람[以殉道爲心者]
은 하늘이 돕고 사람들이 따른다."[20]

고 하였다. 이때의 도(道)는 선(善)의 원리로서 '인도(人道)'를 가리킴
과 아울러 자연의 생성·변화의 원리로서 '천도(天道)'를 가리킨다고도
할 수 있다. 그러나 더 직접적인 의미는 선과 같은 당연의 의(義) 또
는 의리(義理)를 말한다. 이는 '인도'로 번역될 실질적인 '의리'를 가리
키는 도이다. 이러한 예가 이남규에게서도 찾아진다.

의병 항쟁에 나선 이남규는 "의리가 있는 곳에는 이기고 지는 것이
나, 이롭고 해로움을 논할 겨를이 없다"[21]고 하였다. 의병으로서 목
숨을 건 군병이지만, 이들에게는 이기적인 승리만을 지상으로 여기는
일반 군병의 사고와 다른 것이 있었다. 이들은 당연히 승리를 일차 목
표로 삼았지만, 그 승리가 만일 의리에 어긋난 것이라면 전투 자체를
포기할 수 있는 인물들이었다. 이들은 오직 '의리 자체를 위하여' 전
투를 하고 목숨을 던지는 인물들이다. 국권을 지키려 의병 활동까지
한 위정척사파 학자들이 자신의 죽음을 '도(道)를 위한 것'이라고 생
각한 근본 이유가 이런 데에 있다. 그들은 침략해 온 '일본의 행태'가
바로 의리에 어긋난 불의(不義)라고 판단한 데서 일본인들과 항쟁을
했다. 이들의 판단으로, 일본인들은 당시 조선에 대한 침략이라는 '부
당한 불의'를 저지르고 있었던 것이다.

조선의 학자들이 의병으로 궐기하여 일제(日帝)에 맞선 항쟁 의식
은 다른 나라에서 볼 수 없던 항쟁 의식이다. 그 '불의라는 판단' 자체
가 그들 자신이 내린 판단인 데다가, 의와 불의의 개념이 비록 국권

---

20) 金平默, 《重菴集》, 권5.
21) 李南珪, 《修堂集》, 권2.

탈취에 적용되기는 했지만, '도덕적 가치로서의 평가'라는 점이 특이한 것이다. 글이나 읽던 선비가 군병으로 변신에 나선 것이라든가, 불의에 대한 항거에 몸을 바치는 결단을 일종의 '진리인 도를 위한 결단'으로 간주함은 국가 차원을 넘어선 의식이라는 점에서 독특한 것이다.

이런 의식은 바로 일본의 침략 행위가 조선이 아닌 다른 어느 나라의 경우에도 다 적용되고 지켜져야 할 '인류의 보편적 가치에 대한 손궤(損潰)'를 자행하는 만행이라고 여기는 사고이다. 이것이 바로 일본 침략군에 항쟁하던 조선 성리학자들이 '의병으로서 지녔던 철학'에 다름 아니다. 위정척사파 학자들의 사고가 특이하게 보였던 까닭은 그들에게 이처럼 '독특한 철학'이 있었기 때문이다.

평화로운 나라의 학자들을 오직 무력 만능의 사고로 처참하게 궤멸하던 그 시대의 일본 제국주의 침략자들로서는 이러한 고급문화 차원의 철학은 도저히 상상도 하지 못하던 것이다. 이것은 그 시대 이른바 선진 기술에 숙달한 일본의 제국주의적 특수 야욕이 기물의 이용에 둔감하던 조선의 '평화주의적 인문 문화'의 보편적 가치를 말살하던 상황을 이해하는 데서 다시금 심사숙고해야 할 철학으로서, 오늘날에도 의의를 지닌다는 것이 나의 판단이다.

제36장 주리적 심덕설에 담긴 의리적 의무관

―이항로의 명덕설을 중심으로―

1. 위정척사파의 선구, 이항로

위정척사파에 속한 성리학자들의 현실 대응의 사고와 행동은 이미 살핀 대로이다. 그들 가운데에는 정주성리학설을 계승하는 데서 머물지 않고, 그것을 바탕으로 '독특한 자기 학설'을 구축한 학자들이 있었다. 예를 들면, 이항로(李恒老, 華西, 1792~1868), 기정진(奇正鎭, 蘆沙, 1798~1879), 이진상(李震相, 寒洲, 1818~1886)이 더욱 그러했던 학자들이다. 이들의 이론에 힘입어, 19세기 한국의 성리학은 중국 등 다른 나라에서는 볼 수 없는 '특수한 성리학설'을 간직할 수 있게 되었다.

이들 가운데 위정척사파의 선구에 해당하는 학자가 이항로이다. 이제 그의 더 구체적인 위정척사론과 독특한 성리학설을 살피겠다. 그는 경기도 양근의 벽계리(楊根縣 蘗溪里)에서 출생하여 성장하였다. 재주가 뛰어나 3세에 천자문(千字文)을 떼고, 6세에 《십팔사략(十八史略)》을 배웠으며, 12세에 《상서(尙書)》 등 경전을 배우기 시작하였다.

17세 때(1808)에 한성시(漢城試)에 합격했으나, 22세 때 당시 과거에 부정이 많음을 보고 이를 단념했다. 그 후 위기지학인 성리학에만 매진하였다. 49세 때(1840)에 학행으로 천거되어 휘경원 참봉(徽慶園參奉)에 임명되었으나 사퇴하였다. 노년(73세, 1864)에 천거로 장원서 별제(掌苑署別提)가 되고, 이어 전라도 도사(都事)·지평(持平)·장령(掌令) 등을 역임하다가, 동부승지(同副承旨), 공조참판, 경연관(經筵官) 등에 오른 뒤에 세상을 떠났다.1)

　이항로는 공자-주희-송시열로 이어지는 학통에 자리했다. "주자(朱子)를 종주(宗主)로 삼지 않으면 공자의 문에 들어갈 수 없고, 송자(宋子, 尤庵)를 헌장(憲章)으로 삼지 않으면 주자의 통서(統緖)를 계승할 수 없다"2)는 그였다. 이처럼 전형적인 노론계의 학통관을 택했던 그는 송시열의 화이관(華夷觀)을 따라 존명배청(尊明排淸) 의식에 젖어 있었다. 그 존명배청의 화이관은 본래 한족(漢族)의 유교 문화를 기준으로 삼은 데다, 병자호란(丙子胡亂)으로 말미암은 청국 배척 의식까지 겹친 것이었다. 따라서 그는 조선을 중국 다음의 문화국인 '소중화(小中華)'라고 자부하던 학자였다. 이와 같은 성리학자들은 그 시대에, 비록 무력의 측면으로는 청국의 영향권에 있었으면서도, 내면의 의식은 청나라를 비하하는 한편, 임진왜란 때 도움을 준 과거의 명나라를 존모하고 있었다.3) 화이관을 지님은 곧 문화국인 조선과 중국을 높이고, 다른 미개국을 멀리 물리치는 이른바 '존화양이(尊華攘夷)'의 사고로 흐르게 마련이었다. 성리학의 습득과 함께 밴 그의 화이관이 서양

---

1) 李恒老, 《華西集》, 附錄, 권8, 〈行狀〉 및 권9, 〈年譜〉.

2) 앞 책, 附錄, 권9, 〈年譜〉.

3) 그의 존명배청(尊明排淸)의 화이관(華夷觀)은 마침 그의 고장인 양근(楊根)에서 가까운 가평(加平)에 병자호란 후 척화사적(斥和史蹟)으로 세운 조종암(朝宗巖)을 학자들과 찾아가 참배한 것(33세)으로도 확인된다.

인과 서학에 적용된 것이 바로 '서양인과 서학의 배척'을 내용으로 한 그의 위정척사론이다.

이항로의 위정척사론은 《화서아언(華西雅言)》4)의 〈양화(洋禍)〉와 고종에게 올린 그의 상소문 〈동의금소(同義禁疏)〉, 〈사동부승지겸진소회소(辭同副承旨兼陳所懷疏)〉와 이 밖의 〈벽사록변(闢邪錄辨)〉5) 등에 들어 있다. 이 자료들에 따르면, 그는 천주교로서의 서학에 대해서는 기초 사상에 해당하는 부분을 (그 선배들의 수준 정도로) 알고 있었다. 예를 들면 상제(上帝)에 대비되는 천주라든가, 그 천주를 모시는 것[事天], 천당지옥설, 천주교의 삼무망(三無妄), 칠극(七克) 등에 대한 것들이다. 그의 서학 비판은 대체로 이런 지식을 바탕으로 이루어진 셈인데, 서학에 대한 그의 총체적인 파악은 다음과 같은 비판적 견해로 집약된다.

  "서학의 잘못된 점[西學謬處]은 본래 태극(太極)이 우주 만물의 근원임을 모르고, 형체와 실상이 있는 것들에 대해 천지(天地)를 조성(造成)했다고 간주하면서, 간략을 즐기고 이로움을 좋아하는 마음[樂簡喜利之心]을 가짐으로써 윤리를 끊고[割斷倫理] 예절을 폐기[掉廢禮節]하는 것이다. 그 근원은 이 같은 것에 지나지 않을 따름이다."6)

  "서양의 학문[西洋之學]은 대놓고 즐겁게 죽도록 함을 그 학문의 극치로 삼고, 재화의 유통[通貨]과 남녀의 교제[通色]를 당연하게 여긴다. 그

_____

4) 이 책은 이항로 타계 직전에 수제자인 김평묵(金平默)과 유중교(柳重敎)가 스승의 사상을 문도의 강습을 위한 교재로 편찬하여 1867년에 간행한 책이다.
5) 이것은 그의 친구 이정관(李正觀)의 〈벽사변징(闢邪辨徵, 1839)〉을 읽고 자기의 생각을 덧붙인 것이다.
6) 《華西雅言》, 권12, 〈洋禍〉.

것은 오랑캐들도 내켜하지 않는 것이며, 또한 오랑캐들도 용납지 않는 것이다."[7]

이항로의 견해는, 첫째 우주 만물이 태극(太極)으로 말미암아 이루어졌음을 모르고 하느님의 천지창조[天地造成]로 이루어졌다고 하는 믿음부터가 서학의 틀린 점이다. 이는 이욕의 마음[嘉利之心]을 채우도록 하면서 '윤리와 예절을 폐기'케 하여 사회에 해악을 가져온다. 또 서학은 현세의 생활을 충실하게 하지 않고, 도리어 천당의 언급을 통하여 사람들을 즐겁게 죽도록 하며, 이욕을 채우는 재화[通貨]를 중요시하면서, 남녀의 교제[通色]까지 당연시한다. 이런 점에서는 오랑캐[夷狄]만도 못한 짓을 가르치는 것이 곧 서학이라는 것이다.

여기서 우주 태초의 생성론이 성리학과 다름은 큰 문제가 아닐 수도 있다. 그의 관점에서 볼 때 그런 점보다는 재화의 유통·통상이 더 큰 문제였다. 재화의 유통[通貨]이 이욕(利慾)을 자극함이 문제지만, 이미 앞 장에서 말했듯이, 서양인들이 요구하는 통상(通商)을 할 경우 조선이 불리하게 된다는 판단에서 문제시했던 것이다. 그 까닭은 국내에 유입되는 서양의 물품은 긴요치 않은 사치품, 특히 손으로 얼마든지 만들 수 있는 것[生於手]인 데 견주어, 조선의 판매 물품은 금과 은 같은 유한한 지하자원[産於地]이었기 때문이다.[8] 이렇게 그의 서양 세력에 대한 방어책의 중심에는 양물금단론(洋物禁斷論)이 자리 잡고 있었다. 그는 서양 물품의 사용 금지를 왕부터 솔선수범하길 촉구했다.[9]

---

7) 앞과 같음.
8) 《華西集》, 권3, 〈辭同義禁疏〉.
9) 앞과 같음.

이항로의 견해에서 통상 이상으로 문제되는 점은 또 서학이 유학의 '윤리와 예절을 파괴'한다는 것이다. 하느님 앞에서 남녀가 평등하다는 것을 내세워, 이른바 통색(通色)이라고 표현한 남녀의 자유로운 교제 방식의 풍조가 더 심각한 문제였다. 그것은 유학의 도덕적 가치관에 기초한 '사회체제를 근본적으로 붕괴'시키기 때문이다. 그가 (앞 인용문에서) 서양인들을 가리켜 "오랑캐만도 못하다"고 한 것은 그 서양인들의 생활태도가 끼칠 윤리·도덕적 악영향에 말미암는 것이다. 오랑캐만도 못하면, 그것은 곧 '짐승[禽獸]의 처지'를 가리킨다. 그런 '짐승의 상태'에 이르게 하는 학문이 곧 서학 또는 양학이라고 그는 단언했다. 따라서 그로서는 배척해야 마땅한 것이 서학이고 서양 세력이었다.

이항로의 서학 비판과 배척은 이에서 그치지 않았다. 그는 서학이 조선에 끼칠 해로운 점을 더욱 집중적으로 거론했다.

> "양이가 우리나라에 잠입하여 사특한 학문[邪學]을 널리 전파함은 어찌 다른 뜻이 있어서겠습니까? 그들의 도당[黨與]을 심어 안팎으로 서로 호응하여 우리 허실을 정탐하고, 군대를 끌고 들어와 우리 문화[衣裳]를 더럽히고, 우리 재물과 아녀자[貨色]를 약탈해 그들의 한없는 야욕을 채우기 위한 것입니다.10)

이항로는 서학 자체의 해로움 못지않게 서학의 배후에 숨겨진 서양인들[洋夷]의 야욕을 폭로하는 데 주력했다. 그에 따르면, 서학의 이면에는 그들이 '군대를 끌고 들어와[率師入寇]' '우리의 문화를 더럽히고', '우리의 재물과 아녀자를 약탈'해 가려는 야욕이 숨어 있었다. 동

---

10) 앞과 같음.

방예의지국으로 자부하는 조선의 도덕 문화를 파괴함은 말할 것 없
고, 조선의 재산과 인명까지 약탈하는 해악의 본원이 바로 그가 본 서
학이다. 서학은 결국 이 나라를 송두리째 망하게 하는 사상에 지나지
않는다. 따라서 그 전파를 방치해서는 절대로 안 된다는 것이 그가 역
설한 '위정척사(衛正斥邪)'의 결론이다. 그의 위정척사론은 '유교 문화
보존의 의지'와 함께 '국가를 수호'하고 '국민을 호위'하려는 충정의
발로였다.

　이항로 같은 학자들은 외세의 침입에 관심이 컸던 만큼, 그 방비를
위한 조치에도 등한하지 않았다. 그도 당시에 '국력의 강화를 위한 정
책'들을 고안했고, 그러한 복안을 정부[朝廷]에 건의했다. 그가 구상한
'시무책(時務策)'이 바로 그러한 내용이다. 즉 임금은 인정(仁政)에 따
라 민심의 안정을 꾀할 것, 부패한 관리의 취렴(聚斂)을 금할 것, 어려
운 경제 상태에서 경복궁 중건의 토목공사가 부당하다는 것, 언로(言
路)를 크게 열고, 현자의 등용에 힘쓸 것, 농민들의 유랑을 방지하기
위해 토지겸병을 막고, 사창제(社倉制)를 실시할 것, 정전제(井田制)의
공전법(公田法)을 실행할 것, 이이(李珥)의 십만양병설(十萬養兵說)에
근거해 서울에 2만 명, 8도에 각각 1만 명씩 군대를 주둔하는 무비(武
備)를 강화할 것 등이 모두 그의 시무책으로 제안된 것이다.11) 그러
나 그의 이러한 주장은 글의 주제에 직접 관련되지 않으므로 여기서
는 이 정도로 그치고, 그의 성리학 측면을 차례로 면밀히 살펴 가기로
한다.

---

11) 吳錫源, 〈19世紀 韓國 道學派의 義理思想에 관한 硏究 ― 華西 李恒老 및 華
　　西學派를 中心으로 ― 〉, 성균관대 대학원, 1992 등 참조.

2. 리기 주객의 주리적 리기설

이항로의 리기관은 기(氣)보다 리(理)에 치중하는 이른바 '주리(主理)의 경향'을 띤 것이다. 이미 15세기 말, 16세기의 성리학 이래 주리(主理)·주기(主氣)의 편향 현상이 있었음을 보았고, 이렇게 '편향되는 원인'도 앞에서 설명했다. 따라서 그것에 대한 자세한 설명은 필요하지 않겠지만, 서술의 편의상 간략한 설명은 되풀이할 필요가 있을 것이다.

사물의 재료(또는 원질)인 기(氣)에 '유위(有爲)한 특성'을 인정하고서, 그 기의 작용의 '질서, 조리, 법칙, 원리'를 리(理)라고 하는 한편, 이런 리와 기는 실제적으로 '불가분리(不可分離)의 관계'에 있으며, (리는 기의 작용에서 드러나는 속성과 같으므로,) 리가 '기보다 앞선다고 할 수 없다'고 하는 사고가 이른바 '주기(主氣)의 경향'이다. 반면 주리의 경향은 리의 의미라든가 리기의 관계에 대한 규정이 이와 다르다.

주리의 경향에서는 리의 의미는 법칙, 원리 등에 그치지 않고, 모든 생성·변화의 원인을 가리키는 '소이연(所以然)'과 선(善)과 같은 도덕적 '소당연(所當然)'이라는 의미까지 더 첨가된 것이라고 한다. 그 리는 소멸 또는 무(無)로 되지 않는 '실재(實在)'라는 사고를 전제로, '리와 기는 혼잡되지 않는[不可不雜] 관계'임을 강조한다. 또 소이연의 의미를 지닌 점에서 기가 없더라도 '리는 기보다 앞선다[理先氣後]'고 하는 동시에, '리가 기를 생한다[理生氣]'고도 한다. 무작위는 '리의 체의 측면'일 뿐 '그 용의 측면'으로는 리도 동(動), 발(發) 등 작위의 특성이 있다고도 주장한다. 리의 소이연 의미를 바탕으로, 기에 대한 '리의 주재성(主宰性)'을 주장하는 사고가 '주리(主理)의 경향'이다.

이항로는 바로 이런 주리의 경향으로 이루어진 리기관을 지닌 학자이다. 그의 주리적 사고는 이 정도에서 그치지 않고 더 나아간 것이다. 이항로는 일찍이 주희가 "리와 기가 서로 혼잡되지 않는다"는 의미에서 "리와 기는 일물(一物)이 아닌 이물(二物)"이라느니, "리와 기는 마치 사람과 말[馬]에 비유된다"고 한 사고를 계승한다.12) 이런 사고는 자연히 그에게 "리가 기의 '주뇌준칙(主腦準則)'이 되어 '기를 통솔(統率)'하는 것"13)이라고 하게 되었다. 그는 리가 기를 통솔한다는 사고를 바탕으로 아래와 같은 언설을 내기도 했다.

> "리가 부리는 주재자가 되고[爲主] 기가 부림받는 처지로 되면[爲役], 리는 순수[純]해지고 기는 바르게[正] 되어, 만사가 다스려지고 천하가 평안[安]해진다."14)

리의 통솔에 이은 이 리주(理主)의 발언은 리와 기가 각기 주재자와 부림받는 자의 관계임을 뜻한다. 무작위한 리가 주재를 한다는 것은 다분히 가치론 측면으로 하는 발언으로 보이지만, 리에 '원인[所以然]의 의미'가 있었음을 감안하면, 반드시 그렇다고만 할 수도 없겠다. 리의 주재에는 사실적 성격도 들어 있다고 해야겠다. 이 점을 잘 알 수 있는 자료가 일찍이 이황이 리에 적용한 체용설(體用說)이었다. 체용설에 대한 이항로의 견해도 살펴보면, 그의 리의 실질적 주재 여하를 알게 될 것이다.

그는 리로서 태극의 동정과 음양이 기와 맺는 관계를 다음과 같이 생각했다.

---

12) 《華西集》, 권25, 〈朱子理氣決是二物說〉.
13) 앞 책, 권19, 〈明德理氣人物性同異辨〉.
14) 앞 책, 권25, 〈理氣問答〉.

"만약 태극(太極)이 스스로 동정(動靜)할 수 없고, 음양의 기가 스스로 동정한다면, 이른바 태극은 알맹이[實]도 용(用)도 없는 자리[位]일 따름이다."15)

"리와 기를 상대해 말하기 때문에 리무위(理無爲) 기유위(氣有爲)라 한다. 그러나 기가 (무엇을) 한 것은 곧 리가 한 것이다. 하나로 말하면(單言), 무릇 기가 한 것(자체)은 리인 것이다."16)

이로 보면, 이항로도 체용의 용에 해당하는 실(實)에 대한 용(用)을 구사하여 '태극의 리는 동정'이라는 작위를 할 수 있다는 주장을 폈다. 그에 따르면, 리무위 기유위는 오직 리와 기를 '상대적으로 말할 때'에 적용되는 규정에 지나지 않는다. '하나로 말할 때'에는 작위하는 것은 소이연인 리 하나뿐이라고 했다. 이로써 그는 "리유위(理有爲)"임을 분명히 밝혔고, 나아가 "기가 물체를 생성하는 재구[生物之具]인 데 견주어, 리는 물체를 생성하는 본체[生物之體]"17)라고도 규정했다. 그리고 이 문제에 더 가까이 갔음을 보게 된다.

"태극과 음양은 모두 동정의 위에서 무형(無形)의 묘함[妙]과 유형의 자취를 가리킨다. 만약 이 동정을 버린다면, 태극과 음양을 알 수 있는 곳이 없다. 그리고 동정을 태극에만 속하게 하고 음양에 소속시키지 않는다면, 리가 기에서 드러남[理著於氣]을 볼 수 없다. 동정을 음양에만 속하게 하고 태극에 소속시키지 않으면, 기가 리에서 생겨남[氣生於理]을 볼 수 없

---

15) 앞 책, 권24, 〈太極說〉.
16) 앞 책, 권15, 〈溪上隨錄〉.
17) 앞 책, 권4, 〈答徐夏卿〉.

다. 이와 같이 하면, 리는 그 자취를 잃고 기는 그 주재를 잃게 된다."18)

그에 따르면, 동정이라는 작용은 애당초 태극과 음양, 곧 리와 기의 관계에 대한 파악에 도움이 되는 것이다. 그 동정을 리와 기에 다 고루 적용시킬 때, 리와 기에 대한 파악이 두루 바르게 갖추어진다. 기에 동정을 적용하면, 거기에서 리의 드러남[著]이 가능한 데 견주어, 리인 태극에 동정을 적용하면 그 태극의 '리에서 기가 생김[氣生於理]'을 알 수 있게 된다. 여기서 그는 리가 기를 생한다[理生氣]고까지 극언하지는 않고, "리에서 기가 생긴다[氣生於理]"는 정도로 말했다. 이 정도라 해도 그가 리의 주재성을 인정한 것에는 변함이 없다. 리의 주재성을 인정해, 실제 사실의 측면으로도 주리의 사고를 한 학자가 곧 이항로임에 틀림없다.

그의 이 주리 성향의 사고는 가치의 측면에서도 마찬가지이다. 오히려 가치 측면에서 주리를 택하였던 까닭에 이론의 정합성을 기하려고 사실 측면에 주리를 적용했을 것 같다. 그는 가치 측면에서 "리라는 것은 당연지칙(當然之則)이고 기라는 것은 능연지구(能然之具)"라는 표현을 사용했다. 리가 사역의 주관자이고 기가 사역을 받는 관계라는 사고에 적용된 리의 당연성은 '기의 작위'를 선(善)의 방향으로 지시하는 성격에 해당할 것이다.

일찍이 주희나 이황이 "리는 물(物, 氣)에 명령을 내리지만 물에게 명을 받지는 않는다[理命物而不命於物]"는 명제를 그가 계승한 것도 같은 맥락의 사고이다. 리가 기를 부리고 명령하는 식의 주재를 근거로 하여, 이항로는 마침내 "리는 주인[主]이 되고, 기는 객인[客]이 된다"고 주장했다.19) 리와 기를 '주객(主客)의 관계'로 파악하였던 것이다.

---

18) 앞 책, 권13, 〈答柳汝聖〉.

이어 그는 주희를 따라 "리는 본래 지극히 존귀(尊貴)하여 상대가 없지만[極尊無對], 기는 본래 비천(卑賤)하여 상대가 있는 것이다"라고도 했다.20) 그의 경우 리와 기는 다른 정주학자들에서와 마찬가지로, '리존기비(理尊氣卑)의 관계로 상정되었다. 설혹 가치와 사실의 측면을 합치더라도, 리와 기의 관계에 대한 그의 주리적 사고는 변함이 없다.

> "동정(動靜)·유행(流行)하는 사이에 리가 주가 되고 기가 주로 되는 구별이 있지만, 리가 주가 됨은 바른 이치[正理]이고 순한 기세[順勢]인 데 견주어, 기가 주로 됨은 이치에 어긋남[悖理]이고 거스르는 기세[逆勢]이다."21)

이것으로 보면 그는 생성·변화하는 자연현상에 대해서도 '당연의 바른 이치'인 정리(正理)와 '이치에 어긋난 현상'의 패리(悖理)를 적용하였다. 사실적인 자연현상에 대해서도 그의 가치 중요시의 사고가 발로되는 점으로 보면, 윤리·도덕 분야에서 그 성향이 더할 것임은 불을 보듯 뻔하다. 더욱이 심성의 분야에 그 당연의 도덕적 가치를 적용·구사하는 그의 면모가 바로 자리를 바꾸어 살펴야 할 대상이다.

3. 리의 측면으로 파악한 심설, 심고리설

이항로라고 하여 처음부터 심(心)에 대한 성리학적 기본 규정을 무

---

19) 앞 책, 권17, 〈鳳岡疾書〉.
20) 앞 책, 권15, 〈溪上隨錄〉.
21) 앞 책, 권12, 〈崔贊謙〉.

시하거나 어기고 특이한 언설을 내지는 않는다. 그도 심에 대한 성리학자의 기본 규정을 대체로 거의 다 계승한다. 예를 들어, 심이 허령(虛靈)하고, 한 몸[一身]의 주재자(主宰者)라는 등의 규정이 그러한 것이다.

더 구체적이고 심도 깊은 논의를 하게 되면, 그의 독자적 이론이 조금씩 더해짐을 보게 된다. 한 예로, 심이 한 몸을 주재하는 것이기는 하지만, 그는 그것을 단순히 (가치 중립의) '생태론적 활동 형식'으로 주재함을 논하려 하지 않았다. 그는 심을 "사람 몸의 한 부분[人身上一物]으로서 온갖 선을 하게 하는 주재자[爲萬善之主宰者]"22)라고 파악했다. 온갖 선을 하도록 함은 당위의 도덕적 행위를 하게 함이다. 이렇게 도덕적 행위를 하게끔 주재자 노릇을 하는 심을 논의하려는 데에 '심론의 목적'을 둔 이 점이 그의 이론의 독특한 점이다.

이처럼 이항로가 주목한 심의 주재는 '온갖 선[萬善]을 하게' 유도하고 결단하게 하는 기능이다. 심의 특성을 선한 행위를 할 수 있는 것으로 간주한 '성설(性說)'의 사고이기도 하다. 실제로 이항로는 "심통성정(心統性情)", 곧 성(性)과 정(情)을 통섭(통검과 통치)23)하는 것이 심임을 인정하면서, 맹자 이래의 '인의예지' 사덕(四德)을 본구한 것이라고 생각했다. 사덕에 관한 한, 맹자의 성선설(性善說)을 좇았던 그였다. "원래 인간의 본성(本性)은 진실무망하고 온갖 선을 다 갖춘 것이 그 본체[體]이다"24)라는 것이 그의 사고이다.

이항로에 따르면 심을 논하는 태도에는 두 가지가 있다. 그것은 일찍이 송시열이 밝힌 태도로서 "기로 말하는 것[以氣言者]과 리로 말하

---

22) 앞 책, 권9, 〈答金穉章〉.

23) 화서는 '心統性情'의 '統'을 주희와 이황을 따라 통섭(統攝, 統兼)과 통치(統治)의 두 의미를 다 내포한다고 한다.(앞 책, 권9, 〈與金穉章〉)

24) 《華西集》, 권6, 〈答裵允素〉.

는 것[以理言者]"이다.25) 이 두 가지가 있음을 지적하는 까닭은 리와 기 가운데 어느 하나로만 심을 파악해서는 안 되고, 둘의 겸비를 잘 파악해야 함을 밝히려는 데 있었던 것 같다. 왜냐면 그는 "심이 곧 리 [心卽理]"라고 하는 육왕계의 심론을 부정했던 한편, "심이 곧 기[心是 氣]"라는 이이–송시열 계통의 심론도 무조건 좇지 않았기 때문이다.

실제로 리로도 말하고 기로도 말하는 그의 용례를 살피면 이런 점 들이 잘 드러난다.

> "리로 심을 말하면 심이 타는 것[所乘者]은 기이고, 기로 심을 말하면 심이 실은 것[所載者]은 리이다. 언어[言]에 각기 주됨[主]이 있지만 서로 어긋나지 않는다."26)

이 예문으로 보면, 이항로도 심을 '리와 기의 합'으로 규정했음을 알 수 있다. 그가 리로 말하면 '심이 탄 기'를 지적하게 되고, 기로 말 하면 '심에 실린 리'를 지적하게 된다는 발언이 그 증거이다.27) 따라 서 그는 심에 대한 리와 기의 겸비를 먼저 잘 파악해야 함을 아래와 같이 논한다.

> "심은 참으로 리이지만, (심이) 타고 있는 것[所乘者]은 기이다. 심을 리 [心爲理]라고만 여기어, 기욕(氣欲)의 구폐를 묻지 않는다면, 그 해가 매우 클 것이다. (반면) 심을 기라고 여기어[指], 천명의 주재[天命之主宰]를 알 지 못하면, 그 리가 또한 밝혀지지 않을 것이다."28)

---

25) 앞 책, 권13, 〈答柳聖存〉.
26) 앞 책, 권7, 〈答金釋章〉.
27) 이 예문을 비롯한 이항로의 심설의 이해에 이제까지 몇몇 학자들의 오류가 있었음을 이 기회에 지적해 둔다.

이 글은 바로 육왕의 심설과 이이나 송시열계의 심설에 대한 비판의 성격도 지닌다. 어쨌든 심을 리라고 할 때에는 기욕에 얽매일 것을 고려해야 하고, 심을 기라고 할 때에는 천명으로 받은 리의 주재성을 고려해야 한다는 것이다. 심론에서는 리와 기의 겸비를 잘 이해하고 그것들을 균형 있게 드러내야 한다는 것이 그의 사고이다. 이처럼 리와 기의 겸비에 대한 이해를 역설한 이항로지만, 이 글에서 그 자신의 심에 대한 리기론적 견해는 그가 "심은 참으로 리[心固理]이지만"이라고 한 언구에 담겼다고 해야 할 것이다. 심을 리로 파악한 이것이 실제 그의 견해로서, 그의 주리의 경향과도 일치한다.

아래 글은 심에 대한 그의 이런 견해를 더 잘 알아볼 수 있는 증례이다.

> "심(心)은 물(物)이고 기(氣)이다. 그렇지만 이 물, 이 기 위[上面]의 그 덕(德, 곧 특성)을 가리킨다면, 리(理)라 해야 한다. 성현(聖賢)들이 말한 심은 대부분 이것을 가리킨 것이다."[29]

그는 물(物)과 기(氣)로서의 심이 지닌 특성 또는 본성을 리(理)라고 파악했다. 이런 이해의 근거는 심의 특성은 한 몸의 주재성이고, 그 주재성은 심 작용의 원인[所以然]이라는 데에 있다. 기로 이루어진 물(物)로서의 심에 그는 별로 관심이 없었다. 그에게는 심의 주재성이 관심사이고 주재성은 리에 말미암은 특성이기 때문에, 그는 '심의 리'를 주목하고 그것을 심의 본성으로 파악했던 것이다. 앞서 "심은 참으로 리다"라고 한 그의 명제 또한 심의 주재성을 고려한 데서 나온 명

---

28) 《華西集》, 권22, 〈讀退陶先生集〉.
29) 앞 책, 권9, 〈答金穉章〉.

제라 하겠다. 이 점은 그가 "리라는 말[理之言]을 (제대로) 잘 알면 리자(理字)는 살[活]고 기자(氣字)가 죽으며, 리라는 말을 잘 알지 못하면 기자가 살고 리자는 죽는다"[30]라고 한 것으로도 확인된다.

4. 심성합일설 속의 주재심

심과 리 모두에 주재적 성격이 있다고 생각했던 이항로였기 때문에, '성(性)과 정(情)'이 차지하는 비중은 별로 크게 여기지 않았다. 그는 "심이란 성과 정과 덕행을 주재하는 것[心卽性情德行之主宰也]"이라고 하여,[31] 종래의 '심통성정(心統性情)'의 명제를 나름대로 바꿔 표현했다. 여기서 겸통(兼統)과 통치(統治)의 두 의미를 겸지한 '통자(統字)' 하나로 심과 성정 관계를 밝히는 방법과 그 관계를 '주재(主宰)'라고 밝힌 방법은 심의 작위성을 드러내는 데 차이가 크다고 할 수 있다. 그리고 그가 심의 주재 대상으로서 성과 정 외에 '덕행(德行)'을 추가한 것도 유념해야 할 점이다.

심의 주재라는 작위성에 대한 의식으로 말미암은 현상인지, 이항로는 심과 성(性)을 서로 구분하면서도, 때로 이 '심과 성'을 '하나'라고 하기도 했는데, 이 또한 그의 독특한 주장이다. 심에 대비된 '성(性) 자체'에 대한 그의 독특한 사고는 다른 성리학자들과 다르고, 심지어 육왕계 심학자들의 사고와도 크게 다름은 주목할 만한 점이다. 그는 이렇게 적고 있다.

---

30) 앞 책, 권16, 〈溪上隨錄三〉.
31) 앞 책, 권17, 〈鳳岡疾書〉.

"심(心) 이외에 성(性)이 없고, 성 이외에 심이 없다. 심과 성은 곧 하나
일 따름이다. 그 가운데 나아가 심과 성의 분별을 알고자 하면, 성의 주재
(主宰)를 심이라고 한다. 심의 조리(條理)를 성(性)이라 하는데, 이는 마치
주재를 상제라 하고 유행(流行)을 도(道)라고 하는 따위와 같다."[32]

그에 따르면, 심과 성은 하나라고 할 수 있는데, 그 이유는 성이란
심의 주재에서의 조리(條理)이기 때문이다. 그는 심의 주재 작용에서
드러나는 일정한 질서와 같은 '조리를 성(性)'이라고 했다. 성에 대한
이런 규정이야말로 성리학계에서 보지 못한 그의 '독자적 규정'이다.
　성리학계의 기존의 개념 설정으로는 "성은 곧 리[性卽理]"라고 하듯
이, 성이 리와 동일시되어 리로 대용되기도 하면서, 또 성(性)은 정
(情)과는 서로 '체(體)와 용(用)의 관계'라고 해 왔음은 다 아는 것이
다. 정의 체인 점에서 성은 때로 심의 본체처럼 여겨지기도 했다. 이
런 성을 '심의 조리'로 보아 '심과 동일시'한 것은 심만을 중요시하고,
성의 위상을 결과적으로 낮춘 격이다. 이항로의 이러한 규정은 성을
심에 귀속시킨 것이므로, 성을 리로 보아 정과 심의 체로 간주하는 학
자들에게서는 수긍될 수 없다. 실제로 그의 심설이 전우(田愚, 艮齋,
1841~1922)로부터 "심즉리"를 주장한 양명설과 같다고 비판당했다.
전우는 성을 심보다도 오히려 우월한 지위의 개념으로 보아, '성을 스
승'으로 '심을 그 제자'로 비유한 이론, "성사심제설(性師心弟說)"을 주
장했기 때문이다.[33]
　이항로는 이미 맹자를 따라 인의예지(仁義禮智)의 사덕을 말했듯이,
본성의 중요성도 충분히 인정했다. 그도 실은 "성즉리"의 명제를 계승

---

32) 앞 책, 권22, 〈心之知覺智之知覺說〉.
33) 田愚, 《艮齋集》, 후편, 권12, 〈性師心弟辨辨〉.

하고, 심의 미발(未發)·이발(已發)로서의 '성과 정의 체용' 관계 등도 모두 인정했다. 다만 그 개념들을 자기 나름대로 구사했을 따름이다. 그 좋은 예를 보겠다.

> "원래 지각(知覺)의 미발자는 성(性)이고, 편언(偏言)하면 지(智)의 체(體)이다. 지각의 이발자(已發者)는 정(情)이고, 편언하면 지의 용(用)이다. 지라는 것[物]은 인의예지 사덕의 끝에 있으면서 사덕의 뿌리가 된다. 그 (사덕의) 처음과 끝을 이루며, 거두어들이는 데에 자리하면서 운용(運用)이 없는 것 같다. 주희가 말한 '지각이 있으면서 운용이 없다'는 것이 이것이다. 비록 운용이 없다고 하지만, 인(仁)의 측은(惻隱), 예(禮)의 공경(恭敬), 의(義)의 수오(羞惡)가 다 지각이 붙은[交付] 뒤에야 유행하니, 지각의 발과 미발이 실로 한 마음[一心]의 작용을 주재하고 사덕의 체용을 포함을 알 수 있다."[34]

여기서 한 가지 눈여겨볼 점은 그가 '심의 기능'을 논하는 시각에서, '지각(知覺)'을 특히 중요시하는 것이다. 지각은 물론 심의 '체이자 성인 지(智)'의 용임을 그도 인정한다. 그런데 그는 인(仁)·예(禮)·의(義)의 용인 측은(惻隱), 공경(恭敬), 수오(羞惡)는 다 지의 용인 '지각과의 관계 아래'에서만 제대로 발휘[流行]됨을 지적했다. 지각의 간여 없이는 이 본성들과 그 실현[四端의 情]이 공허해진다는 것이다. 지각은 이처럼 사덕과 사단의 체용을 다 포함하고 심을 사실상 주재하므로, 그의 견해로는 단독적인 '본성의 지'와 그 발현인 정 또는 '심의 지각'의 구분이 무의미해진다. 이런 점에서 그는 '심과 성'을 엄밀히 구분하지 않았다.

---

34) 《華西集》, 권7, 〈答金穉章〉.

지각의 경우 미발 때의 본성의 '지(智)를 단독으로 편언(偏言)'한다면, 심과 성을 구분하게 되지만, (인, 예, 의의 발현인) 측은, 공경, 수오에 다 관계되는 심의 '지각을 전언(全言)'한다면, '심과 성'을 각각 별개로 구분하지 않게 된다는 것이 그의 견해이다. 이 점이 아래 글로써 더 분명해진다.

> "심과 성이 이미 두 개의 것[物]이 아니라면, 심의 지각은 곧 성의 지각이고, 성의 지각은 곧 심의 지각이다. 어찌 각기 두 개[二物]로 되어 서로 통하지 않는 이치가 있겠나? … 그러나 심의 지각[心之知覺]이라 하면, 측은, 공경, 수오를 포함해 말하므로 비교적 큰데, 주재(主宰)로부터 말하기 때문이다. 지의 지각[智之知覺]이라 하면, 측은, 공경, 수오에 대조[對待] 해 말하므로 비교적 작은데, 분계(界分)로부터 말하기 때문이다."[35]

그는 '지의 지각'과 '심의 지각'를 구별해 논한다. 지의 지각은 '분계의 시각'에서 측은, 공경, 수오 등과 대조해 말하기 때문에, 심의 지각보다 작은 범위의 것으로서 그 심의 지각과 변별된다. 그러나 심의 지각은 '주재의 시각'에서 측은, 공경, 수오 등을 포함하기 때문에, 지의 지각보다 큰 범위의 것으로서 지의 지각과 변별하지 않게 된다. 그는 이것을 '심과 성이 둘이 아닌 하나'이기 때문이라고 하고 있다. 이 것이 지각으로 설명하는 이항로의 '심성합일설(心性合一說)' 또는 '심성불분설(心性不分說)'이다. 이처럼 그의 심성불분설은 '심의 주재 기능'의 시각이 뒷받침된다. 심의 주재 기능을 강조하는 데에 그의 주리적 심설의 특징이 있다.

---

35) 앞 책, 권22, 〈心之知覺智之知覺說〉.

5. 직분적 의리 성격의 덕 개념

심이 지닌 주재의 기능을 실제로 발휘할 때 아무렇게나 발휘해서는 안 되고, '일정한 기준'에 맞게 해야 할 것이다. 일정한 기준 없이 아무렇게나 한다면, 그것은 무의미하고 무질서한 동작에 지나지 않는다. 주재 발휘에는 반드시 어떤 기준이 설정되어 있어야 할 것이다. 이항로의 경우 이 점이 어떻게 사유되고 있는지 캐어 보지 않을 수 없다. 이런 시각에서 심의 주재에 대하여 써놓은 그의 글을 찾아볼 수 있다.

"심은 사람 몸이 온갖 선을 하도록 주재하는 것이다. 이것[物]은 틀림없이 함이 있음[有爲]이 이것의 이치이고, 반드시 함이 있음이 이것의 직분[是物之職]이며, 이것이 이른바 심의 도리(道理)다. 만약 심이 기로 된 것으로서 리를 갖지 않았다고 한다면 미덥지 않지는 않겠지만, 역시 그 리가 있고[有其理] 또한 그 직분이 있다[有其職]고 한다면, 명덕(明德)이 그 심의 리가 아니고 무엇이겠나! 이것뿐 아니다. 무릇 덕(德)이라 함은 다 사람의 도리를 가리켜 말한다."[36]

이항로에 따르면, 심의 유위한 주재는 본래 온갖 선[萬善]을 하도록 하는 기능이다. 그런 만큼 주재라는 작위[有爲]에는 밟아 가야 할 이치인 '도리(道理)'라는 기준이 있고, 그 도리와 맞먹는 '직분[職]'으로서의 '명덕(明德)'이 기준으로 설정되어 있다. 덕(德) 자체가 사람의 선의 원리이기 때문에, 명덕이 심의 주재에서 지키고 따라야 할 '직분'으로서의 기준이라는 것이다. 심의 주재는 그의 견해로도 함부로

---

36) 앞 책, 권9, 〈答金穉章〉.

하는 것이 결코 아니고, 덕으로서의 당연함인 '도리'라든가 '직분'을 기준으로 삼아서 행해야 한다는 것이다.

원래 덕(德)은 《설문(說文)》〈해자편(解字編)〉에서 '득(得)'이라 하여, 타고난 본성(本性)을 가리켰고, 명덕이라고 하면 더욱 사덕 같은 선한 본성을 의미했다. 그런데 이항로는 지금 "성이 곧 리"임을 감안해, 덕과 명덕을 '심의 리'와 '도리' 및 '직분'의 의미로까지 사용하고 있다. 이는 그가 '덕'을 "바뀌지 않는 당연한 리[當然不易之理]"[37]로 이해한 사고에서 말미암은 것이다. 마음대로 바꿀 수 없는 '당연한 원리가 덕'이라는 의미를 바탕으로 그는 덕을 도리라든가 심지어 '직분'이라고 했는데, 덕에 대한 이런 의미의 용법은 다른 학자들에게서 볼 수 없던 그의 독특한 용법이다.[38] 만일 덕의 의미를 당연 또는 당연의 원리라고 규정해야 한다면, 덕에 대한 도리라든가 직분이라는 이해가 부당하지는 않다. 따라서 그의 독특한 사고는 덕에 대한 당연이라는 의미의 전제적 규정에서부터 비롯되고 있는 것이다.

이항로의 이런 사고는 이제까지 정주학에서 리의 소이연(所以然)이라는 원인 의미를 취해 '리의 주재'로 상제·천의 주재를 대신하던 사고와도 시각을 달리한 경우이다. 그는 지금 리의 당연[所當然] 의미를 '심의 주재의 기준'에 적용시키면서, 그 심 주재의 기준으로서 '덕 및 덕의 내용인 도리라든가 직분[職]'을 논하고 있는 것이다. 심 주재의 기준 문제에서 도덕적 가치 측면의 리를 논하게 되었음은 그의 심론의 예견된 귀결이기도 하다. 이 도덕적 원리로서의 리를 정주학자들은 올바른 원리라는 의미의 '의리(義理)'라고 일컬었음을 상기하면, 그

---

37) 앞 책, 권7, 〈答金穉章〉.
38) 이것을 처음 발견한 학자는 김근호(金根浩) 박사이다. 金根浩, 〈華西 李恒老 의 理學的 心論 연구〉, 고려대 대학원, 2008.

의 이런 덕론은 당시 그들의 '의리관의 영향'이라고도 할 수 있다.

당연 의미의 덕(德)은 심의 주재에 적용될 때 '심의 덕[心之德]'이라고 일컬어짐을 볼 수 있다. 이 덕은 그에 있어 심에만 적용되지 않고, 성(性)과 정(情)에도 적용되었다.

> "명덕은 다만 천명(天命)이 인간의 심[人心]에 갖추어진 것이다. 심으로써 말하면, 허령불매(虛靈不昧)하고 뭇 리를 갖추고[具衆理]서, 온갖 일에 응대[應萬事]하는 것이 심의 덕[心之德]이다. 성(性)으로 말하면, 인의예지(仁義禮智)가 중(中)에 혼연히 있는 것이 성의 덕[性之德]이다. 정(情)으로 말하면, 측은(惻隱), 수오(羞惡), 사양(辭讓), 시비(是非) 등이 느낌에 따라 응하여 절도에 맞추지[中節] 않음이 없는 것이 정의 덕[情之德]이다."[39]

그의 견해로는 심의 덕 외에, 성(性)의 경우도 사덕의 본성이 당연히 잘 갖추어져야 한다고 생각될 때에는 '성의 덕[性之德]'을 구사한다. 정(情)의 경우에도 사단의 발출이 당연히 절도에 맞아야 할 때에 '정의 덕[情之德]'을 적용한다. 덕은 당연의 사고가 요구될 때에는 언제 무엇에나 적용된다는 것이다.

원래 당연의 사고는 심성의 경우보다는 인간의 행위에 적용되던 용어였고, 덕 개념은 명덕의 예와 같이 본성 정도를 가리키는 용어였다. 이런 당연과 덕의 의미를 그가 하나로 연결시켰기 때문에, 특히 '덕의 용례'가 종래보다 광범해지고, '특성' 또는 '직분'의 의미까지 나타내기에 이르렀다. 그의 다음 문장은 덕의 이런 용례를 확인케 하는 좋은 본보기이다.

---

39) 《華西集》, 권7, 〈答金穉章〉.

"형체 쪽에서 말하면, 총기[聰]는 귀의 덕[耳之德]이고 밝음은 눈의 덕
[眼之德]이고, 손가짐 자태[手容]는 공손이 손의 덕[手之德]이고, … 인륜
쪽에서 말하면, 효(孝)는 부모 섬김의 덕[事父母之德]이고, 충(忠)은 임금
섬김의 덕[事君上之德]이고, … 신실(信實)은 붕우 대하는 덕[接朋友之德]
이다. 하나하나의 사물을 접응하기까지 각각 당연하여 변경하지 못할 리
[當然不易之理]가 다 있지 않는 것이 없다."40)

이 글에서 든 덕의 용례들은 행위 일체는 말할 것 없고 신체 부위
가 지닌 기능의 측면에까지 적용된 당연성이다. 그의 덕은 실로 사사
건건 적용되지 않는 경우가 없다. 인위적인 측면과 함께 자연적인 측
면에까지 적용되는 '당연'의 의미가 그의 덕 개념에 내포된 의미임이
이에서 확실해졌다. 리에 치중하는 이항로의 주리설은 심의 주재를
비롯하여 겉으로 보이는 모든 작동들에까지 덕(德)이라는 '도덕적이
고 직분적 의리'가 핵심으로 자리한 이론임에 틀림없다.

이항로가 당위의 도덕적 원리를 직분적 원리로도 표현한 것이 그
의 독특한 이론이라는 점에서 반추해 보아야 할 사상이라 여겨진다.
직분 개념은 직업의 업무[職務]에 깃든 '도덕적 책무의 성격'이 들어
있다. 이것은 직업적 책무인 점에서 도덕과 일단 구별되지만, 직업적
책무가 '직업적 의무(義務)'로서 도덕성을 결여한 것은 결코 아니다.
그의 직분 개념도 이렇게 도덕 개념과 연관된 것이다. 이항로의 덕 개
념에 '도덕적 의무' 의미가 깃들어 있는 이 점은 그의 일종의 '의리론
이 지닌 독특한 특징'이라고 해야 할 것이다.

---

40) 앞과 같음.

6. 덕론적 의무관의 대서세적 함의

이상의 이항로 사상이 당시 상황에 대해 어떤 의의를 지닌다고 할 수 있을지를 밝혀야겠다. 그의 사상의 특징은 사물에 적응하는 인간의 행위 일체에 '당연의 리[當然之理]'를 적용시킨 것이다. 심의 주재를 비롯하여, 몸가짐, 이상적 언행 및 오류 행위에 이르기까지 모두 당연한 이치[所當然]에 맞게 해야 한다는 것이 그의 사상의 요지였다. 당연의 리가 특히 그에게서 '덕(德)'과 '직(職)'으로 독특하게 표현된 도덕법칙임을 가리킨다고 할 때, 그의 사상은 인간을 완전무결한 '도덕인(道德人)'으로 만들려는 데 목적을 둔 것이라고 풀이된다. 이런 풀이는 인간의 집단을 '도덕적 이상사회' 또는 '도덕적 이상국가'를 이루는 데 목적을 둔 사상이라는 것으로도 통한다.

주재의 능력을 지닌 심(心)임을 강조하면서, 그 주재가 당연의 리에 맞는 방향으로 되어야 한다는 이론도 그의 사상 가운데 중요한 부분이었다. 이것은 인간들에게 행위에 대한 '결단을 내리'는 때에 '지혜를 제공'하는 이론, 즉 행위를 위한 결단이 항상 '도덕의식을 지닌 상태'에서 내려져야 함을 교시하는 것이다. 그의 '심의 덕[心之德]'은 보기에 따라 너그럽고 온후한 관용성으로 추측되기 쉬움에 주의해야 한다. 이 심의 덕은 그런 것이기보다 오히려 당연의 리를 한순간도 잊지 않고 지키는 '엄격한 도덕의식'인 것이다.

그의 덕(德) 개념에 '직분의 의미'가 들어 있음은 앞서 평한 대로 그의 독특한 사고였다. 덕이 의무적 직무라든가 책무를 의미했음은 19세기 중기의 조선의 말기적 병폐로 나타났던 '지배층의 무능력·무질서'와 연관시켜 볼 만하다고 생각된다. 그가 제출한 상소의 시무책(時務策)이 (서두에서 보았듯이) 주로 국왕 책무의 막중함을 비롯하여, 현인 채용의 중요성을 강조한 내용이었던 것으로도 그 시대 지배층의 무능과 무책임에 대한 그의 심각한 우려를 절로 알 수 있다. 따라서 당연 의미의 리인 '덕을 직분의 의미'로 강조한 이면에는 국왕 아래 모든 관리들의 '직무에 대한 충실'을 '의무로써 경고'한 의의가 깃들었다고 할 수 있다.

이항로는 그 시대 이른바 정학(正學)으로서의 유학의 이념을 지키고 사특한 서학을 배척하려는 '위정척사(衛正斥邪)'의 운동을 일으키는 데 앞장선 학자였다. 이 점에서 그의 이론들이 서학 또는 서양 세력에 대해 지니는 함의도 찾아보아야 할 것이다. 이항로는 본래 유학과 이른바 이단(異端)의 차이에 대한 견해를 피력한 적이 있다. 그 견해가 아마도 서학과 서양 세력에 대한 그의 사고의 실마리를 찾을 수 있는 근거가 될 것이다.

> "요(堯), 순(舜), 공자, 맹자 등은 나에게 어떤 은애(恩愛)가 있는가? 오직 행한 것과 말한 것들이 천하의 공도(公道)이다. 양주(楊朱), 묵적(墨翟), 노자(老子), 불씨(佛氏) 등은 나에게 어떤 혐원(嫌怨)이 있는가? 오직 행한 것과 말한 것이 천하의 피사(詖邪)이다."[41]

이항로는 유학과 이단의 차이를 '공도(公道)와 피사(詖邪)'의 차이라고 했다. 공도란 공명정대(公明正大)하여 누구에게나 다 적용되어도 치우침이 없다고 판단되는 삶의 원리를 가리킨다. 유학은 공정하게 삶을 이끄는 길이라 할 원리를 지녔으므로, 인간 사회에 화평을 가져오는 식으로 사람들에게 은혜를 베푸는 유익한 사상이라는 것이다.

그러나 이단의 사상은 그렇지 않고 오히려 이와 반대여서, 피(詖)로 표현되는 '치우침'과 사(邪)로 표현되는 '부도덕함'을 지닌 것이다.

---

41) 앞 책, 권17, 〈龍門雜識〉.

이는 앞서 살핀 서학과 서양인에 대한 그의 사고에 비추면, 조선인의 것을 빼앗으려는 서학 또는 서양인들의 '탐욕스러움'이 바로 자신들만 위하는 '불공정의 치우침'이고, '예의와 오륜'을 지키지 않음이 곧 짐승[禽獸]만도 못하다고 하였던 '부도덕'함이다. 따라서 자기 이익만 추구하고 부도덕한 서학과 사양인들은 화평(和平)을 가져오기는커녕, '혐오와 원망만을 일으킨다'는 것이 그의 판단이다. 이것이 무력을 동원하여 접근하던 서세(西勢)에 대한 그의 위정척사론적 평가이기도 하다. 이항로의 견해로는, 서양인들은 다 같이 더불어 살 수 있는 공정하고 바른 도덕의식을 갖춘 이른바 '공도(公道)의 자세'를 가져야 마땅하다는 것이다. 공도를 지켜야 마땅하다는 그 당위성이 곧 그의 당연의 리 사상, 특히 덕론의 의무관에 담긴 '대서세(對西勢)적 함의'라 하겠다.

제37장 리일원적 우주관의 심화와 그 함의
─ 동아시아 유일의 기정진의 유리(唯理)론적 우주관 ─

1. 기정진의 학자적 자세

기정진(奇正鎭, 蘆沙)은 1798년(정조 22)에 태어나 1879년(고종 16)에 세상을 떠났으므로 19세기 인물에 해당한다. 그는 전북 순창에서 태어났으나, 어릴 적에 전남 장성(長城)으로 옮겨, 일생을 장성에서 살다가 그곳에서 세상을 떠났다. 그는 4세에 말과 글을 함께 익히면서, 8, 9세에는 벌써 유학의 경전과 역사서에 능통했다고 하는 '천재적 재질의 소유자'였다. 34세에는 벼슬길로 통하는 과거인 사마시(司馬試)에 응시해 장원을 차지하여, 강릉참봉(康陵參奉)에 임명되었으나, 그는 사절하고 취임하지 않았다. 45세의 그에게 전설사(典設司) 별제(別提, 종6품)가 주어짐에, 그는 그것을 받아들였지만, 겨우 6일 만에 사직하고 말았다. 그 뒤로 생애를 마칠 때까지 그는 더 이상 벼슬을 넘보지 않았다.1) 소질로 보아 자신은 관료로서 부적합하며, 더욱이 국란의 위기에 관직의 책임을 다할 수 없는 인물이라고 스스로 판단했던 것 같다.

　기정진의 일생은 '재야의 선비'로서 성리학의 연찬에 깊이 파고 든 성리학자였다. 비록 관료는 아니었지만, 그는 선비로서 소임에는 충실하려고 했다. 선비란 곧 '나라의 으뜸가는 기운[國之元氣]'이라는 것이 그들 자신이 규정한 선비관이다. 따라서 그들은 관직에 있지 않더라도, 자신의 역량과 방법에 따라 항상 국정에 적극 참여해야 한다고 생각했다. 그도 이런 사유를 가지고 그 실천에 매진한 '선비의 전형'에 속한다. 그 좋은 증례가 바로 구미(歐美)의 군함이 극심하게 출몰하던 해(1866, 고종 3)에 그가 상소문(上疏文), 이른바〈병인소(丙寅疏)〉를 제출한 것이다. 그 내용은 나라 안팎으로 위란의 시기에 '위정척사(衛正斥邪)'만이 필요하다는 요지로 집약된다.2) 그가 19세기 위정척사파의 하나임도 이로써 확인되는 사실이다.

　더욱이 그의 위정척사 정신은 그 후에 일어나게 되는 '의병 활동'의 밑거름이 되었다. 위정척사 정신이 다음 세기에 침략자 일제에 대항하려 궐기한 의병들의 정신적 토양이었던 것은 유의해야 할 점이다. 이것은 이항로가 제자 유인석(柳麟錫) 등의 의병장을 낳았듯이, 그와 의병의 관계는 또한 불가분한 것이었다. 그의 위정척사 정신은 장성에서 살던 그의 '일가친척(一家親戚)의 정신'에 크게 영향을 끼쳤던 것이다. 20세기 초 장성을 중심으로 한 호남의 '두 의병장'으로 궐기하여 왜군의 섬멸에 지대하게 공헌한 기우만(奇宇萬, 1846~1916), 기삼연(奇參衍, 1851~1908)과 기정진의 관계가 바로 그러한 실례이다. 이 두 의병장들은 다 그의 문하에서 자라난 제자들이자, 각각 그의 손자와 재종손이었다.3) 이들의 의병 활동으로 말미암아 기정진의 선비 세계

---

1) 奇正鎭,《蘆沙先生文集》,〈年譜〉등 참조.
2) 앞과 같음.

〔士林〕에서 차지하던 중량이 더해졌음은 말할 나위 없다.

학자로서 기정진은 40대 이후 많은 저술에 정력과 시간을 할애했다. 〈우기(偶記)〉(48세), 〈정자설(定子說)〉(48세), 〈리통설(理通說)〉(55세) 및 〈외필(猥筆)〉등이 그러한 것이다. 이 저술 가운데 〈외필〉이 그의 리기론의 핵심을 담은 내용이어서 학자들의 주목을 받는다. 거의 말년(81세)까지 다듬기를 계속한 이 〈외필〉은 46세 때부터 구상하던 《납량사의(納凉私議)》와 다른 저술들을 모두 함께 엮어 놓은 것이다.4) 한편 후학의 교육에도 열성적이었던 그는 많은 제자들을 길러냈다. 그의 훈도를 받은 문하생들은 실로 장성을 중심으로 한 전남에만 한정되지 않았다. 그 밖에 경남의 일부와 충청도 일부에까지 걸친 넓은 범위로 퍼져 있었다. 이런 그의 문도들은 마침내 하나의 큰 학문 집단인 '노사학파(蘆沙學派)'를 이루었다. 따라서 일생을 장성에서만 지냈던 그의 명성과 학문이 전국으로 전파되기에 이르렀다. 당시 그가 대학자의 위상을 차지했었음에 의문의 여지가 없다.

2. 리일원적 주리 사유의 극치

1) 주리적 경향의 사유 토대

성리학에서 주리설과 주기설로 분화되는 사유의 원인에 대해서는 앞 장에서 밝혔으므로 다시 되풀이할 필요가 없겠다. 그러나 기정진

---

3) 기삼연(奇參衍)에 대해서는 다음 '20세기의 항목'에서 별도로 자세히 언급된다.
4) 《蘆沙先生文集》, 〈年譜〉 참조.

의 주리설의 경향은 (앞) 이항로의 경우보다 정도가 더 심하기 때문에, 리 개념을 중심으로 한 그의 리기관의 핵심만이라도 언급해야 할 것 같다.

그가 염두에 두었던 리의 의미는 법칙, 원리 이외에 '소이연(所以然)', 즉 모든 운동·변화·생성의 원인의 의미와 '소당연(所當然)', 인간 행위를 비롯한 모든 운동·변화의 마땅함의 의미가 추가되었다. 이런 의미를 지닌 리를 실재(實在)로 여기는 사유를 그 또한 인정하고 계승했다. 그의 '주리적 경향'은 이런 리 개념의 규정을 계승하는 데서 싹튼다. 그의 다음 발언은 이런 점을 입증하는 것이다. "리라, 리라, 그것은 모든 사물[萬有]의 종자이다."5) 여기서 종자(種子)란 리의 실재성을 앞세우고 사용한 소이연 의미의 용어이다. 이렇게 리가 모든 것의 원인을 가리키기 때문에, 그에게서 기는 리의 일종의 결과와 같은 처지의 개념에 지나지 않게 된다. 이에 정주성리학의 명제인 "리는 기에 선행(先行)하고, 반대로 기는 리에 뒤진다" 곧 "리선기후(理先氣後)"라든가, "리가 기를 생한다"는 "리생기(理生氣)"를 기정진은 긍정하고 계승하고 있다.

일찍이 주희가 규정한 리와 기의 관계 ― 실제 사물로는 함께 있어 떨어질 수 없는 "불가분리(不可分離)"이면서, 동시에 개념상(또는 이론상) 리와 기는 함께 혼잡해서는 안 되는 "불가혼잡(不可混雜)"의 관계 ― 를 그는 긍정한다. 그렇지만 그의 관심은 리기의 혼잡되지 않는[不雜] 관계에 두어진 것이다. 이렇게 리의 실재시 사고에다 리기의 부잡을 바탕에 두는 태도로 말미암아 그는 리의 동정 등의 작위성을 논하게 된다. 리에 작위성을 적용시킴으로 해서 생기는 리기 개념의 혼란을 그도 이황 등이 상정한 체용법의 사유로 극복했다고 생각한 듯하

---

5) 《蘆沙先生文集》, 권16, 4쪽.

다. 즉 리의 무작위성은 그 체의 측면이고, 용의 측면으로는 리도 작위성을 지닌다는 사유가 그것이었다. 어쨌든 리가 작위성을 지닌다는 사유에서 그 또한 리의 특성을 "무위지만 유위한 것〔無爲而無不爲〕"이라 하면서, 나아가 성리학자들 사이에서 간혹 나오는 "리약기강(理弱氣强)"의 표현조차 극구 부정한다.6) 그는 리가 기보다 결코 약한 것이 아니라고 생각했다. 이러한 리기관으로 말미암아 기정진의 리기설은 주리의 측면으로 편향하게 되었다.

2) 주리 편향의 극치, '리주기복설', '기리중사설' 등

기정진은 리의 작위성을 분명히 주장하는 편이어서, 그 작위성이 그에게서는 '리의 주재(主宰)'라는 한마디로 정리되는 것이다. 그는 기에 대한 '리의 주재'를 "리의 명(命)함"이라고 하여, '기는 리의 명을 받는 것'으로 나타냈다. 명한다는 것은 '기를 부리는 것〔使之〕'을 의미했다.

"기의 행(行)은 실제 리에게서 명을 받음이다."7)

"동하는 것〔動者〕, 정하는 것〔靜者〕은 기이고, 동하게 하고 정하게 하는 것〔動之靜之者〕은 리이다. 동하게 정하게 함이 그렇게 부림〔使之〕이 아니고 무엇인가!"8)

---

6) 앞 책, 권16, 〈猥筆〉, 25쪽.
7) 앞 책, 권16, 〈理通說〉, 1쪽.
8) 앞 책, 권16, 〈猥筆〉, 25쪽.

　리를 기의 주재자로 보는 사유에 대해서는 설명을 (또다시) 덧붙여야 할 것 같다. 이것은 '천(天)'에 대한 관념이 '리'로 바뀌면서 생긴 사유이다. 성리학이 발흥되기 전 '천'은 창공, 자연, 운명 등과 함께, 특히 인격신인 '상제(上帝)'의 의미로 사용되었다. 이 인격신 상제(천)의 능력은 주로 인간과 우주 만물에 대한 '주재(主宰)의 기능'을 발휘하는 것으로 믿어졌다. 천명(天命)도 그런 상제·천의 주재를 전제한 데에서 나왔다. 그런데 성리학의 발흥과 짝하여, 유학의 종교성을 떨쳐 내고 철학화하는 작업에 착수한 정호(程顥)·정이(程頤) 등은 모든 것을 '원리적으로 이해'하는 시각에서 리(理) 개념을 구사했다. 아울러 리가 지닌 이치, 원리, 원칙의 의미에 원인, 곧 소이연(所以然)과 소당연(所當然)의 의미를 첨가한 학자들이 바로 이들이다. 이렇게 '모든 운동·변화의 원인[所以]을 리'라고 하는 것은 곧 리가 과거 '천이 지녔던 주재의 권능을 대신함'에 다름 아니다. 이런 의미에서 그들은 "천즉리(天卽理)"라는 명제를 도출했다. 바로 기정진이 기에 대한 '리의 명(命)' 또는 '부림[使之]'이라는 표현을 사용하면서, 리의 주재성을 논하는 데에는 바로 이런 사상적 배경이 자리했던 것이다.

　기에 대한 리의 주재는 이항로가 말한 리기의 주객(主客) 관계를 연상케 한다. 그러나 기정진이 리에 대하여 기를 부린다는 표현은 이미 주객 정도를 넘어선 주재임에 주의해야 한다. 실제로 기정진은 기에 대한 리의 주재성을 주객 이상의 정도로 주장했음을 볼 수 있다.

> "리와 기는 온갖 조화[萬化]에서 합한 듯이 한 몸[一體]이어서 원래 떨어지지 않지만, 그 떨어지지 않는 가운데서 만약 반드시 이렇게 됨이 무엇 때문인지 묻는다면, 그 원인은 리에 있지, 기에 있지 않다. 그러므로 주인 [主]과 종[僕]의 형세와 선후의 분별이 이에 이르러 판연해진다."9)

"형이상(形上) 형이하(形下)가 합하여져 한 몸[一體]이 되지만, 형이상이 주인[主]이 되고 형이하가 종[僕]이 된다. …"10)

"기의 발(發)과 행(行)은 실상 리에게서 명을 받음이니, 명하는 것은 주인이고 명받는 것은 종이다"11)

이에 따르면, 기정진은 리와 기가 실제로는 '한 몸[一體]'을 이루어서 분리되는 것이 아님을 일단 인정했다. 그러나 분리되지 않은 채로 이렇게 한 몸으로 일으키는 '일정한 변화의 원인' ─ 이른바 무엇 때문이냐의 무엇 ─ 을 찾는다면, 그것은 리이지 기가 아니라고 주장한다. 바로 이 점에서 그는 리와 기의 관계를 '주인과 하인' 곧 "리주기복(理主氣僕)"이라고 했다. 그의 리기 개념이 리에 치우친 '주리(主理)의 성향'을 띠고 있음이 이로써 확실하다.

리기의 관계에 대한 기정진의 파악은 '리주기복'에 그치지 않았다. 그의 이 두 개념에 대한 주리적 표현은 더 격심해진다.

"리의 존귀함은 대비될 것이 없다. 기가 어찌 리와 상대되는 짝[偶]이 될 수 있겠나! 그 광활함에 대비될 것이 없다. 기 또한 리 속의 일[理中事]로서, (기는) 곧 리가 유행하는 데서 손과 발[理流行之手脚]이다. 그것이 본래 대적(對敵)이 없는 터에, 짝이 아니고 적도 아닌데, 대비해 들 것[對擧]이 무엇이 있겠나?"12)

---

9) 앞 책, 권1, 〈答問類編〉, 12쪽.

10) 앞과 같음.

11) 앞 책, 권16, 〈猥筆〉, 26쪽.

12) 앞 책, 27쪽.

기정진은 이 자리에 '기를 리의 손발[手脚]'이라고 주장했다. 손발은 한 몸의 일부임을 감안하면, 이는 주인과 하인의 분리된 관계보다 더 리에 편중된 것임을 알 수 있다. 더욱이 눈여겨볼 점은 "기가 곧 리 속의 일[理中事]"이라는 그의 견해이다. 이는 기를 리로 포괄하여 기의 독립성을 부정하는 사유이기 때문이다. 그에게 이제 현상적 사물의 질료 또는 원질인 기는 (리와 별개가 아니라는 의미에서) 리에 귀속·포괄된 형편에 이르렀다. 따라서 리기에 대한 그의 주리 성향은 마침내 리일원(理一元)의 정도가 되었다. 그의 주리 경향은 이렇듯 '유리(唯理) 정도'로까지 주장됨으로써 그 '편향의 극치'를 이루고 있다. 리기 관계를 유리 정도로 상정한 사례는 중국을 비롯한 동아시아 유학권 어느 나라에서도 찾아볼 수 없는 것이다. 그의 유리적 편향에 주목하는 이유가 이토록 독특한 점에 있다고 해야겠다.

3. 주기, 리기이원 사유들의 배척

1) 주기설에 대한 부정

기정진은 리와 기의 관계를 거의 리일원(理一元)으로 규정했기 때문에, 이 기준에 맞지 않는 리기론을 모두 비판하고 배척했다. 그는 그러한 배척이 무엇보다도 긴요하다고 판단했던 것 같다. 주리의 경향과 반대되는 '주기 경향의 이론들[主氣說]'은 그에게 가장 적극적으로 부정되는 대상일 수밖에 없었다. 더욱이 조선 성리학계에서 영향력을 크게 발휘한 학자가 주장한 주기 경향을 띤 이론일수록, 그에게서는 비판과 배척의 과녁이 되는 우선순위에 오르게 되었다.

그의 시기에 이르기까지 조선 성리학계에서 영향력을 떨쳤던 주기

설의 사례는 바로 서경덕(徐敬德, 花潭, 1489~1546)과 임성주(任聖周, 鹿
門, 1711~1788)의 이론이었다. 기정진도 이들의 성리설을 가장 두드러
진 주기설이라고 판단했던 것 같다. 실제로 그는 이들의 성리학설을
가장 먼저 강력히 부정했다.

> "지금 '기틀이 절로 그러할 뿐[機自爾]'이라 한다. 절로일 뿐[自爾]은 비
> 록 힘써 하기를 기다리지 않음을 말하지만, 이미 자신에서 유래하지 다른
> 것에서 유래하지 않는다는 뜻을 지닌다. 또 거듭 말해, 시키는 것 없이 절
> 로일 뿐이라 할 때는 말은 분명히 하지 않아도, 시키는 것 없다는 의미는
> 확실하다. 참으로 음양에 유래하는 것 없이, 절로 가고 절로 멈춘다는 것,
> 이 두 구절만은 내가 보기에 이해되지 않는다."[13]

여기 "기틀[機]이 절로 그럴 뿐, 시키는(곧 부리는) 무엇이 있지 않
다"는 문구는 바로 서경덕과 임성주 및 이이가 공통으로 발설한 문구
이다. 이는 현상적 사물의 운동·변화가 리로 말미암은 것이 아니고,
기의 작용이 '저절로 그렇게 된다'는 내용이다. 다시 말해, 기의 운동·
변화는 기정진의 말대로 "리의 시킴"이나 "부림"이라는 타력적(他力
的) 원인이 없이, 기의 자력적(自力的) 자기 원인에 따라 이루어진다는
것이다. 따라서 기정진의 견해와 정반대 견해가 곧 이 구절의 내용이
다. 때문에 그로서는 이 사유를 "이해되지 않는다"라는 표현으로 부
정·배척했다.

---

13) 앞 책, 권15, 〈猥筆〉, 24쪽.

2) 리기이원설에 대한 비판

이이(李珥, 栗谷, 1536~1584)의 이론이 이미 부정의 대상으로 오른 셈이지만, 엄밀히 살필 때 이이의 리기론은 서경덕이나 임성주의 주기설과 변별된다. 그는 "리통기국(理通氣局)", "리기지묘(理氣之妙)" 및 리와 기의 "일이이(一而二), 이이일(二而一)"을 논했듯이, 리의 독자적 보편성을 주장하면서, 그것들의 관계를 '하나이면서 둘이고, 둘이면서 하나'라는 묘한 표현으로 나타내는 식으로 리기의 이원성을 인정했기 때문이다. 그러나 이이의 사단칠정에 대한 "기발리승일도설(氣發理乘一途說)"은 이황의 '사단을 리발로 해석'한 이론[四則理發而氣隨之, 七則氣發而理乘之]에 견주면, 기의 기능을 중요시한 것이 사실이다. 이이의 사단칠정설은 '발할 수 있는 것[能發者]은 오직 기'일 뿐이지 소이연자인 리가 아님을 밝히기까지 하면서, 이황의 '리발(理發)'을 분명히 부정하고 낸 이론이었기 때문에, 그의 리통기국설 같은 것과 상관없이, 이 이론은 일단 주기설에 속했던 것이다. 따라서 기정진에게는 이이의 사단칠정설도 "기자이(機自爾)" 못지않게 비판·배척해야 할 대상이었다. 이런 이이의 이론에 대해 기정진은 아래와 같이 논평했다.

> "묻기를 '이른바 리는 어디에 떨어지는가?'라고 하면, '탄다[乘之]'고 답한다. 애초에 그렇게 하도록 하는 묘함[使之然之妙]이 이미 없다면, 끝에서도 조종하는 힘은 없을 터이니, 붙여져 태워짐이 매우 심하다."[14]

이는 이이의 '기발리승지'라는 명제에서 기발만을 인정할 때 '리가 어떻게 있을까'의 문제에 대한 기정진의 지적이다. 기발만 인정하는

---

14) 앞 책, 권16, 〈猥筆〉, 27쪽.

이이는 리는 기에 타고 있다는 표현[理乘之]을 했다. 기정진의 견해로 는, 바로 그 리가 탄다는 이이의 언표는 자의(自意)와 자력(自力)에 의 한 '능동적인 탐'이 아니라, 타의(他意)와 타력(他力)에 의한 '수동적인 태움'이다. 그는 리의 주재성을 부정한 이이의 이 사고, 사실상 리의 능력에 대한 무시를 일종의 폐단적 약점으로 보아 이렇게 비난했다.

주리의 경향일지라도, '리일원화 정도'의 편향에 미치지 않는 이론 에 대해서는 기정진은 모두 만족하지 못한다. 바로 사단칠정론에서 이황이 '리와 기의 호발(互發)'을 주장했던 것은 다 아는 사실이다. 이 황은 리에 체용관(體用觀)을 적용하여 '리가 무위함은 리의 체의 측면' 이고, 리의 '용의 측면으로는 리도 유위하다'면서, "리기의 호발설[理 氣互發說]"을 냈다. 그러나 이 이론에 대해서도 기정진은 불만이다.

"사단칠정이 두 정[兩情]이 아니어서, 리기의 호발(互發)이란 없다. (이 렇게 말한) 여러 선생의 이론이 들어맞아 의심할 바가 없다."15)

기정진은 이황의 주장에 대한 논평에서는 매우 조심성 있는 태도 를 보였지만, 그런 태도 속에서도 사단칠정을 이황이 둘로 보아 '대비 해 거론[對擧]'한 방법 자체를 부정했다. 그러고서 자신이 아닌 타인 들(여러 선생)의 '호발에 대한 부정설'이 정확하다고 우회적인 비평을 하고 있다. 여기서 그의 선배에 대한 예절이 돋보이기는 하지만, 그는 사단칠정을 — 칠정이 사단을 포함[七包四]한다는 점을 앞세워 — '둘 이 아닌 하나'로 보는 견해까지 드러냈다.16)

---

15) 앞 책, 권16, 〈偶記〉, 21쪽.
16) 이 점은 이 항을 마친 다음에 논의해야 할 것이어서 독자들의 주의를 미리 환기해 둔다.

4. 리일원적 우주관, 재해석된 리일분수론

1) 리일분수론, '우주 = 한 리의 그물망'

주기설이나 리일원론에 미치지 못하는 주리설들을 모두 비판·배척한 기정진은 자신의 리일원적 유리(唯理)의 시각에 부합하는 우주관(宇宙觀)의 선택 또는 형성의 단계로 나아간다. 당시 성리학계에는 그러한 우주관이 있었다. 정이(程頤)가 제창·제시한 '리일분수(理一分殊)'의 이론이 바로 그러한 것이었다. 이 이론이 기정진의 독특한 '리일원화의 사유'에 적용하는 데 딱 들어맞는 이론이었다.

이 이론의 연원은 《주역》의 우주 생성관과 주돈이(周敦頤)의 〈태극도설(太極圖說)〉 및 장재(張載)의 〈서명(西銘)〉에 담긴 '물아일체관(物我一體觀)'의 기철학 등에서 비롯된다고 할 수 있지만, 이런 연원적 배경은 간접적 영향을 끼친 것들에 지나지 않는다. 이 이론의 형성에 직접 영향을 끼친 것은 정호·정이의 '천즉리(天卽理)'와 '태극즉리(太極卽理)'의 사유이고, 《주역》에 담긴 우주에 대한 '유기체관(생명체관)'이다. 그리고 이것을 더 세련된 이론으로 뒷받침한 사상은 주희(朱熹)의 '태극설'로 된 우주관이다. 아무튼 '리일분수론'을 내 나름으로 풀이하면, 이는 다음과 같은 사유를 가리킨다.

일찍이 정호·정이 형제는 우주의 근원을 '태극(太極)'으로 여기면서, 그 태극을 리로 환원[太極卽理]하였다. 모든 변화의 원인[所以然]을 리라고 보면, 우주를 형성한 궁극의 원인인 태극도 리일 수밖에 없기 때문이다. 이렇게 태극을 리라고 했으므로, 우주는 태극이라는 하나의 리를 근원으로 삼으면서, 동시에 개체들도 제각기 태극이라는 리로 근원을 삼는다고 할 수 있게 된다. 즉 리로 이해할 때, 우주 전체는 '하나의 리'이며, 각 개체들은 제각기 '나뉜 리'라는 것, 곧 '리의 그물망 같은 체계'로 된 것이라는 사유가 있게 된다. 이 사유가 다름 아닌 "리일분수(理一分殊)"의 명제로 표현된 것이다.

정리해 말하면, 이것은 우주 전체의 한 근원과 잡다한 개체들의 현존적 근원마저 리로 해명하는 방식, 곧 근원에 해당하는 하나(一)와 개체들의 많음(多)의 원인을 다 함께 리로 해명하는 방식이다. 이런 방식의 논리에서 나온 명제가 바로 우주란 총체로는 '하나의 리(理一)지만, 개체로는 그 리의 다양한 분포(分殊)'라는 의미의 '리일분수'이다. 이것을 뒷받침한 주회의 태극설이 바로 우주란 "총체로 보면 하나의 태극이고(總體一太極), 개체들로 보면 물체마다 각기 한 태극을 지닌다(物物各有一太極)"는 것이다.

기정진은 이런 사유를 인정하고 계승하면서, 이 태극설을 자기 나름으로 논하였다.

> "그 드러난 것으로부터 보면, 동정(動靜)은 서로 때(時)를 달리하고, 음양(陰陽)은 자리(位)를 달리하지만, 태극(太極)은 있지 않은 곳이 없다. 이는 체(體)가 용(用)에 갖추어 있음을 말한다."[17]

그는 과거 이황이 제시한 '리에 대한 체용관'을 태극에 적용하여, 태극이 용의 상태로 '어디에나 다 있다(無所不在)'고 주장한다. 이 주장은 '각 사물에 모두 태극이 들어 있다'는 주회의 이론을 대신한다. 주리적 리일원론으로 해석된 그의 우주관은 바로 '본원인 태극 하나가 만물에까지 담긴 것'이 우주라는 견해이고, 이것이 다름 아닌 리일분수라는 '리의 체계'로 파악한 사유이다. 그는 이 우주관을 형성하는 리일분수의 발상을 더욱 합리화 또는 타당화하는 새로운 이론, 즉 '기

---

17)《蘆沙先生文集》, 권1, 〈答問類編〉, 6쪽.

정진의 독특한 리일분수론'의 산출에 골몰한다. 아래의 절목이 그런 내용이다.

2) 기는 리의 분, 리의 작은 조리

기정진은 '리일분수'를 합리화하기 위해, 먼저 '리의 분(分)'이라는 것을 새롭게 언표하고, 이것에 대한 오해가 없도록 주의를 환기한다.

"이 분(分)은 임시로 배정된 것이 아니다. 이것이 (리의) 본연이다."[18]

기정진은 리의 분이란 리가 지닌 '본래적인 (본연의) 한 모습'이라는 점을 강조했다. 그의 이 발언은 다분히 어떤 물체가 다른 물체에 의해 시차를 두고 분열되는 현상과 다름을 밝히려고 한 것 같다. 리의 본래의 상태는 곧 태극이라 할 수 있음을 고려하면, 리의 '분'은 원천적으로 '태극 본래의 분'에 해당한다. 사실 기정진도 이것을 태극의 분이라고 명시한 것을 찾아볼 수 있다.

"태극의 리는 원통(圓通)한 것 같지만, 실은 방엄(方嚴)하다. 이와 같은 것은 반드시 이와 같아서 저것으로 되지 않고, 저와 같은 것은 반드시 저와 같아서 이것으로 되지 않는다. 그런 까닭에 사물 사이에서 그 유행의 드러남이 각기 일정한 분으로 나뉜다. 더해질 수도 없고, 덜해질 수도 없다. 지나칠 수도 없고, 모자랄 수도 없다. 학자란 이를 밝히고, 도(道)란 이를 행하는 것이다."[19]

---

18) 앞 책, 권16, 〈納涼私議〉, 7쪽.
19) 앞 책, 권1, 〈答問類編〉, 2~3쪽.

그에 따르면, 리의 분이란 태극의 리가 사물의 동정이나 유행하는 상태에서 마치 법칙처럼 일정하게 드러나는 것을 가리킨다. 태극의 유행 자체가 무원칙하게 두루 통하는 것이 아니고, 일정한 원칙으로만 엄정하게 되는 것이다. 그렇게 엄정히 유행하기 때문에 '태극의 분'이라는 현상도 있게 되었다. 기정진의 이런 해설은 리의 분이 마치 기와의 관계로 말미암아 이루어진다는 인상을 준다. 그렇다면, 분의 현상은 그가 기를 주재하는 것이 리라고 역설한 내용과 서로 어긋나지 않는가 하는 의문이 든다. 그러나 이 의문을 해소시킬 수 있는 그의 글이 있다.

"분이라 함은, 리는 실(實)하더라도 이름은 허(虛)한데, 다만 각기 한정(定限)이 있어 서로 넘어서지 않음을 가리킨다. 본래 리의 명칭도 아니고, 기를 가리킴도 아니다. 하나(곧 理一)에 함유된 것으로부터 말하면 참으로 지극히 은미한 리[至微之理]이고, 그 각기 한정된 것으로부터 말하면 반드시 기가 터전[地盤]이 된다."[20]

이로 보면 '분'은 '한정(定限)'의 의미를 나타낸다. 일정한 경계로 정하여진 성격의 리가 분이라고 일컬어지는 것이다. 따라서 이것은 리의 주재 여하보다 오히려 '한정적으로 엄정하게 유행'하는 리의 또 다른 특성을 가리킨다. 유행이 아닌 본래적 시각으로 보면 이 '분'은 본원의 일리에 포함된 '은미한 리'이지만, 유행의 시각으로 보면 현상의 기를 터전으로 한 한정된 리이다. '지극히 은미하다'고 하는 것은 분이 본원인 리일(理一)에 이미 가능태로 갖추어졌기 때문이고, '기를 터전으로 한다'고 함은 한정된 현실태로 드러나기 때문이다. 이렇게

---

20) 앞 책, 권16, 〈納涼私議〉, 15쪽.

이해하면, 분은 결국 리의 주재성과 상충됨이 없이 논의되는 '리의 존재 모습'을 가리킨다고 할 수 있다.

　기정진이 '분'을 리일에 함유된 것(즉 체)이기도 하고, 기 세계로서 현상화된 것(즉 용)이라고도 함은 리가 지닌 일종의 '체(體)와 용(用)'의 양면을 뜻한다. 이런 점에서 분은 리일과 분수의 양면을 이질화하기보다, 오히려 그 양면을 동질화시킨다는 해석을 가능하게 한다. 실제로 이 점이 기정진의 언설로 확인된다.

　　"내가 얕게 들은 것으로는, 분이란 리일 가운데 작은 조리(條理)여서, 리와 분 사이에는 층절(層節)이 있을 수 없다. 분은 리의 상대[對]가 아니다. 분수(分殊)라는 두 글자 곧 리일에 상대된다. 리는 온갖 분수를 함유하고, 그러므로 일(一)이라 하지만, 실은 일물이라 함과 같다. 다름[殊]이란 참된 다름[眞殊]이 아니기 때문에 분수(分殊)라고 한다. 다름이라 하는 것은 다만 그 분한(分限)일 따름이다."21)

　　"나의 설은 곧 리와 분의 화합인 원융(圓融)의 이론이다. 이는 이른바 체와 용은 한 근원임[體用一原], 드러남과 은미함에 틈이 없음[顯微無間], 같은 것 가운데 다름이 있고[同中有異], 다른 것 가운데 같음이 있는 것[異中有同]이어서, 같음과 다름을 더 논해야 할 필요가 없다."22)

　기정진은 분을 리에 속한 '작은(분한적) 조리[細條理]'라고 일컬었다. 리와 분 사이에는 아무런 층절이 있을 수 없는데, 그 원인은 본원 리[理一]가 체인 데 견주어 분은 그 용이기 때문이다. 이런 점에서 '본원

———————

21) 앞의 5쪽.
22) 앞의 14쪽.

의 리와 조리의 분'은 서로 녹아들듯이 화합한 원융(圓融)의 관계라는 것이 그의 견해다. 이는 일종의 '리분일원설(理分—原說)' 또는 '리분원융설(理分圓融說)'로 이름해야 할 기정진의 독특한 이론이다.

본원 리와 조리의 분이 서로 이질시되지 않는 것(원융)이므로, 리일만 말하고 분수를 간과한다든지, 분수를 말하고서 리일을 간과하는 일이 없어야 한다. 리일과 분수 또한 서로 기다려 주는 불가분의 관계, 곧 상수(相須)의 관계에 있기 때문이다. 그는 실제로 '리와 분의 일원'을 상수 관계라는 표현으로 되풀이하여 강조하고 있다.23)

이상과 같이 기정진에게 현상의 기 세계는 리의 터전[地盤]이라 하여, 리와 서로 이질시하는 듯하지만, 실은 그 '기(氣)의 세계'를 '리의 분(또는 분수)'으로 간주하고 있음에 유의해야 한다. 기 세계를 리의 분으로 여기는 이 사유야말로 기를 리에 포괄한 경향에서 내린 '리일원론적 이론'의 사유이다. 그의 주리 경향은 이 대목에서 마침내 기의 세계를 '리의 작은 조리[細條理]들'인 '분'으로 환원한 '리일원론의 우주관'을 형성하게 된 것이다. 그의 견해로는 리 외에 기는 별도로 간주되지 않는다.

5. 리일원적 우주관의 영향과 함의

유학에서 우주관이 다른 분야의 사상에 영향을 끼치게 되는 것임은 말할 나위가 없다. 일정한 우주관은 인간관이나 사회관의 수립에 바탕을 이루는 데 상당한 요인으로 이용되기 때문이다. 본원유학으로

---

23) 이 상수성(相須性)에 대한 상세한 소개는 朴鶴來의 《奇正鎭 哲學思想 硏究》 (고려대 민족문화연구원, 2003)에서 하고 있다.

부터 성리학에 이르기까지 '윤리·도덕의 수립'을 학문의 궁극 목표로 했던 유학의 경우, 일정한 우주관은 결코 그 자체만을 위한 단독적 이론에 그칠 수 없다. 이런 점에서 기정진의 우주관도 다른 분야의 문제와 무관한 듯이 파악되어서는 곤란할 것이다. 그의 우주관 역시 도덕을 비롯한 다른 철학적 문제들과 연계되었을 개연성이 매우 높다.

기정진의 우주관이 다른 분야와 연관된 것을 찾아볼 때, 나로서는 그가 앞 3절의 끝 부분(주 15)에서 사단과 칠정을 별개로 생각하지 않았던 점을 떠올리게 된다. 사실 사단칠정론(四端七情論)은 인성물성동이론(人性物性同異論)과 함께 조선 성리학에서 인간관을 이루는 사상 가운데 핵심적 부분이라고 해도 지나친 말이 아니다. 기정진의 리일원적 우주관이 이것들과는 어떻게 연관될지 의문이다.

먼저 사단칠정에 대한 리기 해석론부터 살피겠다. 기정진은 사단과 칠정을 별개로 생각지 않고, 사단을 칠정에 포함시키고서, 그 둘을 나누어 이황처럼 대거(對擧)하는 것을 부당하게 판단했다. 이 점부터가 이황의 태도와 다른 것이었다. 이미 살핀 대로 그는 기의 독자적 능력의 작용을 인정하지 않고, 오로지 '리의 주재인 명(命)'에 따라 기의 작용이 일어난다고 했다. 이런 점에서 그는 이이의 '기발일도설(氣發一途說)'과 이황의 '리기호발설(理氣互發說)'을 모두 부정했다. 이로써 기정진의 사단칠정에 대한 견해는 결국 '리의 발[理之發]'만 주장한 것이 거의 명백해진다. 아마도 그의 사단칠정에 대한 리기 해석론은 '리발일도설(理發一途說)'일 것이 자명하다. 이런 추정에 대한 확증이 바로 그의 다음 글 내용이다.

"기가 리에 따라(順하여) 발한 것은 '기의 발[氣發]이 곧 리의 발[理發]'이다. (기가) 리에 따라 행(行)한 것은 '기의 행이 곧 리의 행'이다. 리는 조작하고 작동하는 것 아닌 데다, 그 발하고 행함은 분명 기가 하는데도 리발·리행이라 함은 무엇인가? 기의 발과 행이 실은 리에게서 명(命)을 받기 때문이다. 명하는 것은 주인이고 명받는 것은 종이다.[24]

리일원적 주리의 시각을 고수하는 그로서는 리가 지닌 주재(主宰)의 특성을 바탕으로 한 '리주기복(理主氣僕)'이라는 점으로 말미암아, 사단이든 칠정이든 모두 '리발'일 따름이다. 이런 견지에서 그는 기에 의한 정(情)의 발동·발로를 다름 아닌 '리의 발동·발로'라고 해석해야 한다고 주장한다. 이로써 사단칠정에 대한 그의 리기 해석설이 '리발일도설'임이 확실해졌다.

그러면 이런 견해가 지향하는 목적은 무엇인가? 본원의 리가 성(性) 가운데서도 특히 오상(五常, 仁義禮智信)의 선성(善性)임을 감안하면, 그의 리발일도설은 분명 그 선성에 따른 도덕 수립의 가능성을 확보하려는 데에 목적을 둔 것이 아닐 수 없다.

리일원적 주리의 시각으로 풀어 가면, '인성·물성의 동이론'에서도, 그의 견해는 틀림없이 기를 고려치 않은 "본연의 성[本然之性]"에 기초한 이간(李柬)의 동론(同論) 편에 설 것이다. 아무튼 이와 관련하여, 그는 "천(하늘)이 인간과 타물에 부여[命]한 것으로는 오상(五常) 외에 다른 것은 없다"[25]라고 했다. 이로 보면, 이간이 천명·태극의 리가 모든 개체에 들어 있다는 뜻으로 인성·물성의 같음[同]을 주장하였으나, 기정진은 천명으로 깃든 '모든 개체의 성이 오직 오상'뿐이라는 주장을 앞세워 인성·물성의 같음을 믿었다. 같은 '인성물성동론'이지만, 이간의 이론과는 그 근거한 점이 서로 같지 않은 동론이다. 오상만을 천명으로 내세운 기정진의 이론이 이간의 이론보다 더 '도덕 수립과

---

24) 《蘆沙先生文集》, 권16, 〈猥筆〉, 26쪽.
25) 앞 책, 권16, 〈納凉私議〉, 11쪽.

직결'된 것임은 더할 나위 없다.

경우에 따라 기정진도 본성〔本然之性〕과 대비되는 기질성〔氣質之性〕을 인정하는 때가 있다. 그러나 그가 기질성은 분수된 리에 다름 아니고, 리일과 분수가 하나의 리로 합일되는 원융의 관계라고 한 것〔理分圓融說〕을 떠올리면, 그 기질성 또한 본성과 리로서는 서로 다르지 않다는 주장이 성립한다. 이로써 리의 주재성에 입각하여 형성한 그의 심성론도 그의 우주론과 같은 리일원적 이론의 특색을 띠고 있음을 알 수 있다.

기정진에게 우주론이나 심성론이나 모두 근본적으로는 '리의 주재성'에 기초하여 형성되었다. 물론 리의 주재성에 대한 주장은 애초 리의 의미에 원인(소이연)의 의미가 있다는 규정에서 출발했다. 따라서 이 '리의 주재'란 과연 어떤 성격의 주재인가 이제 성찰해야 할 시점에 이르렀다고 생각된다. 주리론자들이 리의 주재에 대한 설명을 위해 드는 실례가 있다. 그것은 바로 "사람이 말〔馬〕을 타고서 그것을 부리는" 사례〔人乘馬行〕이다. 기정진도 마찬가지다. 다음 글에서 그 점이 확인된다.

> "원래 리가 있으면 물(物)이 있다. 비록 리는 기에게 권력〔權〕을 위임했지만, 기는 리에게서 명(命)을 받는다. 이는 마치 들고 남에 빠름과 느림이 말에 달렸더라도, 말 자체의 느림과 빠름이 사람에서 말미암는 것과 같다."26)

기정진이 주재로 통하는 원인〔所以然〕곧 '명(命)'과, 실력으로서 능력〔所能〕인 '권력〔權〕'을 구분하여 사용한 사실이 이 글에서 드러난다.

---

26) 앞 책, 권4, 〈答權信元〉, 13쪽.

그 또한 실제로 발휘되는 권력은 리 아닌 기에 있음을 잘 알고 인정한 것이다. 그런데 그의 견해로는 '기가 행사하는 권력'은 리가 기에게 위임(委)한 것일 따름이다. 실제의 권력은 기에 위임했더라도, 리는 여전히 '기에게 명을 내리는 위치'에 있다. 이 '실권 없이 기에 내리는 명령'이 곧 리의 주재(主宰)를 의미한다. 이런 주재가 바로 말을 다루는 사람의 의사에 비유된다. 실력은 사람보다 말에게 더 많지만, 그런 말의 실력 행사를 사람이 조종하듯 하는 것이 곧 리의 주재이다.

리가 실권을 지닌 기에게 내리는 '명령이라는 주재의 성격'이 이 대목에서 밝혀진다. 이것은 마치 무력(無力)하여 실력을 행사하지 못하는 처지이더라도, 본래부터 가지고 있는 명목(名目), 명분(名分)으로 소유한 권위(權威) 또는 권한(權限)과 그 성격이 같다. 일종의 '명분적 권한'이라는 점에서 이는 마치 무능한 상관이 유능한 부하의 실권 행사를 추인해 주는 형식의 명과 다르지 않다. 앞서 "기가 리에게 순순히 따르는 것이 곧 리발(理發)"이라고 했던 그의 해석이 리의 이런 '주재 성격'을 입증한다.

리의 주재를 아무리 역설하더라도 리가 실질적으로 무력하다면, 그 주재는 현실적으로 쓸모없는 것처럼 생각될 수 있다. 그럴 수 있지만, 반드시 그렇지만은 않다. 이런 주재에도 현실적 실용과 실효가 있을 수 있다. 예를 들면, 왕이 무력해 그 왕권을 행사하지 못할지라도, 그 왕의 존재만으로 왕조 계승의 효과만은 있는 사례가 그런 것이다. 기정진 같은 성리학자들이 이상적 제왕의 통치를 '통치함 없이 통치됨〔無爲而治〕'으로 나타낸 것도 실은 제왕의 권능을 대행할 신하들의 유능함을 전제한 데서 나왔다.

이런 점을 감안하면, 기정진의 리일원적 사유에는 '기존의 도덕질서'와 '기존의 체제'를 옹호하고 유지하려던 의지가 잠재되었음이 짐작된다. 이것이 바로 당시 안팎으로 지극히 혼란하던 정치·사회적 현실에 대한 그의 사상적 대응으로서의 함의라 할 수 있다. 그의 사상은 사회의 도덕적 질서의 공고화와 아울러 관료들의 능력 발휘에 따른 정치적 안정 및 체제 옹호를 소망한 데서 나온 결실이라고 해도 틀리지 않을 것 같다. 그의 위정척사 운동이 이 점을 행동으로 확인해 주는 것이다.

기존의 질서와 체제와 연관된 것이라고 해도, 시각을 좀 달리한다면 기정진의 사상이 이렇게 보수성(保守性)만 지녔다고 판단하기 어려운 점도 발견된다. 리(理)의 의미가 소이연으로 해석되는 필연적 원리·원칙의 의미와 함께 소당연이라는 선을 지향하는 도덕적 당위의 규범·법칙 의미를 겸지했음은 두말할 필요가 없겠다. 리의 이런 의미들을 다시 고려하면, 기정진이 리를 중요시함으로써 윤리론적 경향의 사유로 이룩한 그의 우주론, 인성론 등은 '합리성(合理性)과 합당성(合當性)에 대한 투철한 신념'이 없이는 원천적으로 불가능했던 것이라고 할 수 있다. 따라서 그의 윤리론적 사상이 지닌 함의도 본원적으로는 합리성과 합당성에 대한 신념의 투철함과 관련된 점에서 찾을 수 있을 것이다.

이런 추론의 시각에 서면, 그의 독특하다 못해 유별나다고 해야 할 윤리론적 사상들이 지닌 함의는 바로 당시 세도정치로 말미암은 국내의 온갖 부조리(不條理)의 만연을 '합리적으로 시정'하려는 그의 의지와 함께, 대외적으로는 제국주의자들의 '부당(不當)한 침략을 저지해야 마땅하다'는 당위성 의식의 표출이라 하겠다. 당연과 통하는 의리(義理)를 생명처럼 여긴 성리학자이자 위정척사 운동가로서의 기정진이 이룩한 사상에는 진정 이러한 합리성과 합당성 추구 의식이 반영되었다고 해야 맞을 것이다. 나의 이런 판단은 당시 그의 상소문에 나타난 '안팎의 위기[危機]'로 집약된 시대 진단까지 감안할 때 더욱 확실성을 확보하게 된다. 아울러 기정진처럼 위정척사 운동에 참여한

당시 이항로(李恒老), 김평묵(金平默), 이진상(李震相) 등의 성리학설들
이 모두 '주리의 경향을 강하게 띤 공통점'을 지닌 특징을 보더라도,
기정진을 비롯한 이 학자들이 '주리로 기운 데'에는 합리성과 합당성
의 구현에 대한 높은 의지, 곧 국내의 모든 부조리를 합리적으로 시정
하고 제국주의자들의 부당한 침략성을 저지해야 마땅하다는 사유 실
천의 의지가 어느 정도 반영되었다는 판단이 가능해진다.27)

---

27) 이 부분은 나의 〈기정진의 리일원적 우주관〉(《學術院論文集》, 제51집, 2호,
2012)을 이 책의 체제에 맞도록 손질한 것이다.

제38장 성리학적 심즉리설의 제창
—이진상의 주리설적 심즉리설—

1. 19세기 주리적 심설의 발전

19세기 리기설 가운데 주리의 경향으로 된 이론은 이항로의 '심덕
설'과 기정진(奇正鎭)의 '우주론'만으로 그치지 않는다. 같은 주리적
편향이면서 특히 '심론'의 측면으로 크게 형성된 이론의 예가 더 있
다. 이진상(李震相, 寒洲, 1818~1886)의 심론이 바로 그러한 이론이다.
이진상은 위정척사파에 속하는 학자인 데다가 주리의 성향이 강한 심
론을 내었다. 따라서 그의 주리적 심론에는, 얼핏 보아, 이항로의 주
리적 심론과 비슷한 점이 보이지만, 그 이론의 형성 과정과 내용 및
성격은 결코 같지 않다.

이진상은 1818년에 경상도 성주(星州)에서 태어났다. 그는 특별한
스승 없이, 성리학을 익혀 당대 최고 성리학자들 가운데 하나가 되었
다. 성리학이 그의 두드러진 가학(家學)이었던 만큼, 그런 가학적 분
위기가 그를 성리학자로 대성하게 한 주요 요인이기도 했다. 그의 중

부(仲父) 이원조(李源祚)가 그 지역의 성리학자로 알려졌던 인물로, 그의 학문 대성의 가능성을 일찍 알아보고 크게 격려하여 그에게 영향을 끼쳤다.[1] 본래 이원조는 이황의 학맥을 잇던 이상정(李象靖)과 정종로(鄭宗魯)의 노선을 따랐으므로,[2] 이진상의 학맥도 자연히 '영남의 이황(李滉) 계열'에 들게 되었다. 실제로 그는 이황의 학문을 가장 존모하면서 계승·발전시키려 했다. 이황에 대한 그의 존모는 자연히 그로 하여금 주희의 성리학설을 천착하여 자기화하는 데 열중하게 만들었다.

이진상은 중부 이원조의 가르침에 힘입어, 학문을 함에 모방류(依樣)의 이해가 아닌 자신의 능력에 의한 '자각적 이해 곧 자득(自得)'을 가장 중요시했다.[3] 그는 자득의 깨우침을 위해, 일반 성리학자들보다 더 세심하게 탐구하는 방법적 태도를 취했다. 그 방법론의 내용은 상당히 복잡한 편인데, 예를 들면 리와 기의 관계에서, "서로 떨어질 수 없음(不可分離)"과 "서로 혼잡될 수 없음(不可混雜)"이라는 규정의 이용법인 '합간(合看)'과 '이간(離看)'을 들 수 있다. 또 일정한 이론의 이해를 '세로로 성찰(竪看)'하고, '가로로 성찰(橫看)'하며, '거꾸로 성찰(倒看)'하거나, '순차로 내리 성찰(順看)'한다든가, '거슬러 성찰(逆看)' 하는 등이 그러한 사례이다.[4]

이러한 사실은 이진상의 사려가 '논리'에 매우 밝았음을 드러냄과 아울러, 그의 이론들에 이런 방법론의 논리가 세심하게 구사되었을

---

1) 이진상의 생애에 대해서는 홍원식(洪元植)의 《한주 이진상의 생애와 사상》(예문서원, 2008)에서 상술했다.

2) 李震相, 《寒洲文集》, 권38, 行狀, 〈仲父凝窩先生行狀〉참조.

3) 李炯性, 〈李震相의 性理學 方法論에 관한 考察〉, 《韓國思想과 文化》제6집, 한국사상문화학회, 1999.

4) 宋贊植, 〈朝鮮朝末 主理派의 認識論理 — 寒洲 李震相의 思想을 中心으로—〉, 《東方學志》제18집, 연세대, 1978.

것을 짐작하게 하는 것이다. 이는 또한 높은 수준의 사변철학을 구상하는 데 그가 능란했을 가능성을 짐작케 하는 요소이기도 하다. 학문방법론에 예리한 시각을 구비하였다는 것은 결국 전통적 학설의 정확한 해석을 통해 자신의 독창적 학설을 구성할 수 있는 능력을 구비하고 있었던 것으로 이어진다. 그의 그러한 능력이 실제로 당시 리에 치중하여 입론하던 '주리적 성리설의 사조'를 자신이 원하는 독자적 방향으로 더 치밀하게 이끌었다. 그렇게 새로운 방향에서 이룬 그의 이론이 곧 '주리론적 심설'의 세계이다. 그 주리적 심설은 19세기에 독특하게 발전된 성리학을 대표하는 이론이다.

2. 주리적 심설·심학의 구상

이진상은 성리학자답게 리기론을 매우 중요시했다. "리기설이 곧 학문의 두뇌(頭腦)"라고[5] 할 정도로, 그는 리기론을 성리학의 최고봉으로 여겼다. 그리고 그는 리기론에 있어 기보다 리에 치중하는 '주리(主理)' 경향의 이론을 "아득한 옛 성인이 전해준 심법(心法)"이라[6]고 믿었다.

심법이란 '마음에 대한 이해의 방법'과 '마음 다스림인 수양의 방법'을 다루는 점에서 인간의 '주체성 확립의 태도'로 통한다. 리기론은 기본적으로 '실체'에 대한 객관적 독법이지, 주체성 문제에 직결된 이론 분야가 아니다. 이것은 심성의 지식 추구를 통하여 주체성 문제와는 간접적으로 연결될 따름이다. 이 점을 고려하면, 그의 리기론이

---

5) 《寒洲文集》, 권16, 書, 〈答李器汝〉.
6) 앞과 같음.

주리의 성향으로 편향한 이유를 깨닫게 된다. 그 이유는 균형 잡힌 리기론이 다분히 객관적 지식 습득에 그치므로, 균형을 깬 '주리' 성향의 리기론이라야 주체성과 연결된 '심법의 문제 해결'에 도움이 되기 때문일 것이다. 이런 추측의 근거는 '리의 개념'이 선(善)과 직결된 당연의 의미를 내포한 것이라는 데에 있다.

이진상의 리기론의 주리적 성향이 심법 문제의 수단으로 이용되는 데는 리 개념의 특성 외에도, 그렇게 된 '배후의 학문적 조류'가 있었다. 원래 위기지학임을 자처하는 성리학에 심법을 중요시하는 경향이 있던 데다가, 그 시대 '양명 심학'에 대한 저항의식이 일어났던 것이 바로 그것이다. 이런 의식으로 '심성 수양'을 지극히 중요시한 사례가 이황으로부터 비롯된 조선 후기 성리학자들이 《심경(心經)》 및 《심경부주(心經附註)》를 특별히 탐닉하던 사조였다. 《심경》을 유학 서적 가운데 가장 중요한 경전으로 받들었던 풍조는 16~19세기 조선 성리학자들의 일반화된 공통적 경향이었다.[7] 그런 데다 이황의 학맥을 잇는 영남학파를 대표하는 학자로서 이진상의 '정주성리학적 심설 또는 심학'에 대한 각별한 지향은 필연이었다고 할 수 있다.

이런 여건에서 낸 이진상 심법의 주리적 심설을 상징하는 핵심적 명제가 바로 "심은 곧 리이다(心卽理)"라는 것이다. 그의 심학은 곧 '심은 리다'라는 한마디로 집약된다. 원래 '심이 곧 리'라는 명제는 중국의 육구연(陸九淵)과 왕수인(王守仁)이 제창함으로써 그들의 '심학'을 나타낸 명제였음은 더할 나위 없다. 그 명제를 조선시대 이진상도 자신의 이론의 핵심으로 제시하였다. 그러나 그의 이 명제가 결코 육왕의 심설에 동조하는 입장에서 나오지 않았음에 주의해야 한다. 이

---

7) 이 점에 대하여 상론한 연구로 홍원식의 《조선시대 심경부주 주석서 해제》(예문서원, 2007)가 있다.

항로에게서도 이미 이런 사고가 비쳤듯이 이진상은 정주성리학을 자신의 입장으로 삼고서, 자신의 성리학적 사색을 통하여 이런 이론을 이룩했다. 따라서 그의 이 명제는 어디까지나 '조선 성리학의 심학화'의 맥락에서 이루어진 결과이다.

이진상은 44세 때(1861, 철종 12) 〈심즉리설(心卽理說)〉을 지었는데, 17년 뒤인 60세(1878, 고종 15)에 이를 중심에 놓은 그의 대표적 저서를 《리학종요(理學綜要)》라는 이름으로 꾸몄다. 이 사실만으로도 그의 '심은 곧 리'라는 주장은 '리학(理學)인 성리학'에 속하는 이론임이 분명하다. 새로운 이론의 창출이 대체로 기존의 학문에 대한 재해석을 통해 이루어지듯이, 이것은 특히 39세의 그가 11년 동안(1857~1867)의 《주자어류(朱子語類)》의 검토를 거쳐 내놓은 성리학적 결실이다.[8]

3. 주리 편향의 근거와 특성

이진상의 리기론도 리기의 기본적 의미를 벗어나 주리로 편향하는 데서 그의 이론의 특징이 드러난다. 그에게서 리는 기 작위의 소이연(所以然)이고 소당연(所當然)이며, 그 실현 가능성인 소능연(所能然)의 의미까지 함유한 것이다. 또한 리는 실재시되고 있고, 소이연의 의미와 연결되어, 그는 '리가 기에 앞선다[理先氣後]'라는 명제를 긍정했다. 그에게 우주의 근원인 '태극(太極)'으로 표현되는 리는 '천(天)'을 대신하면서[天卽理], 천의 기능인 '주재(主宰)'도 리의 기능으로 상정된다. 그 주재는 리가 내포한 원인[所以然]의 의미에서 연유함은 다 아는 대로이다.

---

8) 《寒洲集》, 권29, 序, 〈朱子語類箚疑序〉.

리의 '주재'를 논하려는 의도에서, 이진상은 리인 태극에 '체용의 사유'를 적용했다. 고요함[靜]이 태극의 본체이고, 실용으로는 태극에 움직임[動]이 있다고 했다. 이런 점에서 리는 '무위지만 유위한 것[無爲而有爲]'이라고 했다. 무위이면서 유위라는 표현이 형식논리로는 긍정될 수 없음을 그 자신도 잘 알았던 것 같다. 이 점을 그는 "태극 동정의 묘[太極動靜之妙]" 또는 "태극의 묘용(妙用)"이라고[9] 했다. 리에 대한 이러한 유위의 사유가 곧 '주리로 편향'한 규정에 다름 아니다.

이진상이 사용하는 리 개념의 복잡성은 여기에 또 그의 독자적 규정을 더함으로 해서 더욱 복잡하게 되었다.

> "선배의 이론으로 리는 무위이고 기는 유위라고 하였는데, 무위란 발하는 바가 없음[無所發]을 말함이 아니라 그 작위가 없음[其無作爲]을 말한다. 유위란 스스로 발할 수 있음[自能發]이 아니라 그 작위 있음[其有作爲]을 말하는 것이다."[10]

그에 따르면, 리와 기의 무위·유위는 각기 '작위의 없고 있음'을 가리키지, '발하는 바[所發]'와 '스스로 발할 수 있음[自能發]'을 가리키지 않는다. 이것은 사단칠정의 해석에서 이황이 제시한 리발(理發)을 놓고 낸 그의 이론이다. 일찍이 이이(李珥)는 사단칠정을 리기의 발(發)로 해석할 때, 발하는 바인 '소발(所發)' 또는 그 원인인 '소이연(所以然)'이 '리'이고, 발할 수 있는 '능발자(能發者)'를 '기'라고 했다. 이에 대한 이진상의 견해는 기를 능발자라고 함이 옳지 않다는 것이었다. 그 까닭은 리가 발하는 원인이고 기 작위는 그 결과에 해당하므

---

9) 앞 책, 권7, 〈與柳東林〉別紙, 163쪽 등.
10) 앞 책, 권7, 〈答沈禾犀〉別紙, 175쪽.

로, 리에 대해서는 '발하는 것'이라고 할 수 있지만, 작위 기능만 지닌 [有爲한] 기에는 '스스로 발할 수 있다'는 말이 적용되지 않기 때문이다. 원인인 리로 말미암아 발하게 되는 기에 대해 '스스로 발할 수 있는 것'처럼 표현함은 잘못이라는 것이 그의 주장이다.

이런 판단은 사유하기 나름이다. 무작위[無爲]인 리에 발의 능력이 있듯이 말하는 주장에도 무리가 없지 않다. 더욱이 이이도 기를 "발할 수 있는 것[能發者]"이라고만 했지, "스스로 발할 수 있는 것[自能發者]"이라고 하지는 않았다. 따라서 이런 인용문의 사례는 이진상의 리기 개념이 어떤 것인지 알게 하는 자료적 가치가 있을 따름이다. 리가 기의 원인이라는 점에서 '리의 발'을 주장하는 사유는 그가 이황의 '주리의 맥'에 섰음을 보여준다. 그러나 그가 '기의 발'을 부정한 것은 이황과 다른 점으로서, 그의 주리 경향이 이황보다 더한 것임을 드러내는 것이다. 그의 주리론의 독특한 특징이 바로 이런 데에 있다.

일찍이 기정진은 리와 기의 관계를 "리주기복(理主氣僕)"이라 규정했지만, 이진상의 견해도 그와 비슷했다. 이진상은 리기의 관계를 "리주기자(理主氣資)"로 나타냈다.

> "무릇 리란 기의 주재이고, 기란 리의 자구(資具)이다"[11]

리는 기에 대하여 '주재(主宰)'의 위치에 있고, 기는 리에 대해 '자구(資具)'의 위치에 있는 것이 '리주기자'의 관계이다. 이진상에게 주재란 리의 주인 노릇을 가리키고, 자구는 리의 타는 곳[乘處, 搭載處]으로서의 도구적 재료를 가리킨다. 실제로 이진상은 리가 기를 타고서 주재 역할을 하고, 기는 리를 태우고서 그 (리의) 주재의 도구 역할을

---

11) 앞 책, 권25, 〈答崔肅仲(正基)〉, 539쪽.

하는 것이라고 생각했다. 이 점은 그가 '리와 기' 곧 '태극과 음양의 관계'를 (기정진과 마찬가지로) 사람이 말을 타고[人乘馬] 말을 부리는 예로 비유함에서 분명히 확인된다.12)

이진상은 '리와 기'를 각기 '사람과 말'에 비유했을 뿐만 아니라, '왕[人主]과 재상(宰相)'에도 비유했다. 이는 리기의 관계를 마침내 사회의 차원에 적용한 설명이라는 점에서 주목할 만하다.

> "주재를 (나누지 않고) 하나로 말하면, 주(主)가 재(宰)이고 재가 주이다. 그 주재를 나누어 말하면, 고요함에서 체(體)가 서는 것을 주라 하는데, 곧 왕[人主]이 팔짱 끼고 함이 없는 것[無爲]과 같다. 움직임에 용(用)을 행함을 재라 하는데, 이는 곧 재상(宰相)이 여러 일을 처리[裁斷]함과 같다."13)

그에 따르면, 주재란 통틀어 말해지기도 하고, 나누어 말해지기도 한다. 통틀어 말하면 주와 재는 실질적으로 분별되지 않는다. 그러나 나누어 말할 때는 이것들이 분별된다. 왜냐하면 주와 재는 각기 체와 용에 해당하여, 각기 '왕[人主]'의 함이 없음[無爲]과 '재상'의 매사를 처리함[有爲]과 같기 때문이다. 이로써 그가 역설하는 '리의 주재'란 마치 실제적 업무 집행과 무관하더라도 '명목' 또는 '명분'상으로 주어져 있는 왕의 '직무적 권한'과 같은 성향임을 알 수 있다.

실제의 작위적 행위를 하지 않더라도 '명목 또는 명분'으로 주어진 '직무적 권한'이 바로 이진상이 강조하는 리의 주재이다. 이에 견주어 '기의 작용'은 재상의 실질적 실행에 해당하므로, 그것은 '왕의 명령을 재상이 수행함'과 다르지 않다는 것이 그의 생각이다. 그의 '리주

---

12) 《理學綜要》 권1, 〈天道理之大原〉, 15쪽.

13) 《寒洲集》 권30, 〈書西厓柳先生主宰說後〉 651쪽.

기자(理主氣資)'는 이런 내용의 의미를 내포한 점에서 독특한 것이다. '명목상의 주재' 또는 '명분상의 직무적 권한'이 바로 그가 강조하는 '리의 주재'임을 유의해야겠다.

4. 주리적 '심즉리설'의 도출

이진상은 '리의 주재'에 더하여 "마음[心]이 한 몸[一身]의 주재"라는 정주의 규정에 주목했다. 나아가 그는 '그 마음의 주재성'을 자기 나름의 사유로 더욱 강화하여 역설했다. 그런 태도로 역설한 것이 그의 '심은 곧 리[心卽理]'라는 주장이다. 물론 '심즉리'의 설은 이미 육왕의 심학에서 나온 명제이다. 그러므로 이것이 그것과 같은지 다른지에 대한 설명이 있어야 했다. 나는 그 설명을 이 장의 끝 부분에서 하기로 하고, 그동안 이진상이 이 명제를 도출하는 과정을 먼저 서술하여, 이것과 육왕의 명제의 같고 다름을 독자들이 절로 깨달을 기회를 주려고 한다.

이진상이 말하는 심은 먼저 다음과 같은 네 가지로 정리된다. 의학에서 가리키는 심장의 심인 '혈육의 심[血肉之心]'이 그 하나이고, 도덕을 성립케 하는 이른바 '인의의 심[仁義之心]'이 그 하나이다. 그리고 기로 말미암은 의식 작용의 전체인 '정상의 심[精爽之心]'과, 의식 가운데 지각 활동인 '지각의 심[知覺之心]'이 그것들이다. 이것들에 대한 그의 설명이 있다.

"혈육의 심은 질(質, 바탕)로 말한 것이고, 인의의 심은 리(理)로 말한 것이고, 정상의 심은 기(氣)를 기준으로 말한 것이고, 지각의 심은 리와 기를 겸해 말한 것이다. 각기 주안점[攸主]이 있고, 서로 함께 갖추고서야[相須]

이루어진다."14)

그가 말하는 네 가지 심은 각기 질, 리, 기, 리기의 관점에 따른 분류이다. 이렇게 관점에 따라 달라지는 심에 대한 그의 설명은 더 이어진다. 혈육의 심은 '형질(形質)'에 바탕을 둔 것이고, 인의예지 등 본성인 리(성즉리)의 심은 그 '본체(本體)'로 말하는 경우이며, 외물에 감응하여 나오는 사단칠정의 현상을 '심의 묘용(妙用)'으로 강조하는 경우, 그리고 인욕으로 인해 방탕하게 하는 '심의 객용(客用)'을 지적하는 경우가 있다는 것이다.15) 그러나 각기 달리 설명될지라도, 이것들을 합쳐야 하나의 심의 온전한 이해에 이르게 된다. 이런 점에서 그의 심은 대체로 하나로 통틀어 말하는 경우가 대부분이다.

심들은 분별되는 점이 있으므로, 경우에 따라 의미를 가리지 않고는 잘 파악되지 않는 것도 사실이다. 심의 본체가 성 또는 리라는 점에서, 그는 아래와 같은 설명도 했다.

  "심은 모든 리[衆理]의 모임[總會]이다"16)

  "심의 본체는 곧 태극이 인간에게 있는 것[心之本體, 卽太極之在人者也]"이다.17)

리가 심의 본체인 데다가 태극이 곧 리이므로, 심의 본체는 '인간에

---

14) 앞 책, 권39,〈隨錄〉, 21~23쪽.
15)《理學綜要》권8,〈心(理之主宰)第4下〉, 127쪽.
16) 앞 책, 권6,〈心(理之主宰)第4上〉, 84쪽.
17) 앞과 같음.

게 있는 태극'인 셈이다. 이는 "리의 총화가 곧 태극"이라는 사유와 "심도 리의 총화"라는 사유를 바탕으로 하여, 우주와 인간을 연결시킨 차원에서 내린 심의 규정이다. 이진상은 심에 대한 정주의 규정들을 다 긍정하여 계승했기 때문에, 그의 심의 규정은 이 정도에서 그치지 않았다. 예를 들면, 심에 동정이 있음을 기준으로 그 '체(體)와 용(用)' 을 말하고, 심의 체와 용은 또 성(性)과 정(情)의 명칭으로 되어, "심 통성정(心統性情)"의 명제가 또 심의 대표적 규정이 된다.

'심통성정'의 명제에 들어 있는 '통(統)' 개념은 본디 주희, 이황에 서부터 두 의미로 사용되어 왔다. 첫 번째 의미는 '겸함[兼] 곧 포함 [包]'이고, 두 번째 의미는 '다스림[統治] 곧 주재(主宰)'이다. 이진상도 '통'을 이 두 의미로 계승했다. 그는 "겸포의 속 알맹이[實]가 있기 때 문에, 주재의 묘(妙)가 있게 된다"[18]고까지 했다.

이 두 의미에 기초하여 한 걸음 더 나아간 견해를 피력한 것이 그 의 다음 글에 나타나 있다.

> "성은 미발(未發)의 리이고, 정은 이발(已發)의 리이다. 성이 발하여 정 으로 되니, 다만 하나의 리일 뿐이다. 비유하면, 주인이 출타하면 객인으 로 되나 같은 (한) 사람일 뿐이라는 것과 이는 같다. 참으로 성정의 실제 모습을 구해 보면, 리발(理發)은 있지만, 기발(氣發)은 없는 것이다."[19]

> "심·성·정으로 말하면, 심은 태극(太極)이고, 성은 태극의 고요함이고, 정은 태극의 움직임이니, 심은 리일(理一)이고, 성과 정은 분수(分殊)이다. 심과 성으로 말하면, 주재가 늘 일정함이 심으로서 리의 일이고, 발하여

---

18) 앞 책, 권7, 〈心(理之主宰)第4中〉, 101쪽.
19) 앞 책, 권10, 〈情〉四七原委說, 172쪽.

같지 않음이 성으로서 분수이다. 성과 정으로 말하면, 성은 체(體)로서의 리일이고, 정은 용으로서의 분수이다. 각각 들어 단조롭게 말하면, 또한 모두 다 리일분수로 있다."20)

이 두 글을 종합하면, 성과 정은 '리의 발[理之發]' 여부에 따른 두 측면이다. 심 또한 태극인 리이므로, 심·성·정은 다 하나의 리일 따름이다. 심·성·정이 모두 하나의 리라는 사유를 바탕으로, 이진상은 그 '심·성·정의 관계'를 태극 리의 우주 체계적 사유인 '리일분수(理一分殊)'에 적용시키기까지 한다. 곧 '심'은 태극이라는 본원 리로서의 리일(理一)에 해당하고, '성과 정'은 분수된 리[分殊]에 해당한다는 것이다. 이런 '심·성·정 일리설'이 바로 심의 구조와 성격을 리 하나로 (기의 발용을 제치고) 처리하는 이진상의 '독특한 주리설'이다.

다른 한편 심통성정의 통(統)을 '통치 의미의 주재'로 본다면, 이는 심이 곧 (그것이 포괄한) 성과 정을 주재함을 가리킨다. 성과 정을 주재함은 곧 '한 몸[一身]의 주재'로 통한다. 그에게 '심의 주재' 측면이 천(天)을 원리화한 '리[太極]의 주재'와 짝을 이루어, 마침내 '심과 리를 동일시'하는 근거가 된다. 심과 리의 동일시 사유가 바로 "심즉리(心卽理)"로 표출된 것이다. 이진상의 '심즉리설(心卽理說)'은 심과 태극으로서의 리에 부여된 '주재 의미의 사유'들을 합성한 이론적 결과이다.21)

---

20) 《寒洲集》, 권19, 〈答郭鳴遠疑問〉 424쪽.

21) 이형성(李炯性)은 이진상의 '心卽理說'에 대한 이와 같은 이론적 배경에 '양심(養心)'을 위한 목적'을 더 꼽는다. 《寒洲 李震相의 性理學 硏究》(성균관대 박사학위논문, 2001), 113쪽.

5. 심즉리설의 사유 구조

천의 주재라든가, 인심이 지닌 태극 및 리일분수설로 미루어 볼 때, 이진상의 '심즉리설'에는 천과 인의 동질성을 전제한 '천인합일(天人合一)의 사유'가 개재되었음을 알 수 있다. 그의 이론에는 유학의 전통적 '천인동질관(天人同質觀)'이 개입되었다. 이 점이 그의 언어로 확인된다.

"세상의 유학자들 가운데 많은 이들이 심을 기라고 하지만, 상제의 심〔上帝之心〕이나 천심(天心)의 단어를 본다면 더욱 심이 주재의 리〔主宰之理〕임을 알 수 있다."[22]

"원형이정(元亨利貞)은 만물을 생성하는 천지의 마음〔天地生物之心〕이라 했는데, 인간이 이것을 얻어 인간의 마음으로 되었기에, 미발일 때는 사덕(四德, 仁義禮智)을 갖추었고, 이발일 때는 (그 사덕이) 사단(四端)으로 드러난다."[23]

"위에 천지의 마음〔天地之心〕을 말한 것은 그 큰 근원〔大原〕이 있어서, 천과 인간이 하나의 리임을 밝힌 것이다. 그 다음에 말한 본체의 마음〔本體之心〕은 태극을 각기 갖추어 심과 성이 하나의 리임을 밝힌 것이며, 그 아래에 말한 묘용의 마음〔妙用之心〕은 태극이 유행하여 성정의 한 리 됨을 밝힌 것이다."[24]

---

22) 《理學綜要》, 권6, 〈心(理之主宰)第4上〉, 77쪽.
23) 《寒洲集》, 권32, 〈心卽理說〉, 677쪽.
24) 《理學綜要》, 권8, 〈心(理之主宰)第4下〉, 128쪽.

이 세 글은 좀 중복되는 내용이기도 하지만, 다 종합해야 이진상의 심즉리설에 담긴 천인동질의 사유가 분명해진다. 종합하면, ① '상제(또는 천)의 심'으로 보아 심 자체가 주재의 리를 가진다는 것, ② 상제의 심과 맞먹는 '천지의 심'은 '원형이정(元亨利貞)'이라는 우주 자연의 생성[生物]의 원리인데, 이 원리는 인간에게 깃든 '인의예지' 사덕(四德)과 서로 '동질의 원리'라는 것, ③ 천지의 심과 인간 본체의 심과 묘용의 심은 다 '하나의 리[一理]'에 지나지 않는다는 것이다. 이로써 그의 심즉리설이 전래의 천인합일(天人合一) 사유 곧 천인동질 사유를 바탕으로 한 이론임이 확실해졌다.

개인의 심의 기능이 과연 리일분수를 이루는 태극 또는 천지지심의 기능과 합치한다고 할 수 있는지는 성찰을 요하는 문제이다. 이 문제가 풀려야 그의 심즉리설은 타당성을 확보한 이론으로 대우받게 될 것이다. 이진상이 말하는 심 가운데 심장에 해당하는 혈기의 심[血氣之心]만 제외하면, 나머지 인의지심(仁義之心), 정상지심(精爽之心), 지각지심(知覺之心)은 결국 '의식 활동'이라는 하나로 집약된다. 정상(精爽)이라는 영명성이 지각과 상통하고, 도덕 성격의 인의지심 또한 그 영명성과 지각의 기능이 있어야 가능하기 때문이다. (과거 해부학이 발달하지 않았을 때 두뇌의 활동 전체를 심으로 일컬었음을 떠올리면 이는 더 그러하다.)

의식 활동인 심은 넓은 의미의 지각을 통해 자기 분열적 자의식(自意識)을 가짐으로써 스스로 '자기반성(自己反省)의 주재'를 한다. 의식 활동은 지각을 통해 다른 사물을 인식하고, 그 사물에 적합한 대응의 방법을 강구하는 등 '대타적(對他的) 주재' 작용을 한다. 앞서 제기된 문제는 바로 이 '두 가지 주재' 작용이 어떻게 '하나의 리'라고 할 만한 합치점을 가지고 있는가의 물음이다. 이진상은 이 문제의 해명에 해당하는 상당히 복잡한 문장을 남겼다.

"그 리의 하나[理之一, 그 안에 분수가 있음]를 말하면, 심은 성과 정의 주재여서, 인(仁)으로 사랑하고 예(禮)로 공경하고 의(義)로 마땅하게 하고, 지(智)로 변별하는 것이다.(소이연)

나누어 다르게 됨[分之殊, 리일이 그 가운데 있음]을 말하면, 심의 체는 성이어서 성이 주장하는 것으로 되고, 정은 심의 용이어서 정은 재제(宰制)받는 처지로 된다.(소능연)

다르게 나뉜 데[分殊處]에서 그 달리 나뉨[分殊]을 보면, 사덕(四德)이 서로 주장하고 사단(四端)이 각기 재제(宰制)받아 가며, 뭇 리[衆理]로써 만사를 처리한다.(소당연)

다르게 나뉜 데[分殊處]서 리일(理一)을 보면, 지(智)의 본성[德]이 일심을 주장하는데, 미발일 때도 지각은 어둡지 않아 감지되자 곧 지각이 변별하니, 실제 발할 때에야말로 지각이 묘하게 작용하여, 감응하고 곧 수렴한다. 이는 일리로써 뭇 리를 묘하게 하는 것이다.(자연, 필연)"[25]

이 문장은 정주성리학에서 리 개념이 내포한 의미가 일의(一義)에 그치지 않고 다의(多義)였음을 상기하고서, 심의 주재 기능이 그 의미들과 리일분수의 형식에 서로 합치되게 작용한다는 것을 해명하려 적은 것이다. 리의 의미에는 소이연(所以然), 소당연(所當然), 소능연(所能然), 자연(自然) 및 필연(必然) 등이 있다는 것이다.[26]

리의 이렇게 다의한 점을 앞세우고 살피면, 그의 이 견해는 아래와 같은 내용으로 풀이된다. ① 심은 성과 정을 모두 주재한다. 이때는

---

25) 《寒洲集》, 권34, 〈主宰圖說(丙辰)〉, 719쪽.

26) 위 다른 자리에서 보았듯이, 그가 '能然'을 이이와 달리 기(氣) 아닌 리(理)에 적용해 사용하였음에 주의해야 할 것이다. 이 점은 리의 의미에 대한 그 시대 성리학자들의 일반적 규정을 이진상 자신의 사유체계에 적합하게 사용하려는 것이라는 점에서 문제되지 않는다.

'심' 자체가 '성과 정'에 모두 영향을 주는 식의 주재를 한다고 할 만하다. 이는 풀어 말해, 마치 심이 성정의 원인처럼 영향을 끼치므로, 리의 '소이연' 의미가 적용되는 경우로서, 분수를 내포한 '리의 일[理之一]'로 말하는 경우이기도 하다.

② 성과 정이 각기 심의 체와 용으로 분별을 전제하고, 주재(主宰) 또한 주(主)와 재(宰)가 각기 주장(主張)과 재제(宰制)로 설명되는 경우이다. 이때는 성이 주장하고 정이 재제를 받는 형태로서, 성과 정 각각의 기능이 실현된다. 그러므로 리의 '소능연' 의미가 적용되는 경우, 곧 '리일을 함유한 분수'를 말하는 경우이다.

③ 분수된 곳에서 분수를 이해하는 때가 있는데, 이때는 구체적으로 사덕(인의예지)이 주장하고 사단(측은·수오·사양·시비의 정)이 재제 받으면서, (심중의) 뭇 리[衆理]로써 만사를 마땅하게 처리한다고 하는 경우이다. 이는 리의 '소당연'이 적용되는 때이다.

④ 현상의 개체[分殊]에서 근원[理一]으로 소급하는 때가 있다. 지(智)의 본성이 오히려(역으로) '심을 주재'하는 때인 만큼, 지의 본성으로 말미암아 '지각(知覺) 활동'이 미발(未發)·이발(已發)을 가리지 않고 항상 일어난다. 이때는 리로 말하면, 하나의 리로 뭇 리를 묘하게 하는 때이다. 리의 '자연(自然)' 또는 '필연(必然)'의 의미가 적용되는 때이기도 하다.

이상은 심의 주재가 바로 리의 다양한 의미들에 적절하게 작용한다는 것을 해명한 내용이다. 그의 심즉리설이 담고 있는 사유의 치밀함은 여기서 극치에 이르렀다고 하겠다. 심의 주재성을 리의 의미 전체에 맞추느라 그는 이렇게 세밀하고도 복잡한 이론을 폈지만, 이론의 초점은 심의 자기반성적 기능과 다른 사물을 지각하는 기능이 리의 주재와 같다는 데 놓였다.

심의 자기반성적 기능은 그에 따르면 심의 일반적 주재, 예를 들면

인으로써 사랑하고, 의로써 마땅하게 하고 하는 등의 것이다. 그는 이 점을 정씨(程氏)의 "마음으로 마음을 부린다[以心使心]"는 표현을 따른 것이라고 했다.

"성정(性情) 외에 또 심(心)은 없다. 지금 성정을 묘하게 하는 특성은 심의 묘용(妙用)으로 그 본체(本體)를 유지하고, 심의 본체로 그 묘용을 재제(宰制)하는 것인데, 이것이 정자(程子)의 이른바 '마음으로 마음을 부린다'는 것이다."[27]

주희 이후 성리학자들은 '마음으로 자기 마음을 부리는' 내용을 대체로 '인심(人心)에게 도심(道心)을 따르도록[聽命] 함'이라고 간주하였다. 그러나 이진상의 견해는 이와 달랐다. 그의 견해로는 '마음으로 마음을 부림'은 성정에 대한 심의 묘용[心之妙用]인데, 그것은 심의 본체를 유지하면서도, 그 본체로 묘용을 재제하는 것을 가리킨다. 심이 지닌 '체와 용의 원활한 자기 운용'이 바로 그가 생각한 마음으로 마음을 부리는 심의 묘용이라 할 수 있다.

그가 타자에 대한 인식과 반응을 논한 내용은 실상 그의 앞 설명 가운데 셋째와 넷째의 내용이라 할 수 있다. 본성 가운데 '지(智)'의 용인 '지각(知覺)'을 그는 타자의 인식과 대응에 일단 적용했다. 이와 아울러, 특히 타자의 대응에 있어서는 리의 '소당연'에 합치되도록 해야 한다는 것이 그의 견해였다. 소당연을 적용시킨 이 점에서 이진상의 사유가 지닌 또 하나의 특징이 잡힌다. 그 특징은 바로 타자에 대한 대응에서는 '소이연'과 '소능연'만으로는 되지 않고, '소당연'에 따르는 심의 주재가 있어야 된다는 것이다. 이 특징은 그의 주재관에 따

---

27)《寒洲集》, 권39, 〈主宰圖說〉(附主宰說考), 14~15쪽.

른 선행(善行), 곧 '도덕(道德)'을 지향하고 실천하려는 의지의 표명이 아닐 수 없다. 이는 그의 심의 주재설에 담긴 '도덕적 성격'이 이렇게 표현되었다고 해야 할 사유이다.

위의 번잡한 고찰을 정리해 보면, 이진상의 "심은 곧 리다[心卽理]"라는 명제는 몸을 주재하는 심의 성정(性情)에 대한 통솔로서의 주재적 묘용이 다양한 사물[分殊]에 대한 리[理一, 太極]의 상제적 주재의 묘용과 일치한다는 데에 그 논거를 둔 것이다. 이 논거는 또 심의 주재 형식이 리의 '소이연, 소당연, 소능연, 자연·필연' 등의 성격과 조응한다는 주장으로 이어졌다. 이로써 이진상이 논하는 심과 리의 두 주재는 결국 '심의 체'로 있는 '태극(太極) 리(理)'에 귀속되어 하나로 되는 이론이기도 하다.

6. 심즉리설의 유학사적·시대적 함의

일찍이 이황(李滉)은 심의 구조적 측면을 고려하여 심을 "리와 기의 합[理氣之合]"으로 보았다. 이에 견주어 이이(李珥)는 그 기능의 측면을 고려하여 "심은 곧 기[心是氣]"라고 했다. 이이를 따르던 호서의 송시열(宋時烈), 한원진(韓元震) 등은 '심이 기'라는 견해를 계승했다. 이이의 학파에 대립하던 영남의 학자들은 이황의 견해를 좇았다. 그런데 이황 계열에 속한 이진상의 "심은 곧 리[心卽理]"라는 주장은 정주계 학자로서는 어느 편에서도 뜻밖으로 여기기에 충분했다. 이 주장에 대하여 뒷날 이황 계열에서 크게 반발하여, 그의 문집을 불사른 사실이 정주학계의 충격을 짐작케 한다.[28]

---

28) 1896년 이진상의 자제 이승희가 《寒洲文集》을 간행하자, 이황의 후손인 이

그러나 이진상은 이황 및 주희의 성리학을 연찬하고 계발하려던 의도에서 출발한 연구가 결과적으로 이황과 주희의 이론을 벗어났을 따름이었다. 그는 심에 대한 '리기의 합'의 규정은 별로 언급치 않았지만, (이이 측의) "심이 곧 기"라는 주장에 대해서만은 지극히 비판하고 배척하였다. 이는 그의 학파적 소속을 일단 드러내는 양상이기도 하겠지만, 그 이상으로 이이계의 "심은 곧 기"라는 명제가 자신의 "심은 곧 리"와 정반대였던 데에 그 원인이 있었을 것이다. 이 점을 확인할 수 있는 글 하나를 살피자.

> "무릇 '심은 기'라는 것의 나쁜 까닭은 무엇인가? 심은 한 몸의 주재인데, 주재를 기(氣)에 속하게 하면, 천리(天理)가 형기(形氣)의 명령을 듣게 되고, 수많은 악이 마음[靈臺]에 의거하게 될 것이다. 심에 체(體)가 없으면 성(性)으로 체를 삼는데, 지금 심을 기라고 하면 '성을 기'로 여김이다. 이는 고자(告子)의 견해로서, 인간을 절로 금수와 다름없게 하는 것이다."[29]

그에 따르면, '심을 기'라고 할 때에는, 그 사유가 성도 기로 여겨〔性卽氣〕, 성인 천리가 기인 형기에게 명령을 들어야 하는 식으로 된다. 이는 한 몸의 주재를 심 또는 리 아닌 기에 맡김으로써, 인간을 선악의 분별 의식이 없는 금수와 같게 하는 결과마저 가져온다. 그러므로 이진상은 선악의 분별 의식에 따른 선행을 위해 심을 리라고 해

만인(李晩寅)이 먼저 이진상의 심즉리설을 이황의 학설과 다르다고 비판하기 시작했다. 그 뒤로 안동의 학인들 사이에 이진상의 성리학을 위학(僞學)으로 몰아, 이듬해(1897)에는 《한주문집》이 도산서원(陶山書院)으로부터 환송되었다. 그 이진상의 학문을 위학 또는 이단시하던 풍조는 더욱 극렬해지던 나머지, 1902년 11월, 마침내 박해령(朴海齡), 이중화(李中華), 유만식(柳萬植) 등이 《한주문집》을 상주향교에서 불태우는 사건까지 감행하였던 것이다.

29)《寒洲集》, 권32,〈心卽理說〉, 678쪽.

야지 심을 기라고 해선 안 된다고 판단했다.

유학사에서 본다면, 아무래도 '심은 리[心卽理]'라는 명제는 이미 육구연(陸九淵, 象山)과 왕수인(王守仁, 陽明)에 의해 먼저 제창된 것이다. 그들의 선창으로 말미암아 이진상의 이 명제는 자칫 혼란을 가져올 개연성이 많은 것이다. 육왕의 이 명제는 정주의 사상(格物說 등)에 대립하기 위해 제창된 이론이다. 그러나 이진상의 이 주장은 비록 표현 형식(문장)은 서로 같지만, 이미 살핀 대로 내용에서는 육왕의 그것과 전혀 다른 것이다. 이는 정주의 이론에 대한 반대는커녕 계승하는 시각에서 나왔으며, 또한 육왕의 심학 이론에 대한 비판적 의지에서 나온 것이다. 그 증거가 손쉽게 찾아진다.

> "양명이 말하는 심즉리는 사단과 오상의 리로 심을 말할 수 있는 것이 아니다. (그것은) 천하 사물의 리를 모두 내 마음에 있다고 간주한 것이다. 사물에 나아가 리의 실상을 궁구함이 없으니, 이 리는 번잡·요란하지 않을 수 없어, 기품·물욕 등까지 모두 천리(天理)라고 하게 될 것이다. 어찌 심의 본체(本體)와 묘용(妙用)에서 참된 천리를 보겠는가? 만일 '리를 가지고 리라' 하면서, '심은 곧 리[心卽理]'라 한다면, 어찌 선학(禪學)에 빠지는 근심이 있겠는가!"30)

이 글을 이해하기 위해서는 약간의 예비지식이 필요하다. 본래 왕수인[陽明]은 정주가 실물에서 리를 궁구함이 지리한 사업[支離事業]이라고 반대하면서, 리는 다 내 마음에 갖추어졌다고 생각했다. 이를테면, 부모에 대한 효도는 효도의 리를 배우고서야 실행되는 것이 아니고 부모를 대할 때에 누구나 효를 절로 행하는 것이 곧 그 증거라고

---

30) 《求志錄》, 권23, 《退溪集箚疑》, 353쪽.

했다. 이런 점에서 왕수인은 리로서의 성을 타고난 명덕(明德)이라 하면서, 그것은 또한 내 마음에 갖춘 양지(良知)·양능(良能)이라고도 했다. 따라서 그에게는 모든 원리에 대한 지식 추구가 필요치 않다. 인위적 노력 없이 심이 향하는(욕구) 대로 행하면, 오상의 도덕마저 절로 이루어진다는 것이다. 육왕의 '심즉리'는 이러한 사유에서 제시되었다.

육왕의 이론을 숙지한 학자가 바로 정주계 주리론자인 이진상이다. 숙지하였던 까닭에 그는 예리한 비판을 할 수 있었다. 그에 따르면, 모든 리가 다 내 마음에 갖추어졌다고 함은 일단 인정될 수 있다. 그러나 그 리는 심의 체(體)인 인의(仁義) 등 선행을 하게 하는 본성이지 악을 범할 무엇이 아니다. 악은 리가 아닌 기(氣)에 의해 일어난다고 할 수 있다. 그가 왕수인에 대하여 기품·물욕까지 리, 천리로 본다고 한 비판은 바로 이런 뜻에서 한 것이다. 실제 육왕의 이론에는 물욕 여부를 고려치 않고 심의 욕구를 따르는 경향이 있음을 부정하기 어렵다.

그러나 그는 이와 달리 '리의 소당연(所當然)' 의미를 확신하던 학자로서 '심의 본체'인 리(理)와 '그 묘용'인 주재(主宰)에 입각해야만 천리를 볼 수 있음을 강조했다. 그의 견해로는 심의 본체가 '리'이고, 심과 리의 묘용이 '주재'라는 점에서만 '심즉리'라고 할 수 있다는 것이다. 심과 리의 주재성을 떠나면 그의 '심즉리설'은 결코 성립되지 않는다. 따라서 이진상의 '심즉리설'은 육왕의 그 설을 모방하기는커녕, 그것을 반박하고 시정하려는 의지에서 낸 이론이라는 것이 확실하다. 전체 유학사에서 차지하는 그의 이 이론의 위상이 바로 여기에 자리한다.

주재를 기준으로 한 이진상의 심즉리설을 더 음미해 보겠다. 그의 이론은 '심의 주재'가 곧 심체인 '리의 묘용'대로 됨을 의미한다. 심의 의식 작용이 이성적인 사려(思慮)와 감정적인 정서(情緖)의 성격을 띠고 다양하게 드러남은 다 아는 대로이다. 그 의식 작용이 '주장(主張)과 재제(宰制)'의 형식으로 이루어지는 것은 얼마쯤 인정될 수 있다. 그러나 심의 주재가 그 체인 리, 곧 천의 주재를 대행하는 식의 다양한 의미에 일치되게 작용하는지는 더 검증해야 할 의문점이다. 더욱이 근본적으로 '리의 주재'가 기(氣)의 작용과 달리 '명목적이고 명분적인 성격임'을 감안하면, 그 주재 작용은 실상 '관념적(觀念的) 규정'이라는 평을 면하기 어렵다. 이것은 그의 경우에 국한되지 않는 주리론의 공통적 특징이며, 실제 '사실'이기보다 '하나의 이상(理想)'에 의거한 설정에 말미암은 것이다.

그렇다고 이진상의 이론이 지닌 의의마저 간과해서는 안 될 것이다. 이것은 그동안 쌓아 온 '성리학의 심설·심학적 탐색의 성과'이고, 그런 점에서 조선 성리학의 '발전 모습'으로 이해되어야 한다. 주리적 주재가 관념적이라는 평을 받는 명목·명분상의 '직분적 책무 이행'과 같지만, 이러한 책무 이행도 실제 현실에서 유익하게 기능하는 점이 있음을 알아야 한다. 이 점은 이미 이항로와 기정진의 경우에서 자세히 밝혔다.

이진상이 말한 주재는 특히 구체적으로 설명될 때 '주장(主張)'과 '재제(宰制)'의 형식과 성격으로 이루어졌다고 했는데, 그에 따르면 이 점은 '사람과 말[馬]', 그리고 '왕과 신하'의 직분적 임무에 적용되는 것이다. 만일 사람이 말에 대해서나 왕이 신하에 대해, 그 주장과 재제가 바르기만 하다면, 현실에서 '실제적 영향력'을 발휘하는 것이지, 결코 무용·무능한 것이 아니다.

이진상의 이론은 '주재'를 강조한 점이 특징이다. 이 특징이야말로 특히 육왕의 심설과 크게 차이를 보이는 변별점이다. 육왕 심설의 핵은 심의 활동 측면인 '의(意)'를 그 기미에서부터 바로잡는 데[格, 正]

있었다. 의욕을 바로잡는 수양에 치중하는 것이 육왕 심설의 특징이고, 그들의 "심즉리"는 그 특징을 뒷받침하려고 낸 이론이었다. 그러나 이진상의 '심즉리설'은 당연 의미의 '리에 부합'하는 '심의 주재 기능'을 강조하는 데 그 역점이 놓였다. 심의 주재 기능이라는 그 '활동성 강조'와 '당연을 좇도록 하는' 주재의 향방이 그의 이론의 가장 대표적인 최대 특징이다. 이 특징이 수양에 치중하는 육왕의 심설과 그의 심설을 변별케 하는 점이다. 더욱이 육왕의 심즉리설에 양지·양능을 내세워 욕구 억제에 무관심함으로써 도덕적인 결함을 지닌 이론이었다. 이에 견주어 이진상의 심즉리설은 오히려 특히 '사욕의 제재'에 역점을 둔 이론인 점에서, 그 육왕의 심설이 지닌 약점을 극복한 이론이라고 할 수 있다. 이런 점은 바로 이진상의 심즉리설이 한국유학의 범위를 넘어 유학계 전체 범위에서 높이 평가될 수 있는 이론이라는 의의를 지닌다. 다시 말해 이것은 육왕 심설의 약점에 대한 대응적 이론이라는 함의를 지닌다.

이런 것을 감안하면, 이진상의 이론에는 그 시대적 역할을 겨냥한 사유가 잠재한다고 보아야 한다. 그의 심설에는 안팎의 여건으로 인해 문란하던 왕조 말기의 '왕과 신하의 직분적 책무 수행'을 역설하려는 의지(意志)가 깃들었다. 직분적 사명과 책무를 다할 것을 깨우쳐 난국을 타개하려던 현실적 의의가 이런 맥락에서 잡힌다. 이는 얼핏 보면 공리공론처럼 느껴지겠지만, 그 본의로는 결코 그러한 이론이 아니다. 그의 '심즉리설'에 담긴 시대적 의의는 오히려 '지배층의 직무 수행'의 철저화에 따른 '사회질서 수립'과 왕조의 '체제 옹호(體制擁護)', 그리고 외적의 부당한 침략성의 저지에 의거한 '국권 수호(國權守護)'를 위한 지점에까지 걸친다고 해야 한다. 이런 이해라야 그의 이론이 또한 그 시대 국권 수호를 목표로 하던 그의 '위정척사(衛正斥邪)의 신념'과도 일치하게 된다. 그의 심설에 담긴 현실적 실제성이야

말로 당시에 심각하게 요구되던 것이었음을 감안하면, 그의 심설에
함유된 사상의 중요성 또한 아울러 깨닫게 된다.[31]

---

31) 이 글은 내가 쓴 〈한주 인진상의 성리학적 '심즉리설'〉(《孔子學》 20호,
2011)을 이 책 체제에 맞도록 대폭 손질한 것이다.

제39장 항일 의병의 투쟁 양상
― 의병을 이끈 의인 유학자들 ―

1. 황후 시해의 괴변과 단발령 강행

한말에 의병이 처음 궐기하게 된 것은 1895년 10월, 일본인들이 명성황후(明成皇后, 閔妃)를 시해한 사건을 일으켰기 때문이다. 조선의 '국모인 황후'가 궁중에서 한밤중에 한 무리의 일본인들에 의해 시해된 사건은 '조선국의 근간이 뽑힌' 청천벽력 같은 괴변이었다. 그렇지 않아도 강화도조약(1876) 이후, 무장한 군대를 서울에 주둔시킨 일본 제국주의의 세력이 조정의 친일파들을 조종하여, 조선의 왕권과 국권에 날로 위협을 가해 오던 참에, 이것은 그 왕권과 국권에 대한 무자비한 말살 행위였다.

비록 명성황후가 일본 세력을 경계·저지하기 위해 러시아 세력을 가까이 했다고 하더라도, 주체 의식에 투철하였던 유학자들로서는 일본인들의 그러한 행태를 결코 용납할 수 없었다. 국모 시해의 원수에 대해 복수(復讐)가 있어야 마땅하다는 것이 유학자들의 판단이었다.

재야의 유학자들이 붓 대신 무기를 들고 일제에 항거하는 전투에 의병장으로 나서게 된 데에는 이런 판단이 작용했다.

더욱이 그 다음 달(11월)에는 개화(開化)의 명분을 내세운 개혁 조치로 단발령(斷髮令)의 강제 시행이 발동되었다. 유학의 '효(孝) 사상'에서는 신체란 부모에게서 받은 것[身體髮膚受之父母]이므로 감히 터럭조차도 훼상해서는 안 된다[敢不毁傷]는 것이 '효도의 첫 조목'이었다. 그러므로 머리의 상투를 깎는다는 행위는 효행의 포기나 다름없었다. 이에 유학자들은 단발령에 큰 충격을 받고 동요하지 않을 수 없었다. 심지어 "목숨을 던질지언정 상투머리를 잘릴 수는 없다"는 태도가 바로 완고한 유학자들의 동태였다. 따라서 단발령의 강행은 황후 시해로 말미암아 불이 일어난 데에 기름을 부은 격이었다. 이런 사태들을 당한 유학자들은 전국 방방곡곡에서 의병을 모집하여, '일본인들과 친일 관료'들을 사살하는 전투를 감행하게 되었다. 이렇게 1895년에서 1896년에 걸쳐 궐기한 의병들의 전투가 곧 '한말 초기의 의병 활약'이었다.

2. 초기 의병들의 전투

초기(1895~1896)의 의병만 해도 거의 전국을 망라한 지역에서 발흥했다. 학계의 연구에 따르면, 대체로 충청도 11곳, 경상도 19곳, 강원도 18곳, 경기도 7곳, 황해도 1곳, 평안도 16곳, 함경도 5곳이다.[1] 여기에는 전라도에서 발흥한 의병이 빠졌다. 의병을 일으킨 인물의 수효도 이루 다 헤아리기 어려울 만큼 많았다. 의병이 거국적으로 일어

---

1) 金義煥, 《義兵運動史》(박영사, 1974), 27~28쪽.

난 상태로 보아, 그 시대 유학계가 이끌던 '애국·애족의 충정에 찬 국민들'의 열기를 짐작할 수 있다. 물론 이 무렵 의병의 모집이 용이했던 데에는 바로 그 직전인 1894년 봄, 반제(反帝)·반봉건(反封建)의 기치로 봉기했던 '동학군(東學軍)'의 잔여 군중의 합세에 힘입은 점도 있었다.

초기 의병 활동 가운데 비교적 크게 활약한 대표적 사례만 몇 가지 들어보겠다. 1896년 1월 하순 '이소응(李昭應) 등은 춘천(春川)에서 궐기'했는데, 그 의병 부대는 충천한 기세로 관가로 진격하여, 개화 풍조대로 머리 깎고 부임한 춘천관찰사 조인영(曺寅永)을 처단했다. 이에 이소응 부대는 관군의 공격을 받는 처지가 되어, 2월 8일 친위대 3개 중대로부터 피습을 당했다. 이들은 둘로 분산되어 일부는 수도 서울로 향하고, 일부는 동해안을 따라 북상하면서 세력을 넓혀 갔다.

서울로 향하여 압박을 가하던 '춘천 부대'는 양근(楊根)을 거쳐 광주(廣州)에서, 광주부윤(廣州府尹)을 처단하고, 전곡(錢穀)을 모아 남한산성에 웅거했다. 때마침 안성(安城)에서 포수들을 모아 봉기한 한 무리의 '안성 의병'이 정부군의 요격을 격파하고 '남한산성으로 합세'하자 서울에까지 위협을 가하게 되었다. 정부군이 대거 남한산성을 공격했지만 모두 패배하고 말았다. 남한산성은 3월 18일까지도 의병들이 장악하였다.[2]

동해안으로 북상하던 춘천 부대의 일부는 '함경도 일대'에 격문을 보내면서 이동했다. 이때 민용호(閔龍鎬) 주동으로 강릉(江陵)에서 궐기한 의병 부대가 원산(元山)으로 진격했다. 3월 14일, 이들 가운데 선발대 3~4명은 마침내 원산에 잠입하여, 일인(日人)들이 거주하던 4곳에 불을 질렀다. 이는 곧 일인들에 의해 진화되었지만, 이들 민용호

---

2) 앞《義兵運動史》참조.

부대는 곳곳에서 일본군과 격전을 벌였다. 이에 놀란 일본군은 다카사고함(高砂艦)이라는 군함을 파견하여 해상 경비를 엄중히 하면서, 일군 수비대로 의병을 방어했다. 그 사이 민용호 부대는 1896년 9월 9일 무렵엔 고흥(高興), 영흥(永興) 일대까지 진출했다.[3]

위정척사파의 선구였던 이항로(李恒老)와 유중교(柳重敎)의 문인 '유인석(柳麟錫)의 의병 활약'도 주목할 만한 것이었다. 그의 부대는 충청도 제천(堤川)을 중심으로 한 부대로서 위세가 대단했다. 유중교 문인들의 합세로 해서 그렇게 되었다. 실은 유인석의 부대가 생기기 전에, 경기도 지평(砥平)에서 유중교의 문인인 '이춘영(李春永)과 안승우(安承禹)가 기병'하여, 1895년 말에 강원도 원주(原州)에서 의병 활동을 시작해, 충주(忠州)를 거쳐 제천으로 와서 유인석의 부대와 합류했던 것이다. 합류한 이들은 전국에 지명도가 높은 유학자 유인석을 총대장으로 추대하였다.

그즈음 지평의 평민〔常民〕 출신으로 400명의 포수를 거느린 '의병장 김백선(金百先)의 부대'도 유인석 부대에 합류했다. 이어 경상도 '문경에서 기병한 이강년(李康年)'까지 유인석의 휘하에 들어와 유격장(遊擊將)이 되어, '안동의 의병장 권세연(權世淵)'과 연결 짓고 있었다. 이에 유인석 부대는 '의병 연합부대 성격'을 띠고 확충된 세력을 갖추게 되었다. 그 활동 지역은 충청의 제천을 중심으로 하여, 충청, 경상, 강원 3도가 접하는 충주, 단양, 원주, 영월, 안동, 문경 일대에 이르렀다. 그들은 이 일대를 완전 장악하면서, 친일 관찰사와 군수 등을 처단하고, 중앙에 납입할 조세를 군수용으로 압수하여 병력을 강화해 갔다.

그러나 정규군이 아닌 그들로서는 일본군과의 격렬한 전투에서 불리할 수밖에 없었다. 조령 밑의 일본군 주둔소를 공격하다가 중군(中

---

3) 앞과 같음.

軍)의 이춘영이 전사한 뒤로 충주의 일본군 수비대의 공격이 날로 맹렬해져서, 충주성을 공격하던 선봉장 김백선도 적은 수의 열세를 극복하지 못하고 제천으로 패퇴해야 했다. 이때 중군을 대신하던 '안승우의 지원 포기'가 문제로 되어, 내부에 반목과 알력이 생긴 것이 화근이 되었다. 지원을 해주지 않은 안승우의 목을 베려는 평민 김백선에 대해 유인석은 '양반에 대한 불경죄(不敬罪)'라는 신분 차별적인 군법을 적용하여 처벌했다. 이 처벌은 마침내 김백선 이하 평민들의 사기 저하로 이어졌고, 전의를 상실한 부대원들은 해산하지 않을 수 없는 지경에 이르렀다. 그 결과 유인석은 마지막으로 잔존병들을 이끌고 평안도와 황해도를 전전하다가 중국 요동 지방으로 이동했다.4)

위정척사파 최익현(崔益鉉)의 문도인 '안의(安義)의 유학자 노응규(盧應奎)'와 '진주(晋州)의 유학자 정한용(鄭漢鎔)'의 활약도 괄목할 만했다. 이들은 1896년 1월 8일 채용묵(蔡用默), 성화중(成化中) 등과 순검(巡檢) 중방(中房)을 타살한 뒤에 진주 군기고(軍器庫)의 무기를 탈취해 '진주에서 의병'으로 궐기했다. 이들은 4, 5일 사이에 의령, 함안, 진해, 웅천, 창원, 김해, 동래 등지에 격문과 통문을 돌리고, 1월 15일에는 상소문까지 지어 최익현의 문인인 이여직(李汝直)에게 주어 조정에 제출토록 했다.

이들을 진압키 위해 정부에서는 대구의 관군을 동원했지만, 관군은 이들에게 패퇴되었다. 증원된 관군 또한 의병들에게 적수가 되지 못했다. 이에 진주와 인접지역은 의병에게 완전히 장악되었다. 이때 '진주 의병의 수효는 약 1만 명'에 이르렀고, 일본인을 죽이는 이에게는 상금까지 걸고 있었다. 이들은 진주로부터 부산항을 공략키 위해 김해(金海)에 집결했다. 김해에서는 수천 명의 민중이 호응하여 그 기세

---

4) 앞과 같음.

가 더욱 충천했다. 4월 11, 12일 일본군의 공격을 맞받아 김포평야에서 치열한 공방전을 전개했다. 이때 일본군에게 많은 피해를 주었지만, 부산항 함락의 목표는 이루지 못했다.5)

초기 의병의 활약상은 이 밖에도 많았다. 더욱이 전라도의 유학자인 기우만(奇宇萬)과 기삼연(奇參衍)이 장성(長城)에서 기병하여, 13지역을 석권했다.6) 평안도에서는 조상학(趙尙學)이 1895년 12월에 의주(義州)에서 궐기한 것을 비롯해, 1896년 8월에는 영원(寧遠), 맹산(孟山), 희천(熙川), 양덕(陽德), 순천(順川), 은산(殷山) 등지에서 600~700명이 궐기했다. 이곳에서 일어난 의병들은 주로 광산 노동자들이었는데, 양덕과 맹산의 두 군(郡)을 포위 공격하고, 이곳에 동원된 일본군 기병(騎兵) 2개 부대와 용감한 전투를 치렀던 것으로 유명하다.7)

이 초기 의병들이 이룬 전과는 대단했다. 1895년 겨울에서 1896년 1월까지 관보에 실린 살해된 고위관료만 해도 적지 않다. 관찰사 6명, 군수 10명, 부윤(府尹) 1명, 경무관(警務官) 3명, 주사(主事) 2명, 총순(摠巡) 2명, 참서관(參書官) 2명, 세무시찰(稅務視察) 1명이다. 관보에 누락된 된 것이 물론 있을 터이고, 관보 외의 어느 기록에도 오르지 못할 만큼 '흔적 없이 살해된 친일파들' 또한 적지 않았을 것이다. 사실 의병 활약이 가장 활발했던 강원도만 예로 들더라도, 1895년 2월까지 의병들에게 살해된 관리가 20여 명에 이르렀다는 것이다.8) 여기에 일본군과 일본인들의 사상자도 집계가 되지 않았을 뿐, 상상을 넘어설 만한 정도였으리라 짐작된다.

---

5) 앞과 같음.
6) 이 가운데 특히 기삼연(奇參衍)의 의병 투쟁에 대해서는 뒤에서 별도의 장(章)으로 자세히 서술할 것이다.
7) 앞 《義兵運動史》 참조.
8) 앞과 같음.

3. 보호를 가장한 침탈 행위, 을사늑약

1896년 2월 친러파(李範允, 李允用 등)가 세력을 펴면서, 김홍집(金弘集) 친일내각이 무너졌다. 고종의 아관파천(俄館播遷) 현상이 일어난 것도 이때이다. 국왕은 조칙(詔勅)을 통해 의병장들의 죄를 불문에 부칠 것을 밝히고, 단발령은 왕의 본의가 아니었다는 변을 내면서, 의병을 진압하던 정부군[官軍]에게 소환을 명했다. 아울러 왕은 각지로 선무사(宣撫使)를 파견해, '의병들을 달래는 일'에 진력하도록 했다. 이에 유학자들은 의병의 명분을 잃게 되었다. 그들은 점차 해산하면서, 휘하의 병정들을 본업에 복귀하도록 하였다. 1896년 5월 무렵에는 그들의 해산이 거의 이루어졌던 셈이다. 이로써 초기 의병 투쟁이 일단락되는 듯했다.

그러나 의병 투쟁은 이 무렵을 기점으로 하여 형태만 달리하였을 뿐, 완전히 사라지지 않았다. 그 원인은 의병장의 다수를 이루던 유학자들이 내건 대의(大義)·명분(名分)은 국모 시해의 원수에 대한 '복수(復讐)로서의 항일적 존왕양이(尊王攘夷)'였던 데 견주어, 의병 대중은 '반일(反日)과 반봉건(半封建)'을 목적으로 삼았었기 때문이다. 그들에게는 반봉건 또한 반일에 못지않은 기병 목표였다. 따라서 유학자들이 일단 귀가한 뒤에도, 의병 대중은 집단을 이루어 투쟁을 계속하였다. 정부 측 표현으로 '토비(土匪)'라든가 '동비(東匪)', '화적(火賊)', '활빈당(活貧黨)', '서학당(西學黨)', '영학당(英學黨)'이 바로 그 의병들이었다.

1896년 12월 경기도, 충청도 일대에서 횡행한 이른바 '당도(黨盜)'라든가, 1897년 10월 고부(古阜), 홍주(洪州) 등지에서 활동한 동학 잔당과 경상도, 전라도, 충청도 일대에서 크게 일어난 화적들로 알려진 무리가 다 그들이다. 1899년 11월에 이르러서는 화적들의 활동이 영남, 호남에서 더욱 심해졌다. 1900년의 활빈당의 활동으로 전해지는 기록들이 허다함을 보면 이들의 활약이 대단했음을 알 수 있다.9) 이들의 존속은 1896년으로부터 약 10년 동안, 즉 을사늑약(乙巳勒約)으로 인해 의병이 다시 크게 일어난 1905년까지의 기간을 공백이 되지 않도록 해준 의의를 지닌다.

을사늑약이 이루어질 무렵의 사태 변화에 대해서는 여기서 개략적으로라도 살펴야 할 것 같다. 1904년 2월 10일, 일본은 러시아에 대한 선전포고를 감행했다. 그 러일전쟁을 기화로 일본은 조선을 군사적으로 점령하여 식민지화를 본격적으로 진행했다. 그해 4월 일본은 조선에 조선주차군(朝鮮駐箚軍)을 편성하고, 그들 멋대로 군율(軍律)을 반포하여 조선 민중을 무자비하게 탄압했다. 1905년 1월 6일부터는 서울과 그 부근의 경찰권을 박탈했고, 언론·출판·집회·결사 등 일체의 정치 활동을 규제했다.

그해(1905) 9월 러일전쟁이 일본의 승리로 끝맺자, 더욱 기승한 일본은 이토 히로부미(伊藤博文)를 특파대사로 조선에 보내, 일본인들의 조선에 대한 이른바 '보호권(保護權)'의 설정에 박차를 가했다. 그들은 월등한 무력을 앞세워 조선 정부에 온갖 협박을 다하였다. 심지어 각료들을 각각 한 사람씩 개별적으로 위협하고 심문하던 끝에, 11월 17일에 '을사늑약' 이른바 '을사보호조약(乙巳保護條約)'을 체결했던 것이다.10) 이것은 마침내 조선에 자신들의 통감부(統監府)를 설치(같은 해

---

9) 金允植, 《續陰晴史》, 권3. 建陽元年 丙申, 12월조; 光武元年 丁酉, 10월조 및 黃玹, 《梅泉野錄》, 권3, 己亥條, 光武 4년, 更子條.

10) 잘 알려진 대로, 참정대신(參政大臣) 한규설(韓圭卨) 같은 이는 결사적으로 반대하여 감금당하였지만, 친일 매국노인 학부대신(學部大臣) 이완용(李完用) 하나는 스스로 찬성했다. 그 밖에 일인의 협박에 굴복한 자로는 외부대신(外部大臣) 박제순(朴齊純), 내부대신(內部大臣) 이지용(李址鎔), 군부대신(軍部大臣) 이근택(李根澤), 상공부대신(商工部大臣) 권중현(權重顯)이 있다. 이들

12월)하고서, 저들이 '조선의 내정·외교·군사권'을 완전히 장악할 수 있게 한 조치였다. 이후 조선 정부는 일본의 괴뢰정부에 지나지 않게 되었고, 일본인들의 매수와 사주에 의한 '일진회(一進會)' 같은 친일 매국단체까지 생겨 민족 분열을 책동케 하는 사태까지 야기되었다.

을사늑약이 체결되자, 그때 한국의 대표적인 유학자 가운데 하나인 장지연(張志淵, 韋菴, 1864~1921)은 《황성신문(皇城新聞)》의 주필로서 그해 11월 20일자의 그 신문에 〈시일야, 방성대곡(是日也, 放聲大哭)〉이라는 논설을 게재했다. 그 글에서 그는 강압으로 이루어진 을사늑약이 지닌 '굴욕적 내용을 폭로'하면서, 독자들의 심금을 울렸고 폐부를 찌르는 비분강개한 문장으로 '민족정신'을 일깨웠다. 장지연이 체포되고 《황성신문》이 정간됨에, 박은식(朴殷植, 白巖, 1859~1925)이 또 《대한매일신문(大韓每日新聞)》의 주필로서 그 조약이 지닌 '불법적 침략성'을 다시 폭로했다. 개화파 지식인들 또한 언론을 통해 반일 민족 정신을 자극하는 데 동조했다.

애국적인 유생(儒生)들이 전국에서 상소문을 들거나, 또는 맨손으로 서울에 집결했다. 그 11월 18일에 경운궁 앞에 운집하여 조약 파기의 왕명을 기다린 인원만도 수천 명을 헤아릴 정도였다.[11] 유생들은 각 지방에서 격문(檄文)을 배포했고, 비장한 어투의 강연을 하면서 민중을 격동시켰다. 왕에게 조약의 인준을 거부할 것을 청원하는 상소문을 낸 것은 헤아리기 어려울 만큼 많았다. 널리 알려진 상소문만 보더라도, 의정부참찬(議政府參贊)이었던 '이상설(李相卨)의 상소', 13도 유약소(儒約所)를 대표한 '이건석(李建奭)·이석종(李奭鍾)·강원형(姜遠馨) 등의 상소' 및 오적 처단을 극언한 '안병찬(安秉瓚, 法部主事), 조

매국노들이 '을사오적(乙巳五賊)'이라고 불리는 자들이다.
11)《顧問警察小誌》(韓國內部警察局 刊), 59쪽. 앞《義兵運動史》에서 재인용.

병세(趙秉世, 原任議政)의 것', 그리고 이들이 일본 관헌에 의해 체포·
구금된 뒤 '민영환(閔泳煥, 侍從武官)을 소두(疏頭)로 한 상소문'이 잇달
았다. 더욱이 위정척사파의 맥을 이은 최익현(崔益鉉, 勉庵, 1833~
1906)은 혼자서 '7차례의 상소문'을 통해, 일본의 침략 책동과 매국 정
부를 극렬히 규탄했다.

상소문의 정책적인 효력이 전혀 없자, 이들 가운데서는 우국의 유
서를 남기고 '자결의 길'을 택한 지사들이 속출하였다. 조병세, 민영
환, 홍만식(洪萬植, 前參判), 송병준(宋秉濬, 前參判), 이상철(李相哲, 學部
主事), 김학봉(金學奉, 兵士)이 그러했고, 황현(黃玹), 이설(李偰) 또한
그러했다. 이러한 상황은 을사늑약 직후 일부 애국지사들의 통분한
시대적 대응이었다.12) 이것은 그 조약에 대한 소극적 대응이었던 데
견주어, 무기를 들고 항일·항전의 길을 택한 것이 바로 의병이었다.

4. 을사늑약으로 말미암은 의병 전투

을사늑약으로 말미암아 다시 떨쳐나선 의병 가운데 대표적 사례는
최익현, 민종식(閔宗植, 1861~1917) 등의 기병을 들 수 있다. 최익현의
투철한 항일정신과 상소문에 드러난 정부의 무능에 대한 극렬한 비판
정신은 전국의 사림(士林)에 크게 영향을 끼쳤다. 당시 국왕(고종)도
그를 회유하기를 마다하지 않았다. 이와 달리 일본의 헌병과 경찰은
그의 행동을 방해하기에 급급했다. 일본인들은 그와 뜻을 같이하던
허위(許蔿)와 김학진(金鶴鎭)을 먼저 체포 구금하고서, 그를 서울에서
강제로 퇴출시켜 경기도 포천(抱川)으로, 다시 충청도 정산(定山)으로

---

12) 앞《義兵運動史》참조.

이송했다.

최익현은 이송에도 아랑곳없이 격문을 계속 지어, 전국의 선비들과 민중의 총궐기를 촉구했다. 1905년 12월 26일, 그는 충남의 궐리사(闕里祠)에서 수백 명의 동지를 모아 의병 봉기의 서약을 했다. 그는 의병 계획을 더 확실히 하려고 이듬해 2월 호남의 태인(泰仁)으로 이동하여 임병찬(林秉瓚)과 논의를 거쳐 계획의 실천을 서둘렀다.

이때 그의 격문에 적힌 의병의 목적은 과거의 상소문의 그것과 성격을 달리했다. 과거에는 '국모 시해의 원수에 대한 복수'이거나, 늑약에 대한 '국왕의 결단을 기대'하는 성격이었으나, 이제는 국왕에 의지하지 않고 국민 스스로 '나라를 구하자[救國]'는 것이고, 그러기 위해 죽음을 각오하자는 성격으로 되었다. 그는 구국을 위하여 "반드시 죽어야 함을 알면, 사는 길이 거기에 있게 된다[知其必死, 則生之道乃在其中]"[13]는 내용의 결사 항전의 투쟁을 주장했다.

의병 부대를 구성하지 못하였던 까닭에 전투다운 전투를 하지 못한 최익현과 달리, 전 참판 민종식은 1906년 봄부터 동지를 규합하여 5월 11일 홍산(鴻山)에서 기병했다. 그는 호서의 내포지방을 거쳐 5월 19일 홍주성(洪州城)으로 입성했다. 홍주 입성 때 그의 군세는 총포 소지자 600명, 창극(槍戟) 소지자 200명, 무기 무소지자 300명 등 총 1,100명이었다.

이 무렵 기병을 준비하던 최익현은 문도인 곽한일(郭漢一)이 남규진(南奎振)과 함께 합세해 준 덕으로 400여 명의 의병을 이루어 예산(禮山)에서 해미성(海美城)으로 진출하려 했다. 그러나 일본군이 이들을 선제공격함에 계획을 이루지 못했고, 곽한일은 이세영(李世永)과 함께 홍주의 민종식 부대로 합류했다. 그 의병 부대는 마침내 5월 31

13) 朴殷植,《韓國痛史》, 230~233쪽에서 재인용.

일에서 6월 1일 새벽에 일본 군경과 격렬한 공방전을 벌였다. 그러나 그 전투는 전력이 압도적으로 우세하던 일본 측에게 유리했던 까닭에 홍주성은 그들에 의해 함락되지 않을 수 없었다. 83명의 의병이 전사했고 145명이 체포되었던 데 견주어, 일본군은 10여 명이 사살되고 4명이 처단되었다.

뒷날을 기약해야 했던 민종식은 남은 의병을 거느리고, 부안(扶安), 줄포(茁浦)로 나와 일본인 상가를 태우고 홍덕(興德), 고창(高敞) 등의 일본 군대의 주둔소를 습격하는 등 활약을 계속했다. 전라도에서 다시 충청도 공주로 들어가던 민종식은 그해 11월 20일 공주 탑산리(塔山里)에서 그의 부하들과 일본인들에게 체포되어, 다음 해 7월 사형선고를 받았지만, 고종(高宗)의 특사로 석방된 뒤 곧 자취를 감추었다.

민종식의 의병 부대가 홍주성에서 실패한 뒤, 최익현이 또다시 기병하였다. 그는 1906년 5월 23일 태인(泰仁) 무성서원(武城書院)에서 문도 80명을 모아 강회를 열고서 곧 의병으로 출동했다. 을사늑약의 파기와 국가 자주권 회복을 목표로 한 그의 부대는 정읍(井邑), 태인, 곡성(谷城)을 지나며, 군대와 무기와 탄약을 모으고 세금〔稅錢〕을 압수하면서 순창으로 진출했다. 그 사이 그의 의병은 1천여 명에 이르게 되었다. 이때 고종은 광주 관찰사 이도재(李道宰)를 시켜 해산을 명했지만, 그는 그것을 받아들이지 않았다. 6월 11일 마침내 전주·남원의 진위대(鎭衛隊)가 순창을 포위했다. 이에 최익현은 "진위대와 싸운다면, 이는 우리가 우리를 치는 것이니, 차마 할 수 있겠느냐?"고[14] 탄식하면서, 항전을 포기했다. 전주 진위대가 6월 13일 선제공격으로 정시해(鄭時海, 書記) 등을 사살함에, 최익현은 의병들에게 퇴거를 명하고 자신은 스스로 체포되었다. 이후 그는 대마도로 유배된 처지였지

---

14) 崔益鉉, 《勉菴集》, 附錄, 권3, 〈年譜〉.

만, 그곳에서 "일본인들의 쌀은 먹지 않겠다"고 거절하며 스스로 굶어서 순절(殉節)했다.15)

최익현의 패퇴 후에는 강재천(姜在天)이 임실에서 분기하여 12월 21일 남원으로 진출하였다. 300여 명의 의병으로 구례(求禮), 동복(同福), 담양(潭陽), 순창을 거치면서, 그들은 일종의 게릴라 식으로 일본군에게 피해를 많이 입혔다. 그때 남원에서는 양한규(梁漢奎)가 거병했으며, 특히 경북·충북·강원 삼도의 접경지대에서 늘 '화적(火賊)'이라고 불리던 농민들이 집단적 항쟁을 계속하였다. 1906년 5월 이후 이 지역을 중심으로 기병한 예로는 신돌석(申乭石)이 영해(寧海)에서, 이하현(李夏鉉)이 진보(眞寶)에서, 권세연(權世淵)과 유시연(柳時淵)이 안동에서, 김순현(金淳鉉)이 영양(英陽)에서, 정용기(鄭鏞基)가 영덕(盈德)에서, 김현규(金顯奎)가 울진에서 궐기한 것들을 들 수 있다.16)

그 밖의 지역에서 일어난 의병으로는 정용기(鄭鏞基)와 그의 부친 정환직(鄭煥直)의 의병 투쟁상이 돋보였다. 정용기는 1906년 1월 이한구(李韓久), 우재룡(禹在龍) 등과 경북 동대산(東大山)을 중심으로 600명의 의병을 규합했다. 그는 흥덕(興德), 청하(淸河) 일대에서 활약하다가 체포되었다. 그 후 석방되자, 그는 또다시 동대산 일대에서 거병하여 청하, 청송, 영천(永川) 등지를 돌며 크게 성과를 거두다가, 9월 입암리(立岩里) 전투에서 전사했다. 그가 숨을 거두자 그의 부친[鄭煥直]이 아들 대신 의병으로 되어 부대를 거느리고, 흥해, 청하, 청송, 영덕 일대에서 투쟁하다가 12월에 체포되어 순국했다.17)

이 뒤 고종의 강제 양위, 조선 군대 해산, 1910년의 경술국치(한일

---

15) 앞과 같음.

16) 金義煥, 《義兵運動史》, 72쪽.

17) 앞 책 참조.

합방) 같은 큰 사건의 발발을 계기로 항일 투쟁은 더 빈발, 확대되고 격렬해졌다. 그러나 그 경우들은 기병을 주도하는 주체가 협소하고 단조로웠으며 유학자들에만 국한되지도 않았다. 이후로는 유학자와 아울러 애국·애족의식에 충만한 관리와 군인과 각종 단체 등이 주도하고, 거기에 민중이 부응하는 일종의 '민족 전체의 주권 회복 운동' 또는 '독립 투쟁'의 성격을 띠는 의병으로 되었다. 유학자들이 주도하던 의병은 이후 '민족적 항일 투쟁의 일부'로서 지위와 성격을 지니게 되었다.

5. 해산된 군대와 합류된 의병의 항일 투쟁

1907년 6월 15일에는 네덜란드 헤이그에서 '만국평화회의'가 개최될 예정이었다. 이 회의는 마침 제국주의 열강이 세계의 식민지 분할을 평화적으로 해결하려고 계획한 것이었다. 고종 이하 조선에서는 이 회의를 기회로 일본의 불법적 조선 침략 사실을 폭로하고 주권 회복에 도움을 받으려 했다. 마침내 그곳에 파견될 국왕의 밀사로서 이준(李儁, 前平理院檢事)과 이상설(李相卨, 前議政府參贊), 그리고 페테르부르크에 있던 이위종(李瑋鍾)이 국왕의 위임장을 가지고 6월 11일 그곳에 도착했다. 그러나 주최 측에서는 조선에 외교권이 없다는 이유를 내세워 이들의 회의 참여를 불허했다.

3인의 조선 대표는 하는 수 없이, 6월 27일 성명을 발표했다. 그 내용은 물론 1905년의 이른바 '보호조약'이 조선 국왕의 비준을 받지 않은 불법적 조약임을 밝힌 것이었다. 이것이 그때 그곳의 신문(《Courier de la conférence》)에 게재되어 공표되었다. 7월 9일엔 밀사들이 네덜란드의 유명한 저널리스트(William T. Stead)가 주재하는 국제협회(Society of International)의 빈객으로 초대받아, 그 가운데 이위종이 연설을 했다. 이 연설 내용 또한 각국 신문에 보도되었고, 외국 민간인들이 보인 그 반응은 조선에 매우 유리했다.[18] 그러나 식민지 분할을 획책하던 제국주의 열강이 조선의 사태에 냉담했던 탓에 밀사의 본래 의도는 실패로 돌아갔다.

더욱이 일본은 이 밀사 사건을 트집 잡아 조선의 친일 내각을 압박했다. 통감 이토 히로부미(伊藤博文)는 7월 초부터 수상 이완용을 통해 '고종의 양위(讓位)'까지 강박했다. 1907년 7월 20일 고종의 양위식이 거행된 데에는 이런 특수 사정이 있었다. 그런데 그 양위식의 절차가 전대미문의 격식이었다. 주인공인 고종과 순종(純宗)의 임석이 없이, 이른바 권정(權停)의 예(例)를 빙자해, 내관(內官)이 구왕을 대신하여 조칙을 읽는 기상천외의 무법 형식으로 행해졌던 것이다.[19]

이 같은 행사 이전에 일본 측은 그들의 군경을 동원하여 이에 저항할 기미가 있는 박영효(朴泳孝, 宮內府大臣) 등 여러 명을 체포해 유형 또는 구류했다.[20] 그러나 조선에서 일본의 이런 행패에 항거할 인물들이 겨우 대신이나 궁월의 시종무관 등에 그치지 않았음은 말할 나위 없다. 이 소식이 미리 알려지기 시작하자, 7월 17, 18일부터 종로를 비롯한 서울 각처에서는 항일 전단지가 뿌려졌고, 분기한 시민들

---

18) 그곳에서 발행되던 신문 《학세 쿠란트(Haggsche courant)》(7472호, 1907년 7월 10일)에서는 연설장의 분위기를 소개하고, 조선 사태를 판가름하기 위한 재판정 설치라든가 조선에 대한 일본의 폭력 배제를 위한 국제군 창설 등의 반응을 전하였다. 《獨立運動史(義兵抗爭史)》(공저), 제1권, (독립운동사편찬위원회), 1971 참조.

19) 金義煥, 앞 책 참조.

20) 이때 미리 체포·구류된 인물은 朴泳孝 외에, 李道宰(侍從兼內部大臣), 南廷哲(元老), 李熙斗(軍部軍務局長兼研成學校長), 漁潭(侍從武官), 李甲(軍部教育局教務課長), 林在德(侍衛第二聯隊第三大隊長) 등도 있다.

은 일본 군경과 충돌했다.

18일 밤엔 대한자강회(大韓自强會)와 동우회(同友會)를 비롯한 애국 단체들이 일진회의 기관지인 국민신문사(國民新聞社)의 인쇄기를 파괴하고, 일본 군경과 난투를 벌였다. 19일에는 시민들의 항거가 더욱 거세지자, 일본 군경은 야만적인 발포를 마다하지 않았다. 이날 오후에는 조선군 시위보병(侍衛步兵) 제1연대 제3대의 무장병 100명이 일본 교관의 제지를 뿌리치고 탈영해 애국 군중과 합류했다. 이들은 종로의 경찰파출소를 습격했는가 하면, 마침내 일본 군경과 총격전을 벌여, 일본 군경 3명 사살·4명 중상, 일본 민간인 2명 사살·8명 부상을 입힌 전과를 올렸다.

양위식이 거행되던 20일에는 강태현(姜泰鉉), 송영근(宋榮根) 등 동우회원들이 결사대를 조직하여 이완용 집에 불을 지르고, 서대문 밖 경찰분서(警察分署) 및 파출소를 파괴했으며, 군부대신 이병무(李秉武)의 집을 습격했다. 남대문역·영등포역을 파괴하고, 종로에서는 일본 기병(騎兵)과 충돌했다. 그날 서울 창광동(昌廣洞)에 있던 시위보병(侍衛步兵) 제3연대 제2대대의 조선군 병사들도 부대 안에서 소요하다가, 하사관들이 일본 척후병에게 투석하던 끝에 저격을 하기도 했다. 20일의 서울은 완전히 항일봉기의 도가니가 되었다.

일본군은 서울 용산 등지의 조선군 화약고를 미리 점령해, 조선군의 동요를 미리 방지했다. 이어 그들은 조선 지배의 강도를 한 단계 더 높이는 조치를 진행했다. 7월 24일 새로운 한일협약인 〈정미 7조약(丁未七條約)〉을 내각에 내어 놓고 조인케 한 것이 그것이다. 〈정미 7조약〉이란 조선 정부의 시정 개선, 법령 제정, 그리고 주요 행정·고급관리 임면 등을 일본 통감의 승인을 받게 한 내용이다. 더욱이 거기에는 통감이 추천하는 일본인을 관리로 임용해야 한다는 조항까지 넣었다.[21] 이로써 조선의 통치는 완전히 일본 통감의 손아귀에 들어가게 되었다.

통감정치 일색에 단 하나의 걸림돌이었던 존재가 빈약한 조선군(朝鮮軍)이었다. 그 조선 군대의 해산을 획책한 그들은 왕궁 수비를 위한 조선 육군 1개 대대만 존치하고, 나머지 일부는 일본군에 복속시키고, 경찰관으로도 전직시키거나, 그 밖에 간도로 이주시켜 황무지 개간에 종사케 한다는 계획을 비밀리에 작성했다. 그 획책은 1907년 8월 1일 결국 감행되었다. 조선인들은 이제 언론, 출판, 집회, 결사의 자유를 모두 박탈당한 데다가 조선국의 마지막 상징이던 자국의 군대마저 빼앗긴 처지였다.

군대 해산에 직면하였던 조선 군인들이 복종만 할 리 없었지만, 그 해산 광경을 보던 조선 민간인들 또한 방관만 하지도 않았다. 항일 의병 투쟁은 이때를 기점으로 하여 농민 중심의 성격보다 더 일반·민중적 성격을 띠었던 데다가, 특히 '해산된 군대들까지 합류'함으로써 더욱 발전·강화된 군대의 면모를 갖게 되었다.

해산될 조선 군대[士卒]의 수효는 총 3,441명이었다. 이들 가운데 해산식 장소인 훈련원에 동원된 병졸은 1,812명으로, 나머지 1,629명이 불참하였다. 그 불참자들은 사태를 미리 알고, 스스로 무기를 들고 영내에서 봉기하거나, 탈영하여 대부분 일본군과 시가전을 벌였다. 시가전의 주축을 이룬 부대가 서울 시위(侍衛) 제1연대 제1대대 장병과 제2연대 제1대대 장병이었다.[22]

탄약고와 무기고에서 탈취해 온 탄환과 소총으로 무장한 이들은 기관총과 대포 등 우수한 장비로 대항하는 일본 군대와 남대문, 서소문 등에서 충천한 사기로 용감하게 항전했다. 그러나 이들에게는 제

---

21) 國史編纂委員會, 《韓國獨立運動史》, 237~238쪽.

22) 朴殷植, 《韓國痛史》, 제3편, 제49장 등.

한된 탄환마저 떨어져, 영웅적인 백병전을 감행하다가, 후퇴하지 않을 수 없는 처지였다. 시위대의 전투로 인한 일본군의 피해는 중대장 1명과 특무조장(特務曺長) 1명의 전사 외에 사상자가 겨우 40명인 데 견주어, 조선군은 전사 70명, 부상 104명, 포로 600명에 이르렀다.23) 이 피해만 보아도 시위병의 항전이 얼마나 용감하였는지 충분히 짐작된다.

조선군의 항전에도 불구하고, 이 뒤로 각 지방의 조선 군대도 계속되는 해산을 면하지 못했다. 다만 그것이 일본의 계획대로 되지 않았을 따름이다. 일본인들의 계획으로는 8월 3일 수원, 개성, 청주 진위대(鎭衛隊)의 해산을 비롯해, 9월 3일 북청 진위대의 해산을 마지막으로 조선 군대의 해산을 끝마치려 했다. 그러나 서울 시위대의 해산, 불복종 소식을 접한 지방의 진위대 또한 그 조치에 순순히 복종하지 않았다. 오히려 그들 또한 거세게 봉기하여 자신들을 해산시키려던 일본군에게 항전으로 맞섰다. 그들의 봉기는 일제에 항거하던 민중과 합류하여 대대적인 의병 전투를 가능케 한 결과를 가져왔다. 그러한 대표적 사례가 '원주 진위대(鎭衛隊)의 봉기'와 '강화 진위분견소의 봉기'였다.

그해(1907) 8월 5일, 원주 진위대의 대대장 대리(正尉) 김덕제(金悳濟)와 특무정교(特務正校) 민긍호(閔肯鎬) 및 진위대 병사 250명은 일반 시민과 함께 무기고를 부수고, 소총 1천6백여 정과 4만 발의 탄환을 꺼내 시민들에게 나누어 주고서 항일의 전선을 폈다. 그들은 우편취급소와 군아와 경찰분서, 그리고 일본인과 그들의 가옥을 기습했다. 민중의 호응을 받은 그들은 원주를 한동안 완전히 장악할 수 있었다. 이에 충주에 주둔하던 일본 수비대의 대장(隊長)은 19명의 경찰대를

---

23) 〈日本公使館記錄〉, 1907, 갑종문서, 8월 1일 〈戰鬪報告〉 재인용.

거느리고 원주로 돌입하려 하였지만, 봉기군과의 교전 2시간 만에 격퇴당하고 말았다.

봉기군은 그날로 부근 일대에 격문을 돌려 호응을 독려하고, 각지의 포수들을 포섭해, 새로운 의병 부대를 편성했다. 이들은 일본군의 공격을 예상하고, 미리(8월 8일) 원주에서 철수했다. '김덕제'는 일부 병력을 거느리고 평창, 강릉으로부터 양양, 간성, 통천 지역에서 의병과 손잡고 크게 활약했다. '민긍호'는 봉기한 진위군의 총대장으로서 제천, 충주, 죽산, 장호원, 여주, 홍천 지역에서 지방 의병과 합세해 세력을 떨쳤다.

강화의 진위분견소에서도 8월 9일 병사들이 해산을 거부하고 봉기했다. 하사를 지낸 유명규(劉明圭)와 분견대 부교(副校) 지홍윤(池弘允)이 사졸 50명을 이끌고 나와 호응하는 민중 500여 명과 합세했다. 이들은 다 함께 무기고의 무기와 탄환으로 완전히 무장을 한 다음, 경찰 파출소를 습격하고, 군아로 가 친일 군수이자 일진회 총무인 정경수(鄭景洙)를 처단하고, 강화성(江華城)을 완전히 장악했다. 이들은 급히 파견된 일본군과 교전하여, 일본군 6명을 사살하고 5명에게 부상을 입혔다. 11일에 일본군이 증파되었지만, 이들은 이미 이곳을 떠나 해주, 통진(通津), 해서(海西)로 옮겨가 그 지방 의병과 합류했다. 진위군 가운데 일부는 전라북도 오천군 녹도(鹿島)로 들어가, 일본군 3명, 순경 1명, 일본 평민 2명을 처단하고, 한동안 이곳을 점령하고 있었다.

지방의 의병과 합류한 해산병들이 벌인 게릴라식 전투(遊擊戰)는 이루 다 기록할 수 없을 만큼 많았다. 해산된 '군인 출신 의병장(義兵將)'으로 활약한 인물의 수만 해도 다음과 같다. 경기도 20명, 충청도 16명, 전라도 8명, 경상도 8명, 강원도 13명, 황해도 5명, 평안도 6명, 함경도 11명, 총 87명에 이른다.24) 의병장으로 활약한 수효만으로도 해산된 군인들이 조국의 주권 회복에 기여한 공훈을 짐작할 수 있다.

군인 출신인지 아닌지를 가리지 않고, 의병장 가운데 유격전 등에 뛰어난 작전술과 변장술을 구사하여 이름을 남긴 인물들도 많았다. 홍범도(洪範圖), 김수민(金秀民 또는 秀敏), 이진용(李鎭龍), 한봉수(韓鳳洙), 유시연(柳時淵) 등이 그런 의병장이었다. 이들의 드높은 지략으로 말미암아 의병의 전투는 일본군을 항상 곤혹스럽게 만들었다. 이 밖에도 1908년에 전사 또는 처형당한 의병장으로서 기삼연(奇參衍), 민긍호, 허위, 이강년, 신돌석, 김석하(金錫夏), 김동신(金東臣), 노병대(盧炳大) 등도 저명한 의병장으로 꼽힌다. 이들 뒤로는 의병도 세분화되었고, 다수의 평민 출신이 의병을 이끌게 되는 현상이 이전과 다른 점이었다.

특기할 것은 1909년부터는 호남에서 의병이 압도적으로 많이 일어난 사실이다. 1908~1909년에 이른바 후기 의병의 중심지가 호남이었다고 할 만큼, 호남 지역의 의병 활동이 활발했다. 그것은 '호남이 곡창지대'여서 일본인들의 수탈이 극심했던 것과 관련이 있다. 이 무렵의 '호남 의병장의 수효'가 기록에 오른 것만 봐도 전라북도 10명, 전라남도 40명에 이른다.[25] 의병장의 수효가 겨우 1~2년 사이에 이렇게 많았던 사실은 그들의 활약상이 얼마나 다양하고 치열하게 전개되었는지 짐작하기에 부족함이 없는 것이다. 여기에서 그 의병들의 전투 상황을 자세하게 소개하지 못하지만, 한 가지 덧붙인다면, 호남의 연안지역인 무안, 목포, 해남, 진도, 완도, 장양, 보산의 연해 의병들이 경기도 황해도의 의병들과 함께, 연해에 판을 치고 있던 일본 어선과 어부들을 기습하여, 그들을 몰아낸 일도 있었다.

이 뒤 1910년 경술국치[合邦]를 기점으로 하여 의병 활동은 사실상

---

24) 金義煥, 앞 책, 115~116쪽.
25) 앞 책, 192~194쪽.

'독립운동'이었다. 국치 이후의 모든 '항일 투쟁은 곧 독립 투쟁'의 범
주로 파악되는 것이다. 이 글에서 특히 '유학자들이 주도하거나 참여'
한 의병 투쟁을 여기서 매듭짓는 이유도 이런 데에 있다.

제40장 의병 정신에 담긴 민족의식

― 의병장 기삼연의 호민정신 ―

1. 20세기 초 기삼연의 의병 정신

외침에 대한 방어전을 위해 정부의 정규군이 동원됨은 당연한 현상이지만, 그 방어전에 민간인이 스스로 무장하고 나서는 일은 한국 외의 다른 나라에서는 상상 못할 일이 아닌가 한다. 이미 살폈듯이, 그것이 과거 한국에서는 이상한 일이 아니었다. 민간인들이 자발적으로 군병화(軍兵化)된 것이 곧 '의병(義兵)'이었고, 그 의병의 궐기는 특히 1592년(壬辰) 일본 침략(倭亂)에 대항한 전투들에서 크게 빛을 발하였다. 근대에는 1894년 단발령의 강제 시행을 비롯하여, 1895년 조선황후(閔妃) 시해 사건(을미사변), 1905년 한일조약(을사늑약)의 강압적 체결, 1907년 조선 군대의 해산, 1910년 불법적인 한일합방 등의 고비마다 의병이 각지에서 출현하여 일본의 야욕 저지에 공헌했다.

여기서는 일본의 조선 강점화가 진행되던 19세기 말~20세기 초에 궐기한 한 의병장(義兵將)의 사례를 살피려 한다. 의병장들은 대개 유학(儒學)에 상당히 깊은 조예를 지닌 학자급 지식인들이었다. 그들은 유학의 지식으로는 벼슬아치에 못지않던 실력의 소유자들이었으므로, 의병장의 행적과 문적 등에는 그 시대 '일제의 야욕'에 대한 인지와 '국제적 동태'에 대한 세계관적 지식과 '국민과 제왕'에 대한 그들의 확고한 의식 등이 담겨 있기 마련이다. 따라서 한 의병장에 대한 이 고찰에서, 그 시기 나라 안팎의 상황을 헤쳐 나가던 한국 지성인으로서 지녔던 '시대정신'과 국가와 민족에 대한 '애국·애족의 정신' 등이 잡힐 수 있을 것이다.

여기서 고찰할 의병장은 기삼연(奇參衍, 省齋, 자 景魯, 1851~1908)이다.[1] 그는 1851년(철종 2)에 전남 장성군 황룡면(黃龍面) 아곡리(阿谷里)에서 태어났다. 그의 부친[奇鳳進]은 진사였으며, 당시 한국 성리학의 대표적 학자인 기정진(奇正鎭, 蘆沙, 1789~1879)은 그의 재종숙이다. 더욱이 그 지역의 성리학자이자 의병장으로 이름 난 기우만(奇宇萬, 松沙, 1846~1916)은 기정진의 손자로 그의 삼종질이다. 그의 가정환경은 자연히 그를 기정진의 문하에서 성리학을 익히도록 했다. 기삼연은 유학의 경전(經學)에 능통했고, 병서(兵書) 또한 익혔으며, 필법에서도 뛰어났다. 의병이 되기 전, 그는 벼슬을 하지 않고 초야에 묻혀 있던 '조용한 선비'였다. 관료가 될 뜻이 없지 않아 몇 차례 과거에 응시했으나 급제하지 못하여, 자신이 국가에서 쓰일 날을 조용히 기다리면서 학문에 매진하고 있던 선비였다.

그가 의병 활동을 하게 된 동기는 대체로 두 가지로 짚을 수 있다. 하나는 학문을 익히면서 충효(忠孝)를 지극히 중요시하던 가학(家學), 특히 기정진에게서 받은 교육의 영향이고, 또 하나는 그 자신의 성격

---

1) 그에 대한 자료는《省齋奇參衍先生傳》(奇浩元 편, 한국문화사, 1990)으로 정리되어 세상에 전하므로, 나는 이 책에 수록된 자료를 바탕으로 그의 의병 정신에 깃든 사상들에 접근하겠다.

과 이상과 실천 의지 등이다. 그의 재종숙인 기정진은 성리학자로 저명하였을 뿐 아니라 당시 '위정척사(衛正斥邪)' 운동에 앞장섰던 인물이다. 그 시대 유학의 이념을 중심으로 한 전통문화를 보존하면서, 서구의 천주교[西學]와 제국주의의 무력 침략 특히 일본의 침략 세력을 철저히 배척하던 움직임이 곧 위정척사 운동이다. 그 운동의 실천에 핵심적 구실을 한 학자가 기정진이었음을 떠올리면, 그 문하에서 기삼연과 기우만의 의병 활동이 나왔던 것이 결코 우연이 아니었다고 할 수 있다. 그것은 넓은 의미의 가학의 형태로 전수받은 유학의 영향이라고 파악해야 한다.

기삼연의 개인적 정신 자세나 그의 선비 기질은 매우 남다른 데가 있었다. 그의 전기를 지은 오준선(吳駿善)은 기삼연의 인물됨을 다음과 같이 적고 있다.

"어려서부터 준걸하여 보통 아이와 달랐다. … 홀로 그 뜻과 기상이 높고 커서, 사해의 호걸(豪傑)들과 함께 크게 입 열고 가슴속의 기이한 것을 토로하며, 큰 사업과 경륜을 쌓으려 하였다. 그러나 우리나라에는 이런 것을 더불어 말할 사람이 없음을 탄식하며, 항상 답답해하였다."[2]

기우만(奇宇萬)의 글에서도 이와 같은 증언이 나오고 있다.

"선생은 어려서부터 굽히지 않는 굳건한 기개로 말미암아 항상 답답해하는 생각을 가지고 있었다. 그래서 말하길, … 장부(丈夫)가 이 작은 나라에 태어나 뜻을 펴지 못하니, 마치 구름 사이를 날 날개가 조롱(鳥籠) 속에 매어 있음과 같다. 만약 방구석에서 편히 죽어 초목과 함께 썩어진다면,

---

2) 앞 책의 별록, 吳駿善, 〈義兵奇參衍傳〉, 131쪽.

태어나지 않음과 무엇이 다르겠는가!"3)

　위 두 증언은 다 기삼연이 큰 뜻을 품었던 '준걸한 기상'의 소유자로서 '호걸이라고 할 대장부'였다는 내용으로 요약된다. 인품이 대장부를 자처하는 데다 전통적인 충효 중심의 유학을 익혔던 터이니, 그의 의병으로 의거는 결코 다른 무엇의 영향이라 할 수 없다. 그것은 자신의 의사로 내린 결단에 따라 행하였던 애국·충절의 표출임에 틀림없다.

　기삼연의 의병 활동에서 눈길을 끄는 점은 그 자신이 의병들을 모집하여 이끌던 장수(將帥)의 역할을 하였던 것과, 그의 의병 활동이 한 번에 그치거나 소규모의 활약 정도가 아니었던 사실이다. 그 구체적인 활동상은 대체로 아래와 같이 정리된다. 1895년 일제의 간악한 만행은 국모로 섬기던 명성황후를 시해했는데(을미사변), 명성황후가 압박해 오는 일본 세력에서 벗어나려고 러시아에 접근을 시도했기 때문이다. 이 사변이 일어나자, 기삼연은 분연히 궐기하여, 기우만, 고광순(高光洵, 鹿泉, ?)과 함께 약 300명의 의병을 규합하여 일본군을 토벌하려고 준비했다. 그러나 그때 정부에서는 왕명을 빌려 선유(宣諭)하면서4) 관병까지 파견하여 의병 활동을 제지했다. 기삼연 등은 전투를 포기하고 해산하지 않을 수 없었다. 이것이 그의 첫 번째 의병 거사였다.

　의병의 필요성을 계속 절감한 기삼연은 여기서 그의 행동을 멈추지 않았다. 이것은 그의 의병 활동의 시작에 지나지 않았다. 지난날의 왕명을 내세운 선유를 친일파의 간계로 간주한 그는 다시 기병을 주

---

3) 앞 책의 별록, 奇宇萬, 〈湖南倡義士列傳〉.
4) 이때 선유사(宣諭使)로 전 학부대신 신기선(申箕善)이 내려왔다.

저하지 않았다. 이로 말미암아 그는 1902년 전라 관찰사 조한국(趙漢國)에게 체포되어 전주에서 심문을 받고서 서울로 이송되었다. 서울 평리원(平理院)에서 옥고를 치르던 그는 그 원장[李容泰]의 도움으로 비밀리에 탈출했다.

전북 순창과 담양 등지에서 암약하던 기삼연은 1905년 〈을사오조약〉의 체결 소식을 듣고, 망국을 직감하고서 1907년 8월에 장성의 수연산(隨緣山)에서 봉기했다. 호남창의회맹소(湖南倡義會盟所)를 차린 그는 동지를 규합하고서, 무기를 수집하고 격문(檄文)을 널리 발표하면서 군영을 갖추었다. 이때 대장으로 추대된 그는 김용구(金容球, 統領), 김준(金準, 先鋒將), 이철형(李哲衡, 中軍), 이남규(李南珪, 後軍) 의사 등으로 지휘부를 구성하고, 수백의 의병을 이끌고 항일전투를 감행하였다.

기삼연은 먼저 전남의 영광, 법성포, 무장, 고창, 장성 등지에서 왜군을 격살하는 데 크게 성공한 듯하다. 호남 전역에서 의병의 지원자가 날로 늘어 그 수효가 엄청나게 되었고(수만), 격살한 왜적의 수도 대단(수천)하게 되었다.5) 더욱이 선봉장 김준 장군은 담양군 남면 무동촌에서 적의 지휘관 요시다(吉田勝三郞)를 도살하는 전과를 거두었다. 그러나 기삼연은 그해(1907) 12월 담양 전투에서 적의 대부대의 습격을 받아 부상을 당하고, 참패하는 쓰라린 곤욕을 치렀다.6)

부상으로 말미암아 기삼연은 통수권을 김용구에게 일단 위임하고, 순창 친척집에서7) 치료를 받다가, 이듬해(1908, 1) 정보를 입수한 왜군의 급습을 받아 마침내 체포되어 광주(光州)로 압송되었다. 그는 광

---

5) 앞 책, 〈年譜〉, 38쪽.

6) 앞과 같음.

7) 순창군 복흥면 재종(再從) 기구연(奇九衍)의 집이다.

주 시내에서 요시다의 사살 소식으로 흥분된 왜인들에게 난자당했고, 이튿날(음 1월 2일) 시내 서천(西川)의 백사장에서 총살당하였다. 향년 58세였다. 그가 품었던 국가의 독립은 이로써 더 이상 바랄 수 없게 되었다. 처형장에서 읊었다는 그의 시 한 수가 전해 온다.

> "출사하여 이기지 못한 채 죽게 되니, 해(일본)를 삼켰던 지난날의 꿈도 헛되이 되누나[出師未捷身先死, 呑日曾年夢亦虛]."[8]

비통에 젖은 이 탄식의 시는 그의 목숨과 바꾼 의병 활약이 일제의 침략에 얼마나 열정적으로 감행된 것인지를 잘 알게 한다. 꿈이란 대체로 노심초사 하는 정도로 그 무엇을 간절히 소망할 때 일어나는 현상임을 감안하면, 일본의 침략에 대항하던 그의 의지의 강렬함이 어느 정도였는지 이 칠언 쌍구로 확연히 파악된다.

2. 열강 간섭의 부당성 비판

기삼연은 비록 서울에서 먼 농촌에서 살았어도, 예민한 시대감각을 지녔기 때문에 열강 제국주의의 침탈 야욕을 정확히 간파하고 있었다. 대한제국에 대한 '열강의 압박'이 지닌 의도를 간취한 그의 대외관이 이를 입증한다. 그는 조선에 대한 열강의 '간섭(干涉)'이 곧 침략적 만행임을 누구보다 예리하게 파악했고, 그 침략 행위가 부당(不當)한 '불의(不義)'임을 성토함과 아울러 그 불의의 근절책을 앞장서 역설했다. 그의 〈만국에 포고하는 글[布告萬國文]〉이 바로 그런 내용으

---

8) 앞 〈年譜〉 참조.

로 구성되었다.

기삼연은 이 글을 통해, 국제적으로 이루어지는 조선에 대한 열강의 부당한 만행을 구체적으로 지적하며, 그 근절을 나라 안팎의 모든 이들이 강구토록 촉구했다. 그 포고의 내용은 대체로 다음과 같이 정리된다.

① 이 나라 국왕에 대하여 불충한 행동을 범하고 해외로 도주한 자들을[9] 열강이 국사범(國事犯)의 이름으로 보호해 주어 조선 군신(君臣)의 의리를 파괴하는 것.

② 빈객에 해당하는 열강이 주인 격인 조선의 대궐보다 더 높은 공관(公館)을 짓는 것도 무리이거늘, 그 공관에서 이 나라의 불평분자들과 모사(謀事)를 하고, 또 세족들을 오도하여 우리 군신 관계를 파괴하는 것.

③ 천신(天神)인지 무슨 신을 믿는 종교의 선교사(宣敎師)들을 들여보내, 우리 전래의 오상(五常) 또는 오례(五禮)를 파괴하는 것.

④ 무엇보다도 이 나라에 그네들의 군병(軍兵)을 투입해 전란(戰亂)을 일으켜, 우리를 자립할 수 없게 약화(弱化)하고, 나라를 수호(守護)할 수 없게 하는 것 등이다.[10]

이것들이 바로 그가 지적한 당시 불의(不義)를 저지른 열강의 만행들이었다. 따라서 기삼연은 열강에 대해 아래와 같이 그들의 기존 태도를 변경할 것을 제안했다.

---

9) 이것은 쿠데타인 1884년의 갑신정변을 일으키고 일본 등지로 도주한 김옥균(金玉均), 서광범(徐光範), 박영효(朴泳孝), 홍영식(洪英植), 서재필(徐載弼) 등을 일컫는 듯하다.

10) 앞 책, 〈布告文〉, 55~60쪽 참조.

"각기 마음을 돌려, 우리와 문화의 궤도를 함께하여, 밝은 진리[昭曠]를 함께 깨우치고, 각기 그 군왕을 군왕답게 그 부모를 부모답게 섬기며, 억지 추동의 주장[波說]과 흉악한 무기[兇器]를 버리고 화평(和平)을 함께 이룩합시다."[11]

그에 따르면, 먼저 열강은 침략 야욕을 버려야 한다. 공존·공생하는 '평화(和平) 지향'의 마음가짐을 지녀야 한다. 아울러 '문화(文化)의 특성 차이'를 없애야 한다. 당시 위정척사를 주장한 기정진 같은 성리학자들이 유교 문화를 기준으로 서구인들을 야만[夷狄]이고 금수(禽獸)로 여기었음과 마찬가지로, 기삼연도 동아시아와 서구 문화의 특성이 질적으로 서로 다르다고 생각하였다. 그는 특히 도덕의 상이(相異)를 주된 기준으로 하여 동서 문화의 차이를 생각했고, 그런 점에서 도덕적 특성의 상이를 지양·극복해야 할 것을 지적했다. 열강이 평화를 지향해야 하는 '진리 추구의 정신', 그리고 군왕과 부모를 올바르게 섬기는 '도덕의식'[12]을 갖추어야 한다는 사유가 그것이다. 유교의 도덕 위주의 문화가 곧 평화의 길이라는 판단이 여기에 잠재했다.

그러나 이러한 그의 제안을 열강이 받아들이지 않을 것은 분명한 일이었지만, 그의 판단이 침략자들의 마수적 욕망을 꿰뚫는 데 정곡을 찔렀음도 명백하다. 문화 공유를 바탕으로 한 '평화공존(平和共存)'의 갈망으로 요약되는 그의 이 국제관계론은 사실상 보편적 진리라는 의미에서 주목할 만하다. 그의 평화공존의 이상적 신념에는 시대를

---

11) 앞과 같음. 번역문은 55~60쪽, 원문은 379~384쪽에 있음. 나는 번역문을 참고하지만, 그것이 현대어로 되지 않았고, 더러 오역이 있어, 때로 개작하였음을 밝힌다. 뒤의 인용문들도 다 마찬가지다.

12) 여기서 정명론(正名論)이란 공자(孔子)가 말한 본분에 따라 명(名)과 실(實)을 합치하도록 가르친 것을 의미한다.

초월하는 보편성이 함유되었던 까닭에, '공자의 춘추필법(春秋筆法)'과 함께 당시의 이른바 '현대적 공법(公法)'이 아울러 원용되고 있었다. 포고문의 한 대목을 더 보자.

> "공자[聖人]가 언제 일찍이 피아의 종족을 나누어 견주면서, 따로 나의 종족[我]을 부추기고 남의 종족[彼]을 억누르는 마음이 있었던가! 다만 큰 도(道)를 깨우쳐 천하 사람들의 언설을 다 함께 착한 데로 돌아가게 하려 했을 따름이다.
>
> 지금은 성인이 없어 막아냄이 소홀해, 중국도 오랑캐의 풍조로 변했다. 외국들은 간지와 무력으로 서로 다툰다. 이러는 가운데 공법(公法)이라는 하나의 글귀가 오히려 공(公)이라는 한 글자로 해서 일치되지 않은 인심을 통솔하고 복종받기 어려운 자들을 제어할 줄 알고서 만국에 퍼져[橫行] 있다.
>
> 그러나 눈이 있는 사람이면 누가 그 편벽되고 부정한 방법이 천하에 교훈으로 되어 모든 사람의 마음을 복종시킬 수 없음을 알아채지 못하겠는 가!"13)

기삼연의 견해로, 세계평화를 위한 '만국공법(萬國公法)'이 그 시기 서구인들에 의해 제정되었지만, 그것은 서구인들에게나 유리하도록 편파적으로 제정되었다. 때문에 모든 이들이 그것을 따르지 않게 됨이 자명하다. 그것은 간지와 무력으로 다투는 풍조를 그치게 하지 못한다. 진정한 평화 공생을 위해서는 공자가 피아를 구별치 않고 구사한 춘추대의(春秋大義)와 같은 보편적 태도 또는 그런 방법[道]이라야 한다. 이런 점에서 그는 모든 사람들의 의로운 태도로서 '도'에 대한

---

13) 앞 책, 〈布告文〉, 55~56쪽.

각성과 그 실천이 요구된다고 주장했던 것이다.

그는 〈만국에 포고하는 글〉에서 공법을 여러 차례 언급했지만, 열
강이 공법에 따른 '평화공존'을 지향하기는커녕, 그것을 오히려 침략
의 도구로 삼고 있다고 비판했다. 그 비판의 구체적 내용이 또한 위에
든 5가지 조목이다. 따라서 만국의 공존을 위한다는 공법을 내세운
열강의 침략, 특히 '일본의 조선 침략'은 '불의(不義)'로 규정된 것임에
틀림없다. 그 불의에 전투로 목숨을 걸고 대항하는 행동이 곧 의병이
고, 그러므로 불의에 대항하는 그의 의병 활동은 '의로운[義理]' 행위
가 아닐 수 없을 것이다. 그의 기병에 대한 이런 정당화 이론이 이 문
장의 행간에 담겨 있음이 확실하다.

3. 일본의 침략 야욕에 대한 파악

열강 가운데 조선 침략을 직접 감행한 국가는 일본이다. 기삼연은
일본에 대한 투철한 견해를 가지고 있었다. 그 견해는 〈만국에 포고
하는 글〉보다 오히려 의병의 길로 나선 입장에서 낸 그의 〈격서문(檄
書文)〉에 더 뚜렷이 나타난다. 그것을 아래에서 조금씩 살펴 가기로
한다.

> "무릇 왜노(倭奴)란 섬 가운데의 작은 오랑캐[小夷]로서 천지 사이에 못
> 된 기운[乖氣]으로 된 것이다. … 지금 박문(博文)이 저의 임금을 죽이고서
> 방자하게 이웃(우리나라) 삼킬 꾀를 내었다."14)

---

14) 앞 책, 〈檄書文〉. 376쪽.

기삼연은 일본을 한마디로 '왜노(倭奴)'라고 일컬었다. 그 이유는 일본이 과거 문화의 열등으로 말미암아 백제 이후로 이 나라의 문화를 전수받아 겨우 미개를 면한 족속이라는 데 있다고 추측된다. 조선은 그러한 왜노가 지금 침략자 왜구(倭寇)로 변한 처지에 맞닥뜨렸던 것이다. 그에 따르면, 그 왜구 가운데 이토 히로부미(伊藤博文)가 가장 가증스런 인간이다. 이토는 1904년(광무 8) 일본의 특파대사로 내한하여 그해 8월의 〈제1차 한일협약[外國人傭聘協定]〉을 맺게 하였고, 이듬해 1905년(광무 9)에는 또 조선의 조정을 직접 위압하여 〈제2차 한일협약[乙巳五條約]〉을 체결케 한 인물이다. 제2차 협약(脅約)인 〈을사오조약〉에서 한국의 국권이 상실 당하였음을 기삼연 또한 숙지한 터라, 이토를 왜구 중에도 '가장 흉악한 인물'로 지적하였다. 기삼연은 벽촌인 장성 출신이었음에도 서울에서 이루어진 국가의 외교 상황에 정통했다.

기삼연은 그 〈을사오조약〉이 가져올 침략의 실상을 정확히 예측하고 있었다. 그의 〈격서문〉의 문장에서 그 점이 확인된다.

> "(왜노들은) 우리나라의 난신적자들과 함께 우리의 사직과 종묘를 뒤엎고, 우리 산과 바다[山海]를 저들의 보고(寶庫)로 만들며, 우리 민생(民生)을 저들의 노예(奴隷)로 만들려 한다. 그것도 모자라 남의 정신[心術]을 파괴하고, 남의 정치와 법률[政法]을 변경하니, 이야말로 가장 흉악한 계략이도다."15)

그의 견해로, 왜구의 침략은 국가의 체제를 무너뜨리고, 국토의 자원을 다 약탈하고, 조선의 생민(生民)을 저들의 노예로 만들며, 국민

---

15) 앞 〈檄書文〉, 376~377쪽.

의 정신마저 마비시키고, 기존의 정법(政法)을 폐기하는 현상을 초래할 행위이다. 이 폐해를 그가 정확히 예단한 사실은 그 합방 뒤의 역사가 실제로 증명한다. 왜구에 의한 '피침의 피해'를 확실하게 예측한 그는 그것을 저지하지 않을 수 없었다. 그의 '기병 이유'가 이 대목에서 명료해진다. 그의 의병 진출에는 국권의 상실로 말미암아, 조선의 생민이 왜적의 노예가 되고, 강산의 자원이 다 약탈될 것을 방지하는 데 그 목적을 두었던 것이다.

기삼연의 의병 목적은 한마디로 '일제의 침략을 분쇄'하는 것에 다름 아니다. 그 계략 분쇄는 세 가지 내용으로 집약된다. ① 왜인들이 전복하려는 대한제국(사직과 종묘)을 보존함. ② 왜국이 강탈하여 그들의 보고로 삼으려는 조선의 강토를 유지함. ③ 왜인이 그들의 노예로 만들려는 조선의 민생(民生)으로 표현된 국민을 보호함이다. 그의 의병의 기치는 이 목적의 달성을 위한 수단이었다.

그의 이런 의병 봉기에서 한 가지 또 놓쳐서는 안 될 점이 있었다. 그것은 비록 궐기의 간접적인 조건에 해당하지만, 그의 '조국의 문화'에 대한 자부심'이었다.

> "우리들은 조상의 피를 받아 이 문명한 나라[文明國]에 태어났으니, 차라리 의(義)를 실행하다가 죽을지언정[蹈而死], 왜국[小國]의 작태를 방관할 수는 없다. 하늘 아래 태어나 태황제 있음만 안다. 그러므로 의사(義士)를 이끌고 영웅(英雄)들을 불러일으켜, 피를 뿌리며 단에 올라 천지에 맹세하노니, …"16)

기삼연이 여기서 '문명(文明)'이라 한 것은 기계·기술의 발달을 의

---

16) 앞 책, 앞 글, 377쪽.

미한다고 볼 수 없다. 당시 조선의 후진성을 알았기 때문에 그런 의미
로는 쓰지 않았다. 그가 말하는 문명은 '문화, 특히 오상(五常)·오례
(五禮)로 대표되는 '도덕 문화'를 가리킨다. 도덕 문화가 찬란[文明]한
나라가 곧 그의 조국 조선이라는 자부심을 가지고 있었던 이가 기삼
연이다. 이런 자부심은 특히 일본인들과 비교할 때 그들보다는 '우리
겨레가 매우 뛰어나다'는 자의식(自意識)에 다름 아니다. 이것이 왜소
한 문화 후진국으로서 오로지 무력만을 앞세운 '비천한 왜국'이 이 문
화 선진국을 침탈하려는 야욕을 용납지 않게 하였다. 바꿔 말해, 그가
지닌 '문화 국민의 우월의식'이 그를 일본 침략 저지의 의병 전선에
나서게 한 또 하나의 요인이었던 것이다.

4. 대내적 비상조치의 수립

기삼연은 일제의 침략을 분쇄하려는 목적에서 대내적 방안도 구상
했다. 대내적 대응책이 바로 '국내의 비상 정책'과 '국왕 직무'에 대한
강조이다. 기삼연은 의병대장으로서 일종의 포고문에 해당하는 글로
서 〈널리 알리는 글[廣告文]〉을 발표하였는데, 이것이 바로 그의 '대내
비상 정책'을 담은 글이다. 이것은 그 비상 대책을 어길 경우 사형으
로 처벌할 것을 천명한 조치이다. '처벌 대상'으로 지목된 해당자들은
대체로 아래와 같다.

> "왜인과 밀통하여 우리의 기밀을 누설하는 자."
> "부일배인 일진회원(一進會員)과 자위단원(自衛團員)."
> "음탕하고 교묘한 물건을 팔아 순박한 민심을 파괴하는 자."
> "간악하고 교활한 곡물상" 등.[17]

전쟁 대상국인 왜적과 비밀리에 내통하여 기밀을 누설하는 첩자들을 사형에 처하는 조치는 당연하다고 할 만하다. 당시 '일진회원'과 '자위단원'은 모두 부일배(附日輩)였던 까닭에 첩자와 다르지 않은 자들이었다. 따라서 그들에 대한 처치를 고려하였음도 이상하지 않다.

그러나 일종의 풍속범이나 모리간상배를 극형에 처함은 이 조목이 기삼연의 주관으로 내려진 비상조치임을 감안할 때 재고의 여지가 있을 것이다. 그러나 풍속사범과 간상배의 처단은 그 시대가 유학에 의한 도덕정치를 이상으로 여긴 시대였음을 고려해야 이해할 수 있게 된다. '예속(禮俗)과 도덕규범'은 과거 유학자들에게서 '법과 똑같이 여겨진' 것이었다. 더욱이 전쟁 시기에 사회 기강의 문란과 곡물 유통의 부진은 전쟁 수행에 지장을 주어 승전을 저해하는 요인이었음을 간과해서는 안 된다.

모리간상배가 만일 곡물 매매와 연결되어 '군량의 조달'에 영향을 준다면, 그로 말미암아 생기는 문제는 매우 심각한 것이다. 그러므로 기삼연은 그러한 사태를 가상하여 곡물의 부당한 매매를 엄중히 다루었던 것 같다.

> "곡식의 매매에 관부(官府)의 제한과 방비[關防] 없음은 실로 우리 민인의 생명을 여위게 하고, 우리 국가의 명맥을 잠식하는 것이다."[18]

이는 곡물 매매를 허술하게 방치하던 제도적 약점을 악용하는 간상배가 있었음을 보고 낸 글이다. 기삼연은 그러한 모리간상의 행태는 군량미의 문제는 말할 것 없고, 더 나아가 '국민의 생명'과 '국가의

---

17) 앞 책, 〈廣告文〉, 63~64쪽.
18) 앞과 같음.

명맥'을 위협하는 행위로 이해했다. 이 대목에 이르러, 상도를 일탈한 행위는 단순한 불법이나 부도덕의 차원을 넘어서는 행위임을 그가 간파했음이 드러난다.

다른 한편, 기삼연은 정치의 최고 책임자인 국왕에 대한 내용도 제시했다. 이미 그는 〈격서문〉에서 국왕[上皇帝]과 사직(社稷) 등에 대하여 말했듯이, 그의 국왕에 대한 충성의 태도는 묻지 않아도 알 수 있다. 그가 전형적인 유학자였음을 상기하면, 제왕의 권위를 절대시하는 전근대적 근왕정신(勤王精神)이 그에게도 있었을 가능성이 높다. 이와 관련된 것으로서 의정대신들에게 제출한 그의 글이 하나 있다.

> "안으로는 부자(父子), 밖으로는 군신(君臣) 관계가 인간의 큰 윤리[大倫]입니다. 군신의 의(義)에 어긋남이 있으면, 이는 만물을 낳는 천지 부모의 이치를 잃음입니다."19)

군신의 의리(義理), 곧 왕에 대한 충성(忠誠)을 먼저 강조했던 기삼연임이 이로써 분명해진다. 그러나 이 글은 왕에 대한 그의 사유와 태도를 구체적으로 드러낸 글이 아니다. 따라서 더 상세한 그의 제왕관(帝王觀)이나 그 시기의 왕인 고종(高宗)에 대한 그의 사유와 태도를 알아볼 수 있는 자료가 있어야 하겠다.

5. 국왕 직무 수행의 강조

기삼연은 당시 고종에게 바친 상소문(上疏文)에서 충정 어린 직언

---

19) 앞 책, 〈上議政大臣〉, 60쪽.

형식으로 '자신의 제왕관'을 기탄없이 상술한 적이 있다. 그것으로 보면, 그는 국왕의 절대적 권위나 국왕에 대한 맹종적 충성을 고려하지 않았다. 그는 유학자임에 틀림없지만, 전근대적 국왕 절대시 사유에 빠져 있던 유학자는 아니었다. 국왕에 대한 그의 충성은 상대적인 것, 국왕의 의무 수행을 전제로 한 충성이었던 점이 바로 그의 국왕관의 특징이다.

> "아비[父]의 도리는 가르침[敎]을 주로 하고, 어미[母]의 도리는 길러 줌[養]을 주로 하는데, 남들(민인)의 임금 노릇[人君]이란 아비·어미를 겸한 것입니다. (임금이) 가르치지 못하면 아비의 도리가 결여되고, 길러 주지 못하면 어미의 도리가 결여되지만, 두 가지 도리를 다 결여하면 그(임금이) 무슨 명분으로 만민의 위에 위탁[託於萬民之上]되겠습니까?"[20]

그에 따르면, 만민(萬民) 이름의 국민을 교화하고 국민을 양육해야 함이 곧 왕에게 위탁된 임무이다. 국왕은 이 두 가지 임무의 수탁자에 지나지 않는다. 따라서 국왕이 그 위탁된 두 임무를 수행하지 못하면, 국민 위에 군림하는 통치의 수탁이 끝날[解託] 수밖에 없다. 이런 점에서 기삼연은 경계의 언사를 국왕에게 건네기를 주저치 않았다.

> "민심(人心)이 왕을 따르고 배반하는 기미의 위태로움은 하나의 터럭과 같습니다."

이는 국왕에게 하는 언사로서는 일종의 '경고' 이상의 위협에 해당할 극언이다. 이 내용은 왕에게 통치를 위임하는 것도 민심이고 그것

---

20) 앞 책, 〈上疏〉, 번역문은 47쪽, 원문은 369쪽.

을 해탁할 능력을 지닌 것도 민심임을 명시하면서, 그 민심의 변이가 언제이고 가능함을 가리킨 것이다. 이것은 맹자의 '방벌설(放伐說)'을 그가 고종에게 기탄없이 토로하고 있는 대목으로서 고종에게는 더할 수 없는 극언이었다.

이것은 근왕정신과 다시 연결하면, 그의 왕에 대한 일종의 '조건부 충성'을 밝힌 언사이다. 이로 보아 국왕에 대한 기삼연의 충성은 아무리 '의리(義理)'로 표현된 규범이라 하더라도, 조건 없는 맹종이거나 절대적 충성이 결코 아니었다. 그것은 위탁 조건에 적합한 정도로 행사되는 상대적인 것일 따름이었다. 그에게 충성이라는 의리의 구현은 근본적으로 민본(民本)·위민(爲民)의식에 근거하는 만큼, 충성의 강도 또한 '민생(民生)'에 대한 국왕의 공헌, 곧 '국왕의 직무 수행' 여하에 달렸던 것이다. 이는 결국 기삼연의 근왕정신 자체가 국왕의 '교민(敎民)'·'양민(養民)'의 직무 수행 정도에 달렸음을 실토하는 대목이었다. 여기서 그의 전체 민생을 위한 대변자적 모습이 확인된다.

아래와 같이 계속되는 그의 장대한 글은 기삼연의 이러한 모습을 구체적으로 더 명백히 드러낸다.

> "신(臣)이 생각하옵건대, 폐하께서는 아마 가리어져서 패할 징조가 급박해 감을 잘 모르시고, (나라가) 그럭저럭 지탱하려니 하며, 하루[朝夕]를 넘기시는 것 같습니다. 그러나 신의 어리석은 소견으로는 폐하께서 홀로 깊은 산속에 앉아 호랑이를 불러 호위받으려 함을 보는 듯합니다.
>
> 경각에 달린 위태로움이야말로 사람 마음을 가진 자라면, 누군들 정신 없이 소리치며 그 급박한 형세를 구하려 하지 않겠습니까? 하물며 오늘날 화란(禍亂)의 기미가 날로 심해 가는 데야 더 말할 나위 있겠습니까!
>
> 사방으로 강토를 돌아보매 의문이 입니다. 이것이 누구의 터전입니까? 아! 이 산하(山河)는 단군(檀君), 기자(箕子) 등 예로부터의 물체고, 이 나라

는 조상[祖宗]들이 이룩한 큰 업적입니다. 폐하께서는 앞 성인(聖人)의 예부터의 산하(물체)를 다 소유하셨고, 선조의 큰 업적을 이어 지켜 오셨는데, 하루아침에 이를 포기한다는 것은 참으로 어찌 마음엔들 둘 일입니까! 어찌 폐하께서 오늘의 나라 형편[國勢]이 사람들 일처리[人事]의 잘못이 아니고, 기세 운수[氣數]의 소관이라 어쩔 수 없다 치면서, 구차스럽게 하루하루를 끌어가며 임금 자리에 앉아 있음이나 즐길 따름이겠습니까!"21)

이 글은 상소 형식으로 된 기삼연의 '고종(高宗)에 대한 평설'이나 다름없다. 여기서 눈길을 끄는 것은 고종이 국왕의 직무인 '국민 교화'와 '국민 양육'을 제대로 못하고 있다는 평가이다. 그 임무를 다하지 못하는 '국왕의 무위·무능'을 더 없이 신랄하게, 그리고 지극히 통렬하게 비판한 내용이 매우 주목된다. 이는 그의 예리하고 대담한 직소로서 읽는 이들의 놀라움을 자아낼 만하다. 이 발언은 앞서 비친 '방벌설'의 연장선에 놓인 것이었지만, 결코 일반적 방벌설과는 같지 않음에 주의해야 한다. 단순한 경구로 인용하는 일반적 방벌설과 달리, 이는 급박한 '망국(亡國) 상태'에 직면하여 '가감 없는 진정'을 토로한, 충정 어린 경고에 가까운 언설이다.

국왕의 직무에 대한 각성으로부터 당장이라도 그 임무에 충실할 것을 촉구하는 기삼연의 애타는 심정이 읽는 이의 심금까지 울린다. 이것을 받아 읽었을 고종은 아마도 자신의 안일·무사하였음과 난국 돌파에 무력함, 무능함, 출구 없는 벽에 꽉 막힌 듯한 당시 상태에 더욱 고뇌하였을 것이다. 이제 문제는 이 글에 잠겨 있는 기삼연의 더 깊은 '내면의 의식'을 읽어내는 일이겠다.

---

21) 앞 책, 앞 글, 368~369쪽.

6. 호민정신 속의 민생 · 민족의식

대체로 의병장들이 겨냥한 목표는 종묘(宗廟) · 사직(社稷)으로 표현되던 '국왕[太皇帝] 중심의 국가 수호'였다. 국왕 중심의 국가 수호는, 얼핏 보면, 기삼연의 경우에도 그것을 크게 벗어나지 않았음은 이미 밝혀졌다. 그러나 앞의 상소문을 떠올리면, 기삼연의 의식이 반드시 다른 의병장들의 그것과 같다고 하기는 어렵다. 왜냐면, 다른 의병장들에서는 국왕 절대시 사유를 바탕으로 국왕과 국민의 호위를 목표로 삼는 데 견주어, 그의 경우 국왕의 비중은 국민의 비중보다 결코 더하지 않았기 때문이다. 그의 근왕정신은 상대적이었고, 그 상대성은 그가 '민본정신(民本精神)'을 기준으로 삼은 데에 말미암았다. 그의 사유는 근대 국민국가 의식과 별로 다르지 않았다. 이런 점에서 그가 지녔던 민본정신과 연결된 '호민정신(護民精神)' 등에 대한 성찰이 더 필요하다.

기삼연은 〈격서문〉을 통해 왜인들이 조선의 '민생(民生)'을 저들의 노예로 만들려고 함을 지적하였다. 그 민생은 '국민의 생활'과 다른 의미로서 현존하던 대한제국의 '국민 전체'라고 해야 맞다. 그리고 그것은 그의 상소문에 보이는 "단군과 기자 이래의 민생" 곧 '우리 겨레'를 가리킨다. 그에게 민생은 역사 이래 면면히 물려 오는 이 강토를 터전 삼아 살아오고 있는 '역사공동체'이고 '문화공동체'이며 '지역공동체', 그리고 앞으로도 영원히 다른 민족의 구속 없이 자유롭게 살아갈 '운명공동체'였다. 따라서 기삼연이 염두에 둔 민생은 하나의 집합된 독립체 단위로 표현될 '겨레'였고, 겨레인 점에서 실상 오늘날 말하는 '민족(民族)'을 일컫는 것이었다. 민족이라는 용어를 비록 그는 구사하지 않았지만,22) 의미상 그가 말하는 '민생'은 '겨레'나 '민족'과 동의어였다. 그는 겨레와 민족을 수호 대상의 가장 핵심에 두고 전장에 나아갔던 의병장이다.

기삼연은 봉건적 근왕의식에 사로잡혀 있던 선비가 아니었고, 이 점이 과거 다른 의병장들의 의식과 다른 점이었다. 예를 들면, 그 시기의 대표적 의병장으로 혁혁한 공을 세운 유인석(柳麟錫, 義庵, 1842~1915)만 해도 '군신의 의리[君臣之義理]'를 지키는 것을 무엇보다 으뜸으로 내세운 선비였다.23) 16세기 임진왜란 때의 대표적 의병장인 조헌(趙憲, 重峯, 1544~1592)의 의식도 마찬가지였다.24) 이들은 다 성리학의 의리관(義理觀)을 관행적으로 습득하고 철저히 실천한 선비들이었기 때문에, '절대적 근왕정신'을 구현한 의병장들이었다. 그러나 임란의 의병장 가운데서도 박광전(朴光前, 竹川, 1526~1597)의 격문에는 국왕 보위에 앞서 '생민(生民)'과 '생령(生靈)'의 호위를 더 강조했던 예가 있었다.25) 기삼연의 '생민' 호위의식은 바로 이런 선비의식의 시대적 구체화, 곧 '민족수호의식'으로의 발전이라 할 수 있다.

기삼연에게 국왕은 우리 민족과 국토를 유지하는 데 국왕 자신의 운명을 의병장과 함께해야 할 존재일 따름이었다. 그의 신념으로는 이 민족과 이 강토를 지키려는 그 임무를 가장 큰 '의무적(義務的) 의리(義理)'로 간주하였음에 틀림없다. 이런 신념은 벼슬 여부와 상관없이 "선비가 나라의 으뜸가는 기운[士, 國之元氣]"이라는 순수한 '선비관'에서 나왔다고 여겨진다. 그러한 선비관의 구현에서 그의 민족의

---

22) 민족이라는 용어는 일본에서 들어온 '네이션'의 번역어인데, 이때까지 우리나라에서는 사용되지 않았던 탓인지, 그는 이 용어를 아직 사용하지 않고 있다.

23) 《義庵集》, 〈宇宙問答〉 참조.

24) 금장태, 〈조헌의 조선현실인식과 항왜의리론〉, 《비판과 포용(한국실학의 정신)》(제이앤씨, 2008) 참조.

25) 윤사순, 〈죽천(박광전)의 독특한 의병의식〉, 《유학자의 성찰》, 나남출판, 2007.

식에 해당할 민생의식이 자리했던 것이다.

이와 같이 살피면, 기삼연의 의병 사상에 어느 정도 '근대 국민국가' 의식과 더불어 '근대의 (자결적) 민족의식(民族意識)'이 자생적으로 싹트고 있었다고 할 수 있다. 나의 이런 판단이 빗나가지 않는다면, 서구의 근대적 민족의식과 우리의 민족의식에는 서로 변별할 상이점이 있음도 아울러 지적할 수 있다. 서구의 그것이 대외 침략을 감행하는 '자기 팽창적 패권주의 성향'을 띠는 데 견주어, 기삼연 등이 지녔던 민족의식은 대내적으로 '민족 생명 수호'의 '자기방어적 성향'을 띠고 있다. 이에 더하여 도덕적 문화 향유의 자긍심까지 수반한 의식이 곧 그의 '민족의식'이고 그 특징인 셈이다. 나는 기삼연의 의병정신에 간직된 호민의식(護民意識)의 속내가 바로 '민족의식의 발아'임을 밝힌 결과에 이르렀다고 하겠다.26)

---

26) 이 글은 내가 쓴 〈20세기 초 의병정신에 담긴 민족의식〉(《동아시아 국제관계사》, 김준엽선생기념서편찬위원회 편, 고려대 아연출판부, 2010)의 내용을 이 책에 맞게 개작한 것이다.

제 8 편
독립 지향의 개신유학적 구상
(20세기 초기~20세기 중기)

제41장 유학의 종교화 풍조 대두

― 대동교, 공교 등의 설립 ―

1. 유학계의 변혁 움직임

20세기 초 사상계의 주류를 이룬 것은 유학과 무관한 개화(開化)사상이었다. 비록 개화파가 주동한 갑신정변은 실패했지만, 개화를 지향하는 시대정신이나 사회 분위기는 그대로 지속되면서 각 방면의 개혁을 이끄는 방향타 구실을 하였다. 그 개화는 주로 유학의 가치관을 중심으로 한 '전통적 정신풍토의 개혁'을 표적으로 삼은 것이었다. 이런 개화의 풍조는 자연히 유학을 쇠퇴하게 한 요인이었다. 유학에 대한 개화의 이런 영향은 원천적으로 천주교[西學]에서 시행한 '서양식 근대교육'이 개혁의 풍조를 타고 보급되었던 데에서 말미암았다. 어쨌든 20세기 초를 기점으로 하여, 유학은 실제로 '쇠퇴기(衰退期)'에 접어들었다. 시대가 흐를수록 유학에 대한 사회의 관념은 마치 빨리 털어 버려야 할 '봉건시대의 잔재'처럼 여겨진 것이었다. 유학은 지난 시대의 구학(舊學)이자, 조선을 낙후하게 만든 요인처럼 경시되었다.

1905, 1910년, 일제에 의한 일련의 국망(國亡)의 사태 속에서 유학자들은 민족의 장래와 더불어 쇠퇴하는 '유학의 장래'에 대해 우려하는 우환의식에 차 있었다. 유학자 가운데는 여전히 올곧고, 애국·애족하는 자세로 외세에 저항하던 '선비정신'의 소유자들도 적지 않았다. 그들은 위정척사의 정신을 이어, 여전히 일제의 침략 세력을 저지하면서 '조국의 자주독립'을 지탱하려고 혼신의 노력을 다했다.

앞서 이미 살핀 대로 '의병 활동의 주체'가 거의 다 유학자들이었던 사실만으로도 그 점이 확인되지만, 그 의병 외에도 독립을 쟁취하려는 비상한 조치들이 유학계에서 더 나왔다. 1919년 3·1 독립선언 직후에는 영남과 호서 일대에서 곽종석(郭鍾錫, 俛宇, 1846~1919)과 김복한(金福漢, 志山, 1860~1924)을 영수로 한 137명의 유림 대표가 '파리강화회의에 장서(長書)'를 보낸 것이 그 한 예이다. 장문의 글이란 일제가 강점한 조선의 실정을 정확히 알리면서 조선의 독립을 청원한 내용을 담고 있다. 이 장서의 입안과 전달 등에는 김창숙(金昌淑, 心山, 1879~1962)의 숨은 공헌이 많았다. 또 이 무렵 김윤식(金允植, 雲養, 1835~1922)과 김용직(金容稙, 剛庵, 1852~1932)은 연명으로 일본 정부에 대해 조선의 식민정책 철폐에 의한 조선 독립의 승인을 촉구한 '대일본장서(對日本長書)'를 제출하기도 했다.

이 시기 유학자들은 특히 당시의 유학계의 상태를 그대로 방치해서는 그 미래가 학문으로나 민중 교화로나 어두울 뿐임을 예측하고 있었다. 그들은 성리학적 전통만으로는 시대를 선도하기는커녕, 날로 격변하는 시대 환경에 적응조차 하기 어려울 가능성을 예견했다. 이런 예견에서 그들은 '유학의 새로운 자기 변혁'을 모색했다. 천주교의 예상 밖의 전파력에 영향을 받은 그들은 유학에 담긴 종교적 요소들을 새롭게 강화하는 데 주력하게 되었다. 유학의 자기 변혁을 '유교(儒敎)의 종교성 강화'로 진행한 것이 일부 유학자의 움직임이었다.

이러한 사정은 그 시대의 중국도 마찬가지였다. 그 즈음 중국에서는 캉유웨이(康有爲) 등이 주동이 되어 유학의 종교성을 강화하는 식으로 개혁한 '공교회(孔敎會)'를 조직했다. 조선에서는 캉유웨이와 공교회의 모델을 참고하면서 조선유학의 개혁을 진행했다. 더욱이 유학계의 이런 동향에 일제가 영향을 끼친 점도 간과할 수 없다. 식민지화의 굳히기에 박차를 가하던 일제가 유학 전통에 뿌리박은 조선인의 항일 정신을 마비시키기 위한 음해 작업을 감행했던 것이 그것이다. 그들은 일부 친일파를 앞세워 조선 유학계를 장악할 계략에서 그들의 어용 유교단체를 만들었다.

이와 같은 여건은 조선의 유학자들로 하여금 유학계를 과거보다 더 강력히 단합된 모습으로 재구성하지 않으면 안 될 상황이라는 인식을 갖게 했다. 조선 '유학계의 개혁'은 이제 '시대적 요구'처럼 되었다. 이런 상황의 시대적 요구에 부응해 유학자들은 이전보다 더 종교의 성격과 형태를 강화한 유교단체를 조직했다. 그것이 바로 (조선의) '대동교(大同敎)'이고 '공교(孔敎)'의 이름으로 출현한 것이다.

2. 박은식, 장지연의 대동교 창립사상

대동교는 박은식(朴殷植, 白巖, 1859~1925)과 장지연(張志淵, 韋菴, 1864~1921) 등이 1909년 9월에 창설한 단체이다. 그 창설에는 유교를 더 현실적으로 개혁하려던 의지와 함께, 친일파의 유교 이용에 대항하려는 의도가 크게 작용했다. 이것이 창설되기 한 해 전(1908), 이완용(李完用)과 신기선(申箕善) 등은 유교의 확장을 구실로 '친일 유림조직'인 대동학회(大東學會)를 조직했다. 이 집단이 이해(1909) 10월에 공자교(孔子敎)로 명칭을 바꾸었던 것이다. 친일파들의 이런 움직임에 자극받아 민족주의 대열에 있던 유학자들이 '유림의 친일화 저지'를 위해, 친일파들의 대동학회와 맞서는 '대동교(大同敎)'를 설립하였다. 대동교의 설립 이면에는 이처럼 친일 행위에 대항하는 애국·애족의 정신이 작용했다. 이 애국·애족의 정신이 바로 일제의 조선 강점 야욕에 대적하던 그 시기의 '계몽 정신'이기도 했다.

대동교 설립에 작용한 애국·애족의 계몽 정신을 일단 접어둔다면, 대동교의 사상적 연원은 《예기(禮記)》에 담긴 '대동사상(大同思想)'에서[1] 유래한 것이다. 《예기》의 대동(大同)은 유교에서 그리는 최고의 이상사회(理想社會)에 해당한다. 그것은 화평한 가운데 인간들이 화목하고 도덕적 질서가 확립되었으며, 특히 복지(福祉)의 조건이 완전히 구비된 사회를 가리킨다. 따라서 명칭만 보더라도 대동교에는 그 시대 유학이 안고 있던 현실적 폐단을 청산하고, 이런 이상사회를 구현하려는 소망을 그 '종교적 신념과 신앙' 속에 담았을 것을 알 수 있다.

유교의 종교성은 절대적이기보다는 상대적이었음은 여러 차례 지적한 대로이다. 유교의 교(敎)란 《중용》에 "도를 닦는 것을 교라 한다 [修道之謂敎]"고 하였듯이, 도덕 같은 것에 대한 '교육'과 '교화'의 의미가 강하지, 하느님[上帝] 같은 절대자에 대한 신앙성이 강한 것이 아니다. 하느님인 상제 자체가 전지(全知)·전능(全能)하다고 믿질 않는 사상이 본래의 유교이다. 그 상제에 대한 신앙에는 한계가 있어, 결코 절대적일 수 없었다. 유교에서는 상제에 대한 신앙보다 오히려 '교육과 교화의 유효성'을 믿는 신념이 더 강한 편이다.

지금 고찰의 대상인 대동교의 경우도 상제를 절대적으로 신앙하는 것이기보다는 '대동이라는 이상사회' 구현의 가능성을 믿고 실천하려는 데에 신앙의 성격이 자리한다. 박은식과 장지연은 그 시기 새로운

---

1) 《禮記》, 〈禮運篇〉.

서구 사상으로 전래되어 지식인들에게 영향을 크게 끼치던 진화론, 특히 사회진화론을 믿게 되었다. 그들은 그 사회진화론을 그들의 대동교 사상이기도 한 '대동사회 성취'의 실제적 가능 근거처럼 이용하였다. 진화론을 바탕으로 하여 그들은 대동사회의 실현이 현실적 또는 역사적 필연임을 역설했다.

일찍이 《춘추(春秋)》에도 대동 세계의 구현에 대한 이론이 있음을 상기하면서 그들은 이런 주장을 펼치기도 했다. 그들에 따르면, 《춘추》에서 역사 발전의 단계로 언급한 '거란세(據亂世), 소강세(小康世), 대동세(大同世)'로의 변화가 곧 '진화의 공례(公例)'라는[2] 것이다. 지금은 비록 난세에 해당할지라도, 앞으로 세상은 '화평한 대동세'가 오게끔 되어 있는 것이 역사 변화의 법칙인데, 이런 법칙이 《춘추》에서 밝혀졌을 뿐 아니라 현대의 진화론으로도 알 수 있는 법칙이라는 것이 그들의 주장이었다. 여기에는 대동교를 통하여 그 시대 민중에게 '위안과 희망'을 부여하려던 그들의 뜻이 있었다고 할 수 있다.

박은식은 유교의 으뜸가는 장점을 가리켜, "무릇 천하의 대중(大中)을 지극히 하고, 천하의 정리(正理)를 다 실현하는 것으로 공부자(孔夫子)의 교(敎)보다 더 나은 것이 어느 것이겠는가!"[3]라 했다. 그의 견해로 유교 본래의 가르침 자체가 바른 원리[正理]를 실현하려는 것이므로, 시대에 따라 폐단들이 있으면 그것들을 변혁하고 개혁해야 함이 마땅하다. 그가 유교 개혁의 의지에서 지은 저술이 《유교구신론(儒敎求新論)》이었고, 유교를 더 활성화하기 위해 창설에 참여한 것이 '대동교'였다. 대동교의 종교부장을 맡았던 그는 '대동교의 종지(宗旨)'를 "인(仁)을 회복하여 천하의 사람들이 태평의 복락을 같이 향유

---

2) 《皇城新聞》, 〈대동학설의 문답〉, 융희 3년, 4월 16일자 논설.

3) 朴殷植, 《朴殷植全書》(단국대 출판부, 1975), 중, 415쪽.

하는 것"4)이라고 규정했다. 그의 이 규정이 바로 대동사회가 그리는 생활상에 다름 아니다.

장지연도 그때까지의 유교와 유학자들의 폐단들을 《황성신문》을 통해 여러 차례 지적했고, 폐단들의 개혁을 역설했다. 그 개혁의 하나로 창설한 대동교의 중요성을 그는 강도 높게 피력하였다.

> "대동교라는 것은 지극한 성인이고 선각적인 스승이신 공부자(孔夫子)께서 세운 교(敎)로서 자사(子思), 맹자(孟子)가 그 통서를 이은 것이다. … 그러므로 철학자들은 종교가 국민 두뇌의 질을 주조하고 한 나라의 강약·흥패가 이것에 달렸다고 말한다. 그러니 진실로 국민 의식을 증진시키고자 한다면 국민의 사상을 변화시키지 않을 수 없고, 진실로 국민의 사상을 변화시키고자 한다면, 그 습관화한 신앙에서 낡은 것을 제거하고 그 새로운 것을 널리 펴지 않을 수 없다."5)

그에 따르면, 한 나라의 강약과 흥패는 종교에 달렸다. 조선에서 전통에 뿌리박은 종교는 사실상 유교이므로, 유교의 사상과 체제들 가운데 시대 환경에 맞지 않는 요소를 제거하여 새로운 종교로서 유교를 세우지 않을 수 없다. 이런 필요성에 부응하여 설립한 종교가 대동교였고, 그런 만큼 이제부터는 이를 전파하지 않을 수 없다는 것이다.

대동교의 편집부장을 맡았던 장지연은 '대동교의 종지'로서 여섯 가지를 들었다.

> "고로 그 교를 펴는 데는 보수가 아닌 진화로, 전제(專制)가 아닌 평등

---

4) 앞 책, 하, 〈孔夫子誕辰記念講演會講演〉, 59~60쪽.
5) 張志淵, 《韋菴文藁》, 권6, 〈大同敎育會趣旨文〉.

으로, 독선이 아닌 겸선(兼善)으로, 문약(文弱)이 아닌 강립(强立)으로, 단협(單狹)이 아닌 박포(博包)로, 허위가 아닌 지성(至誠)으로 하였다."[6]

이 여섯 가지 종지를 낸 뜻은 궁극적으로 세계의 평화를 위함이라는 종교 일반의 목표에 있을지 모르겠다. 그러나 그가 과거 유교의 폐습인 보수, 전제, 독선, 문약, 단협(單狹), 허위의 성향을 척결하고, 그 폐습들을 진화, 평등, 겸선, 강립, 박포(博包), 지성(至誠)의 성향으로 갱신할 것을 역설하였음을 보면, 대동교 창립에 깃든 정신은 결코 종교의 원론적이고 일반적인 목표만을 겨냥한 것이 아니라고 해야 한다. 그는 대동교를 통하여 그 시대 조선유교의 '정신적 폐단들'을 일종의 '민중 계몽의 차원'에서 척결, 갱신하려고 했던 것 같다. 이렇게 이해한다면, 여섯 가지의 종지가 보여주는 대동교의 목표는 그 시기 장지연 등이 추구하던 '민족자강주의(民族自强主義)'와 맥락을 같이하였음을 알 수 있다.

박은식은 종교로서 대동교의 면모를 확충하는 방안도 강구했다. 유교 경전 가운데 특히 《소학》, 《심경》 등에 있는 '가언선행(嘉言善行)'이라든가, 이황과 이이 같은 선현들의 사상〔學論〕, 그리고 대동교에서 새로 지은 책을 한글〔國文〕로 번역하여, 국민들의 인격 차원의 계도와 유교에 대한 신앙을 높이려 했다. 위의 책들을 '한글 번역판'으로 보급하는 데에만 그치지 않고, 그는 그것들을 '한문(중국어), 영문 등으로도 번역'하여 중국과 일본에는 말할 것 없고, 서양에까지 보급하려 했다.[7]

장지연의 견해는 박은식의 그것과 약간 차이가 있었던 것 같다. 그

6) 앞과 같음.
7) 《朴殷植全書》, 하, 〈孔夫子誕辰記念講演〉, 61쪽.

는 유교에서 개혁을 필요로 한다고 판단되는 모든 측면을 될 수 있는 한, 모두 개혁해야 한다고 생각했다. 유교의 전반적 개혁을 더 이상 미룰 수 없는 급선무라고 판단하면서, 그는 특히 그 방법의 하나로 '정치를 통한 개혁'을 중요시했다.

> "이런 정치가 지금 종교 개혁을 해야 하는 시기이다. 그러나 개혁이라는 것이 어찌 다른 것이 있겠는가. 또한 그 근원을 회복하고 그 진실을 돌이키는 것일 뿐이다."[8]

이 글에서 말하는 유교 '근원의 회복' 또는 '진실로의 돌이킴'은 다름 아닌 '대동사상'을 깨달아 그 당시에 실현하자는 것이다. 이것은 바로 앞서 밝힌 대로 《예기》와 《춘추》에 담긴 사상이기 때문에, 그는 근원 회복이라든가 진실로의 돌이킴이라는 표현으로 그것을 나타내었을 따름이다. 이렇게 유교 폐단의 전반적 개혁을 의도한 장지연이었지만, 그럼에도 그는 전반에 걸친 구체적 개혁론은 제기하지 않았다. 아마 그에게는 그렇게 할 여력이 없어서, 시급한 대로 대동사회라는 이상(理想)의 '본원적 정신 회복'에 의한 일종의 원론적 개혁설만을 먼저 주장했던 것 같다.

이 시기 박은식과 장지연보다 먼저 대동사상에 대해 주목한 학자가 있었다. 중국의 공교회(孔敎會)를 조직한 캉유웨이(康有爲)가 바로 그이다. 그는 중국의 근대화를 위해 영국과 같은 체제를 모방한 변법유신(變法維新)을 제창한 것으로 유명한데, 천주교의 중국 전파에 맞서 공교회를 조직하는 한편, 대동사상의 발전적 계승을 역설했다. 박은식과 장지연 등은 바로 캉유웨이의 착상에서 영향을 받았다. 그러

---

8) 張志淵, 《韋菴文藁》, 권6, 〈大同敎育會趣旨文〉.

나 이들은 조선 유교계의 친일화에서 더 크게 자극 받아, 일제에 대항하는 조선의 강국화 의지가 작용했음은 말할 것 없고, 대동사회의 성취를 위한 이론화를 이들 나름대로 독특하게 했다는 점이 캉유웨이와는 서로 달랐다. 이 점은 바로 아래에서 확인된다.

박은식은 대동교의 창립과 아울러 "대동의 정(大同之情)"이라는 개념을 제기했다. 이는 곧 무엇을 좋아하고 싫어하는 '호오(好惡)의 정'을 의미한다. 구체적으로 말하면 사람들이 "생존, 영화, 안락, 존귀, 복지를 좋아하는 것과 달리, 사망, 치욕, 위태, 비천, 화환(禍患)을 싫어하는 심정"의 '같음, 곧 대동(大同)'을 가리킨다. 인간이라면 누구나 '생존과 존귀 등' 곧 '자유로운 삶'을 좋아함은 민족 차원에도 적용되는 사실이다. 따라서 자주독립을 추구함은 인간의 대동 정신에 부합하는 것에 다름 아니다. 그는 대동 정신의 목적을 이렇게 조선의 독립을 갈구하는 데에 두고 '대동의 정'을 환기했던 것이다. 그는 "대동의 정이 단합의 목적으로 추진되는 것은 당연한 리(理)이다"[9]라고 하면서, 조선 '민족이 대동으로 단합'할 것을 염원했다. 여기서 대동교가 세계 평화를 기대하기에 앞서 '조선의 자주독립'을 희구하는 애국·애족의 정신을 발양하던 특징을 확인하게 된다.

3. 이승희의 공교 설립과 그 사상

유교의 종교성의 강화를 통하여 시대 환경에 맞는 새로운 유교로 만들려고 했던 학자에는 이승희(李承熙, 韓溪, 1847~1916)와 이병헌이 더 있다. 이들은 모두 성리학에 기반을 둔 학자로서, 중국의 공교회와

---

9) 朴殷植, 《朴殷植全書》, 하, 〈團體成否의 問答〉(1907년 2월 《西友》, 제3호 수록글).

관련을 맺고 '공교(孔敎)를 설립'한 점에서 서로 일치한다. 그러나 이승희가 중국으로 망명하여 그곳의 조선인들에게 공교 운동을 펼쳤던 데 견주어, 이병헌은 국내에서 하였던 점이 다르다. 그리고 이승희는 투철한 독립 정신을 가진 학자로서 공교 운동을 '독립운동의 일환'으로 했는데, 이병헌은 그렇지 않았던 것이 서로 다른 점이다.

이승희는 한말 영남 유학계의 거목으로 위정척사파 학자의 하나였던 이진상의 아들로서 부친의 학통을 계승한 전형적인 성리학자이다. 그는 을사늑약(1905)이 이루어짐을 보고 국운의 비색함에 통분을 삼키면서, 67세(1908)의 노령의 몸으로 망명길에 올랐다. 제일 먼저 간 곳이 블라디보스토크였다. 그곳에서 일제에 대항할 방법을 강구하던 그는 이듬해 거처를 만주로 옮겼다. 만주에 도착하자 그는 그곳[密山府 韓興洞]에 한국인 부락을 세워 독립운동의 기지를 마련했다. 곧 '한인 공동체의 정신적 구심' 역할을 할 목적으로 그는 캉유웨이의 공교회 조직을 도입하여 '공교의 운동'을 시작했다.

그의 공교 운동은 사실 망명 전에 간직했던 유교에 대한 그의 종교적 신념의 행동화였다. 그는 59세에 작성한 상소문(〈擬陣時事疏〉)에 "큰 인륜을 밝혀 종교를 확립해야 한다"는 신념을 이미 넣었고, 다른 상소문에도 "우리 선왕의 자주적 종교를 확립해야 한다"는 견해를 피력했다.10) 그는 공교라는 명칭만 붙이지 않았을 뿐, 그것에 해당하는 유교의 종교 개혁 운동을 이처럼 망명 전부터 진행했다. 그러한 그가 공교회와 접촉하게 된 지역적 여건에서 그 조직과 연합하여 '공교 운동'을 전개하였음은 자연스러운 일이었다.

이승희가 공교 운동을 벌였다고 해서 기존의 성리학을 포기하지는 않았다. 그렇지만 정주성리학을 더 깊이 탐구하거나 온전히 고수하려

---

10) 李承熙, 《韓溪遺稿》, 7, 〈韓溪先生年譜〉.

했던 흔적도 보이지 않는다. 그 점을 알 수 있는 좋은 예가 '태극(太極)'이라는 우주의 근원에 대한 그의 사고이다. 다 아는 대로 성리학자들은 태극을 우주의 근원으로 이해하면서 그것을 궁극의 리(理)로 대치했지, 그것을 인격신인 상제(上帝)로는 결코 간주하지 않았다. 그런데 이승희의 견해는 그렇지 않았다. 그는 태극을 상제와 별로 다르지 않다고 이해했다. 이는 태극에 대하여 성리학자들이 원리적으로 이해한 철학적 사고를 '종교적으로 변용'한 것이다.

이승희에게는 태극이 상제와 별로 다르지 않다고 할 근거가 있었다. 그 근거란 리의 의미가 "그렇지 않을 수 없는 까닭"이어서, 지각(知覺), 동정, 생성, 조화(造化)가 다 리로 말미암아 이루어지기 때문이다.[11] 즉 이는 리 개념에 '소이연(所以然)의 의미'가 들어 있음을 고려하여 낸 견해인데, 이런 의미로는 리와 태극과 상제는 다 궁극적인 것으로서 동일한 것의 별칭에 지나지 않는다. 이런 것은 바로 성리학의 철학적 해석을 유지하면서 아울러 종교적 해석도 겸비하려는 의도가 자아낸 의미들이다.

이승희가 공교를 생활화하기 위하여 한흥동에 망명 한인촌(韓人村)을 세울 때(1909), 그는 〈일칙록(日則錄)〉, 〈일송오강(日誦五綱)〉, 〈오강십목(五綱十目)〉을 지어, 교도들에게 매일 아침 그것을 낭송하는 의식을 행하도록 했다. 〈일칙록〉의 내용을 보면, "밝고 밝은 상제는 그 명하심이 그침이 없으며, 동하고 정함에 오직 때가 있으시니, 나는 이를 따르는 것을 직무로 삼는다"는 구절이 있다. 그리고 〈일송오강〉의 내용은 "천지를 위해 마음을 세우고, 부모를 위해 몸을 세우고, 나의 생명을 위해 도(道)를 세우고, 백성을 위해 극(極)을 세우고, 만세(萬世)를 위해 모범을 세운다"[12]는 등으로 되었다. 이 내용들은 공교에

---

11) 앞 책, 6, 206쪽.

도 세속 종교들과 같은 특색이 있다는 예증이다. 어쨌든 '나의 생명'을 비롯해 '부모와 백성과 만세'를 위하여 마음과 몸을 닦는 수련을 하는 것이 공교의 종교적 면모이다.

이승희는 유교의 교화력이 제도권에서 이루어지는 서양식 교육에 의해 약화되던 경향을 간파하고서 〈공교진행론(孔敎進行論)〉을 지었다. 그는 그것을 통해 유교사상을 학습할 수 있는 교육제도와 교과목 및 교육체계 등을 제시했다. 그는 신학(新學)으로 불리던 양학(洋學)과 아울러 구학(舊學)으로 지목되던 유교 경전들에 담긴 보편적 사상을 응용하여 공교의 교육제도와 체계를 안출해 냈던 것이다.

1913년에 그는 북경의 공교회를 방문하여, 그곳 공교회의 주임이자 《공교잡지》의 편집인이던 진환장(陳煥章)에게 공교회에 대한 자문을 했다. 이어 그 잡지에 〈공교진행론〉, 〈공교교화론〉, 〈공사관복설(孔祀冠服說)〉 등을 발표하고, 공교회와 공도회(孔道會)에서 강연도 했다. 한때는 공자의 고향인 곡부(曲阜)로 가서 공자의 사당에 참배했고, 길림성, 봉천성, 흑룡강성 일대에 망명한 '동삼성 한인 공교회(東三省韓人孔敎會)'의 설립을 북경 교회로부터 승인받기도 했다.

이승희의 공교를 위한 활약은 이처럼 활발했다. 아울러 그는 성리학에 함유된 보편적인 사상을 새로운 형식으로 계승하여 가르치려고도 했다. 이는 성리학에도 시대를 초월하는 보편적 진리가 내재함을 알고 그러한 것을 지키려고 한 태도에 해당한다. 그러나 그의 공교 활동에는 '피할 수 없는 제약'이 따랐다. 무엇보다도 그의 활동 범위가 '중국 또는 만주'라는 외지로 한정되었고, 그 중국의 여건 또한 공교의 존속마저 불가능하게 되었던 사태가 그런 것이다. 그런 제약으로 말미암아 그의 뜻은 끝내 별 성과를 거두지 못하였다.

---

12) 앞 책, 6, 438~441쪽.

4. 이병헌의 공교 운동과 유학사상

이승희 외에 공교 운동을 벌인 또 다른 인물로 이병헌(李炳憲, 眞庵, 1870~1940)이 있음은 앞서 밝힌 대로다. 이병헌도 청소년기에는 성리학을 익혔다. 34세 때(1903)에 서울에 와서 그즈음 새로 설치된 철도 시설이라든가 청·일 관계 등 세태의 변화를 보고 듣고,《태서신사(泰西新史)》등 서양에 관한 서적들을 통해 서양 지식을 습득했다.13) 그 새로운 지식이 그로 하여금 성리학의 한계를 절감하고 사상적 전환을 단행하게 했던 것 같다. 이런 사상적 전환에서 그는 유교의 종교 측면을 강화·개혁하는 '공교 운동'을 벌이게 되었다.

이병헌은 성리학의 한계를 인정했지만, 한편으로는 여전히 유학자답게 유학의 우수성에 대한 지식을 갖추고서 유학자의 긍지를 잃지 않았다. 유학의 우수성이란 철학과 더불어 종교의 성격을 합일의 상태로 잘 간직하고 있음을 가리킨다. 그는 1914년 북경에서 〈종교철학합일론(宗敎哲學合一論)〉을 지었다. 그에 따르면 서구에서는 종교와 철학이 미신(迷信)과 진지(眞知)로 분별·분리되지만, 동방의 유교는 그 두 가지가 합일되어 있다는 것이다. 유교를 이룩한 공자야말로 '철학을 종교에 합일'한 '지구상의 유일한 종교가'라는 것이 그의 판단이다. 이런 판단을 근거로 그는 미래에는 유교가 전 세계를 대상으로 한 '대동교(大同敎)'가 될 것이라고 예측했다.

이병헌의 공교 운동도 캉유웨이의 영향을 많이 받았다. 그는 다섯 차례나 중국에 가서 캉유웨이를 만나 '유교의 종교화'에 대해 의견을 나누었다. 그는 또 연성공부(衍聖公府)에도 드나들면서 자신의 공교

---

13) 이 무렵 그는 상해에서 발행되는 〈萬國公報〉를 구독했고,《西洋上古哲學史》,《萬國宗敎誌》,《哲學要領》 등도 읽었다.

사상을 구체화하고 그 운동 방법을 모색했다. 캉유웨이는 그에게 '국가의 명맥은 민족정신'에 달렸다고 하면서, 그 민족정신을 유지하는 요건이 종교임을 역설했다. 이어 그는 유교를 '조선[自國]의 생명'으로 삼고, '구교(救敎)를 구국의 전제'로 생각할 것을 당부했다.[14] 이병헌은 실제로 유교를 이와 같이 민족의식과 연결하여 이해하였다. 이런 이해에서 나온 그의 저술이 〈역사교리착종담(歷史敎理錯綜談)〉과 〈오족당봉유교론(吾族當奉儒敎論)〉이다.

그러나 그 시기는 그의 이러한 뜻을 펼 수 없는 여건이었다. 조선총독부에서는 종교령을 내세워 유교를 이미 종교단체에서 삭제하였기 때문이다. 그는 총독부 조치에 대한 장문의 항의서를 제출했고, 유교의 종교적 성격을 체계적으로 밝히는 저술을 하였다. 그것이 바로 그의 공교 사상을 한눈으로 알 수 있는 《유교복원론(儒敎復原論)》 (1919)이다. 이 책에서 그는 "유교란 공자의 교[孔子之敎]이다"[15]라 하고서, 공자를 "유일무이한 교주[唯一無二之敎主]"[16]라고 했다. 공교란 '공자의 교'의 줄임말이듯이, 그는 공자를 교주로 받들어 유교를 교단화한 종교체계로 변혁하려 했다. 그가 유교의 쇠퇴 원인을 꼽는 자리에서도 "교조 숭배의 관념이 서양인에 미치지 못함"[17]을 맨 먼저 꼽은 사실로도 이 점이 입증된다.

철학과 종교를 합일시키려는 성향 때문이겠지만, 이병헌은 이승희와 마찬가지로 '신(神)'을 '상제(上帝)'와 일치시킴은 말할 것 없고 '태극(太極)'도 상제와 동일시했다. "태극은 상제의 대명사"[18]라는 것이

---

14) 李炳憲, 〈眞庵履歷草〉, 甲寅, 4월, 下旬條.
15) 李炳憲, 《儒敎復原論》, 제1장, 〈儒敎名義〉.
16) 앞과 같음.
17) 앞 책, 제7장, 〈儒敎傳布〉.
18) 李炳憲, 《天學》, 제3장.

그의 주장이다. 그도 상제와 태극과 신을 다 동일한 것의 별칭으로 이해했다. 나아가 그는 '심(心)'까지 신(神)으로 간주했다.19) 신(神)을 기(氣)의 공능(功能)으로 생각하던 성리학자들과 달리, 그는 '신을 상제와 태극 및 심과도 같다'고 상정했다. 이는 천계, 자연계, 인간계를 일괄적으로 이해할 수 있게 하는 것이 신이라는 사유에서 나온 현상일 것이다. 이렇듯 신 개념에 무게중심을 둔 사유 자체가 종교적 특색이 아닐 수 없다. 유교에서 '신관의 이런 변화'는 유교를 교단식 종교로 변혁하던 그가 기독교 신관에서 받은 영향이라고 짐작된다.

그가 구상한 공교는 기독교의 체제나 내용과 비슷한 점이 매우 많다. 그는 기존의 유교를 '향교(鄕校)식 유교'라고 하면서, 자신이 지향하는 공교를 '교회(敎會)식 유교'라고 구별했다.20) 이는 앞서 본 대로 '공자를 교조'로 숭배할 뿐만 아니라, 마침내 '상제와 짝하는 위치'에 모시는 신앙에 근거한다.21) 공자에 대해서는 교당(敎堂)을 지어서 성심으로 섬기고, 성경(聖經)을 선택·번역하여 천하에 배포하며, 교사(敎士)를 선정하여 천하에 경전을 강설하는 방법을 표명했다. 이는 분명 유교를 '기독교식 교단체제'로 바꾸는 모양새이다.

이병헌은 유교를 이렇게 개혁만 한다면 '공교의 미래'는 밝다고 믿었다. 그는 공교야말로 '세계에서 반드시 최후에 승리할 요소'를 지녔다고 예상했다. 그 우수한 요소란, 첫째 공자는 미신 아닌 진지(眞知)를 위주로 했음, 둘째 자존치 않고 예양(禮讓)을 위주로 함, 셋째 배외아닌 대동(大同)을 위주로 하는 점이라고 했다.22)

---

19) 李炳憲, 《孔經大義考》, 〈易經, 癸巳, 下〉.

20) 李炳憲, 《辯訂錄》, 1.

21) 앞 책, 1-2, 〈新舊儒敎對照表〉.

22) 李炳憲, 《儒敎復原論》, 제7장, 〈儒敎傳布〉.

이런 신념을 바탕으로 그는 중국 공교회의 지부를 자신의 고향 부근에 직접 설립했다. 산청군 단성면 배양마을에 '배산서당'을 지어, 한국 최초의 공교를 가시적으로 출발시켰다. 1923년에는 중국 곡부(曲阜)의 공자상(孔子像)을 모사하여 서당 안의 문묘에 봉안했다. 그러나 그 사설 문묘에 봉안한 선현과 조상 신위가 성균관과 향교에서 하는 것과 달랐기 때문에, 그의 사업은 보수 유림의 강력한 배척에 부딪쳐 마침내 좌절되고 말았다. 그렇지만 그의 공교 운동은 서구적 근대화를 지향하던 추세 속에서 전통 사상의 급격한 단절을 한 몸으로 막아 보려던 충정 어린 노력이었다고 할 수 있다.23)

---

23) 이상 유학의 종교화 움직임은 내가 쓴 《우리 사상 100년》(2001)의 〈전통종교의 변혁〉 부분을 약간 손질하여 전재하였음을 밝힌다. 이병헌의 공교 운동 이후에도 안순환(安淳煥) 주도로 조선유도회(朝鮮儒道會) 따위가 1932년에 발족되었던 사실이 있다. 그러나 그것은 1920년대 이래에 등장한 일련의 개혁적인 유교단체들을 전국 조직으로 확대한 것으로서, 독창적인 교단과 사상을 제대로 갖추지 못했던 터에, 잠시 후에는 총독부 정책에 따라 사라졌기 때문에 여기서는 다루지 않는다.

제42장 양명학 경향의 유교 개혁설
─박은식의 유교구신론─

1. 민족주의 이념과 유학의 개신화

19세기 말~20세기 초의 유학계는 이미 살핀 대로 일부는 위정척사를 역설한 성리학자들과 유학 본래의 종교성 강화를 통한 '공교 운동(孔敎運動)'으로 천주교에 대응하려던 학자가 있었다. 이들보다 약간 뒤인 1920~30년대에는 또 다른 모습을 보인 학자들이 있었다. 이들은 비록 성리학으로 기초 학문을 익혀서 성리학의 장점과 단점을 잘 아는 터에, '신학문(新學問)인 서양학'에도 조예를 상당히 쌓은 학자들이다.

이들의 태도는 성리학 같은 구학문으로서의 전통유학을 결코 묵수하지 않았지만, 유학의 장점을 함부로 버리려 하지도 않았다. 그렇다고 이들이 정신문화로서 유교를 계승하는 바탕 위에서 서양의 기계·기술 문명을 받아들이자던 이른바 '동도서기론(東道西器論)'에 동조하지도 않았다. 이들이 택한 길은 유학을 폐기하지 않되, 이것을 '시대에 맞게 개신'하여 존속시키려던 것이었다.

유학을 시대에 맞게 바꾸려 한다는 점에서, 이들의 유학 또는 유교는 일종의 변통(變通)을 거치는 개신유학(改新儒學) 또는 개신유교(改新儒敎)이다. 이들 가운데에는 급격한 개혁을 시도하지 않더라도, '유교의 보편적 장점'만은 강조하면서 실행토록 하거나 그것을 현실에 확대·구현하려는 태도를 취한 학자들이 있었다. 이런 부류에 들던 학자들이 바로 박은식(朴殷植, 白巖, 1859~1925), 장지연(張志淵, 韋菴, 1864~1921), 신채호(申采浩, 丹齋, 1880~1936) 등이고, 이들보다 조금 뒤의 정인보(鄭寅普, 爲堂, 1892~?)였다.

주목할 만한 사실은 이들에게 한 가지 공통되는 사상이 있는 점이다. 그것은 이들이 모두 그 시대의 특징적 사조로 대두되었던 '민족주의(民族主義)'를 신봉한 것이다. 공교 운동을 하던 인물들에게서 이미 민족주의 사고가 조금이나마 확인되었지만, 20세기 초두에는 조선의 자주권 확립을 위한 사상으로서 애국·애족의 정신을 뒷받침하는 민족주의가 그 시대 지식인의 이목을 집중시켰던 것이다. 국가의 자주 독립을 이루는 길은 곧 민족주의에 입각하여 민족이 단합·단결하는 것이 첩경이라고 생각되었기 때문이다. 한 예로, 1909년 5월 28일자 〈대한매일신보〉의 기사를 들 수 있다.

"이 제국주의에 저항할 방법은 무엇인가? 바로 민족주의(다른 민족의 간섭을 받지 않는 주의)를 분휘(奮揮)함이 이것이니라. 이 민족주의는 실로 민족 보전의 불이적법문(不二的法門)이라…"[1]

'민족주의'를 그 시대 민족 보전을 위한 '둘도 없는 진리[法門]'라고

---

1) 원문의 문투는 요즈음 문투로 바꾸었다.

믿던 것이 애국적인 지식들의 일반화된 사고였다. 그러므로 이들이 민족주의를 모두 자신의 이념으로 삼고 살았음은 당연할 만큼 조금도 이상한 일이 아니다. 더욱이 한때나마 이들의 신분은 대개 '신문 제작의 언론인'이기도 했다. 언론인으로서 이들은 '애국계몽운동'을 소신 껏 할 수 있던 위치에 있었다. 시대의 흐름을 민감하게 파악하여 일반 민중을 그 시대 환경에 잘 적응케 하는 그 '언론인과 선각적인 계몽 가'로서 이들은 모두 '민족주의의 이념' 아래에서 사고하고 행동했다.

이들이 지닌 또 하나의 공통점은 민족주의에 바탕을 둔 '역사학에 깊은 조예'를 쌓은 학자들이라는 점이다. 특히 박은식, 신채호, 정인보 는 조선사 연구에 일가견을 이룬 '조선사 개척자'로 꼽힌다. 그리고 이들이 이룬 조선사 서술들은 그 방법부터가 '민족 주체적 자율사관' 또는 '민족의 발전사관'이었다는 점에서 획기적 업적으로 평가된다. 박은식이 '국혼(國魂)'을 역사의 동인으로 삼아 저술한 《한국통사(韓 國痛史)》, 《조선독립운동지혈사(朝鮮獨立運動之血史)》라든가, 신채호가 '아(我)'를 동인으로 삼아 작성한 《조선사(朝鮮史)》,[2] 정인보가 민족 의 얼(조선얼)을 동인으로 삼은 《오천 년간(五千年間) 조선(朝鮮)의 얼》이 모두 그러한 것이다.

이들의 민족 주체적 사관과 역사서 저술이 나오기까지 배경이 있 었음을 간과할 수 없다. 그 배경으로 작용한 것은 일제의 악의적인 조 선사 왜곡이었다. 일본은 메이지 유신(明治維新)을 단행하고 서구식 제국주의를 본받기 시작하면서, 조선의 침략과 강점을 위해 일찍이 정한론(征韓論)을 내세웠고, 그런 의도에서 '조선에 대한 연구'를 광범 하게 실시했다. 그들의 광범한 조선학 연구는 1910년 경술(庚戌) 강점 화 조치(한일합방)를 계기로 더욱 박차를 가하여 급격하게 진행되었

---

2) 또는 《朝鮮史硏究》라고도 함.

다. 이른바 '조선총독부(朝鮮總督府)'가 들어서면서, 그 산하 기구로 세
운 많은 연구소들이 다 식민 통치를 위한 도구였다. 그 가운데 대표적
인 기구가 1926년 총독부에 설치된 '조선사편수회(朝鮮史編修會)'였다.
일제는 특히 조선인의 '역사의식'부터 저들의 식민지 정책에 맞도록
개조하려는 '음모적 계략'을 세웠다. 그 음모적 계략이 바로 '식민사
관(植民史觀)'의 조작이었다. 조선사편수회 등은 바로 그 식민사관을
조작하고, 그 조작된 사관에 따라 조선 역사를 편수하는 기구였다.

일제가 조작한 '식민사관'이란 한마디로 정체사관(停滯史觀) 또는
타율사관(他律史觀)의 성격을 띠었다. 그에 따르면, 조선은 지정학적으
로 보아 주변의 강대국에게 압도되고 종속되지 않을 수 없어, 그 강대
국을 의지하여 '사대(事大)의 형식'으로 살아가도록 되었다던가, 더욱
이 조선인들의 민족성을 분열성만 지닌 것으로 날조하여 조선인들은
주체적 자력(自力)으로 역사를 개척해 가지 못한다는 것이다.

이 식민사관은 조선사에 대해 '약점 일색으로 날조된 가설'이고, 대
부분 실제 사실과 다른 '허위에 찬 맹설'에 지나지 않는 것임은 더할
나위 없다. 그 예를 들면, 먼저 지정학적으로 '주변국을 이용할 수 있
는 유리함' 등을 고의로 도외시한 점이라든가, 그 다음 유구한 역사에
서 수많은 외침을 물리친 사실은 결코 '단합하는 민족성'이 없고서는
불가능하였던 점, 그리고 과거의 조선은 유교 문화를 중심으로 볼 때
항상 일본보다 '문화 선진국으로 이어 온 사실' 등도 모두 고려되지
않고 탈각되었다. 그런 만큼 이 식민사관은 오직 일제의 조선 강점,
그 '식민지 정책의 합리화'를 위한 술책의 소산이었음이 분명하다.

그럼에도 일제는 식민사관을 조선의 역사 서술에서 어길 수 없는
'기준(基準)'으로 삼았다. 그러고서 어용학자들을 동원하여 온갖 괴변
과 위장으로 그 날조된 기준을 강조하면서 공고화를 시도했다. 그들
의 그런 행태는 또한 망국의 열등의식에 싸였던 조선인들의 이성을

마비시키려는 악의와도 통하는 것이었다. 그 시기 조선총독부의 조선 사편수회에 속한 어용학자들은 실제로 조선의 역사 자료들을 모아, 식민사관에 억지로 짜 맞추는 식의 책을 꾸며냈다. 그들이 만 6년 (1932~1938)에 걸쳐 완간을 보았다는 《조선사(朝鮮史)》(전38권)가3) 그것이다.4)

1910~20년대부터 본격화한 일제의 이런 움직임을 간파한 민족주의 학자들은 조선사의 주체적 동인을 찾아, 시대에 따라 자율적·발전적으로 진행되어 온 조선사를 저술하여 제시하지 않을 수 없었다. 박은식, 신채호, 정인보의 사관과 역사서 저작들은 바로 이런 일제의 조선사 왜곡이라는 만행에 앞질러 대응한 조치였던 것이다. 따라서 유학의 장점에 대한 박은식 등 학자들의 긍정의 태도도 어디까지나 '민족주의와의 관련'에서 용납될 수 있는 범위에서 취해지는 것이라고 해야 한다. 다시 말해, 앞으로 새로운 형식으로나마 자주독립을 갈구하는 '이 민족을 이끌 요소가 유학에 있다'는 신념에서 이들은 유학을 이때에도 버리지 않고 존속시키려 했다고 할 수 있다.

유학에 대한 '개신(改新)'의 손길과 그 '장점의 재생산적 확충'을 이들이 시도한 의도 자체가 기존의 유학을 민족주의의 시각에 맞춘 성격의 작업이라고 해야 할 것이다. 사실 유학에 대한 이들의 논의에서는 이제 과거의 유학자들이 시도하던 형이상학적 탐색의 문제라든가,

---

3) 이 무렵 조선총독부에서 간행한 서적으로 《朝鮮史料叢刊》,《朝鮮古蹟圖譜》 도 있다.

4) 이 《조선사》의 제작을 위해, 그들은 조선의 구 왕실에 비장(秘藏)된 자료를 비롯해 전국 각지의 문중에 수장되어 있던 귀중 문서들을 끌어 모았지만, 그 자료들을 정직하게 이용하지 않았음은 물론이다. 희귀한 자료들을 제대로 이용하기는커녕, 그들은 조선의 문화재에 속하는 희귀 자료들을 그들 멋대로 일본으로 반출하여, 저들의 문고에 비장한 채 지금껏 돌려주지 않고 있는 것이 대부분이다.

중국 중심의 화이관(華夷觀)을 기초로 한 소중화(小中華)라는 식의 속된 자존심의 표현도 전혀 찾아볼 수 없다. 사대주의에 따른 '화이관따위를 깨끗이 폐기'한 새로운 유학자들이 곧 이들이다.

공교 운동 이래 유학계는 그 이전의 유학과 현격히 차별된 터에, 이들에 이르러서는 그 지난날의 유학과의 간극이 더했다. 그 넓은 간극을 둔 이질성이 결국 이들 이후의 유학을 '현대유학'이라고 이름해도 무방한 특징이라고 판단된다. 이들의 유학은 20세기의 시대 흐름과 함께 구태를 벗었다는 의미로 일컫게 되는 현대유학이다.

2. 성리학으로 출발한 개신유학자

먼저 박은식의 학문 형성과 그 변화를 통한 그의 사상을 살피겠다. 그의 학문은 성리학에서 출발하여 마침내 그것을 벗어났다. 공교롭게도 19세기 말에서 20세기로 접어드는 그의 나이 40세를 고비로, 그의 학문에 그러한 변화가 일어났다. 그렇다고 그는 유학 자체를 완전히 버리고 신학문으로 일컬어지던 서양사상에만 빠지거나 하지도 않았다. 성리학을 개혁하여 새로운 자기 나름의 유학을 이루려던 그였다. 그의 학문의 본령은 유학이고, 그것이 그때까지의 성리학을 변개한 유학인 점에서 그는 '개신유학자'에 속한다.

그는 유학자 집안에서 태어났다. 그의 부친〔朴用浩〕은 황해도 황주(남면)에서 유학자로 이름이 알려진 인물이었다. 그 부친이 서당을 운영하였던 터여서, 1859년에 태어난 그는 10세부터 17세까지 부친의 서당에서 성리학을 익혔다. 그러다가 정약용(丁若鏞) 같은 실학자의 서적을 접하기도 했다. 22세 때 그는 "경기도 광주(廣州) 두릉(斗陵)에서 참판 정관섭(丁觀燮)을 찾아뵙고서 고문(古文)의 학을 구하고, 다산 정약용이 저술한 정치·경제상의 학문을 섭렵하여"[5] 크게 영향을 받았다. 그러나 그의 학문을 근본적으로 바꾸어 놓을 정도는 아니었던지, 이때 정약용의 탈성리학적 성향을 지닌 경학을 읽지는 않았던 것 같다.

박은식은 한때(26세) 평북 태천으로 가 그의 종친이며 이항로(李恒老)의 문인으로 관서 지방의 대표적 성리학자인 박문일(朴文一, 雲菴, 1822~1894), 박문오(朴文五, 誠菴, 1835~1899) 형제에게 성리학을 더 연마했다. 이 뒤로 그가 이 두 선생의 문인임을 스스로 밝히는 것으로[6] 미루면, 이들에게서 습득한 내용이 '수준 높은 성리학'이었음을 짐작하게 된다. 그의 성리학 지식은 그의 부친에게서보다도 이들의 교육에 의해 더 전문적 차원에까지 오르게 되었던 것 같다.

박은식은 관습대로 벼슬길을 지향하여 향시(鄕試)에 응하여 특선된(27세) 뒤로, 30세부터 36세까지 참봉(參奉)을 지냈다. 동학혁명과 갑오개혁을 겪을 때만 해도(36세, 1894), 그의 사상적 변이 현상은 별로 없었던 듯하다. 그가 자신의 학문 편력을 밝힌 자리에서, 그 뒤에야 다른 분야에 눈떴음을 고백하기 때문이다. 그는 "어려서부터 오직 주자학만 강습하고 존신(尊信)하다가, 40세 이후에야 … 노(老), 장(莊), 양(楊), 신(申), 한(漢)의 학설이며 불교와 기독의 교리를 모두 종람케 되었다"[7]고 하였다.

이어 그는 "40세 이전에는 '수구(守舊)'를 의리(義理)로 삼고, '개화(開化)'를 사설(邪說)로 삼으면서, 서울에 와서도 처음에는 그 전의 뜻을 바꾸지 않고 '신학문'을 듣기 싫어했다"[8]고 술회했다. 그는 지난날

---

5) 朴殷植, 《朴殷植全書》, 하, 附錄, 〈白巖朴殷植先生略曆〉 및 〈年譜〉.

6) 앞 책, 하, 〈賀吾同門諸友〉, 33쪽.

7) 앞 책, 하, 197쪽; 《동아일보》, 1925년 3월 4일자, 〈학(學)의 진리는 의(疑)로 좇아 구하라〉.

개화파의 행동은 고사하고 그 사고조차 성리학자답게 부정적으로 대
했음은 물론, 신학문을 알려고도 하지 않았던 때가 있었다. 이것은 개
화 및 개화와 맞먹는 신학문에 대한 보수 유생들의 전형적인 반발에
그도 동참한 적이 있었음을 가리킨다. 이는 개화 지향의 개혁에서 특
히 과거제도의 폐지와 향교에 대한 경시 등의 정책에 말미암은 반작
용이기도 하다.

　　그러나 앞서 밝힌 대로 그는 사상의 전환을 가져왔다. 그 사상 전
환의 원인은 동서 각국의 서적을 통한 지식과 세계의 동향이라든가,
조선의 현실 사태[情形]에 대한 인식에 말미암는다.9) 그가 각국의 서
적을 통해 흡수한 지식과 세계 동향의 파악은 실제 그로서는 '하나의
신학문을 한' 셈이다. 비록 유학을 포기하지 않았을지라도, 성리학의
세계를 벗어나야겠다는 결심과 판단이 유학자로서는 '일종의 개화에
의 경도'에 해당한다. 그것이 40세 이후에 일어났음은 그의 특수 사정
일 따름이다.

　　그 시기 조선의 현실에 대한 박은식의 판단은 '개혁적 변혁'을 필수
적으로 요구하고 있다는 것이다. 시대적 요청이, 그의 표현대로 하면,
'변통 경신(變通更新)'임을 그는 깨달았다. 변통 경신이 반드시 있어야
나라를 보존하고 민중을 살릴 수 있다는 생각에 이르렀다고 그는 고
백했다.10) 이런 각성에서 그는 마침내 '독립협회(獨立協會)'와 '만민공
동회(萬民共同會)'에 참여했으며,《황성신문(皇城新聞)》이 창간되자, 장
지연과 함께 들어가 논설기자로 활동했다.《황성신문》의 사장까지 지
냈던 그는 민족의식과 애국정신을 고취하는 데 진력했다.

---

8) 앞 책, 하,〈賀吾同門諸友〉, 32쪽 및《서북학회월보》.
9) 앞과 같음.
10) 앞과 같음.

정주성리학을 벗어나 신학문과 신지식을 흡수하여, 소극적인 수구의 태도를 버리고, 그는 민족의 자주독립의 문제를 개화파류의 적극적 방법으로 해결하려는 대열에 참여했다. 그는 '애국 계몽 사상가'로 변신했던 것이다. 1908년 일제가 신기선(申箕善) 등을 내세워 '대동학회(大東學會)'를 만들어 유교계의 친일을 꾀하자, 그가 장지연, 이용직(李容稙) 등과 대동교(大同敎)를 창건한 것은 그의 이런 변신에서 이룬 업적이다. 그즈음 조선광문회(朝鮮光文會)에서는 최남선 등과 조선의 고전 간행에도 참여했다.

박은식은 국내의 사정이 독립운동에 제약을 많이 받게 되자 만주와 서간도로 망명했다. 그곳에서 그는 고구려, 발해의 유적을 조사하고, 고대사 연구에 열중하면서, 만주와 요동평야가 이 민족의 옛 활동 무대였음을 확인했다. 다시 상해로 이동한 박은식은 신규식(申圭植), 홍명희(洪命熹) 등과 신아동제사(新亞同濟社)를 조직하여 그 총재로 활약했다. 대한민국임시정부가 수립된 뒤, 1924년(66세) 12월에는 임시정부의 국무총리에 선출되었고, 이듬해 3월 제2대 대통령에 선출되었다. 이해(1925) 헌법 개정으로 퇴임한 후, 그는 곧 신병으로 서거하였다. 대표적 저서로 《한국통사(韓國痛史)》, 《한국독립운동지혈사(韓國獨立運動之血史)》 등을 남겼다.

3. 박은식의 현실 파악과 자강론

한말의 신지식인 대부분이 그러했듯이 박은식이 지녔던 사상은 다윈(Charles Darwin, 1809~1882)의 진화론 또는 헉슬리(Thomas Henry Huxley, 1825~1895)의 사회진화론이었다. 그는 중국 최초의 영국유학생 '옌푸(嚴復)'의 진화론[天演論] 번역본'이 극동의 언론계 지식인들에게11) 읽히던 환경의 영향을 받았다. 당시 신지식으로 유행하던 진화론에 기초하여 제국주의의 열강이 자행하는 약소국 침략과 식민지화를 파악한 박은식이다.

"현금(現金) 시대는 생존경쟁을 천연(天演, 곧 진화)이라 논하며, 약육강식을 공례(公例)라 말하는지라..."12)

이것은 그 시대 생존경쟁에서 약육강식(弱肉强食), 우승열패(優勝劣敗), 적자생존(適者生存)을 내용으로 한 진화론이 제국주의 열강의 약소국 침략과 식민지화의 합리화에 이용되던 사실을 지적한 대목이다. 아울러 이는 생존경쟁의 법칙이 약육강식이라면, 약소국은 스스로 강해지도록 노력해야 함을 강조하게 되는 이론의 근거로도 사용되었다. 그는 당시 진화론을 바탕으로 영국, 미국이 인도와 이집트, 필리핀 등 약소국에 대한 침략을 당연시하는 현상을 지적하면서, "어느 나라도 믿을 수 없고, 어느 나라에도 의지해서는 안 된다"고 역설했다.13) 조선이 약소국의 처지에 있는 한, 생존경쟁에서 강대국들은 모두 조선을 탐식하려는 적일 따름이기 때문이다.

조선이 제국주의의 열강에 견주어 약소국인 데다가 그때 이미 일본의 침략을 받고 있는 상황이므로, 일본을 비롯한 열강에 대해 조선인이 그들을 믿거나 의지해서 안 됨은 더할 나위 없다. 더욱이 일본은 조선의 적임을 그는 분명히 했다. 을사늑약 뒤로 그는 일본을 이 나라의 '적(敵)'이라고 명시적으로 규정했다. 그는 기회 있을 때마다 일본

---

11) 예를 들면, 중국인으로 한때 일본에 와서도 활동한 량치차오(梁啓超)가 대표적이다.
12) 朴殷植, 〈자강능부의 문답〉, 《대한자강회월보》, 4호.
13) 앞과 같음.

을 염두에 두고서, 〈적을 전승(戰勝)할 능력을 구하라〉, 〈적이 광화문을 훼각(毁却)한다〉라고 쓴 글들이14) 그러한 증거이다.

침략을 당하고 있는 상황에서 박은식이 민중에게 계몽할 내용은 자명했다. 그것은 조선이 스스로 강해짐, 이른바 '자강(自强)' 외에 다른 길이 없다는 내용이었다. 그의 표현에 따르면, 그것은 "타인의 압제·겸늑(箝勒)을 받는 상태"에서 벗어나, "독립의 지위"에 오르기 위해서는, "국력의 양성에 힘써야 하며, 그 국력의 양성은 반드시 "자력(自力)으로 해야 한다"는 것이다.15) 일제의 강압, 그 침략에서 벗어나 독립하는 길은 스스로 국력을 키우는 길밖에 없다는 것이 그의 판단이었다.

> "만일 자강의 성질이 없다면, 자립의 능력도 없는 것이기 때문에, 결코 노예의 상황을 면할 수 없다."16)

일제의 식민지로 되는 현상은 곧 조선 민족 전체가 저들의 노예로 됨을 가리킨다. 그 노예 상태로 되지 않으려면 독립을 해야 하고, 독립을 쟁취하려면 '국력을 스스로 강화하는 길'밖에 없다는 것이다. 이는 박은식만의 판단에 그치지 않았다. 그 시대 애국하는 지성인들의 공통적인 견해였다. 그와 장지연(張志淵) 등이 그때 '대한자강회(大韓自强會)'를 결성했던 것도 이런 사유에서 나온 행동이었다. 대동교가 자강을 위한 '대동단결(大同團結)'이라는 민족의 단합에 더 비중을 둔 것이라면, 대한자강회는 단합된 '민족의 역량을 고양'하는 방법에 비

---

14) 박찬승, 《한국근대정치사상사연구》, 역사비평사, 1992 참조.
15) 朴殷植, 〈자강능부의 문답〉, 《대한자강회월보》, 4호.
16) 앞과 같음.

중을 더 둔 차이가 있었다. 자강을 강조한 이면에는 '민족의 자력에 의한 독립' 외에는 다 비현실적이라는 사유가 작용했다.

자강을 강조할 때 박은식이 정신적으로 민족 주체로서의 '국혼(國魂)'을 상정하고 있었던 사실도 간과해선 안 된다. 한 나라의 역사 발전의 원동력은 그 나라(사람들)의 "국혼의 유무에 달렸다"고 생각한 그였다. 그의 국혼은 신채호의 민족적 자아로서의 '아(我)'라든가, 정인보가 상정한 '민족의 얼'과도 서로 통한다. 이들 민족주의 학자들은 이처럼 민족의 단합과 발전을 가져오는 동인(動因)적 주체를 상정하였던 것이다. 그의 자강론은 이런 사고와 짝을 이루고 있었다.

박은식이 지향한 자강은 '일종의 근대화(近代化)에 해당'되는 점에 주의해야 한다. 근대화의 시각으로 이해할 때, 그것은 크게 보아 두 가지로 의도된 것이다. 하나는 '교육의 근대적 개혁'이고, 하나는 '산업의 근대적 진흥'이었다. 그는 교육 한 가지 일만 흥성해도 국맥(國脈)을 회복할 수 있으며, 땅에 떨어진 국권을 회복할 수 있다고 주장했다.[17) 그 이유는 독립을 하고 못 하고는 민지(民智)의 수준에 달렸는데, 그 민지는 '근대적 교육의 확대'만이 높일 수 있기 때문이다. 이런 점에서 그는 당시까지 조선에서 행한 서당이나 향교 등의 교육이 실용적 교육에 너무 등한했음을 뉘우쳤다.

   "정작 필요한 각국의 역사나 산술, 오주(五洲)의 명칭, 팔성(八星)의 위치 등을 알지도 배우지도 못했다."[18)

서당식 교육으로는 자강을 이룰 수 없다고 그는 확신하고, '새로운

---

17) 朴殷植, 《朴殷植全書》, 하, 〈無望興學〉.
18) 앞 책, 하, 〈師範養成의 急務〉.

학교교육'을 의무적으로 실시해야 함을 역설하였다. 그는 첫째 시급히 '학교를 설립'하여 교육을 크게 진흥시켜야 하고, 둘째 모든 교육의 기초인 '사범학교를 설치'해야 하며, 셋째 '국민들을 모두 교육 받도록' 해야 나라의 문명과 교화의 부강을 이룰 수 있다고 했다. 자강의 성취를 위해서는 먼저 학교교육을 진흥하되, 사범학교의 설치를 통한 교사의 양성과 더불어 의무교육의 시행을 역설했다.

교육이 지식 개발을 통한 자강의 간접적 여건 형성이라면, '산업 진흥'은 부유화에 의한 직접적인 자강 추구의 방법이다. 그 세목으로 그는 먼저 '물품 제조의 지적 개량'을 들었다. 물품의 질이 다른 나라의 것보다 떨어질 때 누가 그것을 사겠느냐는 것이 그의 반문이었다. 그는 우리나라 물품이 열등한 한, 다른 나라와의 경쟁에서 이기지 못함을 단언했다.[19] 다음으로 노동에 의한 각 개인과 각 가정생활의 자립을 강조했다. 이는 개인들과 가정의 자립이 곧 국가의 자립으로 통한다는 의미에서 밝힌 그의 견해였다.[20]

이 밖에 농회 설립, 잠업의 장려, 과수 재배의 권장 등으로 그의 사유가 뻗어 갔다. 이는 그 시대 조선이 농본국임을 감안한 실질적 조치로 고안한 내용이라 하겠다. 농업이 산업의 근간이었음을 상기하면, 이것들도 참으로 나라의 환경과 조건에 적합한 제안이었다.

4. 양명학 경향의 유교구신론

박은식의 자강론 자체가 종래의 유학과 그 풍토에 대한 개혁을 선

---

19) 앞 책, 하, 〈物質改良論〉.
20) 앞 책, 하, 〈인민의 생활상 자립으로 국가가 자립을 성함〉.

행시킨 주장이었다. 그러나 그는 근본적으로 유학을 완전히 폐기하려
고까지 하지는 않았다. 그렇게 극단적 부정의 태도를 취하지 않은 이
유는 그가 유학의 장점을 누구보다 잘 알았기 때문이었던 듯하다. 유
학의 이상사회인 '대동(大同)사회의 구현'을 추구하는 대동교(大同敎)
의 설립에 그가 참여한 것부터가 그러한 추측을 낳게 한다. 그는 결국
유학을 '비판적으로 계승'하는 모습을 보인 셈인데, 그렇게 된 이유를
더 구체적으로 파악하여 보겠다.

박은식은 이와 관련된 글을 다음과 같이 적어 놓았다.

> "지금은 과학의 실용이 인류의 요구가 되는 시대라 일반 청년이 마땅히
> 이에 힘써야 할 터인데, 인격의 본령을 수양코자 하면 철학을 또한 폐할
> 수 없다."[21]

> "종교가 우수하면 그 교가 흥국교(興國敎)가 되며, 종교가 열등하면 그
> 교가 망국교(亡國敎)가 되는 바니라."[22]

이는 시대가 변하더라도 근본적으로 변하지 않고 변해서도 안 되
는 보편적 정신세계가 있음을 지적한 글들이다. 그 보편적인 것이 바
로 '인격 수양에 필요한 철학'이고, '우수한 종교'라는 것이다. 이로 미
루면, 그가 유학을 폐기하지 않은 까닭은 바로 수양에 필요한 철학을
비롯하여 국가를 위한 우수한 종교 요소와 이론들이 유학에 있다고
생각했기 때문이었음을 알 수 있다.

---

21) 앞 책, 하, 〈학(學)의 진리(眞理)는 의(疑)로 좇아 구(求)하라〉.
22) 《대한매일신보》, 제7권 제1252호, 1909년 11월 28일자, 〈今日 宗敎家에 要하
노라〉.

박은식은 철학과 종교를 매우 중요시하였다. 그에게 철학은 때로 종교의 범주에 들기도 하는데, 그렇게 넓은 의미의 종교를 중요시한 데에는 그 나름의 이유가 또 있었다. 그 이유는 넓은 의미의 종교는 '경세제민의 사상〔經濟之術〕'과 병행해야 할 '도덕의 가르침〔道德之敎〕'이며, '민중들에 대한 교화'의 도구로 간주되었기 때문이다.23)

이런 사고를 지닌 박은식은 유교를 어느 종교보다도 우수한 종교라고 생각했다. 그 점을 그의 발언으로 확인할 수 있다.

> "무릇 천하의 대중(大中)을 지극히〔極〕하고, 천하의 정리(正理)를 다한 것으로서 공부자(孔夫子)의 교보다 나은 것이 무엇이 있는가?"24)

선(善)으로서 중용(中庸) 또는 중화(中和)의 사상이라든가, 당연의 의리로서 바른 원리〔正理〕의 사상을 갖춘 종교로는 유교〔孔敎〕를 따를 수가 없다는 것이 그의 판단이다. 그는 철학 특히 도덕철학을 유교의 핵심이라고 여긴 데서 유교를 종교 가운데서 '가장 수준 높은 종교'라고 평가했다. 그가 말하는 종교는 기존의 신앙만을 내세우는 종교가 아니라 일종의 '도덕철학 중심의 종교'임이 이런 문맥에서 배어 나온다. 바로 이런 특징의 유교를 그는 바람직한 유교로 설정하고서, "나는 대한 유림계(大韓儒林界)의 한 사람〔一分子〕이다"25)라고 스스로 공언했다.26)

---

23) 《朴殷植全書》, 중, 〈宗敎說〉.

24) 앞과 같음.

25) 《朴殷植全書》, 하, 〈儒敎求新論〉 및 《서북학회월보》, 1권 10호.

26) 신용하는 박은식이 유교를 "조선왕조 시대부터 자기 시대의 국교라고 생각하여 유교에 대한 집착이 더욱 강하게 된 것"이라고 추정한다. 신용하, 〈박은식의 유교구신론·양명학·대동사상〉, 《역사학보》 73집(역사학회, 1977), 50쪽.

박은식의 이런 발언은 그 시기의 사회 분위기로는 특이하다고 할 만큼 보기 드문 것에 속한다. 왜냐면 그 시대의 일반적 풍조는 유교와 유림에 대한 비판과 비난이 압도적이었기 때문이다. 당시야말로 그가 관여하던 《황성신문》을 비롯한 모든 언론 매체들이 유림에 대한 비판을 헤아릴 수 없을 만큼 많이 쏟아냈다. 눈에 띄는 대로 예를 들더라도, "오늘에 이르러서는 당파각립(黨派角立)이 유림 같은 것이 없고, 풍기결렬(風氣缺裂)이 유림 같은 것이 없고, 완미고루(頑迷固陋)하여 시무(時務)에 적응하지 않음이 유림 같은 것이 없고, 가차명의(假借名義)하고, 음행협잡(陰行挾雜)이 유림 같은 것이 없다. 그러므로 국민의 신앙을 완전히 잃고 타교의 조소를 많이 받으니, 유림으로 이름 하는 이가 어찌 부끄러워하지 않을 수 있으며…"27)라는 지탄이 보인다. 유림은 당파나 가르고, 고루하고 완미하여, 시대가 요구하는 업무[時務]가 무엇인지 모르며, 협잡이나 하여 타교인들의 조소를 사는 자들의 집합체로 전락한 집단이 유림이었다. 유교인이라고 하기에도 부끄러웠던 것이 그 시대 유교의 상황이었다.

박은식이 이런 현황에 어두워서 유교인임을 자처한 것이 아님은 말할 나위 없다. 그도 이전의 유교에 만족해서 유교인이라고 한 것이 결코 아니다. 앞서 든 유교의 도덕철학적 종교의 면목을 새롭게 드러내야겠다는 신념에서 그가 그런 공언을 했다고 여겨진다. 실제로 그는 유림에서 행하던 학문에 대해 일단 냉엄한 비판을 가했다.

"한국 사림의 학문이 한낱 진부한 말만 캐고 새로운 뜻은 탐구하지 않으며, 좁은 소견만 고수하여 시의(時宜)에 전혀 어두우므로, 어버이가 아들에게 권하고 형이 동생에게 격려하는 것이 종이 위의 공담(空談)에 불과하

---

27) 《皇城新聞》, 제3197호, 1909년 10월 12일자, 〈勸告儒林社會〉.

다. 격물(格物) 궁리(窮理)하여 실용의 학문에 도움이 되는 것은 벌레에 대한 말을 해서는 아니됨과 같으니, 오늘날 세계의 신학문에 신지식과 신사업은 전혀 주의하지 않음이오."[28]

유림 가운데서도 선비 세계인 사림(士林)에서 행하는 학문 태도가 전혀 바람직하지 않았다. 진부한 말만 캐고, 좁은 소견만 고수하며, 시의에 관심을 두지 않는 태도, 공담이나 늘어놓으면서 신학문의 신지식과 신사업 같은 실용의 학문에 등한한 것 등이 다 버려야 할 사림의 폐단이었다.

이와 같은 폐단을 극복하기 위해 그는 유교를 새롭게 개혁할 길을 강구했다. 그것이 바로 그의 〈유교구신론(儒敎求新論)〉이다. 이 이론에서 그는 세 가지 과제를 들었다.

"하나는 유교계의 정신이 오로지 제왕 측에 있고, 인민 사회에 보급할 정신이 부족함이오, (또) 하나는 (공자가) 열국을 돌아다니며 천하를 변혁하려 했던 정신을 강구하지 않고, '내가 동몽(童蒙)을 구하는 것이 아니라', '동몽이 나를 구하라'는 생각을 간직함이오. (그리고) 하나는 우리 한국의 유가에서 간이(簡易) 직절(直切)한 사상〔法門〕을 이용하지 않고, 지리(支離) 한만(汗漫)한 공부만을 숭상함이다."[29]

첫째, 유교는 결코 제왕만 위하는 사상이 아니고, '대동사회'의 이상이라든가 맹자의 "민귀(民貴) 군경(君輕)"으로 알 수 있듯이, 제왕보다 국민을 더 위하는 성격이 짙은 사상이다. 그 특성을 앞으로 잘 살

---

28) 앞 신문, 같은 날자, 〈勸告儒林社會〉.
29) 《朴殷植全書》, 하, 〈儒敎求新論〉.

려야겠다. 이러한 점에서 그는 민인의 지혜[民智]를 계발하고 민권(民權)을 신장시키는 방향으로 유교가 이용되어야 한다고 생각했다. 현대야말로 민지의 개발과 민권이 신장되지 않고서는 국가의 발전을 기할 수 없다는 데에 그의 이런 유교 개혁론의 근거가 있었다.[30]

둘째, 공자가 무질서[無道]한 세상을 바로잡으려 열국을 돌아다닌 현실 구제의 정신이 깃든 사상이 유교인데, 오늘날 유교인은 그 정신을 잊고 있다. 유교가 불교나 기독교처럼 '구세주의'를 지향한 사상인데도, 이것이 다른 종교들보다 발달하지 못한 원인이 여기에 있다는 것이다. 그러므로 몽매한 인간들[童蒙]이 유교인을 찾아오기에 앞서, 그들을 위한 '경민(警民)의 목탁' 역할인 교화(敎化)를 위해 유교인이 스스로 나서야 함을 그는 역설했다. 그의 견해로, 현대는 세계의 문호가 열리고 인류가 경쟁하는 시대이므로, 전날처럼 암혈(巖穴)에 박혀 문밖[戶外]을 나가지 않는다면, 다른 종교가 온 천하를 점령하여 유교 사상은 전할 곳이 없게 된다는 것이다.[31]

셋째, 유교의 학문 태도는 원래 간이하고 직절한 특징을 띠었는데, 어쩌다가 그동안은 지루한 방법만을 구사했다. 따라서 간이 직절한 방법으로 유교의 학문을 전환해야 한다. 그가 볼 때 현대는 각종 과학의 발달로 날로 복잡해지고 사업들 또한 날로 영첩(靈捷)해지는 추세이다. 따라서 젊은이들에게 많은 세월을 소비하는 학업[工夫]을 권한다면 다 싫어하게 되었다. 그럼에도 그동안 정주학이 주도한 우리 유학계에서는 지리(支離)하고 한만(汗漫)한 정주학만을 추구해 왔다. 이런 유학에서 벗어나자는 것이 그의 제안이었다.

정주성리학을 가리켜 "지리 한만한 사업[支離汗漫事業]"이라고 비판

---

30) 앞과 같음.
31) 앞과 같음.

하면서 "간이 직절한 학문[簡易直切之學]"을 하자고 주장한 것은 정주
학에 반기를 든 육왕학(陸王學)이다. 육왕학에서는 인간은 누구나 양
지(良知)를 본구하고서 태어남을 전제하고서, 구차한 이론들을 배우지
않더라도, 각자가 본래 타고난 양지만 깨달으면 곧 무지의 상태를 벗
어나 '절로 알고 스스로 실행하게 된다'고 주장했다. 이런 식으로 간
이하고 절요함을 자부하는 유학이 육왕학이고, 특히 양명학(陽明學)이
다. 더욱이 양명학에서 주장하는 양지의 실현은 곧 '지행합일설(知行
合一說)'로 통한다. 박은식은 바로 이 점까지 숙지하고 있었다.32) 따라
서 그가 추구하던 유교의 개신론, 그 〈유교구신론(儒敎求新論)〉은 양
명학의 영향을 받고 그 성향으로 구상한 이론이었다. 유교를 양명학
적 특징을 지닌 방향으로 개혁하여 새롭게 이용하려던 구상이 바로
그의 '유교구신론'이다. 그가 양명설에 기운 개혁설을 낸 데에는 그때
까지의 고루하고 정체된 유교 사회에 실천적 활동성을 부여하려던 그
의 의지가 작용하였다.33) 유교에 대한 그의 '양명학적 개신론'은 이후
정인보 등 유학자들에게 크게 영향을 끼쳤다. 성리학의 탄압으로 말
미암아 부진했던 조선의 양명학은 박은식의 주장을 계기로 뒤늦게나
마 부흥할 수 있게 되었던 것이다.

---

32) 앞과 같음.
33) 이 부분의 서술은 내가 쓴 《우리 사상 100년》(현암사, 2001)의 〈애국 계몽
    운동과 양명학적 유교구신론〉을 대본으로 다시 정리하였음을 밝힌다.

제43장 최초의 조선유교 역사서 저술
— 장지연의 《조선유교연원》 —

1. 유교적 변법 개혁의 지향

20세기 초두의 풍조로는 어려서 유학을 익혔더라도, 장성한 뒤에는 유학을 벗어나 신학문을 배우고 '개화한 신지식인'으로 살아가는 것을 당연하게 여겼다. 그러던 시기에 초학으로 익힌 유학을 평생 유지하면서, 그 유학의 개혁만을 추구하던 이른바 '개신유학자(改新儒學者)'로 살다 간 학자로서는 박은식 외에 장지연(張志淵, 韋菴·嵩陽山人, 1864~1921)이 더 있다.

상주(尙州) 출신인 장지연은 일찍이 친척 조부뻘 되는 장석봉(張錫鳳)에게서 약 5년 동안(14~19세) 유학을 익혔다.[1] 그 장씨들은 그들의 선조로서 성리학의 대가였던 여헌(旅軒) 장현광(張顯光)의 학문을 계승했던 만큼, 그도 초학 다음으로는 성리학을 배웠을 것이다. 스승

---

1) 張志淵, 《韋菴文藁》, 권11, 〈年譜〉.

(장석봉)의 사망 후 그는 이웃 마을 허훈(許薰)에게서 유학을 더 익혔다. 허훈이 이익(李瀷)의 실학을 계승한 허전(許傳)의 제자였음을 감안하면, 장지연은 허훈에게서 근기(近畿)의 실학 분위기도 인지했을 것 같다.[2]

청년기에 장지연은 과거를 보았고, 변복령(變服令)이 나왔을 때 (1884)는 그 조치에 반대하는 상소를 내었다.[3] 33세 때는 곽종석(郭鍾錫)과 이승희(李承熙)를 찾아보고 경전에 대한 문의를 했으며, 곽종석에게서는 일본의 침략을 규탄하는 〈포고천하문(布告天下文)〉에 대한 가르침도 받았다.

장지연은 독립협회 등을 통해 서양 문명을 흡수하고, 대한제국의 성립과 광무개혁을 경험하면서, 1897년(34세)부터 '변법 개혁(變法改革)의 불가피성'에 눈떴다. 그도 변법 개혁의 방향으로 행동하길 주저하지 않았다. 그는 아관파천(俄館播遷)으로 러시아 공관에 있던 고종의 환궁을 청하는 〈만인소(萬人疏)〉를 지었고, 환궁 후에는 고종에게 황제에 오를 것을 청원하는 상소문 초안의 작성과 독소(讀疏)의 책임을 맡기도 했다. 그는 대한제국의 선포와 황제로의 격상이 곧 독립과 중흥의 기초를 이루는 길임을 확신했다.

그의 변법 개혁에는 항상 유교의 사고가 바탕을 이루고 있었다. 그런 견해는 그가 신학문을 긍정하면서도, 그것 또한 유교를 바탕으로 수용해야 한다는 견해로 이어졌다. 이는 유교에 불변적 보편성과 가변적 특수성이 있다는 데에 근거했다. 한 예를 들겠다.

"천지 만물의 이치에는 상(常, 곧 불변)이 있고, 변(變)이 있습니다… 오

---

2) 김도형, 〈한말 일제시기 구미지역 유생층의 동향〉, 《한국학논집》 24(계명대 한국학연구원, 1997) 참조.

3) 《韋菴文藁》 권3, 〈代安孝濟論衣制疏〉.

직 상을 잡으면서도 변에 통해야 경권의 도[經權之道, 곧 보편과 특수의 원리]에 이를 수 있고, 시조(時措, 곧 시대에 적합한 조치)의 마땅함에 합할 수 있습니다. 무릇 나라에 군신(君臣), 부자(父子), 부부(夫婦), 형제(兄弟), 장유(長幼)가 있음을 오상(五常)이라 하는데, (이것이) 천지 고금을 통틀어 버릴 수 없는 상경(常經)이고, 예악(禮樂), 전장(典章), 법도(法度)는 때에 따라 변하는 것입니다."4)

유교의 '오륜 같은 도덕'은 고금을 가리지 않고 시행되어야 할 불변〔常經〕의 성격을 지닌 데 견주어, '예절, 음악, 법률, 제도' 등은 시대 환경에 맞도록 변경하게〔變權〕 되는 성격이라는 것이다. 이는 그가 유교의 도덕을 고수하는 한편, 법률, 제도 등에 대해서는 종래 유교의 전통에 개혁을 가해야 한다는 자신의 견해 표명이기도 하다. 그가 의도한 '유교 변법론(變法論)'의 사상적 근거가 바로 여기에 있다. 박은식과 마찬가지로 신구를 조화하고 절충하는 식의 '온건한 그의 개혁설'이 이런 사상적 토대에서 나왔다.

2. 변법 개혁설의 실학적 위민정신

장지연은 1899년 9월에 《황성신문》의 주필이 된 뒤, 1905년 11월 을사늑약을 당하자 〈시일야방성대곡(是日也放聲大哭)〉이라는 사설을 쓴 사건으로 물러날 때까지,5) 변법에 관한 복안을 제시하는 데 진력했다. 그의 온건한 변법 개혁은 《황성신문》의 노선이기도 했는데, 그

---

4)《韋菴文藁》, 권3, 〈上政府書〉(丁酉).
5) 1906년 3월에 물러남.

것을 그는 다음과 같이 밝혔다.

> "지금의 소위 개화(開化)를 말하는 것도 별것이 아니라 작고진금(酌古進今)하여 개물화민(開物化民)하는 것이고, …"[6]

> "이 개물성무(開物成務) 화민성속(化民成俗)의 본뜻은 바로 수시응변(隨時應變)에 있다."[7]

개화의 의미 자체를 《주역》에서 말한 '개물화민(開物化民)'이라고 풀이하면서, 그는 "옛 것을 참작하여 현재를 열어 가고[酌古進今], 때에 따라 적응할 변혁[隨時應變]을 강구함"이 곧 자신과 《황성신문》의 노선이라고 주장했다. 이로 보면, 그의 개화로서의 변혁은 유교에서 말해 온 경장(更張)이고, 유신(維新)에 해당하는 특성을 크게 벗어나지 않았던 것 같다. 이런 변혁이 얼마나 참신한 내용을 담고 있는지 의문인데, 앞에서 그가 오륜(五倫)의 도덕질서 같은 것만은 이전대로 유지해 갈 부분으로 간주했음을 떠올리면, 그 개혁성은 과격하지 않았음이 확실하다.

장지연이 변혁을 시도하는 부면은 예악 측면보다는 전장(典章), 법도(法度)라고 일컬은 '법률과 제도의 측면'이다. 그 법제의 측면이 '위민(爲民)의 시각'에서 개선되고 개혁되어야 한다는 것이다. 그는 유교의 위민·민본의 정신을 현대적으로 이용하여, 국가의 부강과 인권을 강조하였는데, 이것이 그 시대로서는 그의 선진적 사고였다. 구체적 사례로, 그는 '의원(議院)제도'가 있는 나라를 가리켜 '국민이 나라의

---

6) 《황성신문》, 광무 5년, 12월 14일자, 논설.
7) 앞 신문, 광무 4년, 9월 7일자, 논설.

근본임[民爲邦本]'을 실천하는 나라로서 '개명(開明)되고 부강(富强)'한 반면, 그것이 없는 나라는 쇠약하고 빈곤하다고 했다.8) 이는 의회제도의 시행을 위민의 시각에서 촉구한 내용이다. 나아가 그는 인민들이 정부나 유력자의 압제와 속박을 받지 않고, 생명과 재산을 보전할 수 있는 '천생권(天生權)'을 가진다고 했고,9) "인민이 정부를 위하여 된 것이 아니라 정부가 인민을 위하여 설립되었다"10)고 했다. 이 정도의 발언들로 미루어도 그가 유교적 민본주의(民本主義)에서 현대적 '민주주의(民主主義)에 접근하였음'을 알 수 있다. 그의 이런 주장은 그 시기 독립협회의 운동과 합치하는 개혁설이다. 바로 이런 점에서 그도 독립협회 회원들과 거의 보조를 같이 하였음이 분명하다.

장지연의 변법 개혁설이 체계적으로 제시된 것은 '정치경장(政治更張) 55개조'이다. 이는 의관학교 교관 장도(張燾), 김삼연(金祥演) 등과 함께 중추원에 건의한 내용이다. 경장 이름의 이 개혁설을 낸 그의 의도는 일본의 시정·개선 압력에 미리 대처하려는 데 있었다. 대한제국의 폐정 개선과 근대적 개혁을 지지하는 이 내용은 다음 몇 가지 특징, 곧 '황제의 통치권 장악'을 인정하면서도, '의정부의 권한 강화', '민권의 신장', '사법제도의 확립', '중추원의 활성화' 등을 집중적으로 강조한 것으로 요약된다. 그의 이 개혁설에서 '민주적 요소와 근대화를 추구'한 성격이 확인된다.

그 시대《독립신문》중심의 문명 개화론이 주로 기독교를 비롯한 서양 근대사상에 기울었던 경향과 달리,《황성신문》을 이용한 그의 변법 개혁설은 유학의 전통 가운데 특히 '후기 실학'에 사상적 근거를

---

8) 앞 신문, 광무 3년, 2월 22일자, 논설.

9) 앞 신문, 광무 4년, 5월 7일자, 논설.

10) 앞 신문, 광무 2년, 10월 21일자, 논설.

두었음이 또 하나의 특징이다. 장지연 등은 실학자인 유형원, 이익, 안정복, 박지원, 정약용 등의 정치·경제설을 당시 문제 해결의 지침으로 제시했다. 다시 말해, 그는 안정복(安鼎福)의 《동사강목(東史綱目)》, 박지원의 《연암집(燕巖集)》, 정약용의 《목민심서(牧民心書)》, 《흠흠신서(欽欽新書)》, 《아방강역고(我邦疆域考)》, 《아언각비(雅言覺非)》 등을 간행하면서, 그 내용의 현대적 이용을 꾀했다.11) 아울러 유형원과 정약용의 전제개혁론, 이익의 《곽우록(藿憂錄)》, 정약용과 박제가의 〈농학론(農學論)〉 등을 신문에 열정적으로 소개하여 일반인들의 계몽에 이용했다.12)

3. 대한자강회의 결성 및 자강론

장지연은 을사년(1905)에 사설 〈시일야방성대곡〉을 쓴 것으로 말미암아 구금되었다가 이듬해 2월에 석방되었다. 우승열패의 진화론을 믿던 그로서는 나라가 망하게 된 까닭은 더 할 나위 없이 조선(대한제국)이 일본보다 약하기 때문이라 생각했다. 따라서 그 또한 국력의 강화가 무엇보다 시급하다고 판단했다. 그가 '자강론(自强論)'을 주장하였음은 박은식의 경우와 마찬가지이다.

"우리나라가 종전에 자강의 방법을 강구하지 않아 인민이 절로 우매해

---

11) 장지연은 광문사의 편집을 맡아보면서, 정약용의 《목민심서》, 《흠흠신서》를 간행했고, 《아방강역고》를 증보하여 《대한강역고(大韓疆域考)》로 편찬하기도 했다.

12) 《황성신문》, 광무 3년, 4월 17일자부터 광무 7년, 5월 8일까지 이런 글이 자주 실렸다.

지고 국력이 절로 쇠패해져 드디어 금일의 고난에 이르러 마침내 외국인의 보호를 받게 되었다."[13]

　　지난날부터 일찍이 '국력 강화의 길'을 택하지 않아, 조선이 망국의 상태에 이르렀다. 그러므로 지금부터라도 그것을 하지 않으면 안 될 처지임을 깨닫고, 그는 '대한자강회(大韓自强會)'를 설립하였다. 그것이 바로 1906년 3월의 일이다. 이는 그와 뜻을 같이하던 윤효정(尹孝定), 심의성(沈宜性), 임진수(林珍洙), 김상범(金相範) 등과 함께 설립한 것이다.[14] 자강회의 설립을 통하여 국권 회복을 위한 장지연 등의 의지가 행동으로 표출되었음은 말할 나위 없다.

　　장지연은 자강의 구호를 신문 등에 기회 있는 대로 역설하면서, 이것이 생물의 생존경쟁[物競] 및 '진화[天演]의 엄연한 법칙[公例]'임을 환기했다.[15] 그는 한때 자강회의 대표직을 맡았던 처지에서, 그 회의 운동 방향을 제시하는 데 열성을 다하였다.[16] 자강(自强)이라는 어휘도 《주역》에서 나왔다.

　　　　"하늘의 운행[天行]이 건(健)하니, 사람[君子]도 이를 본받아 스스로 강해지도록 힘쓰기에 그침이 없어야, ── 곧 자강불식(自强不息)해야 ── 한다."[17]

---

13) 대한자강회, 〈대한자강회취지서〉, 《대한자강회월보》 1호, 1906.

14) 이 시기 진화론의 인지는 량치차오의 영향이었는데, 그 량치차오와 캉유웨이가 변법 운동을 일으키면서 변법 자강론의 구호를 냈던 사실을 떠올리게 된다. 이 시기 국가의 쇠퇴 상태로 열강의 압박을 받으며 고민하던 저들 중국 지식인의 사상은 거의 같은 처지에 있던 한국 지식인들에게 공감을 주기에 충분했다.

15) 장지연, 〈자강주의(속)〉, 《대한자강회월보》 4호, 1906.

16) 유영열, 〈대한자강회의 애국계몽운동〉, 《한국 근대 민족주의 운동사 연구》 (역사학회 편, 일조각, 1987) 참조.

17) 《周易》, 〈乾卦〉, 象傳.

그는 이 '자강불식'이라는 용어가 "자강주의의 둘도 없는 법문(法門)"이라고 역설했다.18) 그의 이런 주장에는 국권 상실의 원인이 근본적으로 "부유의 근원을 외면하고[杜絶富源], 놀고먹으며 재물만 소모[遊食耗財]하던 폐습 때문이라는 진단이 작용했다.

그가 지적하는 그 시기 한국인의 폐습은 이에 그치지 않았다. 당파의 고질, 시기하는 버릇, 의뢰하는 마음, 나태의 병통, 국가 의식의 결여가 모두 한국인들의 폐습이라는 것이다. 이런 습관은 민족 단결을 저해하고, 심지어 '단체의 결성조차' 잘 되지 않게 하여, 부강한 국가의 형성에 걸림돌이 되는 것으로 지적되었다. 따라서 이 폐습들을 버리고 단결, 단합하는 것이 자강을 실천해 가는 데에 가장 중요하다고 역설했다. 그는 자강의 정신으로 민족 전체의 단합을 이루는 때가 곧 "대한이 독립·자강하는 날"임을 단언했다.19)

장지연은 국가 의식의 결여를 지적했던 만큼, 국민들의 애국심을 매우 고취했다. 그의 표현을 빌리면, "밖으로 문명의 학습을 호흡하는 것이 금일 시국의 급무"라고 하면서, "안으로 조국 정신을 배양하는 것도 마찬가지"라고 했다.20) 애국심의 고양을 위해 그는 특히 역사 교육의 철저화를 강조했다. "교육을 시작함에는 반드시 본국의 역사를 가르쳐 조국 정신을 환기시키고, 동족 감정을 고발(高發)하여 애국의 혈성(血性)을 배양하고, 발전의 뇌력(腦力)을 공고히 해야 한다"는 것이다.21) 이에 더해 그는 지리 교육 또한 이 같은 비중으로 파악하여, "지리 속에 4천 년 조국 정신이 담겨 있다"고도 했다.22)

---

18) 장지연, 〈자강주의〉, 《대한자강회월보》 3호, 1907.

19) 앞과 같음.

20) 대한자강회, 〈대한자강회취지서〉, 《대한자강회월보》 1호, 1906.

21) 장지연, 《韋菴文藁》 권4, 〈新訂東國歷史序〉.

22) 김도형, 〈장지연의 변법론과 그 변화〉, 《한국사연구》 109집, 2000.

자강을 위한 실질적이고도 핵심적 방법으로서 장지연이 특별히 중
요시한 것은 '교육 진흥'과 '산업 발전'이었다. 이에 대해서는 그와 박
은식이 견해를 거의 같이 하였다. 교육 진흥의 경우, 그 교육 발달의
지침을 자강회원들이 연구하여 당국에 건의해야겠고, 전국의 사립학
교를 연결하여 지도하고 장려해야 함을 지적했다. 산업의 발전을 위
해서는 식산흥업(殖産興業), 항무지 개간, 삼림 배양, 농사 개량, 관새
(關塞) 설비, 인민의 재산 보호 등의 방법을 강구해 시행할 것도 촉구
했다.23)

4. 《조선유교연원》의 저술

유학자로서 장지연이 남긴 업적으로는 한국 '최초의 한국유학사'에
해당하는《조선유교연원》을 저술한 것이 대표적 업적이다. 물론 그가
남긴 저서는 이 밖에도《위암문고(韋菴文藁)》를 비롯하여《대한최근
사(大韓最近史)》,《대동문쇄(大東文碎)》,《대동기년(大東紀年)》,《대한
신지지(大韓新地誌)》등을 들 수 있다. 이로 보아도 그는 언론인(논객),
사학자, 지리학자임을 알 수 있지만, 그 시기 유학계를 대표하는 유학
자로서의 비중이 무엇보다도 컸다. 그의 그 비중에 값한 저술이 바로
《조선유교연원》이다.

장지연에 앞서 조선유교의 흐름을 '연원에 초점'을 두고 밝힌 업적
이 없지 않았다. 박세채(朴世采)와 이세환(李世瑍)의《동유사우록(東儒
師友錄)》이라든가, 송병선(宋秉璿)의《패동연원록(浿東淵源錄)》이 그러
한 저서이다. 그러나 이것들은 체계적 구성에 약점이 있고, 한말 유학

---

23) 장지연, 〈자강회문답〉,《대한자강회월보》2호, 1906.

자들의 계보까지 밝히지 못한 한계가 있다. 《동유사우록》만 해도 39권 19책에 이르는 방대한 내용인 데다가 조선시대 유학자들의 학맥을 본격적으로 밝힌 최초의 저작이라는 가치를 지니지만, 저자들이 17, 8세기의 학자였던 까닭에 수록된 인물(학자)들이 조선 중기에서 그쳤을 뿐만 아니라, 저자의 당색(서인 및 소론)이 지나치게 반영되어 객관적 서술에 실패한 점이 그 약점이다. 《패동연원록》 또한 송시열을 중심으로 한 노론의 입장에서 겨우 69명의 연원을 밝히는 정도로 그쳐, 그 학문적 가치가 빈약한 저술이다.

장지연의 《조선유교연원》은 이런 약점들을 극복한 서적으로 '학술적 가치'를 지녔다. 이것은 신라시대의 유학자들을 비롯하여 조선 말기까지의 유학자들을 총괄하였을 뿐만 아니라, 이름 그대로 조선유학의 흐름을 연원의 시각으로 정리하였으되, 매우 객관적으로 체계를 갖춘 역저이다. 이런 장점으로 해서 그의 이 저서는 학계에 영향을 매우 많이 끼쳤다. 이것을 한국유학 흐름을 '연원의 시각'에서 체계적으로 서술한 효시라고 할 수 있는 이유도 이런 데에 있다.

유학이 조선시대 통치 원리였던 만큼, 조선의 패망과 함께 이것은 마치 그 망국의 원흉처럼 여겨지게 되었다. 조선의 패망 후 유학은 한동안 '구시대의 유물'인 듯이 시대의 뒤안길로 밀려나 그 가치를 인정받지 못했다. 그런 풍조에서 한국유학의 연원적 흐름을 파악했다는 것만도 '소외된 것에 대한 고독을 극복한 탐구였다'는 점에서 가치 있는 작업이었다고 할 만한 것이다. 이 《조선유교연원》의 구성은 서장(序章), 제1장 신라시대, 제2장 고려시대, 제3장 이조시대로 되었다. 신라시대와 고려시대는 자료의 빈곤으로 간략히 다루고, 이조시대가 이 책의 내용 대부분을 차지한다. 그는 그 이조시대 학자들의 연원적 위치와 학자 각각의 사상을 간략히 소개하는 방법을 구사했다. 내용이 비교적 간략하지만, 각 장에 담긴 그의 이론들은 독자의 눈길을 끄는 부분이 적지 않다.

구체적인 예를 들어 보겠다. 서장에서 그는 중국인들이 고대부터 우리 민족을 대한 태도가 다른 변방 민족에게 하던 것과 달랐던 사실을 지적했다. 중국인들은 다른 민족들에 대해서는 '벌레 충(蟲)'자나 '개 견(犬)'자를 붙여서 야만시했지만, 이 민족에 대해서는 '활 쏘는 사람인 궁인(弓人)'을 의미하는 '동이(東夷)'라고 한 것이 그것이다. 이 점에 대하여 그는 동이족의 높은 '예 문화(禮文化)' 때문이었다고 해석했다. 그의 이런 해석은 이 민족이 예(禮)와 같은 유교의 핵심 사상을 중국인들 못지않게 일찍 체현하고 있었다는 '고급문화를 지닌 민족적 자긍심'에서 나온 것이 아닐 수 없다.

이어서 장지연은 이 민족의 유교가 단군 말년에 은(殷)나라에서 온 '기자(箕子)로부터 시작되었다'고 한다. 원래 기자가 은에서 동쪽으로 이동해 왔다는 사실은 중국의 기록들에 나오는 것이다. 그런 터에 공자가 《역경》을 기리는 가운데 "기자의 명이(明夷)"라고 한 말이 있고, 공자는 또 "구이(九夷)에서 살려고 한다"고 한 적이 있다. 더욱이 은나라는 우리와 같은 동이족으로 형성된 나라이다. 장지연은 이런 점들을 근거로 하여 '한국의 유교의 시원'을 기자에 두고 있었다.

그런데 그의 이 주장대로 하면, 주목할 만한 결과가 나옴을 알아야 한다. 기자는 공자보다 훨씬 앞선 인물이므로, 기자에게서 출발한 한국유교는 공자로부터 출발한 중국보다 앞선다는 이론이 그것이다. 이는 유교로는 한국이 중국보다 선진국임을 의미하는 귀결이다. 바로 이런 점에서 그는 "그러므로 조선을 유교의 조종(祖宗)이 되는 나라라고 해도 과언이 아니다"라고 하였다. 이 또한 그의 문화적 자긍심을 엿보게 하는 대목이다. 유교의 '조선사상화'를 꾀한 그의 주체적 민족주의의 강한 성향이 이런 데서도 드러난다.

고려시대의 유교 항목에서 장지연은 한국 성리학의 학통(도통)을 조선시대 사림파에서 규정한 대로 따른다. 곧 포은(圃隱) 정몽주(鄭夢周)−야은(冶隱) 길재(吉再)−강호(江湖) 김숙자(金叔滋)−한훤당(寒暄堂) 김굉필(金宏弼)−정암(靜庵) 조광조(趙光祖) 등으로 이어진 "이것이 … 리학(理學)의 적파(嫡派)"라고 했다. 정몽주를 한국 성리학의 원조로 삼고, 길재를 그 수제자처럼 보려는 이 학통관은 이들의 '학문 업적보다 절의(節義) 또는 의리(義理)'를 지킨 가치 판단에 따른 것이다. 그런 점에서 이 견해는 조선유학에 깃든 '가치 우위 성향'을 그 또한 높이 평가한 증거이다.

조선유학의 말폐가 많다면서 그 시정을 촉구한 장지연이었지만, 여기에서는 조선유학에도 말폐 아닌 다른 측면이 있음을 보여준다. 이 학통관에 스민 '선비 정신', 곧 선비들의 절의 또는 의리 실천 정신을 그도 암묵리에 긍정하면서 계승하고 있는 것이다. 세속적 명리라든가 사리사욕의 충족 때문에 불의를 범하는 것을 역사적으로 단죄하던 조선 유학자들의 전통을 그 또한 계승해야 한다고 생각했음이 조선 성리학의 학통관의 계승에서 드러난다.

조선시대의 유학으로 장지연은 이황과 이이 등이 천착한 〈사단칠정논변(四端七情論辨)〉, 이익의 〈사단칠정설〉, 한원진과 이간 등이 탐색한 〈인물성동이논변(人物性同異論辨)〉 등을 소개하는 데에 저술의 역점을 두었다. 이는 한국 성리학에 다른 성리학에서 보이지 않는 '독특한 이론 세계'가 있음을 알리려던 그의 의도가 작용한 것에 다름 아니다. 이것은 바로 조선에서 '문제 중심의 깊은 연구'가 독특하게 이루어진 데 대한 가치를 그가 일찍이 깨닫고 그것들을 널리 선양하려던 증거이기도 하다. 그에게는 조선유학이 지닌 높은 수준, 그 양질에 대한 자긍심이 있었던 것이다.

이러한 점은 양명학이라든가 실학의 서술에서도 마찬가지였다. 장지연은 왕수인(王守仁)의 《전습록》에 대하여 비판한 이황의 〈전습록

변(傳習錄辨)〉을 기록하면서, '정제두의 양명학자 모습'을 상세히 소개하였다. 양명 못지않게 정주성리학을 비판하면서 대두한 실학파를 서술한 것도 그 시기로는 예사롭지 않은 대목이다. 이는 학문의 객관성을 갖추려는 그의 태도가 엿보이는 내용이지만, 반드시 그런 태도에 그친다고만 할 것도 아니다. 이는 그 시기 정주성리학을 교조적으로 신봉한 끝에 그 정주설만을 절대시하던 사족(士族)의 고답적 관습에 구애받지 않고 자유롭고자 하던 그의 의지의 표출이라고도 할 수 있는 것이다.

이 책의 끝에서 장지연은 '유교인의 변'을 제시했다. 그 대목에서 그는 조선의 쇠약에는 '사화와 붕당의 폐해'가 컸음을 일단 인정했다. 그러나 그러한 폐해가 있었다고 해서 유교 자체를 잘못된 치국 원리처럼 여겨서는 곤란함을 아울러 표명했다. 왜냐하면 유교 자체는 '인의(仁義)'에 따른 위민·민본의 '이상적 정치'를 할 수 있는 방법을 교시하고 있기 때문이다. 문제는 통치를 담당하였던 사람들이 그러한 것을 실천·실행하는 '참다운 유자(儒者)'인가 아닌가에 있다는 것이다. 그의 이런 견해로 미루면, 이 책을 저술한 그의 의도는 유학의 진면목을 올바로 인식시키고, 참다운 유자로 하여금 그 이상적 정치설 등을 올바로 실행하게 하려는 데에 있었음을 깨닫게 된다.[24]

---

24) 이 장지연 부분의 서술은 내가 쓴 《우리 사상 100년》(현암사, 2001)의 해당 부분을 조금 손질한 것임을 밝힌다.

제44장 무정부주의 기치 아래의 유학관
─ 신채호의 민족주의적 유학사상 ─

1. 자강주의적 애국계몽운동

19세기 말엽에 태어나 20세기 초엽에 개신유학자, 애국계몽가, 독립운동가로 활약한 인물로서 신채호(申采浩, 丹齋, 1880~1936)도 빼놓을 수 없다. 그는 박은식, 장지연과 비슷한 개신유학자이지만, 그들보다 후배로 태어나 주로 20세기 초엽에 활동하였고, 그 활동 모습도 애국 계몽보다는 '독립투사'로서 더 헌신했다. 이런 점이 앞 인물들과 차별되는 그의 활약상이다.

신채호는 다재다능하여 여러 방면으로 눈부시게 활약한 인물이다. 독립투사로, 언론인으로, 사학자로, 문인으로, 사상가로 다채로운 모습을 보였다. 복잡다단하게 살았던 인물이기 때문에, 그를 유학이라는 하나의 시각만으로 살피는 방법은 적합하지 않다. 그의 활약상을 어느 한 측면으로만 살피다가는 더 중요한 다른 측면들을 놓칠 수 있다. 여기서는 그의 '학문 및 사상의 형성'에 초점을 두고서, 그의 생애를 통한 '그 실천의 변모'를 살피는 방법을 택하기로 한다.

그는 8세 때부터 조부의 서당에서 글을 배우기 시작해, 14세에는 사서(四書)·삼경(三經)을 독파했다.[1] 18세 때 잠시 구한말 학부대신이 었던 신기선(申箕善)의 사저에서 신·구 서적을 본 일이 있는데, 마침 그의 주선으로 이듬해 성균관에 들어갔다. 26세에 회시(會試)에 합격해, 마침내 성균관 박사(博士)가 되었다. 20대 중반의 그는 이미 대성한 유학자의 경지에 올랐다. 이로써 그의 생애 전체를 통한 사상 체계에서 '유학이 기본 토대'가 되었음을 알 수 있다. 유학의 토대는 그의 의사와 상관없이 갖추게 된 불가피한 것이었다.

그러나 신채호는 위정척사 같은 보수적 성리학자로 행동하지 않았다. 그는 성균관 박사를 그해(1905)에 사퇴하고, 향리 부근(목정)에 학당을 개설하고, 그곳에서 신교육 운동을 시작했다. 사실은 그가 처음 서울에 왔을 때(19세), 독립협회 운동에 가담하여 소장학자로 활약하다가, 그것이 해산당할 무렵(12월 25일)에는 투옥된 일도 있었다. 이를 감안하면 유교의 시대적 기능에 대해서는 이미 그때부터 회의하게 되었던 것 같다. 신교육에 착수하던 그해 장지연의 초청으로 그는 '《황성신문》의 논설위원' 직을 맡았다. 장지연의 논설 〈시일야방성대곡〉으로 신문이 폐간 상태에 이르자, 그는 《대한매일신보》의 주필'로 자리를 옮겼다.

이때부터 그의 언론인, 문필가, 사학자로서의 활동이 만년에까지 적극 계속되었다. 《대한매일신보》에 몸담았던 이 시기에 그는 항일 비밀결사인 신민회(新民會)의 조직에 참가하고, 국채보상운동에도 참여하여 이 운동을 주도하였다. 그가 《을지문덕전(乙支文德傳)》,《독사

---

1) 이하 그의 생애에 관한 것은 최홍규, 〈단재 신채호 연보〉(《단재 신채호》, 태극출판사, 1979)를 참조한다.

신론(讀史新論)》,《수군 제일 위인 이순신전(水軍第一偉人李舜臣傳)》 등
을 발표한 것도 이 무렵이다.

이 또한 그가 진화론의 영향으로 행한 '민족의 정신적 자강 운동'이
었다. 아울러 이는 '영웅사관(英雄史觀)'에 바탕을 둔 '민족사(民族史)
의 자력적이고 자주적인 전개'를 입증하려는 의도에서 한 저작 활동
이다. 그는 일찍이 역사 발전의 원동력을 민족적 자아인 '아(我)'로 간
주했던 만큼, 역사의 흐름 자체를 타자인 비아(非我)에 대한 아(我)의
투쟁에서 이루어진다고 생각했다. 이 경우 영웅사관이란 바로 영웅의
활동이 민족의 역사를 이끌어 가는 원동력이라고 생각하는 사고를 가
리킨다.2) 다시 말해, 을지문덕, 이순신 같은 영웅의 활동이 곧 이 민
족의 역사를 이끌어가는 원동력의 구체적 분출이라고 생각하는 사고
가 영웅사관이다.

자강주의는 이를테면 역사 발전의 이런 '주체적 동인을 보강'해 주
는 활동이었다. 자강주의와 영웅사관은 동전의 앞과 뒤처럼 연관된
사상이었다. 그의 민족 자강 운동 또한 애국 계몽 활동과 짝을 이룬
한 맥락이었다. 그의 사상은 이때까지로 한정하는 한, 민족주의 범주
에 드는 '민족 자강주의'로 집약되는 것이다.

2. 무정부주의 기치로 독립운동

1910년 31세의 신채호는 대한제국(大韓帝國)의 명맥이 일제의 무력
침략으로 말미암아 더 이상 연장되기 어려움을 느끼고 국외로 '망명

---

2) 이는 한국 역사에 대한 일본 어용·관학자들의 정체사관(식민사관)에 대한
   반론 격으로 이루어진 것이다.

의 길'을 떠났다.3) 중국 청도에 도착한 그는 동지들과 '청도회의'를 개최하였고, 블라디보스토크로 거주를 옮긴 다음 해에는 '광복회(光復會)'를 조직했다. 그는 34세 때에는 열악한 생활환경으로 말미암아 병고에 시달리다가, 건강을 얼마쯤 회복하고서는 상해로 이동하여, 신규식의 주동으로 조직된 '동제사'에 참여하는 한편, 교포 청년들의 교육에 진력했다. 그는 김규식 등에게 영어를 학습하며, 기번(Edward Gibbon)의 《로마흥망사》, 칼라일(Thomas Carlyle)의 《영웅숭배론》 등을 읽었다(35세). 다시 만주 봉천성 회인현으로 발걸음을 돌린 그는 대종교(大倧敎, 일명 단군교)에 입교, 윤세복 등 교도들과 독립군의 양성 및 지원을 계획했다.

1919년(40세) 1월에는 길림에서 대한의군부(중광단)가 작성한 〈대한독립선언서(大韓獨立宣言書)〉에 민족대표 39인의 한 사람으로 서명했다. 4월에는 '상해임시정부(上海臨時政府)' 수립에 참여, 임시의정원 의원으로 선임되었다. 이때 그는 미국 윌슨에게 위임 통치를 청원한 이승만의 노선과 일제와의 타협을 시도한 여운형, 장덕수 등에 불만을 품고 그 노선들을 철저히 비판했다.4) 그는 독립을 위한 역량을 시간을 가지고 키워 가야 한다는 안창호의 노선에 대해서도 반대했다.

1920년 그는 박용만 등과 제2회 보합단 조직에 참여해 군자금 모금의 업무를 맡고, 만주의 '무장 독립 단체들의 통합'을 위해 북경에서 이회영, 박용만, 신숙 등과 '군사통일준비회'를 조직했다. 그 2년 뒤(43세)에는 의열단장 김원봉 등의 요청으로 〈조선혁명선언(의열단선언)〉을 작성했다. 48세 때(1927)는 홍명희의 요청에 따라 항일민족통

---

3) 이때 그는 순암(順菴) 안정복(安鼎福)의 친필본 《東史綱目》만 휴대하고 떠났다고 한다.
4) 국내에서 안회제, 신백우 등이 조직한 항일결사 '대동청년단'의 단장에 그가 추대된 것도 이때이다.

일전선인 '신간회'에 발기인으로 참여했다. 망명 이후 이때까지의 기
간은 신채호가 조국의 독립을 오직 '무력 투쟁'에 의해 쟁취하려고 진
력한 시기이다. 이 무렵 그의 사상은 무력 투쟁에 의한 독립을 성취하
려던 '민족주의(民族主義)'였다. 그 민족주의는 그의 대종교 입단으로
말미암아 '단군 신앙'을 핵심으로 한 특색을 더욱 선명히 드러내게 되
었다.

이때에 주목할 만한 일이 일어난다. 그가 이해(1927) 9월에 사상 전
환을 크게 단행한 사실이 그것이다. 신채호는 국권 회복을 위하여 더
철저한 투쟁의 필요성을 절감하고, 천진에서 조직되는 '동방무정부주
의자연맹(東方無政府主義者聯盟)'에 이필현과 함께 한국대표로 가입했
던 것이다. 독립을 위해서는 '민중의 혁명적 투쟁'만이 요구된다는 것
이 그의 신념이었다. 그 신념은 이듬해 발표한 〈용과 용의 대격전〉이
라는 우화적 사상소설 등으로 확인된다.5)

이 뒤로 신채호의 무정부주의 운동은 매우 적극적으로 이루어져,
1928년 4월 북경에서 개최된 '무정부주의 동방연맹 대회'의 주역을
그가 담당하고 그 〈선언문〉까지 지어 발표했다. 그 선언문이 곧 이
대회에서 행한 의결의 내용으로 되었다. 그는 그 결의 내용을 직접 행
동으로 실천하다가, 마침내 대만(臺灣)의 기륭항에서 일제의 기륭수상
서원에게 체포되었다.

신채호는 10년 형을 언도받고 옥중 생활을 하면서도 조국의 독립
을 위한 일념에 일제에게 굽히기는커녕 움츠러듦조차 없었다. 그는
그동안 준비하였던 《조선사》와 《조선상고문화사》를 정리하여 《조선
일보》에 연재함으로써, '민족사의 주체적 인식'에 공헌했다. 그는 독

---

5) 이 점은 이보다 앞서 발표한 〈조선혁명선언〉(1923), 〈문제 없는 논문〉
(1924), 〈낭객의 신년만필〉(1925)에서도 잇달아 확인된다.

립 정신으로 통하는 '애국·애족의 정신'을 끊임없이 고취했다.

그러나 그는 일제의 혹독한 고문에 따른 후유증으로 1936년 57세를 일기로 여순(旅順) 감옥에서 파란에 찬 생애를 마감해야 했다. 그의 일생은 민족의 자주 독립운동으로 일관했으며, 만년의 사상은 무정부주의를 표방한 독립 사상이었다. 독립을 목표로 한 일제와의 투쟁의 수단이 곧 그의 '무정부주의'였다. 그의 무정부주의는 투쟁을 위한 '외면적 표방'에 그칠 뿐, 그 내실은 여전히 '민족주의'였던 것이다.

3. 유학에 대한 극렬한 비판

유학이 조선의 통치 원리로 이용되었던 까닭에, 유학에 대한 신채호의 견해는 조선의 쇠망과 연관된 시각에서 먼저 이해되지 않을 수 없다. 그는 유학과 유학적 사고방식을 조선 패망의 사상적 원인으로서 지적했다.6) 조선유학에 대한 그의 비판은 대체로 두 가지 측면에서 이루어졌다.

첫째, 그는 조선유학의 자주정신이 결여된 의타성(依他性)과 존화성(尊華性)을 지적했다. 의타성에 속하는 실례로는 조선유학이 500년 동안 사서오경(四書五經)이나 되풀이하면서, 심(心), 성(性), 리(理), 기(氣)의 강론만 일삼은 학문적 단조로움에서 벗어나지 못했음을 들었다.7) 그에 따르면 그러한 단조로움은 '고거(考據)와 모방'을 일삼았던 데서 비롯되었는데, 그것은 결과적으로 사회적 기풍을 '극단적 형식

---

6) 유교에 대한 신채호의 비판적 견해는 내가 쓴 〈단재 신채호의 유교관〉(《한국유학사상론》, 예문서원, 1997)에서 상세히 밝혔다. 여기서는 그것을 바탕으로 하여 필요한 정도만 약술하겠다.

7) 신채호, 《단재 신채호 전집》, 하, 〈문제 없는 논문〉.

주의 경향'으로 만들었다.[8]

의타성은 이 정도의 폐풍만 낳지 않았다. 그것은 더 심한 폐풍을 자아낸 것으로 지적되었다.

> "무수한 간신비부(奸臣鄙夫)가 나와 문자의 옥안(獄案)으로 언론 자유를 박탈하며, 낙천(樂天)의 사상으로 자주정신을 말살하고, 당파사투(黨派私鬪)에 과감하여 국가 공익을 헤아리지 않으며, 벼슬 욕심에 빠져 민족 흥망을 돌보지 않았으니, … 날마다 쌓이는 것은 오직 남에게 의지하는 사상이었다."[9]

신채호의 견해로, 의타성은 투옥 사건, 낙천관, 당파 싸움, 벼슬 욕구 등이나 일으키면서, 언론 자유, 자주정신, 국익과 공익, 민족의 흥망을 돌보지 않던 나머지, 의타심만을 더욱 조장하였다. 자주정신을 잃은 의타심은 사실상 중국을 존모하는 이른바 '존화(尊華) 또는 모화(慕華)'의 성향으로 연결되었다. 그는 그 점을 혹평해마지 않았다. "존화주의를 위하여 조선이 존재하며, 삼강오륜을 위한 민중이 존재하고 있는"[10] 꼴이라고 했다. 이에 이르러 그는 '존화로 인한 조선의 부재'라든가, '삼강오륜으로 인한 민중의 부재'라는 현상에 대해 이렇게 '역설의 표현'을 통하여 극도로 힐난과 지탄을 퍼부었다.

둘째, 신채호는 그 시기 유학적 도덕규범이 가져온 폐해를 거론했다. 그에 따르면 유학의 도덕적 성향은 사람들을 '노예(奴隷)'로 만드는 '약자(弱者), 패자(敗者), 복종(服從)'의 성향을 지녔다. 그는 이 성

---

8) 앞 책, 〈낭객의 신년만필〉.
9) 《단재 신채호 전집》, 별집, 〈허다고인지죄악심판〉.
10) 앞 책, 〈낭객의 신년만필〉.

향을 곧 망국의 원인이라고 했다. 그에 따르면, 유학에서 말하는 도덕
은 "반드시 의(義)를 행하라"는 식이기보다는 "불의(不義)에 굽히지
말라"는 교훈이 더 많다. 같은 사례로 "예(禮)를 행하라"는 것보다 "예
가 아니면 행하지 말라"는 경계가 더 자주 나온다. 이런 것은 유학의
도덕규범의 실천이 매우 소극적임을 의미한다. 그 소극성이 유학의
약점이라는 것이다.11)

더욱이 유학의 도덕관에서는 공덕(公德)보다 사덕(私德)을 중요시
하는 경향이 짙다. 예를 들면 오륜(五倫)의 시행 자체가 그렇다고 한
다.12) 그런 데다가

> "유교의 도덕은 강의(剛毅)함도 아니고, 용감(勇敢)도 아니고, 오직 인유
> 온후(仁柔溫厚)만 도덕인 줄 알면서, 도덕자(道德者)라면 무인(武人)도 아니
> 고 지식인도 아니요 … 문사(文士)라야 되는 줄 알아, 그 폐단이 사람마다
> 문약하고 편안함만을 구하게 되어, '지는 것이 이기는 것'이라고 한 말이
> 한때의 격언이 되게 하는 것이다."13)

이는 결국 패배를 유도하는 성격이 아닐 수 없다. 사람을 패배로
이끄는 유학의 특성은 그에게서 더 지적되었다. 그 한 대목을 보자.

> "신민(臣民)은 군상(君上)에게 충근(忠勤)함이 도덕이며 소년은 장자(長
> 者)에게 공경함이 도덕이라 하여, 윗사람이 불의의 거동을 하더라도 아랫
> 사람에게 풍간(諷諫) 이외에 달리 교정함은 허락하지 않았다. 이는 온 세

---

11) 앞 책, 〈도덕〉.
12) 앞과 같음.
13) 앞과 같음.

상을 몰아 노예로 만듦이니, ..."[14]

라는 것이 그의 지적이었다. '약자, 패자 그리고 노예'로 되게 하는 성격은 곧 '조선인을 피지배자'로 전락시키는 특성에 다름 아니다. 때문에 신채호는 그 시대의 도덕규범인 삼강오륜을 "이제는 붕괴되어야할 도덕"[15]이라 하면서, 삼강오륜을 중심으로 한 도덕을 "국가와 민족을 멸망하게 하는 도덕"[16]이라고 단언했다.

조선의 유학에 대한 비판이 이보다 더 극렬할 수는 없다. 그에게서 조선유학은 마치 '망국의 원흉처럼 탄핵' 받은 셈이다. 그러나 그는 조선유학의 약점만을 보고서 이렇게 극심한 비판 일변도의 언사를 쏟지는 않았음에 유의해야 한다. 그러한 것을 자리를 바꾸어 확인하기로 한다.

4. 유학 장점 측면의 확장설

신채호는 유학의 근본적 특성 자체가 본래 이렇게 약점 또는 단점만 지녔다고 판단하지는 않았다. 조선유학의 강·장점도 그는 숙지하였고, 그 강·장점에 대해서는 더욱 확장해야 한다고 강조했다. 먼저그가 유학의 장점이라 여긴 내용이 어떤 것인지 살피자.

"유도(儒道)는 선유가 존심양성(存心養性)으로써 도를 삼고, 알인욕존천

---

14) 앞과 같음.
15) 《단재 신채호 전집》, 하, 〈낭객의 신년만필〉.
16) 앞 책, 〈도덕〉.

리(遏人欲存天理)하여 수신(修身)·제가(齊家)·치국(治國)·평천하(平天下)
하는 것으로써 본을 삼으니, 인도에 적합하다."17)

"또한 충군애국(忠君愛國)과 구세행도(救世行道)는 본지라"18)

유학에서 행하는 내용을 그는 크게 '수양과 행위'로 나누고서, 수양
으로는 맹자가 말한 "마음의 보존[存心]과 선한 본성의 함양[養性]" 그
리고 주회가 말한 "인욕을 버리고[遏人欲] 천리를 보존함[存天理]"을
들었다. 그리고 실천적 행위로는 "제가(齊家)·치국(治國)·평천하(平天下)",
그 가운데서도 특히 치국과 평천하에 해당하는 "군왕에의 충성[忠君]
과 나라 사랑[愛國]" 및 "진리의 실천[行道]에 의한 구세(救世)"를 들었
다. 그의 이 언설은 유학의 근본 특성에 대한 정확한 파악이다. 그런
데 이 두 가지 가운데 그가 특히 중요시하여 역점을 둔 부분은 '애국
과 구세의 행동화'일 따름이다.

신채호는 유학의 이러한 본지를 올바르게 드러내려고 한 역사상의
인물들에 대해서도 높이 평가하였다. 그는 조선 유학자 가운데 특히
이언적(李彦迪)과 이황(李滉)을 이런 이론에 통달하여, "조선에 빛을
보탠"19) 학자라고 했다. 조광조(趙光祖)와 김정(金淨) 등 기묘사화(己
卯士禍)를 당한 선현들에 대해서는 "수천 년 구속(舊俗)을 소탕하고 공
자 교화의 이상국을 건설하려던 진성(眞誠)과 노력을 흠복할 만하
다"20)고 높였다.

---

17) 앞 책, 별집, 〈서호문답〉.
18) 앞 책, 별집, 〈경고유림동포〉.
19) 《단재 신채호 전집》, 하, 〈꿈하늘〉.
20) 앞 책, 〈낭객의 신년만필〉.

이 밖에도 그는 조선 후기 실학자들에 대해서도 호평하여 마지않았다. 박지원에 대해 그는 "사상계 위인으로서 국민의 심흥을 개척한 박연암 선생(朴燕巖先生)"이라 하고, 이어 정약용을 "경세학의 대가로 근세 학자의 산두(山斗)"라고 했다.21) 성리학자들 가운데 이황, 조광조 등을 높이 평가하는 사실은 흔한 예에 속하지만, 그 시기에 후기 실학자들에게 각별히 관심을 쏟고 높이 평가한 사례는 매우 드문 일이었다. 신채호는 바로 그 실학자들의 '참신한 개혁적 경세론'을 누구보다도 일찍 간파한 식견의 소유자였다. 같은 점에서 그는 《동사강목(東史綱目)》, 《연려실기술(燃藜室記述)》, 《택리지(擇里志)》, 《동국통감(東國通鑑)》, 《반계수록(磻溪隨錄)》 등을 중요시했다. 이로 보면, 그가 이 서적들의 저자들, 유형원, 안정복, 이긍익(李肯翊), 이중환(李重煥) 등 또한 출중한 학자들이라고 여겼을 것이 틀림없다.

이런 사실로 판단하면, 그가 비판한 유학의 부정적 측면은 조선시대 유학 사회의 일부 폐풍에 국한되는 것이다. 그러나 폐단은 역시 폐단이므로, 그는 그 시대 '조선유학의 개량'을 목적으로 저술한 박은식의 《유교구신론》에 대하여 "유학계에 신광선(新光線)이 일어나게 되리라"22)고 기대 섞인 호평을 내리는 데 주저하지 않았다.

무정부주의에 몸담기 전의 신채호는 종교 자체를 "국민에게 좋은 감화를 주는 일대 기관"이라고 간주했다. 아울러 "저 구미 열강이 종교와 교육을 자매의 관계로 보호·확장함이 이 때문이라"고 하였다.23) 이 같은 맥락에서 그는 "지금 한국 종교에서 가장 진력해야 할 것은 첫째가 유학을 개량하는 동시에 그 발달을 도모해야 하는 것"24)이라

---

21) 앞 책, 〈구서간행론〉.

22) 《단재 신채호 전집》, 별집, 〈유학계에 대한 일론〉.

23) 앞 책, 〈이십세기 신국민〉.

고 주장했다. 그 이유는 "유학이 한인에게 부여한 감화력이 매우 크기 때문이라"[25]는 것이다.

여기서 마침내 그의 '유학 확장론'이 나온다.

> "유학을 확장코자 하면 유학의 진리를 확장하여, 허위를 버리고 실학에 힘쓰며 소강(小康)을 버리고 대동(大同)에 힘써, 유학의 빛을 우주에 비추어야 할 것이다."[26]

이 글에서 말한 '실학(實學)'이 무엇을 가리키는지 확실치 않다. 그가 후기 실학자들과 그들의 저서를 중요시한 점을 떠올리면, 일단 그 '후기 실학(탈성리학적 실학)'을 가리킨다고 추정된다. 그러나 '허위'와 대칭되는 점으로 보면, 반드시 그렇다고 하기도 어렵다. 허위와 대칭되는 학문이라면, 이것은 진리라고 할 수 있는 사실(事實) 또는 실사(實事)에 충실하는 학문 일반을 의미한다고 해야겠다. 그리고 "소강을 버리고 대동에 힘써야 한다" 함은 차선적 개선에 머물지 말고, '최선의 이상사회'를 추구하는 적극성, 곧 혁신적 개혁성이 요구됨을 시사한다. 이 민족의 독립을 위해 현실을 정확히 해독하는 통찰력과 세계의 제국주의적 판세를 붕괴시킬 파괴력을 갖추려고 한 그의 의지로 보아 그렇게 해석된다.

신채호는 옳고 그름, 곧 시비(是非)를 가리는 식의 탐구에는 관심이 적었다. 그는 오히려 진리 자체가 '주체적 이해(利害)'로 결정되는 것이지, 옳고 그름으로 결정되는 것이 아니라고 생각했다. 이런 점에서

---

24) 앞과 같음.
25) 앞과 같음.
26) 《단재 신채호 전집》, 하, 〈유교확장에 대한 논〉.

그는 조선의 패망도 이로움과 해로움에 대한 주체적 판별력의 결여에
있었다고 믿었다. 다음 글들에서 이 점이 확인된다.

　　"우리 조선 사람은 매양 이해(利害)를 떠나서 진리를 찾으려 하므로, 석
　가가 들어오면 조선의 석가가 되지 않고 석가의 조선이 되며, 공자가 들어
　오면 조선의 공자가 되지 않고 공자의 조선이 되며, 무슨 주의가 들어와도
　조선의 주의가 되지 않고 주의의 조선이 되려 한다. 그리하여 도덕과 주의
　를 위하는 조선은 있고, 조선을 위하는 도덕과 주의는 없다."27)

　　"천하의 일에는 이해(利害)만 있고 시비는 없으니, 시비를 논하는 것은
　저 어둡고 속된 유사(儒士)의 일이다. … 고려의 쇠약과 조선의 멸망이 그
　원인을 캐면, 모두 이해를 모르고 시비를 찾음에서 난 것이다."28)

　신채호의 견해로, 불교가 조선에 들어왔으면 이해득실의 주체성을
발휘해 당연히 조선의 불교가 되어야 하듯이, 유학도 '조선의 유학'이
되어야 했건만 실제로는 그 주체성 결여로 말미암아 '공자의 조선'으
로 되었다. 그뿐 아니라, 조선의 유학은 근본적으로 '이해득실'의 분별
력과 그 실제 구사가 얼마나 중요한지를 가르쳤어야 했는데, 늘 옳고
그름의 시비를 가리는 데에만 세월을 허비했다. 조선의 통치 사상인
유학 자체가 이렇게 주체적인 이해득실에 무관심하였던 까닭에, 그
결과는 '공자의 조선'은 고사하고, '나라를 온통 망하게' 했다는 것이
다. 따라서 앞으로 유학은 어디까지나 시비(是非)의 가름보다 '이해득
실의 분별력 증대'와 '그 실제적 구사'를 가르쳐야 한다고 강조했다.

---

27) 앞 책, 〈낭객의 신년만필〉.
28) 앞 책, 〈이해〉.

그것이 곧 독립을 쟁취하는 지름길이라는 것이 그의 사고였다. 이렇게 보면, '유학 장점에 대한 그의 확장론'은 여기서 '유학 단점의 개혁적 전환'을 거쳐야 한다는 논지였음이 분명하다.

신채호가 무정부주의를 택한 이유 또한 이 대목에서 다시 확실해진다. 그것은 1930년대의 상황으로 보아, '독립에 이로운 길'은 민중의 폭력적 혁명밖에 없다는 것이 그의 판단이었는데, 유학은 그런 것과는 거리가 멀고, 무정부주의만이 그런 것에 부합했기 때문이었다. 다시 말해, 폭력적 혁명을 정당시하면서 실천하던 사상은 바로 무정부주의였기 때문에, 그는 사상의 기치를 들고 조국의 독립 전선을 펼쳤던 것이다. 그의 경우 유학은 그 무정부주의 아래에서 오로지 개혁적 전환과 근본적 강·장점의 확장만을 기해야 했던 사상이다.

제45장 조선얼 시각으로 파악한 실학과 양명학
—정인보의 조선유학관—

1. 20세기 전반기, 조선학 탐구의 대표적 학자

1930년대 학계의 특징은 '조선학 흥성'으로 나타낼 수 있다. 이 시기 조선의 학자들은 '조선 문화 전반에 대한 연구'를 왕성하게 하면서, 이런 연구의 명칭을 '조선학(朝鮮學)'이라고 하였다. 이는 '국학(國學)'을 객관화한 명칭으로서, 1910년대부터 민족주의의 이념 아래 일어난 '조선학 발흥'이 '30년대의 학자들에 이르러 더욱 왕성해졌다. 이 점은 조선학을 제창하면서 탐구에 열중한 학자들이 모두 민족주의자들이었다는 점으로 입증된다. 조선학 명칭의 국학 연구열의 고취에는 조선광문회(朝鮮光文會)의 조선 고전 또는 명저의 새로운 편집과 간행도 한몫을 했다.

1930년대에 조선학 용어를 자주 구사하고, 그 중요성을 고취하면서 조선학에 스스로 탐닉한 학자로는 정인보(鄭寅普, 爲堂 또는 薝園, 1892~?), 문일평(文一平, 湖巖, 1888~1936), 안재홍(安在鴻, 民世, 1891~

1965) 등을 들 수 있다. 이 가운데 정인보가 조선학 용어를 신문과 강연에서 사용하면서, 조선사·조선사상·조선유학 등의 연구에 크게 이바지했다. 사실상 그가 이 ''30년대 조선학 흥성 시기'를 대표하는 학자이고 사상가라 할 수 있다.

정인보는 일찍이(13세 때) 양명학자인 이건방(李建芳, 蘭谷, 1861~1939)의 문하에서 한학과 양명학을 배웠다.[1] 23세 되던 해인 1910년 일제가 국권을 완전히 침탈한 경술국치의 소식을 듣던 정황에서 그는 그대로 안주할 수 없어 중국으로 발길을 옮겼다. 중국에서 그는 동양학을 전공하는 한편, 신규식(申圭植), 박은식(朴殷植), 김규식(金奎植), 신채호(申采浩) 등이 조직한 동제사(同濟社)에 참여하여, 독립운동과 동포 계몽에 진력했다. 이런 경력이 그를 투철한 민족주의자로 굳혔다.

31세 되던 1918년 그는 귀국하여, 연희전문학교, 이화전문학교, 중앙불교전문학교 등에서 주로 '조선 문학과 한학'을 강의했다. 연희전문학교의 전임으로 된(1923, 36세) 뒤에도 이 점은 거의 마찬가지였다. 동양학에 대한 풍부한 지식을 바탕으로 그는 또 《시대일보》, 《동아일보》 논설위원을 겸한 채 총독부 정책을 비판하는 데도 열중했다. 조선학 가운데서 그가 이룬 업적으로는 조선의 사상과 역사와 유학의 부분에서 이룬 것이 특히 뛰어났다.

그는 단행본으로 《조선사연구(朝鮮史硏究)》를 비롯하여, 《담원국학산고(薝園國學散藁)》, 《담원문록(薝園文錄)》, 《조선국학원류고(朝鮮國學源流考)》를 남겼다.[2] 그는 조선학의 일환으로 이익의 《성호사설유선》, 정약용의 《경세유표》·《목민심서》·《흠흠신서》 등에 대한 해제

---

1) 양명학자로 칠 때 그가 '강화학파'의 끝자락에 위치하게 되는 것도 이런 학문적 연원 관계에 말미암는다.
2) 이 밖에 시조집과 전기 등이 다수 전한다.

와 해설을3) 하는 데도 열성을 보였다. 이 가운데 광복 후《조선사연구》로 출판된《오천 년간 조선의 얼》은 그의 조선학 연구를 대표하는 저술로서, 그의 독특한 '얼 사상'의 결정체라 할 수 있다. 위의 저술들은 그가 1920~30년대 국학 연구에서 단연 대표급 학자였음을 짐작케 하는 증거이다.

2. 조선학 탐구, 곧 조선얼 조명

정인보의 '조선의 얼'은 박은식의 '국혼(國魂)'과 신채호의 (민족적 자아로서의) '아(我)'와 맞먹는 개념임은 이미 밝혔다. 조선의 얼은 곧 '조선사를 이끌어 온 정신적 주체'로서, 조선 역사의 배후에서 조선사를 발전시켜 온 내재적 동인(動因) 또는 동력(動力)을 가리킨다. 이로 말미암아 조선의 역사는 정체됨이 없이 '발전을 거듭하게 되었다'는 것이 그의 조선사관이다.

이미 밝힌 대로 그 시대 일본의 어용 관학자들은 식민지 정책을 합리화하려는 야욕에서 조선사에 정체사관(停滯史觀)인 이른바 '식민사관'을 적용했다. 그 식민사관에 정인보가 대항한 '주체사관의 거점'으로 삼았던 것이 바로 조선얼 개념이다. 이것을 바탕으로 이룬 그의 구체적인 조선사가 곧 그의《오천 년간 조선의 얼》(일명《조선사연구》)이다.

정인보가 본래의 전공 분야인 조선 문학과 한학을 접어 두고 조선의 역사 연구에 심혈을 기울이게 되었던 동기를 파악하면 이 점에 대한 이해가 더욱 밝아진다. 그의 '조선 역사 탐구의 동기'는 두 가지인

---

3)《경세유표》등의 해제는 1910년대부터 특히 조선광문회를 통해 낸다.

데, 하나는 그의 부친의 권유였다. 그의 부친은 평소 그에게 "우리나라 역사책 좀 잘 보아 두어라. 남의 것은 공부하면서 내 일은 너무들 모르더라"[4]고 했다는 것이다. 또 하나는 일본 어용학자들의 조선사 연구가 준 자극이었다. 그 점을 그는 다음과 같이 적어 놓았다.

"일본 학자의 조선사에 대한 고증이 저의 총독 정책과 얼마나 긴밀한 관계가 있는 것을 알아, '언제든지 깡그리 부셔 버리리라' 하였다. 그 뒤 신단재(申丹齋)의 《조선사연구초》가 들어와 그 안식을 탄복하는 일면에 … 갈수록 세고(世故)가 점점 다단한지라 민족의 정신이 여러 가지로 흐려지는 데다가 … 후로는 자기를 너무 모르는 분들이 적의 춤에 마주 장고를 쳐서 … 비리비리한 개인의 고분(孤憤)을 무엇으로 헤칠 길이 없었다."[5]

이로써 민족 정신을 말살하는 식민 정책에 부합토록 사실의 고증을 왜곡하는 일본인 어용 관학자들의 음모적 흉계가 그를 얼마나 자극했는지 알 수 있다. 그 음모적 흉계를 "깡그리 부셔 버리는" 식으로 타파하려던 그의 의지가 또 하나의 조선 역사 연구에 참여한 동기였다. 그의 어투로 보아 부친의 권유보다도 일인들의 조선사 왜곡에 대한 분노가 더 큰 동기였음을 알 수 있다. 여기에 그의 선배 학자인 신채호의 사관이 민족적 자아를 동인으로 한 (조선사의) 발전관이었으므로, 정인보에게서 '조선얼에 바탕을 둔 발전사관'이 나온 것은 자연스러운 일이었다.

정인보의 얼은 때로 '본심(本心)', '심혼(心魂)'이라고도 쓰인다. 이러한 '얼'을 그는 사람을 사람이게끔 하는 것이라고 했듯이,[6] '민족의

---

4) 정인보, 《담원 정인보 전집》(연세대 출판부, 1983) 4권, 〈부언〉.
5) 앞과 같음.

얼'은 이 민족을 이 민족이게끔 하는 본질 같은 것이라고 했다. 그리고 그는 얼을 '자유의 힘'을 발휘하는 원천이라고도 했다.[7] 환경, 생사, 영욕 등이 영향을 주지 못하고, 스스로 잃을지언정 남이 탈취할 수 없다는 것이 얼이다.[8] 얼에 대한 그의 이런 규명은 어떤 역경을 당하더라도 조선 민족의 얼이 일본인들에게 탈취될 수 없는 '자주정신의 지주'임을 가리킨다.

정인보에 따르면, 얼은 기본적으로 개인이 양지(良知)에 의해 자기 자신을 자기로서 자각케 한다. 그러므로 민족의 얼은 근본적으로 개개인의 자각된 '얼의 모임'이다.[9] 따라서 조선의 얼에는 조선인 각자가 민족에 대한 일체감의 발현과 민족을 위하는 주체적 각성을 갖지 않으면 안 된다는 암시적 가르침이 여기에 들어 있다.

얼의 자각을 강조하는 만큼, 그는 그 시대에 부회(傅會)하는 태도를 비판했음은 물론, 학문에 있어서도 실심(實心) 밖에서 사욕이나 충족하려는 태도를 강력히 비판했다. 더욱이 실사(實事)를 탐구하거나 진리를 증험함 없이 하는 성리학을 그는 '지리(支離)하고 공허하며 가식에 찬 것'이라 지탄했다. 이는 그가 실학과 양명학을 추구하던 성향에서 나온 소신이다. 그는 같은 맥락에서 춘추대의나 찾던 성리학자들의 경향을 '학술의 잡박함'의 대표적 사례로 꼽아 가며 그것을 학계의 고질적 병폐라고 비난했다. 아울러 의부(依附)와 가차(假借)의 성향에 빠질 체질의 연약함도 그는 같은 병폐로 쳤다.[10]

정인보는 조선의 얼에 비추어, 우리 역사에 굴절이 있었음을 "오천

---

6) 정인보, 《조선사연구》, 8쪽.
7) 앞과 같음.
8) 앞 책, 6~9쪽.
9) 앞 책, 12~13쪽.
10) 앞 책, 16~18쪽.

년 동안 민족의 얼에는 은현(隱現)이 있었을 뿐"이라고 해석했다.[11]
나아가 그는 "오천 년은 우리의 과거"이고, "남의 과거가 아니라"고
했다. 그에 따르면 옛사람과 오늘 우리의 구별이 있게 됨은 껍질에서
만 그것들을 찾고 얼에서 찾지 않기 때문이다. 얼에서 찾으면, "우리
의 고인(古人)이 곧 우리"이고, "과거가 살아 있는 과거"이다. 모든 것
이 "얼로서 참[眞]이라, 얼이 아니면 가(假)요, 얼로서 실(實)이라. 얼
이 아니면 허(虛)"일 따름이다.[12] 조선의 얼로 판단하면, '과거 역사
가 현재 속에 살아 있는 역사'라는 것이다.[13] 조선의 역사가 얼에 의
해 진실로 드러나고, '진실의 역사인 한 그것은 민족의 얼'이라는 것
이 그의 주장이었다.

신채호와 정인보의 견해로, 민족의 '아(我)'나 '얼'은 결코 막연한
것이 아니었다. 이것들은 다 같이 환인(桓因), 환웅(桓雄)을 거쳐 단군
(檀君)으로부터 내려오는 단군교(신수두교, 수두교)[14]의 "홍익인간(弘益
人間)"의 이념을 '민족의 아(我)'와 '조선얼'의 본원이라고 생각했다.
신채호는 삼국시대의 수두교의 일단을 '선배'·'선인'이라 하고, 수두의
무사를 '선비'라 하며, 국선(國仙)인 화랑을 그 선비에 해당시키고서
그 이념의 확대 구현인 세속오계[忠孝信勇仁]의 수련을 받는 단체로
이해했다.[15] 정인보도 조선얼의 근원은 단군교(수두교, 선교)에서 유
래하는 "홍익인간"이라 생각했다. 그는 '홍익인간'으로서의 인본·인존

---

11) 앞 책, 23~26쪽.
12) 앞 책, 28~29쪽.
13) 정인보의 '얼 사관'이 정신사관(精神史觀)임은 부언할 필요가 없을 만큼 자
　　명한 셈이다.
14) 단군이 대단(大壇)인 신수두에 있다는 의미에서 단군교를 신수두교, 수두교
　　라고 한다.
15) 윤사순·이광래, 《우리 사상 100년》(현암사, 2001), 155쪽.

의 정신을 곧 단군시대부터 이 민족 생활의 이상으로 삼았던 정신이
라고 보아, 그것을 '조선얼'의 원초적 구현이라고 여겼다.[16]

이런 점에서 보면, '조선얼'의 구현은 국사에만 국한되지 않고, 조
선의 학문과 문화 전체에 걸쳐 발휘되는 것이다. 조선학의 탐구는 이
렇게 여러 방면으로 분포되어 있는 '조선의 얼을 전체적으로 조명'하
기 위한 작업에 해당한다. 그가 1930~40년대에 국학의 연구에 전념
한 까닭은 바로 조선의 얼을 그 시대에까지 두루 찾아내려던 의지의
소산이었다고 이해된다. 그에게서는 '조선유학에 대한 탐구' 또한 이
런 성격을 지니는 데서 예외가 아니다.

3. 조선얼 구현으로서의 실학

정인보의 저서로 광복 후 출간된 《조선사연구》는 원래 《오천 년간
조선의 얼》의 제목으로 1935년 1월 1일부터 《동아일보》에 연재되었
던 것이다. 그 연재 도중 1936년 8월 30일 《동아일보》의 정간으로 원
고 집필도 고대 부분의 저술에서 그쳤다. 따라서 '조선의 얼'이 중세,
근세에는 어떤 양상으로 드러났는지 알 수 없게 되었다. 그러나 정인
보는 다행히 조선 후기의 실학에 대하여 상당히 많은 연구 업적을 남
겼기 때문에, 실학에 대한 그의 연구물에서 조선 민족의 얼과의 관계
가 찾아질 개연성이 높다.

조선 후기 실학자 가운데서 정인보는 특히 이익(李瀷)과 정약용(丁
若鏞)의 학문에 각별한 관심을 가지고 연구 열의를 쏟았다. 그가 이들
학문에 관심과 호감을 갖게 된 동기는 이들의 학문 경향이 바로 조선

---

16) 앞 책, 191쪽.

성리학자들의 '난치 병인(病因)'이라고 비난했던 모한파(慕漢派)와17)
달랐기 때문이다. 조선의 역사와 현실을 '주체적으로 파악하고 개선'
하려던 이들의 태도가 드높았던 점이 그를 매료시켰다.18)

이익의 학문에 대한 정인보의 연구는 1929년 말 〈이성호(李星湖)와
곽우록(藿憂錄)〉과 〈《성호사설(星湖僿說)》을 교간(校刊)하면서〉를 각
각 《동아일보》와 《조선일보》에 발표하면서 시작되었다. 이 글들에서
그는 이익이 기존의 성리학자들과 달리 '조선의 실정에 맞는 학문'을
매우 광범하게 (백과사전 식으로) 이룩한 것을 칭송했다. 다음 해
(1931) 초부터 그는 조선 후기 실학자들의 저술에 대한 해제인 〈조선
고서해제(朝鮮古書解題)〉를 신문 지상에 연재하며 그 연구의 폭을 넓
혀 갔다.

정인보는 《성호사설유선(星湖僿說類選)》의 서문에서, 조선 후기의
새로운 학풍인 실학의 특징을 "의독구실(依獨求實)"로 나타냈다. 이때
의 '독(獨)'은 독자적인 조선의 현실이고, '실(實)'은 허문(虛文)과 반
대되는 실사(實事)를 뜻하였다. 결국 이 명제는 조선의 현실을 위주로
한 실사에서 실제적 진리를 구하는 것[求是]을 가리켰다. 이 같은 의
미에서 그는 다음과 같이 말한다.

　　"학술의 리(理)는 허조(虛造)할 수 없는 것으로 반드시 실(實)에 의지해
　　야 한다. 실(實)은 범류할 수 없고, 독(獨)에서 구해야 한다. 독이면 실이
　　되고, 실이면 리를 얻을 수 있다.19)

---

17) 정인보, 《담원 정인보 전집》, 2권, 278쪽.
18) 역사학자로서도 정인보는 이익이 "조선의 사(史)는 조선을 중심으로 한 사라
　　야 한다"고 한 말을 발견하고, "조선 민족의 사가 조선을 중심으로 하여야 할
　　대전훈을 세웠다"고 높이 평가했다.
19) 《성호사설유선》, 〈서문〉, 1929.

이는 '실사구시(實事求是)'의 방법론을 '실(實)'·'독(獨)'·'리(理)'로 자기화한 이론이라 하겠다. 그는 실사를 조선의 독자적 현실[獨]로 파악하고, 구시를 진리[理]를 찾되 어디까지나 실제적이고 실질적이며 실용적인[實] 것이라는 의미의 올바름[是]을 찾는 태도로 해석했다. 조선의 현실에서 실제성을 정당하게 추구하려고 한 그의 태도가 이 '의독구실' 한마디로 잘 드러났다고 하겠다.

정인보에 따르면, 역사상 '조선의 현실[獨]'에서 '실제적인 것[實]'을 구하는 방법을 구사하여 '바른 성과[是]'를 크게 거둔 학자가 (다시 말해) 이익과 정약용이다. 이들의 업적에 대한 그의 평가는 다음과 같다.

"험준한 조선학을 높이 들어 국고(國故), 정법, 역사, 지리, 외교, 천문, 역산, 병기 등 일체를 조선을 중심으로 한 실용적 고색을 크게 시작하여, 마치 큰 못이 여러 흐름을 받아가지고 다시 강해(江海)로 감과 같이 식거(識巨)·학위(學偉)한 굉석(宏碩)이라."[20]

"성호의 뒤를 계승하여 더욱 정(精)하게, 더욱 밀(密)하게, 더욱 절당(切當)하게 백도구비(百度具備)하고 만목필장(萬目畢張)하게 한 일인자"[21]

이익에 대하여 그는 다방면으로 해박하기 이를 데 없는 능력으로 '조선학의 내용을 풍성'하게 한 '걸출한 석학'이라고 높였다. 정약용은 이익에게서 계승한 조선학을 다각도로 정치하고 타당하게 하여 조그만 빈틈도 없게 만든 '공헌이 으뜸'이라는 것이 그의 평이다. 두 학자

---

20) 《담원 정인보 전집》, 2권, 70쪽.
21) 앞 책, 71쪽.

가 이룬 국학에 대한 그의 업적 평가는 바꿔 말하면, 이익에게서 '조선학의 종합 작업'이 이루어지고, 정약용에 의해 그 '국학을 거의 완성 단계'에 이르게 했다는 것이다.

정인보가 이들의 학문을 이렇게 높이 평가한 것은 이들 가운데 특히 정약용의 학문의 본령인 경학(經學)과 실천적 경세학(經世學)이 모두 국가와 국민을 위한 실제적이고 실용적인 성향으로 이룩했다는 데에 근거한다. 이 점을 정인보의 글로 직접 확인할 수 있다.

> "민중적 경학으로서 … 민(民), 국(國)의 실익을 도울 만큼 실구(實究) · 실해(實解)하려는 공부여서,"[22]

> "민, 국의 실익(實益)을 기준 삼는 것에서 저 광박 · 정미함이 생겨난 … 이것을 바로 '다산학'의 본령이라 할 수 있음에…"[23]

> "오천 년간 둘도 없을 많은 저술을 남겼으면서도 그것은 정치, 경제, 지리, 역사 어느 것이고, 모두 물(物)은 실(實)을 구하고 사(事)는 그 실을 고찰한다는 것이 중심이 되어, 일언(一言) 일구(一句)가 민, 국의 실익(實益)을 꾀하는 이외에 번짐이 없게 된 것이다."[24]

결국 정약용의 학문은 경학을 비롯해, 정치 · 경제의 경세학, 그리고 역사학, 지리학 등, '모두가 다 민과 국의 실익을 도모'하는 것으로 되었기 때문에 그로서는 높이 평가하지 않을 수 없다는 것이다. 정인보

---

22) 앞 책, 81쪽.
23) 앞 책, 90쪽.
24) 앞 책, 61쪽.

가 보기에, 정약용의 학문에 깃든 실구(實究)하고 실해(實解)하며 실익(實益)을 추구하는 성격을 근거로 하면, 그런 학문은 '실학(實學)' 이외에 다른 무엇이라고 할 수 없게 된다. 그는 이 점을 매우 분명하게 밝혔다.

> "선생의 학문은 실학(實學)이요, 실학의 귀요는(歸要)는 '신아구방(新我舊邦, 우리의 낡은 나라를 새롭게 함)'이 그 골자이다."[25]

1930년대 정인보에 의해 다산 정약용의 학문은 분명히 '실학'이라고 일컬어졌다. 이제까지의 고찰로 보아, 정약용 학문의 원류인 이익의 학문 또한 그에게는 마찬가지의 실학이지, 다른 학문일 수 없음은 의심할 나위 없다.

흥미로운 것은 정인보는 역사학자답게 이익 등이 활동한 시기를 자기 '얼 사관'의 관점에서 나름대로 일컬었던 사실이다. 역사상 17세기 중엽(효종·현종 시기)부터 18세기 중엽(숙종·영조 시기)까지를 그는 "조선 심혼(心魂)의 후서기(後曙期)"[26]라고 했다.[27]

"조선 심혼의 후서기"란 바로 조선의 얼이 다시금 '새벽처럼 밝아지기 시작한 시기'를 가리킨다. 이 시기를 이렇게 판단하고 규정한 이유는 무엇일까? 나의 생각으로, 그것은 이 시기가 바로 그가 높이 평가한 유형원, 이익 등의 학문적 업적이 속출한 데다가 정약용의 학문도 형성되기 시작한 시기에 해당함을 고려했기 때문일 것이다. 한마디로, 이 시기가 조선의 '후기 실학이 대두하기 시작한 시기'라는 점

---

25) 앞 책, 76쪽.
26) 앞 책, 70쪽.
27) 이 대목은 이완재의 〈정인보의 한국사 인식〉에서 도움 받은 점이 있음을 밝힌다.

을 고려하였기 때문에 이런 시대 명칭을 붙였을 것이다. 이렇게 보면, 조선얼의 구현이라고 번역할 수 있는 조선사상사에서 '실학이 차지하는 위상'에 대한 그의 견해가 드러났다. 실학에 대한 그의 견해란 바로 실학을 '이 민족의 얼'이 '조선 후기에 구체적으로 발현한 학문'이라고 판단한 것이다.

신문에 게재하던 그의 '조선사 연재가 중단'된 뒤, 그가 실학 연구에 열정을 쏟은 이유도 결국 민족의 얼이 드러낸 역사 현상이 조선 말기까지 계속되었기 때문이라고 해야 할 것이다. 더욱이 정약용의 연구에 한정하더라도, 정인보는 1910년대부터 《경세유표》, 《목민심서》 등의 해제를 하였고, 1935년에는 '다산 정약용의 서세 100주년'을 기념하는 뜻에서 (신조선사의) 《여유당전서(與猶堂全書)》를 안재홍 등과 교열하는 데 심혈을 기울였다. 이렇게 보면, 1930년대 국학자들이 '실학 연구'에 조선학의 무게중심을 두고서 연구 열의를 고조시켰던 데에는 정인보의 '실학 중심의 국학 연구'의 영향이 컸음을 알 수 있다. 정인보는 그 시기 조선학과 실학 연구의 선도적 구실을 한 대표적 학자임에 틀림없다.

4. 조선얼 환회적 가치의 양명학

1) 친민을 가능케 하는 실심의 중요시

정인보는 실학 못지않게 양명학에도 심취했다. 이것은 '조선얼' 개념과 거의 필연적 관계에 있던 그의 학문 성향이다. '얼'이 '심혼(心魂)'을 의미하고, 양명학이 '심학(心學)'이라고 불리는 점만을 감안해도 이것은 짐작될 수 있다. 이제 그의 양명학에 대한 사상을 살피기로 한다.

일찍이 박은식이 정주성리학을 비판하고 양명학으로 회귀한 사실을 보았듯이, 정인보도 마찬가지 태도를 취했다. 더욱이 양명학, 특히 조선의 양명학에 대한 지식을 풍부히 지녔던 점으로는 박은식보다 정인보가 더했다고 하여도 무방할 것 같다. 정인보는 박은식과 달리 조선의 양명학을 대표하는 정제두(鄭齊斗, 霞谷, 1649~1736)의 이론과 그를 추종하는 강화학파(江華學派)까지 거론할 정도이기 때문이다.

정인보는 조선 성리학계의 폐단을 간과하지 않았다. 성리학자들에 대한 그의 비판은 주로 모화의 경향으로 말미암은 주체성 상실이 핵심을 이루었다.

"유학으로는 오직 정주를 신봉하였으되, … 일은 그 학설을 받아 자기 편의를 도모하는 사영파(私營派)요, 일은 그 학설을 배워 중화적전(中華嫡傳)을 이 땅에 드리우자는 존화파(尊華派)이다. 그러므로 평생을 몰두하여 심성을 강론하되 실심과는 얼러 볼 생각이 적었고, 일생을 휘동하게 도의를 표방하되 자신밖에는 보이는 무엇이 없었다. 그런즉 … 그 학은 허학이요 그 행은 가행뿐이니…"[28]

정주성리학자들의 폐단은 실상 한두 가지가 아니었다. 구체적인 예로, 자기 편의만 도모하는 사영파(私營派) 경향이라든가, 주체성을 몰각한 존화(尊華)의 정신 자세라든가, 심성을 강론하면서도 실심(實心)을 갖추지 못한 태도라든가, 도의를 표방하지만 자신만을 위하는 이기적 태도 등이 그것이다. 따라서 이런 폐단을 지니는 한, 정주성리학은 '허학(虛學)'이며, '가행(假行)을 일삼는 학문'으로 지탄받아야 한다

---

28) 정인보, 《담원 정인보 전집》 2권, 〈양명학연론〉, 114쪽.

는 것이다. 그가 추구하는 실학과 정반대의 학문이 정주학이다.

정인보에 따르면 학문을 하는 데서 가장 중요한 것은 '실심(實心)'을 먼저 갖추는 일이다. 실심의 태도에서 진지한 '자기의 참된 이론'이 나오기 때문이다. 그럼에도 그 시대에도 (정주학의) 학풍은 '실심을 죽이고서' 하는 풍조가 농후했고, 그로 말미암아 '타인의 설'에만 의지한다고 힐난했다. 따라서 그 자신이 양명학에 기운 것은 "실심에 대한 중요성을 환성(喚醒)하기 위한 것이었다"는 것이다.29)

그는 정주학에 반기를 든 '양명학의 본지'에 대한 설명을 빠뜨리지 않았다. 왕수인(王守仁)은 '양지를 이룸[致良知]'을 주장하는 한편, 온갖 사물에 대한 궁구를 시도하던 정주의 태도를 지극히 배척했다는 것 등이 그것이다.30) 사실 왕수인은 《대학》의 '치지(致知)'를 '치양지(致良知)'라고 하면서, '선천적[天生]으로 타고난 앎'인 '양지의 실현'을 중요시했다. 그리고 그는 정주가 지식을 객관적으로 추구하던 태도를 [마치 육구연이 지리(支離)하다고 했듯이] 배척했다. 왕수인은 "마음이 곧 리[心卽理]"라고 주장하면서, 마음에 '본구된 리로서의 양지'의 파악과 그 실천을 역설했다. 정인보는 양명의 이 같은 사상에 호감을 가지게 되었다.

정인보는 또 왕수인이 고본 《대학》을 바탕으로, 주회의 '신민(新民)'을 배격하고, 다시 '친민(親民)'이라고 한 주장을 따랐다. 친민에 대한 해석에서 정인보 사색의 이런 경향이 돋보인다.

> "민중을 친(親)하는 이것은 심내(心內)의 일이라 이 친함이 지극하지 못하면 명덕(明德)의 존재까지를 의심하게 되므로 민중과 나와의 관계가 조

---

29) 앞 책, 116쪽.
30) 앞 책, 117쪽.

그마한 간격을 용납할 수 없도록 감동하게 된다."[31]

이는 나 자신과 민중이 전혀 격의 없이 서로 감동하는 것이 곧 '친민'이라는 요지의 그의 해석이다. 친민의 결과 또한 눈여겨볼 만하다.

"우리 민중의 복리를 도(圖)하는 데서 우리의 실심의 실상을 볼 수 있음을 알라."[32]

그의 견해로 실심의 실상은 바로 '민중의 복리 증진'을 도모하는 데 있다. 따라서 실심을 중요시하는 까닭은 곧 실심을 가져야만 친민으로 통하는 '민중의 복리'를 꾀할 수 있기 때문이다. 친민과 실심이 없고서는 민중의 복리란 도모할 수 없다는 것이 그의 신념임이 이 대목에서 드러난다. 민중을 위하는 '그 자신의 실학 정신'이 또한 이 문맥에 담겼음이 눈여겨볼 만하다. 이로 보면, 친민으로 통하는 실심의 중요시가 바로 정인보가 양명학에 호감을 갖게 된 이유라고 할 수 있다.

2) 애국 지향의 심혼 환회

양명학이 간이직절(簡易直截)을 추구하였음은 말할 것 없고, 지행합일(知行合一)을 주장한 사상임을 정인보는 숙지했다. 그는 양명의 그 지행합일설에 대한 자신의 견해를 피력했다.

"행(行)의 명각(明覺)·정찰(精察)한 곳이 이 곧 지(知)요, 지의 진절독실

---

31) 앞 책, 121쪽.
32) 앞 책, 123쪽.

(眞切篤實)한 곳이 이 곧 행(行)이라. 이것이 지행합일의 대요이다."[33]

그에 따르면, 행위에 대한 정밀한 고찰을 통해 명확히 깨달은[明覺精察] 부분이 앎[知]이고, 앎에 대한 참되고 알찬[眞切篤實] 부분이 행(行)이다. 이런 의미에서, 앎과 행은 '합일의 관계'이다. 이는 양명의 주장인 "아는 것이 곧 행함이고 행함은 곧 앎이라"는 내용과는 약간 차이가 있다. 정인보의 지행합일은 '지와 행이 서로 불가분의 관계에 있다'는 의미로 된 이론이지, 지와 행이 서로 일치된다는 이론이 아니기 때문이다. 그러나 그가 양명의 지행합일설을 수긍한 것 또한 사실이다. 결국 그는 지행합일설을 나름대로 자기화한 이론으로 계승했다.

여기서 나는 이런 의문을 갖게 된다. 정인보가 정주학을 배척하는 것과 달리, 양명설을 자기 이론화한 상태로 수긍한 까닭은 무엇일까? 그 이유는 물론 앞서 지적한 성리학 및 성리학자들의 약점과 폐단, 그리고 양명학의 간이직절함 등의 장점에 말미암았을 것이다. 그러나 이것만이 그 이유의 전부라고 할 수 있을지는 의문이다. 혹시 정인보는 양명설에서 그 시대에 적합하거나 요긴하다고 판단된 점을 발견했고, 그런 점이 양명설에 기운 더 큰 이유가 아니었을까 상상하는 것이다. 그의 양명학적 사상을 이런 시각으로 살피고자 한다. 다 밝혀진 대로, 양명학은 "심즉리"의 명제가 상징하듯이 '심학(心學)'이라고도 일컫는 사상이다. 따라서 양명학에 대한 정인보의 견해는 심학에 대한 그의 이해로도 파악될 수 있는 것이다. 그가 양명의 지행합일설을 수긍한 까닭은 '심학에 대한 그의 해석'에서도 찾아질 가능성이 있다.

양명학을 '심학(心學)'이라고 할 때 정인보는 "심은 곧 본심이요 쉽게 말하자면 본밑마음이다. 양지가 곧 이것이다"라고 풀이했다.[34] 그

---

33) 앞 책, 126쪽.

의 이 해석은 (아래에) 더 계속된다.

> "본심이라야 진절하며, 본심이라야 독실하며, 본심이라야 용장(勇壯)하
> 며, 본심이라야 능히 사생(死生)을 도외로 보아 희생적 의거가 있는 것이
> 요, 본심이라야 만난(萬難)이 없고 백간(百艱)이 없는 (것이다)…"35)

그에 따르면, 양명 심학에서의 심(心)은 양지(良知)에 해당하는 '본
래의 밑 마음'으로서 '본심(本心)'을 가리킨다. 그 본심의 상태를 갖추
면 진절, 독실하여짐은 기본이고, 용장(勇壯)하여지기도 한다. 용장해
지면, 생사를 괘념치 않는 '의거(義擧)가 가능'하고, '만 가지의 간난을
돌파'할 수 있게 된다. 만 가지 간난을 무릅쓰고 의거를 행함이 곧 당
시 '독립투쟁'이 아니고 무엇이겠는가! 그 애국·애족을 통한 독립운동
은 빈말이 아닌 진절·독실한 태도에서 우러나온 '일제와의 투쟁'이라
는 실천적 행위로만 가능한 것이었다. 더욱이 그는 무실한 공론을 허
(虛) 또는 가(假)로 규정하고, 실천을 수반한 행위라야 실(實)과 진
(眞)이라고 했다. 실과 진의 성향을 지닌 용장한 의거, 즉 독립투쟁을
할 수 있는 마음의 상태가 바로 양명학의 실심이라는 것이다. 그에게
양명학의 궁극적 실용성이 바로 여기에 있다. 그가 성리학을 외면하
고 양명학에 기운 까닭은 다름 아닌 독립투쟁을 가능케 하는 사상적
성향에 있었다.

정인보가 생각한 양명학이 당시 현실 문제의 타개에 이렇게까지
기여할 수 있다고 한다면, 그가 말하는 '조선 민족의 얼'과는 양명학
이 어떤 관계인지도 밝혀야겠다. 정인보는 그 점을 위 글에 이어서 다

---

34) 앞 책, 125쪽.
35) 앞 책, 130~131쪽.

음과 같이 밝혔다.

"거의 멸절하게 된 (민족의) 심혼을 환회(喚回)하자는 것이다."36)

쇠퇴해져 거의 멸절된 '조선 민족의 얼'을 다시 불러일으키는 데 양명의 심학이 요구된다고 그는 판단했다. 조선의 얼이 곧 조선의 심혼이므로 심학에 익숙해지면, 자연히 조선의 얼을 다시 불러일으키는 결과를 가져온다는 것이 그의 신념이다. 조선의 얼과 그의 양명학 중요시 사고는 결국 이렇게 귀결되는 관계이다.

그는 양명학의 명맥이 정주학자들의 반대에도 불구하고 그동안 이어져 왔음을 다행으로 여겼다. 일찍이 최명길(崔鳴吉, 遲川, 1586~1647)이 양명학에 대하여 관심을 쏟았던 뒤에, 정제두(鄭齊斗)가 이것을 혼신의 노력으로 연구하여, 조선 양명학의 제일인자[大宗]가 되었음을 그는 상세히 소개했다. 그는 정제두의 학문 경지야말로 왕수인 이후 중국 학자들의 대열에 놓고 평가하더라도 그 우월성이 대단하다고 확언하길 주저하지 않았다.37) 그에 따르면 정제두의 학문은 마침내 조선 양명학과를 이루어, 이광신(李匡臣, 恒齋, 1700~1744), 이광사(李匡師, 圓嶠, 1705~1777), 이영익(李令翊, 信齋, 1740~?), 이충익(李忠翊, 椒園, 1744~1816) 등으로 이어졌음은 물론, 홍대용(洪大容)에게도 영향을 주었다는 것이다.38)

---

36) 앞과 같음.
37) 앞 책, 222쪽.
38) 이 글은 윤사순·이광래,《우리 사상 100년》의 〈정인보〉 부분을 손질하여 다시 정리하였다.

제9편

유학의 현대적 가용성 탐구

(20세기 중기~20세기 말기)

제46장 체계적·통사적 한국유학사 저술의 효시
─ 1945년 광복 전후기 유학계의 동향─

1. 한국유학에 대한 일제 어용학자의 왜곡

1910년대 이후 일제의 관학자 및 어용학자들이 식민사관을 날조하여 조선역사를 왜곡하였음은 이미 말한 바 있다. 그들은 조선유학에 대하여서도 마찬가지로 왜곡하기에 열을 올렸다. 일제의 어용학자 가운데 조선유학을 연구한 학자로는 마쓰다 코(松田甲, 1863~1945)와 다카하시 도오루(高橋亨, 1878~1967)가 있었다. 이들은 모두 한때 조선총독부의 촉탁이었고, 그 촉탁 신분 때부터 조선유학을 연구하였다. 총독부 촉탁 신분 자체가 조선유학 연구를 식민지 정책 또는 식민사관에 적합하게 할 조건이었음은 말할 나위 없다.

마쓰다가 남긴 논문은 꽤 많지만, 여기서 논의할 만한 것만 들어보면, 다음과 같은 논문이 있다. ① 〈유교에 관한 조일관계의 두세 사례(儒敎の觀たる內鮮關係の二三例)〉,[1] ② 〈조일유학의 관계 — 후지와라 세이카와 강수은(內鮮儒學關係 — 藤原惺窩と姜睡隱)〉,[2] ③ 〈이퇴계

의 학설을 연수한 사쓰마의 대유 적기해문(李退溪の學說を硏修せる薩摩
の大儒赤岐海門)〉,3) ④ 〈이퇴계가 편찬한 《자성록》과 《주자서절요》
(李退溪の編纂‘自省錄’と‘朱子書節要’)〉,4) 〈일본 주자학자의 이퇴계관(日
本朱子學者の李退溪觀)〉,5) ⑤ 〈일본에서 번각한 퇴계의 저서(日本にて
飜刻せる退溪の著書)〉,6) 〈조선 홍유 송시열의 유적 화양동(朝鮮鴻儒宋時
烈の遺蹟華陽洞)〉7) 등이 그러한 것이다.

이상 몇 편의 내용은 대체로 다음과 같이 간추려진다. 유학으로 볼
때 조선과 일본의 관계는 매우 밀접한 관계에 있다는 것, 그렇게 된
데에는 (임진왜란 때 포로로 간) 강항(姜沆)이 전한 이황(李滉)의 유
학사상이 일본 유학계에 큰 영향을 끼쳤다는 것, 일본 유학자들의 이
황에 대한 숭신은 그의 저서를 일본에서도 따로 번각하여 간행할 정
도라는 것, 그리고 조선 유학자 가운데 저명한 송시열이 남긴 화양동
등의 유적에는 조선 유학자들의 기본적 의식이 깃들었다는 것이다.

이런 내용들은 겉으로는 특이한 성격이 드러나지 않는 논지이다.
과거 백제인 왕인(王仁) 박사가 천자문과 《논어》를 일본에 전수한 뒤
로, 성리학 역시 강항 같은 조선 학자가 일본인들에게 가르쳤고, 특히
이황의 《자성록(自省錄)》과 《주자서절요(朱子書節要)》가 후지와라 세
이카(藤原惺窩, 1561~1619), 야마자키 안사이(山崎闇齋, 1619~1682) 같

---

1) 논문 발표지와 시기는 朝鮮總督府, 《朝鮮》 제60호, 1922.

2) 《朝鮮》, 제119호, 1925.

3) 앞 책, 제137호, 1926.

4) 앞 책, 제163호, 1928.

5) 앞 책, 제175호, 1929.

6) 《續日鮮史話》 제6편, 1930.

7) 《朝鮮》 제100호, 1923 및 앞 책, 제2편, 1926. 이 논제(論題)에서는 송시열
(宋時烈) 앞의 “朝鮮鴻儒”가 생략되어 있다.

은 인물들을 일본의 대표적 성리학자로 만드는 데 결정적 영향을 끼쳤던 것이 사실이기 때문이다. 그러나 일본인들의 식민사관과 연결하여 반추할 때, 마쓰다의 논문들은 겉보기와 달리 그 내면에 숨겨진 음흉한 저의가 잡힌다는 사실을 알아야 한다.

　일본인들은 조선 강점기에 조선을 완전히 일본에 귀속시키려는 의도에서 조선인과 일본인의 조상은 같다는 이른바 "일선동조론(日鮮同祖論)"이라든가, 조선과 일본은 한 몸통이라는 내용의 "내선일체론(內鮮一體論)"을 역설했다. 그들은 어떻게든지 '조선과 일본의 관계가 긴밀함'을 강조해야 할 필요성을 절감하고 있었다. 조선유학은 그들의 이런 필요성에 따라 연구되었고, 이런 작업에 나선 학자 가운데 하나가 마쓰다이다. 앞에 든 그의 논문들은 이런 필요성에 적합하게 작성된 결과물들이다.

　물론 일본 성리학이 이황의 영향으로 말미암아 발흥하였다고 해도 지나친 말이 아니고, 그런 까닭에 일본의 성리학자들이 이황과 그의 철학을 숭모하였던 것은 사실이다. 그러나 과거 일본학자들의 그런 사실은 바로 자신들이 주장하는 '내선일체론'의 성립에 도움을 주는 가치가 있는 것임을 깨닫고 그것을 크게 부각하였음도 인정해야 한다. 일본 성리학과 이황의 관계에 대한 부각은 이황의 성리학에서 받은 은덕의 고마움에서였다고 보기 어렵다. 왜냐하면 마쓰다의 논문들은 다카하시의 논문과 같은 맥락에서 성립되었는데, 다카하시의 논지는 이황 등 조선 성리학자들에게는 독창적 이론이 없다는 '왜곡된 폄하'로 일관되고 있기 때문이다.

　이들 둘이 서로 맥락을 같이 하였음은 마쓰다가 송시열의 유적(화양동)을 소개하는 글을 쓴 것으로도 명백해진다. 마쓰다는 화양동을 흥미 위주로 소개하거나 풍치를 소개하려고 하지 않았다. 그는 거기에 송시열의 유지로 세워진 만동묘(萬東廟)가 있음을 지적하려는 데에 글의 초점을 두었다. 그 만동묘는 다 아는 대로 임진란 때 조선을 도운 명나라의 은덕을 기리는 뜻에서, 명나라 왕 신종(神宗)을 위한 사당으로 지은 것이었다. 이는 마쓰다의 시각으로 볼 때 '조선인의 사대주의(事大主義)'에 젖어 있던 표본 같은 물증이다. 그는 조선인들이 사대주의 의식에 젖어 있음, 곧 조선인들의 '자주의식의 부재'를 논증하고 싶어 이곳 소개의 글을 집필했던 것이다. 조선유학에 대한 그들 어용학자의 관학이 지닌 '불순한 악의성'이 이렇게 확인된다.

조선유학에 관한 한, 마쓰다보다 더 높은 수준에 이르렀던 다카하시 도오루(高橋亨)에서는 그 악의성이 더욱 혹심했다. 동경제국대학 한문과를 졸업(1902)한 그는 이듬해 조선 정부의 초청으로 이 나라에 와서 처음에는 관립중학교의 교사[官立中學校傭敎師]로 지내다가, '조선어 음운(音韻)의 연구'를 깊이 하여 조선어 구사에 능숙하게 되었다. 일제의 총독부가 설치되자, 그는 총독부의 종교조사 촉탁에 임명되었다. 총독부의 명령으로 그는 삼남(三南) 지방 유생(儒生)들의 동향을 조사(1911)하다가, 영남의 김도화(金道和)를 비롯한 의병장의 궤상에는 으레《퇴계집(退溪集)》이 놓였음을 발견하고, 조선 유생들의 의식을 심도 깊게 파악하려면 이황 등의 유학사상에 대한 이해가 긴요함을 깨달았다. 이에 조선 도서조사 촉탁에 임명되고서는 조선유교뿐만 아니라 조선불교 연구의 필요성도 감지하였다.

이런 필요성 인식에서 다카하시는 〈조선의 교화와 교정(朝鮮の敎化と敎政)〉이라는 논문을 작성하여, 동경제국대학에서 문학박사 학위를 받았고, 이어 조선총독부 시학관(視學官)을 거쳐 경성제국대학 창립위원회 간사가 된 신분으로 인도를 방문하여, 영국의 식민지 고등교육 상태를 관찰하고 돌아왔다. 경성제국대학이 설립되자, 그는 법문학부의 교수로(1926) 임명되고서, 조선유학과 관련된 강의, 강연, 연구 등을 더욱 활발하게 벌였다. 경성제국대학을 정년퇴직할 때(1939) 그는

조선 문화 특히 조선유학의 연구 업적으로 총독부의 '조선문화공로훈
장'을 받았다. 그가 일본 제국주의에 얼마나 충성을 바쳤는가는 이 훈
장이 입증한다. 이 뒤로도 그는 경학원 제학 겸 명륜연성소 소장, 조
선유도연합회 부회장으로 활동하면서, 1945년 일본의 패전, 곧 조선
의 광복 때까지 조선 유학계에 대해 끊임없이 해악을 끼쳤다.

다카하시의 저술로는 앞에 든 박사학위논문 외에, 《이조불교(李朝
佛敎)》가 있다. 조선유학에 관련된 글로 〈조선유학대관(朝鮮儒學大觀)〉[8]
과 〈이조유학사에 있어서 주리파 주기파의 발달(李朝儒學史に於ける主
理派主氣派の發達)〉,[9] 〈조선의 유교(朝鮮の儒敎)〉[10] 등이 있다. 이것들
이 조선유학에 대한 그의 대표작인데, 이 가운데에서도 특히 〈조선유
학대관〉과 〈이조유학사에 있어서 주리파 주기파의 발달〉이 일제 강
점기 조선인들에게 끼친 영향이 가장 컸던 것이다. 앞의 것은 대체로
조선인 일반 대중에게 영향을 끼친 강설이고, 뒤의 것은 학계에 끼친
영향이 컸던 논문이다.

이 두 글에 나타난 조선유학에 대한 그의 견해는 대체로 다음과 같
이 정리된다. ① 역사적으로 살펴볼 때 조선의 유학은 '오직 주자학
뿐'이다. 조선에는 다른 유학이 없었다고 할 만큼 조선인들은 주자학
일변도로 그에 탐닉했다. 이로 보아 조선인들의 민족성에 해당하는
사상적 특성으로는 '고착성(固着性)'을 꼽을 수 있다. ② 조선의 주자
학은 이황, 이이 등이 논변한 사단칠정론(四端七情論)으로 대표되는데,
이들의 논변을 보면 자신들의 독특한 이론은 없다. 오직 주희의 이론
만 가지고, 상대편보다 자신이 주희의 이론을 옳게 알고 있다는 주장

---

8) 朝鮮史學會, 《朝鮮史講座特別講義》, 1925에 수록.

9) 京城帝國大學法文學部, 《朝鮮支那文化 研究》 제1집, 1929.

10) 朝鮮總督府, 《朝鮮》 제239호, 1935.

들뿐이다. 이로 보아 조선인들은 사상적 독창성을 발휘하지 못한다. 조선 민족성으로서의 사상적 특성에는 '종속성(從屬性) 곧 사대성(事大性)'이 있다. ③ 조선의 주자학은 시대의 흐름에 따라 주리파(主理派)·주기파(主氣派)로 분열되었다. 그 분파는 당쟁상의 사색(四色), 곧 남인·서인의 분열·대립에 대체로 상응한다. 주리파가 남인계이고 주기파가 서인계에 해당한다. 이로 보아 조선인들의 민족성에는 '당파성(黨派性) 곧 분열성'이 있다는 것이다.

다카하시가 든 조선 민족성 가운데 이 세 가지는 가장 대표적 특성일 뿐, 이 밖에도 형식성(形式性), 문약성(文弱性), 심미관념(審美觀念)의 결핍, 공사(公私)의 혼효(混淆), 낙천성(樂天性) 등이 더 있다.

이 자리에서는 다른 것들을 불문에 부치고 세 가지 대표적 특성만 고찰하면, 다카하시의 이 세 가지 주장은 다 사실에 어긋나는 허설이었고 오류였음이 즉각 밝혀진다. ① 주자학이라는 성리학은 고려 말에 전입되어 오직 조선시대에 통치 원리(관학)로서 이용되고 연구된 유학이다. 그 이전에는 삼국시대, 남북국시대, 고려시대의 본원유학(本源儒學)·훈고유학(訓詁儒學, 곧 漢唐儒學)이 있었고, 조선시대에는 비록 양명학은 크게 번창하지 못했지만 탈성리학적 실학(實學)이 상당히 발달했음을 그는 간과하고 있다. (더욱이 불교와 도교가 고려시대에 크게 흥성했음도 그는 고의로 도외시했다.) 따라서 고착성을 조선인의 사상적 특성이라고 한 주장은 타당치 않다.

② 사단칠정설을 조선 주자학의 표본처럼 삼을 경우일지라도, 이황의 수정설[四則理發而氣隨之, 七則氣發而理乘之]과 리기 호발설[理氣互有發用說]은 다른 나라에서 볼 수 없는 독창설이다. 이황설을 다시 수정한 이이의 사칠설[氣發理乘一途說]도 이이의 독창설이지 모방설이 아니다. 이것이 주희의 사칠설과 전혀 다른 독창설이기 때문에, 이이는 주장하길 "주자도 이렇게 생각했을 것이다. 만약 주자가 이렇게 생각

지 않았다면 주자의 주자된 소이(所以)가 어디 있겠나!"라고 했다. 더욱이 이이는 자신의 '리통기국설(理通氣局說)'을 내면서, "이는 백세(百世) 후에 성인(聖人)이 나오더라도 고치지 못할 것"이라고 단언하며 자신의 독창성을 과시했다. 이런 발언들은 이이 자신의 독자적 성리설 구축을 위해서는 누구에게도 구애되지 않았던 모습이었다. 이런 것을 보지 못했을 리 없는 다카하시인데, 그는 이런 것들을 고의로 외면하고 위와 같은 주장을 내었던 것이다. 진실을 왜곡하던 음흉한 계략이 그의 앞 주장에 숨겨졌음을 알 수 있다.

이황과 이이가 논변에서 주희의 이론을 이용한 것은 선현의 이론을 반드시 참고하던 당시 학문상의 겸양지덕의 표명이고, 어느 나라 유학자들이나 다 사용하던 전통적인 방법론이었을 따름이다. 이런 판단은 나만의 억견이 아니다. 오늘날 중국의 천라이(陳來) 같은 학자는[11] 그의 저서 《송명철학(宋明哲學)》에서 주희 사상 다음 차례에 이황의 사상을 한 장(章) 분량으로 소개하고 있다. 이황의 사상에 '독창성을 발휘'한 것이 없다면 어떻게 이런 일이 가능하겠는가! 따라서 조선 민족성에 대하여 사상적 무독창성을 바탕으로 '종속성' 또는 '사대성'을 적용한 다카하시의 주장은 터무니없는 억지로서, 오직 식민사관에 맞추는 데에만 급급하였던 악의에 찬 어용학자의 견강부회적 오류에 지나지 않는다.

③ 주자학 이름의 성리학의 학파 형성이 당파와 상응했음은 조선에서 성리학이 곧 통치 원리였던 데에 원인이 있었다. 그것은 특별히 이상한 현상이 아니었다. 당파나 학파의 분열은 어느 나라에서나 볼 수 있는 것으로, 정견이나 식견이 깊어지면, 자연히 생기는 것일 따름이다. 오히려 조선에서 행한 예송(禮訟) 형식의 당쟁은 앞서 말한 대

---

11) 그는 북경대학 교수를 거쳐, 현재 청화대학 교수로 재직 중이다.

로 성리학의 명분론적 합리정신이 정치 현실에 투영된 '수준 높은 정쟁(政爭)'이라고 평가해야 맞다. 그 당쟁 시대의 중국이 환관 정치로 흐르기 시작했고, 일본이 사무라이들의 무단 정치가 계속되었던 사실들과 비교하면, 조선 당쟁이 지닌 수준 높은 정쟁의 성향은 절로 드러나는 것이다. 따라서 학파의 분열을 가지고 조선인들의 민족성을 '당쟁성' 또는 '분열성'으로 간주한 다카하시의 주장은 부당한 자의적 곡해(曲解)였음이 분명하다. 그의 이런 주장은 오직 식민사관에 젖은 그의 어용학자의 면모만 확실히 한 행태에 지나지 않는 것이다.

2. 현상윤의 한국유학사 저술

1) 1940년대 한국유학사의 정리

장지연의 《조선유교연원(朝鮮儒教淵源)》 뒤 1940년대에도 이것과 비슷한 성격의 저술들이 나왔다. 윤영선(尹榮善)의 《조선유현연원도(朝鮮儒賢淵源圖)》(1941)와 하겸진(河謙鎭)의 《동유학안(東儒學案)》(1943)이 그러한 것이다. 앞의 《조선유현연원도》는 신라시대부터 한말(20세기 초)까지의 유교 관련 인물을 학파와 붕당까지 고려하면서 도식화한 저술이다. 그 내용은 특히 19명의 대표적 인물을 기원(起源)으로 선정하고서 그 19명 아래에 총 1만 1천5백 명에 이르는 인물들을 구획하여 표기하였다. 이것은 방대한 수의 유현을 표기한 장점이 있는 대신, 사승 관계만을 지나치게 단선적으로 처리하느라 인물들의 소개가 지극히 소략하거나 거의 누락된 것이 그 단점이다.

뒤의 《동유학안》은 신라의 설총(薛聰) 이후 조선시대의 유학자들 151명을 기록했다. 이것은 학문적 계보에 따라 배열한 점이 특징인데,

주로 퇴계 학맥의 인물을 상세히 밝히고 율곡 학맥 등은 상세히 하지 못한 한계를 지니고 있다. 따라서 이 두 서적들은 다 같이 도서의 명칭에서 드러냈듯이, 한국유학의 흐름을 개별 유학자들의 사제 연원 관계에 초점을 두고 밝힌 서적이다. 한국유학의 학문적 흐름을 체계적·통시대적 시각으로 밝힌 저술은 광복 후에 출현했다. 독립운동가이자 교육자 현상윤(玄相允, 小星 또는 幾堂, 1893~?)이 저술한《조선유학사(朝鮮儒學史)》가 그것이다. 이것은 1949년 12월에 민중서관에서 간행된 뒤로, 현재는 일부 한문으로 되었던 곳(인용문)까지 다 한글로 된 교주본까지 나와 독자들에게 알기 쉽게 읽힌다.12) 저자인 현상윤의 사상적 배경을 알아보는 뜻에서 그의 인물과 실천사상적 면모를 잠시 살피기로 한다.

2) 교육자, 독립운동가로서의 면모

젊은 날 별호를 소성(小星)이라고 하다가 중년 이후 기당(幾堂)으로 바꾼 현상윤(자 執中)은 1893년 평북 정주군 남면에서 태어났다. 부친〔靜修齋 玄錫泰〕이 문과에 급제하여 성균관 전적(典籍)을 지낸 것만 해도, 그의 집안은 관북에서 보기 드문 한학자 집안이었다. 실제로 어린 날 그는 가학을 계승하다가, 유인석(柳麟錫)의 제자인 현상준(玄商濬, 鎭庵, ?~1938)에게 수학하였다. 장인의 권유로 그는 신교육을 배우게 되었다. 16세에 소학교를 다닌 뒤 이듬해 평양 대성학교에 입학하여 '안창호(安昌浩)의 민족정신'에 눈떴다. 서울 보성학교를 거친 그는 동경 와세다대학 사학 및 사회학과에 입학(22세)했다.13)

---

12) 현재는 이것이 이형성(李炯性) 교주《풀어 옮긴 조선유학사》(현음사)라는 한글본으로 되어 출간되었다.

대학생 시절 그는 김성수(金性洙), 송진우(宋鎭禹), 장덕수(張德秀), 홍명희(洪命熹), 정인보(鄭寅普), 이광수(李光洙) 등과 교유했다. 문학지 《학지광(學之光)》의 편집주간을 잠시 맡았던 것도 이 무렵(1917)이다. 그때 그는 시와 소설, 수필, 수상 등을 발표하던 '왕성한 문학청년'의 모습을 보였다. 1918년(26세) 대학을 졸업할 때, 졸업논문 〈동서문명의 비교연구〉가 우수하여, 지도교수〔煙山專太郞〕의 추천으로 동경제대 학보에 실려 학계의 화제가 되었다.14)

졸업하자 곧 귀국한 그는 중앙학교 교사로 부임했다. 2년 뒤(29세)엔 중앙고등보통학교 교장에 취임했다가, 33세에 신병으로 교장을 사임, 향리(정주)로 귀향하여 7년간 요양해야 했다. 건강을 회복한 그는 40세에 중앙고보 교장에 다시 취임, 그 교장직을 광복 때(1945년 8월)까지 수행했다. 광복되던 해 9월, 경성대학(현 서울대학교) 예과부장에 취임했다. 이듬해 2월 보성전문학교 교장으로 자리를 옮겼다가, 보성전문이 고려대학교로 승격되자 초대 총장에 취임하여 그 대학의 기틀을 닦았다. 1950년(58세) 한국전쟁이 발발하였을 때, 서울에 머물렀던 그는 납북(7월)되어 북에서 타계했다. 이상이 그의 교육자 경력의 대강이다.15)

일제는 조선강점기 내선일체를 빙자하여 조선인들에게 창씨개명(創氏改名)을 강요하고, 특히 공용어(公用語)로서는 조선어 사용을 엄금하며 일본어 사용만을 강행토록 압박했다. 현상윤은 창씨개명을 끝내 거절했다.16) 그는 또 중앙고등보통학교 교장으로서 교무회의를 항

---

13) 한국공자학회 편, 〈기당 현상윤 선생 연보〉, 《기당 현상윤 연구》(한울, 2008) 참조.

14) 앞과 같음.

15) 앞과 같음.

16) 그의 유족들에 따르면, 스승을 좇아 창씨개명을 하지 않은 기당의 한 자제가

상 우리말로 진행했고, 심지어 학생들의 수업도 모든 교사들에게 광복 때까지 우리말로 하게 했다. 그 학교의 어느 교사와 몇 학생들이 '민족정신과 독립정신'을 일깨우기 위한 독서 서클을 비밀리에 운영하다가 발각되어, 총독부로부터 교사의 파면과 학생들 전원의 퇴학조치의 압력을 받고서도, 그는 그 압력에 끝내 굴하지 않았다. 그는 해당 교사의 전직(轉職)을 직접 주선해 주었고, 자원하는 한 학생에게만 유기정학을 내리는 정도로 그 사건을 매듭지었다. 그가 교장으로서 '일제에 저항한 생생한 사례들'은 이 밖에도 많다. 그것들은 《기당 현상윤 연구》에서 어느 정도 찾아볼 수 있다.17) 그 시절 그는 단순한 교육자가 아니라, 애국지사였고 독립운동에 참여하길 마다하지 않던 전형적인 선비였다.

현상윤의 애국·독립운동은 중앙학교 교사로서 행한 3·1운동이 가장 대표적인 것이다. 그 운동과 관련된 그의 업적은 다음과 같다. 마침 그가 학교에 첫 부임한 때는 공교롭게도 3·1운동이 일어나기 직전해(1918년 9월)였다. 부임 초 얼마동안 그는 학교 구내 사택에서 기거했다. 그때 밤이 되면 그는 학교 교장이던 송진우(宋鎭禹), 설립자(校主)인 김성수(金性洙)와 조국의 독립운동에 관해 자주 이야기를 나누었다. 그해 11월 이후 수개월 동안 그는 송진우와 함께 그의 보성학교 은사인 최린(崔麟)과 모의를 거듭한 끝에 거사를 추진키로 했다.

그 결정이 이루어진 무렵인 1919년 1월 그는 일본 유학생들의 〈독립요구선언서 초고〉18)를 비밀리에 입경(入京)한 일본 유학생 송계백에게서 받았다. 이를 최남선(崔南善)에게 보이자, 최남선은 국내운동

경복중학교 학생 때 일본인 교련교관에게 너무 여러 차례 심한 구타를 당하여 사망했다고 한다.

17) 한국공자학회 편, 〈간행사〉, 앞 책.

18) 이는 이광수(李光洙) 작임.

의 선언서를 자진해 짓겠다고 약속했다. 현상윤은 천도교도들의 움직임을 고려해 이것을 최린에게도 보였더니, 그것은 또 천도교주인 손병희(孫秉熙)에게 건네져, 마침내 천도교도들의 궐기 결정이 내려졌다. 현상윤은 기독교와의 연결을 최남선과 상의하고서 김도태를 이승훈에게 보냈다. 2월 11일 김성수, 송진우와 함께 그는 이승훈의 상경을 맞았다. 김성수에게서 비용을 얻은 이승훈은 평안남북도의 기독교도들과 접촉, 그들의 동조를 약속 받았다. 불교계와는 별도로 접촉, 동의를 얻었다.19) 현상윤은 중앙학교 사택에 자주 오는 보성전문 졸업생 주익(朱翼)을 통해 보성전문, 연희전문, 의학전문 등의 학생 대표들과 연락, 학생들의 동참을 끌어냈다. 2월 28일 밤 천도교, 불교, 기독교 3파로 그동안 결정된 민족대표 일동이 재동 손병희 집에서 회동, 3월 1일의 태화관 행사를 결정하였다. 현상윤은 대표자들이 체포된 뒤의 제반 업무를 담당토록 결정되었다.20)

3·1운동은 다행히 계획대로 전국적 규모로 성공을 거두었다. 그때 현상윤은 왜경에 의해 '3·1운동의 48인의 하나'로 지목되어 체포된 다음 2년의 옥고를 치러야 했다.21) 그가 독립운동에 기여한 점은 이상의 소개만으로도 거의 명백하다. 애국자, 독립운동가인 그는 학문, 특히 한국유학 연구에도 남다른 업적을 남겼다.

---

19) 이때 최린, 이승훈, 함태영은 불교 단체에도 운동의 참가를 구하여, 한용운(韓龍雲), 백용성(白龍城)의 동의를 얻는다.
20) 玄相允, 〈三一運動 勃發의 槪略〉, 《幾堂 玄相允 全集》(나남출판사, 2008), 제4권 참조.
21) 한국공자학회 편, 〈기당 현상윤 연보〉, 앞 책.

3) 《조선유학사》의 특징

현상윤은 《조선유학사》 외에 《조선사상사》도 저술했다. 그의 《조선유학사》는 사실 그의 《조선사상사》의 일부라는 성격을 지녔다. 《조선유학사》가 1949년에 먼저 간행되었지만, 거의 같은 시기에 이루어진 그의 《조선사상사》는 한국전쟁(6·25 전쟁)의 발발로 조판 상태에 있던 원고가 유실되는 과정을 겪어, 1986년에야 뒤늦게 햇빛을 보게 되었다.[22] 어쨌든 그는 고려대학의 총장직을 수행하면서도 '조선사상에 대한 강의'를 정기적으로 진행했던 터라, 그 관련 서적의 긴요성을 절감하고 집필·간행을 서둘렀던 것 같다.

그의 《조선유학사》는 일제 강점기부터 시작된 조선유학에 대한 그의 연구 온축의 결실이다. 그 서적에 약점이 없지 않지만, 한국유학사의 전문서가 전무하던 그 시기에 그것은 학계의 '첫 통사적 연구서'라는 점에서 가치를 인정받았다. 그 서적의 전문성 또한 높이 평가받았다. 현상윤의 납북 시기인 1953년, 고려대학교 대학원이 (그에게) 《조선유학사》로 (대구 임시 교정에서) 박사학위를 수여한 것도 이 '서적의 전문성 구비'에 말미암은 것이었다.[23]

현상윤의 《조선유학사》가 지닌 특징은 대체로 아래와 같다고 할 수 있다. 이 책의 〈서론〉에는 조선유학에 대하여 알아야 할 몇 가지 '주요 사항'이 먼저 논급되었다. 첫째 '조선유학의 본질', 둘째 '조선유

---

22) 그의 《朝鮮思想史》 원고는 인쇄소에서 조판 중 6·25 전쟁이 발발하여 유실되었다. 그 뒤 1960년 우연히 그 원고의 필사 복본이 발견됨에 따라, 《亞細亞硏究》 1960년 12월호, 1961년 6월호, 1964년 9월호에 나누어 게재되었다. 1986년 민족문화사에서 그것들을 수합·정리하여 《朝鮮思想史》로 다시 간행했다.

23) 그가 《朝鮮儒學史》로 받은 박사학위가 고려대학교 박사학위 제1호이다.

학의 조선사상사에 끼친 영향', 셋째 '조선유학이 동양사에서 차지하는 위치'가 그것이다. 그에 따르면, 조선유학의 본질에 해당하는 주류와 중축은 '철학 방면인 정주학' 곧 정주계 성리학이다. 그런 판단에서 이 책의 내용으로서 그는 신라와 고려의 유학에 대해서는 약술하고, 조선시대 성리학의 소개에 가장 많은 지면을 할애했다.

　조선사상사에 끼친 조선유학의 영향이란 '조선유학의 공(功)과 죄(罪)'를 가리킨다. 그 공과 죄는 다음과 같이 지적된다. 공으로는 ① 군자학(君子學)의 면려, 곧 이상적 인간인 군자로 되는 것을 힘써 장려한 것, ② 인륜(人倫)·도덕(道德)의 숭상, 곧 오륜의 도리 등을 충실히 행하게 하여 가정과 사회와 국가 생활을 원활케 한 것, ③ 청렴(淸廉)·절의(節義)의 존중, 곧 청렴과 절의를 생명처럼 중요시하여 많은 청백리를 배출한 것을 들었다.24)

　이와 달리 조선유학의 죄로는 ① 모화사상(慕華思想), ② 당쟁, ③ 가족주의의 폐해, ④ 계급사상, ⑤ 문약(文弱), ⑥ 산업 능력의 저하, ⑦ 상명주의(尙名主義), ⑧ 복고사상(復古思想)을 들었다.25) 조선유학을 변별의 시각으로 대하는 그의 태도가 특히 이런 데서 드러나는데, 그의 이런 평가의 타당성 여부는 보는 사람에 따라 다를 수 있을 것이다.

　조선유학이 동양사에서 차지하는 위치란 다른 것이 아니다. 그것은 첫째 유학의 이상정치와 이상사회를 실현하려던 실천력이 뛰어나 중국의 어느 시대보다도 우수한 성과를 이룬 것, 둘째 중국 송·명 시대의 성리학설보다 우수한 이론을 내어 일본 등에 영향을 크게 끼친 것이다.26) 이는 앞의 장지연 등의 《조선유교연원》 등에서는 보지 못한

---

24) 玄相允, 〈序文〉, 《朝鮮儒學史》.
25) 앞과 같음.

조선 성리학에 대한 높은 평가이다. 이 주장의 타당성을 논외로 한다면, 장지연 등 이전 학자들의 조선유학에 대한 평가에서 한 걸음 더 나아간 것이다.

전체 17장으로 된 이 책의 내용 또한 이전 학자들의 연원록들보다 더 풍부하고 다채롭다. 이 점은 책의 이름 자체가 조선유학의 흐름을 단순히 연원뿐만 아니라, 사상 내용까지 다루는 데 목적을 두었으므로 당연한 점이기도 하다. 그런 당연함을 전제한 위에서 몇 가지 예를 들어 보겠다.

15세기 말엽의 조광조(趙光祖)의 정치사상을 저자는 독립된 장으로 다루었으며, 16세기 서경덕(徐敬德), 이언적(李彦迪), 이황(李滉), 조식(曺植), 이항(李恒), 김인후(金麟厚), 기대승(奇大升), 이이(李珥), 성혼(成渾), 장현광(張顯光)의 이론을 사실상 조선 성리학의 핵심으로 자세히 소개했다. 17세기의 예학과 예송(禮訟)의 성격을 밝혔으며, 18세기의 인물성논변(人物性論辨, 일명 湖洛論辨)을 비교적 충실히 다루려 했다. 17~18세기의 실학파(實學派)의 대목에서, 이익(李瀷), 정약용(丁若鏞)과 북학파(北學派)인 박지원(朴趾源)·박제가(朴齊家)의 사상에 비중을 두려 했다. 그리고 서학(西學)의 전래와 영향을 간과하지 않았으며, 19세기의 위정척사 운동을 충실히 서술했다.

그러나 실학사상을 그저 경세론(經世論)으로 파악하여 경국제민(經國濟民)의 약칭인 '경제학(經濟學)'으로 다룬 것은 연구의 한계를 보인 대목이고, 양명학(陽明學) 부분도 그전보다 상세히 되었다고 하기 어려운 것이 하나의 약점이다.27) 이 밖에 현상윤이 조선 후기 성리학의

---

26) 앞과 같음.

27) 이 점 때문에 현상윤을 양명학을 암암리에 배척하고 정주성리학만을 추종하는 학자로 예단할 가능성이 있다. 그러나 그는 조선에서 양명학이 발달하지 못했음을 "일대유한사(一大遺恨事)"라고 하면서, "당시 유학사상계의 완루(頑

흐름을 주리(主理)·주기(主氣)로 살핀 것을 오늘날 어떤 이는 마치 다카하시 도오루의 서술법을 본뜬 것처럼 비판적으로 이해하고 있다. 그러나 나의 견해로 이것은 반드시 그렇게 이해할 것이 아니다.[28]

현상윤은 이 책의 끝에서 조선의 패망을 조선시대 말기에 누적된 말폐(末弊)에 말미암는다고 했다. 그런데 그 말폐는 유학 자체의 책임이 아니라 유학을 응용한 '조선 사람의 책임(잘못)'임을 그는 암시적으로 간명하게 밝혔다. 이것은 장지연과 같은 견해로서, '유학 자체에 대한 오해'를 씻어 버리려는 그의 강렬한 의지의 표명으로 이해되어야 할 발언이다.

3. 문헌 실증에 바탕을 둔 이병도의 《한국유학사》

현상윤의 《조선유학사》와 더불어 논의할 만한 연구서가 또 있다. 이병도(李丙燾, 斗溪, 1896~1989)의 《한국유학사》가 바로 그것이다. 비록 간행 시기로 치면 앞 책보다 10년 이상 뒤졌지만, 그 준비로 치면 이 책도 1920~30년 무렵부터 준비한 것이다. 체계적이고 통사적 요건을 갖춘 시각으로 평가할 때에는 이 책 또한 현상윤의 저서와 같은 위상에 있던 것임을 인정해야 한다. 더욱이 저자가 한동안(1930~50년

陋)함과 편협(偏狹)한 것을 우리는 고소(告訴)한다"고 한 언설로 보아, 그렇지 않다고 판단된다. 그가 정제두(鄭齊斗)를 언급하면서 "저술에는 문집 약간 권이 있는데, 집에 장재한다고 한다"고 적은 것으로 미루어, 그가 정제두의 문집을 직접 접하지 못한 데에 원인이 있다고 추측된다. (그의 《朝鮮儒學史》民衆書館, 1949, 281~282쪽.)

28) 주리·주기의 용어 자체가 퇴계 이황이 사용한 이래 율곡 이이를 비롯하여 혜강 최한기에 이르기까지 실제로 조선 학자들이 사용한 개념으로서, 중국에서도 볼 수 없는 한국 성리학의 독특한 용법이므로, 다카하시가 조선 성리학파 파악에 이용한 것에 구애될 필요가 없을 것이다.

대) 한국 사학계에 끼친 영향력으로 해서 이 책의 위상도 확고하였다.

한말 양반 집안[牛峯 李氏家]에서 태어난 이병도는 어려서 한학(漢學)을 익혔다. 한때 보성전문학교에 다니다가, 1916년(21세) 와세다대학 사학 및 사회학과[史學及社會學科]에 입학하여 4년 뒤 졸업했다. 현상윤과는 같은 학교 선후배의 사이인데, 둘은 재학 시절이나 국내에서나 교류한 흔적을 찾아볼 수 없다. 대학생일 때 그는 쓰다 소우키치(津田左右吉, 1873~1961)와 이케우치 히로시(池內宏, 1878~1952)에게서 많은 영향을 받았다. 졸업 후 귀국하여, 총독부의 조선사편수회에 들어가 촉탁으로 약 20년 동안 근무했다. 그는 그 시기 한국사를 탐색하고 있던 일본인들, 이마니시 류(今西龍, 1875~1932), 이나바 이와키치(稻葉岩吉, 1876~1940), 구로이타 가쓰미(黑板勝美, 1874~1946) 등의 영향을 받았다.[29] 특히 이들이 내세우던 '문헌 고증(文獻考證)의 방법론'을 따른 것이 그 대표적 영향이다. 이 방법론이 그의《한국유학사》에도 반영되고 있음은 말할 나위 없다.

이병도는 1934년 진단학회(震檀學會)를 창립하는 데 주도적 구실을 하여 사학계의 주목을 받았다. 광복 후 그는 서울대학교 교수, 진단학회 회장, 문교부 장관, 학술원 회장 등을 역임하며 명성을 높였다. 그러나 '일제의 식민사관의 비학문성'과 '문헌 고증의 한계'에 대한 진지한 반성이 한국 사학계에서 일어남과 동시에, 그의 업적의 일부도 반성과 비판에서 자유로울 수는 없었다.

한국사를 전공하던 이병도가 한국의 유학사를 탐구하게 된 동기는 한국사를 심층적으로 연구하려던 의욕 때문이었다고 한다. 그는 초기에 당쟁사에 대한 연구에 착수했는데, "그보다는 더 기본적인 한국유학사의 연구가 필수적인 요건이라고 생각되어서, 그 후로 나는 유학

---

29) 李丙燾,〈나의 硏究生活의 回顧〉,《斗溪隨筆》, 一潮閣, 1956.

사를 전공하다시피 하였다"고 한다.30) 실제로 그는 1920년대부터 총
독부 조선사편수회의 《조선사학(朝鮮史學)》 등에 한국유학 관계 논문
을 싣기 시작했다.

  이병도의 《한국유학사》는 처음부터 이 이름으로 간행되지 않았다.
이것은 본래 그가 서울대 사학과 교수로 재직할 때인 1959년 미정고
의 교재용 《자료 한국유학사 초고(資料韓國儒學史草稿)》라는 제명으로
작성한 한문 등사본이었다. 그것을 편차의 수정과 다소의 보정을 거
쳐 1986년에 한문본 《한국유학사략(韓國儒學史略)》으로 간행했다가,
그의 제자 허선도(許善道) 등의 주선에 따라 한글본 《한국유학사》로
저자 사망 전해(1988)에 출간되었다. 실로 저자로서는 오랜 기간을 두
고 다듬어 낸 작품이다. 해박한 그의 한국사 지식이 저술의 여러 곳에
실증적으로 구사되고 있다.

  저자는 제1장 서설(緒說)에서 '그의 유학관'을 간단히 피력했다. "유
학은 유교(儒敎)의 학문이다"라고 하면서, 유학에서 "교(敎)와 학(學)
은 서로 다른 길이 아닌 일체(一體)의 양면으로서 긴밀한 관계에 있
다"는 것이다. 그러한 유학은 공자가 말한 '수기(修己)·안인(安人)' 및
'수기·안백성(安百姓)'의 축약인 '수기치인(修己治人)'으로 나타낸다고
설명하는 내용이 그의 유학관의 개요이다. 그의 한국 유학관에 대한
견해는 별도로 밝히지 않은 채, 곧 본론으로 들어갔다.

  본론은 18장에 걸친 내용인데, 맨 먼저 '유교 문화(儒敎文化)'가 삼
국 이전, 곧 한사군(漢四郡)의 설치 시기에 유입되었을 개연성을 지적
했다. 이어 삼국의 유학과 통일신라시대의 유학 및 고려의 유학이 가
능한 대로 상술되었다. 이 부분은 현상윤의 저서를 크게 보충한 내용
에 해당한다. 고려의 유학을 '초기' '중기' '후기'로 세분하여 밝힌 것

---

30) 앞과 같음.

이 더욱 그러하다. 조선시대의 서술에서도 '제8장 과도기의 유학' 부분에서 '제4절 선초의 유불정책(儒佛政策)', '제5절 학제(學制)와 과거제도(科擧制度)', '제6절 매월당(梅月堂) 김시습(金時習)의 사상과 행적'도 그러한 성격의 내용이다. '제12장 학파분열기(學派分裂期)의 성리학'이 상술된 점, '제14장 자주적 사상의 태동'에서 윤휴와 박세당의 사상이 소개된 점, '제17장 실학사상(實學思想)의 대두와 그 영향'이라는 제목 아래 경세실용(經世實用) 위주의 실학사상이 다루어진 점 등도 모두 그런 보충의 성격이 적용될 부분이다. 아마 이병도 역시 이것들이 이전의 《조선유학사》에 비교한 이 《한국유학사》의 장점에 해당한다고 할 것이다.

그러나 이 책에도 단점과 하자가 없지 않다. 어느 연구서에나 시대적 환경의 제약이 따르게 마련이지만, 이 저술에서도 그러한 점이 발견된다. 학파의 형성을 학파의 '분열(分裂)'로 표현하면서 그 분열과 '당쟁(黨爭)과의 관계'에 집착한 나머지, 저자가 '서인학파(西人學派)의 성리설'과 '남인학파(南人學派)의 성리설'로 분별한 대목은 마치 다카하시 도오루 등의 표현법을 떠올리게 한다. 제13장에서 '제2절 예송(禮訟)'에 이어 '제3절 당쟁(黨爭)의 심화'라고 하여, '1. 경신환국(庚申換局)', '2. 노소론(老少論)의 분열', '3. 회니(懷尼)의 반목', '4. 기사환국(己巳換局)', '5. 갑술경화(甲戌硬化)', '6. 노소론의 싸움'을 매우 자세히 다룬 부분은 마치 '조선시대 정치사'를 읽는 느낌이 들게 한다. 이는 유학사의 실질적인 내용이 아닌 데다가, 일제의 어용학자들이 취하던 성향이었음을 저자가 고려했어야 한다고 판단된다. 마지막 '제19장 조선 말 성리학의 전개' 내용의 대부분이 사실상 장지연과 현상윤의 저서에서 주체적인 '위정척사 운동'의 내용에 해당하는 부분임을 감안하면, 이병도의 고증 위주의 객관적 서술은 '한국유학사상이 지닌 시대적 성격'을 간과하고 있음을 알 수 있다.

나로서는 이병도가 한국사를 전공한 학자인 만큼, 만일 '한국사의 흐름에 한국유학사상이 어떻게 기여했는지' 구명하는 데에 그의 관심이 더 많이 두어졌더라면, 이보다 더 나무랄 데가 없지 않았을까 가상하게 된다. 그러나 가상(假想)은 중요치 않다. 중요한 것은 실상(實狀)이기 때문이다. 실상은 비록 부족함과 하자가 있을지라도, 이병도의 《한국유학사》가 현상윤의 《조선유학사》와 더불어 모두 '한국유학을 다시 소생시키는 데 밑거름이 되었다'는 것은 부정할 수 없는 사실이다. 이들의 '한국유학의 역사적 정리'가 지닌 가치가 바로 이런 데에 있다고 판단된다.

제47장 근대화 추진 초기 한국 유학계의 부활
― 광복 후 현대 유학자 제1세대들의 연구 업적 ―

1. 1960~70년대 학계의 동향

1) 1950~60년대의 학계

1950년에 발발한 한국전쟁(6·25)은 전국을 온통 폐허로 만들었다. 그 폐허 속에서 모든 학문들이 순조롭게 진전을 보지 못하였음은 말할 나위 없다. 1960년 4·19 혁명, 1961년 군사혁명으로 이어진 사회 혼란도 학문 연구를 곤란하게 한 여건이다. 그 시기의 철학 또는 사상 분야의 학계는 서양철학 전공자가 대부분이었던 데다가 불교학자와 유학자가 몇 명 포함된 전국 규모의 '한국철학회'가 있었지만, 그것마저 제대로 활동을 하지 못했다. 회원 수의 빈곤에 재정난까지 겹쳐, 1955년에 겨우 《철학》 제1집을 내고, 1957년에 제2집을 낸 뒤로는 1969년까지 회지조차 내지 못하던 형편이다.

전국 규모의 철학계가 이 정도로 부진했으므로, 한국유학 분야는 더 말할 수 없었다. 속된 표현대로 가뭄에 콩이 나듯 연구물이 나왔던 시기가 1950년대이다. 그런 가운데서 몇몇 소장학자들이 주선한 소규모의 학회와 연구지가 생겼다. 1958년에 최동희(崔東熙), 신일철(申一澈) 등이 박종홍(朴鍾鴻, 洌巖, 1903~1976), 이상은(李相殷, 卿略, 1905~1976)을 각각 회장, 부회장으로 추대하고 설립한 '한국사상연구회(韓國思想研究會)'와 그 회가 간행한 《한국사상(韓國思想)》이 그것이다. 박종홍의 〈한국철학사〉(불교 편)와 이상은의 〈중국철학사〉(고대 유가 편)가 이 회지에 고정적으로 연재되는 가운데 대중 교화를 위한 수준의 천도교 사상, 한국유학 등에 대한 글이 게재되었다.

이 밖에 '50년대에는 대학의 부설 연구소가 생기기 시작하여 연구 분위기를 조금씩 높이는 데 기여했다. 연세대학교에는 일찍이 1948년에 설립된 '동방학연구소'(뒤에 '국학연구원'으로 개명됨)가 있었고, 고려대학교에는 '민족문화연구소'와 '아세아문제연구소'가 1957년에 설치되었으며, 성균관대학교에서는 그 이듬해에 '대동문화연구소'가 설립되었다. 한국유학의 연구는 이 연구소들이 '60년대부터 본격화한 활동에 한동안 편승하고 있던 형편이었다.

1960년대는 연구소들의 활동만으로도 '50년대에 견주어 꽤 활력을 띠었다. 이 시기에도 유학계는 아직 별도의 조직을 갖지 못한 채, 한국철학 또는 한국사상의 일부로서 조금씩 연구되고 있었다. 성균관대의 대동문화연구소가 《퇴계전서(退溪全書)》, 《율곡전서(栗谷全書)》를 비롯한 한국 유학자들의 전집을 영인본으로 출간하여, 연구 여건을 개선하는 데 기여했다. 고려대의 '민족문화연구소'는 '63년부터 거의 10년 세월에 걸쳐 《한국문화사대계(韓國文化史大系)》의 출간을 통해, 성낙훈(成樂勳)의 〈한국유교사〉와 천관우(千寬宇)의 〈한국실학사상사〉를 세상에 내놓았다. 또 고려대의 '아세아문제연구소'에서는 1965년에 〈아세아에 있어서의 근대화 문제〉라는 주제로 국내외 학자들의 학술회의를 개최하여, 유학 등의 전통 사상과 한국적 현실을 심도 깊게 성찰했다.

'60년대에 북한은 남한보다 앞서 《한국철학사》를 간행했다. 정진석(鄭鎭石)·정성철(鄭聖哲)·김창원(金昌元)의 공저로 된 《조선철학사(상)》(평양 사회과학원 역사출판사, 1960)가 그것이다. 이 책에 조선시대의 성리학과 실학이 소개되었는데, 서술 방법론부터가 독특하였다. 즉 유물론과 유물사관을 반영하느라 '기(氣)' 개념에 물질의 의미를 대입한다든지, '리철학'을 단순히 관념론으로 다루었던 점이 그러한 실례들이다. 그러나 이 책의 내용은 이 뒤에 나온 최봉익의 《조선철학사상사연구》(1975)와 《조선철학사개요》(1986)보다는 시대구분 등에서 유물사관에 오히려 덜 철저하였다.

2) 1970년대 국학의 진흥

1970년대에는 남한의 한국철학회도 《한국철학사》의 저술 계획에 착수하여, 그 계획의 하나로 《한국철학연구》(전3권)를 먼저 간행했다. 여기에서도 조선시대의 성리학과 실학이 다루어졌지만, 북한과 다른 방법론이 구사되었음은 말할 나위 없다. 남북한의 유학 이해의 서로 다름이 이때부터 문장으로 실증되었다. 이 밖에 기존의 연구소와 1960~70년대에 생긴 대학 부설 연구소에서 낸 연구물 등에 한국유학 관련의 연구가 약간씩 들어 있었다. 고려대 아세아문제연구소에서 간행한 《실학사상의 탐구》(1974), 전남대 호남문화연구소의 《실학논총》(1975), 성균관대 대동문화연구원의 《한국사상대계》(전6책, 1973~1984), 아세아학술회의 《한국민족사상대계》(전3책, 1971~1974) 등이 그것들이다.

1960~70년대는 군사독재의 이른바 권위주의 시대로서 산업화와

민주화로 집약되는 근대화가 추진되던 상황에서 특히 민족주의적 주
체성 회복이 강조되던 시기였다. 한마디로 '국학(國學)이 새롭게 장려'
되던 시기였다. 산업화가 진행되기 시작한 그 무렵, 정부 주도로 강조
되던 '민족 중흥의 이념'이 그 점을 알 수 있게 한 증거이다. 한국유학
연구는 자연히 그 국학 부흥의 학문 풍조에 영향을 받지 않을 수 없
었다. 각 연구소의 국학 연구가 활력을 얻었던 것도 어느 정도는 이런
배경에 말미암는다.

이 풍조는 학자 개인들에게도 상당한 영향을 끼쳤다. 더욱이 경제
여건이 조금씩 호전되던 '70년대부터는 유명한 유학자들에 대한 일종
의 가학(家學) 비슷한 형태의 연구를 진작할 수 있게 되었다. 그 대표
적인 예가 이황(李滉)에 대한 연구이다. 1970년은 '이황 서거 400주년'
에 해당하던 해였다. 이에 '퇴계 400주기 기념사업회'가 설립되어, 이
황과 그의 사상에 대한 논문집인 《퇴계학연구》(1972)를 발행했다. 이
것이 이황 연구를 본격화시킨 기폭제 구실을 했다.[1]

그 기념사업회가 '퇴계학연구원'을 1971년에 개설하여, '퇴계학'이
라는 명칭을 사용하면서 이황 사상에 대한 학술회와 학보를 정기적으
로 개최·간행하였다. 1973년에는 이황과 지역적 관련이 있던 경북대
학교에서 '퇴계연구소'를 설립, 이황의 사상에 대한 학술 활동에 박차
를 더했다. 그로부터 몇 년 뒤 단국대학교도 '퇴계연구소'를 개설했다.
1980년대에는 이들 연구소들의 연구 활동만으로도 이황과 그의 사상

---

1) 이때 이황(李滉)의 연구를 가학(家學)으로 흐르지 않게 하는 데 주요 역할을
   한 것으로 몇 가지 요인을 들 수 있다. 고 박종홍(朴鍾鴻) 박사가 원고료를 사
   양한 것과 고 이상은(李相殷) 교수가 고료를 자신이 받는 평소 수준에 맞추어
   과다한 액수를 스스로 감액해 반납한 것, 그리고 '퇴계학(退溪學)'이라는 용어
   의 의미가 '주자학(朱子學)'의 관례적 의미 이상일 수 없음을 윤사순(尹絲淳)
   이 명문화하여 발표한 것 — 발표 후 해당 논문집에는 게재되지 않았음 —, 이
   황의 연구에 참여한 다른 학자들의 주체적 소신의 투철함 등이 그것이다.

에 대한 연구가 기대 이상으로 활발해졌다.

이에 자극받아 율곡(栗谷) 이이(李珥)를 비롯하여, 남명(南冥) 조식
(曺植), 고봉(高峯) 기대승(奇大升), 우계(牛溪) 성혼(成渾), 우암(尤庵)
송시열(宋時烈) 등을 위한 연구소 또는 연구회가 우후죽순처럼 등장하
였다. 그것이 바로 1970년대의 일이고, 간혹 늦은 경우도 대체로 1980
년대를 넘기지 않았다. 이런 여건 변화는 북한이 정부 주도의 사회과
학원 중심으로 한국유학의 연구를 하던 경향과 달리, 남한에서는 각
대학의 인문연구소와 더불어 재단화한 (사설) 유학단체들이 주관하
는 형태의 연구가 주류를 이루었기 때문이다. 한국유학은 이렇게
1960~70년대에 그 연구가 활성화되기에 이르렀다. 이 시기는 '한국유
학 부활'의 시점이라고 할 수 있다.

2. 이상은의 근대화 대응의 유학 이론

1) 행동하는 지성, 현대적 선비

광복 이후 한국유학의 부활을 가져오는 데 크게 이바지한 학자로
서 현상윤, 이병도와 같은 세대의 학자에 이상은(李相殷, 卿輅, 1905~
1976)이 더 있다. 그가 앞 장에서 언급되지 않고 이 장에서 소개되는
것은 그의 한국유학에 대한 연구가 특히 1950년대 이후에 왕성했기
때문이다.

을사늑약이 체결되던 해(1905)에 태어난 이상은의 집안은 함경도에
서는 흔치 않은 한학자의 집안이었다. 그의 조부[李昌善]는 진사(進士)
였고, 부친[芝峯, 李秀永]은 전우(田愚, 艮齋)의 문인이었다. 이런 그의
가정환경은 그에게 소년 시절부터 한학(漢學)을 배우도록 했다. 그 시

절 그의 한학 선생은 간재의 문하에서 그의 부친과 동문수학한 그 마을 훈장[沈進一]이었다.

16세에 결혼한 그는 일본인의 교육을 기피하던 집안 어른들의 뜻에 따라 중국 유학길에 올랐다. 북경의 안휘중학교(安徽中學校)와 천진 남개중학(南開中學)을 거쳐, 그는 1925년(20세) 중국의 명문 북경대학(北京大學)에 입학했다. 대학생 시절 단재 신채호(申采浩)를 만났던 그는 그 만남을 "가장 큰 자극"이었다고 적고 있다.[2] 그 자극 때문이었던지 그는 줄곧 "우리의 문화사(文化史)와 우리 사상사(思想史) 같은 것을 엮어 일제의 민족정신 말살정책에 대항해 보리라는 야망"을 꿈으로 간직했다고 한다.[3]

대학 졸업 후 곧 귀국한 이상은은 생계를 위해 1933년 3월 서울 주재 중국 총영사관의 한문비서(漢文秘書) 자리를 직장으로 얻었다. 아울러 그해 4월부터 보성전문학교의 강사(중국어 담당)를 겸했다. 그는 광복(1945)을 맞자 곧 중국 총영사관의 직책을 사직하고, 보성전문학교의 교수로 취임했다. 이듬해 그 전문학교가 고려대학교로 승격함에, 그 학교의 중국철학 담당교수로 되어 전공학문에 탐닉할 수 있는 조건이 주어졌다.

한국전쟁으로 고려대학교가 대구로 이전, 그도 따라서 그곳으로 옮겨갔다. 그는 그때 부정선거와 국회를 마비시키고 개헌을 통해 독재정권을 연장하던 이승만을 청나라의 위안스카이(袁世凱)와 같은 유형이라고 여겼다. 위안스카이는 청 말에 중신(重臣)이던 신분을 이용하여 교묘히 임정 대통령이 되었고, 이어 불법적인 술수로 제왕으로까

---

2) 이상은, 〈나의 20代 ― 꿈은 아직 꿈으로〉, 《李相殷先生全集》(예문서원, 1998), 時論·大學教育論·語文教育論 편.

3) 앞과 같음.

지 변신하였다가 파탄난 인물이다. 이상은은 이승만을 위안스카이에
비유하는 장문의 글을 《고대신문》에 〈중화민국과 원세개〉라는 제목
으로 과감히 발표했다. 그 신문은 곧 폐간당하고, 그는 체포하려는 경
찰의 추적을 피해야 했다.

1955년(51세)에 그는 〈맹자 성선설(性善說)에 대한 연구〉를 발표했
는데, 이 논문이 정치하고 세련된 점으로 해서, 한국 동양철학계에
'현대적 감각의 연구 풍토'를 조성하는 데 크게 기여했다는 평을 받는
다.4) 이 무렵 그 대학교 문과대학장의 보직을 맡기도 한 그는 대외
활동에도 소홀하지 않아, 중국학회장(1956), 한국철학회 부회장(1956)
등에 선임되어, 학회들의 발전에도 힘을 보탰다. 1957년(53세)부터는
고려대학교 부설 '아세아문제연구소' 소장에 피임되어, 약 10년 동안
그 직책을 수행하였다. 1950~60년대 한국 학문이 연구소 중심으로
이루어진 데에는 그의 공헌이 컸다.

1960년 이승만 독재정권의 만행이 극에 이르렀던 탓에 대학생들의
4·18 및 4·19 의거가 일어나자, 그대로 좌시할 수 없던 이상은은 4월
25일 '재경 교수단 궐기대회'를 소집하는 데 앞장섰다. 교수단의 궐기
를 발의하고, 그 교수단의 〈시국선언문(時局宣言文)〉을 자진하여 작성
한 학자가 그였다. 그는 이후 군사독재 시절에도 독재 타도에 의한
'민주화'의 대열에 서기를 주저치 않았다.5)

학술원 회원이기도 했던 그는 고려대학교 교수를 천직으로 삼았다.
4·19 직후 그에게 문교장관의 교섭이 왔고, 정년이 임박해졌을 무렵

---

4) 이것은 《高麗大學校 五十周年 記念論文集》(1955)에 발표한 것으로, 뒤에 자
   신이 중국어로도 번역하여 중국에서도 발표되었다.
5) 박정희(朴正熙) 정권 때에 그는 직접 박정희를 대상으로 붓을 들었다. 〈박정
   희씨(朴正熙氏)에게 부치는 글〉(《思想界》 102호, 1961년 12월호)가 그러한
   것이다.

(1967, 63세)에는 고려대 재단으로부터 총장직 권유도 받았지만, 그것
들을 다 완강히 거절하였다. 그는 '행동하는 지성인'이되, '순수한 학
자'이기를 원했다. 1976년 72세에 타계하기까지 평생 동안 유학을 연
마하고 실천함으로써 그는 오늘날 보기 드문 '올곧은 선비정신'을 발
휘했던 것이다.

　이상은의 유학은 현대에 납득될 수 있고 현대사회에 적합한 유학
의 형성, 곧 '유학의 현대화'에 궁극의 목표를 두고 있다. 그 목표는
그의 유학의 방법론으로부터 내용과 성격 등에 이르기까지 어느 모로
나 적용되었다. 유학의 현대화 의식과 그 의식의 성실한 실천으로 말
미암아 그는 1960~70년대 한국 유학계의 독보적 위상을 차지하였다
고 해도 지나침이 없다. 저서로는 《현대(現代)와 동양사상(東洋思想)》
(日新社, 1963), 《퇴계(退溪)의 생애(生涯)와 학문(學問)》(瑞文堂, 1973),
《유학(儒學)과 동양사상(東洋思想)》(汎學圖書, 1976), 그리고 《중국철학
사》(고대 유가편)와 논문, 수필, 시론 등을 사후에 묶은 《이상은선생
전집(李相殷先生全集)》(4책, 예문서원, 1998)이 있다.

2) 현대적 방법론, 유학적 휴머니즘, 근대화 대응론

　중국유학을 전공한 이상은의 학문은 역시 중국유학에 대한 연구
업적의 산출로부터 시발했다. 전쟁의 폐허 속에서도 그의 학문에 대
한 열정은 식을 줄 몰랐다. 이미 앞 절에서 말한(주 4) 〈맹자의 성선
설에 대한 연구〉가 그것이다. 이것은 우리 학계가 전쟁의 폐허 속에
서 한산하기 이를 데 없던 1955년에 이루어졌다. 그의 섬세한 '문헌
고증'과 '합리적인 논지'의 전개 그리고 설득력 있는 '현대적 해석'으
로 해서, 이것은 그가 학계의 주목을 받게 된 논문이었음은 말할 것
없고, 한국 유학계의 연구 수준을 명실공히 '현대유학 곧 당대유학(當

代儒學)'으로 변신시킨 획기적 의의를 지닌 것이다.

합리적 논술을 필수적 요건으로 간주하던 이상은의 태도는 합리적 통계의 방법과도 구별된다. 그 대표적인 증거가 일찍이 그의 북경대학 학생 시절 은사였던 천따치(陳大齊, 자 百年, 1886~1983)의 개념 빈도의 통계를 중요시한 논문에 대한 반박적 논평이다. 그는 천따치의 논문에 대한 〈일이관지(一以貫之)를 논함〉6)과 중국어 논문 〈공자 학설의 중심 개념을 논함[論孔子學說的中心槪念]〉7)을 통해, 언급 빈도가 많은 '의(義) 개념'보다는 오히려 인간애와 서(恕)로 전개되는 '인(仁) 개념'이 공자 철학을 대표하는 중심 개념임을 정확히 논증하였다. 이는 유학의 이해에서는 합리적 파악을 하되, '통계 따위의 객관적 방법'보다 고증적 설득력을 갖춘 '해석의 방법'을 적용해야 함을 주장한 그의 견해였다.

그 해석의 방법에서도 결코 단장취의(斷章取義)하여 견강부회(牽强附會) 하는 종류를 크게 경계하였고, 그 고전의 시대 상황을 먼저 파악한 다음에, 현대와 고전 시대의 비교를 거치고서 현대에 적용될 수 있는 점을 지적하고 택해야 함을 주장했다.8) 이런 방법론의 적용이 다만 중국유학의 이해에만 국한되지 않고, 한국유학 탐구에도 해당되었음은 더할 나위 없다.

이상은이 남긴 '유학의 현대화에 대한 이론' 가운데 가장 대표적인 것은 유학사상을 '휴머니즘의 시각'으로 파악한 이론이라 판단된다. 그의 국·영문으로 발표된 〈휴머니즘에서 본 유교사상〉9)이 그것이다.

---

6) 이상은, 《李相殷先生全集》(中國哲學), 100~186쪽.

7) 앞 책, 492~511쪽.

8) 앞 책, (時論·大學敎育論·語文敎育論), 335~411쪽.

9) 앞 책, (中國哲學), 512~557쪽.

그에 따르면, 서양의 휴머니즘은 원심적 성격을 지녀 개인의 해방과 자유 등을 추구하는 데 견주어, 동양의 휴머니즘은 구심적 성격을 지녀 겸양과 측은지심 같은 마음을 (안으로) 길러 남을 배려하면서 더불어 살아가는 특징이 있다. 더욱이 유학의 휴머니즘은 공자의 사상인 '남을 사랑[愛人]하는 인(仁)'을 핵심으로 한 사상이다. 이것의 구현이 현대문명의 폐단인 기계문명에서 소외되고 사회적으로 고립된 현대인을 인간답게, 융화를 이루게 하는 데 유용하다는 견해가 곧 그의 지론이다. 그의 이런 주장에서 유학의 현대적 유용성 측면이 부각되었음은 더할 나위 없다. 한국뿐만 아니라 동아시아에서 그가 차지한 한국의 '현대 유학자[當代儒學者]'로서의 지위가 이런 논지로써 확인된다.

중국도 마찬가지였지만 특히 한국에 착목할 경우, 이상은은 1960~70년대의 현실이 민주화와 산업화로 집약되는 '근대화의 추진'이라는 시대적 특징임을 재빨리 간파하였다. 그는 이미 말한 대로, 자신이 운영 책임을 맡은 아세아문제연구소의 '고려대학교 개교 60주년 기념 행사'를 〈아세아의 근대화 문제〉(1965. 5)로 선정해, 대규모 국제회의 형식으로 거행하였다. 이어 이듬해 스스로 〈유교의 이념(理念)과 한국의 근대화 문제(近代化問題)〉10)를 발표했다.

그에 따르면 유학은 정전제(井田制)를 통해 '부국(富國)보다 양민(養民)'에 힘썼던 만큼, 경제와 산업에 소극적인 편이었다. 근대화의 기초가 산업의 진흥에 있으므로, 그 기초를 다지기 위해선 농업 본위의 후진국은 산업화 사회로 전환해야 함이 불가피하다. 그렇지만 서구처럼 공리주의에 빠져 "중리경의(重利輕義, 이로움을 중요시하고 의를 가볍

---

10) 앞 책, (韓國哲學), 45~92쪽. 이것은 동국대학교 주최 학술세미나 〈한국 근대화의 제문제〉에서 발표한 논문임.

게 여김)"의 사상에 젖으면 곤란하고, "중의경리(重義輕利, 의를 중요시
하고 이로움을 가볍게 여김)" 하는 방향으로 나아가도록 해야 한다는 것
이다. 그 까닭은 이렇게 해야 "서구의 근대화가 야기한 여러 모순과
해악을 되풀이하지 않게 된다"는 데 있었다. 의를 중히 여기고 이로움
을 가볍게 여기려면, 특히 철저한 수양을 바탕으로 '청렴 절의'를 중
요시한 유학의 가르침에 힘입지 않을 수 없다. 근대화에서 유학의 유
용성이 바로 여기에 있다는 것이다. 이런 점에서 그는 현상윤 이후
'조선시대 유학의 공(功)'으로 든 유학 정신을 이 글에서도 다시금 강
조했다. 산업화에 급급하던 그 시기 그는 철학자답게 산업화의 중요
성 못지않게 그것이 초래할 폐해에 대한 대처를 유학사상으로 강구하
는 긴 안목의 지혜를 발휘하였다.

3) 한국유학 연구로 회귀

이상은이 젊은 날부터 지닌 꿈이 한국사상사 또는 한국문화사의
저술이었으므로, 그는 항상 한국유학에 대한 연구 의욕을 버리지 않
았다. 그가 교단생활을 중국유학 전공에 우선 충실하려고 하던 태도
를 견지했던 데다가, 고려대학에서 한국유학은 현상윤 등이 전담하였
던 여건으로 해서 한국유학에 대한 그의 체계적 탐구가 좀 늦어졌을
따름이다. 그럼에도 그의 한국유학에 대한 열의는 한국 유학계가 정
적 상태에 빠졌던 1956년부터 연구물을 내었다. 그의 〈호산(壺山) 박
문호(朴文鎬)의 인물성고(人物性考)〉가[11] 그것이다. 이것은 그 나름의
해박한 유학 지식과 예리한 분석력으로 인성·물성 개념의 형성 배경
과 그 의미 내용 및 성격을 자세히 해석한 작품이다. 이것은 이간(李

---

11) 고려대학교 문리과대학, 《文理論集》, 제1호, 1956.

束)과 한원진(韓元震)이 중심이 되어 18세기부터 왕성하게 일어난 '인성·물성의 동이에 대한 논변'의 이해를 선도한 연구물로 기억된다.

한국유학 연구에 임하면서 그 역시 〈한국에 있어서의 유교의 공죄론(功罪論)〉[12]을 재론했다. 그는 현상윤의 《조선유학사》에서 비교적 간략히 언급한 (공죄의) '공(功) 부분'을 다 시인할 뿐 아니라 그의 설명을 더 추가했다. '죄(罪)의 부분'에 대하여는 '그 죄가 유학 자체의 특성이 아니라'는 설명을 문헌 고증과 실제적 증거를 동원해 장대하게 논술했다.

이것은 결국 한국유학 특히 조선시대 성리학에 대한 '긍정적 재인식'을 촉구하려던 그의 목적의식의 노정이었다. 이 점은 그가 조선유학의 '공'에 드는 '군자학의 면려', '인륜도덕의 숭상', '청렴절의의 존중' 등을 가리켜 유학의 본래적 특성임을 일일이 부연한 것으로 확인된다. 유학의 이 장점들이 현대에도 교육을 통해 계승되어야 할 가치를 지닌 사상들임을 역설하려는 의지가 문장의 행간에서 분명히 드러난다.

다른 한편 현상윤에서 '죄'에 든다고 한 '모화사상(慕華思想)'만 해도, 그는 모화와 사대(事大)가 혼동됨을 지적하고, '모화는 문화 측면'에서 사용하는 용어인 데 견주어 '사대는 정치 측면'에서 사용되는 용어임을 변별했다. 그리고 이것들의 혼동은 원천적으로 일본 학자들의 악의에 찬 정치적 술책임을 밝혔다. 이상은의 예리한 변별력이 여기서 한껏 돋보이고, 한국유학의 부흥을 꾀하던 그의 의지가 확인된다.

조선시대 성리학에 대한 이상은의 연구업적 가운데 가장 많은 부분이 이황의 사상에 대한 연구이다. 이황의 '생애'와 〈퇴계의 천명도설(天命圖說)에 대한 연구〉를 합친 《퇴계의 생애와 사상》(서문당, 1973)

---

12) 이상은, 《李相殷先生全集》(韓國哲學 1, 2) 참조.

을 비롯하여, 〈사칠논변(四七論辨)〉과 대설·인설(對說因說)에 대한 연구〉,13) 〈가치의 실현으로 본 퇴계의 경(敬)사상〉,14) 역해로 된《성학십도(聖學十圖)》15)와 〈격물(格物) 물격설(物格說) 변이〉,16) 〈인심도심변(人心道心辨)〉17)이 있고, 이 밖에 번역물들이 있다.18) 이황의 사상을 본격적으로 연구하던 학자로 두셋을 꼽던 그 시기 그의 이런 업적은 이황 사상의 연구 분위기를 고양시키는 데 큰 도움이 되었다.

이 밖에 그의 〈한국유교의 의리정신(義理精神)〉19)에 대한 논설도 간과할 수 없다. 이것은 실록의 번역과 해석 성격이 너무 짙었던 〈박상(朴祥)과 김정(金淨) 상소파동 시말(始末)〉20)을 바탕으로 하여, 중종기 '종사 문제(愼氏復位 문제)'를 둘러싸고 일어난 '언로 확장'의 역사적 사실을 기술하고 평가한 내용이다.

이상은의 조선 후기 실학에 대한 연구도 주목할 만하다. 그는 〈실학사상(實學思想)의 형성과 전개〉21)를 남겼다. 이 논문에서 그는《중용장구》의 서문에 '실학'의 용어가 처음 나왔음을 지적하고서, 정주가 사용한 "실학 용어의 '실(實)'은 노·불의 공(空)·허(虛)에 대항하여 말하는 실이라는 것, 이때의 실은 '천리의 실현'을 뜻한다는 것, 이런 실학은 결국 '성실(誠實)의 학'을 뜻하는 것이 된다"고 주장했다. 그는

---

13) 이상은, 《李相殷先生全集》(韓國哲學 2), 163~213쪽.

14) 앞 책, 214~221쪽.

15) 앞 책, 222~272쪽.

16) 앞 책, 273~290쪽.

17) 앞 책, 324~371쪽.

18) 퇴계 글의 번역으로 이 밖에 〈雜著〉, 〈格物·物格論〉, 〈義理之辨〉, 〈腔子外是甚底〉, 〈戊辰六條疏〉가 있다.

19) 이상은, 《李相殷先生全集》(韓國哲學 1), 329~338쪽.

20) 앞 책, 204~328쪽.

21) 앞 책, 361~388쪽.

1950년대 사학계의 한우근의 주장에 가까운 실학관을 지녔던 것이다. 그의 이런 견해는 이 논문 속의 다산 정약용의 학문에 대한 이해에서도 드러난다. 그는 정약용을 "외유내야(外儒內耶)"의 유학자로 보면서, 정약용의 "육경·사서는 수기를 위한 것이요, 1표·2서는 천하국가를 위한 것이니, 저술의 본말을 갖춘 것이다"라 하고, 이어 이것은 "《대학》의 본말에 해당하는 만큼, 다산도 성리학적인 본말관을 가졌다"고 지적했다.

이상은은 대학생 시절부터 희구하던 한국사상사의 저술을 위해 1969년 그 서술에 대한 '예비적 구상'을 발표했다. 그의 〈한국사상사를 논함〉22)이 그것이다. 이는 "그 저술에 있어서 문제점"이라는 부제대로, 한국사상사 집필에서 고려해야 할 점들을 제시한 내용이다. 실례로 '자료 문제', '사료의 심정(審定) 감별 문제', '정사(正史)의 사상사 자료적 가치의 문제', '우리나라 학술사상의 제약성', '고유사상과 주체성의 문제', '고전의 현대화 문제' 등을 지적했다.

그러나 아쉽게도 이상은은 한국사상사 저술을 성취하지 못하였다. 한국사상 가운데 그의 전공인 '유학 부분'을 인물이나 문제에 따라 산발적으로 연구하는 데서 그쳤다. 하지만 그 연구 범위는 조선시대 전체에 걸친 것이다. 14세기 이색(李穡)에서부터 15~16세기의 박상(朴祥)·김정(金淨)·이언적(李彦迪)·이황(李滉)·김성일(金誠一), 17세기의 유형원(柳馨遠), 17~18세기의 정제두(鄭齊斗), 18~19세기의 정약용(丁若鏞), 19세기의 박문호(朴文鎬)에 이르기까지 인물과 개인 사상, 그리고 성리학과 실학, 양명학을 두루 탐색했다. 따라서 그의 '한국유학사'라도 정리되었더라면, 한국 유학계의 후학들에게 가르침이 컸으리라고 추정된다.

---

22) 앞 책, 93~109쪽.

한국의 민주화에 이바지한 업적, 특히 4·19 혁명에 바친 공로로 그
는 2011년에 정부로부터 훈장을 받았다. 학계에 끼친 공헌 또한 길이
기억될 것이다. 동양사상 전반에 대한 재인식, 중국 본원유학에 대한
정리, 한국유학 대부분에 대한 현대적 시각의 이해를 이끌었던 그의
혜안과 성실성이 특히 그러한 가치를 지닌다. 오늘날 중국유학의 세
계적 석학인 '뚜웨이밍(Tu, Wei-ming)'이 하버드대학 교수 시절에 자
신의 저서《Confucian Thought》[23]에서 그 책을 "고 이상은 교수와 고
탕쥔이(唐君毅) 교수[24] 두 분에게 바친다"는 헌사를 적었음은 그의 학
문과 인격이 세계적으로 존숭받은 하나의 증거이다.

3. 1960년대 유학계의 실학 연구 시발

1) 사학계에서 선편 친 후기 실학 연구

한국유학 가운데 조선 후기의 실학, 이른바 탈성리학적 실학에 대
한 연구는 한국 유학계보다 한국 사학계에서 먼저 출발했다. 1950년
대 천관우(千寬宇)의 〈반계(磻溪) 유형원연구(柳馨遠研究)〉[25]와 〈한국
실학사상사(韓國實學思想史)〉[26]를 비롯하여, 한우근(韓㳓劤)의 〈이조실
학(李朝實學)의 개념(概念)에 대하여〉,[27] 전해종(全海宗)의 〈석실학(釋

---

23) Tu, Wei-ming, *Confucian Thought* — Selfhood at creative transformation,
    Albany: State University of New York Press, 1985.
24) 탕쥔이(1909~1978) 교수는 홍콩의 학자로 이상은 교수와 북경대학 동창이
    어서, 생시에는 서로 절친하게 지냈다. 탕 교수는 동서양 철학을 자신의 관점
    에서 융합하는 업적을 크게 남겼다.
25)《歷史學報》제2집, 1952.
26) 고려대 민족문화연구소 편,《韓國文化史大系》4, 1970.

實學)〉28) 및 이우성(李佑成)의 〈실학연구서설(實學研究序說)〉29) 등이 그러한 것이다.

이 가운데 특히 천관우가 1930년대 국학자들의 실학 용어의 용례에 따라, 실학을, 주희성리학에 바탕을 둔 현실 운용의 부실함에 대한 비판적 반동으로 이루어진 학문으로 간주한 것과 달리, 한우근은 실학의 용어 사용 자체를 후기 실학자들보다 성리학자들이 더 사용했음에 주목하여 그것을 경학과 심성 수양에 충실한 성리학적 실학의 연장으로 보았다. '실학 개념' 자체에 대한 견해가 학자들 사이에 대립되었던 것이다. 그러나 17세기 이후 유형원을 비롯한 일부 유학자들이 성리학에 의한 통치에 불만을 품고 각종 제도와 생활 태도의 철저한 개혁을 시도한 현상 자체를 부정할 수는 없었다.

바로 그 개혁 성향에 따라 이우성은 실학자들의 유파 분류를 시도했다. 토지제도 등의 제도 개혁에 적극적이었던 유형원·이익을 중심으로 한 부류를 '경세치용(經世致用)'의 유파로, 상품 유통과 유용한 기물의 개혁에 적극적이었던 박지원·박제가 (북학파) 등을 '이용후생(利用厚生)'의 유파로, 그리고 금석학과 고증을 중요시 하면서 완원(阮元)을 따랐던 김정희를 '실사구시(實事求是)'의 유파로 규정하였다. 그러나 이 셋을 제각기 하나의 유파로 보기 어려운 데다가, 성리학과 실학의 근본적 차이가 밝혀지지 않았던 탓에, 사학계에서 성리학과 분별되는 후기 실학의 독자성에 대한 견해의 대립은 좀처럼 가라앉지 않았다.30)

---

27) 《震檀學報》 19호, 1958.

28) 앞 책, 20호, 1959.

29) 《實學研究入門》, 1973.

30) 위에서 우리가 살핀 유형원, 이익, 박세당 및 북학파 학자들과 정약용, 최한기의 실학 개념과 탈성리학 사유는 현재의 고찰에 의해 밝혀진 내용이지

이런 가운데 유학계에서도 그 후기 실학에 대한 연구가 일어났다. 조선 후기 실학이 '근대 사상'의 성격을 충분히 갖추진 못했을지라도, '근대 지향'의 성격을 지닌 점을 부정하기 어려운 만큼, 근대화를 추진하던 1960~70년대부터는 유학계에서도 실학에 무관심할 수가 없었다.

2) 1960년대 유학계의 후기 실학 연구

유학계에서 후기 실학에 눈을 돌리기 시작한 것은 '60년대의 일이다. 그것도 유학계라고 하기보다 철학계라고 해야 더 정확하다. 그 연구에 첫 손을 댄 학자는 고려대학교 철학과에서 이상은과 동료로 근무하던 노장철학 전공의 김경탁(金敬琢, 愚庵, 1906~1970)이었기 때문이다. 그는 자신의 독특한 생성철학(生成哲學)을 구상한[31] 학자로 주목받게 될 한국 동양철학계의 제1세대에 속한다. 일찍이 한국전쟁의 폐허를 딛고, 그는 1960년에 《율곡(栗谷)의 연구》[32]를 단행본으로 저술하여, 이이에 대한 본격적 연구의 길을 개척했다. 이이의 연구로 학계의 주목을 끌던 그는 곧 〈퇴고(退高)의 사칠논변(四七論辨)〉[33]을 발표하였고, 이어 〈이조 실학파(實學派)의 성리학설(性理學說)〉[34]을 논구해 냈다(1963).

이는 현상윤 등의 저서에서 볼 수 있듯이, 후기 실학자들이 한낱 정치·경제·사회 문제의 개혁설[經世說]만 제기하고 철학으로서의 성

1960~70년대의 것이 아니다.

31) 한국공자학회 편, 《김경탁 선생의 생성철학》(한울아카데미, 2006)이 있다.

32) 金敬琢, 《栗谷의 研究》, (재)한국연구도서관, 1960.

33) 고려대 아세아문제연구소, 《亞細亞研究》 제18호, 1962.

34) 고려대학교 문리과대학, 《文理論集》, 제7집, 1963.

리학을 도외시했던 것처럼 여기던 선입견을 떨쳐 내는 데 역점을 둔 논문이다. 그 시기 역사학계의 연구 경향과 달리 조선 후기 '실학파의 철학적 기반'을 밝히려는 문제의식을 처음으로 나타낸 것이 이 논문의 가치라 할 수 있다. 그러나 후기 실학자들이 성리학 풍토를 비판적으로 변개하려던 의지와 그들의 성리학설과의 관련까지는 아직 손을 대지 못했다. 실학자들의 탈성리학적 이론을 구명하는 문제에서는 그의 고찰이 아직 충분하지 않은 점이 이 연구의 한계이다.

이즈음 서울대학교에서 한국철학 강좌를 개설한 박종홍이 후기 실학 연구에 참여했다. 그는 대표적 실학자인 최한기(崔漢綺)의 경우를 예로 들어, 실학자에게는 단편적이기는 하지만 성리학설과 다른 철학이 있음을 밝히는 데 주력했다. 1965년에 완성한 그의 〈최한기의 경험주의(經驗主義)〉[35]가 그러한 것이다. 이듬해 그는 〈인륜과 산업과의 불가리(不可離)의 관계를 역설한 이원구(李元龜)의 사상〉[36]을 밝히기도 했다.

박종홍에 따르면, 최한기의 사상에는 서양철학의 인식론에서 보는 경험주의적 사상이 담겼다. 특히 최한기의 《추측록(推測錄)》을 중심으로 살필 때, '기(氣)의 개념'에 입각하여 인식의 측면으로 이론화한 내용이 그렇다고 할 수 있다. 경험을 바탕으로 '모르던 것을 추측하여 인지'한다는 최한기의 이론이 곧 경험주의에 해당한다는 것이다. 이는 후기 실학 가운데 주기설(主氣說)에 바탕을 둔 지식설을 서양철학적 인식론의 시각을 적용하여 밝힌 연구 성과라는 점에서 학계의 주목을 받은 연구였다.

박종홍은 이원구(李元龜)에서 볼 수 있는 '산업의 중요시'가 곧 실

---

35) 앞《亞細亞研究》제8권 제4호, 1965.
36)《석천 오종식 회갑기념논문집》에 수록.

학의 맥락에 드는 사상임을 주장하였다. 그 산업화의 중요시는 바로 그 시기 추진되던 근대화와 맞먹는 점에서 실학의 근대 지향의 특성을 확실히 하는 데에도 도움이 될 수 있었다. 그런데 박종홍은 그런 점보다는 이 논문을 통해 오히려 이원구 같은 실학자가 성리학에서 매우 중요시하던 인륜을 산업과 아울러 중요시했다는 점을 강조했다. 이는 '실학에 성리학과 같은 동질성이 있음'을 드러내는 성과와 함께 산업화로서의 '근대화가 낳을 폐해에 대한 대응' 효과를 겨냥한 것이다. 이러한 점은 이상은의 근대화에 대한 '윤리의식 고양의 대응'과 서로 통하는 경향이기도 하다.

4. 이을호의 실학적 경학 연구의 본격화

1960년대 중반에 후기 실학의 대가인 '정약용의 경학(經學)'에 대한 독실한 연구가 나왔다. 이을호(李乙浩, 玄庵, 1910~1998)가 1966년에 이룬 박사학위논문 〈다산(茶山)의 경학사상(經學思想) 연구〉[37]가 그것이다. 이 연구가 이루어진 배경부터 우리의 눈길을 끈다. 이을호는 일찍이 이제마(李濟馬)의 문인 최승달(崔承達)에게 《동의수세보원(東醫壽世保元)》을 익혔고, 경성약학전문학교를 졸업하였다(25세). 그는 한때 고향인 전남 영광에서 한의학(韓醫學)에 종사하며, '사상의학(四象醫學)'에 심취하였다. 사상의학의 연구는 자연히 그에게 동양철학에 대한 관심을 가지게 했다. 동양철학의 본격적 탐지는 고향에서 민족운

---

37) 그는 1963년에 〈丁茶山의 經學思想 硏究〉를 연세대학교 국학연구원 《東方學志》 6집에 발표했다. 그 후 그것을 더 보완하여 1966년에 을유문화사를 통해 《茶山經學思想硏究》를 출간하고, 이로써 이듬해에 서울대학교에서 박사학위를 취득하였다.

동청년단체38) 사건이 발각되어(1937), 1년 반 동안 목포형무소의 수
감 생활을 하다가 유학 경전들을 정독할 때부터였다. 영어(囹圄)의 몸
이던 그는 1935년 '다산 서세 100주년 기념'으로 간행된 《여유당전서
(與猶堂全書)》를 접하였다.39) 그와 정약용 학문과의 관계는 이때부터
비롯되었다.

그가 《여유당전서》를 접한 시기의 상황이 정인보 등 민족주의자들
의 '국학 부흥운동 분위기'였던 만큼, 그 서적을 통한 그의 정약용 학
문에 접근 또한 민족의식 속에서 이루어졌던 것 같다. 이런 이을호에
게 정약용 연구를 적극 지원한 사람이 나타났다. 다산 서세 100주년
기념사업으로 말미암아 정약용의 학문을 흠모하던 백낙준(白樂濬, 庸
齋, 1895~1985)이 바로 그의 후원자였다.

평소에 정약용의 저서를 숙독하던 이을호는 〈정다산(丁茶山)의 역
리(易理)에 관하여〉를 발표했고,40) 이듬해엔 〈유불상교(儒佛相交)의
면에서 본 정다산(丁茶山)〉을 《백성욱박사송수기념논문집》에 게재했
다.41) 이 논문집의 글이 연세대학교 백낙준의 눈에 띄어, 이을호는
그로부터 뜻밖의 격려와 함께 연구비 지원까지 받았고,42) 마침내 《다
산(茶山)의 경학사상(經學思想) 연구》라는 대작의 결실을 보게 되었다.

---

38) 25세 때부터 그는 고향 영광에서 갑술구락부라는 체육단체에 가입하여, 체조
의 보급을 빙자로 청년들을 규합하여 민족의식, 곧 독립정신을 보급하였다.
일제의 경찰은 이때부터 늘 이을호 등을 감시했다. 그러다가 28세 때인 1937
년 영광 읍내에 조선 독립을 주장하는 벽보가 붙자, 이을호 등을 주모자로 지
목, 체포, 감금하게 되었다.[한국공자학회 편, 《현암 이을호 연구》(심산, 2010)
수록 〈이을호 연보〉 및 오종일의 〈현암 이을호의 삶과 학문〉 참조]

39) 오종일, 〈현암 이을호의 삶과 학문〉, 《玄庵 李乙浩 硏究》, 한국공자학회 편,
심산, 2010.

40) 전남대학교, 《논문집》 제2집, 1958.

41) 동국대학교, 《(白性郁博士頌壽紀念) 佛敎學論文集》, 1959.

42) 이는 내가 이을호 본인에게 직접 들은 내용이다.

그의 정약용 연구에는 이렇게 1930년대 민족정신에 기초한 국학 부흥 운동의 맥이 연결되어 있다. 그가 노년에 민족 주체의식의 뿌리를 '한 사상'에 두고, 한사상의 계발에 전념했던 것도 그의 일생을 관류하던 민족주의 이념과 무관하지 않다.

이을호가 이룬《다산의 경학사상 연구》는 공맹(孔孟)의 학문인 '수사학(洙泗學)으로의 복귀'를 표방하면서, 정약용이 정주성리학의 경학을 극복하는 내용을 밝힌 논문이다.43) 이때의 수사학으로의 복귀는 정주성리학의 경학설을 비판적으로 극복하는 '정약용의 방법'이지, 실제로 공맹 이론의 복원을 실천한 것은 아니다. 따라서 이에 담긴 실제 내용은 정약용 자신의 경학설에 해당한다.

이을호의 이 연구는 정약용 철학을 본격적으로 탐지하기 시작한 효시로서 의의를 지니기도 하지만, 후기 실학에는 성리학의 경학과 다른 경학사상이 있음을 드러내어, '후기 실학의 철학'이 성리학의 그것과 이질임을 분명히 한 가치가 크다. 그의 이 연구는 후기 실학의 대성자로 알려진 정약용이 정주성리학을 근본 철학 차원에서 부정한 사실을 밝혀, '철학 차원에서 실학의 탈성리학적 면모'를 확연히 드러낸 점이 학계에 이바지한 점이다. 이을호의 이 업적으로 해서, 한국 유학계는 실학의 심층에 독특한 철학이 있음을 알게 한 성과를 거두게 되었다.

이을호는 '정약용의 경학사상'을 발표한 뒤에 〈정약용의 교육사상〉44) 등의 논문과 《다산학의 이해(理解)》,45) 《정다산(丁茶山)의 생애(生涯)와 사상(思想)》,46) 《다산의 역학(易學)》47) 등의 저서를 냈다.

---

43) 李乙浩, 〈茶山實學의 洙泗學的 構造〉, 《亞細亞硏究》(고려대 아세아연구소) 통권 18호, 1965.

44) 李乙浩, 〈丁茶山의 敎育思想〉, 《哲學硏究》(철학연구회), 4집, 1969.

45) 玄岩社, 1975.

89세(1998)로 세상을 떠나기까지 그의 정약용 연구는 계속되어, 그는 마침내 정약용 연구의 독보적 존재로 되었다. 그의 연구는 동무(東武) 이제마(李濟馬)의 사상설(四象說)의 연구48)와 백호(白湖) 윤휴(尹鑴)의 사상에 대한 연구49)등으로 넓어져, 후기 실학의 철학사상의 해명에 더욱 이바지했다. 아울러 그는 실학을 '개신유학(改新儒學)'이라고 그 나름대로 규정했는데, 이 점은 그의 《한국 개신유학사 시론(韓國改新儒學史試論)》50)으로 확인된다.

정약용과 그 밖의 실학자들에 대한 그의 연구에도 아쉬운 점은 없지 않다. 그가 정약용의 《목민심서》를 번역하고 그 공직자(公職者)에 대한 의의를 밝혔지만,51) 《경세유표(經世遺表)》, 《흠흠신서(欽欽新書)》 등에는 미처 손을 쓰지 못했다. 그런 한계로 말미암아 정약용의 사상과 그 밖의 실학자들의 사상에 깃든 '시대 사상적 성격', 곧 '근대 지향적 성격'을 분명히 한 이론은 그에게서 찾아볼 수 없다.

---

46) 博英社, 1979.
47) 민음사, 1993.
48) 李乙浩, 〈東武四象說의 經學的 基礎〉, 《韓國學報》 제6집, 1977.
49) 李乙浩, 〈白湖尹鑴人性論研究〉, 《學術院論文集》 제16집, 1977.
50) 博英社, 1980.
51) 〈정다산의 목민지도(牧民之道)〉, 《仁齋》(인재대학) 5집, 1986; 《茶山의 牧民思想과 公職者의 倫理》, KBS 한국방송사업단, 1990.

제48장 한국유학 재인식에 의한 그 계발
― 현대 유학자 제1세대 후속자들의 업적 ―

1. 한국사상사 시각의 유학 연구, 유명종

　광복 후 한국 유학계 제1세대 학자군에 들면서도 앞에 소개한 학자들보다 조금 후배로서 한국유학을 그들 나름으로 계발한 학자들이 있었다. 유명종(劉明鍾), 배종호(裵宗鎬), 유승국(柳承國), 윤남한(尹南漢)이 그들이다. 이들은 앞 인물들과 거의 같은 시기에 생존했으나, 연구 활동에서는 앞 인물들보다 뒤진다. 이들은 군사정권에 의한 산업화가 시작될 무렵부터 '연구 활동을 본격화'한 학자들이다. 현대 유학자로서 선구적 개척자이기보다는 그 후속 대열에 자리한 이들이다. 이들의 공통점은 '한국유학의 가치를 충분히 인지'한 상태에서 그 중요성을 강조하며 각기 능력에 따라 계발에 노력했던 점이다.

　유명종(劉明鍾, 修岡, 1925~?)은 경북대학교 철학과를 졸업하고, 고려대학교 대학원에 진학하여, 잠시 이상은의 제자로 한국유학을 전공하였다. 그는 일제 강점기에 항일운동을 하다가 옥중에서 단식으로 순국한 애국지사 유병헌(劉秉憲, 晩松, 1841~1918)의 증손이기도 하다. 그의 가정환경 자체가 민족주의에 투철한 유학자 집안이었던 만큼, 그는 소년 시절부터 유학을 익히면서 자랐다.

일찍이 경북대학교 교수로 재직(1956~63)하다가, 한때 학계를 떠나 정계와 산업계에 발을 디딘 적이 있었다. 1981년에 다시 학계로 복귀하여, 동아대학교에서 정년을 맞았다. 그 뒤엔 원광대학교에서 객원교수를 지냈으며, 영남철학회장(1985~86), 한국동양철학회장(1987~88), 대한철학회장(1990~92) 직을 맡아 학회 활동도 활발하게 벌였다.

그의 연구 업적은 1960년대부터 많이 나왔다. 이후 그의 연구는 '조선시대 유학자들 전체'를 다 섭렵하는 범위로 왕성하게 진행되어 동학들을 놀라게 하였다. 조선시대 유학자들의 사상을 정력적으로 소개한 것으로는 한동안 그를 따를 사람이 거의 없었다. '60년대 초기의 연구만 들더라도, 〈퇴계의 이학관(理學觀)〉,1) 〈정우담(丁愚潭) 연구〉,2) 〈주리파(主理派) 형성의 논거〉,3) 〈장여헌(張旅軒) 사상의 연구〉4) 등이 눈에 띈다.

이러한 그의 초기 연구는 대체로 자신의 생활 주변인 '영남 지역'을 중심으로 한 성리학자들에 대한 연구였다. 시간이 지날수록 임성주(任聖周), 오희상(吳熙常), 기정진(奇正鎭) 등 전국 범위의 성리학자 연구로 확대되더니, '70~80년대로 올수록 그의 연구는 실학자들과 양명학자들까지 다 포함하였다. '90년대에는 논문 편수는 다 헤아리기 어렵게 되었고 그의 저서만 해도 10여 종에 이를 정도였다.

---

1) 《고병간송수기념논문집》에 수록.
2) 《경북대 논문집》 제3집, 1960.
3) 앞 책, 제5집, 1962.
4) 앞과 같음.

한때 《송명철학》도 저술한 유명종에게는 한국사상사 또는 한국철학사의 저술을 목표로 했던 적이 있었다. 그 목표는 한국 철학계의 바람이기도 했으므로, 학문적 성취 의욕에 충만했던 그로서는 그것을 누구보다도 앞서 달성하려 했던 것 같다. 더욱이 북한에서 1960년대에 (앞서 밝힌 대로) 《조선철학사(상)》를 간행했던 사실이 그에게 하나의 자극제가 되었다고 짐작된다.

유명종은 1969년에 그의 《한국철학사》를 마침내 출간했다. 그 책의 〈머리말〉에 그는 "북괴는 국가적 사업으로 《조선철학사》를 내어놓아 유물사관으로 일관 해석해서 우리의 철학사를 왜곡하여 불쾌하기 그지없다…"고 적었다. 그의 이 저술 동기가 북한의 정진석 등이 유물사관을 적용한 《조선철학사》를 바로잡으려는 데 있다는 것이다.

그러나 그의 저서 내용의 충실성 여부로 말미암은 문제가 제기되었다. 그가 앞에서 천명한 의도대로 집필이 되지 않았음을 학계에서 지적당하기 시작한 것이다. 그것은 일부 장·절의 구성에서부터 북한의 것을 상당히 모방했거나, 불교와 양명학을 제외한 몇 곳은 북한 책을 그대로 옮긴 내용이어서, 비판과 지탄을 받게 되었다. 더욱이 거기에는 유물사관의 극복책을 창출한 흔적도 보이지 않았다. 그의 책은 마침내 저술의 가치를 인정받지 못한 처지가 되었다. 이에 유명종은 그의 저서의 단점을 스스로 깨달은 끝에, 그것에 대체할 《한국사상사》를 1981년에 발간하고서, 그 (초판의) 서문에서 앞의 《한국철학사》의 폐기를 선언했다.5)

유명종의 《한국사상사》는 둘째 권(《한국사상사 2》)까지 합치면, 무엇보다도 방대한 자료 섭렵에 따른 '내용의 풍부함'이 이 방면의 개인

---

5) 이는 비록 뒤늦은 감이 있지만, 학자적 양심의 회복인 점에서 다행한 일이었다.

저서로는 단연 으뜸이었다. 1985년에 나온 그의 《조선 후기 성리학》 (이문출판사, 1985)까지 더하면, 그 내용은 20세기 말까지의 범위를 포괄하는 것이어서 더욱 그러하였다. 그의 학문적 업적으로는 《한국사 상사》의 저술이 학계에 공헌한 업적을 대표한다고 평가해도 지나침이 없다. 그러나 그 서술에 불명료한 곳이 더러 있고, 대체로 인물 중심의 방법을 벗어나지 못하였으며, 사관의 불확실성에 따른 체계화의 취약성이 그 저서의 한계였음 또한 부정할 수 없다.

2. 유학의 일부 용어에 대한 서양철학적 이해, 배종호

배종호(裵宗鎬, 智山, 1919~1990)는 1970~80년대에 활발한 연구 활동을 보인 학자였다. 그는 1943년 경성제국대학 철학과에 입학하여 서양철학, 특히 헤겔 철학을 중점적으로 익힌 것으로 알려졌다. 제2차 세계대전에서 일제의 패망 조짐이 짙어가던 무렵, 그는 학병(學兵) 징발을 피하여 고향인 경상도 산청에 묻혀 풍수를 익히며 세월을 보냈다. 광복 후에는 동국대학 등에 강사로 나가다가, 상당 기간 함양농림고등학교 교사, 교감의 직에 있었다. 1960년에 연세대학교 철학과 교수로 부임하고서야 그의 학문 생활이 본격적 궤도에 오르게 되었다.

공백기가 길었던 그는 1980년대 한국철학회로부터 동양철학회 등이 분리·독립하거나 새로운 학회가 생겨나던 풍조를 맞아 그의 학회 활동도 따라서 활발해졌다. 한국동양철학회장(1982~86), 한국사상사학회장(1987~89), 율곡사상연구원장(1988~90)을 지낸 경력이 그런 것이다. 연세대학교에서 동양철학 가운데 유학의 교육을 전담하였던 조건에 따라, 그는 유학 중에서도 한국유학에 전념하다가 '조선시대 성리학에 대한 연구'를 사실상 그의 연구 본령으로 삼았다. 그 본령의 분야에서 쌓은 공로가 지대하였다.

이 점은 그의 저술로 입증된다.《한국유학사》(연세대 출판부, 1974),《한국유학의 과제와 전개(Ⅰ,Ⅱ)》(汎學, 1979~80),《한국유학자료집성(전3권)》(연세대 출판부, 1980),《한국유학의 철학적 전개(속)》(원광대 출판부, 1989) 등이 거의 다 그러한 것이다. 이 가운데《한국유학자료집성》은 1970년대에 그의 조선시대 유학의 탐구를 위해 수고로움을 무릅쓰고, 도서관과 연구실을 오가면서 이룩한 모음집이다. 그 내용은 주로 조선시대 성리학자들의 학설이 압도적 다수를 차지한다. 사실 이것이 그의《한국유학사》의 내용을 성리학 위주로 이루어지게 한 요건이다.

배종호는 평소 소탈하고 가식이 없는 인물로 존경을 받았다. 일찍이 나는 그에게 "왜 한국유학사의 서술이 조선 성리학 일색으로 되었는가"라고 문의했다. 그는 주저 없이 답하길, "이는 원래 〈조선 성리학의 특징과 전개〉라는 주제로 작성한 글이었는데, 그 분량의 방대함을 본 그 학교 출판부에서 '한국유학의 내용을 조금 첨가하여 한 권의 책으로 하자'는 청에 응한 탓"이라 했다. 이 해명은 곧 그의《한국유학사》의 특징이자 한계라 할 '성리학 전래 이전 부분의 약술'과 '한국의 양명학과 실학 부분 소개의 생략'에 대한 이유도 아울러 밝힌 것이다.

그러나 그의 이 저술에는 높이 평가되어야 할 장점들이 있음을 간과해선 안 된다. 그는 서양철학 일색이던 그 시기 한국유학에 대한 특장에 눈을 돌렸던 만큼, 깊은 애정을 가지고 자신의 익숙한 서양철학의 시각을 동원하여 성리학설들을 이해한 점이 먼저 꼽아야 할 장점이다. 서양철학으로 익힌 개념과 방법을 성리학설들에 적용하면서도, 서양철학 아닌 한국철학의 특성을 적출하려 한 그의 노력은 높이 평가할 만하다. 조선시대 성리학자들 사이에 일어난 쟁론의 논점과 대

립되는 상이한 이론들의 체계를 밝히려 고심한 그의 흔적은 특히 "인
성·물성의 동이 논변"을 다룬 대목에서 잘 드러난다.

배종호는 유학의 리기(理氣) 등 기본 개념의 구사에서부터 서양철
학에 너무 의존한다는 평을 받았으나, 그것은 그 시대 상황과도 관련
된 현상이었다. 1970년대까지도 한국의 철학계는 온통 서양철학 일변
도의 분위기였다. 유학 용어의 해명에 서양철학 용어를 적용한 그의
방법은 한국유학을 비롯한 동양철학을 이해시키기 어려웠던 환경에
서 나온 궁여지책이다. 그의 《한국유학사》와 《한국유학의 철학적 전
개》는 바로 이런 상황에 맞게 그 나름의 방법으로 이루어 놓은 서적
들이다.

철학의 특성이 원리적 해명이기는 하지만, 그렇다고 통사적 저술에
서 시대 배경과의 관련을 도외시하면 무미건조한 공리공론(空理空論)
처럼 되기가 십상이다. 그런데 그의 주저인 《한국유학사》에는 정치,
경제, 사회 등 시대 배경과 관련된 해명이 없다. 이와 같은 유학의 역
사적 저술에 시대 상황과 관련된 이해를 결여한 점은 하나의 흠이라
는 평가가 있을 수 있다.

배종호가 한국유학의 흐름을 변별하는 시각이 단조로운 '주리(主
理)·주기(主氣)'인 것도 문제시될 수 있다. 이런 시각은 과거 다카하시
도오루라든가 현상윤의 시각을 무비판적으로 계승한 현상이 아닌가
하는 추측을 낳기 때문이다. 나의 이해로 이는 그 자신의 연구 역정과
도 무관치 않다고 여겨진다. 그는 이황이나 이이의 리기설보다도 먼
저 기정진(奇正鎭)과 임성주(任聖周)의 리기설을— 특히 유리설(唯理
說)·유기설(唯氣說)로서 — 탐지하기 시작하였는데,6) 그러한 리기설의
분류가 이렇게 습성화되었다고 짐작된다. 사실 조선 성리학의 흐름에

---

6) 배종호, 〈기노사와 임녹문의 철학비교〉, 《延世論叢》 제7집, 1970.

대한 배종호의 주리·주기 시각의 단조로운 적용은 다카하시 이래의 용법을 무비판적으로 따랐다는 비판을 일부 신진 학자들에게서 받은 적이 있다.

그러나 이 점은 반드시 그렇게만 비판받을 것이 아니라고 여겨진다. 한국유학의 흐름을 이런 시각의 적용에서만 그치는 방법이 단조롭기는 하지만, 그렇다고 배종호의 이 용어 구사가 '근거가 없거나 오류는 아니라'는 점에 주의해야 한다. 주리(主理)란 이황 이후 리기의 사고에서 '리에 치중'함이고, 주기(主氣)는 '기에 치중'하는 일종의 편향적 경향일 따름이다. 이 용어를 적용한 데 대한 적합한 해명이 따르는 경우라면, 이 용어의 구사 자체는 전혀 문제될 것이 없다. 이것이야말로 조선 성리학에서만 사용된 것인 만큼, 앞으로도 잘 존속해야 할 개념들이다. 이것들을 마치 폐기해야 옳은 듯이 여기는 사고가 오히려 문제이다.

3. 한국유학 원류의 탐색, 유승국

유승국(柳承國, 道原, 1923~2011)은 충북 청원 출신으로 어려서 한학을 익히며 자랐다. 1952년 성균관대학교 동양철학과를 졸업하고, '56년에 같은 대학원을 수료했으며, 같은 해 서울대학교 철학과의 청강도 함께 마쳤다. 그는 동국대학교에서 불교학도 청강하였으며('63), 박사학위는 교수로 재직하던 성균관대에서 1975년에 취득했다. 유학 전공자로서는 보기 드물게 동서양 철학을 두루 공부하려고 노력한 학자이다.

그는 한국의 동서양 철학자들을 다 포괄한 한국철학회 회장('72)과 이상은의 후임으로 대한민국 학술원 회원으로도 피선('77)되었다. 군사정권 시절인 1983년부터 3년 동안 한국정신문화연구원장으로도 종사했다. 평가 절하된 유학을 그의 학문의 본령으로 삼았던 까닭에, '유학의 진면목에 대한 재인식'을 위한 '계몽과 대중화'에 그는 최선을 다했다고 해도 지나침이 없을 듯하다. 그의 연구물이 지명도만큼 풍성하지 못한 원인도 유학의 재인식을 목적으로 할애한 '대중강연 시간의 다대함'에 있었다고 짐작된다. 그의 유학 강연은 항상 시간의 제약을 초과하는 열정에 찬 것으로 널리 알려졌다. 유학 부흥을 위한 그 강연 형식의 활동은 1960년 그의 성균관대 교수직의 출발과 함께 시작하여 세상을 떠날 무렵까지 계속되었다.

유승국의 저작에는 《한국의 유교》(세종대왕기념사업회, 1976), 《유학원론》(공저), 논문 모음집 《한국사상의 연원과 역사적 전망》(성균관대 유교문화연구소, 2008)이 있다. 한국 학계의 주목을 끈 연구물로는 그의 박사학위논문인 〈유학사상 형성의 연원적 탐구 ─ 인방문화(人方文化)와 관련하여〉(1975)가 단연 으뜸이다.

이 글은 극동의 역사에 대한 지식을 비롯하여, 《논어》와 《서경》 등 경전(經典)에 대한 해박한 지식 및 갑골문(甲骨文)과 금석문(金石文)까지 동원한 고증에 입각하여 논지를 전개한 연구물이다. 이는 중국유학과 한국유학이 긴밀한 관계로 전승되어 왔다는 사실과 유학의 원류로 보아서는 한국유학에 무게중심을 두어야 한다는 요지로 되었다. 이 점은 글의 결론에서 실제로 확인된다. 그 결론은 대체로 아래와 같이 집약된다. 유학이 동이족(東夷族)에서 비롯되었다는 것, 순(舜)도 동이와 무관치 않다는 것, 공자의 핵심 사상인 인(仁) 사상도 동이의 인방문화와 관련된다는 것이다. 이것을 직접 인용문으로 확인하겠다.

  "하(夏)·은(殷)·주(周) 삼대 이전에 한(漢) 문화에 선행하는 동이(東夷)

문화권이 있었던 것을 갑골학·고고학·인류학적으로 증명되었다. 동 부족 중에서도 인방족(人方族), 즉 동이족은 문화적 우월성을 가지고 있었다. 갑골 복사에 의해서 요순의 실재가 증명되었고, 맹자의 이른바 '순(舜)은 동이 사람'이라고 한 것을 신빙할 수 있게 되었다. 이는 중국유학의 근원이 동이족과의 관계에서 이루어졌음을 증명하는 것이라 하겠다."[7]

"공자 사상을 한마디로 '인(仁)' 사상이라고 요약할 때, 이 '인'의 내원을 소급하면 '인(人)'임을 갑골에서 증명하였다. 《맹자》나 《중용》에서 '인(仁)'을 '인(人)'이라고 한 것의 그 원형이 '인(人)'자에 있음이 상호 증명되는 것이다. … 이 인(人)자는 사람이라는 '보통명사'가 아니고 인방족이라는 '고유명사'이다. 문자학 상으로는 '인(人), 시(尸), 이(夷), 인(仁)' 등은 같은 글자로 사용되어 왔다. 따라서 공자의 '인' 사상은 연원적으로 인방족과 관련된 것임을 알게 한다."[8]

여기서 독자들은 장지연 등에게서 보이던 한국유학의 위상을 고증의 방법으로 확고히 하려 한 성격을 감지할 수 있다. 사실은 장지연 이전 신채호 등의 이론과 맥을 같이 하는 것이 이 결론의 핵심이다. 신채호는 일찍이 유학의 원류를 동이계의 동방에 있다고 주장했기 때문이다. 유승국이 유학의 원류를 한족(韓族)에서 찾았음은 한국사상으로서 한국유학의 우월성을 구명한 업적에 해당한다.

유승국의 《한국의 유교》는 삼국시대 유학을 비롯하여 조선시대의 양명학 등을 충실히 소개한 것이다. 이것은 일종의 '한국유학사'와 맞

---

7) 柳承國, 〈東方思想 형성의 연원적 탐구〉, 《한국사상의 연원과 역사적 전망》, 성균관대 유교문화연구소, 2008.

8) 앞과 같음.

먹는다. 한국유학에 대한 구체적 연구가 빈약했던 그 시기로서는 최대의 연구 자료를 동원한 것임을 감안하여 이 저서에 대한 가치를 평가해야 할 것이다. 이것을 오늘의 수준에서 평가함은 합당한 태도라 할 수 없다.

다시 말하지만, 유승국만큼 '유학과 한국유학의 재인식의 필요성', 곧 '그 현대적 의의'를 여러 차례 논한 학자는 없다. 학술회의의 기조 강연을 비롯해 대학의 특강, 그리고 일반 대중 강연에 이르기까지 그는 때와 장소를 가리지 않고, 유교와 한국유학의 중요성을 역설하고 전파하였다. 유학 자체에 그는 남다른 소신과 애착을 가졌던 터라, 유학 같은 전통 사상을 경시하는 무지한(無知漢)들에게 설득력 있는 언변을 토로하는 데 열과 성을 다 바친 학자라고 할 수 있다.

4. 한국 양명학에 대한 외로운 연구, 윤남한

1) 양명학의 전래에 대한 그의 추정

퇴계, 율곡 등의 정주계 성리학에 대한 천착이 학계의 주류를 이루던 1970년대에 양명학을 외롭게 연구하여 큰 성과를 거둔 학자가 있었다. 윤남한(尹南漢, 友江, 1922~1979)이 그였다. 충북 청주에서 태어난 그는 1942년 일본 주오대학(中央大學) 예과에 입학하였다가, 광복을 맞아 귀국하여, 서울대학교 사학과를 졸업했다(1950). 전남대학교 전임강사를 거쳐(1954~56), 서울대학교 강사(1959~61)를 지낸 다음, 1959년부터 중앙대학교 사학과 교수로 옮겨 작고할 때(58세, 1979)까지 재직했다. 한국동양사학회장, 한국문헌학회장 등을 역임했다.

윤남한의 양명학 연구는 1970년대 초기에서 중기까지 사이에 집중적으로 이루어졌다. 이 기간에 발표한 그의 논문을 들면, 〈이조(李朝) 양명학(陽明學)의 전래와 수용〉,9) 〈하곡학(霞谷學)의 기본방향과 단계성(段階性)〉,10) 〈하곡학의 문헌적 연구〉11)가 있다. 그의 박사학위(중앙대, 1975) 논문을 책으로 펴낸 《조선시대(朝鮮時代)의 양명학 연구(陽明學硏究)》12)가 그의 양명학 연구를 집성한 주저이다.

윤남한은 '조선시대 양명학의 전래'를 한국 학계에서 확실한 근거 없이, 대체로 양명학의 발생 50~70년 뒤라고 여겼음에13) 의문을 제기했다. 뿐만 아니라 그 수용(受容)이 전래로부터 1세기가 지난 선조(宣祖) 말 이후라고 하여 온 것에 대해서도 재고해야 할 것으로 여겼다. 이것들은 모두 지나치게 뒤늦은 시기로 책정되었을 가능성이 있다고 추정했다.

그는 당시의 이러한 통념을 정주성리학의 심학화(心學化) 현상이라든가 조선 사회와 문화의 역사적 발전 상태를 고려치 않은 채 오직 주자학과 양명학의 대립적 사상체계로만 파악한 데서 온 오류라고 추측했다. 그 추측을 정당화하기 위해 그는 '양명학 전래 시기의 소급 가능성'부터 먼저 고찰했다.

그가 생각한 전래 시기의 소급 가능성은 세 가지로 정리된다. 첫째, 조선과 명나라의 외교 관계로 보아 서로 사신(使臣)들의 왕래가 빈번했으므로, 그 사신들의 내왕이 양명학의 전래와 무관할 수 없다. 실제로 중종 28년(1533) 명에 갔던 소세양(蘇世讓)이 북경에서 여러 양명학자들과 접촉하였던 사실은 양명학의 서적이라든가 전문(轉聞)을 들

---

9) 《中央史論》, 1972.
10) 中央大學校, 《人文學硏究》 2, 1974.
11) 尹南漢, 《朝鮮時代의 陽明學 硏究》, 集文堂, 1982.
12) 앞 책, 1982.
13) 이것을 그는 연표로 분명하게 제시하지 않았다.

었을 가능성을 부정하기 어렵다.14)

둘째, 사신들이 내왕하던 중종 5~15년(1510~20)에는 왕양명 자신이 북경에서 강학을 하고 있었고, 그의 주저인《전습록(傳習錄)》등이 간행(초간 중종 13, 1518)되었다. 더욱이 중종 14년(1519) 이후에는 왕양명 문하의 인물들이 명의 고위관료로 대거 진출했고, 양명학과 진백사(陳白沙)의 학설이 북경과 요동(遼東)에서 널리 유행하던 시기였다. 양명학의 전파가 요동 등으로 북진하였던 상황이 주목해야 할 요건이다.15)

셋째, 양명학이 "북방으로 확산될 때 그 연장선에서 '중종 대의 중, 말기부터 명종 초'에는 조선(국내)에도 이미 전개되었을 것"이다. 명종 8년(1553)에 이황과 홍인우(洪仁祐) 및 그 매부 남언경(南彦經)이《전습록》을 읽고 그 내용을 비판한 사실이 이를 뒷받침한다.16) 더욱이 이황의 왕명학 논척(論斥)은 곧 그 학문 전래의 심도에 대한 대응이었다고 보아야 한다. 이런 세 가지를 종합하면, 결국 조선시대 양명학은 "이르면 중종 중기(1525년 무렵)에, 늦어도 명종 초(1550년 무렵)에 전래되었다"는 것이 그의 결론이다.17)

2) 양명학의 수용에 대한 그의 견해

윤남한에 따르면 양명학의 수용 시기는 명종 말, 선조 초로 추정된다.18) 수용의 시기는 전래 시기와 약 20여 년의 시차가 나는 셈이다.

---

14) 尹南漢, 〈李朝陽明學의 傳來와 受容의 문제〉, 《韓國實學思想論文選集》 4에 수록.

15) 앞과 같음.

16) 앞과 같음.

17) 앞과 같음.

그는 성리학자들의 '정주학적 심학화(心學化)의 경향'을 그 수용이 이루어지기까지의 선행 현상으로 간주했다.

정주계 성리학자들의 심학화에 대한 윤남한의 논지는 아래와 같다. 조광조(趙光祖) 이후 정주학자들의 필독서처럼 되어 가던 《소학(小學)》과 《근사록(近思錄)》, 그리고 이황이 일찍이 "신명처럼 믿고, 부모처럼 공경했다[信之如神明, 敬之如父母]"고 한 《심경(心經)》의 중요시 경향은 그 심학화의 기본적 토대였다. 정주학자들은 이 《심경》 등을 탐독하면서 그들 나름의 '심학(心學)'을 지향했다. 그런 분위기 위에서 성리학자들은 명나라의 왕양명 심학과 어떻게든 관련된 명나라 서적들― 예를 들면 양명학을 비판한 나정암(羅整庵)의 《곤지기(困知記)》와 함께 정민정(程敏政)의 《심경부주(心經附註)》, 하흠(賀欽)의 《의려집(醫閭集)》 등 ― 이 더 유입되자, 이것들을 읽으면서 심성의 수양에 더욱 매진해 갔다.[19)]

윤남한은 이 시기 왕양명의 《전습록》 등을 탐독하던 학자들로는 이황 계열이 아닌 서경덕(徐敬德)과 김안국(金安國) 계열이 다수였음을 밝혔다. 홍인우(洪仁祐, 恥齋, 1515~1554)와 남언경(南彦經, 東岡, ?)을 비롯해, 박순(朴淳), 허엽(許曄), 노수신(盧守愼), 허충길(許忠吉), 한사형(韓士炯), 민기(閔箕), 강원선(康元善) 등이 그들이다.[20)] 여기에 더하여, 그는 "양명의 문장(文章), 공업(功業)에 경도되었던" 인물로서 이항복(李恒福), 신흠(申欽), 김우옹(金宇顒), 장유(張維), 최명길(崔鳴吉) 등이 있었고, 이 가운데 특히 장유와 최명길이 양명의 심설을 수용한 인물이라고 판별했다.[21)]

---

18) 앞과 같음.

19) 尹南漢, 《朝鮮時代의 陽明學 硏究》, 集文堂, 1982 가운데 4장 1절.

20) 앞과 같음.

그에 따르면, 양명의 문장과 공업에 기울었던 인물은 사상의 수용
에서 논외로 해야 함은 말할 것 없고, 장유, 최명길에게서도 실제 양
명 사상의 수용이라고 할 내용이 별로 없으며, 홍인우까지도 그 점은
마찬가지이다. 이에 윤남한은 양명학의 실질적 수용자로는 남언경이
겨우 해당되고, 정제두(鄭齊斗)에 이르러서야 양명학을 본격적으로 탐
구하여 업적을 쌓은 참다운 수용자라고 판단했다.

윤남한이 밝힌 남언경(南彦經)의 양명학 사상을 살펴보면 아래와
같다.22) 일찍이 서경덕 문하에 들었던 남언경의 재호가 정재(靜齋)였
듯이, 그는 '정(靜)'에 힘쓰는 '주정(主靜)'의 사상을 지니고 있었다.
주정설이 그의 사상의 밑바탕을 이루었던 셈이다. 이는 "서경덕의 '주
기허정설(主氣虛靜說)'에 영향받은 듯하며, 도가사상(道家思想)에도 관
심"을 가졌었던 표징이다. 이황과 나눈 서한에서 남언경은 "담일청명
(湛一淸明)한 본체공부(本體工夫)"를 논하면서 "무의무욕(無意無欲)이
성인다운 사람의 일[事]"임을 토로한다. 여기까지는 그가 양명학에 들
기 일보 직전 상태라는 것이다.

그러나 남언경은 명종 21년(1566) 피천되어 왕 앞에 나아가, 이제
삼왕(二帝三王)의 마음에 대한 견해를 아래와 같이 밝혔다.

> "이제삼왕의 학문이란 다른 것 없고, 다만 존심의 방법[存心底方法]일
> 뿐입니다. … 이제삼왕의 마음 또한 다만 나의 고유한 본연의 천리[本然之
> 天理]일 뿐입니다. 사람의 마음의 본체[人心之體]는 지극히 허령(虛靈)하
> 고, 본래 일물도 없는 것이지만 의리(義理)는 갖추었습니다."23)

---

21) 윤남한의 1972년 《중앙사론》에 게재된 논문 〈이조 양명학의 전래와 수용의
   문제〉.
22) 그의 1982년 집문당 발행 앞 저서 가운데 〈南東岡의 思想과 王學問題〉 내용
   을 내 나름으로 간추리겠다.

윤남한에 따르면, 남언경의 이 발언은 그의 '심학이 제왕학으로 확대'된 것인데, "심이 곧 본연의 천리"라고 한 대목이 바로 왕수인의 "심즉리설(心卽理說)의 논리"라는 것이다. 따라서 남언경은 양명학을 수용했음에 틀림없다고 그는 주장했다. 이것을 더욱 확실히 하는 뜻에서, 그는 일찍이 남언경의 문인인 이요(李瑤)가 왕 앞에서 자신의 양명학 신봉을 공개했을 뿐만 아니라, 그의 스승(남언경)의 양명학 신봉도 함께 공언한 사실을 증거로 들었다.24)

3) 정제두의 양명학에 대한 그의 이해

조선시대 양명학에 침잠하여 깊이 있는 연구물을 남긴 학자로는 정제두(鄭齊斗) 하나뿐이라고 해도 지나침이 없다. 그가 조선시대 '양명학 연구의 독보적 존재'임은 이미 밝힌 사실이다. 윤남한은 정제두의 양명학 연구로 해서 한국의 양명학이 성립되었다고 평가했다.

윤남한의 전공이 사학이었던 탓인지, 그는 '정제두의 양명학, 곧 하곡학(霞谷學)'에 대한 문헌적 연구만은 남겼으나, 그 양명학으로서의 심학 내용을 파헤치지는 않았다.25) 그는 정제두의 심학(心學)의 형성과 그 변천 과정 및 그 계승 등을 논하는 데서 그쳤다. 우리의 고찰도 그의 그러한 서술을 좇아가 보는 수밖에 없다.

윤남한은 정제두의 일생을 세 시기로 나누었다. 서울에서 거주한 시기(40세까지), 안산(安山)으로 이주하여 살던 시기(41세에서 60세까지), 강화도(江華島)로 옮겨 살다가 생애를 마감하던 시기가 그것이다.

---

23) 앞 책, 165쪽. 인용문의 한글 번역은 내가 한 것임.

24) 앞 책, 169쪽.

25) 그것은 내가 이미 위에서 소개한 것으로 대치하여도 무방할 것이다.

서인계(西人系) 중에서도 소론(少論)의 명가에서 태어난 정제두는 일찍부터 벼슬을 단념하고 학문에만 정진했다. 그의 그 학문이 바로 정주성리학에 반기를 들고 이루어진 양명의 심학이었음은 말할 것 없다. 그의 대표적 저술인 〈존언(存言)〉, 〈학변(學辯)〉, 〈심경집의(心經集義)〉 등은 서울 거주 시기에 다 나온 것이다.

둘째 시기에 정제두는 성학(聖學) 차원에서 주자학과 양명학을 통일·융해하려는 경향을 보였다. 그리고 셋째 시기인 만년으로 갈수록 경학(經學), 예학(禮學), 복제설(服制說), 전고(典故), 천문, 성력(星曆) 등에 관심을 쏟고, 나라와 국민을 이롭고 편안하게[利國平民] 할 경세론(經世論)으로 학문 세계를 넓혀 갔다. 만년의 정제두는 '겉으로는 정주에로 회귀'하는 경향마저 나타냈다. 그가 '외주내왕(外朱內王)' 또는 '양주음왕(陽朱陰王)'이라는 표현을 듣는 것도 이 때문이었다. 이런 입장에서 만년의 그는 벼슬을 수락하여 우찬성(右贊成)에 이르렀고, 영조에게 각별한 대우를 받으며 왕실과 접근했다.

정제두의 예설, 복제설, 경세설은 헌의(獻議), 연주(筵奏), 차록(箚錄)에 집약되어 있다. 그의 경세설은 구제도를 혁파하고, 상업[商賈]·잡역(雜役)의 분업과 납세를 거론하며, 궁중 사치의 절금과 궁중 수용[需用]의 공적 제도화를 주장하는 등 진취적 견해가 들어 있다. 그러나 그것은 이이라든가 최명길 등의 '때에 따른 임시 변통론(變通論)'의 연장의 성격을 띤 것이었다. 화폐의 사용이 풍속과 덕성을 해친다든가 상업을 말리(末利)라 하여 반대한 데 이르러서는 복고적 질서에의 퇴화 경향마저 보였다. 이것이 정제두의 경세설에 대한 윤남한의 평가이다.

정제두의 사상은 조선조의 굳어진 정주학적 제약 때문에 발전을 보지 못한 채, 오히려 전파의 폭이 차츰 협소화되었다. 특히 그의 제자들이 취한 소론의 정치적 위상이 쇠약해짐에 더 영향을 받기도 했다. 그런 여건에서 그의 학문은 '자제, 후손, 인척 관계'라는 특정한 조건에서 계승되는 폐쇄적인 '가학(家學)의 형태'로 유지되었다. 구체적으로 말해, 그의 심학은 아들 정후일(鄭厚一) 이하의 후손, 그의 인척이며 문인인 심육(沈錥) 형제, 윤순(尹淳) 형제, 신대우(申大羽) 부자, 이광사(李匡師)·이광신(李匡臣)·이충익(李忠翊)·이영익(李令翊)의 일가 등 오늘날 강화학파로 일컬어지는 학인들에 의해 전수되었을 따름이다.26) 이렇게 정제두의 심학과 그 계승이 윤남한의 상세한 고증에 뒷받침된 연구로 말미암아, 1970년대에 다시 햇빛을 본 것은 다행한 일이다.

---

26) 윤남한의 앞 1972년 논문 참조.

제49장 현대 한국유학, 제2세대로의 진척
― 미래 지향 의식으로 진행하는 탐구상 ―

1. 신실학 기치 아래 현대유학 탐색, 윤사순

1) 산업화 시기, 현대 한국유학 제2세대

1980~90년대는 '산업화'가 급격히 진행되고, '민주화'가 상당히 진척되어 그 일부의 결실을 보았던 시기이다. 그 예로, 산업화 급진의 실상은 고속도로의 설치, 철강의 생산과 수출, 자동차의 생산과 수출로 상징되었고, 민주화의 성장은 직업군인의 정치가 종료되면서 이른바 문민정부(1993~98)라 일컫던 일반인 출신의 정부가 수립된 사실로 실증된다.

'60~70년대에 장려되던 '국학(國學) 진흥의 풍조'는 이 시기에도 계속되었다. 국학의 진흥에는 '전통 사상의 부흥'도 포함된 것이어서, '유학의 연구'도 이런 여건에 힘입은 점이 있었다. 군사정권 아래에서 역설되던 '충효(忠孝) 정신' 고취의 여진이 일고 있던 것이다. 더욱이 효 사상의 진작은 일종의 윤리·도덕 진흥 운동처럼 되고 있었다. 이에 일부 여유 있는 가문에서는 조상 유적을 기릴 연구소의 설립과 조상의 서원(書院)을 복원하거나 신설하는 현상을 낳기도 했다.

'60~70년대에 본격화한 조선시대의 '유학자들에 대한 연구'가 이 시기에 와서는 상당한 성과를 거두게 되었다. 각 시대의 '큰 봉우리 역할'을 한 대표적 학자들과 그들의 사상 대부분을 일별한 상태였다. 따라서 이 시기는 그 대표적 학자들의 사상에 대한 '심층적 연구'로 넘어서는 단계의 분수령에 해당한다.

이렇게 된 데에는 학계에 '연구 인력의 급격한 증가'가 크게 영향을 끼쳤다. 연구 인력인 학자 수의 증가는 또 '80년대에 '학회들의 분화' 현상을 초래했다. 유학을 비롯한 전통 사상의 연구가 활발해짐에 따라 유학을 비롯한 동양철학의 중요성에 대한 각성의 소리가 드높아 갔다. 이런 변화는 마침내 '한국철학회(韓國哲學會)'의 한 분과 형태로 속해 있던 동양철학 및 유학을 각기 별개의 학회로 독립시키게 했다. 그렇게 이루어진 것이 1980년에 창설된 '한국공자학회(韓國孔子學會)'이고, 1982년에 창설된 '한국동양철학회(韓國東洋哲學會)'이다.[1]

이 시기 또 하나의 새로운 현상은 현대 한국 유학자 제1세대들의 연구 활동은 종식되거나 적어도 노쇠하여 활력을 잃게 된 것과 달리, 이미 지난 시기에 등장한 제2세대의 유학자들이 학계에 새 활력을 불어넣는 주체로 되었다. 영남대학교의 이완재(李完裁), 전남대학교의 안진오(安晋吾), 고려대학교의 윤사순(尹絲淳), 성균관대학교의 이동준(李東俊), 서울대학교의 금장태(琴章泰) 등이 그들이다.

이들이 보인 연구 경향은 이황이나 이이의 연구를 예로 들더라도,

---

1) 이때 한국공자학회의 초대 회장은 성낙훈(成樂勳) 성균관장이었고, 한국동양 철학회의 초대 회장은 배종호(裵宗鎬) 교수였다.

서로 시각을 달리한 형태로 접근하여 이전에 드러내지 못한 '철학이
나 사상의 심층 부면'을 밝히는 데 주력한 것이다. 이들의 연구 활동
에 힘입어 한국유학 연구는 더 심화된 단계로 진척되었다. 근대화와
아울러 현대화가 혼재 또는 압축적으로 진행되던 분위기에서 이들이
탐색한 '유학의 현대화' 작업 또한 앞 시기보다 더욱 진척된 모습을
보였다.

이들에게서는 연구와 관련된 '전공 의식'이 이전과 달라졌음도 발
견된다. 이들이 '한국철학'을 전공분류 대열에 새로 넣은 것이다. 이들
은 대학 시절부터 한국사상사 또는 한국철학사를 청강한 학자들로서,
석사학위와 박사학위도 스스로 '한국 유학자의 철학사상 연구'로 취
득했다. 이런 까닭에 이들의 전공 의식은 '동양철학'이 아닌 '한국철
학'으로 표현하는 것이었다. 이들의 이런 의식이 드디어 전공의 분류
에서 한국철학을 동양철학으로부터 분리하여 독립시켰다.

1990년대의 이전과 달라진 것으로는 외국인 또는 외국어권에서 한
국유학에 대한 연구서들이 상당히 나온 현상을 들어야 한다. 도이힐러
(Martina Deuchler)의 《한국유교의 변천(The Confucian Transformation of Korea)》
(1992), 정재식의 《한국유학과 근대세계의 만남(A Korean Confucianism
Encounter Modern World)》(1995), 세튼(Mark Setton)의 《정약용(Chung
Yagyong)》(1997), 김자현과 도이힐러의 《조선후기 문화와 상황(Culture
and the State in Late Choson Korea)》(공편, 1999) 등이 영어권에서 출간된
연구서들이다.

'80년대에 《퇴계서절요(退溪書節要)》를 펴낸 중국 장리원(張立文)의
《퇴계철학입문(退溪哲學入門)》(1990), 가순시엔(賈順先) 등이 《퇴계전서》
를 현대 중국어로 번역·주해한 《퇴계전서금주금역(退溪全書今註今譯)》
(1991~96), 일본 학자 아베 요시오(阿部吉雄)의 《퇴계와 일본유학(退溪
と日本儒學)》(1998), 그리고 칼튼(Michael Kalton) 등이 공역한 《사단칠

정논변(*The Four Seven Debate*)》(1994)도 이 분야에 드는 실례이다.

'90년대에는 '한국양명학회'의 결성으로 육왕학(陸王學)에 대한 연구도 활기를 띠었다. 정양완 등의 《강화학파의 문학과 사상》(1993), 송석준 외의 《한국사상가의 새로운 발견 ─ 포저(浦渚) 조익(趙翼)》(1994), 민영규의 《강화학 최후의 광경》(1994) 출간이 다 이에 속하는 저술들이다.

'90년대에 개인에 의하여 전체 5권에 이르는 거질의 《한국유학사상사(韓國儒學思想史)》(1995)가 나온 획기적인 사실도 기억해야 한다. 순창(順昌) 출신으로 성균관대학교에서 석사, 박사를 수득한 최영성(崔英成)이 그런 대작을 간행했다. 고대부터 근·현대에 이르기까지 한국유학의 흐름을 각 시대별로 유학과 관련된 사상들과의 관계까지 고려하면서, 입체적으로 서술한 점이 이 책의 특징이다. 개인의 힘으로 방대한 자료를 수집한 것만으로도 고충의 지극함이 짐작되는 역작이다. 이것은 그동안 단 1권으로 그쳐 오던 한국유학사의 저작 풍토를 깬 성과로서 높이 평가받을 만하다. 이로써 한국 유학계는 연구사에서도 일보 전진하는 계기를 맞게 되었다.

2) 식민유학관의 탈피 선도

1980~90년대에 눈에 띄는 학자로 윤사순(尹絲淳, 天原, 1936~)을 들수 있다. 그는 고려대학교에서 이상은(李相殷), 김경탁(金敬琢)의 훈도를 받으며 동양철학을 섭렵한 학자이다. 그가 동양철학을 섭렵하게된 원인은 강사 시절 한국유학을 제쳐놓고 중국유학과 인도철학사 및 불교의 강의를 맡았던 데 말미암는다. 그렇지만 석사학위, 박사학위를 모두 '이황의 철학'으로 수득하면서, 그는 더 '넓은 범위의 한국유학'에 깊은 애착을 갖고 탐구하였다.

그는 대학원 학생 시절 이후 줄곧 이황과 이이를 중심으로 한 '한국유학의 탐구'로 일관하다시피 했다. 그런 한국유학 편력에 말미암아서인지, 그는 '한국철학'을 독립된 전공 분야로 만드는 데 상당히 기여한 인물에 속한다. 항상 한국철학 전공을 자칭했고, 봉직하던 대학(고려대)의 대학원 전공 분류에도 '한국철학'을 '중국철학', '인도철학'과 나란히 놓았다. 그는 광복 후의 철학계·유학계에서는 제2세대에 속하지만, 대학원의 이수 과정부터 고려하는 경우에는 한국철학 또는 한국유학 전공자로 제1세대에 해당하는 셈이다.

윤사순은 고려대학교의 교수직을 천직으로 알고 지키면서, 학회 등을 통한 한국철학이나 한국유학의 진흥에도 매우 적극성을 보였다. 한국공자학회장, 한국동양철학회장, 한국철학회장, 율곡학회 공동대표, 유교사상연구원장, 국제유학연합회(북경 소재) 부회장 등을 지낸 경력이 그런 점을 입증한다.

아직 저술 활동이 끊이지 않은 그의 저서로는 《퇴계철학의 연구》(한국어, 영어)[2], 《한국유학논구(한, 중어)》(현암사, 1980; 北京 新華出版社, 1997), 《동양사상과 한국사상》(을유문화사, 1983), 《한국유학사상론》(열음사, 1986; 증보판 예문서원, 1997), 《한국의 성리학과 실학》(열음사, 1987), 《신실학사상론》(예문서원, 1996), 《조선시대 성리학의 연구》(고려대 민족문화연구원, 1997), 《유학의 현대적 가용성 탐구》(나남출판사, 2006), 《유학자의 성찰》(나남출판사, 2007), 《실학의 철학적 특성》(나남출판사, 2008), 《조선, 도덕(道德)의 성찰》(돌베개, 2010)과 번역서들 및 《우리 사상 100년》(현암사, 2001) 등 다수의 공저가 있다. 공저·편집 형식으로 만든 《자료와 해설, 한국의 철학사상》은 한국철

---

2) 고려대학교 출판부, 1980. Yun, Sa-soon, *Critical Issue in Neo-Confucian Thought: The Philosophy of Yi To'oegye*, Korea University Press. 1990.

학 전체의 이해에 길잡이 노릇을 하는 책으로 꼽힌다. 그가 학술원 회원으로 선임된(2012) 데에는 이런 업적이 뒷받침되었다고 여겨진다.

한국유학에 대한 윤사순의 연구 가운데서는 일제의 어용학자인 다카하시 도오루가 식민지 유학관에 입각하여 주장한 '조선유학에 대한 곡해'를 비판적으로 배척한 것이 학계의 많은 주목을 받았다. 다카하시 도오루의 곡해의 내용과 그 허구성에 대한 실상은 이미 제46장 1절에서 자세히 밝혔다. 그러므로 여기에서는 그것을 다시 되풀이하지 않겠다.

윤사순의 견해로, 한국유학의 실제 흐름은 아래와 같이 '발전한 모습'으로 흘렀다. 삼국시대에 태학(太學)이 설치되었는데, 고려시대에는 그 태학 출신들을 등용하는 과거가 시행되었다. 과거에 의한 관료 선발로 인해 고려시대에는 관료제가 본격적으로 실행되었다. 조선시대로 오면 그 과거제와 관료제가 더욱 정치하게 개혁되고 발전되었다. 조선시대에는 선비 계층 전체가 관료나 관료 후보로 되어 왕과의 공치(共治)에 의하여 이상적인 왕도정치를 세우려 했다. 이것만으로도 한국유학사의 흐름이 정체는커녕 발전하여 온 증거라는 것이다. 따라서 식민유학관은 이런 사실들로 보아 극복될 수 있다는 것이 그의 지론(持論)이다.

이에 더하여, 윤사순은 유학이 현세와 현실에 치중하는 사상으로서 '실제성 추구'의 경향이 동양사상 가운데 가장 두드러진 사상임을 주목했다. 나아가 그는 자연 조화의 사상에서 유래된 순환사관(循環史觀) 요소와 함께 자강(自强)을 지향하는 '발전관의 요소'가 유학에 많음을 지적했다. 유학의 이런 특성들을 바탕으로, 그는 유학의 역사적 흐름에 대한 이해에는 '점진적 발전사관'이 적합함을 논하였다. 아울러 그는 유학을 발생시킨 풍토인 농경 사회의 인간들이 지닌 기저의 식에는 애당초 증산과 번영을 꾀하는 의지가 잠재한다는 것까지 덧붙

여 그의 견해를 강화하려 했다.3)

3) 문제 중심의 연구와 한국유학의 국외 전파

윤사순은 한국 성리학 사상에 대한 광범한 연구에 종사한 다음에
는, 한국의 후기 실학을 주로 박세당, 정약용, 그리고 홍대용 등 북학
파의 철학을 '탈성리학의 시각'으로 탐색하는 데 열의를 보였다. 그의
유학 연구는 과거 유학자의 심층 사상인 '철학의 발굴에 치중'한 연구
경향이다.

이러한 연구를 진행하던 그는 개별 유학자이거나 학파적 집단에
대한 연구이거나를 가리지 않고 특히 '문제 중심의 연구'로 접어들었
다. 그것은 〈태극생양의(음양)설〉,4) 〈사단칠정설에 대한 연구〉,5) 〈인
성물성 동이설의 연구〉6)라든가, 〈정제두의 양명학〉7) 등의 연구와
〈실학의 경학관〉8)을 비롯한 몇 가지 실학 연구가 그러한 것이다. 이
와 관련하여 그의 제자들과 더불어 행한 일련의 업적도 빠뜨릴 수 없
다. 《논사단칠정서》(서광사, 1992), 《인성물성론》(한길사, 1994), 《실학

---

3) 尹絲淳, 〈高橋亨의 '韓國儒學觀' 檢討〉, 《韓國學》(중앙대 한국학연구소) 제
   12집, 1976 및 〈한국유학의 제문제〉, 《韓國學報》 제6집, 一志社, 1977.

4) 尹絲淳, 〈退溪의 太極生兩儀觀〉, 《亞細亞研究》(고려대 아세아문제연구소)
   35호, 1969.

5) 앞 책, 〈退溪의 心性觀에 관한 研究〉, 41호, 1971.

6) 윤사순, 〈인성물성에 대한 동이논변의 사상사적 가치〉, 《퇴계학보》 102호,
   1999.

7) 윤사순, 〈정제두 양명학의 연구〉, 《한국학 연구》(고려대 한국학연구소) 4집,
   1992.

8) 尹絲淳, 〈實學的 經學觀의 特色〉, 《實學論叢》(전남대 호남문화연구소),
   1975.

의 철학》(예문서원, 1996), 《도설로 보는 한국유학》(예문서원, 2000)이
그것이다. 그의 제자들 손으로 이루어진 《조선유학의 학파들》(예문서
원, 1996)과 《조선유학의 개념들》(예문서원, 2002)은 이런 연구 경향의
연속물에 속한다.

　한국유학에 담긴 문제를 그 나름의 시각으로 탐구한 논문들은 1970
년대 말기부터 나왔지만 '80년대 초부터 본격화하였다. 그것들이 나
라 안팎에서 성과를 거두는 시기도 '80년대 초부터였다. 예를 들면,
〈존재(存在)와 당위(當爲)에 대한 퇴계의 일치시〉라든가 〈인성(人性)
물성(物性)의 동이 논변에 대한 연구〉 및 〈실학(實學)의 철학적 기반〉
등이 그러한 연구물이다. 이것들은 모두 동양철학에 잠재한 문제들을
오늘날 사용하는 서양철학의 용어와 의미로 번역하여, 동서 철학자들
이 다 같이 납득할 수 있도록 작성한 성격의 글이다.

　여기 '존재'와 '당위'란 각기 '사실'과 '가치'에 해당하는 독일철학의
용어임은 말할 나위 없다. 이것들을 윤사순은 정주계 성리학에서 사
용된 '소이연(所以然)'과 '소당연(所當然)'의 대칭적 의미에 접합시켜
보았다. 원래 이 두 가지 개념과 그 일치시 사고는 유학 일반의 사상
으로 되어 오던 것이다. 한국에서는 이황과 그 후배들(기대승, 정유일)
이 소이연과 소당연의 '일치 여부'를 간략히 논의한 일이 있었다. 윤
사순은 바로 이황의 일치시 사고를 그 나름의 정합성을 갖춘 체계로
이론화해 냈다. 원래 존재와 당위의 일치시와 이질시는 서양철학에서
도 항상 문제되었던 주제의 하나였으므로, 영문으로 먼저 발표된 이
논문은 동서 철학자들의 이목을 끌기에 충분하였다. 이는 '한국유학
의 특수한 이론'을 보편적 형식과 개념에 얹어 '세계화하는 작업'에서
어느 정도 성공한 연구물이다.9)

---

9) Youn, Sa-soon, "Toegye's Identification of "Be and Ought"," *The Rise of*

인성·물성 동이 논변에 대한 윤사순의 탐색은 특히 그 논변이 종식
되지 않는 원인을 집중적으로 파악한 데에 특징이 있다. 그 원인을 그
는 대립된 양측(이간과 한원진)이 사용한 '본연지성(本然之性)'의 의미
를 각기 다르게 상정한 데 있음을 지적했다. 상동을 주장하는 측(이
간)은 그것을 태극 같은 '시원적(始源的) 성(性)'으로 상정하고, 상이를
주장하는 측(한원진)은 그것을 '본질적(本質的) 성(性)'으로 상정하였
음을 탐지했다. 이에 '본연지성'에 내포된 이 두 의미가 사실상 양립
불능의 의미들이라는 점을 지적했다. 왜냐면 '본질성'은 인간을 인간
이게끔 '타물과 구별시키는 특성'인 데 견주어, '시원성'은 인간과 타
물의 분화적 생성 이전의 '하나의 근원성'이기 때문이다. 이렇게 한
용어에 양립 불능의 두 성격이 대립되는 만큼, 논변의 대립 또는 충돌
또한 종식될 리가 없다는 것이다. 그의 이러한 해명이 동서 철학자들
에게 다 같이 즉각 이해되고 유념케 되는 것이었음은 더할 나위 없
다.10) 한국유학의 일면이 외국학자들에게 이렇게 이해되고 각인되는
것은 결국 한국유학의 외국에로의 전파와 진출 방법의 하나이다. 이
또한 '한국유학의 한 특수 이론'이 보편적 사고의 형식에 기대어 세계
로 진출한 이른바 그 '세계화의 일환'에 속한 사례이다.

　조선 후기의 실학은 본래 성리학의 풍토에서 발흥한 까닭에 두 학
문의 동질적 연속성과 이질적 단절성의 변별이 늘 문제로 떠오른다.

Neo-Confucianism in Korea edited by Wm. T. de Bary, Columbia University
Press, 1985; 尹絲淳, 〈存在と當爲〉, 《東洋の思想と宗敎》, 8號, 早稻田大學 東
洋哲學會, 1991. 이것은 1990년 무렵 와세다대학 철학과에서 내게 양해를 구
한 뒤 그들이 저 영어 논문을 일본어로 번역하여 그 동양철학회의 논문집에
게재한 것임.

10) Youn, Sa-soon, "The Korean Controversy about Chu Hsi View on the Nature
of Man and Things," Chu Hsi and Neo-Confucianism edited by Wing-tsit Chan,
University of Hawai Pres, 1986.

윤사순은 두 학문의 동이(同異) 관계를 여러 각도에서 고찰하면서 그 동질의 측면이 있음을 인정하면서도, 그 이질 측면의 구명에 족적을 남겼다. 그는 철학의 동이를 변별하는 기준은 동서고금을 가리지 않고 그 철학들에서 사용하는 개념과 명제의 같고 다름에 있음을 간취했다. 그는 그 기준을 적용하여 성리학자들과 실학자들의 사고를 여러 방면으로 고찰한 끝에 박세당, 이익, 홍대용, 정약용, 최한기 같은 실학자들은 후기로 올수록 주회, 이황 등 성리학자들의 개념과 명제를 부정하고 자신들대로 새롭게 정립하였음이 발견되었다. 이런 사실에 근거하여 그는 후기 실학이 지닌 특성은 곧 '탈성리학적 성격'임을 천명하게 되었다. 실학의 '탈성리학적 성격'을 특히 철학 분야에서 분명히 밝혀낸 연구가 그가 거둔 하나의 성과였다고 할 수 있다.[11]

그는 이전부터도 실학에 관류하는 철학적 기반이 대체로 기(氣) 개념에 입각하여 이룬 일종의 경험론적 성향에 있음을 밝혔다. 이 점은 실학 형성 과정의 시대적 흐름이 더해 갈수록 이러한 성향이 짙어졌기 때문이다. 이것은 실학이 성리학보다 기물(器物)과 개체(個體)에 치중해 가는 사고의 흐름과 연관된 특징이었다. 여기에는 17세기 이후 서양 문명의 영향도 있었지만, 이런 실학의 특성은 결국 그 경험론적 사고로 말미암아 '근대 지향의 개혁 정신'과 짝하였다고 할 수 있다. 실학의 형성은 한국의 근대 지향 풍토를 뒷받침한 사상이라고 판단된다는 것이다. 이런 판단을 바탕으로 윤사순은 실학에는 한국적 특수성을 지녔으면서도 동시에 부분적으로는 서구의 근대 철학적 성향과도 상통하는 점이 있음을 지적하였다.[12]

---

11) 윤사순, 〈인간과 타물에 대한 홍대용의 탈성리학적 철학〉,《한국사상과 문화》39집, 2007 및 〈정약용의 탈성리학적 철학〉,《고봉의 인식체계와 남도인의 유교정신》(고봉학술원), 2001.
12) 윤사순, 〈실학의 철학적 기반〉,《한국사상사학》1집, 한국사상사학회, 1987

그는 '80년대에 발표한 이상과 같은 성리학과 실학에 대한 연구물들의 요지를, 90년대에 유네스코 후원으로 '플뢰스타드(G. Fløistad)'가 편집한 《(세계)현대철학》의 아시아철학 편에 이기영의 〈한국 불교〉 등과 함께 〈한국유학 성찰〉이라는 제목으로 소개하였음을 덧붙인다.13)

윤사순은 1990년 이래 '유학의 현재성'을 화두로 걸고 고심 중이다. 그 고심은 유학의 '참다운 현대화'란 오늘날 미래 지향적 시각에서 그 사상을 '현실에서 유용하도록 재창조하는 작업'이라고 여기는 데서 말미암는다. 이렇게 현대화된 유학을 그는 '신실학(新實學)'이라고 일컫고 있다. 신실학이란 미래 지향적 성격을 띤 유학의 '현대적(現代的) 변용(變容)'을 가리킨다. 그의 〈신실학의 지평〉14)을 비롯하여, 〈유학 윤리사상의 현대적 변환에 대한 한 구상〉15)에 이르기까지 8, 9편의 논문들이 모두 그러한 성격을 띠고 있다. 그의 '신실학 운동'은 아직 국내에서는 별 반응이 없는 것과 달리, 오히려 중국의 유학계에서 반응이 일고 있음은 주목할 만한 일이다. 2011년 중국실학회(中國實學會)는 연차 발표회의 주제로 '신실학의 형성'에 대한 것을 정하고서 그를 초청하였는데,16) 그의 신실학에 관한 논문들은 일찍이 1990년대부터 중국학계에 알려졌던 것이다.17) 그러나 그의 신실학은 아직 형성 과

이후의 논문들, 특히 이 관계의 논문을 《실학의 철학적 특성》(나남출판사, 2008)에 집성하여 발표했다.

13) Youn, Sa-soon, "Korean Confucianism Reconsidered," *Contemporary Philosophy* vol.7 (Asian Phil.) edited by G. Fløistad. Kluwer Academic Publishers, 1993.

14) 《퇴계학보》 68집, 1990 및 중문으로 《孔子研究》 32, 中國孔子基金會, 1993.

15) 《국학연구》 18집, 한국국학진흥원, 2011.

16) 윤사순은 위 논문 〈유학 윤리사상의 현대적 변환에 대한 한 구상〉만 중국어로 번역하여 제출하고 일신상의 문제로 참석하지 못했다. 그 논문의 제목에서는 "현대적 변환"을 "新實學的 變換"으로 바꾸어 제출했음을 밝힌다.

정에 있어, 그 체계화된 내용의 완성까지는 시일을 더 요하는 것이라
고 한다.

2. 유교가 지닌 종교성의 가치 계발, 금장태

1) 1980~90년대 단행본의 최대 저술자

금장태(琴章泰, 1943~)의 저술 활동은 아직 끝나지 않았지만, '80~
90년대에 출간한 '한국유학 관계 서적'만도 타인의 추종을 불허하는
정도이다. 온순한 성격에 평소 건강이 좋지 않음에도 그의 학구열은
학계의 존경을 받기에 부족함이 없다. 그는 서울대학교에서 종교학으
로 학문의 기초를 닦은 뒤에 성균관대에서 한국유교를 전공하였다.
1977년 동덕여자대학교 교수였던 그는 성균관대학교 교수(1980~85)
를 거쳐 서울대학교 종교학과 교수로 정년퇴직했다.

금장태는 천주교에 대한 조예와 신앙이 깊기도 하다. 그는 한국유
교를 주로 종교적 시각에서 해명하고 정리하는 경향이 짙다. 윤사순
이 한국유교가 지닌 철학적 특성을 파악하는 데 골몰함과 달리, 그는
'유교가 지닌 종교성의 가치'를 계발하는 데 정력을 쏟아 왔다. 그의
박사학위논문 〈동서교섭과 근대한국사상의 추이에 관한 연구〉(1979)
에서 논한 요지가 바로 한국유교에 끼친 천주교의 영향이다. 이후로
도 그는 실학과 그 집대성자인 정약용의 연구에서도 천주교 및 서구

---

17) 그는 일찍이 중국학계에도 신실학에 대한 논문을 1990년대부터 제출·발표했
    다. 예로 〈新實學的 展望〉, 《孔子硏究》(中國孔子基金會, 1993) 32號와 〈新實
    學與新理念探索〉, 《中國文化硏究》(中國文化硏究會, 1994) 5輯 등이 그러한
    것이다.

문명의 영향을 비중 높게 탐색하는 태도를 보였다.

이러한 그의 한국유교 연구 경향은 그 뒤 차츰 바뀌어 갔다. 한국유교에 대해서도 그 '유교 자체의 특성'을 밝혀내는 데 중점을 두는 연구가 늘었다. 한국종교사상사 저술의 일환으로 낸 《한국유교사상사(韓國儒敎思想史)》(연세대 출판부, 1986), 《한국유교의 이해》(민족문화사, 1989), 《유교사상과 종교문화》(서울대 출판부, 1994)가 그러한 종류에 드는 대표적 저서이다.

2) 한국유학의 종교성과 그 가치의 계발

한국유교에 대한 그의 연구 열정은 단행본만 약 20여 종에 이르는 눈부신 것이다. 한국유교를 시대구분의 가림 없이 실로 종횡무진 조명했고, 지금도 그 작업은 끊임없이 지속되고 있다. 그의 학구적 자세는 한국유교와 한국유학에 대한 집요한 천착에서 일종의 종교적 사명의식을 느끼게 한다. '94년에 비교적 객관성을 띠고 간략하게 서술한 《한국유학사의 이해》(민족문화사)를 낸 이후, 그는 《조선전기의 유학사상》(서울대 출판부, 1997)과 《조선후기의 유학사상》(서울대 출판부, 1999)을 발표, 학계에 조선시대 유학의 통사적 이해에 기여했다. 이것은 저자가 조선시대 유학자들의 사상에 대하여 연구해 온 업적을 일괄하여 시기별로 자리매김한 저서이다.

이에 견주어 학자별 또는 분야별로 연구한 그의 저술도 허다하다. 일찍이 후기 실학에 눈길을 던진 금장태는 《한국실학사상연구》(집문당, 1987)를 통해 실학 전반에 대한 자신의 연구에서 얻은 지식들을 학계의 성과까지 고려하면서 정리하였다. 실학의 집대성자인 정약용에 대한 탐구에도 그는 집중하는 모습을 보여, 《다산 정약용》(성균관대 출판부, 1999), 《다산실학탐구》(소학사, 2001)를 잇달아 출간했다. 성리학자 가운데 이황 및 그 학맥의 고찰에서 이룬 그의 성과가 《퇴계의 삶과 철학》(서울대 출판부, 1998), 《퇴계학파와 이(理)철학의 전개》(서울대 출판부, 2000), 《퇴계학파의 사상Ⅰ, Ⅱ》(집문당, 1996·2001) 등이다.

이 연구물의 공통된 특징은 비교적 단순하고도 역사적 사실의 고찰에 치중하는 연구 경향이 주류를 이루는 것이라 하겠다. 그의 《화서학파의 철학과 시대의식》(태학사, 2001)은 위정척사파에 드는 화서 이항로의 학맥에 나타난 조선 말기 성리학자들의 '시대적 대응'을 알 수 있도록 소개한 그의 업적이다.

금장태는 《한국유학사의 이해》와 《한국유교사상사》에서 그 주제에 접근하려는 자신의 관심을 토로한 다음, 이것들을 살피는 자신의 의도를 각각 아래와 같이 밝혔다.

> "따라서 성리설이 어떻게 정치적, 역사적, 신념적 상황과 연결되었는지에 관심을 기울이고자 하며, 도학과 실학에 나타난 유교의 종교적 신념을 비롯하여, 근대에서 유교의 종교적 개혁사상을 주목하고자 한다."

> "이는 삼국시대로부터 한말 일제하까지 각 시대에서 유교사상의 문제를 종교적 성격과 관련 속에서 해명하고자 한 데 특징이 있다. 곧 유교의 의례와 제도, 타종교와의 관계, 유교의 신념적 근거, 유교의 종교적 개혁운동의 문제들을 유교사의 중요한 성격이요, 동력으로 확인하고자 한 것이다."

그는 '한국유학'과 '한국유교'를 살피는 작업들을 각각 구별하고 그것들을 살피는 목적들도 각기 다름을 주장했다. 한국유학을 살피는 경우는 '성리설과 도학'이 지닌 정치와 역사와 종교적 신념 및 종교적 개혁과의 관계를 구명해 내는 작업을 목적으로 설정했다. 그리고 한국유교를 살필 때는 '유교사상'에서 유교의 자체 성격을 비롯하여, 유교의 의례와 제도와 다른 종교와의 관계 속에서 '한국유교사의 동력'에 대한 파악 또한 그 목적으로 설정했다. 그에게서 한국유학은 성리학 또는 도학이 중심이 되는 데 견주어, 한국유교는 유교 자체의 종교적 성격이 그 핵심의 위치에 있다. 그런데 이때 주의해야 할 것은 그가 한국유학을 오로지 학문의 대상으로만 다루지 않고, 그것도 종교적 성격을 지니고 있는 대상으로 삼고 있다는 점이다. 그리하여 두 측면에서 찾아지는 종교성이 어떻게 한국의 종교적 개혁 운동과 관련되며 유교사(儒敎史) 전체 흐름의 동력으로 어떻게 영향을 끼쳤는지를 구명하려 했다.

금장태의 이 의도들이 얼마나 성공적으로 구명되고 파악되었는지 나로서는 아직 명확하게 이해되지 않는다. 이 문장만으로 보면, 그는 특히 한국유교사의 '핵심적 동력'을 유교 개혁 운동의 문제들이라고 한 것 같은데, 그렇게 이해하면 그 핵심적 동력에 대한 이해가 무엇인지 더욱 확인하기 어렵게 된다. 지금도 연구를 멈추지 않고 있는 금장태이므로, 앞으로 계속될 그의 연구물을 더 기다릴 수밖에 없다. 그러나 지금까지 이룩한 그의 업적만으로도, 그는 한국유교에 잠재된 '종교성'을 밝혀냈고, '그 가치'를 상당히 계발한 점은 한국 유학계에 바친 그의 독특한 공헌임에 틀림없다.18)

---

18) 이상은 윤사순·이광래, 《우리 사상 100년》(현암사, 2001)의 해당 부분을 참고했음을 밝힌다.

제50장 한국유학의 주요 특수성에 대한 총괄적 정리

1. 한국인의 주체성 확립에 기여

　이제 앞에서 살핀 한국유학의 흐름에서 한국유학만이 지닌 '특수성 (特殊性)'을 짚어 보아야 할 단계에 이르렀다. 한국유학의 흐름에서 이루어진 한국유학의 특수성을 찾는 것을 이 고찰의 목표로 하였음을 떠올리면, 고대로부터 현대의 한국유학까지 살핀 지금 해야 할 과제는 그것을 밝히는 외에 다른 무엇일 수 없다. 한국유학의 특수성은 사실상 지금까지 살피던 가운데서 이미 '독특하다'고 지적된 '특수 현상'과 '특수 사상'에 해당한다. 그것들을 하나씩 돌아보기로 한다.

　한국유학의 '특수 현상'들을 먼저 밝히면, 크게 다음 세 가지이다. ① 유학이 전입된 뒤 수용까지의 기간이 매우 길었던 점, ② 12세기 전후에 초기 성리학이 한국에서도 발흥한 사실, ③ 16세기에 그 시기의 대표적 학자들이 천명(天命)의 연구를 집중적으로 진행한 현상 등이 그런 것이다. 이것들이 모두 한국유학에서만 볼 수 있는 특수한 현상이라는 점을 나는 본론에서 충분히 설명했다. 그러나 이것들은 사상의 측면에서 중국유학을 넘어서는 내용을 담은 것이 아니다. 그런 만큼 이것들이 지닌 함의의 비중은 특수 사상들의 비중에 미치지 못한다. 따라서 이것들을 여기서는 다시 논하지 않겠다.

그 다음, 한국유학의 '특수 사상'으로 여길 만한 것은 대략 12가지이다. 이제 그것들을 하나씩 떠올려 가며 자세히 성찰하기로 한다.

그러나 여기 하나의 문제가 있다. 그 문제란 유학이 처음 도입되었을 무렵, 유학 가운데 한국의 자생한 '본유사상과 비슷한 사상'만은 독특한 점이 드러나지 않았으리라는 데 있다. 구체적인 예로, 통치자 중심의 중앙집권적 국가 성립에 작용한 '충성(忠誠)'이라든가, 도덕의 발전에 기여한 '염치(廉恥) 또는 겸양(謙讓)'을 바탕으로 한 예절의식 등이 모두 그러한 종류에 든다. 따라서 유학과 유사성을 많이 지닌 자생적 사상에 끼친 영향일수록 그 영향의 농도가 분명할 수 없다. 더욱 이 문제는 이런 종류의 사상이 인의(仁義) 등과 같은 '유학의 핵심 사상'에 해당하는 데 있다. 핵심 사상인 만큼, 이런 것들을 성찰에서 제외할 수도 없다. 이에 나는 가능한 한 명시적으로 파악할 수 있는 자료를 통하여 이를 살피도록 하고, 분명하지 않은 것은 명시적인 자료를 유추하여 추정하는 방법을 이용할 것이다.

유학의 영향을, 특히 명문화된 가시적 근거를 바탕으로 하여 찾을 때, 그 도입 초기에 해당하는 사례로서는 삼국시대 '태학(太學)의 교육'을 들 수 있다. 태학에서는 《논어》, 《효경》, 《삼사(三史)》, 《춘추(春秋)》 등을 주로 가르쳤다. 《논어》와 《효경》은 일종의 필독서처럼 여겼고, 《삼사》의 비중이 그 뒤를 차지했다. 이런 서적들을 교재로 택한 사실은 적어도 '관료층의 지식인'들이 이 서적들에 담긴 내용의 '중요성을 인지'했기 때문이었을 것이다. 이렇게 볼 때, 이 교재들의 영향은 대체로 '도입 초기에 한국인들에 끼친 유학의 영향'을 대표한다고 할 수 있다.

이 가운데《논어》와《효경》에 대한 논의를 다음 절로 미루고,《삼사》,《춘추》 등을 먼저 성찰하겠다. 이미 본문에서 지적한 대로《사기(史記)》,《한서(漢書)》,《후한서(後漢書)》로 이루어진《삼사(三史)》와《춘추(春秋)》가 모두 중국의 역사서임은 더할 나위 없다. 그런데 이것들을 익힐 무렵, 한국의 삼국에서도 조금씩 시차(時差)는 있지만, 각기 자기 나라의 역사서가 나왔다. 고구려의《유기(留記)》(100권), 백제의《백제기(百濟記)》·《백제본기(百濟本紀)》, 신라 거칠부(居柒夫)의《국사(國史)》가 그것들이다.

이에 우리는 이 삼국의 역사서가 모두 해당국의 '연원과 통서'를 밝힌 내용임을 들어, 그 '삼국 역사서의 출현'은 곧 (삼국으로 이루어진) '한국인들의 주체의식의 발로'에 다름 아님을 지적했다. 따라서 삼국 역사서의 출현은 유학의 도입 초기 그 영향이 한국인의 '주체성의 공고화(鞏固化)에 기여'했으리라는 추정을 가능케 하는 것이다. 고대 유학이 한국인에 끼친 영향은 이런 데서부터 찾아진다. 유학의 영향과 아울러 한국유학사에 담긴 '하나의 특수성'이 이런 데에 있다고 할 수 있다. 여기서 내가 유학의 영향을 한국인의 '주체성 수립이 아닌 그 공고화'에 도움을 주었다고 한 까닭은 한국인의 '혈족적(血族的) 자아의식(自我意識)'과 같은 민족의식은 이미 단군신앙 등에 의해 이보다 앞서 이루어졌기 때문이다.

한국인들의 '혈족적 자아의식'은 이미 한국사의 초기부터 자생하기 시작하였다. 그 증거가 단군신화(檀君神話)에 깃든 단군신앙이다. 그 신화에 따르면, 한국인들은 하느님인 환인(桓因), 환웅(桓雄)과 연결된 단군(檀君)을 통해 이 땅에 태어난 '천손(天孫)'이라고 믿어 왔다.[1] 중

---

1) 일연(一然)의《三國遺事》, 이승휴(李承休)의《帝王韻紀》등 참조.

국의 요(堯)와 견주어진 '단군을 시조로 신앙하는 천손'이 곧 한국인
이고 한민족(韓民族)이다. 한민족의 정체성은 바로 이런 신앙을 뼈대
로 이루어졌다. 유학이 끼친 어떤 영향이 있다면 그것은 이 정체성의
주체의식을 '더 공고히 한' 사유일 따름이다.

　이런 나의 견해에 반론이 야기될 가능성을 예상할 수 있다. 그 반
론이란 유학에 바탕을 둔 김부식(金富軾, 1075~1151)의 《삼국사기(三
國史記)》가 단군신화나 그 신앙 등을 거론하지 않은 점을 들어, 그것
을 거론한 다른 서적에 견주어 '주체의식의 박약'이라든가 심지어 '사
대(事大)의 성격'을 지닌 혐의를 받기 때문이다.2) 그러나 비합리적,
비유학적 요소를 불신하는 유학의 경향을 주체의식이나 사대의 성격
과 혼동해서는 안 된다. 사대가 정치적으로 주체적 자아를 망각한 성
격을 가리킬 경우가 있을지 모르나, 유학에 바탕을 둔 《삼국사기》는
중국과 분별된 '한국으로서 삼국의 국가의식'을 분명히 견지한 역사
서이다. 그런 만큼 그 서적에도 '주체성만은 엄연히 존립'하는 것이다.
다만 주체성 다음으로 갖추어야 했던 〔북진(北進) 등에 의한〕'민족
흥성의 사관(史觀)'이 비교적 빈약한 소극성만은 인정해야 할 것 같다.

　이러한 약점이 같은 유학자이지만 실학인 안정복(安鼎福, 順菴,
1712~1791)의 《동사강목(東史綱目)》에서는 나타나지 않음을 미루어
보아도, 김부식의 민족 흥성사관의 빈약함은 잘 알 수 있다. 같은 유
학자들의 작품인 《조선왕조실록(朝鮮王朝實錄)》은, (유네스코가 세계
적인 문화유산으로 인정하였듯이) 세계에서 그 유례를 찾기 어려운
'한국인의 역사를 통한 주체의식'의 보고와 같은 기록물임을 지적할
수 있다. 이런 점들을 종합하면, 유학이 한국인에게 역사의식에 투철
하도록 함으로써 한국인의 '주체성을 공고히 하는 데 기여'했음을 알

---

2) 신채호(申采浩) 같은 민족주의 사학자가 이런 비판을 하는 대표적 학자임.

수 있다. 한국유학이 한국사상의 일부인 근거는 이런 데에도 있음을
깨닫게 된다. 한국인이면 한국사를 잘 알아야 하는 까닭 또한 이런 맥
락에 있다.

2. 인의 실현에 의한 가족윤리와 이상정치의 추구

유학의 근본원리가 공자의 인(仁)임은 더할 나위 없다. 이에 버금
가는 기본 원리를 맹자에 따라 더할 때, 의(義), 예(禮), 지(智)가 그
뒤를 잇는다. 유학의 기본적 가치도 이 인, 의, 예, 지라는 기본 원리
가 지닌 특성에 해당한다. 다시 말해 유학의 기본적 가치도 이것들의
구현으로 드러나는 것이다. 다만 이 가운데 지(智)는 인, 의, 예의 구
현을 원활하게 하는 지혜인 '수단에 해당'할 경우가 많다. 이런 점에
서 지의 독자성은 다른 원리의 독자성보다 덜하다. 이 점을 감안하면,
인, 의, 예가 유학의 독특한 원리라 할 수 있다. 유학의 구체적 특성은
이것들을 얼마나 바르게 그리고 얼마나 적극적으로 구현하려 했는지
를 알아볼 때 밝혀지게 마련이다. 한국유학의 특수성에 대한 구명도
한국유학사에서 이루어진 이 '세 원리의 구현 양상'에 대한 검토 작업
에 의해 밝혀지는 것이다. 이에 우리는 한국유학사에서 이 가치들이
어느 정도로 독특하게 구현되었는지 알아보아야 한다.

먼저 '인'의 경우부터 성찰하기로 한다. 역사상 한국유학에서 인의
원리를 학문적으로 처음 습득하기 시작한 것은 '삼국시대의 태학 교
육'이었다. 태학에서는 《논어》를 필수 교재처럼 익혔음을 우리는 앞
서 살폈다. 실제로 인은 《논어》에 담긴 공자의 '핵심 원리이고 핵심
사상[一以貫之의 一]'으로 인정되는 것이다. 공자에 따르면, 인(仁)은
"사람을 사랑하는 것[愛人]"인데, "나를 미루어 남을 대하는[推己及人]

방법인 서(恕)의 방법으로 실현되고",3) 가정에서는 "효[孝悌]로 실현된다."4) 효의 실현을 구체적으로 밝힌 서적이 《효경》이다.

효로 인을 실현한다는 사고는 바로 고대 혈연사회에 적합한 '가족윤리(家族倫理)의 이론'과 연결된 것이다. 효는 혈연사회에다가 농경을 주업으로 하던 환경에서 이루어지던 '가부장(家父長)적 사회의 질서'를 수립하는 데 딱 들어맞는 원리였기 때문이다. 공자의 유학이 고대[春秋時代]에 다른 사상들보다 더 우월성을 가지게 되었던 사실도 가족윤리 성격을 지닌 이 효의 가치에 말미암았던 것이다. 삼국시대 유학을 상징하는 태학교육에서 《논어》와 함께 《효경》을 중시한 데에도 바로 가족윤리의 유용성을 간파한 사고가 작용했다고 판단된다.

불교가 단연 우위를 점하였던 고려시대(918~1392)에도 《효경》은 《은중경(恩重經)》과 더불어 중요시되고 효행이 장려되었다. 그러나 효와 《효경》이 최고로 강조되고 철저히 권장되기는 성리학이 통치원리로 된 조선시대(1392~1910)의 일이었다. 《효경》을 비롯하여 《삼강행실도》, 《오륜도》, 《가례》, 《소학》 등이 일반 가정에 전파된 상태에서, 효행은 《향약》 속에서까지 향촌 단위의 지방자치 성격으로 적극 추장(推奬)되었다. '효자'·'효녀'·'효부'가 '열녀'·'충신'과 같은 차원의 대열에서 빛을 보면서, 지극한 효행은 가문(家門)과 심지어 향촌(鄕村)의 명성을 드날리는 요인으로도 되었다. 효제(孝悌)를 중심으로 한 '한국의 가족윤리'가 철저히 시행된 수준은 어느 나라도 따르지 못할 정도였다. 조선시대의 효에 의한 '인(仁)의 구현'은 인간의 역량의 극한에까지 이른 상태였다고 해도 지나침이 없다.

---

3) 서(恕)란 "己所不欲, 勿施於人" 또는 "己欲立而立人, 己欲達而達人" 하는 식으로 '내 마음을 미루어 남을 대하는 것'이다.

4) 공자는 "孝悌也者 其爲仁之本與也"라고 했다.

인(仁)의 실현 방법인 '서(恕)의 구현'은 《대학》에 보이듯 '혈구의 방법〔絜矩之道〕'이라고도 하는데, 이것은 인을 정치적으로 구현할 때 적용하는 표현이다. 국민을 '벌거숭이 어린이〔赤子〕' 대하듯 사랑하라는 애민(愛民)의 실천으로서 '인정설(仁政說)'을 펼 때 이 용어를 사용한다. 요컨대 '사람 사랑〔愛人〕 의미의 인'은 정치의 측면으로도 실현해야 하는데, 실제 그렇게 할 때가 바로 인정(仁政)으로서 공자가 제시한 '덕치, 예치'와 맹자가 풀이한 왕도정치(王道政治)라고 불리는 정치이다.

이 '인정'은 국민에 대한 봉사를 전제하는 만큼, 왕 자신을 위하는 정치가 아니다. 인정을 지향할 때 '왕의 덕 쌓기로서 수양'을 필수로 여기는 까닭도 그 자신이 아닌 국민을 위해야 하는 임무 때문이다. "국민이 가장 귀하고, 국가는 그 다음이고 왕은 가장 가벼운 존재라〔民爲貴, 社稷次之, 君爲輕〕"는 맹자의 주장은 곧 유학의 정설화된 사상이다. 애민과 위민(爲民)의 요건은 인정을 자연적으로 '민본사상(民本思想)'으로 되게 하는 요건이다. 유학의 위민·민본사상은 이렇게 '인정인 애민의 뿌리'에서 나온 줄기이다.

한국에서는 삼국시대 이후 인정의 실현을 줄곧 추구해 왔음을 보았다. 고구려, 신라의 왕들부터가 스스로 인정을 언급하면서 실천하려 했고, 실천에 반하는 왕은 축출까지 당했다. 인정의 실현 문제는 왕건(王建)을 비롯한 고려시대의 임금들이나, 조선시대의 임금들도 다 마찬가지였다. 유학의 이상적 정치를 위해 개혁에 앞장을 섰던 학자들, 정도전(鄭道傳), 조광조(趙光祖), 이이(李珥)라든가, 유형원(柳馨遠), 이익(李瀷), 정약용(丁若鏞) 등 어느 누구도 위민·민본의 '인정을 희구'하지 않은 학자가 없었다.

이 가운데 특히 조광조는 인정(仁政)을 그 나름으로 "지극한 정치, 지치(至治)"로 나타내고서, 그 실현을 위해 '유신(維新, 咸與維新)'의 구호 아래 온갖 적폐(積弊)를 개혁하다가 정적들〔勳舊派〕의 모함을 받게 되었다. 그에 대한 모함은 마침내 그와 그를 따르던 선비들〔士林〕 다수에게 사형과 유배 및 관작 박탈이라는 기묘사화(己卯士禍)를 안겼다. 그 결과 그 시기의 사림은 인정의 구현을 위해 목숨까지 바친 것이 되었다. 이 또한 한국유학사에서 인정의 실현을 위해 이룬 '특수현상'으로서, 인정의 실현 맥락에서 이룬 '한국유학의 독특한 현상'에 해당한다.

한국에서 인정의 실현 문제에서는 특히 왕의 독선·독재를 예방하도록 설치되었던 제도를 먼저 꼽아야 한다. 조선시대의 '삼사(三司)와 경연(經筵)'이 그것이다. 홍문관(弘文館), 사간원(司諫院), 사헌부(司憲府)로 구성된 삼사는 주로 왕에게 충고 형식의 '직간(直諫)을 담당'하던 부서이다. 이런 부서 출신 외에 별도로 임명된 경연관(經筵官)은 왕의 덕 닦기(수양)를 위한 심성 교육 그리고 역사와 인정에 대한 교육을 담당하던 관료였다. 조선시대는 왕의 일정한 정책은 이 관료들 이른바 언관(言官)의 '충언과 직간'을 사실상 거쳐야 했던 제도가 작동했다. 이로 말미암아 왕이 위민·민본의 인정을 실천하지 않을 수 없었던 시대가 조선시대였다. 이런 것은 중국이나 일본에서는 볼 수 없던 제도였고, 따라서 인정 실현을 위한 한국유학의 특수한 산물이다.

이런 데다가 관료 후보이며 실제 관료로 등용되었던 선비〔士人〕들은 재야에서라도 '충언과 직간'을 해야 "나라의 으뜸가는 기운〔國之元氣〕"이라는 '선비의 임무'를 다하는 것으로 알고 실천하기를 주저치 않았다. 조광조 등의 사화(士禍)는 바로 이런 선비정신의 발로로 말미암은 것이다. 목숨까지 걸고 하는 선비들의 충언·직간은 왕으로서도 결코 외면하거나 무시할 수가 없었다. 선비들은 그 충언·직간의 통로인 '언로(言路)의 개방'을 강조하면서, 민의로 이루어진 '공론(公論)'을 전달하던 '민의의 대변자'였고, 실질적인 '공론 형성의 주체'로서, 인정 구현을 위해 왕과 정치를 함께한 '공치자'였다. 조선에서 인정은 실제적으로는 이렇게 '왕과 신하인 선비의 공치(共治)'를 이루었다. 인의 가치를 이렇게 열정적으로 구현한 점이 바로 '한국유학이 지닌 특수성'의 한 사례이다.

한국 유학자들이 인정의 구현을 위해 진력한 것은 조선 후기에 더욱 구체화되었다. 박지원이 양반들의 허구적 위선의 탈을 고발하면서, 그 양반네들보다 똥을 치우며 사는 상민인 예덕(穢德)을 존숭한 소설이 그 한 예이다. 이 북학파에 속한 후기 탈성리학적 실학들이 정덕(正德)의 수양 이상으로 '민중의 후생(厚生)'의 중요성을 강조한 것도 같은 사례이다. 이들에 앞서 유형원, 이익 같은 후기 실학자들이 신분 차별로서 노비제(奴婢制)의 철폐를 역설한 사실이야말로 인정 구현의 대표적 사례이다.

인정 구현으로 구체화했던 인(仁) 사상이 지닌 의의는 오늘날에도 과소평가할 것이 아니다. 이 사상은 '인존(人尊)사상'으로 구체화되어 인간을 인간답게 '자율의 삶'을 살아가도록 하는 인권(人權)의 시각에서 자유(自由) 이념과 통하고, 인간 차별을 하지 않고 기회의 '균등과 공정'을 기해야 하는 민권(民權)의 시각에서 평등(平等)의 이념과도 통하는 것이다. 따라서 인을 바탕으로 한 한국유학의 인존사상은 현대사상으로도 얼마든지 활용될 수 있는 사상이다. 한국유학에 풍부하게 깃든 인 사상, 곧 인존주의적 휴머니즘은 오늘날 '인간성을 속박하는 요인들'을 제거하는 데 '하나의 저력'으로 이용될 수 있는 사상임에 틀림없다.

3. 의에 의한 국가와 국민 호위

한국유학에서 '의(義)의 가치'가 어떻게 구현되었는지 알아보자. 의(義)의 본래 의미는 '당연(當然)'이다. 마땅하여 올바른 '정당(正當)'이 또한 의의 의미이기도 하다. 이런 의의 쓰임새는 주로 군왕에 대한 신하의 충성에 적용하던 것이 가장 흔한 사례이다. 삼국시대 태학에서 《효경》과 짝하여 《논어》가 필독서처럼 중요시되었지만, 그 시대의 환경으로 미루어 보면 《논어》가 반드시 공자의 '인의 구현'만을 위해서 필독서로 되었다고 단언할 수는 없다. 그 이유는 《논어》에는 공자의 가르침인 "신하란 군왕을 충성으로 섬겨야 한다[事君以忠]"는 '의'를 가르친 내용이 있기 때문이다.

그 시대 왕에 대한 '충성'을 당연한 의로 가르치면, 어떤 결과를 가져오게 되었을까? 당시의 국가는 혈연사회에서 자생한 씨족국가(氏族國家) 또는 부족국가(部族國家) 성격을 띠었다. 그런 만큼 왕에 대한 충성은 그 국가의 성격을 씨족 또는 부족과 상관없이 '왕권만을 강화'하는 요인으로 작용하게 마련이다. 이렇게 되면, 그 충성의 결과는 부족 집단의 형태를 '왕권 중심의 중앙집권제'로 이행시키는 효과를 거두게 될 것이다. 이 왕권 중심의 중앙집권제를 형성하는 것이 바로 왕에 대한 충성인 '의의 구현'이 이룬 결과이다. 삼국시대 《논어》교육에는 이런 효과를 겨냥한 의도 또한 함께 작용했다고 이해해야 한다.

왕에 바치는 충성의 개념은 시대가 내려올수록 왕조(王朝) 및 왕통(王統)에 바치는 충성으로 확대 구사되었다. 이성계(李成桂) 등의 역성혁명으로 조선조가 성립될 무렵, 정몽주(鄭夢周) 같은 '고려의 충신'이 목숨을 잃은 사건이라든가, 고려 왕조에 충성하던 충신 72인이 고려 패망 후 이성계의 통치를 피하여 두문동(杜門洞)에 은거하였다가 이성계의 아들 이방원(李芳遠) 등에게 몰살당한 사건이 바로 왕조에 바친 충성의 사례이다. 15세기 이방원의 왕위 찬탈에 저항하다가 실패한 '사육신(死六臣)·생육신(生六臣)들'의 희생이라든가, 그 왕의 찬탈의 부당한 사실을 사초(史草)에 '조의제문(弔義帝文) 형식'으로 고발하려다가 발각되어 무오사화(戊午士禍)의 제물로 된 사건들도 모두 왕통을 바로잡기 위해 목숨을 바친 의로운 충성의 사례들이다. 이 무렵부터 생긴 이른바 '절의파(節義派)의 정신'이 조선 선비들이 보이기 시작한 구체적 '의행(義行)'이다.

한국에서 행한 '의행'으로 대표적인 것은 외족의 침략에 맞서 목숨을 걸고 싸운 '의병(義兵)의 활동'이다. 한국 역사 이래 크고 작은 외족의 침입이 수백 차례에 이른다고 하는데, 그 가운데 조선시대의 외족 침입으로는 일인(日人)들의 '임진왜란(1592~98)'과 '일제의 조선 강점(1910)'이 한국인들에게 가장 큰 타격을 입힌 것이다. 이 침략들에 대한 한국인들의 민중적 저항과 투쟁은 그때마다 매우 격렬했다. 일반인 신분이던 재야의 선비들이 이 국란을 당해 자진하여 '의병으로 궐기'하였던 용기와 기개가 한국을 지금까지 지탱해 온 저력이었다. 애국·애족의식으로 통하는 의병 활동이 사실상 '위란을 극복'하고 한국의 역사를 이어온 '원동력'이었다고 해도 지나침이 없다. 이로써 한국유학사에 끼친 '의(義)의 구현'이 얼마나 값진 것이었는지 절로 밝혀진다. 한국유학이 지닌 '특수성'은 바로 이렇게 '의병들에 의한 의의 구현'에서도 분명히 확인된다.

의를 원리화한 용어인 '의리(義理)'를 실천적 성리학인 도학(道學)에서 즐겨 사용하였음을 보았다. 성리학자들이 의리를 중요시한 배후에는 이런 '의(義)가 지닌 충절', '국가와 민족을 지키던 기개'에 말미암은 바가 크다.5) 과거의 선비들은 모든 국면에서 의가 뜻하는 정당

---

5) 그러나 때때로 당연의 의미를 상실한 채, 사사로운 이기적 욕구나 정감에 이

성을 따랐기 때문에, 그들의 '올곧은 행위'의 태도가 돋보였다. 학(鶴)과 같은 고귀한 청백리(淸白吏), 대쪽 같은 지사(志士), 불같은 충절의 의병장 등이 모두 의의 가치를 몸소 구현한 모습들에 다름 아니다. 이 나라와 이 민족을 지켜온 원동력이 바로 한국 유학자들이 실천한 의의 힘이었던 것이다. 오늘날에도 이런 선비정신이 아쉬움은 더할 나위 없다.

4. 예에 의한 고급문화 형성

의(義)와 밀접히 관련되는 것이 예(禮)이다. 이 둘은 다 당연의 뜻을 지니기 때문이다. 이런 점에서 사실 《예기》에서는 "예란 곧 의의 알맹이라[禮者義之實也]"고 했다. 의나 의리(義理)가 예의(禮義)와 엇비슷하게 쓰인 쓰임새를 이로써 알 수 있게 된다. 이쯤에서 성찰의 대상을 아예 '예 개념의 구현'에로 넘기기로 하자.

예(禮)가 삼례(三禮, 《禮記》·《周禮》·《儀禮》)에 담긴 도덕, 제도, 법 등의 복합적 의미를 지녔음은 여러 차례 밝혔다. 이 의미들 가운데 도덕 의미가 가장 대표적일 따름이다. 예가 지닌 제도로서의 의미는 특히 고려와 조선 정부[朝廷]의 '육조(六曹) 중심의 구조'로 잘 드러났다. 의례의 측면은 '궁중례인 오례(五禮)'에서 그 실례를 찾을 수 있다. 예를 대표하는 도덕의 의미는 바로 '예절(禮節) 일반'이지 다른 것이 아니다.

예절의 예가 한국에서 흥성한 시대는 특히 12세기 무렵부터였다.

끌린 데로 이 의리 용어를 오용하였던 경우가 있었다. 그런 사례는 물론 예외에 속하는 것이다.

국조오례의(國朝五禮儀)가 정해지던 그때, 예의 강조는 양반 지배층에서는 중국의 수준을 앞서는 정도였던 듯하다. 12세기의 김구(金坵)는 "삼천리 전체가 예의 강토라"고 밝혔고, 서긍(徐兢) 같은 중국인도 고려를 "예의의 나라[禮義之邦]"라고 하였음이 이런 추측의 근거이다. 불교가 국교로서 사상계를 주름잡던 시대에 '예 실천'이 이러했음을 감안하면, 성리학 시대인 조선조에서 그것이 어느 정도였을지는 더 말할 나위가 없다.

벌써 14세기[麗末]부터 이색(李穡), 정몽주(鄭夢周) 등은 불교식 예법을 청산하고 성리학적 예법 시행의 시대를 열었다. 그들은 관혼상제(冠婚喪祭)를 오로지 《가례(家禮)》대로 실행했다. 이에 부가된 《삼강행실도》, 《오륜도》, 《소학》 등의 전파와 '향약(鄉約)'에 의한 지방자치 성격의 그 시행에 힘입어, 16세기에는 《가례》 정도의 준행은 거의 완전히 토착화된 상태였다.

그 《가례》 이상의 투철한 예 중요시로 말미암아, 17세기에는 마침내 '예학시대(禮學時代)'가 열렸고, 두 차례 복상(服喪) 문제를 둘러싼 '당쟁 성격의 예송(禮訟)'을 일으키게 되었다. 이 시기 예는 일반인의 일상적 준행의 규범·범주를 넘어, '예치(禮治)의 필수적 도구'로서 절대시된 가치로 격상되었다. 예 절대시, 예에 대한 신앙 차원의 사조가 이루어짐으로써 예의 구현은 최고조에 이르렀다. 17세기의 이런 현상을 이룬 원인은 물론 성리학으로 닦은 '명분 중요시의 합리적 사고'가 드높았기 때문일 것이다. 그 합리적 사고가 투영된 '예송 현상'은 그 시대 어느 나라의 정치보다 세련된 수준 높은 정치였다고 할 수 있다. 따라서 이는 한국유학사에서만 볼 수 있는 독특한 현상이다. 한국유학이 지닌 '또 하나의 특수성'이 바로 여기에도 있음을 깨닫게 된다.

위와 같은 사실들을 종합하면, 결국 '인(仁), 의(義), 예(禮)의 구현'이 한국유학에서는 모두 '독특한 형태'로 '철저하게 이루어졌음'을 알 수 있다. 이 원리들이 지닌 '가치적 특성'을 참작하면, 한국에서 유학의 기본 원리들이 철저하게 구현된 사실은 결국 한국유학이 한국문화를 '고급화'하는 데 지극하게 공헌했음을 의미하는 것에 다름 아니다. 그 원리들의 가치 구현은 '한국문화의 내실화'를 다진 의의를 지닌다. 한국유학이 한국의 고급문화 형성에 크게 기여했음은 또한 한국유학이 '한국사상'의 하나로 기능했음을 가리킨다.

여기서 우리는 한국유학이 쇠퇴한 이후 한국 사회의 현재적 실상을 반성하지 않을 수 없다. 당연의 의미를 따라 정당한 행위만을 하려고 했던 한국의 선비들의 '의행(義行)' 및 '예행(禮行)'의 실천 정신은 오늘날 너무 찾아보기 어렵게 되었기 때문이다. 의 또는 의리의 원칙에 따라 정당하고 합당한 길만을 가려던 사고는 바로 '정의로운 삶'을 살려는 사고이다. 정의로운 행위로써 사회질서를 수립하고 자기 자신의 삶을 가치 있게 하려던 것이다. 예 또한 사회질서를 관습 속에서 자연스럽게 수립하게 하는 도덕적 가치 체계이자, 각자 개인의 인격을 품위 있게 고양시키던 요인이다.

오늘날 인과 의와 예에 무관심한 현상은 이 원리들이 지닌 이런 값진 기능에 대한 망각이거나 무지에 말미암았을 것이다. 오늘의 무질서와 무자각적 자기 상실에는 시대 환경의 영향도 없지 않지만, 전통사상이라 하면 으레 낡고 쓸모없는 것이라는 빗나간 사고와 억견이 더 큰 원인으로 작용하였다고 여겨진다. 오늘의 이러한 현상은 바로 한국유학이 이루어 놓은 우리 자신의 고급문화를 까맣게 잊고서 스스로 '저급한 속물화(俗物化)'의 나락으로 떨어진 형국인 것을 하루 속히 깨우쳐야 한다.

5. 권선징악의 합리화에 담긴 창발적 성격

유학의 윤리는 본원유학 이래 성선설에 입각하여 선한 본성인 명덕(明德)의 발현을 강조하던가, 아니면 성악설에 입각하여 이기적 욕구(邪慾)를 제어하며 예와 같은 규범의 준수를 강조하는 식으로 이룩되어 왔다. 이런 것이 한국, 중국, 일본을 가리지 않고 어느 유교 문화권에서나 다 공통적으로 적용되어 온 윤리설이다. 그런데 조선 초의 정도전(鄭道傳)이 시도한 윤리설은 이와 성격을 달리하던 것이다. 그는 성리학에 입각하여 불교의 응보설(應報說)에 대항할 윤리설을 구상했다. 그것이 바로 그의 권선징악설(勸善懲惡說) 시각으로 이룩한 '성리학적 응보설'이다. 이는 한국유학, 한국의 성리학에서만 찾을 수 있는 '독특한 이론'으로서 특례에 속하는 이론이다.

돌이켜 보면, 정도전은 성리학의 시대를 열기 위하여 불교를 배척하는 데 누구보다도 열의를 보였다. 그의 《불씨잡변(佛氏雜辨)》이 그런 의지로 이룬 대표적 저술이다. 그는 그 저서를 통하여 불교 승려생활의 폐단을 비롯해, 극락(천당)과 지옥에 대한 신앙, 인연연기설, 윤회설 등을 19개 항목에 걸쳐 비판하고 배척하는 이론을 폈다. 그러던 그가 불교의 인과응보설(因果應報說, 선행에는 길복이 따르고 악행에는 불행과 재앙이 따른다는 이론)만은 완전히 배척해 버릴 수 없음을 깨달았던지, 이것을 배척하는 항목만은 마련하지 않았다.

그도 불교 못지않게 권선징악을 강조하는 처지였으므로, 응보설만은 섣불리 배척할 수 없었을 것이다. 대신 그는 '응보의 사고'만은 인정하되, 그 사고를 성리학설로 대치하려 했다. 일종의 '성리학적 응보설'을 그는 구상하였는데, 그의 《심문천답(心問天答)》의 내용이 바로 이런 것이다. 그가 구상한 내용을 요점만 되짚어 보자.

선행(善行)에 복과 길상이 따르고 악행에 화(禍)와 재앙이 따름은 윤리의 이상(理想)이라고 해야 한다. 그런데 실제 현실에서는 인간의 도덕행위의 결과가 반드시 이 이상대로 되지 않을 뿐만 아니라, 심지어 그 반대로 되는 듯이 보이는 경우마저 있다. 정도전도 이 점을 인정했다. 그가 이 문제를 "마음속으로 하느님인 천(天)에게 물은 것[心問]"도 이렇게 '이상대로 되지 않는 실제 현상' 때문이었을 것이다.

그럼에도 그는 "이것은 하느님도 어쩌지 못하는[天不可] 것"이라고 했다. 하느님도 응보를 보장하겠다는 답을 주지 못한다는 것이 그의 판단이다. '천도 답하지 못할[天不答] 물음'인 줄 알면서, 그는 그 답에 자신이 직접 도전하였던 셈이다. 유학에서 상정한 하느님은 우주 만물을 주재하는 초인적 존재자[主宰者]이지만, 전지전능한 절대자로 간주되지는 않는다. 그가 하느님 능력의 한계를 지적함도 이런 관념에 근거했다고 할 수 있다.

이 문제에 대하여 정도전이 제시한 답은 그 나름의 리기설(理氣說)로 된 이론이다. 리기설의 리와 기 개념만이라도 떠올리자. 모든 법칙, 원리, 원인의 의미를 지닌 '리(理)'는 작위(作爲)가 없으나, 현상 사물의 재질[材料]을 가리키는 '기(氣)'는 끊임없는 작위의 특성을 지녔다. 이런 리와 기로 설명하는 그의 이 문제에 대한 기본 이론은 이렇다. 즉 '기의 작용'이 리가 지닌 '당연의 원리[當然之理]'에 따르는 식으로(즉 그 원리대로) 작용하면, 선한 행위에 길복이 따른다는 것이다. 그런 만큼 선한 행위를 했음에도 실제로 길복이 따르지 않는 (비이상적) 현상은 기의 작용이 리가 지닌 당연의 원리대로 되지 않았기 때문이라고 한다. 그렇다면 선행에 대응하는 응보가 성립되지 않는다는 것인가 반문하게 된다. 그의 견해로 그렇지는 않다는 것이다.

이때 정도전은 '원리로서 리의 완전성'을 암암리에 전제하고 있음을 본다. 그리고 하느님인 '천보다 그 대역인 리'(天卽理이고, 理 또한 主宰者로 상정되었음)가 더 완전한 것이라는 그의 전제적 사고가 주목할 만하다. 그에게는 리의 완전성을 믿는 신념이 (이 문제에) 자리 잡고 있다. 이런 사유에서 문제는 기의 작용이 어떻게 되느냐에 달렸을 따름이다. 따라서 언제이든지 기의 작용이 리의 (당연의) 원리대로만 작용하면, 선행에는 복길(福吉)이 따른다는 것이 그의 사유이다. 여기서 '기 작용의 끊임없음'을 고려하면서 '기다리다'가 보면, 리의 원리대로 될 때가 반드시 온다는 것이 그의 주장이다. 응보가 이상대로 되지 않는 현상은 '일시적·잠정적 현상'에 지나지 않을 뿐, '장기간'에 걸쳐서 보면 응보는 이상적으로 실현되기 마련이라는 것이다. 정도전의 응보설은 이처럼 성리학적으로도 성립한다는 것이고, 이것이 또한 그의 성리학적 응보설의 개요이다.

정도전의 이 이론에도 약점이 없지 않다. 그는 인간의 선행(善行)을 지향하는 인위적 '수양을 강조'하면서 '악(惡)을 범하지 않는 노력'을 논지 전개의 도중에 강조하였는데, 이것은 응보의 결과를 기다리기 전에 '악행을 미리 피하려는 의도'였던 것으로 보인다. 응보의 결과를 '한 없이 기다릴 수 없다'는 그의 이론상의 약점을 자신이 깨달았기 때문에, 이런 수양에 의해 악을 범하지 말아야 함을 강조하는 언설이 나왔다고 짐작된다. 사실 시한 없이 '막연하게 장기간'이라고 함은 무한(無限)일 수도 있다. 그렇다면 행위에 대한 이상적인 '응보란 보장되지 않음'과 다르지 않다. 이것이 그의 이론의 치명적인 약점이다.

더욱이 응보설의 사유 자체는 성리학이나 불교를 가리지 않고 '인과(因果)의 사유'를 전제한 것인데, 그가 이 사유로 된 인연연기설(因緣緣起說)이라든가 윤회설(輪回說)을 부정한 채, 응보만을 합리화하려던 태도가 잘못된 것이다. 인과설 자체를 그가 미리 확립해야 했는데, 그것이 되지 않았던 데에 또 그의 이론의 맹점이 자리한다. 따라서 응보설은 윤리·도덕의 이상적 관점에서 고려한 '하나의 필요조건과 같은 요청(要請)'에 지나지 않는다. 그것은 충분조건이 이루어지지 않는 신기루 같은 이상설일 따름이다.

정도전이 비록 성리학적 응보설의 수립에 실패했을지라도, 그 시대의 성리학자들은 그 리기설의 전제적 규정을 인정하였으므로, 그의 이 이론을 믿었지 불신하여 배척하지 않았다. 그런 점에서 그는 그의 시대에 응보적 시각에서 '권선징악의 목적'을 부분적·잠정적으로나마 성공했던 셈이다.

그리고 그 이론에도 강점 또는 장점이 없지 않다. 권선징악을 신앙을 통하여 불타(佛陀)라든가, 심지어 상제·천에 의지하던 '타력적 방법'에서 벗어나, 사실상 자율적인 응보에 해당할, 인간 '자력적 방법'으로 고안한 점이 그것이다. 자력적인 권선설(勸善說)을 창안한 데에 그의 이론이 높이 평가받을 철학적 함의가 있음은 분명하다. 정도전의 윤리설을 한국유학사에서 발견되는 하나의 '특수 사상'으로 인정하면서, 이것이 지닌 '한국유학의 한 창발적 특징'으로 평가하는 이유도 그의 이론의 장점에 말미암는다. 시각을 바꾸어 하는 논평이지만, 당시 유불교체기라는 전환기에서 이런 이론으로 사상적 전환을 자연스럽게 하려고 했던 그의 지혜가 돋보인다고도 할 수 있다.

6. 사림정치설에 담긴 민주적 공론 지향의 선진성

선비의 우리말 어원은 신채호에 따르면, '선배'로서 그 의미는 지성인을 가리킨다고 한다. 우리의 이 고찰에서 선비는 유학의 '사(士)' 또는 '사인(士人)'을 가리킨다. 유학의 선비는 '유학의 가치들'을 잘 인지하여 몸소 실천하는 이상적 인간상을 뜻한다. 이상적 인간으로 치면 군자(君子)와 같은 덕을 갖춘 인물이라고도 하겠지만, 군자보다는 선비가 더 실천적 행위에 적극성을 띤 인간상이다. 행동하는 지성인 점

에서는 일종의 '의인(義人)다운 지사(志士)'의 특징을 띠는 현인(賢人)
이 선비이다.

한국유학의 흐름에서 '선비의 객관화된 자기규정'은 15세기부터의
일이었다. 조광조가 "선비란 나라의 으뜸가는 기운이라[士者國之元氣
也]"고 한 뒤로, 선비에 대한 정의(定義)가 정착되었다. 선비의 의인다
운 지사적 특징도 이런 정의에 영향 받았다고 할 수 있다. 사육신 등
절의파(節義派) 정신의 토양에서 자라고, 두 차례의 사화들(무오·기묘
사화)을 겪으면서 굳세어진 그 시대의 사기(士氣)가 이상적 정치 지향
의 성향을 띤 '국가에 헌신하는 인간상'을 선비상으로 굳혔다.

이런 선비 관념은 비록 절의 등의 의행(義行)이 아니더라도, 그리고
처사거나 관료거나 신분에 상관없이, 국정을 바르게 이끌도록 반드시
간여할 것을 '선비의 임무'로 여기게 했다. 국정에 대한 방관은 선비
에게 있을 수 없도록 만든 것이 그 무렵의 선비관이다. 조식(曹植) 같
은 재야의 처사(處士)를 자처하던 인물인 산림(山林)이 '기탄없는 상
소'를 왕에게 내던 사례라든가, 외침을 당하자 붓을 던지고 의연히
'의병의 대열에 참여'하길 주저치 않던 그 많은 '선비들의 기개(氣槪)'
는 모두 이런 선비관에서 나온 것임에 틀림없다.

의병의 경우는 특별한 사례로서 뒤에 더 상세히 다루기로 하고, 이
자리에서는 그 선비들의 참정(參政)에 대해서만 좀 더 성찰하겠다. 관
료제도는 왕이 행사할 통치의 효율성을 높이는 수단이지만, 다른 한
편 왕이 전유했던 통치권의 분산에도 해당한다. 마찬가지로 선비들의
참정은 왕의 통치를 돕는 성격과 아울러 왕권의 분권이라고 할 수도
있다. 통치를 놓고 왕권(王權)과 신권(臣權)의 대립적 구조와 성격은
이런 맥락에서 생긴다. 이것들이 비록 대립하지 않는 '합작적 공치(共
治)'라고 하더라도, 그 공치에 담긴 '두 권력의 구조와 성격'은 이렇지
않을 수 없다. 그런 공치가 제왕의 독재를 방지하면서 정치의 발전을

도모하게 된 원인 또한 이런 데에 있다.

조선시대 선비들이 참정을 시도할 때 이용한 통로가 바로 언로(言路)였고, 상소는 가장 대표적이다. 그 좋은 사례가 중종(中宗)의 폐비 신씨(愼氏)의 복위를 둘러싼 순창군수 김정(金淨, 1486~1521)과 담양군수 박상(朴祥, 1474~1530)이 제출한 구언소(求言疏)였다. 그 상소문의 언사가 비록 불온하였더라도 '구언에 응한 상소는 벌하지 않는다'는 것, 그리고 "언로의 열리고 닫힘에 나라의 흥망이 달렸다"는 명분이 결국 (이 상소의 불온한 언사가 가져온) 훈구 세력의 반발을 극복할 수 있었다. 이 경우가 바로 상소를 통한 지방 관리[郡守]의 국정 참여가 기존의 '왕권을 좌우하던 훈구의 세력'을 능가하였던 것이다. 이는 15세기 조광조를 비롯한 기묘명현(己卯名賢) '선비들의 참정의 기개'를 드높인 점에서 획기적인 사건이었다.

상소를 이용하던 언로는 자연적으로 '공론(公論)의 소통'을 내용으로 하였음을 보았다. '언로는 곧 공론의 통로'로서 가치를 지닌 것이었다. 공론은 또한 '민의(民意)의 총화임'을 명분으로 삼았다. 총체적 민의를 명분으로 하던 데에 공론의 진가가 있었고, 그 공론을 전달하던 도구가 또한 언로였다. 이런 점들을 지극히 강조한 학자가 이이(李珥)이다. 그는 공론을 "인심의 다 같이 그렇다고 하는 것[人心之所同然者]"이라고 밝히면서, 국가의 이념에 해당하는 '국시(國是)'마저 공론에 따라 이루어지는 것임을 분명히 했다. 국시마저 결정하는 공론이 '공화(共和)의 성격'을 띠게 됨은 너무도 자연스런 것이다. 이렇게 살핀다면, 이는 오늘날에도 적용될 사상적 가치를 지니는 것이지, 결코 흘러간 전근대 사상에 속한 것이 아니다. 이런 공론관은 그 시대를 넘어선 '선진적 민주화 사상'이고, 따라서 이는 한국유학에 깃든 '특수 사상'임에 틀림없다.

공론을 형성하여 언로를 통해 정치에 참여하던 그 선비들, 곧 '사림'은 결국 왕에 동반된 '정치 주체'의 역할을 하던 무리이다. 이이의 언로관, 공론관, 국시론에 담긴 사상은 한마디로 그 '사림정치론의 구상'이다. 그것은 당시 사림정치를 본격화하게 한 원동력의 성격을 띤 발상이다. 민본 이상의 민주적 성격의 언론 자유를 고사(古事)에 의탁하여 역설하던 이이는 그 사림정치를 실질적인 정치 형태로 그려낸 사상가이다. 16세기는 이런 정치를 지향한 점에서 신권(臣權)이 크게 확장된 시대이고, 이 점에서 왕과 선비들의 '실질적인 공치'가 본격화한 시대이다. 이것은 이미 '인(仁)의 구현으로서의 인정(仁政) 지향'에서 지적한 것이기도 하다.

이렇게 깨어난 사고가 16세기에서 멈추지 않고 '더욱 발전된 사실'을 놓쳐서는 안 된다. 18세기 말, 19세기 초 정약용의 민권(民權) 신장을 기초로 구상된 '통치자 간선론'인 〈탕론(湯論)〉이 나왔기 때문이다. 하지만 그 정약용의 민권 신장을 바탕에 둔 '탕론'은 2세기 정도나 앞서 나온 이이의 사림정치론 같은 사고와 별개의 사상이라 보기 어렵다. 사림에 의한 민주적인 '공론정치'가 밑거름이 되어 줌으로써 이런 발상이 가능했으리라고 추측된다. 이이의 사림정치론에 담긴 '민주적 공론 지향의 사고'가 결국 정약용의 '통치자의 민주적 간선론'으로 이어졌다고 할 수 있다. 이렇게 보면, 한국유학에 담긴 시대를 앞질러 나온 사상들은 모두 한국유학을 이끌어 온 선각들의 의식의 진척에 따른 것이라고 이해된다. 이 또한 한국유학사에서 발견되는 '특수 사상의 좋은 사례들'이라고 하지 않을 수 없다.

7. 16세기 사단칠정론의 윤리적 성격

한국의 유학에는 주제를 놓고 학자들끼리 편지 형식으로 논의한 논변(論辨)이 잦았던 편이다. 작은 것들을 제외하고 큰 논변만 보더라도, 그 편지 형식의 논의는 개인 간에도 몇 년씩 끌었고, 그 주제가 학계로 전파된 뒤로 몇 세기씩이나 끌었다. '사단칠정론(四端七情論)에 대한 논변'이 그 하나이고, '인성물성동이(人性物性同異)에 대한 논변'이 또 그런 것이다. 앞 논변은 이황과 기대승 사이에서 18년을 끌었고, 뒷 논변은 이간과 한원진 사이에서 5년을 넘게 끌었다. 이 두 가지가 학계에 전파되어 '학파를 형성'한 상태로, 학자들 사이에 논구되기는 앞 것이 16~19세기 말까지이고, 뒤 것이 17~19세기 말까지이다. 실로 '줄기찬 사변'에 따라 구사된 이 논변들은 참으로 외국의 유학계에서는 보기 어려운 '한국유학만의 특징'에 속한다.

사단칠정론이란 사단(惻隱·羞惡·辭讓·是非之心)과 칠정(喜怒愛懼哀惡欲)에 대하여 리기(理氣)로 해석한 이론이다. 이 해석의 발단은 정지운(鄭之雲)이 그의 〈천명도(天命圖)〉에 "사단은 리에서 발하고, 칠정은 기에서 발한다[四端發於理, 七情發於氣]"라고 한 데서 비롯되었다. 이것을 이황이 "사단은 리의 발이고, 칠정은 기의 발[四端理之發, 七情氣之發]"이라고 수정했다. 이 수정에 기대승(奇大升)이 그 이유를 묻자, 이황은 "사단의 발은 순수한 리이므로 선하지 않음이 없고, 칠정의 발은 기를 겸하였으므로 선악이 있다[四端之發純善 故無不善, 七情之發兼氣 故有善惡]"고 답했다.

이 해명이 석연치 않음을 느낀 기대승은 이황의 본래 해석부터 문제 삼아 비판을 하자, 이황 또한 정당화하는 변을 내거나 다시 '개정 해석'을 내기도 하는 등 '두 학자 사이의 논변'이 일어났다. 이황의 '개정설'은 "사단은 리가 발함에 기가 (리를) 따르고, 칠정은 기가 발함에 리가 (그 기를) 탄 것이다[四則理發而氣隨之, 七則氣發而理乘之]"라는 명제이다. 이황은 자신의 해석들이 사단칠정의 '의미[所指]'와 '발출유래[所從來]'라는 두 측면에서 내려진 것임을 밝혔다.

기대승은 이황의 해석들에 대하여 특히 의미상의 해석만을 수긍하면서, 발출유래로 낸 데 대한 그의 견해를 분명히 하지 않은 채, 둘 사이의 18년간의 논변을 마감했다.

그 뒤 이이(李珥)가 다시 이황의 해석을 반대하면서, "사단이나 칠정이나 오직 기가 발함에 리가 타는 것일 따름〔氣發理乘一途〕"이라고 주장했다. 이 주장에 성혼(成渾)이 다시 주희의 '인심도심설'에 비추어 이황의 사칠설을 옹호하며 이이와 대립하였다. 마침내 이 논의가 조선 성리학계 전체 논의의 주제처럼 확산되어, 이것을 둘러싸고 '주리파(主理派) 곧 퇴계학파'와 '주기파(主氣派) 곧 율곡학파'로 양분되었으며, 그 대립이 19세기 말까지 계속되었다.

이로써 한국인의 줄기찬 사변력을 확인하게 되지만, 문제를 오랫동안 끌어야 했던 데에는 그럴 만한 원인이 있었다. 그 점을 밝히려면, 이 해석에 적용한 '두 측면'인 사단칠정의 '의미'와 '발출유래'라는 시각에서 논변을 다시 검토해야 한다.

의미의 측면으로 볼 때, 사단은 순수한 선〔純善〕이고 칠정은 선악미정(또는 "본래 선하지만 쉽게 악으로 흐름")인데, 리와 기의 선악적 특성도 각각 그런 만큼 — 리는 선의 원리이자 그 실재성으로 말미암아 선 자체라 함 — 같은 특성끼리를 '발'로 연관 지은 것이다. 이때의 '발(發)' 개념은 '리기로 된 정〔情, 理氣之合〕'의 '미발(未發)·이발(已發)'이라는 (《중용》의) 용법과 같게 사용된 것이다. 이런 해석에는 기대승으로도 이의가 없어, 그도 실제로 수긍하였다.

더욱이 의미상으로 볼 때, 사단은 칠정 가운데 '선으로 작동한 정'만 가려낸 것(비구체적·추상적 정)인 데다, 사단에 대응하는 리는 선〔純善, 所當然〕의 의미만 지닌 (기를 동반하지 않은) 리이다. 이런 점에서 사단의 경우 '리발'이란 '리의 발현(發現)'이지 실제상의 리의 자발(自發)로서 발동·발출이 아니다.

그러나 이황의 해석은 사단칠정의 실제적 발동·발출이라는 유래[所從來] 측면의 해석에서 난관에 봉착한다.6) 리가 자발하는 식의 발동·발출을 한다는 것은 '리는 무작위'라는 본래의 규정에 어긋나게 됨이 그것이다. 이 난관 극복을 위해, 그는 "리와 기에는 서로 발용하는 면이 있다[互有發用]"고 하였다. 이것이 '호발설(互發說)'이라 하는 그의 독창적 이론으로서, 리에 체용관을 적용한 것이다.7) 즉 리의 무작위성은 리의 체의 면이고, 그 용의 면으로는 작위성이 있음을 나타내는 발상이다. 리기 호발설로써 그는 사단에 대한 리의 발동·발출을 합리화하려 했다.

비록 이렇게 사단의 유래적 발동·발출을 합리화했지만, 그렇다고 문제가 다 해결되지는 않았다. 리와 기의 관계에 대한 주희나 이황의 규정으로는 정(情) 같은 것의 실제적인 작위(발용) 현상일 경우, "리와 기는 서로 분리될 수 없다[理氣不可分離]"는 규정이 있기 때문이다. 이는 이황의 "그 발함에서는 또 서로 기다리는 것이어서, … 서로 기다리니 서로 그 가운데 (함께) 있음을 알 수 있다"는 변으로도 분명한 것이다.

여기서 이황은 앞의 의미상의 '위주로 함[所主]'이라는 사유를 '호발의 발용 현상'에도 '이중적으로 적용'시킨다. 그리하여 그의 개정 해석에 대한 자신의 설명을 아래와 했다. 즉 "무릇 '리가 발함에 기가 따른다[理發而氣隨之]'고 함은 리를 위주로(所主) 말할 수 있음일 뿐, 기 밖의 리를 말함이 아니니, 사단이 이것이다. '기가 발함에 리가 탄

---

6) 그는 "사단칠정의 혈맥(血脈)이 다르다"라고 하여 그 유래도 각기 다름을 강조한다.

7) 그의 '리에 대한 체용론'은 태극 리의 능동(能動)에도 적용 — 理動則氣隨而生 — 되었고, 만년에는 격물설의 리도설(理到說)에도 적용되었음을 우리는 살폈다.

다[氣發而理乘之]'고 함은 기를 위주로 말할 수 있음일 뿐, 리 밖의 기를 말함이 아니니, 칠정이 이것이다. … 사람의 한 몸은 리와 기가 합하여 생겼다. 그 까닭에 리기 둘은 서로 발용하는 측면이 있다. 그런데 그 발함에는 또 서로 기다린다[相須]. 서로 발[互發]하니 각기 주함[所主]이 있음을 알 수 있고, 서로 기다리니 그 가운데 서로 (함께) 있음을 알 수 있다"는 것이다.

이황은 '리의 무작위성'과 '리기의 실제 분리되지 않음'이라는 정주성리학의 본래의 규정을 어기게 된 자신의 해석에 대한 합리화를 위해, '의미상의 해석'과 '실제적 해석'을 중첩시켰던 것이다. 이는 바로 그가 리의 '의미상의 발현'과 그 '실제상의 발동·발출'을 중첩시킨 것과 같다. 당시 사단칠정론이 논변을 거듭하면서도 종식되지 않았던 이론상의 주원인이 바로 이런 데에 있다.

논변의 내용과 그 논란 야기의 원인 파악도 중요하지만, 그 '이론의 함의'에 대한 탐색도 중요할 것이다. 일찍이 앞서 살핀 본론에서 나는 이미 사단칠정론의 함의의 일부를 언급했다. 이것이 야기한 논란의 본원이 사단의 해석인 '리의 발용[理發]'에 있었음에 착안하면, 그리고 리로서의 본성[性卽理]의 확대인 '오상(五常)이 오륜(五倫)을 형성'한다고 믿었던 신념을 상기하면, 이황이 "리발"을 끝까지 주장하려던 데에는 '오륜의 윤리체계를 고수 및 합리화'하려던 저의가 있었다고 할 수 있다. 다시 말해 오륜의 고수 및 그 합리화가 바로 이황의 사단칠정설에 깃든 '시대적 함의(含意)'라는 것이었다.

여기서는 특정한 시대에 구애됨이 없이 어느 시대에나 적용될 '보편적 함의'를 더 찾아야 할 것이다. 사단칠정의 논의는 출발에서부터 그 정들의 '선악적 특성'을 의미로 고려한 사고가 밑바탕을 이루고 있었다. 이것은 이 문제가 '윤리의식' 속에서 탐구되었음을 알리는 점이다. 사실 사단은 네 가지 선한 본성(인, 의, 예, 지)의 본구를 전제하고 말한 덕성윤리의 사고에 속하는 개념이다. 이에 견주어, 칠정은《중용》에서 보이듯 절도(節度)라는 규범을 내세워 규범의 준수〔中節〕를 선행 조건으로 한 의무윤리의 사고에 속한 개념이다. 이것만 보아도 사단칠정론은 '두 가지 이질적 윤리'를 다룬 이론임을 깨닫게 된다. 사단과 칠정을 리기로 해석한 것은 그 '두 윤리적 사고'를 '하나로 융합 또는 통일'하여 이해한 사상임을 의미한다. 따라서 나의 견해로, 사단칠정론의 '보편적 함의'는 바로 덕성윤리와 의무윤리의 사고를 하나의 통일된 이론으로 이해한 것이라는 데 있다고 하겠다. 이 이론을 한국유학에서 거둔 '특수 사상의 하나'로 지목하는 이유 또한 이런 특징 때문이다. 이것은 현대에도 윤리학의 시각에서 계속 검토해야 할 독특한 이론으로서 그 가치를 인정받을 것이 예상된다.

8. 인성물성동이론의 탐구

18세기에 한원진(韓元震)과 이간(李柬) 사이에서 '인성·물성 동이 (人性物性同異)의 문제'를 놓고 나눈 논변은 사단칠정론 다음의 최대 논변이었다. 이 또한 그 두 학자들만의 담론에 그치지 않았다. 이 문제도 이들 이후 조선 성리학계에 파급되어, 19세기 말엽까지 2세기 가까이 그 시대 '기호(畿湖) 지방을 중심'으로 한 주요 성리학자들 다수가 탐구하게 되었던 것이다. 따라서 이 연구도 한국 성리학자들의 '줄기찬 사변력'을 보이는 대표적 사례로 꼽히게 되었다.

돌이켜 보면, 인성·물성의 상이(相異)를 주장하던 한원진과 그 상동(相同)을 주장하던 이간이 다 '같은 용어들'을 사용하였지만, 그 용어의 '의미 내용을 서로 달리'했던 까닭에 견해의 일치를 볼 수 없었다. 그 용어들 가운데서도 '본연지성(本然之性)', 곧 본성이 특별히 그런 것이었다. 한원진이 가리킨 본성은 오상(五常)이었는데 그것은 심(心)으로서의 기질(氣質) 속에 있는 성인 데 견주어, 이간이 가리킨 본성인 '태극(太極)'으로서 기질을 벗어난 성이었다.

그것들은 풀어 말하면 하나는 '본질의 성'인 데 견주어, 하나는 '본래적 성'에 해당하는 것들이다. 따라서 전자로 보아 인간과 타물의 본성은 결코 '같을 수 없었던' 것과 반대로, 후자로는 인간과 타물의 본성은 서로 '같지 않을 수 없었던' 것이다. 본질의 성과 본래적 성은 상반된 성격인 만큼, '함께 양립될 수 없는 관계'이기 때문이다. 두 학자의 주장이 합의되지 않고 평행선을 한없이 달린 원인은 이런 관계 때문이라는 풀이를 우리는 본론에서 이미 거쳤다.

본성을 오상으로 치든 태극으로 치든, '본성만을 탐구'한 이 점은 선험적 덕성(德性)에만 연구의 초점을 두었던 특징이기도 하다. 이것은 사단칠정론과 달리, 의무윤리를 제외한 채 '덕성윤리의 측면만'을 집중적으로 면밀히 탐지한 연구물이다. 비록 덕성윤리 한 측면의 탐지이지만, 이것이 이룬 논변상의 논의는 대체로 아래와 같이 확대되었음을 떠올릴 수 있다.

본성의 근본적 탐지를 위해, 심의 '미발(未發) 때의 의식과 사려 활동' 및 그 밑바탕인 '기질(氣質)과 연관된 선악 문제' 등을 논의의 범위로 삼게 되었던 것이다. 미발 때의 의식과 사려 활동은 주희에게서도 상세히 연구되었지만, 한원진·이간의 연구가 주희의 그것보다도 더 깊이 탐색되었다. 미발 때의 심과 '기질의 선악'과의 관련을 탐구한 것은 이들에게서 독특하게 이루어진 연구 분야였다고 해도 지나침이 없다. 인성·물성의 동이 문제를 이런 정도로 다룬 연구는 다른 나라 유학에서는 찾아볼 수 없다. 이 연구에서 보인 한국인들의 사변력이 지닌 수월성을 나는 이런 점에서 '한국유학의 특수 사상'이라고 판단한다.

이 이론이 지니는 함의의 일단인 시대적 함의를 본론에서 이미 짚었지만, 그것을 다시 상기해야 할 필요가 있다. 그 시대는 중원에서 명(明)·청(淸)이 이미 교체되어, 조선이 청의 영향권에 들어가 있던 시대였다. 그 청과 조선은 17세기 이래 미묘한 관계에 있었다. 비록 병자호란(1636)의 치욕을 겪고서는 조선이 청의 압력에서 자유롭지 못한 상태였지만, 원래 청은 북방의 오랑캐〔北狄〕라고 업신여기던 만주족인 터에, 그 병란의 치욕을 당한 적수여서 이른바 북벌(北伐)의 대상으로 간주되고 있었다. 인성·물성 동이의 논의는 아무래도 이런 청과의 관계를 고려치 않을 수 없다.

그 시대 노론의 영수인 송시열 등은 비록 실현이 불가능할망정 '북벌의 기치'로 집권을 연장할 수 있었고, 남인들도 대부분 그 기치만은 무시하지 못하던 명분이었다. 그 시대는 소론계의 일부 학자들과 남인계 일부만이 친청(親淸)이라든가, 북학(北學)의 구호를 주장하고 있던 상황이었다. 그런 상황에서 인성물성론은 집권층인 기호(畿湖)의 노론계(老論界) 학자들에게서 나온 이론이다. 이런 점에서 나는 이 이론의 시대적 함의를 '청과의 대응을 이중적으로 고려'한 노론계 학자들이 집권을 위한 명분, 곧 남인계와 소론계를 다루는 정치적 명분을 반영한 것으로 판단했다. 곧 인성·물성의 상이설에 얹힌 '북벌로 표출된 배청(排淸)'과, 그 상동설에 얹힌 '사실상의 친청(親淸)'의 명분을 마치 칼의 양날처럼 구사한 데에 그 시대적 함의가 있다고 판단했다.

이 경우에도 이런 시대적 함의 이상의 '철학적 함의'를 찾아야 할 것이다. 인성·물성의 '상이와 상동'의 주장은 형식논리만으로는 양립 불가의 이율배반의 관계임을 밝혔다. 그러나 이것은 형식논리를 떠나 인체의 심성이 지닌 특성을 따지는 논의임에 주목해야 한다. 기질성으로서의 물성이라고 하더라도, 그 자체가 악한 것이 결코 아니라는 점에 주의해야 한다. 물성은 '가치 중립'의 자연한 성향으로서 다만 악으로 흐르게 하기 쉬운 것일 따름이다. 이 점은 이황이 일찍이 칠정의 특성을 "선악미정(善惡未定)"이라고 했다가, 뒤에 "본래는 선한데 악으로 쉽게 흐르는 것[本善而易流於惡]"이라 한 것으로도 알 수 있다. 유학의 궁극적 경지인 "천인합일(天人合一)"의 이상도 물성을 악하지 않다고 간주한 데서 나온 발상이다.

물성은 인간에게서 버릴 수가 없지만, 버려야 할 대상으로 여겨서도 안 되고, 다만 선행(善行)에 저해되지 않도록 '경계해야 할 대상'일 따름이다. 이것을 간혹 실천적 성리학자인 도학자들이 버려야 할 것처럼 간주한 일이 있었으나, 그것은 그들의 지나친 '도덕적 완벽주의'에서 나온 현상에 지나지 않는다. 물성에 따라 방종함은 윤리적 타락이지만, 물성을 무조건 배격함도 공허한 태도이다. 도학자들의 완벽주의의 태도에 대한 것은 그 시대 실학자인 허균(許筠), 박세당(朴世堂), 정약용(丁若鏞)의 '정감(情感) 중요시 사고'로 이미 시정의 길로 접어들었던 것이다.

이렇게 살피면 인성물성동이론의 '윤리적 함의'가 절로 드러난다. 그 함의는 바로 도덕 행위를 하기 위해 스스로 좁은 의미의 '물성을 경계'하면서, 인성으로서의 오상 같은 '덕성의 자율적 구현'에 더욱 인위적으로 진력해야 함을 깨닫게 하는 것이다. 한원진처럼 오상만을 본성이라고 국한시키기보다 이간처럼 사실상 물성을 태극 같은 본성에 포함시킬 때에, 오히려 도덕 지향의 오상의 싹에 해당하는 의식을 찾기가 쉬울 수 있다. 왜냐하면 물성을 버리고서는 도덕을 이룰 '이타적 선(善)의식' 등에 대한 그 꼬투리 같은 싹조차 찾을 곳이 없어지기 때문이다.

9. 성리학적 실학과 탈성리학적 실학의 공존

1) 성리학적 실심 위주의 실학

실학(實學)이란 용어는 일정한 학문을 무용한 허학(虛學)으로 간주하는 데서 나오는 허학의 반대어이다. 상대되는 학문보다 자신의 학문이 더 실제적이고 실질적이며 때로는 실증적인 '유용성'을 갖고 있다는 뜻으로 쓰이는 용어가 '실학'이다. 유학은 본원유학에서부터 '시대와 환경에 적합'하게 늘 변천하면서 실학의 정신을 구사하려 했다. 특정한 시대에만 이런 정신이 돌발하지는 않았다. 그러나 이 용어는 성리학과 그 뒤 탈성리학적 유학에서 가장 두드러지게 사용하였던 것도 사실이다.

앞서 살핀 것을 보더라도, 불교 배척의 풍조가 높아가던 여말의 이제현(李齊賢)이라든가 조선 초 정도전(鄭道傳)에서부터 '성리학을 가리켜 실학'이라고 했다. 성리학자들은 노장사상과 불교, 그 중에도 특히 불교를 비실제적·비실용적 사상으로 평가하면서, 그에 비교된 성리학을 실학이라고 했다. 성리학의 실학관은 '불교에 대비한 의식'에서 이루어졌다. 불교의 출세간(出世間) 또는 가정과 사회와 국가생활 등의 '현실을 경시하는 경향'에 대한 폄하 의식을 가지고 성리학자들은 실학 정신을 이룩했다. 성리학의 현세 및 현실 중요시, 예(禮)와 도덕, 그리고 정치, 경제, 교육 등의 중요시야말로 불교에 견주면 분명히 실제적이고 실효를 발휘하는 유용성 높은 사고이다.

조선시대 성리학의 실학은 이이(李珥)에게서 '무실(務實)의 정신' 아래 적극 추구되었음을 보았다. 그는 무실 개념을 《대학》의 팔조목(八條目) 식의 범주로 '수기(修己)와 안인(安人)'의 모든 측면에 고루 적용하여, 성리학적 실학정신을 여러 방면으로 균형 있게 추구했다.

이이의 학문이야말로 심성의 수양인 정심(正心)을 위해서는 "성(誠)이 곧 실리(實理)다"라는 점에서 무엇보다도 성실(誠實)의 태도를 취해야 마음이 '실심(實心)'으로 된다는 것이었고, 안인을 위해서는 시의(時宜)의 정확한 파악에 따라 누적된 폐단들[積弊]을 개혁하는 '경장론(更張論)'으로 이루어졌다. 그의 대표작인 《성학집요(聖學輯要)》에 안배된 '무실적 내용'은 실제로 성실에 의한 실심의 '수기설'과 효친의 '제가설' 및 용현(用賢)·거간(去姦)·보민(保民)·교화(敎化) 등 치국의 '안인설'로 균형이 잡힌 것이다. 수기와 안인 어느 측면에서도 비실제적 취약점을 발견하기 어려운 '성리학적 실학의 표본' 같은 것이 곧 이이의 학문이었다.

그러나 성리학적 수기와 안인의 균형은 그 성리학이 '진실한 나를 위하는 학문', 곧 "위기지학(爲己之學)"이라는 정신에 충실함으로 말미암아 시간이 지날수록 '수양 측면에 편중'하게 되었다. 18세기 윤증(尹拯, 1629~1714)에게서 그 점이 확인되었다. 성리학자인 윤증의 실학에서는 경장 같은 개혁 의식은 전혀 찾아볼 수 없을 만큼 경세의 안인 측면이 거의 외면된 채, 수기 측면에만 기울고 있었다. 경전의 연구[窮經]와 경(敬) 및 성(誠) 등의 수기에 의하여 '실심(實心)을 견지함'이 곧 그의 실학이었을 따름이라 하여도 지나침이 없다. 거기에 더할 요소로서는 다만 예의 원리와 내용을 잘 알고 그것들을 실천에 옮기는 '바른 예행(禮行)'을 하는 항목이 실학의 범주에 들 수 있었던 정도였다. 그 바른 예행도 근원에서는 경전 연구와 경 및 성 등의 수기에 의한 '실심의 성취를 요건'으로 한 것임은 더할 나위 없다. 그의 실학은 '실심(實心)의 실학(實學)'으로 귀착된 특징을 띠었던 것이다.

이렇게 된 데에는 원인이 있다. 윤증은 원래 산림처사(山林處士)로서 경세 문제에는 언급을 피하려던 학자이기도 했던 터라, 의식적으로 경세 문제를 외면한 감이 없지 않다.8) 하지만 그는 그 시대의 이

넘으로 등장했던 북벌(北伐)에 대해서는 집권층[老論]이 실천 불가능
인 줄 알면서도 집권의 연장 수단으로 이용하는 명분임을 간파하고
있었다. 이런 점으로 보면, 그도 경세에 무관심할 수는 없었지만, 조
정과 먼 거리에서 나랏일[國事]을 예의 주시하던 태도를 취했다고 보
인다. 그러한 그의 실학관에는 경세의 안인적 요소가 크게 자리할 수
없었던 것 같다.

이런 점은 그의 개인 사정에 지나지 않지만, 사회적으로도 그의 시
대는 이렇게 흐를 수 있던 분위기였다. 이미 살핀 대로, 윤증의 시대
는 사회 문제로도 '예(禮)를 특별히 중요시'하던 풍조가 만연하던 '예
학시대(禮學時代)'였다. 그 시대의 실제성 관념은 주로 예의 습득과 실
천을 중심으로 하여 이루어지게 마련이었다. 더욱이 성리학은 이미
말한 대로 "수기야말로 진정한 자기를 위하는 공부[爲己之學]"라는 의
식이 팽배한 학문이다. 이런 의식이 예 절대시 의식과 짝하여 풍미했
으므로, 그 시대부터 성리학의 실학관은 이이의 경우와 달리 '실심의
실학'에 철저한 대신, '경세의 실학'에는 소홀히 되었다고 할 수 있다.

이런 성리학의 실학이라고 하여 장점이 없지 않다. 철저한 수기에
따라 진정한 자아의식(自我意識)을 갖게 되고, 마침내 주체적 '인격(人
格)의 숙성'을 가져오는 것이다. 높은 인격의 형성으로 예절을 잘 지
키면서 '품위(品位) 있는 인간상'을 이룸은 그 실심실학의 장점이다.
이런 점은 오늘날에도 매우 본받아야 할 성리학의 유산과 같은 가치
를 지닌다. 이것은 한국유학에만 국한된 것이랄 수 없는 성리학의 보
편적 가치이기도 하다. 다만 경세의 안인 측면 소홀이 아쉬운 점이고,
안인의 소홀이 결국 탈성리학적 실학을 발흥케 한 요인으로 되었다.

---

8) 그는 어머니가 병자호란 때 호군(胡軍)의 욕을 피해 미리 자결한 사건을 자
   신의 불효로 간주하여 평생 버슬을 멀리했다.

2) 탈성리학적 후생 위주의 실학

조선 후기에 발흥한 실학은 성리학을 대비의 상대로 한 유학이다. 그 후기 실학은 성리학과 성리학의 풍토에 대한 불만을 바탕으로 고개를 들었다. 성리학을 '비실제적 성격'의 허학(虛學)이라고 판단하여, 그보다 더 실제적 성격을 띤 학문을 추구하던 의지로 이룬 것이 후기 실학이다. 이런 점에서 후기 실학은 '탈성리학적(脫性理學的) 실학(實學)'이라고 해야 더 분명해진다.

후기 실학자들은 성리학의 약점을 그 경세의 미비·미진에 있다고 판단했던 만큼, 그들은 정덕(正德)으로도 표현되는 수기 측면보다는 민중의 '후생(厚生)을 꾀할 경세'에 관심을 더 집중시켰다. 그들은 수기를 등한시하지는 않았지만, 경(敬)과 성(誠)에 의한 실심의 형성이나 예행(禮行)의 철저화에 진력하지는 않았다. 그런 것보다는 각종 제도와 정책을 실용성 있게 개혁하는 '경세치용(經世致用)'이라든가, 기물(器物)을 쓸모 있게 개선하여 이용하는 '이용후생(利用厚生)'의 문제에 더욱 진력했다. 그 결과 민중의 후생을 도모함을 앞세우고 정덕의 수기를 그 다음으로 생각한 것이 '탈성리학적 실학의 경향'이다.

이 일반적 경향에서 후기 탈성리학자들은 민생과 직결된 토지제, 세제, 병제 등 '각종 개혁'에 진력했고, 북벌을 표방하던 분위기에서 오히려 '북학(北學)'을 제안했으며, 양반(兩班) 지배층의 각종 비리를 폭로했다. 17세기 유형원의 노비제 폐지 같은 '신분적 평등관(平等觀)'의 제기는 그 시대로서는 획기적이고도 혁명적인 발상이었다. 정약용이 낸 '여전제(閭田制)'라든가, 최고 '통치자의 간선론(揀論)' 등도 19세기 초의 사고로서는 마찬가지로 높이 평가받을 사고였다.

그러나 이런 '후기 실학의 특징적 성향'이 성리학의 개혁설과 근본적 차별성을 지닌다고 할 분계점은 좀처럼 찾아지지 않고 있는 것이

학계의 실상이다. 개혁의지의 고저·강약만으로는 '성리학과 후기 탈
성리학의 변별점'으로 삼기에 불충분하다고 하는 것이 학계의 지배적
통념이다. 나는 이런 문제를 다음과 같은 '후기 실학자들의 경학설(經
學說)'을 떠올리면, 해결되지 않을 수 없다고 생각한다.

박세당, 이익, 홍대용, 정약용 및 최한기 같은 대표적인 후기 실학
자들은 경학(經學)과 일반적 사상을 통해 정주의 경학에 담긴 주요 사
상들을 대부분 부정했던 사실에 주목해야 한다. 이들은 비록 같은 용
어를 사용하였더라도, '정주성리학의 기본 개념과 명제'들을 부정한
학자들로 꼽힌다. 예를 들면, 성리학을 이루는 근본 명제인 "천즉리
(天卽理)"·"성즉리(性卽理)"·"심통성정(心統性情)" 등을 모두 부정했는
데, 그 원인은 '천(天)'·'리(理)'·'성(性)'·'심(心)' 등 성리학 기본 개념
의 의미를 이들이 부정하고, 성리학자들과 달리 규정하였기 때문이다.
이런 경향이 박세당부터 시작되었다가, 이익·홍대용을 거쳐, 특히 정
약용에게서 절정을 이루고, 최한기에서도 마찬가지이다.

성리학자들이 '리'라고 하던 '천'〔天卽理〕만 보더라도, 박세당이나
정약용은 '리'라고 풀지 않고 본래의 인격신인 '상제(上帝)'의 의미로
복원시킨다. 정약용은 그런 상제에게 본원유학에서 보지 못한 영명성
(靈明性)을 추가하여, 상제와 인간과의 관계를 성리학에서보다 더욱
긴밀하게 맺도록 하는 발상을 내었다. '성' 또한 그에게서는 성리학에
서처럼 선험적으로 본구된 '리'〔性卽理〕가 아니고 다만 '기호(嗜好)'에
지나지 않는다.

이처럼 주요 개념들과 명제들을 달리 고안함으로 말미암아, 후기
실학은 그 '탈성리학의 특징'을 명백하게 굳혔다. 여기서 성리학과 후
기 실학의 '이질적 차이'는 의심의 여지가 없게 되었다. 동서고금을
가리지 않고, 기본 개념들과 명제들을 달리 사용하는 철학들을 동일
시하는 사고는 언제 어디에서도 발견할 수 없다. 설령 당시 성리학자

들의 수효가 헤아릴 수 없게 많았던 데 견주어, 이러한 후기 실학자들이 5인 정도에 지나지 않음을 들어, 후기 탈성리학의 실학에 학파 개념을 적용하기 어렵다고 할지 모르겠다. 그러나 영국의 경험론이나, 독일의 합리론을 각각 학파로 파악할 때, 그 학자들의 수효는 얼마나 되는가를 고려하면, 이것도 문제가 되지 않는다. 이로써 후기 탈성리학적 실학이 학파를 이루었다고 이해하는 데는 거리낄 것이 없음을 알 수 있다.

문제의 중요성은 '17세기 이후' 성리학적 실학과 탈성리학적 실학이 공존했던 데 있다고 생각된다. 성리학의 실심실학과 더불어 민중의 후생을 지향한 탈성리학적 실학이 17세기 이후 줄기차게 '공존의 양상으로 발전했음'은 한국유학의 또 하나의 '독특한 특징'에 해당한다. 이것 또한 한국유학의 특수성에 드는 것이다.

실심(實心) 실학으로 상징되는 성리학적 실학은 인간 개인을 성실하고 진지한 수양에 따라 참된 자아를 발견한 주체적 인간으로 살아가게 하는, 일종의 도덕적 인간이 되게 하는 점에서 높이 평가해야 할 사상이다. 탈성리학적 실학은 경세를 통하여 민중의 삶을 실질적으로 도탑게[厚生] 함으로써 복지사회의 실현을 지향할 수 있는 점에서 높이 평가해야 할 사상이다. 이 사상들이 지닌 두 측면은 어느 하나도 빠뜨려서는 안 되는 필수 불가결한 성격의 사상들이다. 그리고 두 사상의 공존이야말로 박은식, 장지연 등 근대 개신유학자들이 추구한 '대동(大同)사회'의 이상이었다고 할 수 있다. 원래 《예기》에서 제시된 대동사회의 성격 자체가 이 두 측면을 충족시킨 모양으로 그려지고 있기 때문이다. 따라서 한국유학이 지닌 두 실학의 겸비는 오늘날에도 계승해야 할 전통적 자산이 아닐 수 없다.

10. 기정진의 리일원적 세계관의 신념

성리학에서 존재론에 해당하는 리기론이 그 핵심 사상을 이루는 것은 다 아는 것이다. 그 리기론은 주희(朱熹) 이후 리(理)와 기(氣)의 의미 및 그 둘의 관계에 대한 규정으로 해서, 구체적인 이론을 정립할 때에는 리와 기의 균형을 유지하기가 매우 어려움을 우리는 이미 살폈다. 리기론들은 대체로 리 또는 기 어느 한편으로 편향하는 이른바 주리·주기의 경향을 보였다. 리와 기 가운데 어느 한편으로 기우는 '주리·주기'의 정도가 지극하게 되어, 실제로 '유리(唯理)·유기(唯氣)'라고 하여도 무방할 정도가 된 이론들도 있었다. 예를 들면 16세기 서경덕(徐敬德)의 리기설과 18세기 임성주(任聖周)의 리기설은 주기설 또는 유기설이라고 할 만한 이론이었다. 그에 견주어 16세기 이황(李滉)의 리기설은 주리의 경향을 띤 이론이었고, 18~19세기의 기정진(奇正鎭)의 리기설은 유리설(唯理說)이라고 하여도 지나침이 없는 이론이었다.

주리·주기의 현상은 중국의 리기론에서도 허다하였다. 북송의 장재(張載), 청의 대진(戴震)·완원(阮元)은 주기설을 보였던 것과 달리, 남송의 주희는 리기의 이원적 균형을 갖추려 했지만, 실상은 실재하는 리를 모든 생성의 원인이자 선재(先在)하는 원인[所以然]으로 간주함으로써 주리설의 경향을 보였다.

그러나 기정진처럼 기의 실체와 작용을 모두 부정하고 오직 리만으로 모든 현상을 설명하려 한 '유리설(唯理說)'을 낸 학자는 중국에서도 찾아볼 수 없는 사례이다. 기정진의 유리설은 한국유학에서만 발견되는 독특한 이론으로서, 주리 경향으로 편향·편중된 이론의 극치이다. 성리학이 중국에서 발흥했어도, 그 마지막 '궁극의 경지'까지 진전시킨 것이 한국 성리학임은 이런 데서 확인된다. 기정진의 리일원적 이론, 유리설은 '한국유학사의 특수성'에 드는 이론이다.

기정진은 기(氣)를 언급해야 할 때, 기의 실체성을 부정한 나머지 그 기를 다만 '분(分)'이라고 표현했다. 기를 리의 분이라고 표현한 이것이 그가 주리 경향을 '유리(唯理)' 정도로 밀고 나아간 참모습이다. 이처럼 기를 전혀 인정하지 않고 리 하나만으로 모든 것을 처리하는 사고가 이론상 가능한 까닭을 생각하여 보겠다. 그는 리의 의미 규정에서 실재시 된 리가 소이연(所以然)의 의미를 바탕으로 "리가 기를 生한다[理生氣]"고 주장했다. 이것은 '일종의 리라는 종(種)에서 생성된 기는 (같은 종의) 리와 다르지 않다'고 할 수 있는 사고로 통한다. 이런 사고가 기정진에서 기를 리와 다르지 않은 그 '분(分)'이라고 하도록 했을 것이다. 기의 실체를 부정하는 기정진의 유리설은 '기의 세계에 대한 경험 사실'을 도외시한 이른바 '관념론' 범주에 드는 사상이다.

기정진이 진리로 믿었던 정주의 "리일분수설(理一分殊說)"의 성격도 이와 다르지 않다. 사실 정주의 '리일분수설'은 이미 밝힌 대로 우주를 태극이라는 '한 리의 체계'로 간주하는 이론이다. 다시 말해 우주는 근본적으로 하나의 리(태극)가 각 개체로 분화된 것이라고 하는 이론이다.

그런데 이 이론이 나온 데에는 (이미 밝혔듯이) 상제(上帝)인 천(天)의 주재를 원인[所以然] 의미의 리의 주재로 대체한 사고가 그 배경이 된 것이다. 인격신 '상제·천의 불완전한 주재성'을 리가 지닌 '원리·법칙으로서의 완벽성'으로 대체한 사고가 바로 "리일분수"로 표출되었다. 인간을 비롯한 만물의 존재와 변천을 리의 '완전한 법칙성 또는 합법성'으로 이해하는 사고가 이 리일분수 명제에 깃들었다고 할 수 있다.

기정진처럼 이 명제를 믿는 사고에서는 변화를 말해야 할 경우에도 모든 변화는 '리'에 깃든 필연적 법칙[所以然]과 당연의 법칙[所當然]에 따라 일어나는 현상으로밖에 읽히지 않는다. 기로 이루어진 감각 또는 경험 세계의 검증도 필요 없다. 이는 이성(理性)에 따라 합리적으로 구성된 세계일 따름이다. 여기에는 사실보다는 당위의 이상(理想)이 잠재되었다고 볼 수 있다. 주리 경향의 극치인 '리만의 세계'에 대한 신봉은 그 리의 의미 내용인 '진리만을 절대시'하고 '절대적으로 신앙'하는 성격의 이른바 '의리관(義理觀)'이 주조를 이룬다.

기정진이 19세기 정학(正學)으로 간주하던 유학의 전통을 지키면서, 침략의 야욕을 품고 접근하던 제국주의 세력을 사특한 것으로 배척하던 '위정척사론자(衛正斥邪論者)'의 하나로서 '의리(義理)'를 절대시하고 그 구현에 진력한 것도 주리론자의 이 같은 신념과 사고에 뒷받침되었다고 할 수 있다. 기정진의 유리적 사고 자체가 리의 '합법성'과 '합당성'에 대한 투철한 신념에서 이루어진 사고이다. 이런 '리의 관념'이 의리관을 통하여 '현실태(現實態)로 구현'될 때에는 현상의 모든 부조리를 척결하고 부당한 사태들을 시정하려는 의지와 사고로 드러나게 마련이다. 따라서 당시의 시대상에 적용하여 이해하면, 그의 유리설적 사고는 세도정치가 빚어내던 국내의 온갖 '부조리를 척결'하는 한편, 제국주의자들의 '부당한 침략에 철저히 저항'해야겠다는 결의의 표출이라고 할 수 있다. 그의 사상이 지닌 시대 환경적 함의가 바로 이런 데에 있다.

이는 기정진의 사상 하나만이 지닌 시대적 함의에 그치지 않는다. 그 시기 이항로, 이진상 등 위정척사파(衛正斥邪派)에 속한 학자들의 리기론이 한결같이 주리설이었음을 떠올리면, 이는 그들에게도 다 같이 적용되는 것이라 할 수 있다. 그들의 리기설은 당시 한국인들이 지녔던 '확고한 주체성'의 사상적 표출에 다름 아니다. 그들의 리기 사상의 장점도 이런 맥락에 있다고 하겠다. 한국유학 가운데 특수 사상으로 꼽힐 기정진의 리기론을 비롯한 위정척사파의 주리론이 지닌 함의는 이상과 같이 이해되어야 할 것이다.

11. 이진상의 성리학적 심즉리설 창안

19세기 기정진과 같은 위정척사론자이면서, 아울러 주리 경향에서 독특한 이론을 이룩한 학자가 하나 더 있다. "심즉리(心卽理)"를 주장한 이진상(李震相)이 바로 그런 학자이다. 그의 "심즉리설" 또한 정주계 성리학에서 나왔음은 더할 나위 없다. 정주계 성리학에서 이런 이론이 나온 것은 또한 '한국유학의 독특한 현상'이다. 이런 명제만은 중국에서도 나왔지만, 그것은 정주학, 특히 주희학을 반대하던 육구연(陸九淵)과 왕수인(王守仁)에게서 제창되었지, 정주성리학 계통에서 나온 것이 아니다. 따라서 이진상의 심즉리설은 왕수인의 것과 대비적으로 고찰하여 보면, 이 이론의 특색이 분명히 드러날 수 있다.

왕수인과 이진상의 심설에서는 먼저 '심(心)에 대한 사고'부터가 서로 다르다. 왕수인이 생각한 심은 배우지 않고서도 본래 선천적으로 아는 능력인 '양지(良知)'를 본구한 것인 데 견주어, 이진상이 논하는 심은 양지를 타고난 것이 아니다. 왕수인은 양지를 전제한 까닭에, 심은 인위적인 노력을 하지 않아도 효도 행위 같은 '도덕적 행위를 절로 한다'는 이론의 근거가 된다. 그에게는 당위의 원리인 리가 따로 있지 않더라도, 도덕적 행위를 하는 데 문제가 야기되지 않는다. 따라서 "심이 곧 리[心卽理]"라는 것이다. 왕수인의 사상을 상징하는 "심은 리"라는 명제는 이런 사고에서 나왔다. 그의 심설은 도덕적 행위에 대한 인위적 노력을 배제한 점으로 말미암아, 결과적으로 불순한 이기적 욕구[情慾]의 발동을 제어하지 않고 방임하는 약점을 지녔다.

　그러나 이진상의 심은 양지를 타고 나지는 않았어도, 성정(性情)에 대한 판단과 결정 능력인 이른바 '주재(主宰)의 특성'을 지닌 것[一身之主宰者]이다. 그의 심은 '주재력에 주목'한 경우이다. 이는 마치 리(理)가 상제·천의 대행자처럼 발휘한다고 상정된 그 '주재'를 인간이 지닌 '심의 가장 큰 기능'으로 보고 있는 것이다. 더욱이 이진상의 리기론도 주리론에 기운 이론이어서, 리도 심 못지않게 주재의 기능을 발휘한다는 것이다. 심과 리는 다 같이 주재의 기능을 한다는 의미로 나타낸 명제가 바로 그의 "심이 곧 리[心卽理]"이다. 따라서 이진상이 논하는 심부터가 왕수인의 심과 반대로, 사욕(邪慾)이라는 이기적 정욕을 방임하기는커녕 오히려 제어하는 것임을 감안하면, 그의 심즉리설은 사욕의 제거에 철저하려는 의지에서 주재의 시각을 통하여 형성된 이론이겠다는 추측을 낳는다.

　의리행(義理行)을 지향하면서 사욕을 떨쳐 버리는 '주재 이름의 결단'은 캐고 보면 단순히 개인 일신의 청수(淸秀)함만 유지하려는 의도에서 나온다고 할 수 없다. 더욱이 위정척사파와 같은 시대의 흐름에 민감한 학자의 이론일수록 더 그러하다. 의리행과 연결된 주재라고 하면, 이 주재는 당시의 상황으로 보아, 국내의 부조리 제거 이상으로 제국주의자들의 침략에 전사(戰士)다운 '결단을 필요'로 하고, 바로 그런 '결단을 상징'하는 것이라고 할 수 있다. 그의 '심즉리설에 담긴 실제 시대적 함의'가 여기에 있다고 판단된다. 시대 환경과 동떨어진 유학설이란 찾아보기 어려운 것이 유학의 전통임을 생각할 때, 이런 판단은 실제에서 크게 빗나가지 않을 것이다. 여기서 이진상의 자제인 이승희가 일제 강점 후 독립운동에 헌신한 사실을 떠올리게 된다.

　리의 주재를 강조하는 주리론(主理論)의 경향이 한국에서는 마침내 겉보기만은 왕수인의 "심즉리설"과 같은 이론을 낳았다. 이 점은 사실 이진상의 경우에 한정되지 않는다. 이항로의 리기설도 주재의 기능을 바탕으로 한 "심즉리설"을 얼핏 비쳤음을 보았다. 심의 주재와 아울러 리의 주재를 강조하다가 마침내 "심즉리"를 주장하게 된 것은 19세기 조선 성리학의 또 하나의 특징이다. 이 "심즉리설"이 담지한 순수 이론적 함의도 찾아보지 않을 수 없다. 나는 이 이론의 도덕적 성격이 특히 왕수인의 그것과 반대라고 할 만큼 전혀 다르게 된 사실에 주목한다. 그러고 보면 정주성리학 계열에서 낸 이 "심즉리설"은 왕수인계의 그 이론이 지닌 '도덕적 약점을 극복한 대응적 이론'이라는 의의를 지닌다고 할 수 있다. 왕수인설에 대한 대응론이라는 이 점은 한국유학의 범위를 넘어서 '동아시아 전체 유학사에서 지닌 의의'가 아닐 수 없다. 이진상의 이 이론이 지닌 가치는 이런 각도로도 평가될 수 있는 것이다.

12. 자기방어적 민족주의와 본래적 공생주의의 특성

지난날 한국유학의 흐름에서 의(義)의 가치를 구현한 '의병의 실상'은 다시 되뇔 필요가 없겠지만, 의병장 가운데 하나였던 기삼연(奇參衍)의 의병 정신에 깃들었던 겨레의식만은 떠올려야겠다. 그가 목숨을 바쳐 호위하려 했던 대상으로 왕을 들기도 했지만, 그 이상으로 이 민족인 겨레를 핵심으로 한 것이었다. 그의 호위 대상은 "역사 이래 삼천리강토에 생존해 오던 생민"이라는 겨레였음이 분명하였다. 의병장이던 그에게는 겨레로서 일종의 '민족의식'이 싹트고 있었다.

이 겨레의식은 그 뒤 독립운동가인 박은식(朴殷植, 1859~1925), 신채호(申采浩, 1880~1936) 등에게서 명백한 '민족(民族) 개념'으로 확고해졌다. 이들은 스스로 '민족주의자'임을 자처하면서, '민족주의에 입각한 한국사(韓國史)'를 저술했다. 이들에게서 한국인들의 민족주의가

마침내 형성되었던 것이다. 이들을 모두 민족주의 사학자라고 해 온
판단에는 확실한 근거가 있다.

이렇게 외침(外侵) 속에서 이루어진 한국인들의 민족주의는 '자기
방어적 성격'을 띤 것이었다. 이 시기 서구의 민족주의가 자기 민족의
팽창을 꾀하던 '패권적 시각'에서 제국주의로 무장한 '공격적 성격'이
었던 것과 비교하면, 자기방어적 성격을 띤 한국인들의 민족주의는
외침에 시달리는 상황에서 오직 자기 보전을 위한 '평화주의적 성향'
으로 이루어진 것이다. 이것은 오직 단군(檀君) 같은 '민족의 시조에
대한 신앙'을 바탕으로 자기 보전을 기하면서, '천손(天孫)'으로서 '존
귀성을 담지'하려는 사상적 특징을 지녔을 따름이다. 한국인의 민족
주의는 패권적 자기 팽창을 기하려고 외족에 대한 침략을 서슴지 않
는 공격형 민족주의와는 근본적으로 성격을 달리한다.

그렇다고 하여 한국인들의 민족주의 성격이 '민족 단위의 고립(孤
立)'에 만족하는 성향은 아니다. 이것은 개방된 자세로 '다른 민족과
공존(共存)·공생(共生)·공영(共榮)'을 기하는 성향을 띤 것이다. 한국
유학은 바로 이런 의식의 발아에 크게 기여했다. 그 예증으로는 기삼
연의 의병의식이 대표적 실례이지만, 이 밖에도 더 들 수 있다. 무미
건조해 보였던 성리학의 우주관인 '리일분수설(理一分殊說)'을 끝 간
데까지 파고들어, 마침내 기(氣)의 실체를 인정하지 않는 유리론(唯理
論)의 경지까지 간 기정진(奇正鎭)의 이론이 그 하나이다. 이 리일분수
설이 시사하는 점은 리 자체의 특성 파악을 넘어서 모든 개체들(萬物)
의 '우주 차원의 연관 관계'를 파악하게 함에 있다. 이것이야말로 고
립·독존과는 전혀 반대되는 마치 하나의 그물망처럼 연결된 '복잡한
연관성'을 지시하는 이론이다.

만물을 하나의 연관된 관계로 파악하는 사고는 임성주(任聖周)의
이론 같은 극단적 기(氣)론에도 깃들어 있다. 인간을 포함한 만물이

‘하나의 기[一氣]’인 점에서는 다 같기 때문이다. 이 점은 일찍이 장재 (張載)가 “사람들은 다 나와 (같은) 동포[民吾同胞]”이고, “물체 또한 나와 같은 부류[物吾與也]”라고 한 발언으로 잘 표현된 것이기도 하다. 장재의 ‘물아일체관(物我一體觀)’은 무엇보다도 우주 차원에서 인간이 그 만물과의 관계 속으로 들어가 하나로 된 ‘천인합일(天人合一)’에 상 응하는 경지의 이론이다.

이런 경지를 이루는 것이 바로 ‘인(仁)’이었음은 이미 충분히 살핀 내용이다. 물아일체가 인으로 이루어짐은 특히 이황도 그의 《성학십 도(聖學十圖)》의 ‘장재 사상 풀이’―〈서명도(西銘圖)〉의 풀이 ― 에서 역설했음을 확인할 수 있다. 사람을 사랑[愛人]하는 ‘인’을 모든 타물 까지 사랑[愛物]하는 차원으로 확충했을 때, 그 물아일체가 이루어진 다는 것이다. 이처럼 일체의 타물과도 합일하는 경지까지 이룰 것을 궁극의 이상으로 하고 그 구현에 힘을 쏟던 터에, ‘인간 사이의 친애’ 를 못 이룬다거나 그것을 도외시한다는 것은 상상할 수조차 없는 일 이다. 따라서 유학의 ‘인(仁) 사상’은 오늘날에도 이런 측면으로 이용 할 가치를 내포한 것으로 받아들여야 한다.

한국인들은 유학을 받아들인 이후, 수천 년 동안 줄곧 인 사상을 익히면서 구현해 왔다. 박애(博愛)와도 통하는 인의 인존주의적 구현 은 사실 우리의 민족주의와도 연관이 없지 않았다고 여겨진다. 왜냐 하면 우리 민족주의의 터전에는 천손임과 함께 “널리 인간들을 이롭 게 함, 곧 ‘홍익인간(弘益人間)’”이라는 이념이 있었기 때문이다. 홍익 인간의 이념으로 말미암아, 자기방어에서 싹튼 한국인들의 민족주의 에는 이 민족만을 위한 ‘고립주의적 경계선’이 없게 되었다. 한국인들 은 지난날 그러했듯이, 앞으로도 다른 민족과 공존·공생·공영을 기하 고, ‘민족의 통일’을 이루면서, 언젠가는 민족의 이름마저 탈각한 ‘인 류 애호와 인류 공영’의 길로 매진할 것이다. 이것이 한국유학사를 총괄한 '나의 예단'이다.

더욱이 한국유학이 지닌 특수성 가운데 대부분은 현대화하기에 따라 인류가 다 같이 공유할 수 있는 것들이다. 이것들 대부분이 그렇게 공유될 때, 이것들은 한국유학의 특수성을 넘어 세계 범위에서 새롭게 보편적 성격을 띠게 될 것이다. 한국인들이 앞으로 유학에서 발아한 특수 사상들을 바탕으로 민족의 이름마저 벗어나 '인류애'로써 '인류 공영'을 지향하리라고 예단하는 참뜻이 여기에 있음을 밝히면서 나의 글을 맺는다.

유학 윤리사상의 현대적 변환에 대한 한 구상

1. 유학의 현대화, 신실학화

유학이 과거 전통 사상으로 동아시아의 문화 향상에 이바지해 온 것은 다 아는 사실이다. 유학의 윤리사상의 영향이 특히 기억할 만하다. 그러나 이제 그 윤리사상은 삼강오륜 등의 도덕을 뒷받침한 정도 밖에 인정받지 못하게 되었다. 오늘의 상황은 유학을 마치 흘러간 유물로밖에 취급하지 않으려는 경향이 짙다. 유학은 과거 혈연적 농경 사회에서나 적합했을 뿐, 고도로 산업화된 현대의 이익공동체 사회에서는 적합지 않다는 통념이 현대인들의 지배적 사유이다.

그러나 유학에는 시대를 초월하는 보편 사상이 전무하지 않다. 그런 터에 17세기 이후 유학은 서구적 편견과 중압에 의해 오해되고 엄폐되어 왔다. 하지만 유학의 일부 특수 사상은 지금도 동아시아인들의 의식에 상당한 비중으로 잔존할 뿐만 아니라, 현대라고 해서 인간 자체가 변하지 않았음은 말할 나위 없고, 현대사회에도 병리적 폐단이 산적해 있다. 따라서 환경이 아무리 격변한 현대일지라도, 유학에 대한 사려 깊은 성찰을 시도함은 결코 무의미하지 않을 것이다.

유학에 담긴 보편적 요소에 대해서는 이제 단순한 지적에만 그치지 말고, 그것들이 오늘의 문제 해결에 어떻게 연관되어 조금이나마 도움을 줄 수 있는지 그 유용성까지 밝혀야 한다. 이렇게 시도되는 유학의 성찰은 사실상 '유학의 재해석'이고, 나아가 그 재해석에 의한 '유학의 재구성'일 개연성이 크다. 설득력 있는 재해석과 재구성이고 보면, 그 작업은 결국 '유학의 현대적 변환'에 다름 아니다. 오늘과 내일의 생활에 실용성을 담지한 유학의 현대적 변환은 결국 유학의 현대화로 압축되겠으며, 나아가 그것은 유학의 '현대적 재생과 부흥'을 겨냥한 것이라 함이 더 정확하다. 그것은 실용성 탐지라는 성격으로 말미암아, 유학에 깃든 실학(實學) 정신의 새로운 구현인 '신실학화(新實學化)'의 작업이 아닐 수 없다.

유학의 실학 정신은 원래 유학 형성 이래 끊임없이 전수되어 온 특징이다. 공맹의 본원유학 자체가 인애(仁愛)의 사상을 효(孝)로 시발되는 '가부장적 가족윤리(家族倫理)'를 고안함으로써 고대 '혈연사회의 환경'에 적합하게 기여했던 것이다. 유학이 제자백가(諸子百家) 중에서 가장 우월한 지위를 차지할 수 있었던 까닭도 바로 이런 특징에 말미암았다. 유학의 철학화를 통한 변환으로 이룩된 성리학(性理學)도 '노불(老佛)사상의 비실제성'을 극복하기 위해 근세에 공맹의 사상 등 본원유학에 담긴 실제성 지향의 정신을 철학의 측면으로 재구성한 성과이다. 탈성리학적 실학 또한 본원유학의 '실제성 중요시 사유'의 부활을 빙자한 유학의 재구성 또는 시대적 변환에 해당한다. 따라서 오늘날의 '유학의 신실학화 구상'도 유학사에서는 결코 뜻밖의 일이 아니다.

다만 유학의 학문 영역이 광범한 데 견주어, 나의 역량은 지극히 제한되었으므로, 여기서는 유학 전체를 다 다룰 수 없다. 이 자리에서는 '유학의 윤리사상'에 대한 성찰에 한정하려 한다. 그 윤리사상마저도 내 편의에 따른 극소 부분에 지나지 않는다. 그 극소 부분의 성찰을 위해 주로 본원유학에 바탕을 둔 윤리사상의 원형의 발굴에 충실할 것이며, 각 문제들과 연관되는 성리학과 실학사상의 일부를 부차적으로 참조하고 원용할 것이다.

2. 기본 수양법에 대한 재고

도덕 행위를 바르게 실천하려면, 행위 주체인 인간의 '바람직한 마음가짐'이 무엇보다도 그 밑바탕을 이루어야 한다. 마음가짐을 강구하는 수양은 도덕 행위를 위한 준비에 해당한다. 수양설이 윤리설의 첫머리를 장식하는 이유가 이런 데 있다.

유학에서는 자기 수양[修己]의 문제를 지극히 중요시하면서, 수양에 대한 이론을 많이 제기했다. 일찍이 본원유학은 수양의 주요 방법을 성의(誠意)와 정심(正心)으로 정리했다.1) 구체적으로 산견되는 수양법은 특히 '자신을 속이지 않음[無自欺]'2)을 기초로 한 신독(愼獨), 계신(戒愼), 공구(恐懼) 등의 권장이다.3) 한편 맹자는 '마음의 흐트러짐이 없음[求放心]'에 의한 존심(存心)·양성(養性)을 역설했다4). 그는

---

1) 《大學》, 〈經1章〉 및 《孟子》, 〈序文〉.

2) 《大學》, 제6장, "所謂誠其意者, 毋自欺也."

3) 《中庸》, 제1장, "道也者, 不可須臾離也. 可離, 非道也. 是故君子戒愼乎其所不睹, 恐懼乎其所不聞, 莫見乎隱, 莫顯乎微. 故君子愼其獨也."

4) 《孟子》, 〈告子篇〉, "學問之道, 無他. 求其放心而已矣."; 〈盡心篇〉, "存其心, 養其性, 所以事天也."

인간 본성의 선함[性善]을 전제로, 그 '선한 본성을 길러야 함[存心養
性]'을 강조했다.

그 뒤 대표적 성리학자인 주희가 본성의 함양(涵養)과 마음의 움직
임에 대한 성찰(省察)을 역설했는데, 그것은 맹자 수양법의 계승인 셈
이다. 아울러 주돈이(周敦頤)는 '고요한 마음가짐에 주력'하는 태도인
주정(主靜)을 내세웠다.5) 그러나 그 고요함에 주력함이 불교의 색채
라고 평하면서, 정이(程頤)와 주희(朱熹) 등은 경의 태도, 거경(居敬)을
주장했다.6) 이후 이황(李滉)에서 보듯이, 정주계(程朱系) 성리학자들
은 '경의 마음가짐'을 최상의 수양법으로 간주하기에 이르렀다.

학자에 따라 경(敬)은 여러 가지로 설명된다. 대체로 '매무새를 단
정히 하고 엄숙히 함[正齊嚴肅]'이니, '마음(정신)을 맑게 함[惺惺]'이라
고 하지만, '마음을 한곳에 집중해 흐트러짐이 없도록 함[主一無適]'이
가장 잘된 설명으로 인정받는다. 마음의 집중은 정신의 통일[精一]로
서 '긴장된 마음가짐'이라 해야겠지만, 경은 일정하게 고착된 마음이
아니고 대체로 '진지한 마음가짐'이라 해야 한다. 주희는 이를 의식을
주관하는 태도로 파악하여, '마음을 주재하는 것'이라고 했다. 마음이
한 몸의 주재[心, 一身之主宰者]인 데 견주어, 경은 "심의 주재[心之主
宰]"라는 것이 그의 견해이다. 이황 등이 이 견해를 그대로 계승했던
것이다.7)

사실 의식을 주관하는 상태나 그런 태도라면, 이는 인간 개아(個我)

---

5) 周敦頤, 《周敦頤集》, 〈太極圖說〉, "主靜, 無欲故靜."

6) 朱熹, 《朱子語類》, 〈論語十二〉, "程子說居敬而行簡, … 居敬是自處以敬, 行簡
是所行得要."

7) 李滉, 《退溪先生文集》, 〈進聖學十圖箚〉, "敬者一心之主宰, 而萬事之本根也."
이황은 그의 《聖學十圖》 안의 〈敬齋箴圖〉 해설 등에서 경(敬)에 대한 이와
같은 설명을 종합적으로 하고 있다.

의 '본원적 주체', 또는 개아에 있어서 '주체성의 근거'에 해당한다. 경은 '본래적 자기를 회복'하게 하는 마음가짐이 아닐 수 없다. 만약 수양을 자기 발견을 기초로 진정한 자아의 회복에 국한된 것이라 한다면, 경에 의한 자아 회복은 수양의 목적을 이룸과 다르지 않다. 경의 중요성이 이로써 확실시된다. 정주계 성리학자들이 주희의 〈경재잠(敬齋箴)〉 실천인 이른바 '경공부(敬工夫)'에 지극히 매진한 까닭을 이로써 깨닫게 된다. 그들의 경공부야말로 "하느님을 우러르듯이(對越上帝)"라는 구절에서 보듯이, 일종의 종교적 실천의 경지에 오른 것이었다 해도 지나치지 않는다.

　그러나 수양의 목적은 자기 회복의 자족에만 있다고 할 수 없다. 타인과의 소통에 의한 바람직한 공생을 영위하는 데 그 궁극의 목적이 있다. 이런 점에서 원활한 대인관계를 이루는 데 그 경공부가 얼마나 유효한지 반성해 볼 필요가 있다. 개아에 매몰됨으로써 내가 외부 세계와의 소통에 지장을 초래한다면, 그것은 결코 윤리의 기본 정신에 충실하지 못하는 태도이다. 이에 우리는 본래적인 자기를 회복할 정도로 '자신에게 충실'하면서도, '타인과의 소통'을 원활하게 할 수양법을 강구해야 하는 과제에 직면한다. 경이 아닌 다른 마음가짐은 없는지 탐색해야 하겠다.

　본래 공자, 맹자 등의 본원유학에서 경은 성리학자들처럼 심각한 의미로 사용되지 않았다. 그때 그것은 주로 공경(恭敬)의 의미로서 예의(禮義)를 이루는 마음가짐을 가리켰다.8) 타인과의 소통은 물론이고, 타물과의 연결을 고려하는 맥락에서 본원유학에서는 경보다 '성(誠)'과 그 구현인 '성실(誠實)'이라는 개념을 더 사용했다. 《대학》의 〈팔조목〉에서 수기의 시발을 "성의(誠意)"로 말한 것을 비롯해,9) 《중용》

---

8) 《論語》, 〈顔淵篇〉, "君子敬而無失, 與人恭而有禮. 四海之內, 皆兄弟也."

에 "성(誠)이란 자신을 이루고[成己], 타인과 타물을 이룬다[成物]"는 명제를 앞세우고, "성 자체[誠者]는 하늘의 도(道)이고, 성하려는 태도 곧 성실(誠實)은 인간의 도다"라고 한 명제가 그 증거다.10) 우리는 이제 이런 사실에 주목하여, 성(誠) 또는 성실이 어떻게 '자신에게 충실'할 수 있으면서 '타인과의 소통'을 이루는 데 더 크게 도움이 되는가를 밝히기로 한다.

《대학》에서 "그 뜻[意]을 성(誠)하게 하는 사람은 자신을 속이지 않는다[無自欺]"11) 했고, 주희도 성(誠)을 "진실하여 거짓이 없음[眞實而無妄]"이라고12) 했다. 그 성(誠)의 의미에 분명 '참됨의 진실'의 의미가 있으니까 그 풀이는 일단 수긍해야 한다. 그러나 성에는 '정성(精誠)의 뜻'이 진실보다 못하지 않는 무게로 들어 있음도 유의해야 한다. 정성은 근본적으로 마음에 깃든 '순수(純粹)함'의 표출이다. 진실이 주로 사실성을 드러내는 특성인 데 견주어, 순수는 잘못이 없는 가치의 특성이다. 이 두 특성의 겸비가 곧 성이고, 그 특성들은 성의 구현인 성실로서 발현되는 것이다.

진실하고도 순수한 (성실의) 마음가짐은 사실 자신을 삼가고[愼獨] 자신을 속이지 않는[無自欺] 데서 이루어지는 일종의 정화된 마음가짐[良心]이다. 그런 만큼, 그것은 그 자체가 '자기 자신에 대한 충실'한 수양의 태도에 다름 아니다. 진실하고도 순수한 태도에 대해서는 누구나 '신심(信心)의 반응'을 보인다. 신심의 반응은 곧 '나와 타인과의

---

9) 주 1 참조.

10) 《中庸》, 제25장, "誠者非自成己而已也, 所以成物也." 그 책, 20章, "誠者, 天之 道也, 誠之者, 人之道也."

11) 주 2 참조.

12) 《中庸》, 제20장의 朱熹註: "誠者, 眞實無妄之謂, 天理之本然也. 誠之者, 未能 眞實無妄, 而欲其眞實無妄之謂, 人事之當然也."

소통'의 시작이다. 나와 남의 소통은 진실과 순수함의 발휘에서 오는 반대급부적 반응인 셈이다. 이렇게 성실은 경(敬)보다 더 인간 사이〔彼我〕의 소통을 이루게 되는 것이다. 따라서 앞으로 수양에서는 기본적으로 '성실한 마음가짐'에 힘을 기울여야겠다는 판단이 성립한다.

나의 이 입론은 수양에서 경의 마음가짐을 결코 소홀히 해야 한다는 주장을 펴려는 것이 아니다. 또 성리학자들의 견해로는 "경을 하면 성(誠)에 이른다"고 한다. 그렇지만 여기서 역설하려는 점은 경공부를 빙자해 '개아 속에 폐쇄'되어 가던 수양법은 지양되어야 한다는 것이다. 유학자들이 한결같이 배제하던 사상이 '위아설(爲我說)', 곧 타인을 외면한 이기(利己)의 태도임을 상기하더라도, 자폐 성격의 지나친 경공부는 이제 비판적 반성을 받지 않을 수 없다. 이제 성실의 마음가짐 또는 그 태도에 수양의 핵심적 비중을 두어야 할 것이다.

3. 주체적 개인윤리관 정립의 시도

과거 유학의 윤리는 비록 오륜에 국한되지 않았지만, 실제적 도덕론으로는 '오륜(五倫) 체계의 윤리'로 대표되었다. 오륜의 도덕은 오늘날 종래대로 실행되기에는 시대 환경이 너무 많이 변했다. 오륜의 도덕은 이제 (붕우유신 외에는) 거의 다 '상호 호혜적 형식'으로 새롭게, 또는 변형된 형식으로 실행되지 않을 수 없게 되었다. 오륜의 내용들이 총체적으로 개정되지 않고서는 존속하기 어렵게 된 것이 오늘의 상황이다. 혹시 삼강(三綱)도 유학의 윤리·도덕으로 문제시해야 하지 않나 생각할지 모르나, 그것은 한대(漢代) 이후 명칭만 있었던 것에 성리학자들이 내용을 지어 넣은 것에 불과한 데다가, 그 실천의 기준과 비중을 왕과 부친과 남편에만 둔 '사유의 불평등함'으로 말미암아 현대의 시각으로는 인정될 수 없는 것이다. 이 자리에서도 논의 대상에서 제외하려 한다.

오륜의 도덕을 이제는 과거처럼 실행할 수 없지만, 국가와 사회와 가정생활을 영위하는 한, 그 인간관계들은 다 지금도 존속되는 여건임도 부정할 수 없다. 그런 만큼 그 관계들의 '질서 있는 상호 연결'은 여전히 필요 불가결한 윤리적 주제로 존속되면서, 바람직한 도덕규범의 설정을 필요로 한다. 다시 말하지만 유학 가운데서 윤리의 보편적 사유를 그 편린이나마 찾으려는 의도가 이런 점에 있다.

인간의 심성은 태생적으로 욕구를 충족코자 한다. 성악설적 입론이라 할지 모르지만, 욕구의 발현은 생존을 위한 기본 특성이다. 그 점에서 인간은 '욕구체(欲求體)임'을 인정해야 한다. 그런데 그 욕구는 '이기(利己)의 성향'을 많이 띠지만, 다른 한편 '이타(利他)의 성향'도 띤다. 인간은 이 두 성향을 다 함유하지, 어느 한 가지만 소유한 이는 없을 것이다.

인간의 심정에서 이기와 이타의 서로 상반되는 두 성향을 아울러 확인할 수 없을까? 그 점을 확인할 수 있는 심정의 실증적 예가 있다. 인간의 '애정(愛情)의 발로'가 곧 그것이다. 애정은 애인을 내 것으로 하려는 이기와 아울러, 그 상대에게 헌신하려는 이타의 현상을 자아내기 때문이다. 이런 두 성향에서 사회의 질서 수립에 요구되는 것은 물론 맹자의 성선설적 선택에 해당하는 '이타심의 발로' 측면이다. 나와 타인과 관련을 맺고 질서를 수립하기 위해서는, 스스로 두 측면 가운데서 '이타에 관심을 둔 조절'을 균형 있게 해야 한다. 다시 말해, '욕구의 자율적 운용'을 해야 한다. 이것이 윤리 행위의 첫 관문이라 할 수 있다.

이 문제에 일찍이 탁월한 지혜를 발휘한 학자가 바로 공자이다. 그는 이기와 아울러 이타의 성향이 있는 애정에 주목하고, 그것을 이타의 방향으로 운용할 것을 꾀하였다. 그의 '인(仁)에 대한 사상'이 곧 그러한 내용으로 되었다. 아래에 그것을 밝히겠다. 공자는 인(仁)을 "사람을 사랑하는 것, 애인(愛人)"이라고 규정하고, 그 실현 방법을 서 (恕)라고 했다.13) 이 서란 '내 마음을 미루어 남을 대하는 태도'이다. 그의 설명으로는 "내가 하기 싫은 것은 남에게 시키지 말고", "내가 하고 싶은 것은 남에게도 하도록 하라"는 것이다.14) 이것이야말로 그의 황금률 같은 정언명제인 셈인데, 그 마음 씀이 실제 남에 대한 '호의적 배려(配慮)'라고 번역될 태도이다. 호의적 배려가 곧 애정의 '이타 성향의 운용'임은 더할 나위 없다. 이것이 또한 공자 윤리설의 출발점이다.

맹자는 공자의 인을 '측은지심(惻隱之心)' 또는 '불인인지심(不忍人之心)'으로 구현된다고 생각했지만,15) 그런 마음은 '막연한 동정심의 성격'만이 너무 짙은 정감이어서 보편성이 매우 약한 단점이 있다. 따라서 그것은 공자가 의도한 윤리설의 출발점이 되기에 부족하다고 여겨진다. 호의적인 배려라야 '사랑의 정감에 더한 의지의 성격'이 강하여 공자의 인의 윤리설의 출발점으로 더 적합하다고 판단된다.

나의 견해로, 새로운 유학의 '주체적 개인윤리설'은 이것을 기초로 상당 부분 수립할 수 있다고 생각한다. 이것은 일명 "유학에 담긴 배려철학"이라는 이름을 붙여도 좋을 듯한 입론 형식으로 아래와 같이 이루어지기 때문이다. 호의적 배려는 '타인의 인격에 대한 존중'과 통한다. 그 인격 존중은 자연히 타인에 대한 '공경(恭敬)과 겸양(謙讓)의

---

13) 《論語》, 〈顏淵篇〉, "樊遲問仁, 子曰, 愛人."
14) 앞 책, 〈衛靈公篇〉, "子曰, 其恕乎? 己所不欲 勿施於人."; 〈雍也篇〉, "夫仁者. 己欲立而立人, 己欲達而達人." 및 《中庸》, 제13장, "施諸己而不願, 亦勿施於人."
15) 《孟子》, 〈公孫丑篇〉 上, "惻隱之心, 仁之端也. 羞惡之心, 義之端也. 辭讓之心, 禮之端也. 是非之心, 知之端也."

태도'로 연결되는데, 공경과 겸양은 곧 예의(禮義)를 이루는 태도에 다름 아니다.16) 따라서 호의적 배려는 예의를 낳는 씨앗이라는 판단이 나온다.

다른 한편, 호의적 배려를 베풀 때, 내가 상대로부터 부당하게 냉대나 무시를 당하면, '심정이 나쁠 것[不快, 惡]'은 말할 나위 없다. 그리고 호의적 배려를 기대할 만한 조건인데도 상대가 내게 (배신적) 거부와 박대를 한다면, 나는 '수치(羞恥)'를 느끼지 않을 수 없고 염치를 성찰하지 않을 수 없다. 이때 심정의 좋고 나쁨과 수치심 및 염치심은 곧 행위를 조절하고 결정하는 의사(意思)에 영향을 끼침으로써 내 '행위의 가부(可否) 또는 정당(正當)'을 판단하게 하는 동기가 된다. 호의적 배려는 마침내 '행위의 정당성인 의(義)'를 강구토록 작용하는 것이다.17)

공경·겸양까지 포함한 모든 행위의 정당성에 대한 변별에 지식과 지혜가 필요함 또한 말할 필요 없다. 호의적인 배려 자체에 대한 반성까지도 지능을 필요로 하는 것이다. 이 대목에서 배려의 행위는 지식·지혜[智]와도 불가분의 관계에 있음이 확인된다.

이렇게 살피면, 호의적 배려는 곧 예(禮)와 의(義) 및 지(智)의 덕목을 유발하게 되는 위상에 있음을 알 수 있다. 따라서 배려로 드러나는 인(仁)을 중심으로 한 인간 본성들의 상관관계는 유학의 윤리사상 가운데 '주체적 개인윤리의 현대적 구상'이 결코 무망하지 않음을 깨닫게 하는 것이다. 신의(信義)를 초래하는 성실의 태도와 아울러, 배려의 철학을 기초로 할 때, '유학의 덕성윤리'로서 주체적 개인윤리가

---

16) 맹자는 실제로 공경지심(恭敬之心)과 사양지심(辭讓之心)으로 예(禮)의 실마리를 삼았다.

17) 맹자는 구체적 설명 없이, 수오지심(羞惡之心)으로 의(義)의 실마리라 했다.

오늘날에도 '설득력 있는 사상의 하나'로 형성될 수 있다고 판단한다.18)

그렇다고 인의예지신(仁義禮智信)인 오상(五常)에 대한 사유가 과거대로 인정받을 수 있다는 것은 아니다. 성리학자들은 오상인 오성의 실재를 전제한 위에서, 오성의 자연발로로 말미암아 '오륜의 도덕'이 이루어진다고 믿었지만, 오성의 '실재시(實在視)' 자체를 그대로 수긍하기 어렵다. 오성에 대해서는 특히 정약용(丁若鏞)이 기호(嗜好)라고 한 것과 같은 일종의 가능태인 소질 정도로 생각함이 타당할 것이다. 나는 이런 본성을 인간의 '이타적 유전인자'와 비슷하다고 상정한다.

정리해, 오늘날 오륜도덕의 과거와 같은 준수는 총체적으로 수정되어야 하지만, 설령 그 수정이 구차하고 번거로워 폐기하더라도, 그 수정에 대체하고 폐기에 대처할 방법은 있다고 나는 생각한다. 호의적인 배려를 기초로 인간의 이타적 성향들을 발휘하면, 마치 오성을 구현하는 식으로 이루어지는 덕목들로 인해, 오륜에 대체될 개인윤리가 현대와 미래에도 성립한다는 것이다. 이것이 유학의 '주체적 개인윤리 사상의 현대적 변환'에 대한 구상의 귀결이다.

이상의 성찰은 주체적 개인윤리설에 지나지 않는다. 예의(禮義)만 해도 습속과 인위적 제정에 따라 이루어지는 측면이 있고, 의(義) 또한 인위적 규정으로 이루어지는 측면이 있음을 간과해선 안 된다. 이제 이것들의 객관적 사회윤리의 측면을 살피기로 한다.

---

18) 사실 과거 유학자들은 (맹자의) 인의예지(仁義禮智)를 사덕(四德)으로 간주하면서, 특히 인(仁)을 전덕(全德), 곧 사덕 전체를 대표하는 덕목으로 여겼다. 사덕에 신(信)을 더한 오상(五常, 仁義禮智信)의 경우에도 인이 전덕이며 그 밖의 것들은 편덕(偏德), 곧 한 가지에 국한된 덕목이라고 주장했음을 본다.

4. 객관적 사회윤리관의 새로운 구상

먼저 배려와 무관하게 객관적으로 이루어지는 '예(禮)의 경우'부터 생각해 보아야겠다. 이 경우 예는 필요에 따라 또는 환경적 여건에 따라 '인위로 제정된 규범'으로서 '당연(곧 당위)의 특성'을 지닌 것을 일컫는다. 예가 도덕의 범주에 드는 까닭도 그것이 당연의 특성을 지녔기 때문이다. 그러나 예가 도덕의 의미나 특성과 꼭 같지 않고 서로 변별되는데, 그 원인은 예가 형성되거나 제정되는 과정에 있다.

예를 형성하게 되는 필요성이라든가 환경적 여건은 다양하다. 제사(祭祀)와 같은 의식(儀式)을 비롯하여, 습속(習俗)으로 행하는 개인들의 통과의식과 집단의 행사, 교육 성격을 띤 금기와 권장, 법제적 약정(約定) 등이 모두 그에 해당한다. 따라서 예는 도덕 외에도 종교, 제도, 법률의 성격에 이르는 넓은 범위에 걸친 개념이다. 이는 고대에 이루어진 유학의 예에 대한 대표적 서적이 삼례(三禮), 곧 《예기(禮記)》, 《주례(周禮)》, 《의례(儀禮)》인 사실로 증명된다. 여기에 가정 단위로 개인들이 지켜야 할 《가례(家禮)》가 있고, 궁중을 중심으로 행하는 국가례인 《경국대전(經國大典)》, 《오례의(五禮儀)》 등이 있음을 또 생각해야 한다. 효와 충은 각기 가례와 국가례의 도덕적 덕목을 대표하는 데 지나지 않는다.

예는 이처럼 광의의 개념이지만, 본질적으로 '당연의 특성'을 지녔고, 그 까닭에 윤리의 범주에 들게 된다. 일찍이 주희는 예가 객관적인 당연성을 지녔음을 감안해, "예란 천리(天理)의 절문(節文)이며, 인사(人事)의 의칙(儀則)이라"[19]고 했다. 그는 예가 천리라는 보편적 원리에 입각해 규정된 인간 행위의 규칙임을 이렇게 설명했다.

---

19) 《論語》, 〈學而篇〉, "朱子註; 禮者, 天理之節文, 人事之儀則."

이런 견해에서도 부자 관계는 혈연임을 감안해 '천륜(天倫) 표현'으로 절대화하고, 부부 관계는 혈연이 아닌 만큼 '인륜(人倫) 표현'으로 상대화했다. 이것이 효를 특별히 강조한 개념화 작업이다. 예(禮)를 빌려 도덕의 특정 덕목을 이렇게 강조한 논법은 오늘날에도 그 이론화하는 작업에서 유의할 점이라 믿어진다.

더욱이 이미 규정된 예의 실천에서도 그 방법 문제가 따른다. 이 점을 언급한 실례가 바로 《중용》이다. 그에 따르면, 그 실천 방법은 "나의 희로애락(喜怒愛樂)의 감정을 조절해 절도(節度)라는 규칙에 맞도록[中節] 하는" 것이다.20) 내 욕구의 조절을 통해 행위를 '객관적 규범에 합치케 함', 이것이 객관적 윤리를 실천하는 방법이다. 이는 예로 규정하던 보이지 않는 의도의 실행이자, 그 규정에 대한 무언의 약속 이행과 맞먹는다.

일정한 예가 오늘의 여건에 부합하도록 제정할 경우 또 어떻게 해야 할지 그 방법도 문제이다. 이 경우를 예측해서였던지, 《예기》에서는 "예란 때가 크게 중요한 것[禮時爲大]이라"21) 한다. 이는 "성인(聖人)도 시속(時俗)을 따른다"는 유학자들의 상식과도 일치한다. 때와 습속에 따라 변하지 않을 수 없는 것이 곧 유학의 예이다. 예의 가변성을 인지하고, 그 변개가 특히 '때라는 시의성과 관습'에 따르게 됨을 이 대목에서 확인할 수 있다. 따라서 객관적으로 이루어진 예일지라도, 그것을 확고부동하게 언제까지나 고정된 듯이 여기는 사유가 있다면, 그런 사유는 이제 시정되어야 한다.

오늘날 기존의 예의 변개에서 요구되는 필요조건도 별 다른 것일

---

20) 《中庸》, 제1장; "喜怒哀樂之未發, 謂之中. 發而皆中節, 謂之和. 中也者, 天下之大本也. 和也者, 天下之達道也."

21) 《禮記》, 〈禮器〉, "禮, 時爲大, 順次之, 體次之, 稱次之."

수 없다. 그것은 바로 일정한 예절들의 시의성, 곧 그때에 맞추어 본 필요성 여부와 습속화의 농도에 대한 정확한 파악이다. 이것이 오늘의 환경에 부합하는 '예의 개선 작업'의 성공 여부를 결정짓는 요건이다. 그 요건 충족은 어느 한 사람의 지능에 의지하기보다 중인(衆人)의 지혜가 동원되어야 더 좋은 결실을 가져올 것이다. 오늘의 유학계는 교육학, 사회학, 법학, 행정학 분야는 물론, 일반 대중에게까지 문호를 개방하여 기존 예의 실제성에 대한 검토를 거쳐, 그 개선에 임해야 할 것이다.

요건으로 갖추어야 할 사항들이 더 있다. 그것은 주체적으로 실행되는 '배려를 비롯한 겸양, 공경, 염치, 수치 등'의 덕목들과 시의에 맞춘 개선 내용이 긴밀히 연관되어야 하고, 가능한 대로 배려 등 덕목들의 실천을 촉진할 수 있는 방법도 강구해야 한다.

*　　　*　　　*

이제 '객관적 의(義)'로서, 간혹 정의(正義)라고 번역할 수 있는 측면을 성찰할 차례이다. 의(義)는 "마땅함, 옳음"을 뜻한다. 특히 '마땅함, 곧 당연(當然)'의 의미를 가진 까닭에 이것은 예(禮)와 비슷하게 여겨질 때가 많다. 실제로 그 점을 알려 주는 언구가 "예는 의의 알맹이[義之實]"[22]라는 것이다. 이로 미루면, 의가 지닌 당연성을 상황에 따라 구체적으로 드러낸 형식이 예이다. 그러나 의는 예와 변별되는 개념이고, 변별되는 원인은 의가 당연함에서 예보다 보편성을 더 띠는 개념이라고 간주되는 데에 있다. 의는 당연의 원리로 강조되는 데서 예보다 더 강한 성격을 띤다.[23]

---

22) 앞 책, 〈禮運篇〉, "故禮也者, 義之實也."

의는 일찍이 직분 및 신분적 명분(名分)의 당연성에 사용되었다. 공자의 '정명(正名)사상'이라는 것이 곧 그것이다. 정명사상이란 "임금은 임금다워야 하고, 신하는 신하다워야 하며, 아비는 아비답고, 자식은 자식다워야 한다"는 것이다.[24] 이는 임금의 명칭을 달았으면 실제 임금다운 행동을 보여야 한다는 명실상부(名實相符)를 강조하는 '명분설'이기도 하다. 이런 명분을 비롯한 당연의 '원리적 성격'으로 말미암아, 성리학자들은 의(義)를 마침내 '의리(義理)'라는 용어로 대체하여 사용했다.

지난날 의리 개념을 구사하던 사례는 상당히 많다. 그 용례를 찾아보면, 앞의 '명분적 의리 구현' 외에 대체로 다음과 같이 정리된다.

(1) 친근의 정감과 이기적 타산에 기초한 의리 구현 — 의리가 주로 효를 비롯한 오륜을 중심으로 적용되지만, 때로는 그 범위를 넘어 친근과 이기의 도구로 오용·남용된다.

(2) 예의 해설에서 보듯, '천리(天理)를 표방'한 의리 구현 — 이는 논리적 타당성을 가지고 주로 명분설 같은 사유에 깃든 당연함의 정당성을 역설하는 경우이다.

(3) 실증적으로 추구하는 실제적 당위의 의리 구현 — 실사구시(實事求是)의 태도가[25] 이에 속한 좋은 본보기이다.

(4) 이기적 개인욕구[私利]를 극복한 공익 추구 형식의 의리 구현 — 유학의 공리(公利)주의적 사상이 이에 해당한다.

---

23) 예(禮)와 의(義)가 이렇게 변별되는 데는 예가 지닌 도덕 외의 다의성(多義性)이 원인으로 작용할 것이다.

24) 《論語》, 〈顔淵篇〉, "孔子對曰, 君君臣臣父父子子."

25) 김정희(金正喜)의 《阮堂集》에 〈實事求是說〉이 보이지만, 실은 청나라의 완원(阮元)이 더 앞서 말한 것에 그가 영향을 받았다.

(5) 인(仁)의 인간 사랑을 인류 전체[四海]에 확대하여, 박애(博愛)의 차원으로 하는 의리 구현 — 이른바 '박시제중(博施濟衆)'26)의 이념 구현이 이에 해당한다.

(6) 중용(中庸)의 '화(和)의 원리'로서의 의리 구현 — 이때는 (지나침과 모자람이 없고 치우침도 없는) 중용의 태도가 규범에 적중함[中節]으로써 사회의 화합[和]을 초래하는 원리라는 의미에서, 의리가 중용과 화합에 적용되는 경우이다.

(1)의 '친근의 정감과 이기적 타산'에 적용된 의리 적용은 주체적 개인윤리에 속하므로 제외해야겠지만, 과거에 의리 용어가 이 경우에도 적용되었으므로 거론해야 한다. 친근의 정감에 따른 의리의 구사에도 온후한 인정을 느끼게 하는 장점이 없지 않다. 그러나 이기적 타산과 친근의 정감에 의한 행위는 당연과 배치되어 당연성이 적용될 수 없는 것이다.27) 당연과 배치됨에도 의리를 적용함은 그 의리 구사에 엄정한 기준을 망각케 하는 폐단이 있고, 실제로 그런 현상을 과거의 유학사가 실증한다. 따라서 이런 의리 구사의 사실은 오히려 의리의 구사가 '엄격하고도 공정(公正)'해야 함을 깨닫게 하는 증거로서 가치를 지닌다. 의리가 의리로 성립하고 구현되는 '요건이 곧 공정임'이 여기서 드러난다.

(2) '천리(天理)의 표현'은 다시 말하지만, 당연으로서의 의(義)가 지닌 합리성의 특징을 드러낸다. "이치에 합당함"으로 설명되는 합리성을 결여하면, 의는 사실상 성립하지 않는다. 합리성은 의를 형성하

---

26) 《論語》, 〈雍也篇〉, "子貢曰, 如有博施於民而能濟衆, 何如? 可謂仁乎? 子曰, 何事於仁, 必也聖乎! 堯舜, 其病諸!"

27) 공자(孔子)가 말한 직궁자(直躬者)의 사례는 이기적 타산이 끼어들지 않은 휴머니즘 시각이다.

는 방법론적 필수요건이다. 의(義)의 의미로 지적되는 '마땅함[當然]'
이 곧 '옳음[正當]'과 때로 일치시되는데, 그 까닭도 의가 갖춘 합리성
때문이다. 당위의 성격이 천리로 표현되는 데에는 그 당위의 합리성
이 단순한 명분 차원의 구실을 넘어 마치 '논리적 필연'처럼 인지되는
사유가 작용한다. 다른 한편, 천리의 리(理)에는 당연[所當然]을 포함
하지 않은 필연[所以然]만의 리[天理]가 있다. 자연의 생성·변화의 원
리[元亨利貞]가 그런 것이다.28) 그 원리는 간혹 당연함의 준칙이 되지
만, '의리로서의 리'는 아니다. 따라서 그런 리는 천리의 표현을 했더
라도, 이 논의의 대상이 아님에 주의해야 한다.

   (3)의 '실사구시적 의리 추구'도 의리의 엄정한 타당성을 확보할
수 있는 방법론적 특징을 이룬다. 실사에서 구시(求是)한다는 '시(是)'
는 계사('…이다')로서 사실 자체를 가리키지만, '맞다, 옳다'는 정당성
[可否]을 가리키기도 한다. 지금 의리를 논하는 경우는 바로 뒤 의미
로서, 의리의 정당에 포함된 '실제적·실증적인 확실성'을 확보하는 것
이다. 실사구시가 실학자들의 구호였음에서 짐작할 수 있듯이, 이것
은 성리학자들의 명분적 의리가 지닌 논리적 합리성의 공허함을 극복
하기 위한 명제였다고 할 수 있다. 여기서 당연의 의리가 갖추어야 할
'공정의 성격'은 논리적 합리성과 실제적 타당성을 아울러 갖추어야
함을 깨닫게 된다.

   (4)의 '공익 추구'의 의리관은 유학의 대표적 특징의 하나다. 유학
은 예로부터 분별성을 상실한 겸애(兼愛)를 배격하지만, 타인을 배려
치 않고 자신만을 위하는 위아(爲我)도 배척한다. 특히 위아의 태도에
대한 배척이 겸애의 배격 이상으로 격심하다. 그 경향이 이기적 이윤

---

28) 《易經》, 〈乾卦〉, "乾, 元亨利貞." 및 《朱子語類》, 〈論語十〉, "乾之元亨利貞,
    天道也. 人得之則, 爲仁義禮智之性."

추구의 공리(功利)를 배격하면서 공중을 위한 '이타적 공리(公利)'를 추구하는 유학의 특징으로 되었다. 공익과 공리(公利)의 공(公)은 작은 단체나 사회기구 같은 집단에 적용되기도 하지만, 국가 이상의 '세계 전체[天下]'에 적용되는 것이 그 개념의 이상적인 용법이다. 유학의 이상적 사회론으로 상정된 〈대동설(大同說)〉에서 "천하를 공으로 한다[天下爲公]"29)라고 했음은 세계 전체를 공의 기준으로 삼는 실증적 사례이다.

이 공(公)의 가치를 실현하는 유학의 구체적 사례는 간단하지 않다. 경제 등의 물질적 측면이 있지만, 유학에서 역설하는 것으로는 타자로서의 국가 사회에 봉헌(奉獻)하는 이른바 '충(忠)의 의리, 곧 충의(忠義)'이다. 그 충의 의리는 과거 근왕정신인 왕에 대한 충성(忠誠)으로 구현된다고 믿어졌다. 그러나 충(忠)의 본래 의미는 '내 마음을 다해[盡其心] 남을 배려함'이다.30) 따라서 오늘날은 이 원의(原義)를 살리는 방향으로 '충의'를 구사해야 한다. 실제 그런 사회적 구현의 극치란 바로 공자의 "살신성인(殺身成仁)"31)이다. 국가 사회의 '순수한 공익을 위한 최대의 봉헌'이 곧 오늘날의 충의를 실천하는 방법이다. 이렇게 이해하면 공익은 공정의 목적이고, 공정은 공익과 수단의 관계임을 알 수 있다.

(5)의 '인애의 확대'에도 어느 정도 주체적 개인윤리 성격이 있지만, 그 사회적 영향의 측면으로 보아서는 객관적 사회윤리에도 포함된다. 인애를 '세계[四海] 범위'로 확대 구현해야 마땅함은 이미 공자에서부터 언명되었다. 흔히 유학의 인애는 가족윤리의 범위 안에서만

---

29) 《禮記》, 〈禮運篇〉.

30) 윤사순, 〈유학에 담긴 배려철학의 윤리적 성향〉, 《오늘의 동양사상》, 제14호, 예문동양사상연구원, 2006.

31) 《論語》, 〈衛靈公篇〉, "子曰, 志士仁人, 無求生而害人, 有殺身而成仁."

행해지는 듯이 믿는 통념이 있는데, 그 통념은 유학에 대한 오해에 말미암는다. 본원유학 이래 인애의 확충은 특히 정치의 측면으로 '인정(仁政, 곧 德治)에 의한 평천하(平天下)'32)라는 세계 인류의 범위까지 포함하는 '박애(博愛)'이다. 그리고 인의 확대 구현을 박애라고 함에도 의문을 가질지 모르겠지만, 유학에서 인의 확대를 박애로 말한 용례는 예로부터 허다하다.33) '박애에 의한 박시제중'은 나의 독단이나 비약이 아니다. 박애에 의한 박시제중(博施濟衆)은 유학에서 최상의 이상으로 여기는 '인도주의적 이념'이다. 다만 그 인애의 확대에는 인간의 '의지의 자유〔匹夫之志〕'34)를 바탕으로 한 자율성이 전제될 따름이다. 그리고 '박시로서의 (베풂의) 내용'이 반드시 인애에만 그치지 않음도 유의해야 할 점이다. 그 내용에는 경제적 '배분의 균등'도 들어 있다.35) 이렇게 다양한 내용이 거기에 포함되면서, 특히 빈궁한 상태에서 불운·불우하게 된 사람들〔老弱鰥寡孤獨廢疾者〕의 구제적 배분에 역점을 두는 것이 유학이다.36) 내가 박애의 박시제중을 유학의 인도주의적 이념이라 함도 이런 '복지(福祉)정책의 성격'에 근거한다. 뿐만 아니라 박시제중은 '공익 추구'를 내용으로 한 유학의 공리(公利)주의 사상과 상통하는 정신임도 간과해선 안 된다.

　(6)의 '규범에 적중〔中節〕'은 의리 행위의 '방법임'과 아울러, 그 의

---

32) 《大學章句》, 〈經一章〉, "古之欲明明德於天下者, 先治其國. …""物格而後, 知至, 知至而後, 意誠, 意誠而後, 心正, 心正, 而後身修, 身修而後, 家齊, 家齊而後, 國治, 國治而後, 平天下." 등.

33) 《春秋繁露》, 〈爲人者天地篇〉, "… 故曰, 先之以博愛, 敎之以仁也." 및 韓愈, 〈原道〉, "博愛之謂仁." 등.

34) 《論語》, 〈子罕篇〉, "三軍可奪帥也, 匹夫不可奪志也."

35) 앞 책, 〈季氏篇〉, "丘也聞 有國有家者, 不患寡而患不均, 不患貧而患不安, 蓋均無貧, 和無寡, 安無傾."

36) 《禮記》의 〈大同說〉이 그 대표적 사례이다.

리 행위의 '효과가 바로 화(和)임'을 드러낸다. 규범에 적중·합치를 화라고 하면서, 그 화를 천하의 '최고의 원리[天下之達道]'라고 하는 것이《중용》의 사유이다. 그 까닭은 중용의 태도가 단순한 규범의 적중[中節]을 위한 것뿐 아니라, 사회구성원들의 의사와 이해(利害)의 '균형 있는 조화[調和, 不偏不倚]'를 기하려는 태도이기 때문이다.37)《논어》에서는 "예의 쓸모도 화의 특징 때문이라" 한다.〈대동설(大同說)〉에서도 '화목(和睦)'을 그 서두에 놓고 있다. 이 사실들을 감안하면, 화는 의리 행위의 '효과'이며 그 '종국적 목적'이기도 하다. 여기서 조화나 화목보다도 화의 원리가 더 적극적으로 확대된 사유가 있음을 상기해야겠다. 국가 사회에 있어서 화의 특성은 근본적으로 그 공동체 집단 구성원들 전체 '의사의 일치'를 가리킨다. 이것은 구체적으로 이이(李珥)가 "인심의 동의하는 바[人心之所同然者]"인 '공론(公論)'의 특성이기도 하다.38) 공론으로 이루어지는 화는 또한 구성원인 국민들에 의한 국가의 '공치(共治)의 원리[義理]'가 아닐 수 없다.39) 이렇게 해석하면, 공치에까지 이르는 화는 민주주의를 이끌어가는 원동력인 '공화(共和)'라고 해야 한다. 화가 (인애 확대의) 박애와 공익 추구에 담긴 공존·공생의 정신을 뒷받침하는 특성인 데다가, 오늘날의 민주주의 실현 문제까지 더하면, 그 화는 반드시 '공화'라는 언표로 나타내야 합당하다.

　이제 유학의 의리로 사용되는 '의(義)의 정체'가 이상의 사실로써

---

37) 윤사순,〈중용에 대한 새로운 해석〉,《孔子學》17호, 한국공자학회, 1997, 11.

38) 李珥,《栗谷先生全書》, 권7,〈辭大司諫兼陳洗滌東西疏〉, "人心之所同然者, 謂之公論. 公論之所在, 謂之國是. 國是者, 一國之人不謀而同是者也."

39) 앞 주(註)에서 볼 수 있듯이, 이이(李珥)는 국시(國是)까지도 공론(公論)에 의한 것, 곧 "한 나라 사람들이 꾀하지 않고서도 합의한 것"으로 풀이한다. 그의 사상의 선진성이 이런 대목에서 확인된다.

파악된다. 그것은 당위를 합리적으로 뒷받침하기 위한 공정, 공익, 박애, 공화 등이다. 의가 단순한 '옳음[正當]의 의미'를 넘어 이른바 '정의(正義)로 번역'되어도 좋은 근거가 바로 여기에 있다. 공정에서부터 공화에까지 이르는 의미 영역을 점유하는 이 사실이 곧 의를 정의로 번역하게 되는 근거이다. 이런 정의의 사유가 바로 객관적으로 제정된 유학의 '의(義)'의 내용인 것이다.

5. 유학 윤리사상의 전망

오늘날은 다원 문화의 사회인 까닭에 윤리적 가치관의 혼재를 상당 기간 피할 수 없을 것이다. 새로운 윤리관이라 해도 유학 윤리관이 펼 수 있는 영향력은 다른 철학의 영향과 마찬가지로 어느 정도 한계에 직면할 수밖에 없다고 예상된다. 더욱이 유학 윤리관에 과거의 전근대적 사상 요소가 잔존함을 상기하면, 그 요소들의 척결이 지연될수록 사상적 영향력도 강화되기 어려움은 불을 보듯 명확하다. 그럼에도 이 자리에서 유학의 윤리사상을 성찰한 이유는 그것이 우리에게는 유력한 전통 사상으로서 아직도 상당한 영향을 끼치고 있는 데다가, 그 윤리사상에도 오늘에 되살릴 보편적 사유의 편린이 없지 않으리라는 소망 어린 추측에 있었다. 그러한 추측은 이제 어느 정도 확인되었다고 할 수 있다.

실제로 유학에는 인간의 소통에 긴요한 '성실의 태도'를 중요시한 사유가 그 수기설에 잠재함이 확인되었다. 주체적 개인윤리관으로 유학에서 큰 비중을 차지해 온 예의를 뒷받침하던 인(仁)의 사상이 있었고, 그 인의 사상에는 '호의적 배려(配慮)'라고 풀어 낼 근거도 발견되었다. 호의적 배려가 곧 '겸양과 공경 및 염치, 수치의 마음'을 자아내는 태도라는 재해석이 곧 그러한 근거인 셈이다. 이러한 재해석은 미비하지만, 이 정도로도 실용성을 지닌 현대적 변환에 속한다고 나는 판단한다.

나의 이런 판단이 빗나가지 않는다면, 오늘날 주체적 개인윤리로는 '배려하는 마음 씀'이 무엇보다도 요구된다. 배려심의 발휘로 예 의식을 고쳐하고, 나아가 의로움에 대한 각성 및 그 실천을, 다만 옛 선비들에게만 속한 것이라고 여겨서는 안 된다. 그렇게 하는 일을 바로 오늘 우리의 몫으로 삼고, 우리가 이제부터 그 몫을 해내는 데 인색하거나 주저하지 말아야 한다. 이렇게 해야 유학의 주체적 개인윤리를 이제까지 성찰하고 현대화하려 했던 의도가 빛을 볼 것이다.

객관적으로 이루어지는 사회윤리에 있어서도, 예의 가변성 인지에 기초한 실제적이고 실용적인 '예의 개정'에 노력을 기울여야 할 것이다. 더욱이 객관적으로 제정되는 의(義)의 경우에는, 지난날의 친근·정감에 따른 의리관의 불식과 그 의의 원의(原意)에 대한 재인식이 시급하다. 이제 의리관이 곧 '정의의 사유'로도 구사될 수 있음에 착목한다면, 이 또한 현대사회의 질서 수립에 기여할 수 있음이 예상된다. 유학에도 정의관(正義觀)이 깃들었음을 깨달아, '정의를 고취'하는 태도가 이제부터 긴요함은 아무리 역설해도 지나침이 없을 것이다.

공정, 공익, 박애, 공화를 내용으로 한 정의는 혼탁하고 비리·부정이 만연하는 이 시대의 현실을 바로잡을 수 있는 요목이라는 판단은 나만의 허망한 망상이 결코 아닐 것이다. 그렇다면 이 개념들을 더욱 갈고 닦고 실천하는 일이 또한 주체적 개인윤리 못지않게 현대사회에 기여하는 길이고, 아울러 '유학 윤리사상의 현대적 변환' 곧 그 '신실학화(新實學化)'를 기하는 길이라 믿는다. 따라서 윤리사상을 중심으로 한 유학의 밝은 장래는 바로 이런 작업들의 진척과 그 실천에 달렸다고 나는 전망한다.

이와 같은 나의 이론을 이제 반성해 보아야 할 것이다. 이상의 이론은 서두에 밝혔듯이, 기존 '유학 개념들의 원의'에서 찾아진 '보편적 요소'를 체계적으로 정리한 것에 지나지 않는다. 이것의 대부분은 특히 '본원유학'으로 올라가 거기에 담긴 보편적 사유를 발굴하여 정리한 이론이다. 그 점은 주체적으로 행할 '인의예지(仁義禮智)'의 덕목과 객관적으로 사유된 '예절' 및 '정의(正義)의 요목'들이 오직 유학 윤리사상에 속한 개념들만이 아닌 사실로써 확인된다. 더러는 불교나 서구 사상에서도 발견되는 개념이고 사유들이다. 더욱이 위의 덕목이나 개념들은 상당수가 성리학과 실학에도 들어 있는 것이다. 따라서 이런 사실에 주목하면, 나의 이론을 기존 유학의 '현대적 변환'이라 함에 선뜻 동의하기 어려움을 느낄 수 있다.

이런 회의에 대한 내 해명은 아래와 같다. 먼저 밝힐 점은 본원유학에서 공자의 인(仁)의 실현 단초인 서(恕)에 대한 이해를 '호의적 배려'라고 한 해석부터가 맹자 이후의 해석과 다르다는 것이다. 맹자는 인(仁)의 실마리[端緒]를 바탕으로 예(禮)와 의(義)를 도출하는 해석을 내렸지만, 그는 그 실마리를 호의적 배려 아닌 "측은지심(惻隱之心) 또는 불인인지심(不忍人之心)"으로 해석했다. 그런 까닭에 그 측은지심이라는 일종의 '동정심으로서의 감정'이 예나 의와 관련이 있다고 생각하면서도, 그는 그것들이 어떻게 서로 연결되는가에 대해 충분한 설명을 제시하지 못했다. 그의 인에 대한 측은지심의 해석이 그 뒤 유학의 윤리사상을 온통 '동정심 종류의 감정'에 의지하는 듯이 보이는 인상을 가져온 원인도 이런 데에 있다.

주희로 대표되는 성리학자들은 전근대적인 오륜관을 운용하면서 거기에 상하 수직적 도덕의 극치인 삼강(三綱)까지 덧붙였다. 그들은 실재하는 리(理)와 동일시된 오성의 본구(本具)를 전제로 '오륜 체계의 합리화'를 꾀한 철학을 남기기도 했다. 하지만 특히 '정감 치중의 가부장적 가족윤리'를 절대시하고, 그 정감적 동정심에까지 적용하는 '의리 실천의 남용' 현상도 보였음을 부정하지 못한다. 정약용 등의 실학에 이르면, 오성의 실재를 부정하기는 했다. 그렇지만 삼강오륜의 윤리 체계를 계속 답습하면서, 호의적 배려를 상정하지 않았음과 정의에 해당하는 적극적인 의(義)의 사유를 내지 않았음은 실학자들도 성리학자들과 마찬가지였다.

원래 호의적 배려는 동정심의 감정적 성향이 전혀 없지 않지만, 측은지심보다는 분명히 이타적 행위인 '선행을 지향하는 의지〔善意志〕'를 함유한 마음가짐이다. 그런 만큼 이를 바탕으로 한 나의 이론과 기존 유학과는 윤리설의 출발점에서부터 서로 변별될 사유의 차이가 있는 것이다. 이런 차이가 결과적으로 내 이론을 성리학이라든가 실학은 고사하고, 본원유학의 이론과도 상이하게 만들었다. 배려를 기초로 한 나의 '주체적 개인 윤리설'과 의리관에 바탕을 둔 '객관적 사회 윤리설' 특히 '정의관'은 기존의 어느 유학설에도 정리된 이론의 형식으로 찾을 수 없는 사상이다. 그러므로 이것을 가리켜 현대적으로 변환된 사상, 곧 신실학이라고 해도 부당하지 않다는 판단이 성립한다.

참고문헌

1. 문헌

1) 한국 문집

姜必孝, 《海隱文集》(《韓國歷代文集叢書》 1,909~1,918).

郭鍾錫, 《俛宇集》, 아세아문화사, 1983.

權　近, 《陽村集》(《韓國文集叢刊》 7).

_____, 《入學圖說》, 경문사, 1982.

權相一, 《淸臺全書》, 여강출판사, 1989.

權尙夏, 《寒水齋集》(《韓國文集叢刊》 150~151).

權　諰, 《炭翁集》(《韓國文集叢刊》 104).

金宏弼, 《景賢錄》, 玄風: 道東書院, 1839.

金邁淳, 《臺山集》(《韓國文集叢刊》 294).

金壽恒, 《文谷集》(《韓國文集叢刊》 133).

金元行, 《渼湖集》(《韓國文集叢刊》 220).

金履安, 《三山齋集》(《韓國文集叢刊》 238).

金澤榮, 《金澤榮全集》, 아세아문화사, 1978.

金平默, 《重菴集》(《韓國文集叢刊》 319~320).

奇大升, 《高峯全書》, 성균관대 대동문화연구원, 1979.

522

奇宇萬, 《松沙文集》(《韓國歷代文集叢書》 387~395).

奇正鎭, 《蘆沙文集》, 아성문화사, 1976.

金　榦, 《厚齋集》(《韓國文集叢刊》 155~156).

金尙容, 《淸陰全集》(《仙源遺稿·淸陰全集》), 曺龍承 발행, 1977.

金尙憲, 《淸陰集》(《韓國文集叢刊》 77).

金聖鐸, 《霽山全集》, 경문사, 1982.

金宇顒, 《東岡集》(《韓國文集叢刊》 50).

金麟厚, 《河西全集》(《韓國文集叢刊》 33).

金長生, 《沙溪遺稿》(《韓國文集叢刊》 57).

_____, 《沙溪全書》(《沙溪·愼獨齋全書》), 백산학회 자료원, 1985.

金　淨, 《冲庵集》(《韓國文集叢刊》 23).

金正喜, 《阮堂集》(《韓國歷代文集叢書》 283~284).

金宗直, 《佔畢齋集》(《韓國文集叢刊》 12).

金　集, 《愼獨齋遺集》(《韓國文集叢刊》 82).

金昌協, 《農巖全書》, 경문사, 1976.

金昌翕, 《三淵集》(《韓國文集叢刊》 165~167).

南鶴鳴, 《晦隱文集》(《韓國歷代文集叢書》 2,389).

南孝溫, 《秋江集》(《韓國文集叢刊》 16).

盧守愼, 《穌齋集》(《韓國文集叢刊》 35).

朴世堂, 《西溪全書》, 태학사, 1979.

朴世采, 《南溪集》(《韓國文集叢刊》 138~142).

朴　淳, 《思菴集》(《韓國文集叢刊》 38).

朴胤源, 《近齋集》(《韓國文集叢刊》 250).

朴齊家, 《貞蕤閣全集》, 여강출판사, 1986.

朴趾源, 《燕巖集》(《韓國文集叢刊》 252).

朴弼周, 《黎湖集》(《韓國文集叢刊》 196~197).

徐敬德, 《花潭集》(《韓國文集叢刊》 24).

徐應淳, 《絅堂遺稿》(《韓國歷代文集叢書》 545).

成　渾, 《牛溪集》(《韓國文集叢刊》 43).

宋秉璿, 《淵齋文集》, 성균관대 존경각 소장본.

宋時烈, 《宋子大全》, 斯文學會, 1971.

宋翼弼, 《龜峯集》(《韓國文集叢刊》 42).

宋浚吉, 《經筵日記》, 서울대 규장각 소장본.

_____, 《同春堂集》(《韓國文集叢刊》 106~107).

宋穉圭, 《剛齋集》(《韓國文集叢刊》 271).

申景濬, 《旅庵遺稿》(《韓國文集叢刊》 231).

愼後聃, 《河濱全集》.

申 欽, 《象村稿》(《韓國文集叢刊》 71~72).

沈定鎭, 《霽軒文集》(《韓國歷代文集叢書》 2,453).

安鼎福, 《順庵全書》, 성균관대 대동문화연구원, 1970.

安 珦, 《晦軒實記》(《韓國歷代文集叢書》 35).

魚有鳳, 《杞園集》(韓國文集叢刊》 183~184).

吳 健, 《德溪集》(《韓國文集叢刊》 38).

吳熙常, 《老洲集》(《韓國文集叢刊》 280).

魏伯珪, 《存齋集》(《韓國文集叢刊》 243).

兪 棨, 《市南集》(《韓國文集叢刊》 117).

柳成龍, 《西厓集》(《韓國文集叢刊》 52).

柳崇祖, 《性理淵源撮要》(韓國學文獻研究所 편, 《大學三綱八目箴·性理淵源撮要·
  眞一齋先生遺集 》 합본), 아세아문화사, 1974.

_____ 纂集, 《大學三綱八目箴》, 아세아문화사, 1973.

兪莘煥, 《鳳棲集》, 아세아문화사, 1983.

柳麟錫, 《毅菴集》.

柳重敎, 《省齋集》, 동문사, 1974.

柳致明, 《定齋集》(《韓國文集叢刊》 297~298).

柳馨遠, 《磻溪隨錄》, 명문당, 1982.

_____, 《磻溪雜藁》, 여강출판사, 1990.

柳徽文, 《好古窩文集》(《韓國歷代文集叢書》 1,860~1,862).

柳希春, 《眉巖集》(《韓國文集叢刊》 34).

尹根壽, 《月汀集》(《韓國文集叢刊》 47).

尹鳳九, 《屛溪集》(《韓國文集叢刊》 203~205).

尹宣擧, 《魯西遺稿》(《韓國文集叢刊》 120).

尹 拯, 《明齋遺稿》(《韓國文集叢刊》 135~136).

524

尹　鑴,《白湖全書》, 白湖先生文集刊行會, 경북대 출판부, 1974.

李　柬,《巍巖遺稿》(《韓國文集叢刊》190).

李光庭,《訥隱集》(《韓國文集叢刊》187).

李光靖,《小山文集》(《韓國歷代文集叢書》1,020~1,021).

李端夏,《畏齋集》(《韓國歷代文集叢書》2,314~2,315).

李象靖,《大山全書》, 여강출판사, 1990.

李　穡,《牧隱文藁》(《韓國文集叢刊》3~5).

李　植,《澤堂集》(《韓國文集叢刊》88).

李彦迪,《晦齋全書》, 성균관대 대동문화연구원, 1973.

李源祚,《凝窩全書》, 여강출판사, 1986.

李　珥,《栗谷全書》, 성균관대 대동문화연구원, 1958.

李　瀷,《星湖全書》, 여강출판사, 1984.

李　縡,《陶庵講說》, 성균관대 존경각 소장본.

　　　　,《陶庵全集》, 보경문화사, 1989.

李載亨,《松巖文集》(《韓國歷代文集叢書》338).

李廷龜,《月沙集》(《韓國文集叢刊》69~70).

李齊賢,《益齋亂藁》(《韓國文集叢刊》2).

李鍾祥,《定軒文集》(《韓國歷代文集叢書》1,040~1,042).

李浚慶,《東皐遺稿》(《韓國文集叢刊》28).

李震相,《寒洲全書》, 아세아문화사, 1980.

李　恒,《一齋集》(《韓國文集叢刊》28).

李恒老,《華西文集》, 학고방, 1986.

李獻慶,《艮翁集》(《韓國文集叢刊》234).

李玄逸,《葛庵全集》, 여강출판사, 1986.

　　　　,《葛庵集》(《韓國文集叢刊》127~128).

李　滉,《天命圖說》(《退溪全書》3, 續集, 卷8)

　　　　,《退溪全書》, 성균관대 대동문화연구원, 1971.

李喜朝,《芝村集》(《韓國文集叢刊》170).

任聖周,《鹿門集》(《韓國文集叢刊》228).

林　泳,《滄溪集》(《韓國文集叢刊》159).

任憲晦,《鼓山文集》(《韓國歷代文集叢書》197~200).

_____, 《任憲晦全集》, 아세아문화사, 1985.

張　維, 《谿谷集》(《韓國文集叢刊》 92).

張顯光, 《旅軒全書》, 仁同張氏南山派宗親會, 1983.

張興孝, 《敬堂集》(《韓國文集叢刊》 69).

田　愚, 《艮齋文集》, 경인문화사, 1999.

_____, 《田愚全集》, 아세아문화사, 1986.

鄭經世, 《愚伏集》(《韓國文集叢刊》 68).

鄭　逑, 《寒岡全書》, 경인문화사, 1978.

鄭道傳, 《三峯集》(《韓國文集叢刊》 5).

鄭夢周, 《圃隱集》(《韓國文集叢刊》 5).

丁若鏞, 《與猶堂全書》, 여강출판사, 1976.

鄭　曄, 《守夢集》(《韓國文集叢刊》 66).

鄭　蘊, 《桐溪集》(《韓國文集叢刊》 75).

鄭齊斗, 《霞谷集》(《韓國文集叢刊》 160).

正　祖, 《弘齋全書》, 문화재관리국 장서각, 1978.

鄭宗魯, 《立齋集》(《韓國文集叢刊》 253~254).

趙　絅, 《龍洲遺稿》(《韓國文集叢刊》 90).

趙光祖, 《靜菴集》(《韓國文集叢刊》 22).

趙　穆, 《月川集》(《韓國文集叢刊》 38).

趙聖期, 《拙修齋集》(《韓國文集叢刊》 147).

曺　植, 《南冥集》(《韓國文集叢刊》 31).

趙　翼, 《浦渚集》(《韓國文集叢刊》 85).

趙任道, 《澗松集》(《韓國文集叢刊》 89).

趙　憲, 《重峯集》(《韓國文集叢刊》 54).

崔鳴吉, 《遲川集》(《韓國文集叢刊》 89).

崔錫鼎, 《明谷集》(《韓國文集叢刊》 153~154).

崔益鉉, 《勉菴全書》, 여강출판사, 1989.

崔昌大, 《昆侖集》(《韓國文集叢刊》 183).

韓元震, 《南塘集》(《韓國文集叢刊》 201~202).

韓章錫, 《眉山集》(《韓國歷代文集叢書》 2,740~2,742).

許　穆, 《記言》(《韓國文集叢刊》 98~99).

玄尙璧, 《冠峯遺稿》(《韓國文集叢刊》 191).

洪大容, 《湛軒書》(《韓國文集叢刊》 248).

洪良浩, 《耳溪集》(《韓國文集叢刊》 241~242).

洪直弼, 《梅山集》(《韓國文集叢刊》 295~296).

2) 동아시아 문헌

《古文眞寶大全》, 보경문화사, 1983.

《困知記》(閻韜 點校), 中華文書, 1990.

_____, 廣文書局印行, 中華民國 61.

《舊唐書》(《二十五史》 5), 상해고적출판사, 1986.

《近思錄》, 保景文化社, 1986.

《魯齋遺書》(《文淵閣四庫全書》 1198, 集部 137, 〈別集類〉), 臺灣商務印書館, 中華
民國 75.

《論語》·《論語集註》(《經書》), 성균관대 대동문화연구원, 1968.

《大明律講角羊》, 서울대 규장각, 2001.

《大明律附例》, 서울대 규장각, 2001.

《大明律直角羊》, 서울대 규장각, 2001.

《大學》·《大學章句》(《經書》), 성균관대 대동문화연구원, 1968.

《大學或問》(《四書或問》), 보경문화사, 1986.

《孟子》·《孟子集註》(《經書》), 성균관대 대동문화연구원, 1968.

《勉齋集》(《文淵閣四庫全書》 1,168, 集部 107, 別集類), 臺灣商務印書館, 1986.

《文公易說》(《文淵閣四庫全書》 18, 經 12, 易類), 臺灣商務印書館, 1986.

《文會筆錄》(《山崎闇齋全集》 1~2), ぺりかん社, 1978.

《北溪字義》(《文淵閣四庫全書》 709, 子部 15, 〈儒家類〉), 臺灣商務印書館, 1986.

《書經》·《書傳》, 보경문화사, 1983.

《西山讀書記》(《文淵閣四庫全書》 705~706, 子部 3~4, 〈儒家類〉), 臺灣商務印書
館, 1986.

《性理大全》, 보경문화사, 1984.

《小學集註》(《小學·孝經·孝經附傳》), 경문사, 1979.

《荀子》(《諸子集成》 2), 중화서국, 1954.

《詩經》·《詩傳》, 보경문화사, 1983.

《心經》, 보경문화사, 1986.

《十八史略》(《漢文大系》), 富山房, 1938.

《易學啓蒙》(《性理大全》, 卷5), 보경문화사, 1984.

《禮記》, 景文社, 1981.

《王文成全書》(《文淵閣四庫全書》 1,265~1,266, 集部 204~205, 別集類), 臺灣商務
　　　印書館, 1986.

《儀禮》(《十三經注疏》), 중화서국, 1980.

《儀禮疏》(《十三經注疏》), 중화서국, 1980.

《儀禮注疏》(《十三經注疏》), 중화서국, 1980.

《二程粹言》(《文淵閣四庫全書》 698, 子部 4, 儒家類), 臺灣商務印書館, 1986.

《二程遺書》.

《二程全書》, 보경문화사, 1986.

《日本書紀》.

《張子全書》(《文淵閣四庫全書》 697, 子部 3, 儒家類), 臺灣商務印書館, 1986.

《前漢書》(《二十五史》 1), 상해고적출판사, 1986.

《正蒙》(《性理大全》, 卷5), 보경문화사, 1984.

《周易》, 보경문화사, 1983.

《朱子大全》, 中和堂, 1994.

《朱子語類》, 경문사, 1977.

《中庸》·《中庸章句》(《經書》), 성균관대 대동문화연구원, 1968.

《中庸或問》(《四書或問》), 보경문화사, 1986.

《太極圖說》(《性理大全》, 卷1), 보경문화사, 1984.

《太極圖說解》(《性理大全》, 卷1), 보경문화사, 1984.

《通書》(《性理大全》, 卷2), 보경문화사, 1984.

《通書解》(《性理大全》, 卷2), 보경문화사, 1984.

《孝經》, 보경문화사, 1987.

3) 기타 문헌

覺 訓 撰, 《海東高僧傳》, 동국대 불교사학연구실, 1956.

528

金曝中 編, 《朝鮮史》, 1936(서울대 중앙도서관 소장).

金時讓, 《涪溪記聞》(《大東野乘》 卷72), 朝鮮古書刊會, 1911.

金 堉, 《海東名臣錄》, 朝鮮古書刊行會, 1913.

朴殷植, 《朴殷植全書》, 중, 단국대 출판부, 1975,

徐居正, 《東人詩話》(《韓國詩話叢編》), 東西文化社, 1989.

_____, 《筆苑雜記》, 1487.

申義慶, 《喪禮備要》(1648), 서울대 규장각 소장본.

柳夢寅, 《於于野譚》.

尹起晉, 《大東紀年》, 華美書館, 1903.

李肯翊, 《燃藜室記述》, 경문사, 1976.

李 塈, 《松窩雜說》(《稗林》 5), 탐구당, 1969.

李炳觀 편, 《東國名賢言行錄》, 大成學會, 1927.

李晚采, 《闢衛編》, 闢衛社, 1931.

李睟光, 《芝峯類說》, 경인문화사, 1970.

李承熙, 《韓溪遺稿》.

李長演, 《朝野輯要》(《韓國史書叢書》 6~7), 여강출판사, 1986.

李 縡, 《四禮便覽》.

李廷馨, 《東閣雜記》(《稗林》 6), 탐구당, 1969.

李齊賢, 《櫟翁稗說》.

_____, 《益齋亂藁》.

李震相, 《求志錄》.

張志淵, 《韋菴文藁》.

鄭 喬, 《大韓季年史》, 國史編纂委員會, 1957.

정인보, 《담원 정인보 전집》, 연세대 출판부, 1983.

鄭之雲, 《秋巒實記》.

朝鮮總督府 編, 《朝鮮金石總覽》, 朝鮮總督府, 1923.

許興植 편저, 《韓國金石全文(中世上)》, 亞細亞文化社, 1984.

《經國大典》, 서울대 규장각, 2001.

《高麗史》(延世大學校 東方學研究所 纂), 경인문화사, 1961.

《高麗史節要》, 亞細亞文化社, 1973.

《校勘 三國史記》(《韓國古典叢書》 2), 민족문화추진회, 1973.

《國朝儒先錄》, 서울대 규장각 소장본.

《國朝人物考》, 서울대 출판부, 1978.

《대한자강회월보》.

《日省錄》.

《朝鮮王朝實錄》, 國史編纂委員會 發行, 東國文化社, 1957.

《韓國歷代人物傳集成》(李相殷 편), 민창문화사, 1990.

《皇城新聞》.

2. 연구논저

1) 단행본

강세구, 《순암 안정복의 학문과 사상 연구》, 혜안, 1996.

경북대 퇴계연구소 편, 《한주 이진상 연구: 조선 유학의 마지막 봉우리》, 역락, 2006.

고려대 민족문화연구원 한국사상연구소 편, 《자료와 해설, 한국의 철학사상》, 예문서원, 2001.

琴章泰, 《儒教와 韓國思想》, 성균관대 출판부, 1980.

_____, 《韓國近代의 儒教思想》, 서울대 출판부, 1989.

_____, 《韓國儒教의 再照明》, 전망사, 1982.

_____, 《韓國儒學史의 理解》, 민족문화사, 1994.

奇參衍, 《省齋奇參衍先生傳》, 奇浩元 편, 한국문화사, 1990.

김경호, 《동양적 사유는 어떻게 탄생했는가: 이(理)와 기(氣)의 조화와 충돌 그리고 탈출》, 글항아리, 2012.

김기현, 《선비: 사유와 삶의 지평》, 민음사, 2009.

金吉煥, 《朝鮮朝 儒教思想研究》, 일지사, 1980.

김낙진, 《의리의 윤리와 한국의 유교문화》, 집문당, 2004.

金得榥, 《韓國思想史》(초판), 南山堂, 1958.

김문용, 《홍대용의 실학과 18세기 북학사상》, 예문서원, 2005.

金允植, 《續陰晴史》, 국사편찬위원회, 1960.

_____, 《義兵運動史》, 박영사, 1974.

530

金義煥 외 공저, 《獨立運動史(義兵抗爭史)》, 독립운동사편찬위원회, 1971.

金忠烈, 《高麗儒學史》, 고려대 출판부, 1984.

_____, 《남명 조식의 학문과 선비정신》, 예문서원, 2006.

김 현, 《임성주의 생의철학》, 한길사, 1995.

다산학연구원 편, 《李乙浩全書》, 예문서원, 2000.

문석윤, 《湖洛論爭 형성과 전개》, 동과서, 2006.

민족과 사상연구회 편, 《四端七情論》, 서광사, 1992.

閔賢九, 《高麗政治史論》, 고려대 출판부, 2004.

朴炳采, 《論註 月印千江之曲》, 世英社, 1991.

朴殷植, 《韓國痛史》, 達城印刷株式會社, 1946.

박종국, 《훈민정음종합연구》, 세종학연구원, 2007.

朴鍾鴻, 《韓國思想史論攷 ― 儒學篇》, 瑞文堂, 1974.

박찬승, 《한국근대정치사상사연구》, 역사비평사, 1992.

朴忠錫, 《韓國政治思想史》, 三英社, 1982.

_____·柳根鎬, 《조선조의 정치사상》, 평화출판사, 1980.

朴鶴來, 《奇正鎭 哲學思想 研究》, 고려대 민족문화연구원, 2003.

裵宗鎬, 《韓國儒學史》, 연세대 출판부, 1974.

_____ 편, 《韓國儒學資料集成》(전3권), 연세대 출판부, 1980.

成均館大 大東文化研究院 편, 《韓國思想大系 ― 性理學思想篇》, 1985.

손보기, 《세종대왕과 집현전》, 세종대왕기념사업회, 1984.

亞細亞學術研究會 편, 《韓國民族思想史大系》(전4권), 형설출판사, 1971~1974.

오석원, 《한국 도학파의 의리사상》, 성균관대 유교문화연구소, 2005.

_____ 외, 《朝鮮朝 儒學思想의 探究》, 여강출판사, 1988.

외암사상연구소 편, 《외암 이간의 학문세계》, 지영사, 2009.

劉明鍾, 《朝鮮後期 性理學》, 이문출판사, 1985.

_____, 《韓國思想史》(개정판), 이문출판사, 2001.(1981)

_____, 《韓國哲學史》(초판), 韓明文化社, 1969.

柳承國, 《東洋哲學研究》, 槿域書齋, 1983.

_____, 《한국의 유교》, 세종대왕기념사업회, 1976.

_____ 외, 《韓國論理思想史》, 한국정신문화연구원, 1987.

柳正東, 《東洋哲學의 基礎的 研究》, 성균관대 출판부, 1986.

_____, 《韓國儒學의 再照明》, 玄潭柳正東先生記念事業會, 1985.

柳初夏, 《韓國思想史의 認識》, 한길사, 1994.

柳洪烈, 《한국천주교회사》, 가톨릭출판사, 1962.

尹南漢, 《朝鮮時代의 陽明學 研究》, 集文堂, 1982.

윤사순, 《신실학사상론》, 예문서원, 1996.

_____, 《실학의 철학적 특성》, 나남, 2008.

_____, 《유학의 현대적 가용성 탐구》, 나남, 2006.

_____, 《유학자의 성찰》, 나남, 2007.

_____, 《조선, 도덕의 성찰: 조선 시대 유학의 도덕철학》, 돌베개, 2010.

_____, 《退溪哲學의 研究》, 고려대 출판부, 1980.

_____, 《韓國儒學思想論》(개정판), 예문서원, 1997.(1986)

_____, 《韓國儒學論究》, 현암사, 1980.

_____, 《韓國의 性理學과 實學》, 열음사, 1987.

_____·이광래, 《우리 사상 100년》, 현암사, 2001.

_____ 외, 《新實學의 탐구》, 열린책들, 1993.

_____·高翊晋 편, 《한국의 사상》, 열음사, 1984.

李基白, 《韓國史新論》, 一潮閣, 1977.

李能和, 《韓國基督教及外交史》, 彰文社, 1928.

_____, 《韓國道教史》.

李東俊, 《韓國思想史大系 ― 儒教的 側面》, 한국정신문화연구원, 1990.

李丙燾, 《資料韓國儒學史草稿》, 서울대 국사학과 연구실, 1959.

_____, 《韓國儒學史略》, 아세아문화사, 1986.

_____, 《韓國儒學史》, 아세아문화사, 1987.

李相殷, 《儒學과 東洋文化》, 汎學圖書, 1976.

_____, 《李相殷先生全集》(총4책), 예문서원, 1998.

李相益, 《畿湖性理學研究》, 한울 아카데미, 1998.

이승환, 《횡설과 수설: 400년을 이어온 성리 논쟁에 대한 언어분석적 해명》, Humanist, 2012.

이애희, 《朝鮮後期 人性·物性 論爭의 研究》, 고려대 민족문화연구원, 2004.

李乙浩, 《韓國改新儒學史試論》, 博英社, 1980.

李泰鎭, 《朝鮮儒教社會史論》, 지식산업사, 1989.

532

이형성, 《寒洲 李震相의 哲學思想》, 심산, 2006.

_____ 교주, 《풀어 옮긴 조선유학사》, 현음사, 2003.

張志淵, 《朝鮮儒教淵源》, 滙東書館, 1922.

정인보, 《조선사연구》.

鄭鎭石 외 2인, 《조선철학사(상)》, 과학원 출판사, 1962.

趙明基 외, 《韓國思想의 深層研究》, 도서출판 宇石, 1982.

조성산, 《조선후기 낙론계 학풍의 형성과 전개》, 지식산업사, 2007.

趙楨·金知源, 《儒學史》, 月刊獨逸語社, 1958.

朱紅星 외, 《朝鮮哲學思想史》, 人民出版社, 1989.

崔根德, 《韓國儒教思想研究》, 철학과 현실사, 1992.

崔旼洪, 《韓國論理思想史》, 星文社, 1971.

_____, 《韓國哲學史》, 星文社, 1980.

최봉익, 《조선철학사개요》, 사회과학원 출판사, 1986.

_____, 《조선철학사상사연구》, 사회과학원 출판사, 1975.

崔英成, 《崔致遠의 思想研究》, 아세아문화사, 1990.

_____, 《韓國儒學思想史》(전5권), 아세아문화사, 1994~1997.

최영진 외, 《최한기의 철학사상》, 철학과현실사, 2000.

河謙鎭, 《東儒學案》, 海東佛教譯經院 : 一鵬精舍, 1970.

河岐洛, 《朝鮮哲學史》, 형설출판사, 1992.

한국공자학회 편, 《기당 현상윤 연구》, 한울, 2008.

_____ 편, 《이상은 선생과 한국 신유학》, 한울, 2006.

한국교육사연구회 편, 《韓國儒學思想과 教育》, 三英社, 1986.

한국국학진흥원 국학연구실 편, 《韓國儒學思想大系》(전9권), 한국국학진흥원,
      2005~2008.

韓國思想史研究會 편, 《실학의 철학》, 예문서원, 1996.

_____, 《人性物性論》, 한길사, 1994.

_____, 《조선유학의 개념들》, 예문서원, 2002.

_____, 《조선유학의 자연철학》, 예문서원, 1998.

_____, 《조선유학의 학파들》, 예문서원, 1996.

한국인물유학사편찬위원회 편, 《韓國人物儒學史》(전4권), 한길사, 1996.

한국철학사상연구회 편, 《논쟁으로 본 한국철학》, 예문서원, 1993.

韓國哲學會 편, 《韓國哲學史》(전3권), 東明社, 1987.
_____, 《韓國哲學研究》(전3권), 東明社, 1977~1978.
韓㳓劤, 《星湖李瀷研究》, 서울대 출판부, 1980.
현상윤, 《幾堂 玄相允 全集》(총5책), 나남, 2008.
_____, 《朝鮮儒學史》, 民衆書館, 1949.
홍원식 외, 《심경부주와 조선유학》, 예문서원, 2008.
_____ 외, 《조선시대 심경부주 주석서 해제》, 예문서원, 2007.
黃義東, 《한국의 유학사상》, 서광사, 1995.

大濱晧, 《朱子の哲學》, 東京大學出版會, 1983.
阿部吉雄, 《日本朱子學と朝鮮》, 東京大學出版會, 1965.
陳　淳, 《北溪先生字義詳講》, 中文出版社, 1979.

2) 박사학위논문

姜信曄, 〈朝鮮後氣 少論의 政治思想 研究〉, 동국대 대학원, 1995.
高英津, 〈朝鮮中氣 禮說과 禮書〉, 서울대 대학원, 1992.
高惠玲, 〈14世紀 高麗士大夫의 性理學 受容과 稼亭 李穀〉, 이화여대 대학원, 1992.
具春樹, 〈權近 哲學思想의 研究〉, 고려대 대학원, 1992.
權文奉, 〈星湖 李瀷의 經學과 四書疾書〉, 성균관대 대학원, 1993.
權五榮, 〈惠岡 崔漢綺의 學問과 思想研究〉, 한국정신문화연구원 한국학대학원, 1994.
權仁浩, 〈朝鮮中氣 士林派의 社會政治思想 研究〉, 성균관대 대학원, 1990.
琴章泰, 〈東西交涉과 近代韓國思想의 趨移에 관한 研究〉, 성균관대 대학원, 1978.
金庚泰, 〈茶山人性論의 敎育的 意味〉, 한양대 대학원, 1996.
金璟鎬, 〈栗谷 李珥의 心性論에 관한 研究〉, 고려대 대학원, 2001.
金敎斌, 〈霞谷 哲學思想에 관한 研究〉, 성균관대 대학원, 1992.
金根浩, 〈華西 李恒老의 理學的 心論 연구〉, 고려대 대학원, 2008.
金基鉉, 〈退溪哲學의 人間學的 理解〉, 고려대 대학원, 1988.
金洛眞, 〈丁時翰과 李栻의 理體用論 研究〉, 고려대 대학원, 1995.

金道基, 〈朝鮮朝 儒學에 있어서 認識理論에 대한 硏究〉, 성균관대 대학원, 1986.

金斗憲, 〈朝鮮家族制度의 硏究〉, 서울대 대학원, 1952.

金得榥, 〈韓國 古代 倫理思想의 硏究〉, 건국대 대학원, 1975.

金命震, 〈우리나라 鄕約에 관한 硏究〉, 건국대 대학원, 1978.

金文植, 〈十九世紀 前半 京畿學人의 經學思想과 經世論〉, 서울대 대학원, 1995.

金文鎔, 〈洪大容의 實學思想에 관한 硏究〉, 고려대 대학원, 1995.

金文俊, 〈尤庵 宋時烈의 哲學思想에 관한 硏究 ─ 春秋大義를 중심으로〉, 성균관대 대학원, 1995.

金柄九, 〈晦軒 安珦思想에 관한 硏究 ─ 敎學思想을 중심으로〉, 건국대 대학원, 1981.

金聲凡, 〈退溪와 栗谷의 心性說 比較硏究〉, 동아대 대학원, 1994.

金世奉, 〈十九世紀 湖西山林勢力 硏究〉, 단국대 대학원, 1995.

金時杓, 〈退溪 理氣論에 관한 硏究〉, 동아대 대학원, 1991.

金永炫, 〈炭翁 權諰의 硏究 ─ 禮學과 經世論을 중심으로〉, 충남대 대학원, 1993.

金暎鎬, 〈丁茶山의 論語解釋에 관한 연구〉, 성균관대 대학원, 1993.

金王淵, 〈茶山 易學의 硏究〉, 고려대 대학원, 1989.

金容傑, 〈星湖의 哲學思想에 관한 硏究〉, 성균관대 대학원, 1987.

金鏞坤, 〈朝鮮前期 道學政治思想 硏究〉, 서울대 대학원, 1994.

金龍德, 〈貞蕤 朴齊家 硏究〉, 중앙대 대학원, 1970.

金容憲, 〈崔漢綺의 西洋科學 受容과 哲學形成〉, 고려대 대학원, 1995.

金元東, 〈鄭道傳의 統治理念에 관한 硏究〉, 경희대 대학원, 1979.

金益洙, 〈朱子와 退溪의 易學思想 硏究〉, 건국대 대학원, 1987.

金日煥, 〈高麗初期 儒敎政治思想에 관한 硏究〉, 성균관대 대학원, 1993.

金丁鎭, 〈韓國儒學의 孝悌忠信思想 硏究〉, 부산대 대학원, 1991.

金鍾錫, 〈退溪心學硏究〉, 영남대 대학원, 1996.

金泰泳, 〈退栗 誠敬思想 硏究〉, 충남대 대학원, 1988.

金弼洙, 〈旅軒易學의 道德論的 根據에 관한 硏究〉, 동국대 대학원, 1989.

金漢植, 〈朝鮮朝 後期 實學派의 政治思想에 硏究〉, 고려대 대학원, 1979.

金 炫, 〈鹿門 任聖周의 哲學思想〉, 고려대 대학원, 1992.

金炯贊, 〈理氣二元論의 二元化 傾向性에 관한 硏究 ─ 鹿門 任聖周와 蘆沙 奇正鎭을 중심으로〉, 고려대 대학원, 1995.

金鎬坤, 〈河西 金麟厚의 敎育思想에 관한 硏究〉, 원광대 대학원, 1989.

金弘炅, 〈朝鮮初期 儒學思想에 관한 硏究〉, 성균관대 대학원, 1993.

金興圭, 〈朝鮮後期 詩經論 詩意識〉, 고려대 대학원, 1982.

南富熙, 〈儒林의 獨立運動 硏究〉, 경북대 대학원, 1993.

魯平奎, 〈李奎報 哲學思想 硏究〉, 성균관대 대학원, 1991.

德弼立, 〈聖學의 人間成就에 관한 硏究 — 栗谷哲學을 중심으로〉, 성균관대 대학원, 1993.

文錫胤, 〈朝鮮後期 湖洛論辨의 成立史 硏究〉, 서울대 대학원, 1995.

朴善楨, 〈佔畢齋 金宗直 硏究〉, 고려대 대학원, 1984.

朴連洙, 〈霞谷 鄭齊斗 哲學思想에 있어서 人間理解에 관한 硏究〉, 성균관대 대학원, 1990.

朴義洙, 〈栗谷 敎育思想의 認識論的 硏究〉, 고려대 대학원, 1991.

朴洪植, 〈朝鮮後期 儒學의 實學의 變容과 그 特性에 관한 硏究 — 星湖·湛軒·茶山·惠岡의 哲學思想을 중심으로〉, 성균관대 대학원, 1993.

裵柄三, 〈茶山 丁若鏞의 政治思想에 관한 硏究〉, 경희대 대학원, 1993.

裵相賢, 〈朝鮮朝 畿湖學派의 禮學思想에 관한 硏究〉, 고려대 대학원, 1991.

徐坰遙, 〈韓國儒學思想의 特性에 관한 硏究 — 實踐哲學的 特性을 중심으로〉, 성균관대 대학원, 1987.

徐用和, 〈退溪의 人間觀 硏究〉, 건국대 대학원, 1990.

成校珍, 〈成牛溪 性理思想 硏究〉, 건국대 대학원, 1984.

孫文淳, 〈高麗末 新興士大夫들의 政治思想 硏究〉, 서울대 대학원, 1989.

孫炳旭, 〈惠岡 崔漢綺 氣學의 硏究〉, 고려대 대학원, 1993.

孫直銖, 〈朝鮮時代 女性敎訓書에 관한 硏究〉, 성균관대 대학원, 1980.

宋甲準, 〈星湖 李瀷 哲學硏究〉, 고려대 대학원, 1991.

宋錫球, 〈栗谷의 哲學思想硏究 — 誠意正心을 중심으로〉, 동국대 대학원, 1980.

宋錫準, 〈韓國 陽明學과 實學 및 天主敎와의 思想的 關聯性에 관한 硏究〉, 성균관대 대학원, 1992.

宋楊燮, 〈朝鮮時代 書院敎育에 대한 硏究〉, 성균관대 대학원, 1992.

安秉杰, 〈17世紀 朝鮮朝 儒學의 經傳解釋에 관한 硏究〉, 성균관대 대학원, 1991.

安炳周, 〈儒敎의 民本思想에 관한 硏究 — 君主民本으로부터 民主에로의 轉換可能性狀態의 摸索〉, 성균관대 대학원, 1986.

536

安在淳, 〈韓國近世史에 있어서 正祖의 統治哲學에 관한 研究〉, 성균관대 대학원, 1990.

安晋吾, 〈奇蘆沙의 理哲學에 관한 研究 ― 理一分殊의 哲學體系를 중심으로〉, 동국대 대학원, 1988.

吳炳武, 〈韓國性理哲學의 特性에 관한 研究〉, 전북대 대학원, 1991.

吳錫源, 〈19世紀 韓國道學派의 義理思想에 관한 研究〉, 성균관대 대학원, 1991.

禹仁秀, 〈17世紀 山林의 勢力基盤과 政治的 機能〉, 경북대 대학원, 1992.

劉權鍾, 〈茶山 禮學研究〉, 고려대 대학원, 1991.

俞奉學, 〈18·19世紀 燕巖一派 北學思想의 研究〉, 서울대 대학원, 1991.

柳承國, 〈儒學思想 形成의 淵源的 探究 ― 人方文化와 관련하여 甲骨文을 중심으로〉, 성균관대 대학원, 1974.

劉英姫, 〈白湖 尹鑴 思想研究〉, 고려대 대학원, 1993.

柳正東, 〈退溪의 哲學思想研究 ― 窮理와 居敬을 중심으로〉, 성균관대 대학원, 1975.

劉準基, 〈韓國近代 儒教改革運動 研究〉, 건국대 대학원, 1992.

柳初夏, 〈丁若鏞의 宇宙觀〉, 고려대 대학원, 1990.

柳瀅萬, 〈崔漢綺의 社會改革思想과 福祉思想〉, 대구대 대학원, 1986.

尹南漢, 〈朝鮮時代 陽明學 研究〉, 중앙대 대학원, 1974.

尹絲淳, 〈退溪의 價值觀에 대한 研究〉, 고려대 대학원, 1975.

李光虎, 〈李退溪 學問論의 體用的 構造에 관한 研究〉, 서울대 대학원, 1992.

李基鏞, 〈栗谷의 人心道心論 研究〉, 연세대 대학원, 1995.

李楠福, 〈高麗後期 新興士族과 性理學 受容에 관한 研究〉, 성균관대 대학원, 1996.

李達雨, 〈栗谷의 教育理論에 관한 研究〉, 건국대 대학원, 1991.

李東仁, 〈李珥의 社會改革思想 研究〉, 서울대 대학원, 1995.

李東俊, 〈十六世紀 韓國性理學派의 歷史意識에 관한 研究〉, 성균관대 대학원, 1975.

李東熙, 〈朱子學의 哲學的 特性과 그 展開樣相에 관한 研究〉, 성균관대 대학원, 1990.

李玟泰, 〈栗谷의 教育哲學思想〉, 충남대 대학원, 1987.

李範稷, 〈朝鮮初期의 五禮研究〉, 서울대 대학원, 1988.

李秉烋, 〈朝鮮前期 畿湖士林派의 成立과 發展〉, 영남대 대학원, 1981.(《朝鮮前期 畿湖士林派 研究》, 一湖閣, 1984.)

李俸珪, 〈宋時烈의 性理學說 研究〉, 서울대 대학원, 1995.

李逢春, 〈朝鮮初期 排佛史 研究〉, 동국대 대학원, 1990.

李相坤, 〈南塘 韓元震의 氣質性理學 研究〉, 원광대 대학원, 1991.

李相魯, 〈朝鮮 性理學者들의 心理學說 研究〉, 계명대 대학원, 1973.

李相玉, 〈經學東考〉, 우석대 대학원, 1968.

李相益, 〈韓末 節義學派와 開化派의 思想的 特性에 관한 研究〉, 성균관대 대학원, 1994.

李相昊, 〈朝鮮性理學派의 性理說分化에 관한 研究〉, 성균관대 대학원, 1993.

李錫麟, 〈重峯趙憲研究〉, 경희대 대학원, 1984.

李聖田, 〈栗谷 人性論의 研究〉, 원광대 대학원, 1993.

李成春, 〈茶山 丁若鏞의 天思想 研究〉, 원광대 대학원, 1991.

李愛熙, 〈朝鮮後期의 人性과 物性에 대한 論爭의 研究〉, 고려대 대학원, 1990.

李永春, 〈巍巖 李柬의 心性論 研究〉, 건국대 대학원, 1989.

李源明, 〈高麗 性理學 受容의 思想的 背景〉, 고려대 대학원, 1992.

李銀順, 〈朝鮮後期 老少黨爭史 研究〉, 중앙대 대학원, 1985.(《朝鮮後期黨爭史研究》, 一潮閣, 1988.)

李乙浩, 〈茶山經學思想研究〉, 서울대 대학원, 1966.

李章熙, 〈朝鮮時代 선비 研究〉, 성균관대 대학원, 1986.

李載錫, 〈斥邪衛正論에 관한 研究〉, 한국정신문화연구원 한국학대학원, 1991.

李在云, 〈孤雲 崔致遠의 思想과 歷史認識〉, 이화여대 대학원, 1996.

李鍾蘭, 〈崔漢綺 倫理思想 研究 ― 經驗重視的 方法論을 중심으로〉, 성균관대 대학원, 1996.

李振杓, 〈華西 李恒老의 主理哲學研究〉, 원광대 대학원, 1983.

李忠九, 〈經學諺解研究〉, 성균관대 대학원, 1990.

李宅熙, 〈朝鮮朝 性理學의 政治的 具現過程〉, 성균관대 대학원, 1986.

李賢九, 〈崔漢綺 氣學의 成立과 體系에 관한 研究〉, 성균관대 대학원, 1992.

이형성, 〈寒洲 李震相의 性理學 研究〉, 성균관대 대학원, 2001.

李曦載, 〈朴世堂의 思想研究 ― 脫朱子學的 입장에서〉, 원광대 대학원, 1994.

任元彬, 〈南塘 韓元震 哲學의 理에 관한 研究〉, 연세대 대학원, 1994.

538

張炳漢, 〈沈大允 經學에 대한 研究〉, 성균관대 대학원, 1994.

張成在, 〈三峯의 性理學 研究〉, 동국대 대학원, 1991.

張世浩, 〈沙溪 金長生의 禮說研究〉, 고려대 대학원, 1992.

張淑必, 〈栗谷 李珥의 聖學研究〉, 고려대 대학원, 1991.

張勝求, 〈退溪의 向內的 哲學과 茶山의 向外的 哲學의 比較〉, 한국정신문화연구
　　원 한국학대학원, 1994.

張在天, 〈朝鮮前期 成均館 教育과 儒生文化 研究〉, 성균관대 대학원, 1993.

全用宇, 〈湖西士林의 形成에 대한 研究〉, 충남대 대학원, 1994.

傳濟功, 〈霞谷哲學研究〉, 성균관대 대학원, 1996.

全準雨, 〈丁若鏞의 社會改革 및 福祉觀에 관한 研究〉, 대구대 대학원, 1982.

田好根, 〈16世紀 朝鮮性理學의 特徵에 관한 研究〉, 성균관대 대학원, 1996.

丁大丸, 〈十六世紀 前半期 韓國性理學의 天人觀〉, 고려대 대학원, 1990.

鄭炳連, 〈茶山 中庸注의 經學的 研究〉, 성균관대 대학원, 1988.

鄭聖植, 〈麗末鮮初 歷史的 轉換과 性理學的 對應에 관한 研究 ― 鄭圃隱과 鄭三峰
　　을 중심으로〉, 성균관대 대학원, 1996.

鄭釪東, 〈梅月堂 金時習 研究〉, 경북대 대학원, 1965.

丁海王, 〈周易의 解釋方法에 관한 研究 ― 丁若鏞의 易學을 중심으로〉, 부산대 대
　　학원, 1990.

丁淳睦, 〈退溪教學思想研究〉, 중앙대 대학원, 1977.(《退溪教學思想研究: 教育人
　　間學的考察》, 正益社, 1978.)

鄭華永, 〈崔漢綺의 實學的 教育思想研究〉, 한양대 대학원, 1986.

趙南國, 〈栗谷哲學思想의 社會學的 探究〉, 성균관대 대학원, 1987.

趙南旭, 〈世宗의 政治哲學에 관한 研究〉, 성균관대 대학원, 1989.

趙誠乙, 〈丁若鏞의 政治·經濟 改革思想 研究〉, 연세대 대학원, 1991.

朱雄英, 〈麗末鮮初 社會構造와 儒教의 社會的 機能〉, 경북대 대학원, 1993.

池斗煥, 〈朝鮮前期 國家儀禮 研究 ― 朱子學 受容過程과 관련하여〉, 서울대 대학
　　원, 1990.

蔡茂松, 〈退栗性理學의 比較研究〉, 성균관대 대학원, 1971.

千仁錫, 〈三國時代 儒教思想의 特性에 관한 研究〉, 성균관대 대학원, 1992.

崔槿默, 〈尤庵 宋時烈의 文廟 및 院祠從祀에 관한 研究〉, 전북대 대학원, 1987.

崔基福, 〈儒教와 西學의 思想的 葛藤과 相和的 理解에 관한 研究 ― 近世의 祭禮

問題와 茶山의 宗教思想에 관련하여〉, 성균관대 대학원, 1989.

崔東熙, 〈愼後聃·安鼎福의 西學批判에 관한 研究〉, 고려대 대학원, 1975.

崔錫起, 〈星湖 李瀷의 詩經學〉, 성균관대 대학원, 1993.

崔承灝, 〈退溪哲學의 研究 — 太極論을 중심으로〉, 동아대 대학원, 1975.

皮貞晩, 〈朝鮮時代 成均館의 敎育制度에 관한 研究〉, 성균관대 대학원, 1990.

韓基範, 〈沙溪 金長生과 愼獨齋 金集의 禮學思想 研究〉, 충남대 대학원, 1990.

韓東一, 〈朝鮮時代 鄕校敎育制度의 研究〉, 성균관대 대학원, 1981.

韓相奎, 〈曺植의 敎育思想 研究〉, 중앙대 대학원, 1990.

韓亨祚, 〈朱熹에서 丁若鏞에로의 哲學的 思惟의 轉換〉, 한국정신문화연구원 한국
　　학대학원, 1992.

許捲洙, 〈十七世紀 文廟從祀와 禮訟에 관한 研究〉, 성균관대 대학원, 1992.

許南進, 〈朝鮮後期 氣哲學 研究〉, 서울대 대학원, 1994.

洪以燮, 〈丁若鏞의 政治經濟思想 研究〉, 연세대 대학원, 1966.

黃元九, 〈近世 韓中의 學術交流와 禮論에 관한 諸問題〉, 연세대 대학원, 1982.

黃義東, 〈栗谷哲學思想에 관한 研究 — 理氣之妙를 중심으로〉, 충남대 대학원,
　　1986.

黃俊淵, 〈栗谷의 哲學思想에 관한 研究 — 聖學輯要를 중심으로〉, 성균관대 대학
　　원, 1988.

3) 일반논문

권오영, 〈최한기의 삶과 학문편력〉, 《최한기의 철학과 사상》, 철학과 현실사,
　　2000.

금장태, 〈조헌의 조선현실인식과 항왜의리론〉, 《비판과 포용(한국실학의 정신)》,
　　제이앤씨, 2008.

＿＿＿, 〈韓國儒敎思想史〉, 《韓國宗敎思想史(2)》, 연세대 출판부, 1986.

金哲埈, 〈崔承老의 時務二十八條〉, 《(趙明基博士華甲紀念)佛敎史學論叢》, 효성조
　　명기박사화갑기념 불교사학논총간행위원회 編, 1965.

김도형, 〈장지연의 변법론과 그 변화〉, 《한국사연구》 109집, 2000.

＿＿＿, 〈한말 일제시기 구미지역 유생층의 동향〉, 《한국학논집》 24, 계명대 한
　　국학연구원, 1997.

김영호, 〈정약용의 경학관〉, 《다산 정약용》, 예문서원, 2005.

朴星來, 〈李瀷의 西洋科學 수용〉, 《김홍배 고희기념논문집》, 한국외국어대 출판부, 1984.

박은식, 〈자강능부의 문답〉, 《대한자강회월보》, 4호.

成樂熏, 〈韓國儒敎史〉, 《한국문화사대계(6)》, 고려대 민족문화연구소, 1970.

_____, 〈韓國儒敎思想史〉, 《한국문화사대계(6)》, 고려대 민족문화연구소, 1970.

宋甲準, 《星湖 李瀷의 經學思想(1, 2)》, 《철학논집》 4, 5, (慶南大學校), 1988~89.

宋贊植, 〈朝鮮朝末 主理派의 認識論理 ― 寒洲 李震相의 思想을 中心으로 ―〉, 《東方學志》 제18집, 연세대, 1978.

申瀅植, 〈宿衛學生考〉, 《歷史敎育》 11·12 합집, 1969.

吳鐘逸, 〈陽明 傳習錄 傳來考〉, 《철학연구》 제5집, 고려대 철학회, 1978.

_____, 〈현암 이을호의 삶과 학문〉, 《玄庵 李乙浩 硏究》, 한국공자학회 편, 심산, 2010.

劉明鍾, 〈明齋 尹拯의 務實學〉, 《哲學硏究》 26집, 韓國哲學硏究會, 1978.

柳承國, 〈東方思想 형성의 연원적 탐구〉, 《한국사상의 연원과 역사적 전망》, 성균관대 유교문화연구소, 2008.

_____, 〈韓國의 儒學思想 槪說〉, 《韓國의 儒學思想》, 三省出版社, 1976.

유영열, 〈대한자강회의 애국계몽운동〉, 《한국 근대 민족주의 운동사 연구》, 역사학회 편, 일조각, 1987.

尹南漢, 〈李朝陽明學의 傳來와 受容의 문제〉, 《韓國實學思想論文選集》 4, 국제아카데미, 2002.

_____, 〈韓國儒學史〉, 《韓國文化史新論》, 중앙대 출판부, 1975.

尹絲淳, 〈高橋亨의 '韓國儒學觀' 檢討〉, 《韓國學》 제12집, 중앙대 한국학연구소.

_____, 〈기정진의 리일원적 우주관〉, 《學術院論文集》 제57집, 2호, 2012.

_____, 〈다산 정약용의 탈성리학적 실학의 대성〉, 《孔子學》 22호, 한국공자학회, 2012. 5.

_____, 〈단재 신채호의 유교관〉, 《한국유학사상론》, 예문서원, 1997.

_____, 〈牧隱(李穡)의 사상사적 위상〉, 《牧隱 李穡이 生涯와 思想》, 일조각, 1996.

_____, 〈성리학과 실학, 그 근본 사고의 동이성에 대한 고찰〉, 《다산 정약용》, 예문서원, 2005.

_____, 〈新實學與新理念探索〉, 《中國文化硏究》 5집, 中國文化硏究會, 1994.

_____, 〈新實學的 展望〉, 《孔子硏究》 32호, 中國孔子基金會, 1993.

_____, 〈實學的 經學觀의 特色〉, 《實學論叢》, 전남대 호남문화연구소, 1975.

_____, 〈유학에 담긴 배려철학의 윤리적 성향〉, 《오늘의 동양사상》 제14호, 예문동양사상연구원, 2006.

_____, 〈유학의 천인합일사상에 대한 현대적 해석〉, 《儒敎文化硏究》(한글판) 18집, 성균관대 유교문화연구소, 2011.

_____, 〈20세기 초 의병정신에 담긴 민족의식〉, 《동아시아 국제관계사》, 김준엽 선생기념서편찬위원회 편, 고려대 아세아문제연구소 출판부, 2010.

_____, 〈人間과 他物에 대한 洪大容의 脫性理學的 哲學〉, 《韓國思想과 文化》 39집, 2007.

_____, 〈인성물성에 대한 동이논변의 사상사적 가치〉, 《퇴계학보》 102호, 1999.

_____, 〈人性物性의 同異論辨에 대한 연구〉, 《哲學》 18집, 1982.

_____, 〈정제두 양명학의 연구〉, 《한국학 연구》(고려대 한국학연구소) 4집, 1992.

_____, 〈朱子學以前의 性理學導入問題〉, 《崔冲硏究論叢》, 경희대 전통문화연구소, 1984.

_____, 〈중용에 대한 새로운 해석〉 《孔子學》 17호, 1997.

_____, 〈退溪의 太極生兩儀觀〉, 《亞細亞硏究》 35호, 고려대 아세아문제연구소, 1969.

_____, 〈한국유학의 제문제〉, 《韓國學報》 제6집, 一志社, 1977.

_____, 〈한주 인진상의 성리학적 '심즉리설'〉, 《孔子學》 20호, 2011.

李起男, 〈忠宣王의 改革과 詞林院의 設置〉, 《歷史學報》 52집, 1972.

李基東, 〈羅末麗初 近侍機構와 文翰機構의 擴張〉, 《역사학보》 제77집, 1980.

李能和, 〈朝鮮儒界之陽明學派〉, 《靑丘學叢》 제25호, 1937.

李丙燾, 〈나의 硏究生活의 回顧〉, 《斗溪隨筆》, 一潮閣, 1956.

李相玉, 〈經學東漸考〉, 《문리·법정대논문집》 제2·3합집, 우석대, 1969.

이상은, 〈박정희씨(朴正熙氏)에게 부치는 글〉, 《思想界》 102호, 1961. 12.

이숭녕, 〈大學諺解의 栗谷本과 官本과의 比較硏究〉, 《儒敎學論叢》, 東喬 閔泰植博士 古稀紀念論叢發刊委員會 編, 東喬 閔泰植博士 古稀紀念論叢發刊委員會, 1972.

이우성, 〈혜강의 가계와 연표〉, 《유홍렬박사화갑기념논총》, 1971.

李元淳,〈星湖 李瀷의 西學世界〉,《敎會史硏究》1, 1973.

李乙浩〈丁茶山의 敎育思想〉,《哲學硏究》4집, 철학연구회, 1969.

_____,〈茶山實學의 洙泗學的 構造〉,《亞細亞硏究》통권 18호, 고려대 아세아연
　　　구소, 1965.

_____,〈東武四象說의 經學的 基礎〉,《韓國學報》제6집, 1977.

李炯性,〈李震相의 性理學 方法論에 관한 考察〉,《韓國思想과 文化》제6집, 한국
　　　사상문화학회, 1999.

鄭求福,〈磻溪 柳馨遠의 社會改革思想〉,《역사학보》45집, 1970.

趙　珖,〈丁若鏞의 民權意識硏究〉,《亞細亞硏究》56호, 1976.

_____,〈洪大容의 政治思想 硏究〉,《民族文化硏究》14,（고려대）1979.

蔡茂松,〈朝鮮儒學史(Ⅰ‧Ⅱ)〉,《中國學報》제5〜6집, 1966〜1967.

崔錫起,〈星湖 李瀷의《大學》解釋과 그 意味〉,《韓國實學硏究》4, 2002.

_____,〈星湖 李瀷의《中庸》解釋과 그 意味〉,《星湖學硏究》창간호, 2003.

최영진,〈외암/남당 미발논변의 재검토〉,《외암 이간의 학문세계》, 외암사상연구
　　　소 편, 지영사, 2009.

최홍규,〈단재 신채호 연보〉,《단재 신채호》, 태극출판사, 1979.

韓㳓劤,〈星湖 李瀷研究 ― 그의 經濟思想〉,《진단학보》20호, 1959.

_____,〈尹拯의 實學觀〉,《東國史學》6집(東國大史學會), 1960.

_____,〈李朝實學의 槪念에 대하여〉,《震檀學報》19집, 震檀學會, 1958.

高橋亨,〈朝鮮儒學史觀〉,《朝鮮史講座 特別講義》, 朝鮮史學會, 1925.

_____,〈朝鮮儒學史に於ける主理派主氣派の發達〉,《朝鮮支那文化の硏究》, 京城
　　　帝國大學 法文學會, 1929.

松田甲,〈朝鮮儒學の大觀〉,《續日鮮史話》, 朝鮮總督府, 1931.

찾아보기

544

570

580